Golonpoui

ANALYSE DES CONDITIONS
DE MODERNISATION
D'UN VILLAGE
DU NORD-CAMEROUN

ÉCOLE PRATIQUE DES HAUTES ÉTUDES - SORBONNE
VIe SECTION : SCIENCES ÉCONOMIQUES ET SOCIALES

LE MONDE D'OUTRE-MER PASSÉ ET PRÉSENT

DEUXIÈME SÉRIE

DOCUMENTS

VII

PARIS MOUTON & CO LA HAYE
MCMLXV

JOANNY GUILLARD

Golonpoui

ANALYSE DES CONDITIONS DE MODERNISATION D'UN VILLAGE DU NORD-CAMEROUN

PARIS MOUTON & CO LA HAYE
MCMLXV

CET OUVRAGE A ÉTÉ
PUBLIÉ AVEC LE CONCOURS
DU CENTRE NATIONAL DE
LA RECHERCHE SCIENTIFIQUE

AU PAYSAN TOUPOURI

LIVRE I

SOMMAIRE

LIVRE IV. — LA PRODUCTION

LIVRE V. — LE CYCLE DES TRAVAUX

LIVRE VI. — L'ÉCONOMIE — CONCLUSIONS

BIBLIOGRAPHIE

[1] Aubreville (André), *Climats, forêts et désertification de l'Afrique Tropicale.* Paris, Soc. Éd. Géo. Mar. et Col., 1949, 351 p., tabl., fig., cartes, bibl.

[2] Aubreville (André), *Les Combretum des savanes boisées de l'Afrique Occidentale Française.* Paris, Imp. Nat., 1944.

[3] Aubreville (André), *Flore forestière soudano-guinéenne.* Paris, Soc. Éd. Géo. Mar. et Col., 1950, 523 p., tabl., fig., cartes, bibl.

[4] Bagnouls (F.) et Gaussen (H.), « Les climats biologiques et leur classification », *Ann. Géog.*, 1957, mai-juin, pp. 193-220, tabl., fig.

[5] Barbas (M.), *Notes pour servir à l'étude historique du District de Fianga (Tchad).* Archives, District de Fianga, s.d.

[6] Barraque (V.), *Rapports de tournées effectuées au pays Toupouri : situation économique et politique.* Archives IFAN, Cameroun, 1942.

[7] Bartoli, *Principales règles coutumières des tribus de la Circonscription de Maroua.* Archives IFAN, Cameroun, s.d.

[8] Bazan (S.), *Compte rendu de mission dans le Nord-Cameroun* (1954). Yaoundé, Service de la Protection des Végétaux, 1954 (Archives n° 273/AGR/PV du 6-12-1954).

[9] Bergmann (Denis R.), « Méthode statistique et méthode monographique en économie rurale, à propos de *Voyage en France d'un Agronome* de R. Dumont », *Les Cahiers Économiques*, 1953, mai, pp. 26-28.

[10] Betremieux (R.), « Les sols du Moyen-Logone et de la zone de capture », *L'Agronomie Tropicale*, n° 3-4, 1948, p. 141.

[11] Binet (Jacques), « Droit Foncier Coutumier au Cameroun », *Le Monde non chrétien*, n° 18, 1951.

[12] Binet (Jacques), *Étude sur les budgets familiaux dans le Nord-Cameroun* (Publ. ORSTOM et Conseil Supérieur des Recherches Sociologiques O.-M.), 1956, 52 p.

[13] Bouchardeau (André), *Étude des crues des « mayos » du Nord-Cameroun.* Service Hydrologique de la Commission Scientifique du Logone et du Tchad, Annuaire Hydrologique, 1951, pp. 19-38, tabl., fig.

[14] Briey (P. de), « La productivité du travailleur africain », *Revue Internat. du Travail*, LXXII, n° 2-3, pp. 129.

[15] Bruel (Georges), *La France Équatoriale, le pays, les habitants, la colonisation, les pouvoirs publics.* Paris, Larose, 1950.

[16] Brusseaux, « Notes sur les Mundangs (Mission Moll) », *Bull. Soc. de Rech. Congolaises*, nº 2, 1922, pp. 23-49.

[17] Cabot (Jean), « La mise en valeur des régions du Moyen-Logone », *Ann. Géog.*, 1955, janv.-fév., pp. 35-46, tabl., fig., cartes, bibl.

[18] Cabot (Jean) et Diziain (R.), « Population du Moyen-Logone, Cameroun et Tchad », *L'Homme d'Outre-Mer* (ORSTOM), nº 1, 1955, 72 p., tabl., fig., cartes.

[19] Combeau (A.), *Les sols du Sous-Secteur de Modernisation Rurale de Golonpoui.* Yaoundé, IRCAM, Section de Pédologie, 1955, mai, 14 p., carte.

[20] Combeau et Claisse, *Étude préliminaire pédologique pour le Sous-Secteur de Modernisation de Golonpoui.* Yaoundé, IRCAM, Section de Pédologie, 1954, fév.

[21] Commission Scientifique du Logone et du Tchad, *Étude pédologique du Bassin Alluvionnaire du Logone et du Chari*, par N. Leneuf, J. Pias et M. Erhart, ORSTOM, 1954, 234 p., tabl., fig., cartes, bibl.

[22] Cuvillier-Fleury, *Monographie de la Circonscription du Mayo Kebbi.* Archives Gouv. Territoire du Tchad, 1923.

[23] Dietman (A.), *Les tribus Kirdi du Commandement de Kaélé : situation politique et économique au 31 décembre 1937.* Archives Subdivision de Kaélé.

[24] Diziain (R.), *Densité de la population, démographie, économie rurale dans les Subdivisions de Guider, Kaélé et Yagoua* (Nord-Cameroun). Yaoundé, IRCAM, 1954, 111 p., tabl., cartes.

[25] Dresch (Jean), « A propos de la capture du Logone par la Bénoué », *Bull. Assoc. Géog. Français*, 1947, nov.-déc., pp. 100-105, cartes.

[26] Dubreuil (Pierre), *Étude des régimes des petits « mayos » du Nord-Cameroun.* Service Hydrologique de la Commission Scientifique du Logone et du Tchad, 1955, juil., 21 p., tabl., fig.

[27] Dugast (Mme I.), « Essai sur le peuplement du Cameroun », *Études Camerounaises*, 1948, juin-sept., pp. 19-33.

[28] Duhring (Oberleutnant), « Ethnologisches aus Adamaoua », *Zeitschrift für Ethnologie*, 1917, p. 131.

[29] Dumont (René), *Économie Agricole dans le Monde.* Paris, Dalloz, 1954, 597 p.

[30] Dumont (René), *Les leçons de l'agriculture américaine.* Paris, Flammarion, 1949, 368 p., tabl., fig., cartes, bibl.

[31] Dumont (René), *Rapport de mission sur le développement de la culture cotonnière au Tchad et au Cameroun*, 1950.

[32] Dupeu (Jean de Dieu), *Note sur le « pape » Toupouri.* Archives Gouv. Territoire du Tchad, 1930.

[33] « Enquête agronomique pilote sur l'utilisation des terres de la Subdivision de Kaélé, Cameroun », *L'Agronomie Tropicale*, 1955, sept.-oct.

[34] « Esquisse ethnologique pour servir à l'étude des principales tribus des territoires du Cameroun sous mandat français ». D'après Archives du Bureau des Affaires Politiques, 1935-1937, *Études Camerounaises*, 1943, juil., pp. 9-60.

[35] Fourneau, Cournarie et Cédile, *Notes sur les tribus Kirdi de la Subdivision de Kaélé* (12-1937). Archives, Région du Diamaré.

[36] Gandolfi (Alain), *Les Tupuris.* Archives Centre IFAN-Cameroun, 1951.

[37] Gaubert, *Rapport sur l'élevage à Golonpoui (avril 1954)*. Archives Secteur Nord de l'Élevage, Maroua.

[38] Gévaudan (Lieutenant), *Monographie de la Subdivision de Yagoua (mai 1923)*. Archives Centre IFAN-Cameroun.

[39] Gide (André), *Le retour du Tchad*. Paris, Gallimard, 1928.

[40] Guillard (Joanny), « Essai de mesure de l'activité d'un paysan africain : le Toupouri », *L'Agronomie Tropicale*, 1958, juil.-août, pp. 415-428.

[41] Guillard (Joanny), *Quelques indications pour une monographie agricole de village ou de canton* (à l'attention des agents du Semnord). Archives Semnord, Garoua, 1956.

[42] Guillard (Joanny), « Le Sous-Secteur de Modernisation Rurale du pays Toupouri (Nord-Cameroun) », *Sols Africains*, n° 2, 1957, pp. 31-63.

[43] Guinard (A.) et Gros (Y.), Enquêtes agricoles dans le Secteur pilote d'Azaourissé, *in* : « La mise en valeur hydro-agricole du delta de l'Ouémé », *L'Agronomie Tropicale*, 1957, juil.-août, pp. 474-491.

[44] *L'Habitat au Cameroun*, Publ. ORSTOM, Éd. de l'Union Française, 1952.

[45] Haugou, *Contribution à l'étude des bassins du Logone et du Mayo Kebbi, affluents de la Bénoué, dans les régions Toupouri et Banana*. Douala, Service des Mines du Cameroun, 1934 (14-3-1934).

[46] Herse (P.), « Rites funéraires des Toupouri (1934) », *Bull. Soc. Rech. Congolaises*, n° 23, 1937, août.

[47] Hervouet, *Notes pour servir à l'étude historique du District de Fianga*. Archives Gouv. Territoire du Tchad, 1950, janv.

[48] Jacques-Félix (Henri), « Géographie des dénudations et dégradations du sol au Cameroun. Conditions physiques et humaines », *Bull. Scient.*, n° 35, 1950, (Section Technique d'Agriculture Tropicale), 127 p., tabl., fig., cartes.

[49] Jacques-Félix (Henri), « La vie et la mort du lac Tchad, rapports avec l'agriculture et l'élevage », *Bull. Agr.*, n° 3, 1947 (Section Technique d'Agriculture Tropicale), 96 p., tabl., fig., cartes.

[50] Lamouret (Henri), « Recommandations pratiques pour composer des monographies régionales », *Bull. Soc. Rech. Congolaises*, n° 18, 1933.

[51] Lamouroux (R.), « La région du Tupuri », Communication à l'*Anthropologie*, 1913, p. 678.

[52] Léger (Adrien), « Notes sur le mariage chez les païens du Nord-Cameroun », *Africa*, 1935, pp. 340-345.

[53] Lembezat (Bertrand), *Kirdi, les populations païennes du Nord-Cameroun*, Mémoires de l'Institut Français de l'Afrique Noire (Centre du Cameroun), série « Populations », n° 2, 1950, 94 p., fig.

[54] Lemoigne (Capitaine), *Les pays conquis du Nord-Cameroun*. Paris, 1920.

[55] Leneuf (Noël) et Pias (Jean), *Étude des sols de la vallée du Moyen-Logone et de la zone de capture*. ORSTOM, 1951.

[56] Lenfant (Commandant), *La grande route du Tchad*. Paris, Hachette, 1905, in-8°, 285 p.

[57] Lukas (Johannes), *Zentralsudanische Studien*. Hamburg, Friederichen, De Gruyter, 1937, 6 p.

[58] Maronneau, *Rapport sur la Subdivision de Yagoua*. Archives Centre IFAN-Cameroun.

[59] Martin (R.), « Note sur les Mundang de la région de Léré (Tchad) », *Bull. de l'Institut d'Études Centrafricaines*, 1947, vol. II, fasc. 1.

[60] Meek (C. K.), *Tribal studies in Northern Nigeria.* Londres, Kegan Paul, 1931.

[61] Mesle (R.), *Inventaire ethnique du Nord-Cameroun.* Comptes rendus de la 5e réunion des Africanistes de l'Ouest, 1953, p. 137.

[62] Meigs (Peveril), *World distribution of arid and semi-arid homoclimates.* Paris, Unesco, 1951 (Unesco/NS/AZ/37).

[63] « La mesure du sous-emploi. Conf. Internat. des Statisticiens du travail, mai 1957, *Revue Internat. du Travail,* 1957, oct., p. 386.

[64] Milbrat (Leutnant), *Les Banana et les Toupouri : leurs mœurs et leurs coutumes,* 1912. Archives Centre IFAN-Cameroun.

[65] Mission anti-érosive du Congo Belge, *Monographie des groupements Mumosho-Mugabo.* Léopoldville, Service de l'Agriculture du Gouv. Gal du Congo Belge, 1952, 141 p., tabl., fig., cartes.

[66] Mouchet (Jean), « Pratiques de divination Massa et Toupouri », *Bull. Soc. Études Camerounaises,* no 4, 1943, pp. 61-71.

[67] Mouchet (Jean), *Rapport de tournée dans la Subdivision de Yagoua, canton de Yagoua, 1937.* Archives Centre IFAN-Cameroun.

[68] Mouchet (Jean), *Rapport de tournée dans le canton de Wina, Subdivision de Yagoua, juin 1936.* Archives Centre IFAN-Cameroun.

[69] Mouchet (Jean), « Vocabulaires comparatifs de quinze parlers du Nord-Cameroun », *Journal Soc. Africanistes,* Paris, t. VIII, 1938, pp. 124-143.

[70] Nickles, *Les formations géologiques de la cuvette tchadienne,* 1952.

[71] Passarge (S.), *Adamaoua. Berichte über die Expedition des Deutschen Kamerun Komites.* Berlin, 1895.

[72] Passarge (S.), *Kamerun,* in *Das Deutsche Kolonial Reich Ester.* 1. *Band, Ost Africa und Kamerun.* Leipzig et Vienne, 1909.

[73] Pédrals (H. de), « Contributions à l'établissement d'un inventaire ethnique du Cameroun », *Bull. de la Soc. Ét. Camerounaises,* no 15-16, 1946, sept-déc.

[74] Pias (Jean) et Guichard (Ed.), « Origine et conséquence de l'existence d'un cordon sableux dans la partie sud-ouest de la Cuvette Tchadienne », *C.R. Acad. Sci.,* t. 24, pp. 791-793 (séance du 4-2-1957).

[75] Portères (R.), *Aménagement de l'économie agricole et rurale au Sénégal* (Mission R. Portères, Gouv. Gal A.O.F.). Bambey, CRA, 1952, 3 vol.

[76] Portères (R.), « Les plantes indicatrices du niveau de fertilité du complexe cultural édapho-climatique en Afrique Tropicale », *1re Conférence Africaine des Sols.* Goma, 1948.

[77] Portères (R.), *Les sels alimentaires.* Dakar, Dir. Gén. Santé Publique, 1950, 78 p.

[78] Poutrin (Dr.), *Esquisse ethnologique des principales populations de l'A.E.F.* Paris, 1904.

[79] Prestat (G.), *Rapport sur les Toupouri de Kaélé. Septembre 1946.* Archives Subdivision de Kaélé.

[80] Privat (Marcel), *Enquête sur la Subdivision de Yagoua* (1939). Archives Centre IFAN-Cameroun.

[81] Roch (E.), « Itinéraire géologique dans le Nord-Cameroun et le Sud-Ouest du Territoire du Tchad », *Bull.* no 1 du *Service des Mines du Cameroun,* 1953.

[82] Rolley, Lhuillier, Betremieux et Brenon, *Rapport sur les possibilités de développement économique du Bassin du Logone*. Paris, 1946, 2 vol., cartes.

[83] Rossin (Maurice), *L'encadrement agricole, base du développement de la production*, 4 p.

[84] Rossin (Maurice), « Le problème de l'éducation professionnelle agricole et la modernisation rurale en Afrique Noire et à Madagascar », *La Nouvelle Revue Française d'Outre-Mer*, 1957, mai, pp. 243-247.

[85] Royer (J.), *Résultats préliminaires de l'enquête agricole de Bouaké (Côte d'Ivoire)*. Dakar, Service des Statistiques de l'A.O.F.

[86] Royer (P.), « Quelques documents sur les populations Moundang et Kirdi du Cameroun Septentrional », *Bull. et Mém. de la Soc. d'Anthropologie de Paris*, 8e série, t. IV, 1933, p. 182.

[87] Schlippe (Pierre de), « De l'anthropologie agricole », *Problèmes d'Afrique Centrale*, nº 33, 1956, p. 203.

[88] Schlippe (Pierre de), « Enquête préliminaire du système agricole des Barundi de la région Bututsi au Ruanda-Urundi », *Bull. Agric. du Congo Belge*, nº 4, 1957.

[89] Schlippe (Pierre de) et Batwell (B. L.), « Preliminary study of the Nyangwara system of agriculture », *Africa*, nº 4, 1955, pp. 321-351.

[90] Tilho (Gal), *Le Tchad et la capture du Logone par le Niger*. Paris, Gauthier-Villars, 1947.

[91] UNESCO, *Société, traditions et technologie*. Paris, au siège, 1953.

[92] Vaillant (André), « Contribution à l'étude des sols du Diamaré (Nord-Cameroun) », *L'Agronomie tropicale*, nº 4, 1956.

[93] Vaillant (André), « Les pâturages naturels du Nord-Cameroun », *Revue d'élevage et de médecine vétérinaire des pays tropicaux*, nº 4, 1956, p. 367.

[94] Verdier (Lieutenant), *Monographie de la Subdivision de Yagoua, 1927*. Archives Centre IFAN-Cameroun.

[95] Vossart (J.), « Notes sur les populations du District de Bongor-Mayo Kebbi (Tchad) », Mémoires, nº 2304. *Centre des Hautes Études d'Administration Musulmane.*

[96] Guillaume (M.), *Rapport de mission sur la mise en valeur du bassin du Logone et du Bas-Chari, sept.-déc. 1954*. Polycopié, 1955, 190 p., tabl., cartes, bibl.

[97] Blanc (R), *Manuel de recherche démographique en pays sous-développé*, Londres, CCTA, 158 p., tabl., graph.

INTRODUCTION

A l'occasion de l'implantation d'un réseau de bandes boisées dans le Nord-Cameroun, soucieux d'y voir, plutôt que l'essentiel d'une action protectrice, le complément d'une amélioration générale des conditions de production du pays Toupouri, nous avons suggéré, fin 1953, qu'un effort soit fait pour le développement rural de cette région densément peuplée et exclusivement agricole. La création du Secteur Expérimental de Modernisation Rurale du Nord-Cameroun (Semnord) permit celle d'un Sous-Secteur en pays Toupouri, étroitement inspiré des principes de modernisation rurale nettement définis et exposés par M. M. Rossin, Directeur de l'Agriculture, de l'Élevage et des Forêts au Ministère de la France d'Outre-Mer [83 et 84][1] : à savoir « la participation consciente et acceptée du paysan..., la prise de conscience de sa propre responsabilité dans sa promotion économique et sociale » obtenues grâce à la présence au sein d'une communauté rurale vivante d'un Conseiller se mettant à la portée de celle-ci.

Dans le cadre de l'assistance technique rurale, grâce à l'encadrement en profondeur déclenchant au sein même des familles, cellules élémentaires de la production, le processus de modernisation, il nous fallait définir les buts, les méthodes et le lieu précis de notre action.

***

Par un double effort psychologique et technique, le Sous-Secteur se proposait de réunir les facteurs favorables à une vie rurale féconde (sans pour cela préjuger de son évolution à longue échéance) en relevant la production par hectare et par cultivateur, en conservant ou mieux encore en améliorant le potentiel productif, en développant l'esprit d'initiative mais en sauvegardant les caractères originaux du milieu humain. Le programme était ainsi : 1° persuader le paysan Toupouri de la possibilité et

1. Les numéros entre crochets renvoient aux références de la Bibliographie.

de l'intérêt d'améliorer et ses techniques et son sort ; 2° grâce à une auto-consommation d'exploitation et de fertilité accrue lui faire acquérir de meilleurs moyens de production et des techniques plus avancées (énergie animale, fertilisants, semences) ; 3° ces moyens étant vulgarisés, lui faire adopter une organisation rationnelle de l'espace agricole garantissant la progression continue de l'amélioration. Pour ce faire, avec une connaissance aussi profonde que possible de l'ensemble des conditions locales, nous avons eu pour dessein de faire adopter progressivement au paysan Toupouri des solutions simples mais efficaces, facilement généralisables ensuite, à ses divers problèmes. Dans un climat de confiance, par la seule vertu de la persuasion, « faisant toucher du doigt » les conséquences grâce à l'exemple des paysans plus dynamiques suivant déjà les conseils, se soudait ainsi le maillon essentiel de la modernisation agricole, celui de la vulgarisation.

Après une étude détaillée du pays Toupouri, la consultation de nombreuses personnes, l'avis éclairé de M. G. Grandclément, Directeur Technique de la C.F.D.T.[1], nous avons choisi la zone sud du canton de Ndoukoula et en particulier le village de Golonpoui comme centre de démarrage de l'action. Golonpoui, 1 452 habitants, sur un finage de 1 800 ha environ, représentait bien l'agriculture et la société Toupouri. La dimension en était satisfaisante, la gamme des sols et des cultures assez typique, les paysans n'étaient ni parmi les plus évolués, ni parmi les plus archaïques. Étant donné sa proximité de l'important marché hebdomadaire de Datchéka, régulièrement fréquenté par des milliers de Toupouri, ceux-ci pouvaient ainsi mesurer les progrès accomplis par les paysans du Sous-Secteur sur ce véritable « panneau permanent de démonstration ».

Nous avons eu la chance de voir affecter par le Semnord[2], à Golonpoui, comme agent d'encadrement M. Yves Bloc'h. Ce fils de paysan breton s'est révélé un excellent Conseiller Rural, il fut la cheville ouvrière de toute l'action ; vivant constamment au niveau même du village, dans des conditions matérielles assez précaires au début, il devint vite le conseiller écouté, le tuteur et l'ami des paysans. En contact étroit avec les cultivateurs, ayant leur confiance, il est responsable de tous les progrès qui furent réalisés. Son expérience profonde des choses et des gens nous a beaucoup aidé dans la rédaction de cet ouvrage, qu'il en soit sincèrement remercié.

***

Nous avons jugé indispensable de nous appuyer constamment sur une connaissance aussi précise que possible de tous les facteurs, permettant de mesurer à la fois les conditions exactes de départ et les progrès accomplis ;

1. C.F.D.T. = Compagnie Française pour le Développement des Textiles.
2. Qu'il nous soit permis de remercier ses successifs Directeurs pour l'aide administrative qu'ils nous ont toujours apportée.

ainsi modernisation et analyse des conditions locales se sont toujours trouvées associées. D'autre part une enquête rurale ne peut aborder à fond tous les domaines : généralement ce sont les personnes et les ressources qui en délimitent le champ. Dans le cas de Golonpoui le personnel était en grande partie celui chargé de l'encadrement proprement dit et, grâce à l'étalement sur plusieurs années, une somme importante de renseignements fut accumulée, malgré l'absence quasi totale de données de base précises. Nous avons regroupé en une monographie centrée sur Golonpoui et appuyée sur l'étude détaillée de huit familles de ce village, les divers aspects de la vie rurale Toupouri[1]. Nous avons cherché à concentrer sur ce champ unique d'observations coordonnées et soutenues un certain nombre de recherches utiles au Nord-Cameroun. Il nous est agréable de remercier ici l'Institut de Recherches du Cameroun (IRCAM/ORSTOM) et ses équipes de pédologues et nutritionistes. Nous nous sommes efforcé de suppléer dans la mesure du possible à l'absence de spécialistes en sociologie, économie, etc. Nous adressons nos remerciements aux nombreux informateurs qui nous ont fait bénéficier de leurs connaissances sur le pays Toupouri : Révérends Pères Oblats de Marie-Immaculée de la Mission de Ndoukoula, Administrateurs de Kaélé, Yagoua, Maroua qui nous ont permis de consulter leurs archives, Centre IFAN-Cameroun à Douala, etc., mais nous avons une gratitude particulière envers les huit familles du village de Golonpoui : Tem, Tionga, Bambé, Lopo, Damo, Yongwé, Dahan, Hakna qui se sont prêtées avec bonne grâce aux enquêtes détaillées quant à leur travail et à leurs finances ; toujours aimables, ne cherchant pas à dissimuler, elles ont été, inconsciemment, nos meilleurs auxiliaires.

« La connaissance d'une unité rurale est un tout indissoluble, elle s'opère par un mouvement de synthèse où les diverses données de l'analyse viennent non seulement s'intégrer dans la reconstruction finale mais s'éclairer réciproquement et permettre par une interprétation globale des phénomènes d'ensemble, de mieux saisir les raisons d'être, les fonctions, les déficiences et les tendances de cette population »[2]. C'est dans cet esprit que nous avons rassemblé les données et rédigé le présent travail.

Dans une première partie (livre II) sont évoqués les facteurs naturels, dans le livre III sont étudiés les facteurs sociaux. Dans le livre IV est rassemblé tout ce qui a trait à la production agricole elle-même, cependant l'étude détaillée des activités a été traitée à part dans le cinquième livre. Toutes les questions économiques ont été groupées dans le livre VI. Nous prenons l'entière responsabilité des opinions avancées dans cet ouvrage.

1. Toutes nos données numériques ont été obtenues par arpentage total des surfaces, par pesée complète des récoltes. Tous les prix actuels sont indiqués en francs CFA (1 franc CFA = 2 francs métropolitains 1956).

2. A. Birou, in *Économie et Humanisme*, n° 108, supplément, 1957, 2e semestre, p. 70.

Toutes les études des faits concrets doivent se traduire par une action d'amélioration et celle-ci, même si elle ne se soucie que de l'économique, doit profiter en définitive à la population rurale et aux individus eux-mêmes. L'enquête de base, faisant une large place à l'humain, permet d'assurer dès le départ un contact étroit avec les gens, de créer un « climat de confiance » dans lequel l'homme « faible » qu'est le paysan (qui n'a pu jusqu'à présent s'exprimer et n'a eu qu'une très petite influence) puisse s'épanouir. Comme le diagnostic progresse conjointement à l'enquête, l'action accompagne le diagnostic, aussi L. J. Lebret a-t-il pu écrire (*Guide pratique de l'enquête rurale*, t. I, 1954) : « L'enquête bien comprise est une introduction à l'action. »

Cet ouvrage doit beaucoup à ma femme qui m'a constamment aidé dans sa préparation et dans sa présentation; qu'elle en soit vivement remerciée.

Nous avons toujours bénéficié, aussi bien pour la conception même du Sous-Secteur et l'application des principes de modernisation, que pour l'enquête rurale et son exploitation, des encouragements et des conseils de M. M. Rossin dont nous nous sommes efforcé de ne pas trahir la pensée. Qu'il soit ici profondément remercié de l'intérêt qu'il a toujours manifesté à l'égard de notre travail. Nous remercions aussi très vivement le Professeur René Dumont qui a bien voulu relire notre manuscrit.

LIVRE II

LE PAYS

CHAPITRE PREMIER

PRÉSENTATION

En décembre-janvier de mornes étendues grises et sablonneuses d'où la vue débouche brusquement sur les plaines vertes de champs de mil repiqué, en août et septembre une verdure et une fraîcheur générales sur lesquelles tranchent les cimes grises et dépouillées des Faidherbia ; quelle que soit la saison l'homme présent partout par ses cultures, son bétail, ses marchés, ses jeunes gens dansant et chantant, tel est le pays Toupouri, terre de contrastes saisonniers mais d'une assez grande unité physique habitée par un ensemble humain très homogène. Le groupe ethnique Toupouri (120 000 âmes environ) s'est installé sur la zone de contact entre le socle cristallin et les alluvions quaternaires tchadiennes, au sud et au nord de la dépression dite du Mayo Kebbi. Les différences entre la zone sur socle et les sols sur Quaternaire, entre les argiles de la vallée du Mayo Kebbi et les plateaux sableux ne suffisent pas à altérer les modes de vie, les coutumes, le sentiment ethnique confus qui font l'unité du groupe Toupouri. Le partage administratif entre les cinq subdivisions de Yagoua et Kaélé (au Cameroun), Fianga, Léré et Pala (au Tchad) avec ses conséquences économiques a entraîné une diversification notable en surface mais qui n'affecte que très peu les aspects profonds de la vie Toupouri.

Nous n'étudierons en détail que la zone du Sous-Secteur de Modernisation Rurale du pays Toupouri centrée sur le village de Golonpoui, mais nous serons amené, pour certains chapitres, à embrasser plus ou moins largement le pays Toupouri et en particulier le canton de Ndoukoula.

Malgré des conditions naturelles difficiles : saison sèche de sept à huit mois, pluviométrie annuelle de 900 mm environ, sols sableux à argilo-sableux pauvres, une population très dense a défriché et cultivé le pays ; elle a été obligée d'élaborer un système agricole remarquablement intensif pour l'Afrique sèche mais insuffisant pour l'arracher à une économie primitive.

Les larges croupes sablonneuses encore plus ou moins boisées et les plaines entièrement cultivées, le « semis » de cases coniques en paille

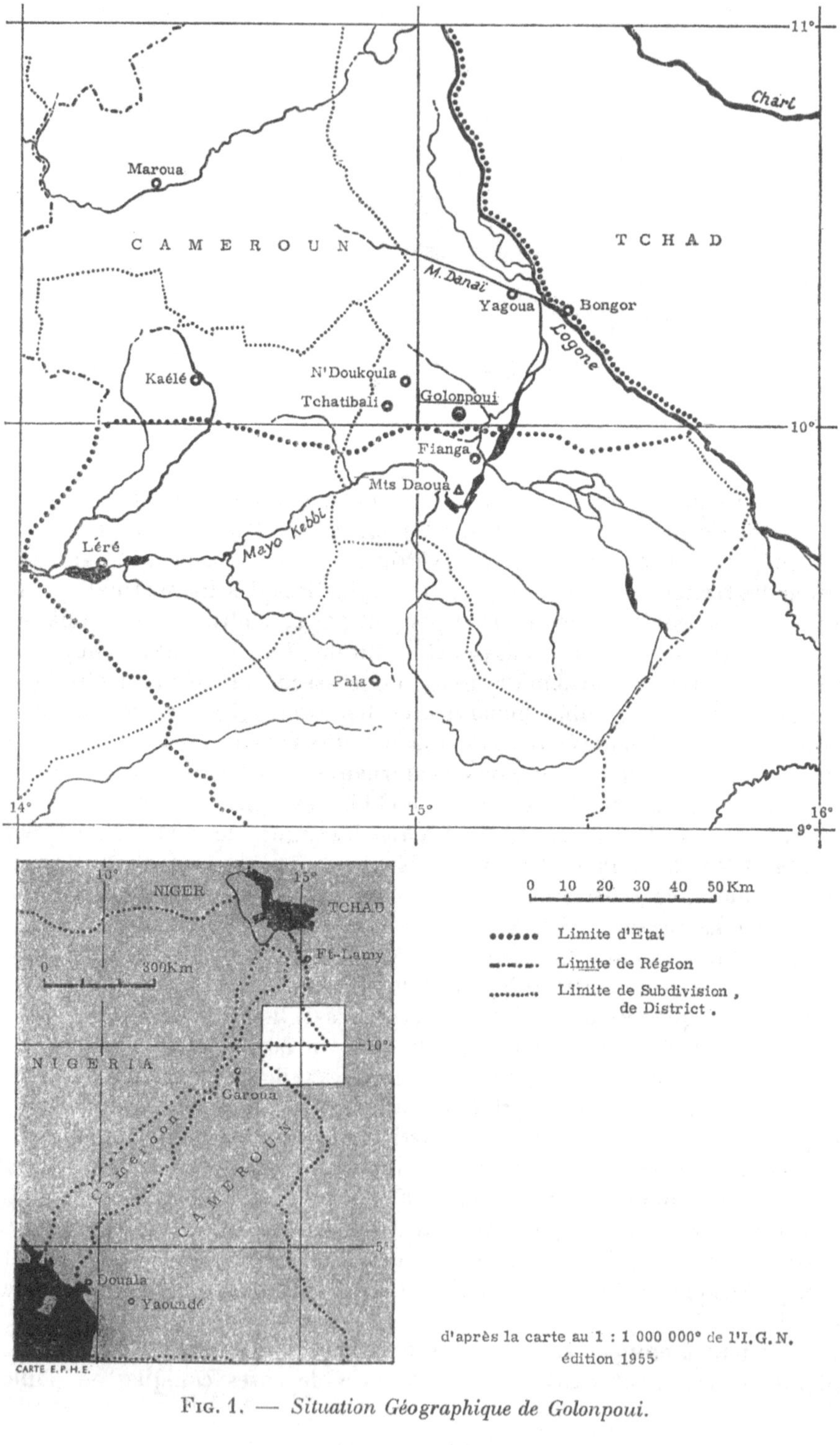

FIG. 1. — *Situation Géographique de Golonpoui.*

dissimulées dans la zone intermédiaire composent un paysage calme sur lequel se détache la lointaine silhouette des Monts de Fianga. Il s'en dégage, tout spécialement en saison des pluies pleine de fraîcheur, d'eau et de verdure, une beauté singulière. Le lent retour des troupeaux le soir, les pipeaux des jeunes gens, l'harmonie des corps nus lui confèrent un charme bucolique et prenant. Le voyageur qui passe est conquis par le paysage et celui qui y a séjourné par la gentillesse des paysans.

CHAPITRE II

GÉOLOGIE ET GÉOMORPHOLOGIE

L'accumulation des sédiments de la cuvette tchadienne a noyé pratiquement tout le socle cristallin. Seul émerge à une douzaine de kilomètres au sud de Golonpoui le massif de Fianga-Tikem qui domine de 350 m la surface mollement ondulée des alluvions (cote moyenne 320 m). Ces roches post-birrimiennes d'après E. Roch [81], de granite rose intrusif, ont surgi de la pénéplaine granito-gneissique qui se raccorde à l'ouest aux reliefs plus accentués du Nord-Cameroun par une chaîne de collines plus ou moins marquées, de hauteurs démantelées, ancienne ligne de partage des eaux supprimée par l'avancée vers l'est du Mayo Kebbi et de ses affluents.

Une importante formation crétacée située plus au sud, les grès de Lamé ou de Pala a été violemment attaquée au Néogène par un réseau hydrographique puissant dirigé vers un ancien Tchad. Les produits sableux de la désagrégation ont donné une vaste formation d'épandage appelée aujourd'hui sables de Kélo[1] ; rouges, beiges et parfois blancs ils s'étalent en pente douce jusqu'à la latitude de Yagoua et de Fianga où ils disparaissent sous des formations plus récentes. Ils ne seraient pas (N. Leneuf et J. Pias [55]) d'origine éolienne mais plutôt mi-fluviatile mi-lacustre. La nappe qui peut atteindre 100 m de puissance plonge doucement vers le nord soit par suite de la pente inhérente au dépôt lui-même, soit par suite d'une subsidence quaternaire du lac situé au centre de la cuvette.

La planimétrie de toute la région Yagoua-Kalfou-Fianga (cf. carte au 1/100 000e de l'Institut Géographique National, feuille NC 33 XVI-1 Bongor et feuille NC 33 XV-2) montre deux directions privilégiées commandant tout le relief malgré la mollesse de celui-ci. C'est d'une part une direction ouest-nord-ouest—est-sud-est (117° environ) soulignée par le cordon sableux qui traverse le Nord-Cameroun en écharpe de Mora à Yagoua [74], le cours subséquent du Mayo Danaye et les grandes dépres-

1. E. Roch [81] estime à 270 km du sud au nord et 160 km d'est en ouest soit près de 23 000 km² leur extension minimum.

sions inondées en saison des pluies de Guinane et de Lokoro-Karmaye. Elle est marquée par la plaine argilo-sableuse d'Hourlargo-Golonpoui, ancienne dépression en partie comblée par les apports du lessivage latéral du large bombement sableux parallèle. L'autre direction à peu près symé-

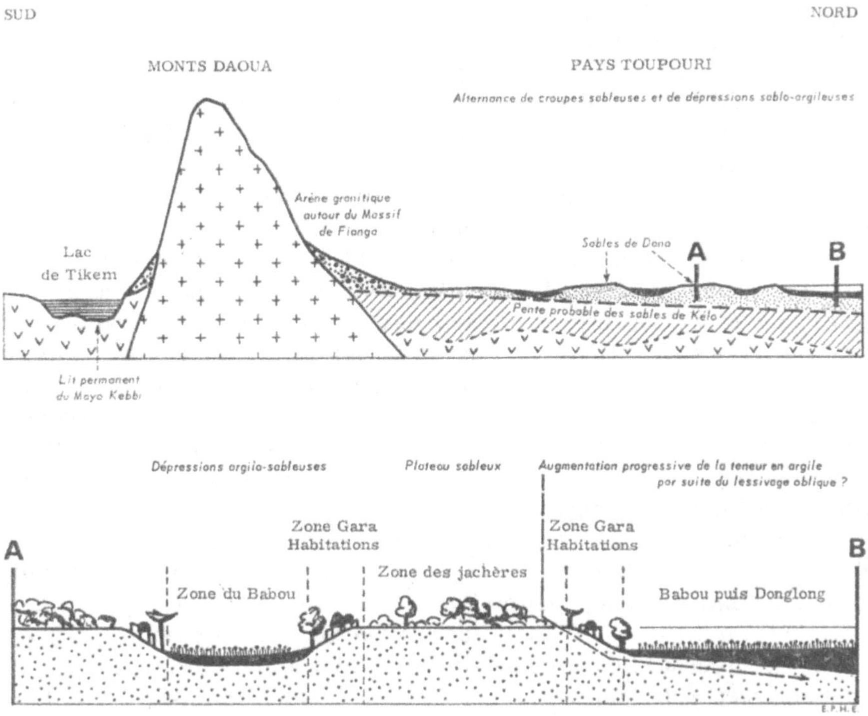

FIG. 2. — *Coupe schématique à travers le pays Toupouri : Yagoua-Fianga.*

trique par rapport au nord, soit ouest-sud-ouest—est-nord-est (60°) est assez confuse dans la partie sud mais crée au sud de Yagoua et dans la Réserve forestière de Kalfou une série de crêtes et de dépressions parallèles, les unes sableuses, les autres argileuses et remplies d'eau en saison des pluies, qui viennent buter dans le Mayo Danaye. L'interaction des deux directions décelables dans tout le triangle Yagoua-Kalfou-Fianga est très nette dans la région de Bougeye (30 km au nord de Golonpoui) où une série de petites mares sont emprisonnées dans les mailles des crêtes sableuses. Il ne nous a pas été possible de déterminer quelle direction est postérieure à l'autre ; elles entraînent deux directions de drainage (plus ou moins bonnes) l'une vers le Mayo Danaye et ainsi le Logone, l'autre vers le lac de Fianga et ainsi le Mayo Kebbi et la Bénoué.

Le triangle où se manifeste ce réseau losangique d'alignements sableux et de dépressions argileuses est formé par les sables de Dana, quartzeux blancs ou beiges, assez purs. Par suite d'une légère sédimentation mais surtout à cause d'un lessivage oblique prononcé, les dépressions se sont enrichies en matériaux fins et transformées en mares temporaires de saison des pluies entre les alignements de sable fixés. On a ainsi des petites vallées argileuses en forme de « fond de bateau »[1] entre des « dunes » de sables très purs lessivés. E. Roch [81] qui a bien noté cette différence entre les sables de Kélo et les sables de Dana, ces derniers peu argileux ne demeurant pas mouillés après les pluies tandis que les premiers plus argileux « collent aux pneus des voitures », leur a attribué des âges différents (Quaternaire ancien et Quaternaire récent).

Plutôt que des alluvions lacustres tchadiennes du Quaternaire récent ne faut-il pas voir dans ces sables de Dana le produit du brassage, du remaniement répété d'accumulations de sables de Kélo ? Les oscillations climatiques quaternaires (liées aux glaciations) ont entraîné des variations considérables de la surface du lac, des modifications importantes du drainage et des altérations sensibles du modelé. L'interaction des cordons sableux, des deux drainages possibles, la prépondérance de l'un ou de l'autre sont peut-être la cause de cette disposition selon deux directions des crêtes et des dépressions. L'étude de la formation de cette disposition si particulière de relief apporterait peut-être quelques lumières sur les problèmes Bénoué-Logone.

Golonpoui et les villages voisins sont situés à la pointe sud de ce dispositif. On y reconnaît facilement les larges croupes sablonneuses de 6 à 8 km de largeur et la plaine argilo-sableuse orientée ouest-nord-ouest—est-sud-est qui les sépare. Cette disposition qui explique toute la répartition des sols de la région, permet de comprendre le classement des cultures en zones bien déterminées : mil repiqué de saison sèche (Babou)[2] cultivé année après année sur les sols de la plaine, zone des habitations sur la pente douce non inondée, au contact de la plaine et des puits, où le mil rouge hâtif (Gara) est cultivé sur les sols fumés, puis, sur les plateaux sableux, culture itinérante avec longue jachère arborée qui ne fournit qu'un supplément alimentaire (mil blanc tardif Shoukouloum) ou commercialisé (arachides).

Sur ce modelé peu accusé, l'empreinte de l'homme n'a été que très faible. Si le paysage a été modifié par son action sur la végétation, ses cultures, ses cases et ses pistes, les transformations foncières sont très faibles par comparaison aux paysages des vieilles civilisations agricoles. On ne peut guère citer que la création, en bordure des dépressions, de petites mares dues aux prélèvements de terre pour les constructions et servant d'abreuvoirs au bétail.

1. Garde, *Description géologique des régions situées entre le Niger et le Tchad*, Paris, 1910.

2. Babou ou Babu.

La pente générale très douce dans cette zone d'hydrographie confuse malgré son appartenance au bassin du Mayo Kebbi, et le caractère de la pluviométrie entraînent une forte dégradation du réseau hydrographique et un coefficient d'écoulement très faible[1]. Il n'y a donc pas de rivières à lit marqué mais des dépressions largement ouvertes inondées en saison des pluies puis se desséchant en laissant des alignements de mares, vite taries elles aussi. L'inondation progresse plus ou moins selon les années et va rejoindre l'eau de crue du lac de Fianga, seule eau libre permanente de tout le pays. En saison des pluies, le pays Toupouri devient une région aux horizons mouillés, le sol est gorgé d'eau dans les plaines, le moindre creux devient flaque, l'eau est partout car l'écoulement, malgré le sol relativement perméable, est des plus faibles. Dans les grandes dépressions l'eau semble immobile mais elle s'écoule lentement en direction du lac. Dès la fin des pluies, l'eau disparaît rapidement et ce qui fut un pseudo-cours d'eau de 50 m de large et plus d'un mètre de profondeur ne montre plus qu'un sol argileux où le paysan se hâte de repiquer son mil.

1. P. Dubreuil [26] fournit dans son étude sur les petits mayos (rivières torrentielles) du Nord-Cameroun de la région de Maroua les chiffres suivants : coefficient d'écoulement de 14 à 27 %, déficit d'écoulement de 625 à 715 mm.

CHAPITRE III

CLIMATOLOGIE

Depuis 1955 seulement ont lieu des relevés pluviométriques à Golonpoui et nous sommes obligé de faire appel aux données climatologiques des postes les plus proches, sensiblement à la même altitude : Yagoua (50 km au nord-est), Kaélé (80 km à l'ouest), Ndoukoula (12 km au nord-ouest) et Tikem, station IRCT (Tchad) (20 km au sud). Malheureusement le nombre d'années de relevés valables est limité et les seuls chiffres sont en général ceux des précipitations.

Avec un indice pluviométrique faible (900 mm environ), une saison écologiquement sèche très longue (8 mois à pluviométrie inférieure à 30 mm) et une saison de grande pluviosité courte (3 à 4 mois très pluvieux c'est-à-dire fournissant chacun plus de 100 mm de pluie) avec un maximum en août, Golonpoui et toute la région Kaélé-Yagoua subissent un climat sahélo-soudanais assez typique [1]. La température moyenne annuelle assez élevée (27 °C) avec des minima en janvier et août et un maximum en mars-avril confirme l'appartenance à ce type de climat. Cependant le facteur climatique principal est l'hygrométrie avec ses deux éléments : la pluviométrie et l'évaporation. Comme les divers aspects de l'hygrométrie (tension de vapeur d'eau, déficit de saturation, etc.) l'évaporation est assez mal connue. Des mesures à Tikem en avril 1946 donnent de 9 à 10 mm par 24 heures [10] ; les hauteurs mesurées au bac Colorado à Maroua en saison des pluies varient de 2,9 à 6,7 mm par 24 heures [26] ; l'évaporation d'une nappe d'eau libre dépasse 1,50 m pour la saison sèche et plus de 2 m pour toute l'année, soit plus du double des précipitations annuelles : (Rapport $\frac{\text{évaporation}}{\text{pluviométrie}} = 2{,}9$ à Tikem en 1947).

PLUVIOMÉTRIE

Grâce aux données plus nombreuses que nous possédons, une étude plus détaillée de la pluviométrie a pu être faite.

Tandis que novembre, décembre, janvier, février ne reçoivent pas une

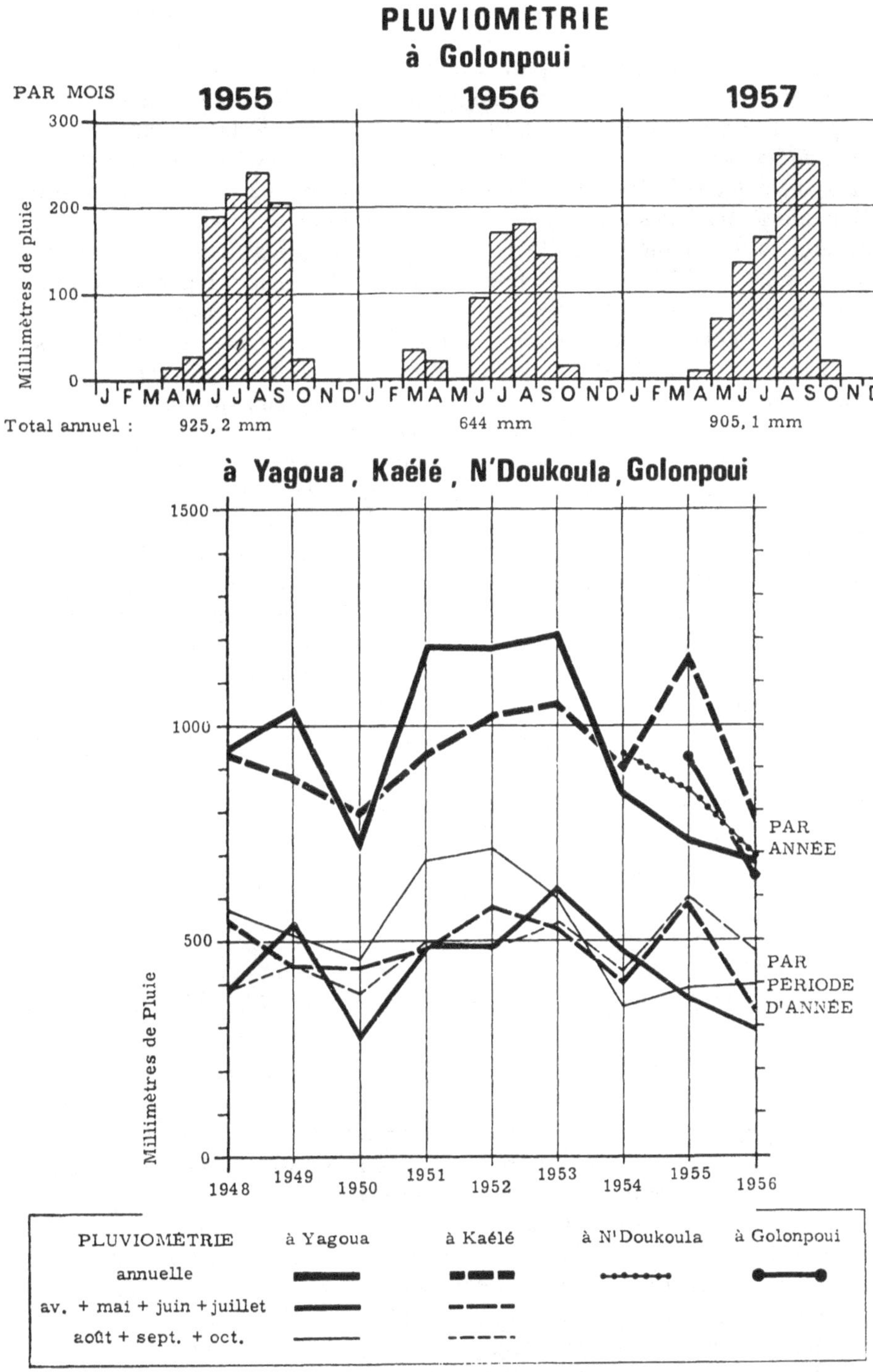

FIG. 3. — *Pluviométrie à Golonpoui.*

goutte de pluie et que juin, juillet, août et septembre sont toujours assez abondamment arrosés avec un maximum plus ou moins marqué en août, la pluviométrie des mois de mars, avril, mai varie de façon notable. En général les pluies commencent en avril, augmentent légèrement en mai, et en juin, dépassent 100 mm. Mais il n'est pas rare d'avoir (par exemple Golonpoui 1956) des pluies précoces en mars et avril suivies par un mois de mai sans aucune précipitation. Ces précipitations malgré leur abondance relative (7,95 % de la pluie totale en 1956) n'ont aucune utilité agricole et il convient de les soustraire du total de pluies utiles.

L'étude détaillée montre une réduction fréquente de la pluviosité dans les deux dernières décades de juillet et les dix premiers jours d'août, reflet très atténué de la petite saison sèche du régime subéquatorial. Il faut noter (cf. fig. 3) le parallélisme des variations des précipitations totales entre les stations voisines, Kaélé et Yagoua. Sauf en 1955, sur une période de neuf années la concomitance des totaux annuels est bonne, avec cependant des différences beaucoup plus fortes à Yagoua qu'à Kaélé. Les trois années d'observation de Ndoukoula et les deux années comparables (1955 et 1956) de Golonpoui présentent des différences dans le même sens que Yagoua. Ce parallélisme des variations de la pluviométrie caractérise bien un régime de pluie tropical pur, car les stations sont bien indépendantes les unes des autres. Il n'y a en effet pas de concordance quotidienne entre les précipitations dans les stations considérées.

L'irrégularité inter-annuelle $\left(\frac{\text{Indice pluviométrique annuel le plus élevé}}{\text{Indice pluviométrique annuel le plus faible}}\right)$ de ce climat semi-aride est assez forte, comprise entre 1,5 et 2.

Maroua (20 années)	$\frac{1073}{548} = 1{,}95$
Yagoua (9 années)	$\frac{1213}{682} = 1{,}78$
Kaélé (9 années)	$\frac{1162}{795} = 1{,}46$
Golonpoui (3 années)	$\frac{925}{644} = 1{,}44$

L'irrégularité inter-mensuelle et les variations de la pluviométrie en début de saison des pluies si importantes pour la production agricole sont étudiées au paragraphe « Climatologie agricole ».

La majorité des précipitations a lieu sous forme de « tornades » courtes et violentes. Le début de la saison des pluies est marqué par la répétition à une fréquence croissante de « tornades sèches » qui associent à une brusque chute de température, une remontée de la pression atmosphérique succédant à une phase dépressionnaire assez pénible et de violentes sautes de vent balayant la poussière et les débris végétaux qui couvrent le sol.

Quoiqu'appartenant en général à des lignes de grains jalonnées de gros cumulo-nimbus, les « tornades » sont très localisées (surfaces mouillées de l'ordre de 500 km^2) et donnent des hauteurs de pluie très variables à de faibles distances. Courtes mais violentes surtout en début et fin de saison, elles durent de 2 à 3 heures avec des précipitations de 30 à 90 mm ; celles qui apportent la pluie à Golonpoui se dirigent du nord-est au sud-ouest. Les précipitations de faible volume sont le plus souvent dues à des « queues de tornade ». Nous ne disposons pour Golonpoui que des relevés de précipitations par 24 heures. Ces chiffres correspondent parfois à la somme de deux averses isolées mais la plupart du temps il s'agit d'une seule pluie durant moins de 5 heures et ayant fourni plus des trois quarts du total journalier en moins de 2 heures.

Dans l'analyse de la répartition par classes de précipitations qui suit, nous admettrons donc que le relevé quotidien correspond à une seule pluie.

En année normale (total annuel 900 mm environ) les faibles précipitations (inférieures à 10 mm) fournissent 15 % de la lame d'eau annuelle, les précipitations moyennes (comprises entre 10 et 35 mm) 45 à 50 % et les fortes précipitations (⩾ 35 mm) près de 40 %. Par contre, comme l'indique le tableau ci-dessous, en année déficitaire (ex. 1956) les fortes précipitations ne contribuent que pour 6 % au total, tandis que les pluies moyennes donnent 78 % et les faibles chutes journalières gardent le même pourcentage de 15 %.

En pourcentage du total annuel de précipitations

Pluies	*1955 (925 mm)*	*1957 (905 mm)*	*1956 (644 mm)*
< 10 mm	16,1	14,1	15
⩾ 10 mm, < 35 mm	44,9	47,4	78,7
⩾ 35 mm	39	38,4	6,3

D'ailleurs en 1956, il n'y a eu qu'une seule pluie supérieure à 35 mm alors qu'en 1955 360,6 mm soit plus d'un tiers de la lame d'eau annuelle et en 1957 347,4 mm soit 38,4 % du total provenaient de précipitations supérieures ou égales à 35 mm.

Les précipitations maxima atteignent 60 mm (23-6-1955 : 60,2 mm, 14-8-1957 : 64,4 mm).

TEMPÉRATURE

La température moyenne annuelle est voisine de 27 °C (Tikem sur 3 ans : 26,4 °C ; Kaélé sur 2 ans : 27,6 °C) mais deux maxima mensuels, l'un assez élevé (32 °C) en mars-avril, l'autre moins important (28 °C) en octobre-novembre et deux périodes fraîches août (25 °C) et surtout décembre-janvier (25 °C) apportent des variations d'autant plus sensibles qu'elles constituent des saisons bien marquées (maximum de température de février-mars, pleine saison sèche ; maximum d'octobre en fin de saison des pluies où l'hygrométrie est assez élevée, les plaines sont encore inondées et les dernières tornades accablantes) (minimum d'août qui correspond au cœur de la saison des pluies et saison fraîche et agréable de décembre-janvier). L'écart diurne moyen est d'ailleurs grand à cette dernière période (16 à 19 °C) tandis qu'il est faible pendant la saison des pluies (8 à 9 °C en juillet-août).

La moyenne annuelle de la température au sol à Tikem est 30,8 °C avec un maximum absolu de 54,2 °C en avril et un minimum absolu de 6 °C en janvier. Les variations de température en profondeur sont encore très notables : maximum mensuel moyen d'avril au sol : 47 °C ; à 30 cm à 06 h 00, 36 °C ; à 150 cm à 06 h 00, 35,2 °C ; minimum mensuel moyen en juillet au sol : 35 °C ; à 30 cm à 06 h 00, 28,5 °C ; à 150 cm à 06 h 00, 30,8 °C.

VENTS

Le vent dominant est l'alizé continental qui souffle du nord-nord-est de façon continue de novembre à mars. Il amène avec lui des « brumes sèches », fines suspensions de poussière jusqu'à haute altitude probablement dues à des tempêtes de sable du Sahara oriental.

Un anémographe a été installé par le Service du Génie Rural à Golonpoui. Il semble que la fréquence et l'intensité des vents ne permettent pas le fonctionnement d'une éolienne.

QUELQUES CONSIDÉRATIONS DE CLIMATOLOGIE AGRICOLE

La notion de quantité de chaleur n'étant pas limitative sous ce climat tropical c'est, au point de vue agricole, le régime pluviométrique qui est certainement le facteur primordial du rendement et de la régularité des récoltes. L'irrégularité inter-mensuelle, tout spécialement à la période de démarrage des cultures, nous a paru intéressante à étudier.

$$\text{Im} = \frac{\text{Pluviométrie la plus élevée relevée dans le mois}}{\text{Pluviométrie la plus faible du mois}}$$

(sur 9 ans)

	Yagoua	*Kaélé*
	—	—
Mai	31,98	5 .
Juin	3,20	3,50
Juillet	3,58	1,77
Août	3,63	1,98
Septembre	4,77	2,63

TABLEAU 1

Pluviométrie Yagoua

	1948	*1949*	*1950*	*1951*	*1952*	*1953*	*1954*	*1955*	*1956*
Total annuel	948,9	1.039,2	717	1.181	1.179,5	1.213,5	840,5	738,5	682,6
Avril, Mai, Juin, Juillet	372,9	533,6	267	483,5	481,5	612	472,4	355,1	283,3
Août, Septembre, Octobre	561,5	505,6	450	681,5	704	599	340,6	383,4	391,8

Pluviométrie Kaélé

	1948	*1949*	*1950*	*1951*	*1952*	*1953*	*1954*	*1955*	*1956*
Total annuel	934,8	879,9	802,6	942,8	1.031,6	1.056,9	889,8	1.163,2	795,1
Avril, Mai, Juin, Juillet	541,9	438,1	431,4	468,5	565,8	515,3	391,5	573	336,4
Août, Septembre, Octobre	386,3	441,8	371,2	474,3	464,2	539,6	411,9	589,7	456,8

La variation est très grande au début et en fin de saison des pluies et notablement plus forte à Yagoua qu'à Kaélé.

Ces variations de la pluviométrie mensuelle d'une année à l'autre sont très difficilement prévisibles et le cultivateur doit essayer de pressentir la pluviométrie des jours à venir et toujours prendre certains risques. De l'étude des cycles de travaux (cf. livre V) nous avons pu dégager les quelques indications suivantes sur la liaison entre les précipitations et les travaux agricoles. Le mil rouge hâtif semé dans la zone des habitations (Gara) est semé dès que la pluviométrie totale utile (c'est-à-dire tombée de façon régulière en mai ou juin — cf. 1956 où les pluies assez abondantes de mars-avril n'ont été suivies d'aucune précipitation en mai) dépasse 50 mm et dès que la lame d'eau tombée dans la décade dépasse 20 mm. Le paysan considère alors la saison des pluies commencée. Le mil tardif de saison des pluies (Shoukouloum) est semé ensuite, nous n'avons pas relevé de semis tant que la pluviométrie de la décade n'a pas atteint 50 mm. Pour le mil repiqué (Babou) qui se développe sur les terres les plus lourdes et est récolté en pleine saison sèche (février) le repiquage a lieu lorsque la pluviométrie totale utile dépasse 500 mm, la lame d'eau par décade est alors encore de l'ordre de 70 à 80 mm.

La pluviométrie du début de saison a une telle importance au point de vue agricole que nous l'avons étudiée de façon détaillée (cf. tableau 1 et fig. 3). Le total des précipitations d'avril à juillet (inclus) présente des variations de même sens et de même amplitude que la pluviométrie annuelle que ce soit à Yagoua et à Kaélé (9 ans d'observations) qu'à Golonpoui et Datchéka (3 ans). Ceci ne signifie pas que le total août-septembre-octobre soit constant, ses variations sont totalement indépendantes au contraire. Dans cette hypothèse à vérifier sur un grand nombre d'années peut-on dire que la saison des pluies est « courue » dès fin juillet et que le volume total de pluies de l'année est prévisible au 1er août ?

CHAPITRE IV

PÉDOLOGIE

Si topographiquement la large croupe sableuse du nord-ouest et l'amorce de plateau sableux du sud ne dominent le couloir légèrement déprimé qui les sépare et l'ample dépression du sud-est que d'une dizaine de mètres, le mode d'exploitation et la nature des cultures différencient nettement les deux grandes zones de sols ainsi mises en évidence. Ce sont :

1° *Le sol sableux beige type* et

2° *le sol argilo-sableux à argileux* à faible profondeur de la dépression.

Ces deux types de sols représentent, pour le premier, moitié de la surface totale du finage de Golonpoui et pour le deuxième un peu moins du tiers.

Cependant dans les zones de contact se présentent les types de sols suivants rattachables à l'une ou l'autre grande catégorie :

1b le sol sableux beige légèrement hydromorphe ;

1c le sol sableux à sablo-argileux gris hydromorphe et

2b le sol argilo-sableux à argileux à faible profondeur à recouvrement argileux.

Le Laali d'après le nom Toupouri (appelé généralement Hardé par utilisation extensive du terme qui le désigne en Foulbé) est un troisième grand type de sol, rattaché aux sols à alcalis, qui est facilement remarqué dans le paysage, par son couvert d'Acacia Seyal sur des plages stériles, bien qu'il n'occupe qu'une superficie très limitée (1/20 du finage total). Les sols argileux avec ou sans concrétions calcaires très fréquents dans le Nord-Cameroun et très importants au point de vue agricole ne sont pas représentés à Golonpoui. Ce souci nous a conduit à inclure dans les premières phases d'expansion du Sous-Secteur le village de Mourao au sud-est de Golonpoui où de tels sols existent.

1a. Sol sableux beige type.
1b. Sol sableux beige légèrement hydromorphe.
1c. Sol sableux à argilo-sableux gris hydromorphe.

2a. Sol argilo-sableux à argileux à faible profondeur de la dépression.
3a. Sol à alcalis.
4a. Sol argileux [19].

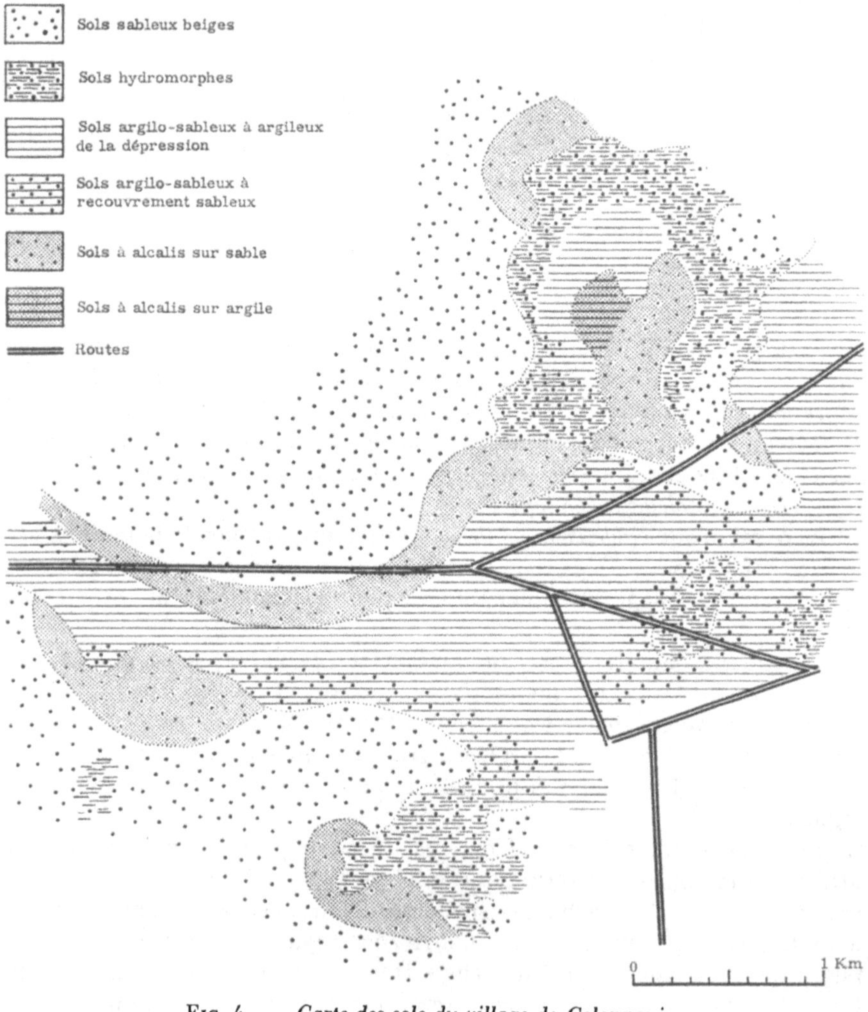

FIG. 4. — *Carte des sols du village de Golonpoui.*
(D'après A. Combeau et G. Claisse. IRCAM.)

1a. Sol sableux beige type.

Une végétation assez dense à base d'Anogeissus leiocarpus, Sterculia setigera et Légumineuses arborescentes, en partie détruite par le déplacement des cultures d'arachides et de mil tardif de saison des pluies, mélangée de fourrés de Guiera senegalensis que dominent les grands arbres respectés, recouvre l'étendue à peu près rigoureusement plane de ces sols.

De texture très sableuse avec un profil très homogène, s'éclaircissant du gris jaunâtre de l'horizon humifère jusqu'au beige en profondeur, ils ont une structure très particulaire et sont très meubles (argile 5 à 7 % en surface passant à 14-15 % en profondeur). La partie sableuse est constituée en quasi-totalité de quartz soit anguleux ou arrondis mais non dépolis (origine fluviatile), soit en moindre proportion de quartz arrondis et dépolis de remaniement éolien. Ces sols sont très pauvres en bases échangeables (S[1] toujours voisin de 1 milli-équivalent pour 100 gr de sol) et, par suite du faible taux d'argile, T[2] reste toujours faible. Les chiffres des bases totales sont très bas et les réserves très faibles aussi bien pour Ca et K que pour le phosphore dont l'assimilabilité est encore réduite par la carence en calcium. L'acidité déjà assez forte en surface (pH 5,5 à 6,0) croît avec la profondeur. L'horizon humifère assez épais renferme une matière organique en bonne décomposition $\frac{C}{N} = 10$ mais rare (0,5 à 0, 7 %). De même la teneur en azote est faible (0,3 ‰ environ).

La perméabilité, la facilité de travail de ces sols sableux beiges ne suffisent pas à compenser la pauvreté chimique, l'acidité et le manque d'humus. Ceci explique les faibles rendements de l'arachide et des mils tardifs et l'échec des cultures de coton de 1952 à 1954 ; leur vocation serait plutôt un enrichissement progressif en humus par de longues jachères ou un engrais vert avec pâturage, permettant un retour de la culture de l'arachide à intervalles éloignés. La pression démographique et économique oblige dangereusement à une exploitation plus fréquente de ce type de sol.

1b. Sol beige légèrement hydromorphe.

Par suite du ralentissement du drainage et souvent à proximité de la dépression, des phénomènes d'hydromorphisme, taches ferrugineuses, petites concrétions durcies, se manifestent en profondeur généralement au-dessus d'un horizon plus argileux, plus compact, gris assez profond (1,50 m). Parfois un peu plus sableux en surface, ce type de sol présente les mêmes caractéristiques de fertilité que le précédent, sauf pour l'horizon compact profond légèrement plus argileux et plus riche.

1c. Sol sableux à sablo-argileux hydromorphe.

Malgré l'absence de relief des zones à sol sableux beige type, la remontée en saison des pluies de la nappe phréatique, de faibles variations topographiques, la stagnation des eaux de pluie ont entraîné un enrichisse-

1. S = somme des bases échangeables en milli-équivalents (me) pour 100 gr de sol.
2. T = Capacité d'échange de bases.

ment et des traces d'hydromorphisme qui différencient ce type des précédents.

Malgré l'abondance des sables, la perméabilité de ces sols est limitée (K = 0,00025 cm/s) [82] et bien inférieure à l'intensité des précipitations. Des phénomènes de colmatage et la saturation rapide en eau des horizons supérieurs entraînent des submersions temporaires. Si l'horizon supérieur plus riche en humus et maintenu par les racines et radicelles est encore « portant », on a en dessous une boue fluide dans laquelle on s'enfonce. Des taches ferrugineuses jaunâtres marquent à une profondeur plus ou moins grande le profil nettement gris de ces sols. La teneur en argile plus élevée que dans le sol sableux beige type (10 à 15 % en surface) croît avec la profondeur (30 % vers 1 m). La matière organique est légèrement plus abondante que dans le type 1a mais est moins bien décomposée. Plus proches de la neutralité ces sols sableux hydromorphes sont un peu mieux pourvus en bases échangeables mais leurs réserves sont également insuffisantes.

Ils seraient plus intéressants au point de vue agricole si, lors des saisons de pluie un peu trop prononcées, les cultures n'y subissaient des dommages.

2a. Sols argilo-sableux à argileux en profondeur.

Ce type de sol occupe les dépressions entièrement cultivées en mil repiqué de saison sèche Babou. Un taux d'argile plus élevé, spécialement en profondeur, la position un peu plus basse expliquent une submersion importante et plus ou moins continue en saison des pluies.

La structure grumeleuse assez stable de l'horizon superficiel (0,25 cm) gris sombre, sabloargileux passe à une structure prismatique plus ou moins nette en profondeur. A partir de 50 cm le sol devient plus compact, plus argileux avec dans l'ensemble de couleur gris jaunâtre des taches rouille ou même des concrétions ferrugineuses brunes. A de plus fortes profondeurs, 1,50 m ou souvent plus, on peut trouver des nodules calcaires.

L'horizon superficiel est presque toujours assez sableux, 12 à 21 % d'argile, avec un taux d'humus assez bas et une matière organique rare (0,8 % en moyenne). Le taux d'argile croît assez rapidement avec la profondeur pour atteindre vers 40-50 cm en général un maximum de 40 à 45 % puis s'abaisse ensuite dans les horizons profonds sablo-argileux. Les teneurs en azote, de 0,4 à 0,6 ‰ en surface, ne varient pas avec la profondeur. Ce sol est assez acide, pH voisin de 5,5 en surface mais l'horizon profond à nodules calcaires est parfois basique. La variation de la somme des bases échangeables nettement plus élevée que dans les sols sableux traduit assez fidèlement la modification de la teneur en argile avec la profondeur. S va en surface de 3 à 4 me selon la richesse en argile de l'horizon superficiel, croît jusqu'à 6 me, puis décroît ensuite dans les horizons sableux profonds. Si la teneur en calcium est acceptable (2 à 3 me en surface et 4 à 5 me en profondeur), la teneur en potassium reste faible. Les bases totales sont également déficitaires, même si cette carence

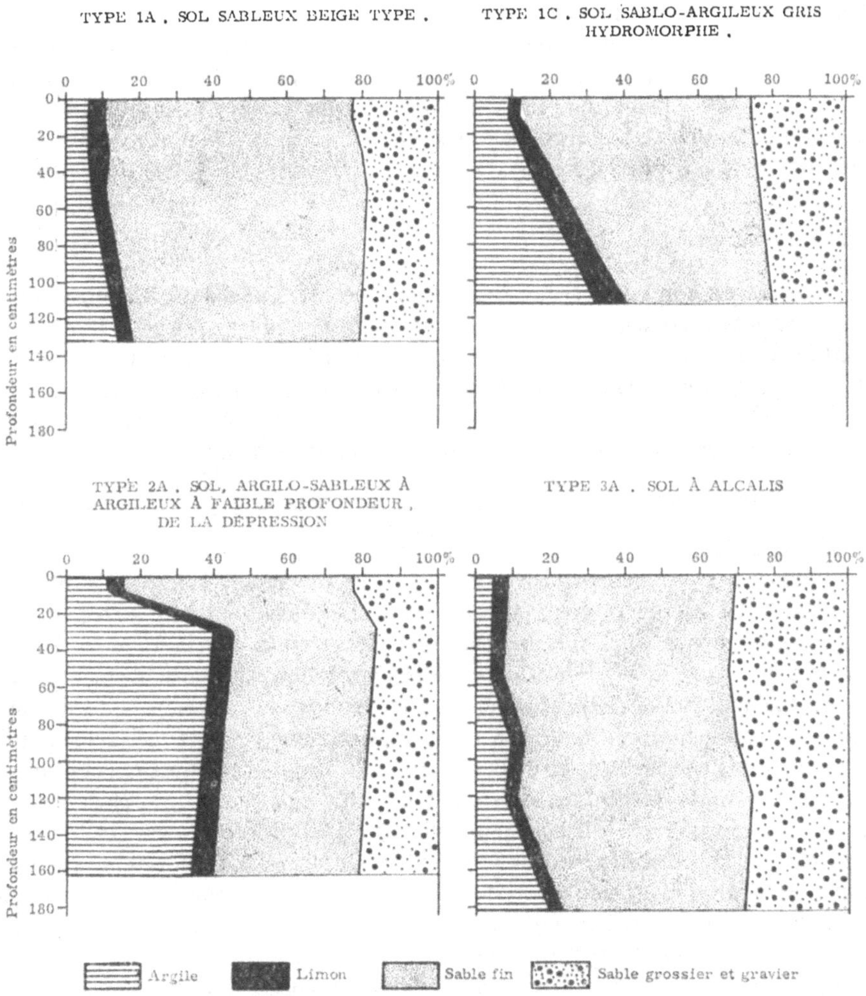

FIG. 5. — *Texture des grands types de sols de Golonpoui.*
(D'après les chiffres de A. Combeau.)

s'atténue en profondeur (8 à 9 me % CaO total). Par contre le phosphore, assez facilement assimilable dans ce type de sol, avec des teneurs assez variables en surface (1,1 à 0,6 ‰) diminue en descendant jusqu'à 0,3 ‰.

De texture et de structure assez bonnes, ces sols malgré leur acidité, la faiblesse de leurs réserves, mais surtout leur carence nette en azote, phosphore total, matière organique et humus, sont les meilleurs du finage et très estimés dans tout le pays Toupouri. Cultivés année après année en mil repiqué, la jachère pâturée en saison des pluies et plus ou moins enfouie, le champoyage après récolte du Babou tendent à sauvegarder leur fertilité, mais les rendements y sont toujours assez faibles.

Leur pauvreté en réserves, la constitution essentiellement quartzeuse de leurs sables les rapprochent des sols sableux beiges. Très probablement ils dérivent de ceux-ci par un lessivage oblique malgré la faible dénivellation, le caractère plus argileux étant encore accentué par une concentration de l'argile à profondeur moyenne.

3a. Sol à alcalis.

Des plages non cultivées, à tapis graminéen très peu développé portant des bosquets d'Acacia Seyal tranchent au milieu du paysage cultivé. Ce sont les Laali, forme locale des « Hardé » du Nord-Cameroun et des « Naga » du Tchad. Ces sols compacts et stériles sont empruntés par les routes, et les habitations se rassemblent sur leur bordure. Ils sont caractérisés par un horizon très compact de structure prismatique à profondeur variable lié à une forte proportion de sodium et à un rapport $\frac{\mathrm{Na}}{\mathrm{Ca}}$ élevé (souvent supérieur à 15 %).

Le profil type complet présente sous un horizon brun clair sableux devenant gris en profondeur, un mince horizon de sable blanc pulvérulent au contact même de l'horizon compact beige clair à gris avec ou sans concrétions noires. L'érosion a parfois rapproché cet horizon compact de la surface. Selon la profondeur où se trouve cet horizon sodique, le sol est plus ou moins stérile. En plus de la présence d'un excès relatif de sodium, son imperméabilité et l'obstacle qu'il oppose à la pénétration des racines limitent en effet les possibilités culturales. En pleine saison des pluies, alors que les horizons superficiels sont fluides et gorgés d'eau, l'horizon sodique difficilement entaillable au pic est absolument sec au toucher. Quand il arrive en surface, seules quelques traces des horizons sableux superficiels subsistent sous la forme d'une pellicule sableuse lâche, mobilisée par le vent sur le glaçage de l'horizon. A l'Acacia Seyal se substitue alors Lannea humilis qui seul survit à ces conditions extrêmes.

Allongés sur une bande se déroulant du sud-ouest au nord-nord-ouest le long de la croupe de sols sableux, les sols à alcalis sur sable plus ou moins caractérisés bordent la dépression.

Ce n'est que plus au sud et en dehors du finage de Golonpoui que se rencontre le sol à alcalis sur argile.

Les trous plus ou moins vastes creusés dans ces sols à alcalis pour le prélèvement de terre de construction servent de réserves d'eau pour l'alimentation humaine et l'abreuvement des animaux.

4a. Sol argileux.

Il n'existe pas à Golonpoui même, mais fait partie de la zone d'extension immédiate du Sous-Secteur.

Du groupe des argiles noires tropicales de position, avec ou sans concrétions calcaires en profondeur, sa texture est beaucoup plus argileuse que les précédents, les bases et la capacité d'échange en sont nettement plus élevées (S de 18 à 25 me) mais l'humus y est toujours aussi rare.

Gris noirâtre avec des fentes de retrait plus ou moins fortes en saison sèche, ce sol est souvent submergé pendant les pluies. Il est par contre très recherché pour le repiquage des mils tardifs de saison sèche Donglong des Toupouri et Mouskouari des Foulbé.

***

Au chapitre II du livre IV l'utilisation de ces divers types de sols sera étudiée plus en détail.

Les habitations très dispersées se situent de préférence en bordure des bandes de sol à alcalis et autour des cases chaque famille développe ses champs de Gara que la fumure assez abondante et le respect du Faidherbia permettent de maintenir avec succès sur les sols à alcalis dont l'horizon sodique est assez profond. Les sols argileux en profondeur de la plaine supportent les champs de Babou. Tandis que dans la zone proche des habitations les sols sableux beiges s'épuisent rapidement sous la culture anarchique des petits champs des femmes (voandzou, arachides), les paysans laissent à de longues jachères le soin de ramener la fertilité dans les zones plus éloignées. Si la forte pression démographique condamne les Toupouri à une exploitation poussée de leurs terres, une bonne connaissance de leurs qualités et une agriculture assez intensive leur permettaient, malgré les faibles rendements, de survivre dans leur système économique quasi fermé. L'introduction de l'arachide et du coton (heureusement vite réduite devant l'obstacle de la pauvreté des sols et des virulentes attaques parasitaires), l'expansion de la population et l'accroissement tout relatif des besoins sont une menace certaine pour ces sols de si faible potentiel.

Les mesures de sauvegarde des sols basées essentiellement sur le maintien du taux d'humus, auront encore longtemps priorité sur l'accroissement du potentiel de fertilité. Malgré les efforts pour accroître la production de fumure et en assurer le transport, le très faible niveau de fertilité au départ entravera longtemps une augmentation rapide de l'ensemble de la production.

CHAPITRE V

VÉGÉTATION

1

Dans le pays Toupouri règne une végétation mi-soudanienne, mi-sahélienne, assez fortement marquée par l'action de l'homme. Quoique les espèces sahéliennes soient nombreuses, le domaine soudanien y résiste mieux à la dégradation que dans la « poche de sécheresse » située plus à l'ouest, de Kaélé à Guider et au-delà, où, grâce à une « ligne de moindre résistance écologique » [1] due à l'écran des montagnes du Margui-Wandala la ligne d'avancée sahélienne atteint la Bénoué.

De beaux îlots de Daniellia Oliveri ou des peuplements de Terminalia macroptera en bordure ou dans les dépressions périodiquement inondées, subsistent dans des conditions écologiques moins arides. Tandis que sur les plages imperméables des sols à alcalis, seuls, Acacia Seyal, Lannea humilis et Balanites aegyptiaca, espèces sahéliennes, résistent, on trouve ailleurs, isolés, de beaux Afzelia africana, d'assez nombreux Swartzia madagascariensis, et les Parkia filicoïdea voisinent dans les cultures avec Faidherbia albida.

Il semble que le fond primitif constitué par une forêt sèche dense à Anogeissus et grandes Légumineuses se soit peu à peu mélangé d'autres espèces, Bombax costatum, Sterculia setigera, Tetrapleura andongensis, Detarium microcarpum, etc., et surtout de très nombreux Combretum.

A ce mélange que l'on peut encore retrouver dans les parties les plus éloignées des villages, semblant n'avoir jamais été cultivées, succède sur les sols sableux une savane boisée assez claire formée par les grands arbres relativement bien respectés entremêlée de fourrés assez denses de Guiera senegalensis dans les zones les plus épuisées.

A ces deux types de groupements végétaux s'oppose la dépression couverte par les buissons, rabattus chaque année, de Bauhinia reticulata et de Faidherbia albida que dominent de place en place les cimes rondes de Khaya senegalensis ou les parasols défeuillés en saison des pluies du

Faidherbia. De même les bosquets d'Acacia Seyal au tronc rouge ressortent au milieu de la zone des habitations où seul un tapis discontinu de graminées adventices et de rudérales succède rapidement aux cultures de mil, tandis que subsistent quelques grands arbres utiles : Faidherbia, Parkia, Tamarindus avec parfois la fourche d'un Hyphaene thebaïca.

2. *Les zones « intactes » de l'arrière-pays.*

Anogeissus leiocarpus Guill. et Perr. var. Schimperi Aubr.
Sterculia setigera Del.
Bombax costatum Pellegr. et Vuillet
Celtis integrifolia Lam.
Tetrapleura andongensis Welw. var. Schweinfurthii Aubr.
Swartzia madagascariensis Desv.
Afzelia africana Smith
Combretum glutinosum Perr. var. Passargei Aubr.
Hymenocardia acida Tul.
Detarium microcarpum Guill. et Perr.
Lonchocarpus laxiflorus Guill. et Perr.
Stereospermum Kunthianum Cham.
Gardenia sp.
Ziziphus mauritiaca Lam.
Strychnos innocua Del.
Strychnos spinosa Lam.
Hexalobus monopetalus Engl. et Diels
Bridelia atroviridis Muell. Arg.
Feretia cantioides Hierm.
Combretum ghasalense Engl. et Diels
Combretum aculeatum Vent.
Acacia hebecladoides Harms.
Crossopteryx febrifuga Benth.
Gymnosporia senegalensis Loes.
Ximenia americana L.
Ampelocissus Grantii Planche et A. pentaphylla Gilg. et Brandt
Cochlospermum tinctorium A. Rich.
Hyparrhenia rufa Stapf
Andropogon schirensis Hochst. et autres graminées
Haemanthus rupestris Baker
Aloe Barteri Baker
Eriospermum abyssinicum Baker
Curculigo pilosa Engl.[1]

1. Ces espèces sont classées suivant leur abondance générale et par taille approximativement décroissante.

Les dépressions non exploitées.

Une végétation assez abondante et parfois de belle taille sur les bordures laisse les terrains inondés aux grandes graminées et à Terminalia macroptera que des hauteurs d'eau proches de 1 m ne semblent pas gêner.

Bordures :

Daniellia Oliveri (Rolfe) Hutch. et Dalz.
Diospyros mespiliformis Hochst.
Acacia Sieberiana DC.
Pseudocedrella Kotschyi Harms.
Dichrostachys glomerata (Forsk.) Hutch. et Dalz.
Gardenia sp.
Bauhinia reticulata DC.

Zones périodiquement inondées :

Mitragyna inermis O. Kuntze
Andira inermis H.B. et K.
Terminalia macroptera Guill. et Perr.
Vetiveria nigritana
Eragrostis gangetica Steud.
Cymbopogon giganteus
Oryza perennis Maench spp. Barthii
Andropogon spp.
Hyparrhenia rufa Stapf
Echinochloa pyramidalis Hitch. et Chase
Echinochloa colona Link.
Ischaemum rugosum Salisb.
Saccolepis interrupta Stapf
Panicum anabaptismum Steud.
Panicum Drageamum Nees.
Panicum aphanoneurum Stapf
Pancratium trianthum Herb.
Urginea altissima Baker
Hygrophila spinosa T. Anders
Hyptis spicigera Lam.

La série post-culturale sur les sols sableux.

Lors du défrichement, qui est suivi de l'incinération des produits ligneux abattus, un assez grand nombre d'essences sont respectées et il n'est pas rare de rencontrer des champs présentant un véritable aspect de « verger ».

Sont maintenus :

Anogeissus leiocarpus Guill. et Perr. var. Schimperi Aubr.

Sterculia setigera Del.
Tetrapleura andongensis Welw.
Afzelia africana Smith

et dans les zones les plus exploitées se rencontrent souvent :

Prosopis africana Taub.
Parkia filicoïdea Welw.
Poupartia Birrea (Hochst.) Aubr.
Terminalia avicennioïdes Guill. et Perr.
Combretum glutinosum Perr. var. Passargei Aubr.
Bauhinia rufescens Lam.

Après abandon du champ après deux ou trois ans de culture, une végétation de reconstitution envahit assez rapidement la jachère. Cette série postculturale de caractère xérique plus accusé que le groupement végétal primitif est formée essentiellement par les touffes denses et rapprochées du Guiera senegalensis Lam. et par Combretum Binderianum Kotschy et Combretum hypopilinum Diels. Il semblerait que les Combretum soient dominants après coton et le Guiera après arachides. Ces fourrés, bas mais serrés, étouffent rapidement Calotropis procera (Aït) Dryand, Centaurea rhizocephala Oliv. et Hiern., Zornia diphylla Pers., Indigofera spp., Cassia occidentalis Linn., Pupalia lappacea Juss., et les Aristida stipoides Lam., A. hordacea Kunth, Thelepogon elegans (Roem. et Schult.) Roth., Ctenium elegans Kunth, Heteropogon contortus Roem. et Schult et autres graminées qui constituent la couverture de la première année.

Les Laali.

Sur ces sols compacts, imperméables et stériles, la végétation est réduite à :

Acacia Seyal Del.
Balanites aegyptiaca (L.) Del. si le sol est argileux en profondeur.
Tamarindus indica L. qu'accompagne souvent une termitière.
Lannea humilis (Oliv.) Engl. et Commiphora africana (Rich.) Engl.

Quelques brins légers d'Aristida adscensionis Linn., Aristida hordacea Kunth, Schoenfeldia gracilis Kunth, rapidement dispersés en saison sèche se trouvent à l'abri des arbres, tandis qu'au bord des mares se rencontrent des Cypéracées et Hygrophila spinosa T. Anders.

Le groupement de la zone à mil rouge hâtif de saison des pluies.

Quelques grands arbres mais surtout Faidherbia albida, une assez grande abondance de graminées, d'adventices et de rudérales caractérisent cette zone.

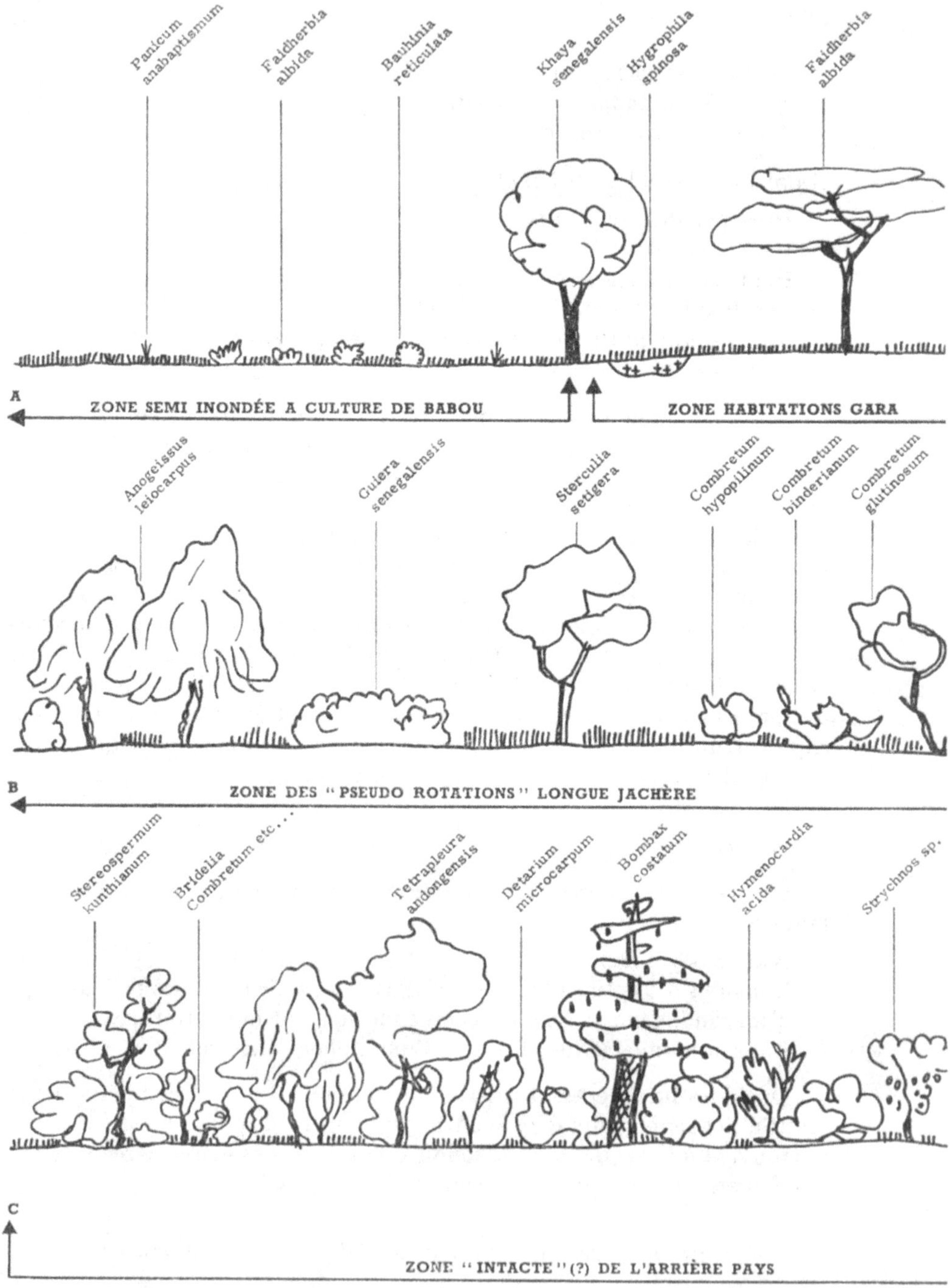

FIG. 6. — *Croquis schématiq*
(Hauteurs très

ı *végétation en pays Toupouri.*
ıent exagérées.)

Faidherbia albida (Del.) A. Chev., dont les exemplaires grands et moyens sont respectés, est assez abondant et régulièrement dispersé.

Tamarindus indica L., quelques Ficus isolés, la silhouette pittoresque d'Hyphaene thebaïca Mart., quelques Khaya senegalensis Juss. en bordure de la plaine à mil repiqué sont les points d'ombre de la zone des habitations. Signalons cependant la présence d'îlots d'Anogeissus leiocarpus et de Combretum glutinosum var. Passargei ou parfois de bosquets de Tamarindus indica, qui forment par village ou par quartier autant de lieux sacrés, ce qui explique très probablement leur préservation. Sous le couvert très lâche la strate herbacée est relativement abondante et surtout graminéenne :

Eragrostis aspera Nees.
Eragrostis pilosa Beauv.
Eragrostis tremula (Steud.) Hochst. très abondant
Eragrostis turgida De Wild
Dactylotenium aegyptium Beauv.
Ctenium elegans Kunth sur les parties les plus sableuses
Chloris lamproparia Stapf
Chloris pilosa Schum. et Thom.
Chloris Prieurii Kunth
Schoenfeldia gracilis Kunth sur les parties les plus lourdes
Aristida adscensionis Linn.
Aristida hordacea Kunth
Aristida stipoides Lam.
Setaria sphacellata Stapf et Hubbard
Setaria pallidifusca Stapf et Hubbard
Urochloa lata Hubbard
Urochloa trichopus Stapf
Brachiaria brachylopha Stapf
Brachiaria stigmatisata Stapf
Digitaria velutina P. Beauv.
Digitaria Gayana (A. Chev.) Stapf
Pennisetum pedicellatum (très abondant, pousse en fin de saison des pluies et fournit l'essentiel des ensilages vulgarisés par le Sous-Secteur).
Pennisetum subangustum Stapf et Hubbard
Cenchrus biflorus sur les sols sableux dégradés
Thelepogon elegans (Roem. et Schult.) Roth.
Ischaemum brachyatherum (Hack.) Fenzl.

Les Cypéracées beaucoup plus hâtives forment les premières herbes pour disparaître ensuite :

Cyperus rotundus Linn. surtout, mais également Cyperus maculatus Boeck., Cyperus Iria Linn., Cyperus margaritaceus Vahl et Kyllinga sp.

La zone inondée à culture de Babou.

La bordure de ces plaines est jalonnée par les puissantes frondaisons de Khaya senegalensis Juss. Malgré la vigueur des abondantes souches de Bauhinia reticulata DC. dominant et de Faidherbia albida (Del.) A. Chev., les rejets rabattus chaque année en septembre ne s'individualisent pas. Peut-être le souci de réserver la totalité de l'eau du sol au mil repiqué explique-t-il cette pratique qui s'applique même au Faidherbia pourtant respecté ailleurs. Le dense tapis graminéen comportant les espèces les plus hygrophiles de la zone précédente est sommairement enfoui en septembre lors du repiquage du mil. Il faut y noter les touffes puissantes de Panicum anabaptismum Steud. qui servent de limites aux champs de Babou. Les vents de saison sèche, par les masses d'air de très faible hygrométrie qu'ils apportent et par leur action mécanique propre, assurent un dessèchement rapide du pays ; leur influence n'est aucunement entravée sur ces vastes plaines déboisées. C'est pourquoi depuis 1954 le Service des Eaux et Forêts a entrepris dans tout le pays la plantation de bandes boisées le long des grandes pistes, routes et des grands traits du paysage agraire. L'excellente croissance de ces bandes à base de Cassia Siamea surtout, Dalbergia Sissoo, Albizzia Lebbek et Acacia scorpioides var. adstringens, quoiqu'entravée au début par les dégâts des chèvres, transforme l'aspect des plates zones dépressionnaires à Babou.

3. *Le Faidherbia albida.*

Son effet sur les cultures est bien connu des Toupouri qui, sauf dans les champs de Babou, le respectent et le protègent dès qu'il s'individualise.

En liaison avec le Service des Eaux et Forêts, le Sous-Secteur a assuré sa dispersion dans les zones propices où il était absent. Les jeunes plants vigoureux mis en place en saison des pluies à l'âge de 6 mois et à la taille de 10 cm sont facilement obtenus par semis en panier d'herbe de faible diamètre (8 cm) de graines récupérées dans les déjections de chèvres nourries avec les gousses. L'excellente germination de ces graines, le bon démarrage et la reprise quasi totale à la mise en place des petits plants sont malheureusement suivis d'une croissance très lente en hauteur, le jeune Faidherbia développant d'abord une très longue racine pivotante[1].

Le Striga (cf. [76]). Un indicateur extrêmement intéressant, et bien connu du paysan Toupouri, de l'abaissement de la fertilité au-dessous du seuil de rentabilité des cultures, est le Roubgui ou Roubki, Striga spp.

1. Il y a lieu de noter que quelques exemplaires peu nombreux de l'espèce ne suivent pas le même périodisme de feuillaison et sont feuillés en saison des pluies. Un paysan nous déclara qu'il s'agissait de l' « esclave » du Faidherbia voisin travaillant pendant le repos estival de ce dernier !

Ce parasite facultatif des graminées mais surtout des sorghos serait Striga hermontica Benth. et sa forme à petites fleurs Striga senegalensis Benth. Le Striga est très abondant dans les cultures de certains villages Toupouri (Zoueye par exemple) soit sur les sols sableux, soit sur les sols argileux. Le mil pénicillaire (Tchanré) est beaucoup moins parasité que les sorghos et il est parfois cultivé dans les champs très attaqués antérieurement. Les moindres exigences édaphiques du petit mil permettent-ils une remontée suffisante de la fertilité pour laisser revenir le sorgho ? Le paysan Toupouri, quoique très averti de la signification du Striga, et connaissant les palliatifs, attend souvent que l'invasion du champ soit presque complète, c'est-à-dire que chaque pied de mil soit parasité avant d'intervenir. C'est que les remèdes à sa portée, fumure, en particulier fumure au poquet, ou jachère ne sont pas si facilement applicables, dans une agriculture manquant de terre, de moyens de transport et de fertilisants.

Signalons enfin l'absence d'Imperata cylindrica Beauv. de la région et la rareté des plantes toxiques.

4. *Les feux de brousse.*

La densité du peuplement humain, la forte proportion des surfaces cultivées, la faible quantité de matière végétale fournie par la strate graminéenne assez réduite et très utilisée par le bétail, font que les feux de brousse sont rares et peu violents.

Le feu de brousse, essentiellement lié à des pratiques de chasse en pays Toupouri, n'a lieu en principe qu'à l'occasion de la fête dite du Méné à la lune de mars (Méné le 24-3-1955) dont il est un accessoire.

LISTE DES NOMS VERNACULAIRES DE QUELQUES ESPECES

Akraan	Vetiveria nigritana Stapf
Akrao	Panicum anabaptismum Steud.
Baase = Boassi	Daniellia Oliveri Hutch. et Dalz.
Bage	Khaya senegalensis Juss.
Baka = Mbaka	Balanites aegyptiaca (L.) Del.
Banre	Tamarindus indica L.
Bao	Gardenia aqualla Stapf et Hutch.
Bargedaï	Commiphora pedunculata (Kotshyi et Perr) Engl.
Biour	Bauhinia rufescens Lam.
Birem	Acacia ataxacantha DC.
Blangia	Acacia stenocarpa Hochst.
Boassi	*voir* Baase

Bori = Bouri	Bauhinia reticulata DC. et Bauhinia Thonningii Schum.
Borkae	Ziziphus spina Christi (L.) Willd.
Bouri	*voir* Bori
Cha'a	Gardenia sp.
Chaki	Panicum longijubatum Stapf
Chao	Indigofera sp. Linn.
Cheon	Acacia Seyal Del.
Cheon cilli	Acacia Sieberiana DC.
Chouerga	Securidaca longipedunculata Fres.
Chourr	Faidherbia albida (Del.) Chev.
Dakoulou	Terminalia laxiflora Engl.
Dere	Ziziphus mucronata Willd.
Derepouin	Ziziphus mauritiaca Lam.
Djam	Oryza Barthii A. Chev.
Djibele = Jiebel	Hymenocardia acida Tul.
Doufgoum	Andropogon gayanus Kunth
Fao = Féo	Afzelia africana Smith
Féo	*voir* Fao
Fijido Kani	Randia nilotica Stapf
Filale	Aristida adscensionis Linn.
Fouri	Guiera senegalensis Lam.
Ganebo	Andropogon tectorum Schum.
Gengauri = Geng geng	Dichrostachys glomerata (Forsk.) Hutch.
Geng geng	*voir* Gengauri
Gini = Gouini	Diospyros mespiliformis Hochst.
Gohin = Gouin	Erythrina senegalensis DC.
Gouere	Cissus quadrangulus Linn.
Gouin	*voir* Gohin
Gouini	*voir* Gini
Gouirling	Acacia hebecladoides Harms
Gouloulou	Strychnos innocua Del.
Hare	Hyphaene thebaica Mart.
Hele	Cymbopogon giganteus Chiov.
Hobe	Terminalia macroptera Guill. et Perr.
Holom	Asparagus africanus Lam.
Hompaï	Hyparrhenia dissoluta C.E. Hubbard
Hon	Ficus polita Vahl.
Jiebel	*voir* Djibele
Kare	Vitex cuneata Thom. var. Chariensis Aub.
Karkarbao	Combretum aculatum Vent.
Kiberr	Cochlospermum tinctorium A. Rich.
Koarba = Koarga	Ficus platyphylla Del.
Koarga	*voir* Koarba
Kobloko = Loblogo	Gymnosporia senegalensis Lees
Kohinga	Lonchocarpus laxiflorus Guill. et Perr.
Kopala	Lannea fructicosa (Hochst.) Engl.
Koubou	Pseudocedrella Kotschyii Harms.
Kouthi	Pterocarpus lucens Guill. et Perr.
Legane = Ligan	Celtis integrifolia Lam.
Léo = Léou	Parkia biglobosa Benth.
Léou	*voir* Léo
Léré	*voir* Déré
Lérépouin	*voir* Dérépouin

Ligan	*voir* Légane
Loblogo	*voir* Kobloko
Mbairing	Commiphora africana Engl.
Mbaka	*voir* Baka
Mirchia	Acacia scorpioides (L.) A. Chev. var. Adstringens Schum.
Momeo	Cassia occidentalis Linn.
Mongor Kaki	Andropogon amplectens Nees
Morgoï	Capparis corymbosa Lam.
Motchou = Mounya	Bombax costatum Pellegr. et Vuillet
Mouï	Pennisetum pedicellatum Trin.
Mounya	*voir* Motchou
Nenni ake	Chloris pilosa Schum. et Thom.
Ngolom	Tetrapleura andongensis Welw. var. Schweinfurthii Aubr.
Ninyage	Schœnfeldia gracilis Kunth
Ouaa	Prosopis africana (Guill. et Perr.) Taub.
Ouahidi pouhi	Combretum cf. Collinum Fresen
Ouahihouni = Ouaïhoun	Combretum velutinum DC.
Ouaïdin	Swartzia madagascariensis Desv.
Ouaïhoun	*voir* Ouahihouni
Ouaïhouni	*voir* Ouahihouni
Ouaïtoupoui	Terminalia avicennioides Guill. et Perr.
Oualtsaï	Aristida Kerstingii Pilger
Ouatche	Hygrophila spinosa T. Anders.
Ouayaygoun	*voir* Ouaïdin
Ouaydarr	Cassia singueana Del.
Oueledipen	Ctenium elegans Kunth
Ouiléon	Albizzia Chevalieri Harms
Ouorsou	Hyptis spicigera Lam.
Paari = Paré	Tamarindus indica L.
Paré	*voir* Paari
Pangré = Pangri	Annona senegalensis Pers.
Pangri	*voir* Pangré
Pigoui	Boswellia dalzielii Hutch.
Ponré	Ximenia americana L.
Poré	Ficus gnaphalocarpa A. Rich.
Réomatouaré	Combretum ghazalense Engl. et Diels
Réon	Combretum glutinosum Perr. var. Passargei Aubr.
Séhan	*voir* Séo
Séo = Séan = Siaou	Anogeissus leiocarpus Guill. et Perr. var. Schimperi Aubr.
Séon chili	*voir* Chéon cilli
Siaou	*voir* Séo
Souaré = Souari	Butyrospermum Parkii Kotschy
Souari	*voir* Souaré
Souéré	Ficus Thonningii Blume
Souri	Sterculia setigera Del.
Taki = Teengé	Poupartia Birrea (Hochst) Aubr.
Tamou	Grewia cissoides Hutch. et Dalz.
Teengé	*voir* Taki
Tenten	Borreria radiata DC.
Tiferli	Hexalobus monopetalus Engl. et Diels

Tihess	Burkea africana Hook
Tihonré = Toonré Toumré = Touhouré	Detarium microcarpum Guill. et Perr.
Tikese	Indigofera sp. Linn.
Titeka	Bridelia terminifolia Müll. Arg.
Tochloré	Eragrostis spp. Beauv.
Toonré	*voir* Tihonré
Touhouré	*voir* Tihonré
Toum	Ficus glumosa Del. var. glaberrima
Toumré	*voir* Tihonré
Tramki	Andropogon pseudapricus Stapf
Tsoara	Dalbergia melanoxylon Guill. et Perr.
Yerbé	Cassia mimosoides Linn.

LIVRE III

L'HOMME ET LA SOCIÉTÉ

CHAPITRE PREMIER

HISTORIQUE

1. Historique du peuplement du pays

La connaissance très limitée que l'on peut avoir du passé n'est fournie que par les dires des anciens et les reflets que l'on peut en découvrir dans les croyances, les mœurs et les conditions actuelles.

Les Toupouri se seraient installés sur les rives du Mayo Kebbi, lacs de Fianga et de Tikem (ou dépression du Toubouri septentrional et méridional) il y a deux à trois cents ans. Avant eux le pays aurait été occupé de façon peu dense par des peuplades aujourd'hui à peu près inconnues. Certains prétendent que les Mongouri, actuellement dispersés et complètement assimilés à la masse Toupouri, mais exerçant le métier de forgeron, seraient les descendants de ces premiers occupants du pays.

Tous les Toupouri déclarent provenir de Doré situé au pied des Monts Daoua, seul relief notable de toute la région et qui a pu ainsi servir de point de repère historique. Mais avant d'être à Doré ? Il semble qu'ils viennent du sud, comme plusieurs populations voisines Mousey, Moundang, à la différence de leurs voisins Massa venus de l'est.

S'il est certain que la masse Toupouri est animée d'un mouvement lent vers le nord, mouvement qui se poursuit encore actuellement, et que leur dernier point de fixation connu avec certitude soit Doré, leur installation sur les bords du Mayo Kebbi et les plaines qui s'étendent au nord a subi certaines vicissitudes.

C'est à la suite de discussions religieuses, dues à la révélation d'une puissance de caractère totémique, le Méné, à une partie de la tribu que la tribu se scinde en deux parties (phratries ?) : les Doré qui restent sur place et les Goua qui se dirigent d'abord vers le sud puis abandonnent cette direction et émigrent vers le nord. Mais la nomination d'un ancien esclave Moundang comme grand chef religieux (Ouanson Koulou) entraîne l'émigration de nombreux Doré vers le nord et vers l'ouest. Des accords interviennent sur le plan religieux et rituel et on ne peut plus parler que d'une expansion Toupouri au sens large du terme.

Les villages de Dziguilao et Touloum revendiquent une nette anté-

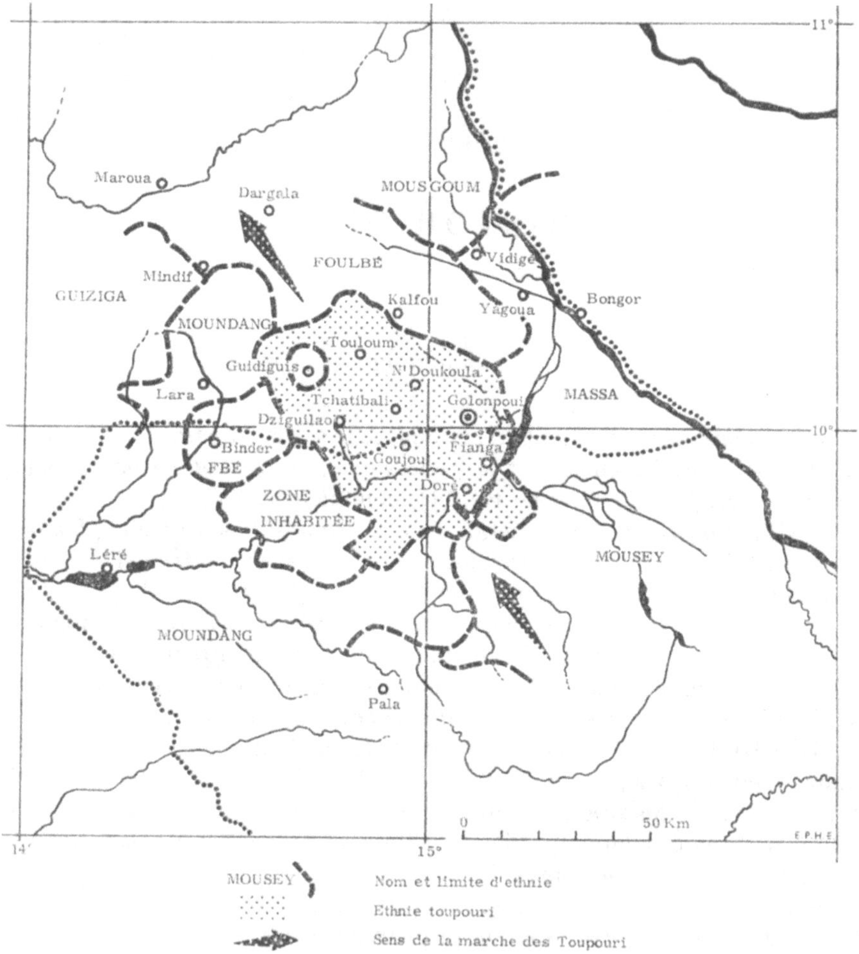

FIG. 7. — *Expansion de l'ensemble Toupouri.*

riorité sur tous les villages Toupouri. L'émigration Toupouri, probablement précédée de bandes d'hommes partant à la découverte, s'étendit beaucoup plus loin que l'aire actuelle du groupe Toupouri. Vers l'ouest les Toupouri allèrent jusqu'à Lara [35] et vers le nord jusqu'à Dargala où ils se rencontrèrent avec les Moudang installés plus à l'ouest et qui cherchaient aussi à s'étendre (poussée des Moudang jusqu'à Tchatibali).

Une vaste zone située à l'est du pays Toupouri actuel et atteignant le Logone (mais probablement pas le Chari) fut également occupée [67] au cours du XVIIIe siècle.

Cependant les Toupouri, mal armés de bâtons et de sagaies, troupes anarchiques et combattant à pied, allaient se trouver en face d'ennemis leur paraissant redoutables car montés, mieux armés et plus disciplinés. C'étaient les Barma (ou Baguirmiens), entre Chari et Logone, poussant devant leurs razzias les populations de la rive droite et refoulant ainsi peu à peu les Toupouri. Mouchet [67] a montré que de nombreuses traces de cette expansion Toupouri subsistaient encore dans le canton de Yagoua.

Sous cette double poussée des Massa-Mousgoum et des Baguirmiens les Toupouri ont donc abandonné cette région, se repliant par paliers de générations et par groupes de familles.

Une autre menace plus dangereuse planait sur le cœur même du pays Toupouri, celle des Foulbé (ou Peuhl). Au début du XIXe siècle la pénétration jusqu'alors pacifique des pasteurs foulbé se transforma, sous l'impulsion d'Othman Dan Fodio, en une guerre de conquête brandissant l'étendard du Prophète. Tandis que la majeure partie du Nord-Cameroun était conquise et prenait le nom d'Adamaoua, une fraction foulbé (la fraction Ngaia), indépendante de Yola qui appuyait les autres bandes peuhles et ayant l'investiture directe du sultan de Sokoto, était refoulée d'est en ouest par la pression des Baguirmiens. Leur chef d'alors Abdoul Aki essaya de se fixer sur le Mayo Danaye. Après une lutte serrée contre les Massa où il fut vaincu, il s'arrêta un moment à Kalfou puis se réfugia près de la fraction Illaga établie à Mindif et y mourut au village de Baram. Son fils Koïranga prit alors le commandement des cavaliers Foulbé et se lança vers 1830 contre les populations païennes Toupouri qui représentaient des terres, de nombreux esclaves et un beau fief à se tailler. L'agression soudaine, le manque d'unité politique et militaire des Toupouri, la dispersion des villages, l'absence de tout obstacle leur permit d'avancer rapidement jusqu'au cœur du pays Toupouri. Sur le point d'évacuer les esclaves et le butin aussi facilement conquis, les Foulbé furent surpris à Goujou (Tchad) par une attaque brutale de tous les villages Toupouri levés en masse. Battus, ils se dérobèrent précipitamment grâce à leurs chevaux, laissant sur place leur butin, de nombreuses dépouilles, des prisonniers et, parmi les morts, Koïranga lui-même.

Cette victoire marqua la fin des grandes tentatives foulbé de soumettre les païens du Mayo Kebbi et du Logone, mais les Toupouri, inorganisés, ne cherchèrent pas à profiter de la victoire. Vers la fin du XIXe siècle, une fraction foulbé s'installa à Kalfou en bordure de vastes terres à mil repiqué et de bons territoires de chasse aux esclaves.

Le trafic des esclaves, ressource indispensable à l'économie des Foulbé qui se voulaient uniquement guerriers et pasteurs, allait être bientôt supprimé par l'arrivée dans le pays des premiers Européens lancés à l'exploration du cœur de l'Afrique (la dernière incursion Baguirmienne eut lieu en 1903).

En 1851-1852 Barth partant de Koukawa, visitait les pays du Moyen-Logone et entrevoyait l'existence de la dépression Toupouri. En 1852 Vogel atteignait les lacs Toupouri : Mizon (1890), la major MacDonald (1891), puis C. Maistre (1893) exploraient la Bénoué mais ne pouvaient remonter le Mayo Kebbi. Les premiers blancs seraient apparus en pays Toupouri en mai 1900. Alors les missions se succèdent — 1900 lieutenant Kieffer — 1901 capitaine Loefler — lieutenant Faure — 1903 capitaine Lenfant qui étudie la voie d'eau Bénoué-Mayo Kebbi-Logone avec l'enseigne de vaisseau Delevoye — 1904 lieutenant de vaisseau Audouin et capitaine d'Adhémar — enfin en 1908-1909 la mission du commandant Moll de délimitation entre territoires allemands et français.

Les premiers renseignements écrits (Milbrat 1912 [64] et Lamouroux 1913 [51]) donnent comme limites au groupe Toupouri : au nord la ligne Domo-Guidiguis, à l'ouest la ligne Guidiguis-Mbourao, au sud Mbourao-Tikem et à l'est l'étroite bande longeant le lac, de Fianga à Domo, laissant sur les bords mêmes du lac de Fianga une bande de terrain vide qui sera peuplée ensuite par d'autres émigrés : les Wina. Dans ces limites qui sont restées grossièrement les mêmes depuis cinquante ans, si les Toupouri constituent la masse écrasante de la population, on trouve cependant d'autres populations étroitement mélangées et complètement assimilées. Parlant Toupouri, suivant les mœurs et coutumes Toupouri, n'ayant qu'un très vague souvenir de leur origine grâce au nom conservé de l'ancêtre ou du clan, elles ne se distinguent en rien de la masse (la très grosse majorité des habitants de Golonpoui et le chef de terre lui-même sont des Mousey du clan Sonok mais leur assimilation aux Toupouri est telle qu'eux-mêmes se considèrent et agissent comme de véritables Toupouri).

Cette population, malgré les quelques mélanges, se comporte comme un véritable bloc ethnique et il n'y a pas lieu d'y introduire de distinctions.

2. Situation politique ancienne et actuelle

Les Toupouri[1] se distinguent, selon leur domicile, en Toupouri Bikou (fils de la brousse) et en Toupouri Djakbi (du bord de l'eau), ces derniers habitant les rives du lac (au Tchad). Mais une séparation plus profonde quoique peu apparente existe à l'intérieur du groupe ethnique Toupouri. Quoique la coutume soit sensiblement la même, que la langue soit commune à tous, on ne peut guère parler de « tribu Toupouri ». Il n'y a pas actuellement de véritable conscience d'appartenance politique ou sociale à un

1. Nous conservons l'orthographe *Toupouri* généralisée au Cameroun et plus proche de la prononciation autochtone, de préférence à *Tupuri* et à *Toubouri*, *Tuburi*, qui ont été longtemps utilisés et sont encore de règle au Tchad.

groupement tribal. De deux familles rivales, séparées autant par l'animosité de leurs chefs que par l'adoption d'un nouveau concept religieux : le Méné, par l'une d'elles, résultèrent les deux grandes divisions socio-religieuses, les Doré et les Goua. Elles-mêmes, groupes non exogames, sont divisées en groupements parentaux ou Kao avec exogamie. Il y aurait douze groupements parentaux provenant des Doré et des Goua et un treizième ayant perdu le souvenir de son origine [23]. Le Kao, abusivement appelé clan, groupe toutes les personnes unies par une parenté réelle, celle du sang, donc descendant toutes d'un ancêtre commun.

Cette notion de Kao pseudo-clan est assez peu précise ; nous l'évoquerons à nouveau lors des chapitres sur la religion (chap. v, §1) et le mariage (exogamie) (chap. v, § 2). Les groupements parentaux éclatent parfois et leurs divisions deviennent exogames entre elles créant une véritable endogamie à l'intérieur du Kao d'origine.

Mais la vie des communautés négro-africaines tend à se concentrer dans les horizons plus restreints du cadre local et la véritable unité est à l'échelle plus modeste du village.

En 1902 le premier poste allemand fut créé à Yagoua : le Lamido[1] de Kalfou qui, avec quelques milliers de Foulbé, prétendait traiter en vassaux la masse des Toupouri et même les Massa à Yagoua ne put, malgré le soutien de la doctrine allemande, tenir ce rôle au-dessus de ses possibilités. Les populations païennes de Yagoua furent déclarées indépendantes dès 1904. L'Administration essaye alors de créer progressivement une structure dans ce pays Toupouri anarchique et turbulent. Les chefs des villages les plus importants, ou les plus dynamiques et les plus ambitieux d'entre eux, s'efforcent de grouper les villages pour constituer un semblant d'unité. Les villages de Tchatibali, Zoueye, Dadjampka et Ndoukoula et leurs chefs prennent ainsi peu à peu la tête du pays Toupouri de l'est (actuellement Subdivision de Yagoua).

Bien situé à la limite d'une zone très peuplée et des Foulbé toujours demandeurs, non seulement Ndoukoula sert de porte d'accès aux trafiquants recrutant dans les pays Toupouri, Massa et Lakka, mais son chef fait aussi de l'exportation pour son compte personnel (cf. Milbrat [64]). Telle est l'origine toute récente (une cinquantaine d'années) du canton de Ndoukoula qui en serait actuellement à son troisième chef (fondateur Djonka — puis 1927-1954 Golopo son fils — enfin depuis 1954 Temoua fils de Golopo).

Tandis qu'au Cameroun les Allemands sont installés à Yagoua, les Français ont établi des postes à Léré et à Youé. Mais l'accord franco-allemand du 4 novembre 1911 rattache au Cameroun le fameux « bec de canard » et les Allemands occupent toute la région au sud des lacs, faisant

1. Lamido = chef de guerre foulbé devenu seigneur féodal (du radical Lam = commander).

En grisé , le Sous-Secteur de Modernisation Rurale .

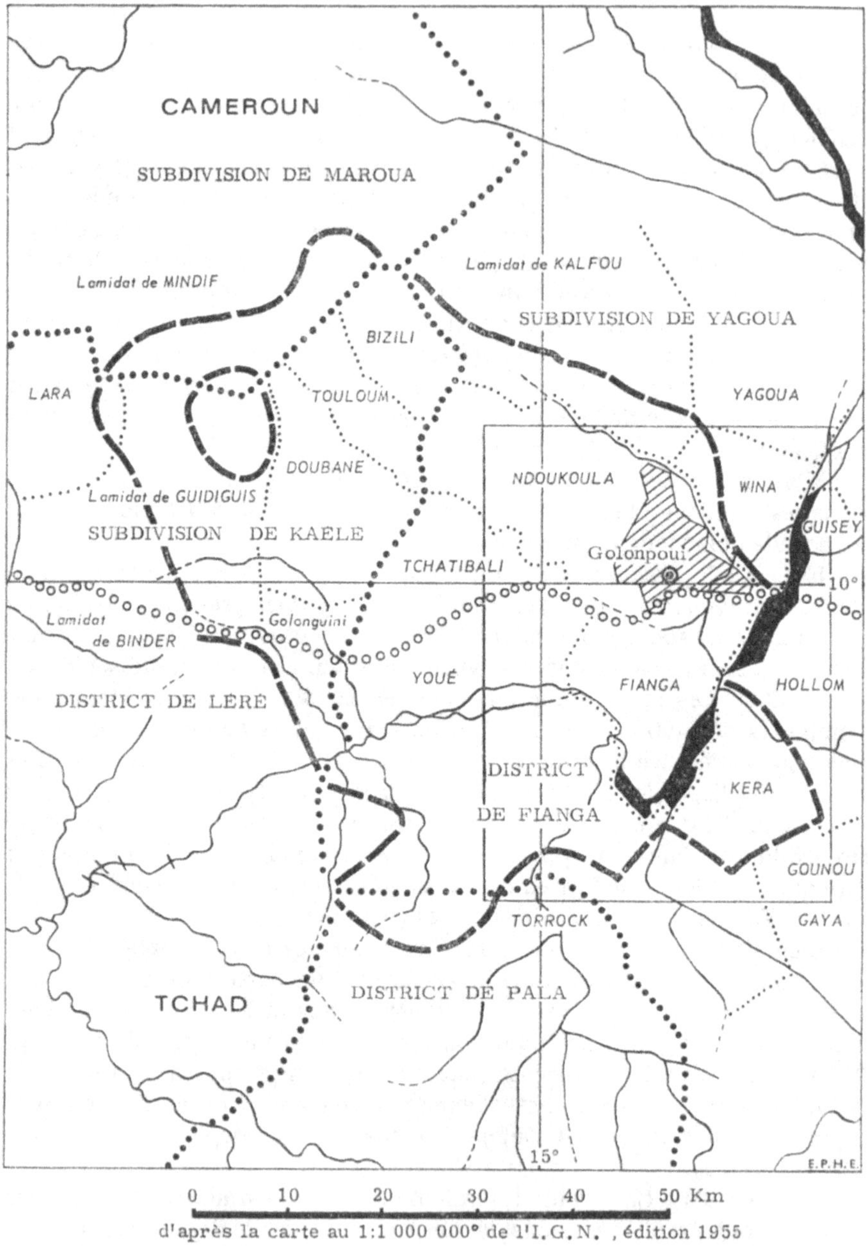

d'après la carte au 1:1 000 000° de l'I.G.N. , édition 1955

ooooo Limite d'Etat
.... Limite cantonale
●●●●●● Limite de Subdivision . de District
▬ ▬ ▬ Limite du peuplement Toupouri

Fig. 8. — *Divisions administratives du pays Toupouri.*

En grisé, le Sous-Secteur de Modernisation Rurale:
1. Golonpoui. 2. Mourao. 3. Datchéka Sud. 4. Dobangou. 5. Taala.

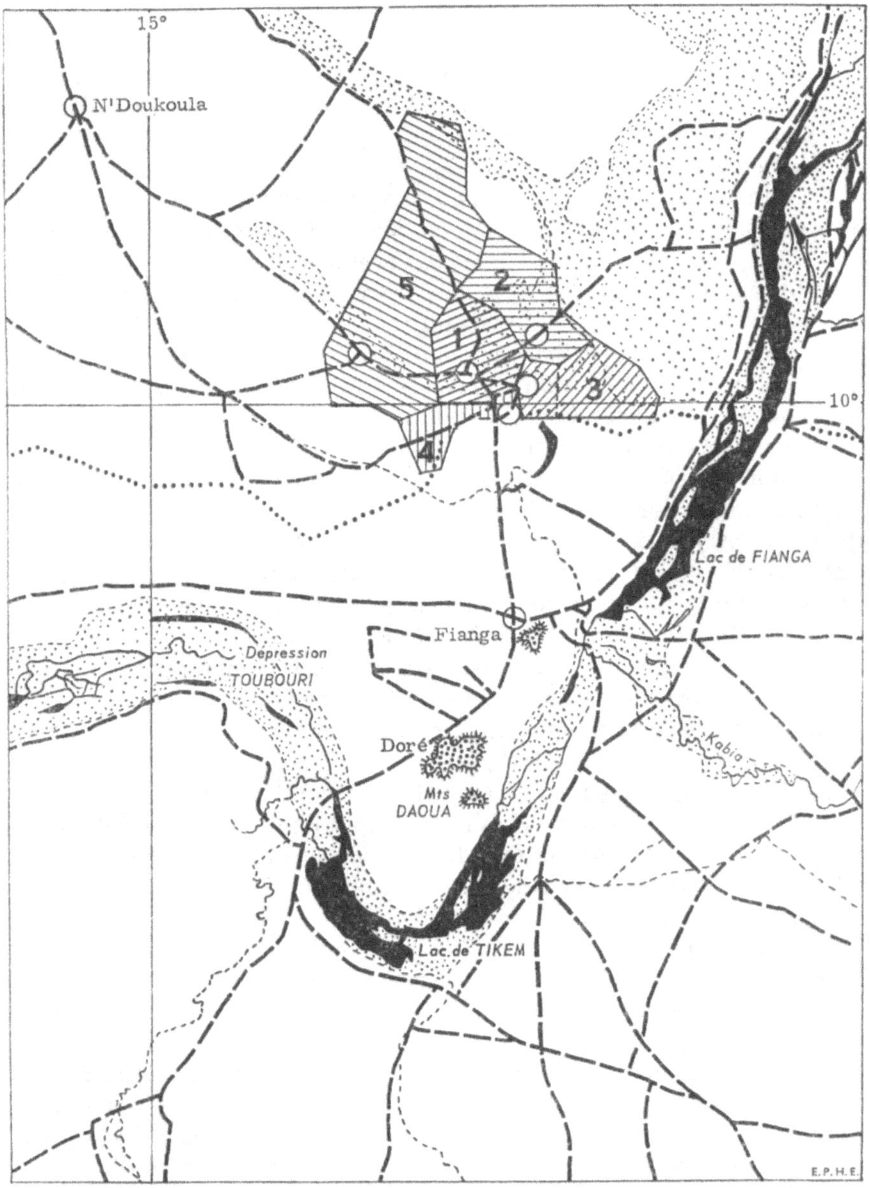

d'après la carte au 1:200 000° de l'I.G.N., édition 1957

Zone inondable ········ Limite d'Etat ○ Localité
Relief d'altitude supérieure à 360m ——— Routes et pistes

Fig. 9. — *La région de Golonpoui.*

de Fianga le chef-lieu du cercle du Haut-Logone. Le poste de Yagoua est définitivement occupé par les militaires français en 1921. Leur premier souci est d'ouvrir le pays à la pénétration pacifique et d'y tracer des pistes. En 1923 tout un réseau de pistes est créé autour de Ndoukoula [38] — Ndoukoula-Domo par Youeye — Ourlargo, Kalfou-frontière du Tchad par Ndoukoula — Ndoukoula-Guidiguis par Tchatibali.

L'Administration s'emploie alors à regrouper les villages autour de leurs chefs et à constituer les cantons. Malgré l'aide apportée par l'énergique Golopo à son vieux père Djonka devenu coléreux et incapable [94], le vaste canton de Ndoukoula est loin d'être calme et homogène. Le Nord est assez bien tenu en mains mais au centre les villages derrière le chef d'Ourlargo sont en rébellion permanente. Le Sud, malgré l'agitation constante de Mourao et Tambourao et surtout du groupe anciennement indépendant de Soukoumkaya, est relativement calme car il échappe à peu près complètement à l'autorité de Ndoukoula.

L'Administration coloniale qui a remplacé en 1931 les militaires à Yagoua, séduite par la vigueur de Golopo et la discipline qu'il fait régner, appuie ses projets de grandeur. Les cantons de Zoueye et de Dadjampka sont absorbés et la création du marché de Datchéka avec résidence d'hommes tout dévoués à Golopo amène la soumission du sud du Canton.

En 1932 Maronneau [58] écrit que le pays Toupouri est à peu près apprivoisé. On peut mesurer à un quart de siècle d'intervalle le progrès fait, en dépit des contacts restreints avec les Français, quand on voit la confiance et même la familiarité que manifestent aujourd'hui spontanément les Toupouri.

Le bloc Toupouri participe actuellement à six divisions administratives : Districts de Léré et de Pala mais surtout de Fianga (Cercle du Mayo Kebbi, chef-lieu Bongor) au Tchad, Subdivision de Maroua mais principalement Subdivisions de Kaélé et de Yagoua (Région du Diamaré, chef-lieu Maroua) au Cameroun.

Golonpoui appartient au canton de Ndoukoula, Subdivision de Yagoua. Les cantons sont donc très récents et leur soutien au nom de la tradition et de l'Histoire n'est guère fondé. De même les circonscriptions administratives, rapidement périmées car ne tenant compte ni des facteurs culturels, ni des conditions économiques modernes, devront être abolies au profit d'unités plus vivantes regroupant les populations économiquement et humainement solidaires. Les structures politiques et sociales de base, actuellement fondées sur la pseudo-autorité soi-disant traditionnelle du chef de canton, soutenues par l'insuffisance de l'Administration territoriale, éclateront rapidement (comme elles l'ont fait ailleurs : Sud-Cameroun, Pays Sara au Tchad) par suite du développement économique et de l'éveil politique des paysans. La véritable cellule sociale du pays Toupouri est le quartier, encore plus que le village souvent regroupement de plusieurs quartiers.

CHAPITRE II

LA POPULATION TOUPOURI

Le Toupouri constitue un beau type de noir de ces régions soudaniennes. Moins grands en général qu'on l'a souvent écrit[1], ces paysans ont un buste bien développé, des jambes longues à la cuisse forte et des mains souvent déliées. La femme, généralement plus petite, a une courbure dorsale assez prononcée. Si les toutes jeunes filles ont de très belles formes[2], elles vieillissent rapidement sous les durs travaux des champs et les maternités. Les déformations labiales encore pratiquées dans certains cantons et les têtes rasées n'améliorent pas leurs physionomies.

Au point de vue psychologique, aucune étude scientifique n'a été faite.

Nous avons trouvé le Toupouri gai et avenant et d'un commerce toujours plus facile à mesure que nous le connaissions mieux. Il aime à paraître et ceci renforce son goût de la discussion et de la chicane.

Leur goût pour le bétail, leurs vertus familiales et rustiques, leur bonne humeur et leur franche sympathie à qui sait les écouter et essaye de les comprendre, rendent l'approche des paysans Toupouri facile et agréable[3]. S'ils ne s'ouvrent pas aussi facilement sur le plan des sentiments ou de la religion, ils ont prouvé être assez sensibles aux arguments économiques et techniques et la plupart d'entre eux ont assez facilement adhéré à l'esprit de modernisation qui nous animait. La manière dont nous les avons abordés, la conduite exemplaire de l'agent d'encadrement (M. Bloc'h) qui vit depuis quatre ans au milieu d'eux, sans commander ni punir mais restant toujours le conseiller et le soutien, la doctrine même de notre action ont réussi à gagner à la cause de la modernisation rurale la plupart de ceux

1. A. Gandolfi [36].
2. Cf. les splendides photographies de B. Lembezat dans *Ève Noire*.
3. Un individualisme marqué, une certaine tendance à l'indiscipline joints à une forte conviction dans la valeur du jugement personnel donnent un tempérament légèrement anarchique au Toupouri. Son goût des danses et des jeux de hasard, le plaisir de se retrouver entre jeunes gens et le prestige de l'uniforme de celui qui « fait service » sont également à noter.

TABLEAU 2

RÉPARTITION DES GROUPES HUMAINS AUTOUR DU BLOC TOUPOURI
(cf. [18] et [24])

	Cameroun	*Tchad*	*Habitants*
Toupouri :			
District de Fianga :			
Canton de Fianga		17 070	
— Youé		20 030	
— Keras		15 660	
Subdivision de Yagoua :			
Canton de Tchatibali	8 870		
— Ndoukoula	24 700		
— Kalfou (pour partie)	3 000		
— Wina (pour partie)	2 000		
Subdivision de Maroua :			
Canton de Mindif (pour partie)	2 000		
Subdivision de Kaélé :			
Canton de Guidiguis (pour partie)	3 750		
— Doubané	8 560		
— Golonghini	1 250		
— Touloum	6 400		
— Bizili	6 100		
	66 630	52 760	119 390
Massa et assimilés :			
District de Bongor		48 220	
Subdivision de Yagoua	70 750		
	70 750	48 220	118 970
Mousey :			
District de Fianga		62 940	
Subdivision de Yagoua	5 760		
	5 760	62 940	68 700
Mousgoum et Mouloui :			
District de Bongor		13 600	
Subdivision de Yagoua	28 150		
	28 150	13 600	41 750
Moundang :			
District de Léré		24 410	
District de Pala		24 540	
Subdivision de Kaélé	23 530		
	23 530	48 950	72 480
Foulbé :			
District de Léré		30 150	
Subdivision de Kaélé	7 780		
Subdivision de Yagoua	7 700		
	15 480	30 150	45 630

avec qui nous étions en contact direct. Psychologiquement plus difficiles à « manier » que les Massa qui obéissent bien à leurs chefs, économiquement moins évolués que les Moundang, plus francs et plus travailleurs que les

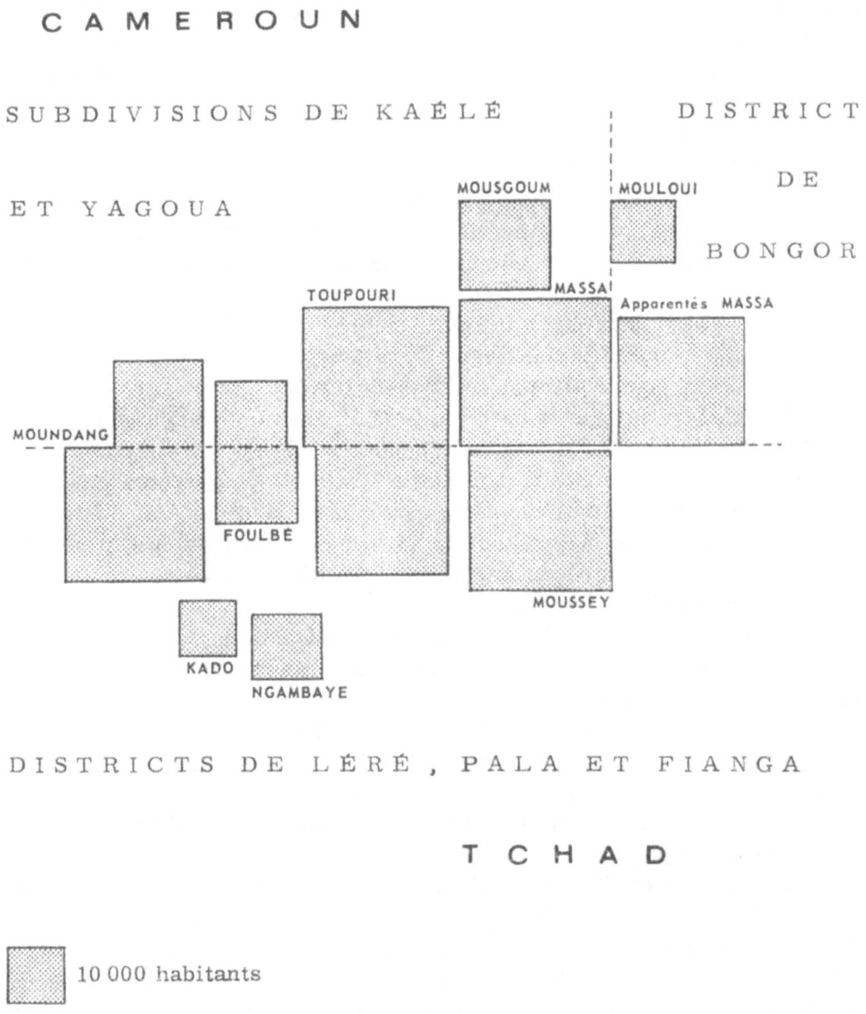

FIG. 10. — *Importance des groupes ethniques.*

Foulbé, nous y avons trouvé un assez bon milieu humain pour notre travail et garderons longtemps au cœur leur bon sourire et leurs gages d'amitié.

A cheval sur la frontière Tchad-Cameroun qui suit approximativement le 18e parallèle nord, le bloc Toupouri comporte presque 120 000 habitants et est le plus important de cette région du Nord-Cameroun-Tchad[1].

Cette population essentiellement rurale atteint des densités élevées : 37 habitants au kilomètre carré sur l'ensemble de la zone ethnique mais 43,5 pour les cantons homogènes, c'est-à-dire purement Toupouri. En effet, tout autour de ceux-ci, les cantons à peuplement mélangé, souvent Foulbé, présentent de vastes zones vides qui contribuent d'ailleurs à y attirer les migrants Toupouri. C'est sur le district de Fianga, sur les terres favorisées des bords des lacs que la densité est la plus forte : canton de Fianga, 67 habitants au kilomètre carré[2].

La dispersion de l'habitat par taches ou même semis de groupes familiaux d'habitations à la périphérie des faibles dépressions ou en bordure des zones inondées, masque au voyageur pressé l'importance de cette masse humaine. Il faut s'être fourvoyé au milieu d'un marché hebdomadaire ou avoir été arrêté sur la route par le chœur des lamentations de funérailles pour prendre conscience du prodigieux grouillement humain que constituent pour l'Afrique ces masses rurales.

R. Diziain a relevé que la partie sud-est du canton de Ndoukoula abrite sur 50 km^2 5 530 habitants soit une densité réelle de 110 hab./km^2.

Golonpoui qui est compris dans cette dernière zone est cependant plus à l'aise : 81 habitants au kilomètre carré, mais la densité au kilomètre carré cultivé y atteint malgré tout 130,4. Il ne faut pas oublier en face de ces chiffres que la densité par kilomètre carré *total* ne dépasse pas 25 pour l'ensemble de la France rurale.

Bien que sollicité par plusieurs centres d'attraction, le pays Toupouri forme du point de vue conditions techniques, mais surtout sur le plan humain une zone très homogène, un bloc très important, et c'est pourquoi nous l'avons personnellement choisi pour y implanter notre action de modernisation. Le village de Golonpoui et la zone périphérique présentant les densités les plus fortes, il est évident que les solutions agricoles mises au point dans des conditions aussi difficiles peuvent être appliquées ensuite dans le reste du pays.

Cette population Toupouri dans l'ensemble très jeune (canton de Ndoukoula 1951 : 43 % d'enfants)[3] s'accroît rapidement. Si on ne peut guère tenir compte de l'augmentation rapide ayant eu lieu de 1936 à 1948, probablement due en partie à des recensements plus complets, la progression soutenue depuis plusieurs années (canton de Ndoukoula 1948 à 1951 10,69 ‰ par an, Golonpoui 1948 à 1954 16,18 ‰

1. L'excellente étude de R. Diziain [24] reproduite en partie dans *Population du Moyen-Logone* [18] et les notes de J. Cabot dans ce n° 1 de *L'Homme d'Outre Mer* ont servi de base à ce paragraphe.

2. La seule densité par canton supérieure est celle du canton de Wina, subdivision de Yagoua, sur la rive ouest du lac de Fianga où elle dépasse 80 hab./km^2.

3. Cf. p. 82, n. 1.

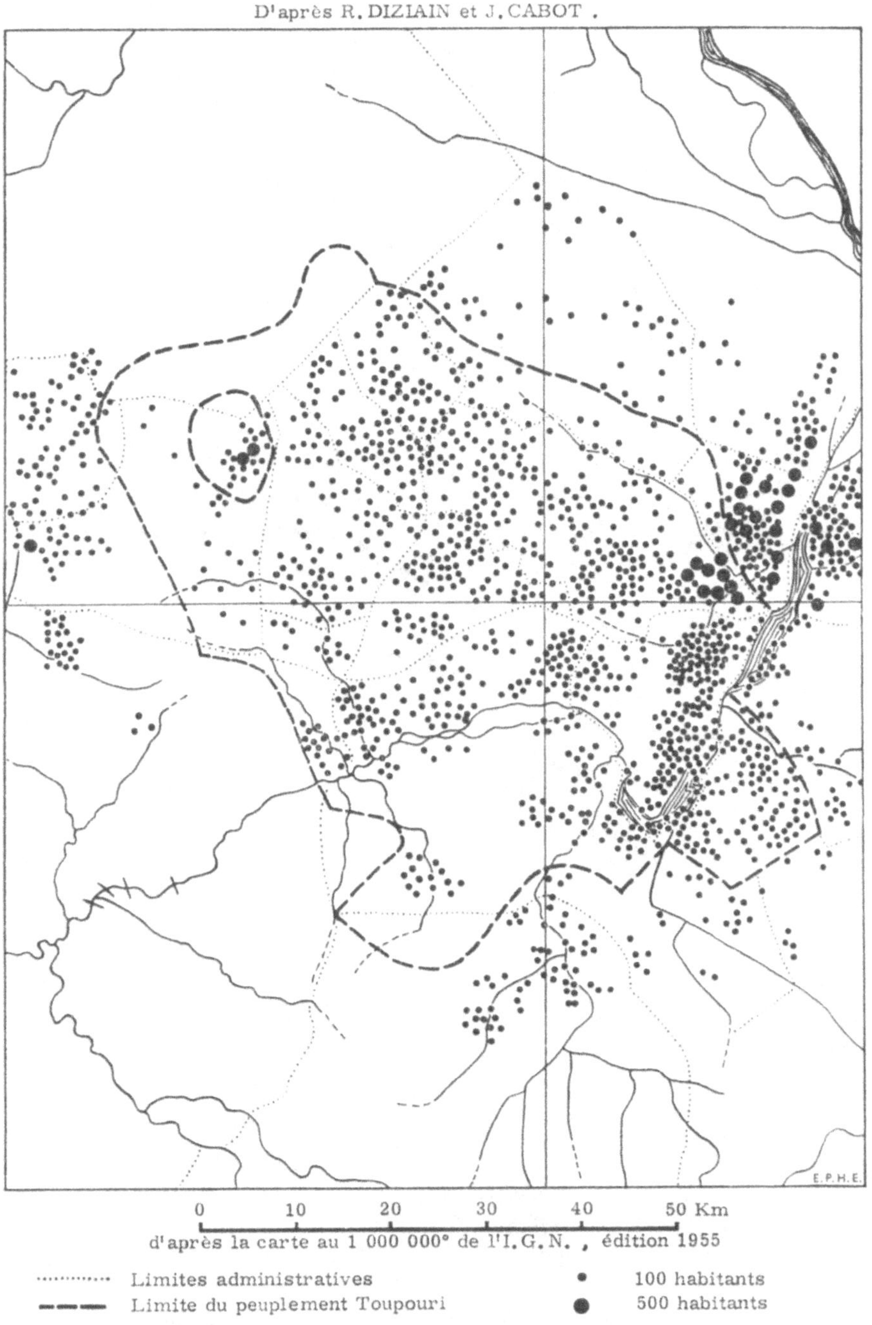

FIG. 11. — *Répartition du peuplement en pays Toupouri.*

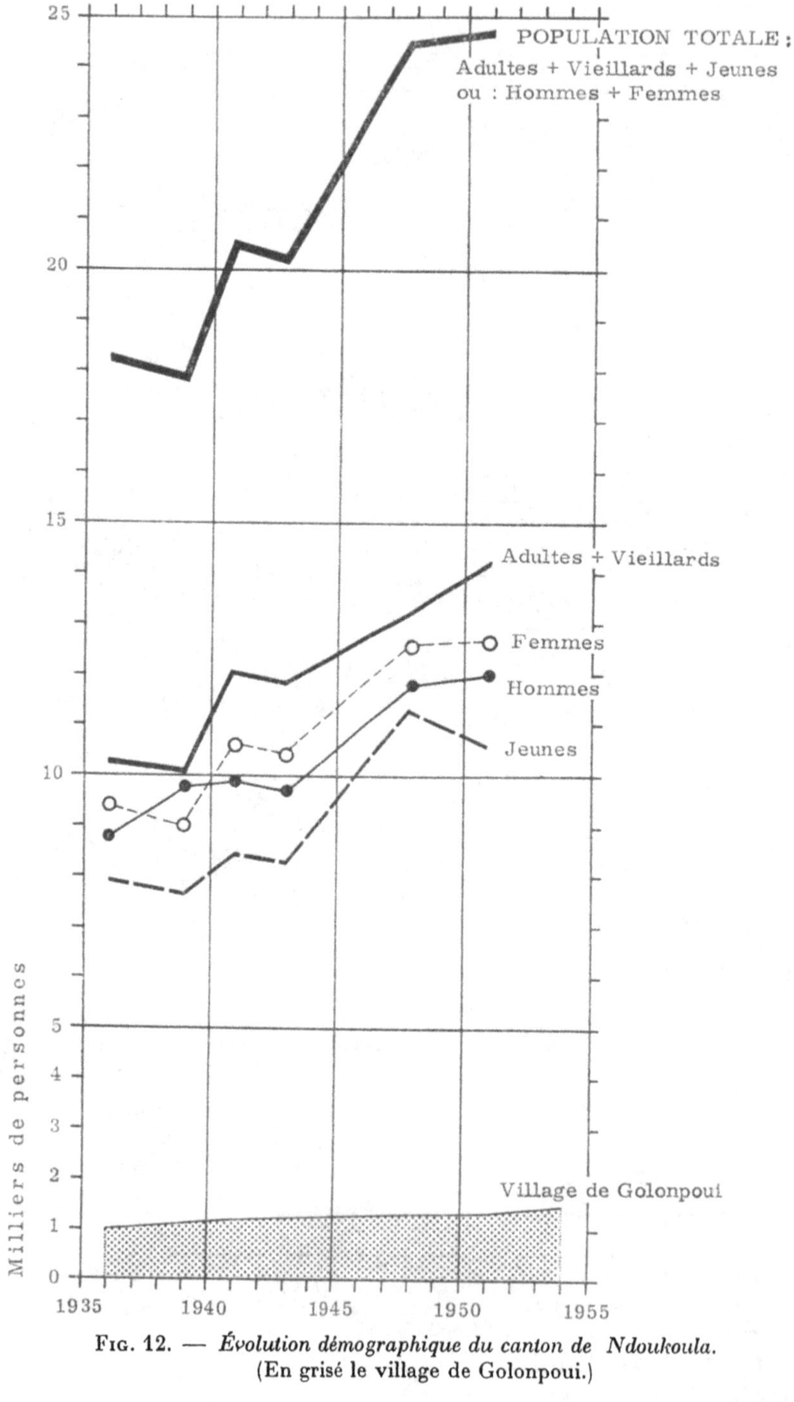

FIG. 12. — *Évolution démographique du canton de Ndoukoula.*
(En grisé le village de Golonpoui.)

par an[1]) s'accélère et s'accélèrera de plus en plus. L'importance de ce problème démographique est telle que nous l'avons traitée dans un chapitre à part, le chapitre III « Démographie ».

Nous pouvons cependant dire que, dans les conditions de production du moment présent et de l'avenir immédiat, l'*optimum de population est en train d'être dépassé* (même avec le faible niveau de vie du paysan Toupouri).

Cet accroissement rapide de la population ne peut être attribué que très indirectement à l'amélioration de l'état sanitaire général. Celui-ci est plutôt bon et les grandes épidémies assez rares. L'assistance médicale est assez réduite en pays Toupouri mais le succès du Dispensaire des Sœurs catholiques de Ndoukoula prouve l'efficacité d'une action médicale, même limitée, chez les Toupouri.

Si les maladies vénériennes, malgré la liberté des mœurs des Toupouri, ne paraissent augmenter que lentement, la lèpre aurait atteint, d'après de récentes enquêtes, des taux assez élevés. Mais les maladies les plus fréquentes sont : le paludisme (surtout dangereux chez les enfants), les parasites intestinaux, la filaire dite Ver de Guinée très fréquente immobilisant parfois pendant de longues semaines les travailleurs, la bilharziose très répandue, les maladies pulmonaires surtout en saison fraîche et enfin la méningite dont les épidémies en début de saison sèche (vents de poussière) sont redoutées. Une des grandes causes de mortalité chez les non-vieillards est la morsure de serpents venimeux, contre laquelle les paysans sont absolument impuissants.

1. Si on considère comme valable la comparaison des chiffres 1936-1951 on obtient pour le canton de Ndoukoula un taux brut d'accroissement annuel voisin de 20 ‰.

CHAPITRE III

DÉMOGRAPHIE

Nous avons évoqué dans le chapitre précédent le grave problème de l'accroissement démographique et du surpeuplement du pays Toupouri.

Examinons plus en détail, sur l'exemple particulier du village de Golonpoui, les modalités de cette démographie.

1. Méthodes

Les chiffres de base proviennent de recensements administratifs effectués par la Subdivision de Yagoua et d'un recensement sur fiches établi conjointement par le Sous-Secteur de Modernisation et la Subdivision en avril 1954.

En avril 1954 lors de l'installation du Conseiller rural et du démarrage du Sous-Secteur il fut procédé à un recensement individuel des habitants de Golonpoui. Nous avions envisagé un recensement sur fiches permettant un dépouillement mécanographique mais aucun modèle de fiche n'a jamais été étudié pour les besoins du Nord-Cameroun (ou du Tchad où les conditions sont très analogues). Cependant comme base matérielle nous avons utilisé les cartes masculine et féminine utilisées dans le Sud-Cameroun en modifiant, supprimant ou complétant à la main un certain nombre de rubriques. Malheureusement l'exploitation mécanographique n'en a pas été possible. Chaque famille, c'est-à-dire chaque *Tin*[1], a reçu un numéro d'ordre et chaque membre de la famille un numéro à l'intérieur de la famille, venant en complément du numéro familial, pour constituer un matricule.

Chaque habitant de Golonpoui a été interrogé personnellement (sauf les enfants bien entendu) et ses déclarations confrontées avec celles du chef de famille (tandis que dans le cas des « dénombrements administra-

1. Le *Tin* est l'ensemble des cases groupées sous l'autorité d'un même homme (Djitin). Il peut grouper plusieurs femmes et leurs enfants tous du même père.

Nous étendrons l'acception du terme *Tin* à la famille ainsi constituée autour du même père (cf. chap. IV, § 1).

tifs » seuls les chefs de famille sont interrogés). Les points les plus délicats ont été les divers mariages des femmes (à quelle date le mariage a-t-il eu lieu ? transmission d'épouses par héritage, etc.), les questions sur la fécondité (qui n'ont pu être résolues que par un interrogatoire spécial, très long et n'ayant pu être effectué que pour une partie des femmes), enfin l'âge.

Nous avons établi pour permettre de préciser celui-ci un calendrier mais de nombreuses lacunes existent et la mémoire des Toupouri pour les événements qui ne les touchent que très indirectement est peu fidèle.

A la suite de ce travail de recensement individuel ainsi effectué et de la constitution du fichier de la population de Golonpoui, il aurait été intéressant de permettre au Sous-Secteur (qui au début ne comprenait que ce village) de faire fonctionner un État Civil et d'amorcer sur la collectivité de départ de la modernisation rurale cet outil, devenu indispensable à une société évoluée, mais nous n'avons pas été encouragé dans cette voie.

Ce sont les résultats de ce recensement individuel de 1954 (1 452 habitants) qui servent principalement de fondement à notre étude des différents critères démographiques.

2. Volume démographique

Par suite des médiocres bases statistiques nous adopterons comme unités d'étude le bloc Toupouri Cameroun (réparti entre les Subdivisions de Kaélé et de Yagoua), le canton de Ndoukoula et enfin le village de Golonpoui.

De l'étude de R. Diziain [24] et son paragraphe sur la densité en pays Toupouri nous extrayons les chiffres suivants (d'après « dénombrement » 1951) :

Canton	*Surface approximative* (km²)	*Population* (habitants)	*Densité* (hab./km²)
Sub. de Yagoua : Ndoukoula ..	460	24 700	53,7
Tchatibali ...	200	8 870	44,3
Sub. de Kaélé : Bizili	132	6 100	45,2
Touloum	175	6 400	36,5
Doubané	237	8 560	33,3
Golonghini ..	53	1 250	23
Totalité Subd. Yagoua	4 900	148 000	30,1
— — Kaélé	2 800	79 000	28,2
Bloc Toupouri Yagoua (Ndoukoula + Tchatibali) ..	660	33 600	50,9

Alors que sur l'ensemble des deux Subdivisions de Yagoua et Kaélé le niveau de densité 50-75 comprend respectivement 37,5 % et 29,3 % de la population (c'est-à-dire que pratiquement un tiers de la masse humaine de ces deux subdivisons vit sur seulement 13 à 16 % de leur surface), le bloc Toupouri est encore plus dense ; 50,9 % de la population Toupouri est absorbé par le niveau de densité supérieure à 50 hab./km².

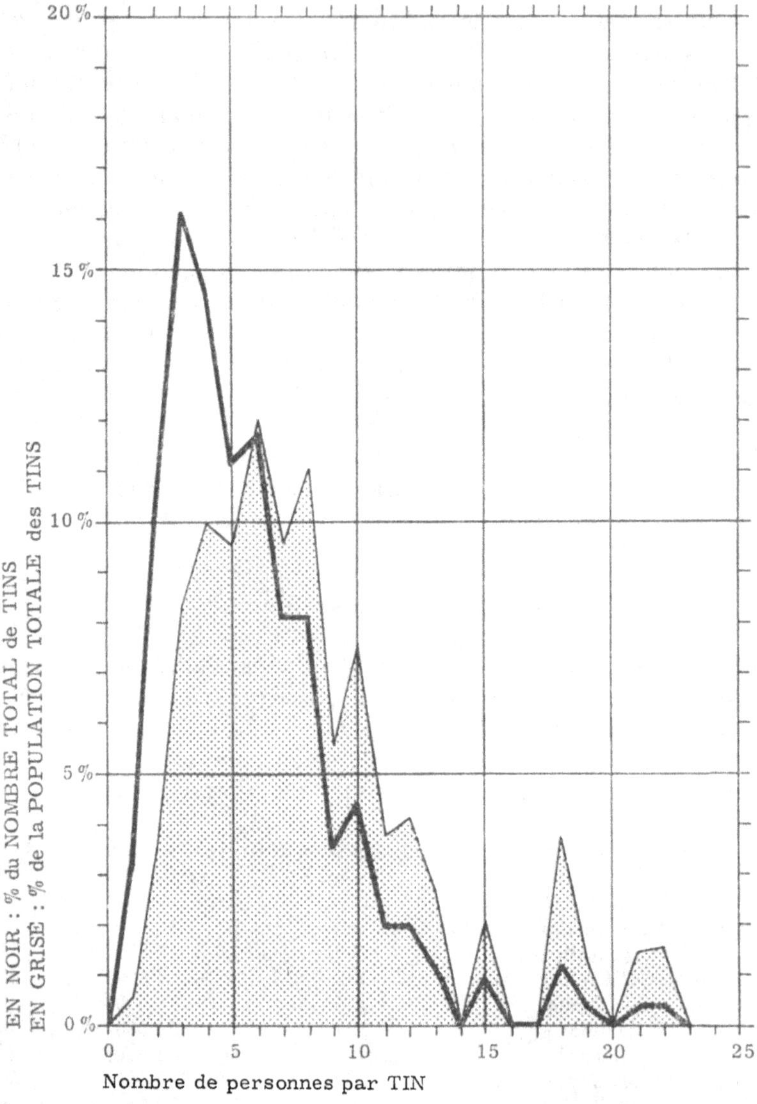

Fig. 13. — *Répartition, en fonction de l'importance du Tin (groupe familial de cohabitation), de la population de Golonpoui en 1954.*

Tandis que Milbrat [64] estimait en 1911 la population Toupouri à 10 000 hommes, 13 000 femmes et 8 000 enfants soit 31 000 personnes (mais il s'agissait très probablement du bloc ethnique en son entier aujourd'hui divisé entre Tchad et Cameroun), Maronneau [58] donne pour 1931 pour le canton de Ndoukoula 14 900 habitants et Tchatibali 5 200 soit un total de 19 100. Privat [80] compte en 1938 une densité moyenne de 39 hab./km² pour les Toupouri de Yagoua. Mais si nous examinons la progression des chiffres des dénombrements, cette augmentation de la densité sur le canton Ndoukoula prend une allure vertigineuse.

	Canton de Ndoukoula (surface : 460 km²)	*Densité* (hab./km²)
1936-1937	18 300	39,78
1939-1940	17 900	38,91
1941	20 500	44,56
1943	20 200	43,91
1948	24 500	53,26
1951	24 700	53,69

Malgré les réductions d'effectifs recensés en 1939-1940 (probablement dues aux circonstances de guerre) la progression du volume démographique comme celle de la densité est considérable (cf. fig. 12).

Ces chiffres bruts montrent un taux d'accroissement très élevé, 19,87 $^{o}/_{oo}$ par an en 1951.

Il nous apparaît important d'examiner sur l'exemple de Golonpoui, comment se répartit la population Toupouri entre les familles, famille *stricto sensu* groupant sous l'autorité du chef de famille (Djitin), sa ou ses femmes et leurs enfants dans un ensemble de constructions, le *Tin*.

Les *Tin* les plus fréquents comptent 3 ou 4 personnes mais la majorité de la population, en pourcentage, vit dans les *Tin* de 4 à 8 personnes (fig. 13).

Total pour Golonpoui : 248 Tin hébergeant 1 452 habitants.

	Nombre	*Pourcentage du nombre total de Tin*	*Pourcentage de population qu'ils contiennent*
Tin de 1 personne	8	3,2	0,55
— 2 personnes	26	10,5	3,58
— 3 —	40	16,1	8,27
— 4 —	36	14,5	9,93
— 5 —	28	11,2	9,65
— 6 —	29	11,7	12
— 7 —	20	8,1	9,65
— 8 —	20	8,1	11,03
— 9 —	9	3,6	5,58
— 10 —	11	4,4	7,58
— 11 —	5	2,0	3,79
— 12 —	5	2,0	4,13
— 13 —	3	1,2	2,68
— 14 —	0	0	0
— 15 —	2	0,9	2,06
— 16 —	0	0	0
— 17 —	0	0	0
— 18 —	3	1,2	3,72
— 19 —	1	0,4	1,31
— 20 —	0	0	0
— 21 —	1	0,4	1,44
— 22 —	1	0,4	1,51

Cette notion de répartition en Tin est très importante car le Tin constitue la cellule sociale la plus petite mais également la plus solide et c'est l'unité économique et agricole de base du pays Toupouri.

3. Structures démographiques

La validité des chiffres globaux fournis par les dénombrements qui indiquent l'expansion démographique du pays Toupouri et du village de Golonpoui peut être contestée, mais l'étude plus poussée de la structure démographique donne des renseignements certains et permet en partie d'expliquer cette expansion démographique.

A) *Premier critère : l'AGE et les mouvements naturels de population à Golonpoui.*

Les dénombrements administratifs, dont l'objet est surtout de servir de base à l'impôt de capitation, classent les populations recensées en trois grands groupes simples : Adultes, Vieillards et non-imposables, Enfants (la limite supérieure de ce groupe est très mal fixée, 16 à 17 ans environ). Malgré leur imperfection, ces catégories sont intéressantes à considérer au premier abord :

	Enfants		*Adultes*		*Vieillards*	
	Garçons	Filles	Hommes	Femmes	Hommes	Femmes
Canton de Ndoukoula : 1951	5 260	5 298	6 158	6 717	605	651
	10 558		12 875		1 256	
Village de Golonpoui : 1951	294	287	325	364	47	28
(1 345 ha)	581		689		75	
Village de Golonpoui : 1954	322[1]	335	301	362	69	43
(1 452 ha)	677		663		112	
Soit en pourcentage	46,62		45,67		7,71	

La proportion extrêmement élevée des enfants dans la société Toupouri est frappante. Déjà en 1932 Maronneau [58] signale que les enfants

1. Dans cette dernière répartition nous comptons « Enfants » jusqu'à l'âge de 15 ans révolus et « Vieillards » au-dessus de 50 ans.

formaient 43,5 % du total de la population du canton tandis que les adultes (nombre d'années du groupe : 32) constituaient 54 %

Diziain [24] donne la répartition suivante d'après les dénombrements de 1951.

	Enfants	*Adultes*	*Vieillards*	*Total*
	—	—	—	—
Canton de Ndoukoula	42,7	52,2	5,1	100

Les experts de la Mission Anti-Érosive du Congo Belge dans la *Monographie des groupements Mumosho-Mugabo* [65] signalent qu'une répartition

Enfants		*Adultes*		*Vieillards*	
—		—		—	
300	/	550	/	150	signifie une population stationnaire
> 300	/	550	/	< 150	— — progressive
< 300	/	550	/	> 150	— — vieillissante

Les chiffres de Diziain 427 / 522 / 51 montrent une population en pleine progression.

En adoptant une présentation différente : répartition Hommes, Femmes (adultes bien entendu) et Enfants nous avons les chiffres suivants :

	Hommes	*Femmes*	*Enfants*	
	—	—	—	
Golonpoui	254	279	467	= 1 000
Congo Belge	291	304	403	
Belgique	349	372	279	

Mais par suite de la diversité des méthodes d'études démographiques et en particulier de l'assiette des groupes d'âge, les comparaisons avec d'autres sociétés exigent une plus grande précision dans la connaissance de la répartition de ces dits groupes d'âge et seul le recensement 1954 de Golonpoui (dépouillé par classes d'âge de 5 ans) nous permet de les connaître.

	0-14 ans	*15-24 ans*	*25-64 ans*	*> 64 ans*
France (sondage au 1/20 sur recensement 1954).	23,3	13,9	50,7	12,1
			25-60 ans	*> 60 ans*
Golonpoui	46,6	16,7	32,5	4,2
Chine[1]	36			
Europe Occidentale	25			

1. D'après les chiffres de la 30e session de l'Institut International de Statistiques, Stockholm, août 1957.

Cf. les graphiques de la fig. 14 (la surface de chaque rectangle indique l'importance du groupe d'âge qu'il représente) dans lesquels la proportion écrasante d'enfants n'est pas masquée par le moindre étalement dans le temps du groupe d'âge.

Les pyramides (fig. 15) établies à partir du recensement 1954 et ramenées à 1 000 habitants offrent également une vue synthétique très intéressante de l'évolution de la population. Leur large assise montre l'essor démographique considérable du village ; plus que les valeurs de la natalité ou de la mortalité, la structure par âge[1] est le facteur prédominant de l'évolution d'une population. En effet même en supposant une natalité en diminution, l'accession au stade de la procréation de générations chaque année plus nombreuses, entraîne fatalement une augmentation démographique.

Population masculine active agricole en 1954 (âge)	*Ariège*	*Mayenne*	*Golonpoui*
15-34 ans	33	46	61
34-54 ans	33,5	39	27,7
55 ans et plus	33,5	15	11,5
	100	100	100

Les calculs de l'I.N.E.D. basés sur l'accession ou l'abandon des générations successives formant le mouvement naturel de la population active agricole donnent pour les deux départements français cités ci-dessus en dix ans de 1954 à 1964 :

— Pour la Mayenne, une augmentation de la population masculine active agricole de 8,5 %.

— Pour l'Ariège, département à structure démographique défavorable, une diminution de 13,5 %.

On mesure, grâce à la comparaison avec ces deux départements agricoles français, combien grande peut être dans les dix années qui viennent l'augmentation de la population masculine active agricole (c'est-à-dire de la totalité des hommes valides dans l'économie actuelle) à Golonpoui et dans le pays Toupouri !

Alors que la pyramide globale (fig. 15) par tranches de 10 ans est assez régulière, on peut remarquer sur la pyramide de la population totale

1. Cf. Roland Pressat, « Structure démographique et avenir de la population active agricole en France », Conférence faite à la session des 19-20 mai 1958 à la Société Française d'Économie Rurale.

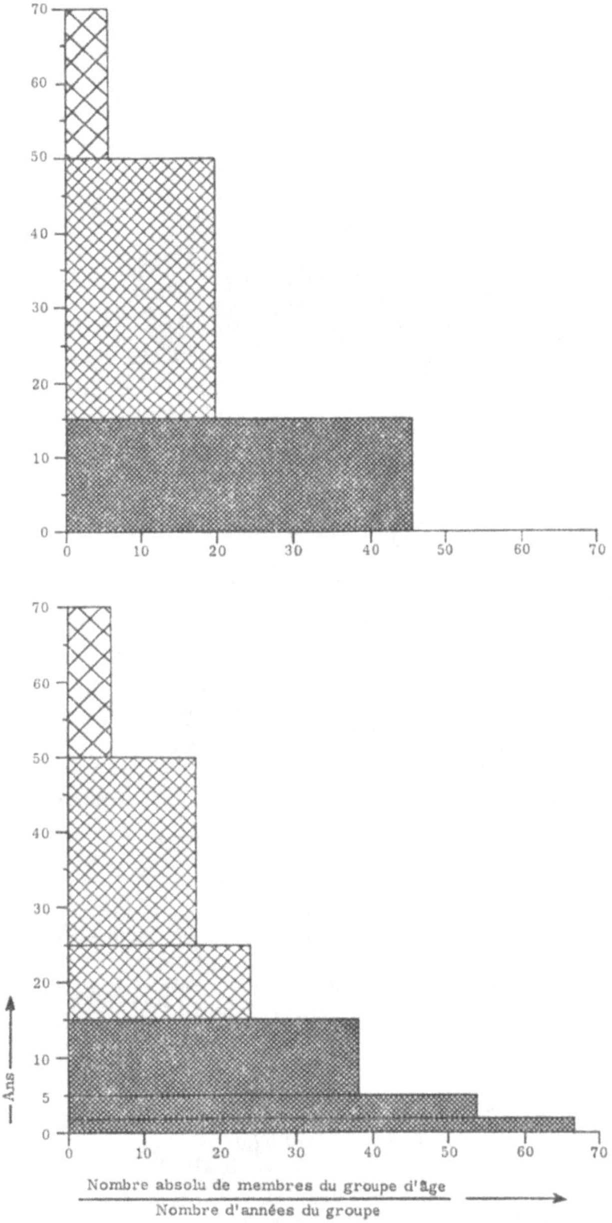

Fig. 14. — *Importance relative des groupes d'âge du village de Golonpoui en 1954*

(cf. A. Ryckmans, « Étude sur les statistiques démographiques du Congo Belge », *Zaïre*, VII, I, 1953, janv.).

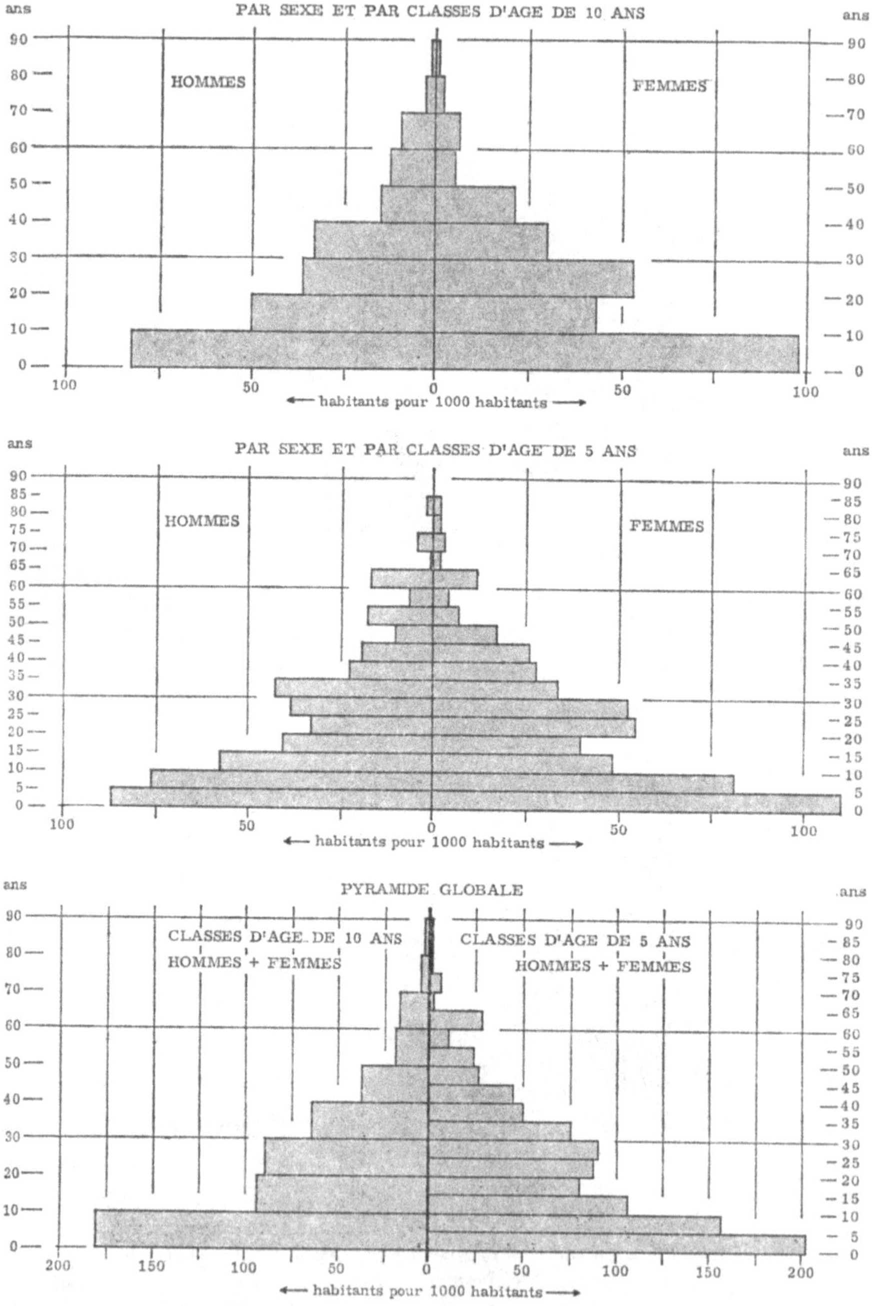

Fig. 15. — *Pyramides des âges de Golonpoui en 1954.*

par classes de 5 ans, des irrégularités notables. S'il faut partiellement en trouver une explication dans l'imprécision des âges fournis par les personnes recensées et par l'attraction des chiffres ronds, l'examen des pyramides particulières à chaque sexe (fig. 15) permet de trouver des causes particulières à chaque irrégularité. Chez les hommes, on remarque un déficit des classes 15-19 et surtout 20-24 ; par contre les classes 25-29 et 30-34 sont plus chargées que ne le voudrait la pente moyenne de la pyramide. Beaucoup plus qu'un rajeunissement à l'approche de l'âge imposable assez difficile à dissimuler et qui se manifesterait alors par un accroissement anormal de la classe 10-14, l'explication du déficit doit être recherchée dans l'absence temporaire ou de brève durée de jeunes gens (soit garde des troupeaux, gourna, vagabondage plus ou moins justifié, soit migration temporaire à la recherche de ressources supplémentaires, fait pourtant rare à la période où le recensement 1954 fut effectué). Par contre l'abondance des hommes dans les classes 25-29 et 30-34 résulte à peu près certainement d'une mauvaise estimation de l'âge des hommes. Les différences entre les classes d'âge 45-49 et 50-54 ou bien 55-59 et 60-64 sont dues à l'attrait des nombres ronds 50 et 60 qui provoque un gonflement des catégories qui les renferment.

Chez les femmes les déficits des classes 10-14 et 15-19 et les gonflements des classes 20-24 et 25-29 sont tels que même sur la pyramide par classes d'âge de 10 ans l'effet s'en fait sentir (à noter que tandis que les classes « anormales » 15-19 et 20-24 sont à cheval sur deux classes de 10 ans chez les hommes ce qui réduit leur effet sur ces dernières classes, chez les femmes au contraire les deux classes de 5 ans en déficit et les deux classes de 5 ans en excédent coïncident chacune avec une tranche d'âge de 10 ans, ce qui ne masque pas leur importance dans la pyramide par classes d'âge de 10 ans). On peut imputer en partie ces anomalies à un vieillissement exagéré des jeunes femmes et même des jeunes filles, toujours par suite de l'absence de critères convenables (date de naissance). Il est en effet certain qu'une jeune femme de moins de 20 ans d'âge réel mais ayant déjà eu une ou plusieurs grossesses, si elle ne peut préciser son âge, est très souvent classée dans une catégorie plus âgée. Les femmes n'étant pas imposables au Cameroun on ne peut parler de dissimulation par rajeunissement des femmes qui auraient dû accéder à la majorité avant le recensement suivant.

L'amincissement rapide vers le sommet de la pyramide et sa faible hauteur sont le reflet d'une vie courte chez les Toupouri. Il semble qu'à partir de 50-60 ans les hommes soient en majorité et que les femmes vivent donc en moyenne moins longtemps.

Il est difficile de comparer l'importance du groupe des vieillards avec d'autres pays car le seuil du groupe est extrêmement variable avec les conditions sanitaires et d'emploi.

Si nous examinons quelques chiffres obtenus sur des populations, certes beaucoup plus élevées que notre exemple du village de Golonpoui, nous avons :

	Pourcentage de personnes de plus de 65 ans	*Pourcentage de personnes de moins de 29 ans*
France	12,1	52
Israël (réputé comme un pays jeune)	4,7	56,3
Golonpoui	4,2	72,5

En adoptant d'autres catégories, nous avons :

POURCENTAGE DE LA POPULATION AGÉE DE PLUS DE 45 ANS :

Angleterre et Pays de Galles (1951)	33,3
Japon (1945)	20,6
Kenya (1948)	8,7[1]
Golonpoui (1954)	10,4

Mais il est plus important d'étudier le groupe des enfants qui constitue la large assise des pyramides d'âges.

Le rapport : $\frac{\text{Total enfants E}}{\text{Total adultes A}}$ qui donne à la fois la charge en jeunes bouches à nourrir (notion sur laquelle nous reviendrons au § 4 « Population active ») et le remplacement des adultes donne une idée de la modification théorique probable du volume démographique.

	E < 15 ans	*A*	*V > 50*	*Total*
Ndoukoula (Diziain 1951)	42,7	52,2	5,1	100
Golonpoui (1954)	46,62	45,67	7,71	100

Golonpoui

$$\frac{E}{A} = 102{,}1\,\%$$

$$\frac{E}{\text{femmes adultes}} = 159{,}06\,\%$$

$$E \times \frac{35}{16} = A' \quad \frac{A'}{A} = 2{,}23$$

Ndoukoula

$$\frac{E}{A} = 81{,}8\,\%$$

$$\frac{E}{\text{femmes adultes}} = 157{,}18\,\%$$

$$E \times \frac{35}{16} = A' \quad \frac{A'}{A} = 1{,}79$$

Si le rapport $\frac{E}{\text{Total femmes adultes}}$ qui représente le nombre d'enfants actuellement vivants pour 100 femmes adultes ne signifie pratiquement

1. Chiffres tirés de l'*East Africa Royal Commission Report*, Appendix VII, p. 465, HMSO, 1954.

rien seul (car il est trop lié à la longévité des femmes), le rapport $\frac{E}{A}$ permet de calculer le taux de remplacement théorique de la classe des adultes (A) par la classe des jeunes (E), remplacement théorique car fournissant le nombre d'adultes qui proviendront du nombre E sans tenir compte de la mortalité, mais en les répartissant sur 35 ans dans un cas (A) au lieu de 16 dans l'autre (E).

A' effectif théorique de remplacement dans les quinze ans à venir est égal à 1,79 A, nombre d'adultes actuel, pour l'ensemble du canton de Ndoukoula et à 2,23 A pour Golonpoui.

La large assise démographique des abondantes classes d'enfants en pays Toupouri conduirait à un doublement théorique de la population adulte dans les quinze ans à venir.

Par contre les Foulbé voisins montrent une nette stagnation démographique, caractéristique d'ailleurs de l'ensemble de la race.

On conçoit facilement que le contact de deux telles sociétés, l'une en pleine expansion démographique, l'autre en récession lente entraînera, dans un avenir proche des pressions sociales et économiques considérables.

B) *Deuxième critère démographique : le SEXE.*

L'examen de la pyramide des âges classés par sexe montre au premier abord une nette prédominance des femmes sur les hommes et le simple rapport $\frac{\text{nombre total d'hommes}}{\text{nombre total de femmes} \times 100}$ (que nous désignerons par TM taux de masculinité[1]) est en effet de 91,05 % pour Golonpoui en 1954.

Mais ce rapport global qui indique un net déficit d'hommes par rapport à la population féminine n'est pas constant à travers toutes les classes d'âge ; les différences du taux de masculinité entre les divers groupes d'âge comme l'évolution du TM calculé à l'aide des dénombrements antérieurs sont intéressantes à considérer :

TAUX DE MASCULINITÉ : NOMBRE D'HOMMES POUR 100 FEMMES A GOLONPOUI

Date des dénombrements	*TM global*	*Enfants < 15 ans*	*Adultes*	*Vieillards > 50 ans*
1936	93,5	105,5	87,9	67,3
1941	100	110,7	88,4	121,9
1948	95,3	95,58	93,16	115,6
1951	98,1	102,4	89,3	167,8
1954	91,1	90,7	83,1	160,4

1. Nous évitons à dessein l'expression *Sex ratio* car certains auteurs, Diziain [24] en particulier, utilisent le rapport inverse (nombre de femmes pour 100 hommes) de sa valeur classique, ce qui peut créer des confusions.

Si le taux de masculinité est en général depuis une vingtaine d'années supérieur à 100 pour les enfants au-dessous de 15 ans, on enregistre toujours chez les adultes une plus grande abondance de femmes. Les variations de TM chez les personnes âgées de plus de 50 ans semblent considérables mais, même en tenant compte du faible nombre de personnes de cette catégorie, base bien insuffisante de calcul, on relève un TM très élevé c'est-à-dire un très grand excédent d'hommes sur les femmes ; il semblerait que les hommes vivent plus vieux que les femmes.

Le TM des enfants (c'est-à-dire des personnes âgées de moins de 15 ans), à la lumière des chiffres ainsi calculés sur les dénombrements, accuse une nette diminution de 1936 à 1954. Alors qu'en 1936 les jeunes classes présentaient un net excédent de garçons, les filles y sont en 1954 nettement majoritaires ; or il ne faut pas oublier que la répartition 1938 des enfants influe lourdement sur le TM 1954 des adultes puisque ce groupe d'enfants (0-15 ans) 1936 est passé intégralement dans le groupe adultes 1954 (fraction 18 à 33 ans de ce groupe). Le déficit actuel en hommes du groupe enfants 1954 se traduira obligatoirement dans une dizaine d'années par un TM encore plus défavorable, qu'il n'est actuellement, du groupe adultes[1].

L'étroitesse de l'échantillon ne permet pas de tirer des conclusions statistiques des variations considérables du taux de masculinité TM à travers les groupes d'âge actuels.

La stagnation des hommes dans le groupe d'âge apparent 11-20 ans et le passage accéléré des femmes dans le groupe d'âge apparent 21-30 ans sont très probablement la cause de ce saut du taux de masculinité de 113 dans le premier groupe à 67 dans le second. Mais pourquoi par contre le taux de masculinité remonté à 108 pour la catégorie 31-40 ans, redescend-il à 70 pour la catégorie suivante 41-50 ans ? Le même phénomène de vieillissement précoce des femmes a-t-il déformé à ce point les estimations et les corrections apportées par les recenseurs à la détermination de l'âge ? Il est remarquable que les variations très sensibles de TM entre les tranches d'âge de 10 ans, ou même de 15 ans soient très amorties si l'on examine la répartition hommes/femmes à l'intérieur de groupes d'âge s'étendant sur vingt années.

Quelles que soient l'ampleur des variations de TM et leurs causes, il faut retenir l'augmentation croissante de la proportion de fillettes[2] et le nombre très élevé de femmes par rapport aux adultes (qui ne peut aller qu'en

1. Ce phénomène a été relevé par A. Gandolfi [36] pour le canton voisin de Tchatibali où il note que, de 1935 à 1950, le rapport $\frac{\text{filles}}{\text{garçons}}$ est passé de 82 à 107 (soit TM enfants passant de 122 à 93).

2. La mortalité infantile moins élevée chez les bébés du sexe féminin ne semble pas suffisante à expliquer la différence. La connaissance du taux de masculinité à la naissance serait des plus intéressantes.

s'accentuant par suite de la structure par sexe actuelle des jeunes classes). Quoique l'on compte à Golonpoui un certain nombre d'homme célibataires, l'excédent de femmes est très largement résorbé par la polygamie.

TABLEAU 3

TAUX DE MASCULINITÉ TM : Village de Golonpoui (1954)
(TM global : 91,1)

Age	*Par tranches d'âge de 5 ans*	*Par tranches d'âge de 10 ans*	*Par tranches d'âge de 15 ans*	*Par tranches d'âge de 20 ans*
0- 5 ans	76,04	83,54	93,33	94,77
6-10 ans	94,06			
11-15 ans	120,00	112,59		
16-20 ans	103,50		76,74	
21-25 ans	60,75	67,09		81,89
26-30 ans	73,68			
31-35 ans	129,16	107,95	99,20	
36-40 ans	82,50			
41-45 ans	75,67	69,51		100,00
46-50 ans	60,00		121,95	
51-55 ans	260,00	218,75		
56-60 ans	150,00			

C) *Troisième critère démographique : l'ÉTAT MATRIMONIAL.*

Le Toupouri grâce à l'aide de sa famille, verse une « dot » (en bétail) à la famille de la femme qu'il épouse. Si ses ressources le lui permettent, ou s'il peut se procurer du bétail (en particulier par le mariage d'une de ses filles), il épousera une femme supplémentaire. De même à la mort de son père, l'homme peut hériter des épouses de celui-ci (ou les échanger contre d'autres femmes). Les hommes se marient en général entre 20 et 30 ans et deviennent polygames[1] en majorité entre 50 et 60 ans.

Si 63,5 % des hommes au-dessus de 15 ans vivent avec une ou plusieurs femmes, on peut dire qu'à partir de 40 ans tous les hommes ont été mariés. En dessous de 25 ans une très faible proportion est mariée : 16-20 ans 8 %, 21-25 ans 10,4 %, mais entre 25 et 30 ans 69,6 % sont ou ont été mariés.

1. Par polygame nous entendons qui vit effectivement avec plusieurs femmes ; ce qui explique qu'à partir d'un certain âge, malgré la venue de nouvelles femmes au foyer des hommes âgés, le taux de polygamie diminue par suite de la longévité moins grande des femmes.

GOLONPOUI 1954

Age	*Total des hommes*	*Total des hommes mariés*[1]	*Pourcentage d'hommes mariés*
16-20 ans	59	5	8,47
21-30 ans	104	43	41,34
31-40 ans	95	80	84,21
41-50 ans	43	43	100
51-60 ans	35	34	97,14
61-70 ans	26	25	96,15
71-80 ans	6	4	66,66
80 et plus	2	1	50
Ensemble de hommes > 15 ans	370	235	63,51

Sur un total de 370 hommes de plus de 15 ans, Golonpoui compte 127 célibataires, 151 monogames, 84 polygames (55 vivant avec 2 femmes, 20 avec 3 femmes, 6 avec 4 femmes, 3 ayant 5 femmes ou plus) 7 veufs non remariés et 1 « divorcé » non remarié. Le nombre des polygames croît avec l'âge ;

	Total des hommes mariés	*Total Polygames*	*Pourcentage Polygames/ hommes*	*Pourcentage Polygames/ hommes mariés*
10-20 ans	5	0	0	0
21-30 ans	43	7	6,73	16,27
31-40 ans	80	27	28,42	33,75
41-50 ans	43	17	39,53	39,53
51-60 ans	34	23	65,71	67,64
61-70 ans	25	7	26,92	28
71 ans et plus ...	5	3	37,50	60
Ensemble des hommes adultes mariés	235	84	22,70	35,74

mais la proportion des hommes ayant plusieurs femmes décroît à partir de 60 ans par suite des veuvages.

Les monogames représentent 64,26 % des hommes mariés, les hommes vivant avec 2 femmes 23,4 %, ceux ayant 3 femmes 8,5 % seulement, les hommes vivant avec 4 femmes 2,5 % et avec 5 femmes ou plus de

1. On ne tient pas compte des veufs non remariés ou des « divorcés ».

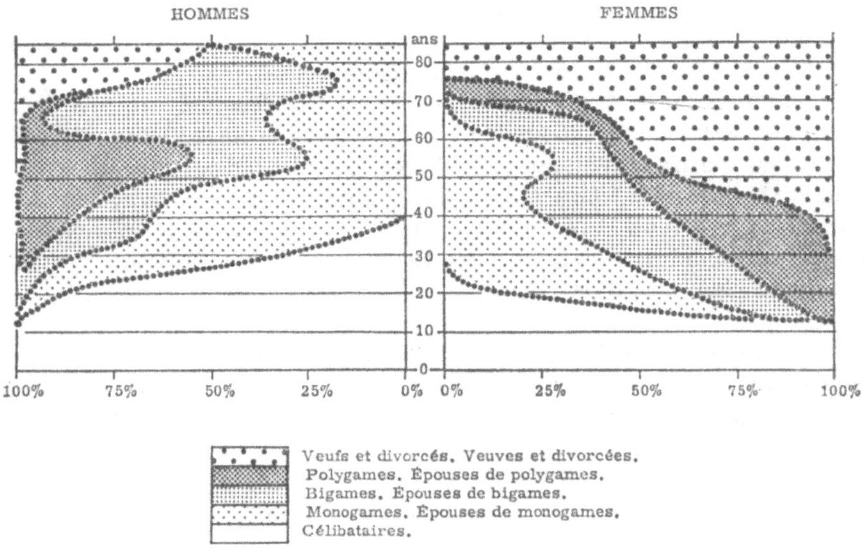

Fig. 16. — *Classement en fonction de l'état matrimonial. Golonpoui 1954.*

5 femmes 1,2 %. On voit donc que la polygamie, quoique pratiquée par plus du tiers de l'ensemble des hommes adultes, est l'objectif de presque tous les hommes (67 % entre 50 et 60 ans) mais que c'est toujours une petite polygamie avec deux femmes par homme en général. Aussi ne compte-t-on que 155 épouses pour 100 hommes à Golonpoui.

Mais examinons ce qui se passe dans le groupe des femmes :

Age	*Total des femmes*	*Total des femmes mariées*[1]	*Pourcentage des femmes mariées*
16-20 ans	57	44	77,19
21-30 ans	155	153	98,71
31-40 ans	88	87	98,86
41-50 ans	62	53	85,48
51-60 ans	16	9	56,25
61-70 ans	19	7	36,84
71-80 ans	6	1	16,66
81 et plus	2	0	0
Ensemble des femmes > 16 ans	405	354	87,40

1. Comme dans le cas des hommes nous ne comptons que les femmes vivant effectivement au moment du recensement avec un homme ; les veuves ou les femmes répudiées non remariées ne sont donc pas comprises dans cette colonne. Mais à partir de 25 ans il n'y a plus de femmes célibataires.

Le pourcentage des femmes non mariées à partir de 40 ans exprime le nombre de femmes vivant seules, veuves ou divorcées et non pas le nombre de femmes n'ayant jamais été mariées.

Alors que sur l'effectif total des hommes au-dessus de 15 ans 63 % seulement vivent avec une femme, 87 % des femmes de la même catégorie d'âge sont mariées tandis que 91,5 % des jeunes gens entre 15 et 20 ans sont célibataires, seulement 22,8 % des femmes de même âge ne sont pas encore mariées. C'est là un trait marquant de cette démographie Toupouri (comme de la plupart des société rurales africaines) : les femmes se marient beaucoup plus tôt que les hommes[1].

Un deuxième point important est l'accaparement des femmes par les polygames :

Age	*Total des femmes mariées*	*Nombre de femmes vivant en polygamie*	*Pourcentage femmes de Polygames*	*Pourcentage femmes de Polygames*
			femmes	*femmes mariées*
16-20 ans	44	21	36,84	47,72
21-30 ans	153	75	48,38	49,01
31-40 ans	87	57	64,77	65,51
41-50 ans	53	41	66,12	77,35
51-60 ans	9	4	25	44,44
61-70 ans	7	6	31,57	85,71
71 et plus	1	1	12,50	100
Ensemble femmes adultes mariées .	354	205	50,61	57,91

Les Tin monogames comprennent donc 50 % du total des femmes adultes et 42 % seulement des femmes mariées ; 22 % du total des hommes adultes détiennent par conséquent 50,6 % du total des femmes adultes, on mesure ainsi l'accaparement dû à la polygamie.

Précisons que les veuves ou les femmes répudiées se remarient rapidement. Les veuves non remariées (dont plus de la moitié est âgée de plus de 60 ans) représentent 8,6 % de l'effectif total des femmes et les femmes répudiées non remariées 0,3 %. On peut dire que toute femme encore féconde est mariée. L'homme à la recherche d'une épouse supplémentaire la recherchera surtout chez les femmes jeunes et robustes dans la mesure où la concurrence des jeunes gens célibataires le lui permet. Aussi la répar-

1. Sur un total de 360 femmes mariées recensées à Golonpoui nous trouvons 6 femmes de moins de 15 ans (2 femmes de monogames, 2 dans un foyer à 2 femmes, 2 dans un foyer à 3 femmes).

tition par groupes d'âge du nombre de femmes de polygames est-elle la suivante :

Moins de 20 ans	6,9%	du total des femmes mariées	
21-30 ans	20,9%	—	—
31-40 ans	15,9%	—	—
41-50 ans	11,4%	—	—
51-60 ans	1,1%	—	—
Plus de 60 ans	1,9%	—	—

et la répartition des âges des femmes de polygames montre que chez ces dernières l'âge moyen est plus élevé que chez les femmes de monogames :

	Moins de 30 ans	*Moins de 40 ans*	*Plus de 40 ans*
Épouses de monogame .	28,6%	8,3%	5 %
Épouses de polygames .	27,8%	15,9%	14,4%

Le mariage précoce des femmes et la polygamie entraînent, malgré le faible taux de masculinité, un déficit d'épouses pour les jeunes hommes que le tableau ci-dessous fait mieux ressortir :

Classe d'âge	*Hommes n'ayant jamais été mariés*	*Filles non mariées*	*Hommes mariés*	*Nombre d'épouses qu'ils possèdent*	*Nombre de femmes pour 100 hommes mariés*
Moins de 20 ans ..	54	13	5	5	100
21-30 ans	60	2	43	51	118,6
31-40 ans	13		80	113	141,2
41-50 ans			43	74	172,1
51-60 ans			34	75	220,5
61-70 ans			25	34	136
71 ans et plus			5	8	160
	127	15	235	360	153,1

Donc à Golonpoui, sur 362 hommes en âge de mariage, 127 soit plus du tiers sont célibataires et en déduisant de ce chiffre le nombre théorique de femmes disponibles (soit 15)[1], c'est un effectif de 112 hommes, tous de moins de 40 ans, qui ne peuvent trouver d'épouses. Par contre pour 100 familles (donc 100 hommes) on trouve 153,1 épouses ; les polygames

1. Nous disons nombre théorique de femmes disponibles, car parmi les veuves seules (35 en tout dont seulement 9 en dessous de 50 ans) et les répudiées (1) et par le jeu de l'héritage, un certain nombre d'hommes seront pourvus.

(92 en tout) accaparent par conséquent 125 femmes en plus de leur première épouse.

Cet accaparement des femmes, dû à la petite polygamie qui est recherchée par les Toupouri, est d'autant plus grave qu'il a lieu surtout aux dépens des hommes jeunes. Ainsi le village de Golonpoui compte 114 hommes adultes de moins de 30 ans célibataires et seulement 15 filles des mêmes groupes d'âge (soit une proportion de 13 célibataires femmes pour 100 célibataires hommes de moins de 30 ans).

D) *Quatrième critère démographique : la FÉCONDITÉ et la NATALITÉ.*

Ces deux notions sont beaucoup plus difficiles à préciser car faute d'État Civil (en particulier nombre exact des naissances dans l'année), les calculs classiques des taux de natalité et de fécondité (totales ou effectives), des taux comparatifs, etc., n'ont pu être faits. Mais, à la recherche de la tendance de la population dont le mouvement naturel est le résultat brut, nous avons fait enquêter sur ces problèmes de la reproduction et en particulier fait procéder à l'interrogatoire détaillé d'un certain nombre de femmes (la moitié des femmes du quartier chef, soit 79).

Les rapports $\frac{\text{Enfants}}{\text{Total femmes}} = 85{,}5\,\%$ ou

$\frac{\text{Enfants}}{\text{Femmes au-dessus de 15 ans}} = 148{,}2\,\%$ n'ont qu'une valeur relative, le rapport $\frac{\text{Enfants}}{\text{Femmes adultes (entre 15 et 50 ans)}} = 159{,}6$ est plus intéressant.

Les auteurs anglais déterminent le rapport de fécondité :

$$\frac{\text{Nombre d'enfants vivants âgés de moins de 5 ans}}{\text{Nombre total de femmes âgées de 16 à 50 ans}}$$

Pour Golonpoui ce rapport est de $\frac{294}{392} \times 100 = 81{,}2$[1].

Le recensement (1954) (dans la mesure où la catégorie 0-1 an peut être considérée comme relativement exacte) donne comme taux de fécondité (nombre d'enfants qu'ont eus en un an 1 000 femmes âgées de plus de 15 ans et de moins de 50 ans) TF = 195[2].

Étudions en détail la fécondité du groupe de femmes interrogées en 1954. Malgré le temps consacré à chaque femme, l'interrogatoire fut des plus difficiles. En dépit de la pleine collaboration des femmes qui ne

1. A titre de comparaison le rapport de fécondité était pour la Grande-Bretagne en 1947 de 31 et pour la zone du Copperbelt en Rhodésie du Nord de 75.

2. Toujours en tenant compte de la différence de volume des groupes étudiés rappelons que TF a les valeurs suivantes : France 70, République Dominicaine 172, Guinée (brousse) 215, Guinée (ville) 175, chiffres cités par R. Blanc [97].

manifestent aucune hostilité à raconter leurs grossesses successives, leur mémoire souvent défectueuse, leur imprécision, n'ont pas facilité le travail du médecin enquêteur qui dans les deux jours disponibles, n'a pu examiner que 79 femmes adultes.

Nombre de grossesses	*Nombre de femmes ayant eu N grossesses*	*Pourcentage par rapport aux femmes interrogées*
0	15	19
Enceintes lors de l'enquête	2	2,5
1 grossesse	5	6,3
2 grossesses	9	11,4
3 —	5	6,3
4 —	8	10,1
5 —	6	7,5
6 —	5	6,3
7 —	7	8,9
8 —	8	10,1
9 —	3	3,8
10 —	3	3,8
Plus de 10 grossesses[1]	3	3,8
	79	99,8

On voit que sur 79 femmes interrogées, 2 étaient enceintes lors du recensement et 15, soit 18,5 %, n'avaient jamais été enceintes. Il faut comprendre dans ce dernier groupe d'une part les femmes nouvellement mariées d'autre part les femmes stériles (environ 10 % du total des femmes). Les 62 femmes ayant été enceintes totalisent 360 grossesses (chiffre très approché seulement en raison de la catégorie « plus de 10 grossesses »), soit une proportion de 580,6 grossesses pour 100 femmes ayant été enceintes.

Sur ces 360 grossesses il y a eu au total 25 avortements, soit 6,9 %, répartis comme suit :

	Nombre de femmes	*Pourcentage par rapport aux femmes ayant été enceintes*
	—	—
N'ont jamais eu d'avortements	48	77,5
Ont eu 1 avortement	9	14,5
— 2 avortements	2	3,2
— 3 —	2	3,2
— 4 —	0	0
— 5 —	0	0
— plus de 5 avortements	1	1,6
	62	100

1. A partir de 10, il est rare que la femme Toupouri se rappelle exactement, compte tenu des avortements, des mort-nés, etc. le chiffre réel de ses grossesses. Aussi nous n'envisageons qu'une catégorie.

Sur les 360 — 25 = 335 grossesses menées à terme il y a eu 5 enfants mort-nés, soit 1,49 %, répartis comme suit :

	Nombre de femmes	*Pourcentage*
	—	—
N'ont jamais eu d'enfant mort-né	58	93,5
Ont eu 1 enfant mort-né	3	4,8
Ont eu 2 ou plus enfants mort-nés	1	1,6
	62	99,9

Sur les 330 enfants nés vivants, 55 sont morts en bas âge (moins de 2 ans), soit au total 16,6 %, qui se répartissent ainsi par rapport aux femmes ayant été enceintes :

	Nombre de femmes	*Pourcentage*
	—	—
N'ont pas eu d'enfants morts en bas âge	35	56,4
Ont eu 1 enfant mort en bas âge	16	25,8
Ont eu 2 enfants morts en bas âge	6	9,6
Ont eu 3 enfants et plus morts en bas âge	5	8,1
	62	99,9

Le résultat de ces pertes successives sur les 360 grossesses est 275 enfants sur lesquels un certain nombre sont passés dans les catégories supérieures, ce qui fait qu'au moment du recensement, les 62 femmes ayant été enceintes, de l'échantillon de 79 femmes interrogées, avaient seulement 230 enfants déclarés, soit 291 enfants actuels pour 100 femmes sur un total de 348 personnes mises au monde et élevées au-delà de 2 ans[1].

Ces quelques chiffres malheureusement obtenus à l'aide d'un trop petit nombre d'observations montrent que la femme Toupouri doit supporter un nombre assez élevé de maternités (moyenne 5,8), que les pertes dues à l'interruption de la grossesse et à la morti-natalité (8,3 %) sont nettement inférieures à celles dues à la mortalité infantile soit 15,2 % du nombre des grossesses, ou 16,6 % du nombre des nouveau-nés. Ce dernier chiffre est nettement inférieur à ceux fournis par A. Gandolfi [36] et assez comparable aux données signalées par R. Blanc [97][2]. Ce dernier note qu'en France le taux de mortalité infantile s'est abaissé de 6,5 % à 7 % avant guerre à 3,5 % en 1954, tandis que dans de nombreux pays sous-développés il était avant 1939 supérieur à 30 (ou même 54,7 pour la Chine) et que les premiers résultats de l'enquête démographique de Guinée en 1955 indiquent 23 % en brousse.

1. Si nous ramenons ces chiffres au nombre de femmes ayant été enceintes (pour éliminer les femmes qui sont enceintes ou qui ne le sont pas encore) nous obtenons 371 enfants actuels et 443 personnes pour 100 femmes.

2. Quoique théoriquement ce soit le rapport aux naissances des décès d'enfants de moins d'un an (observés durant un an) et non sur la base de 2 ans.

Ce taux élevé de mortalité infantile peut être imputé à l'alimentation défectueuse au moment du sevrage, aux épidémies de méningite fréquentes en saison sèche et aux maladies des voies respiratoires (pneumonie) qui atteignent gravement les bébés peu résistants et mal protégés contre les refroidissements.

Nous avons cherché, grâce aux renseignements accumulés à l'occasion du recensement, quelle était l'influence de la polygamie sur la « fécondité » des hommes.

	Nombre d'enfants de chaque catégorie / *Nombre total d'enfants*	$\frac{E}{H}$: $\frac{\textit{Nombre d'enfants}}{\textit{Nombre d'hommes}}$
Hommes ayant eu 1 femme	35,45 %	2,779
Hommes ayant eu 2 femmes	34,47 %	5,119
Hommes ayant eu 3 femmes	16,76 %	6,185
Hommes ayant eu 4 femmes	6,03 %	6,666
Hommes ayant eu 5 femmes ou plus	7,23 %	7,200
	99,94 %	

On voit que le nombre d'enfants produits par chaque homme, croît, comme on devait s'y attendre avec le nombre de femmes qu'il a eues, mais moins rapidement que ce dernier. En effet, en divisant le rapport $\frac{\text{nombre d'enfants}}{\text{nombre d'hommes}}$ de chaque catégorie de ménages par le nombre de femmes de cette catégorie on obtient un nombre d'enfants, par femme de polygame, décroissant.

Hommes	$\frac{E}{H}$	$\frac{E}{H} \times \frac{1}{N}$	
Monogames	2,779	N = 1	% 2,779
Hommes ayant eu 2 femmes	5,119	N = 2	2,559
— 3 —	6,185	N = 3	2,061
— 4 —	6,666	N = 4	1,666
— 5 — ou plus	7,200	N = 5	1,444

Plus l'homme a de femmes, moins il a d'enfants par femme, et ceci explique pourquoi les familles monogames fournissent respectivement 35,5 et 34,5 % du total des enfants.

4. Population active

L'homogénéité quasi absolue de la population Toupouri tant au point de vue activité qu'au point de vue richesse, position sociale, éducation, etc. fait qu'il n'existe comme structure socio-professionnelle que 100 % de paysans modestes. Les seules différences consistent dans le nombre de femmes composant le Tin, le nombre d'enfants et, corrélativement, le

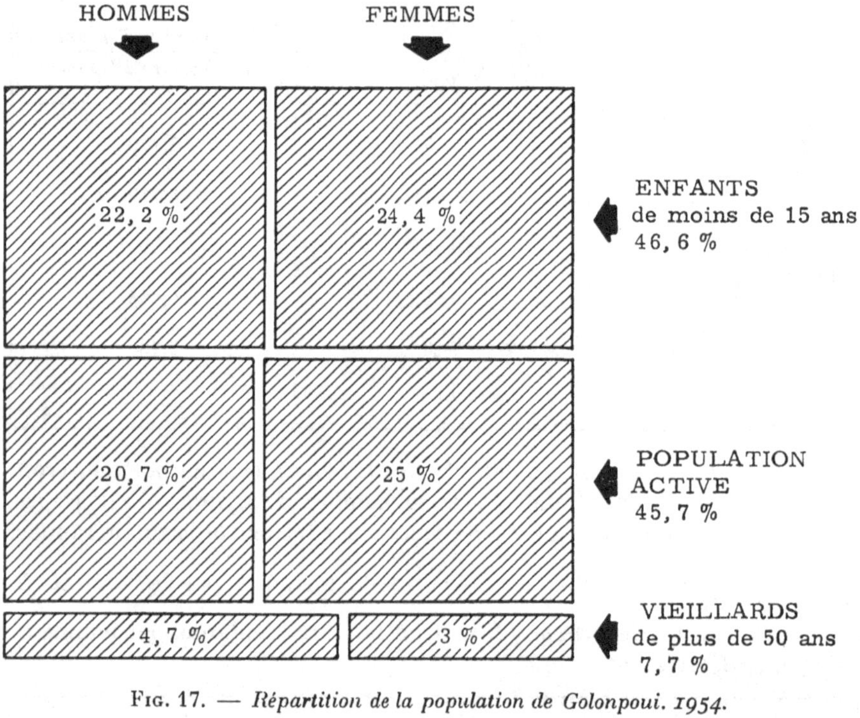

Fig. 17. — *Répartition de la population de Golonpoui. 1954.*

nombre de têtes de bétail fonction de l'importance de l'élément féminin. Même si les femmes ne contribuent pas autant que les hommes à la production strictement agricole, elles en sont un élément indispensable et nous les compterons dans la population active (cf. fig. 17).

La population active représente près de 46 % de la population totale et les enfants, futurs travailleurs, encore 46 %. Quoique la proportion de population active soit sensiblement la même qu'en France (44 % d'après sondage au 1/20 sur recensement 1954) l'équilibre des charges est complètement différent. Tandis qu'en France les vieilles classes pèsent lourdement sur les producteurs du moment et sur les producteurs à venir, la situation est tout à fait inverse en pays Toupouri où l'afflux de jeunes travailleurs est chaque année plus important. Chaque membre de la catégorie active a donc, en moyenne, la charge de 1,19 habitant à supporter — (en plus de sa propre consommation bien entendu). Mais il est évident que les besoins sont très inégalement répartis ; la charge d'un enfant de 14 ans est bien plus lourde que celle d'un enfant encore au sein, malgré le supplément alimentaire que devrait avoir la mère allaitante. Aussi, et tout particulièrement pour notre appréciation des surfaces agricoles et de la productivité du travailleur, avons-nous introduit dans cette étude sur Golonpoui, la notion « consommateur ». Par suite de leurs besoins quantitativement moindres (ils sont relativement plus élevés en ce qui concerne protéines, sels minéraux, etc.) nous considérons l'enfant de moins de 10 ans comme un demi-consommateur. En vertu de cette convention, la population du village de Golonpoui se répartissait en 1954 comme suit :

Habitants : 1 452 Travailleurs : 663

$$\text{Consommateurs} = \frac{\text{Total enfants} < 10 \text{ ans}}{2} + \text{Total personnes} > 10 \text{ ans} = 1\,190$$

$$\frac{H}{T} = 2{,}19 \qquad \frac{C}{T} = 1{,}79 \qquad \frac{C}{H} = 0{,}82$$

L'effectif des Tin de monogames groupe 45,5 % du total de la population et les Tin de polygames 51,8 % tandis que les Tin d'hommes seuls veufs, divorcés non remariés, célibataires isolés ne représentent que 2,7 % du total[1].

Alors que la charge moyenne pour Golonpoui était en 1954 : $\frac{C}{T} = 1{,}79$, on constate au dépouillement du recensement que ce rapport est bien plus élevé pour les foyers de polygames $\frac{C}{T} = 1{,}83$, que pour les foyers de monogames $\frac{C}{T} = 1{,}46$. Dans le Tin du polygame, malgré l'appoint considérable de main-d'œuvre que représentent une ou des femmes supplémentaires, chaque travailleur a proportionnellement plus de bouches à nourrir.

Nous avons vu combien était grande la densité et combien était rapide l'accroissement démographique, conduisant à un excès de population sur un terroir pauvre avec la faible productivité du seul système actuel de culture. Avec une technique figée, dans une société sans classes, la surface

1. On peut *grosso modo* évaluer à 4 personnes (2 travailleurs, 3 consommateurs) l'importance de la famille monogamique et à 8-9 personnes (3 travailleurs, 5,5 consommateurs) la famille polygamique.

disponible par travailleur diminuant sans cesse, le revenu familial et encore plus la disponibilité alimentaire par consommateur s'amenuisait nécessairement. Ce phénomène était masqué d'une part par la mise en exploitation progressive des sols de fertilité marginale, pour des durées de plus en plus longues à une périodicité de plus en plus courte[1], d'autre part par une certaine émigration (cf. chap. v, § 7 « Ouvertures sur l'extérieur »). L'importance de cette dernière cependant est relativement faible et les variations de la population qui lui sont dues, sans grande influence sur le surpeuplement croissant du pays Toupouri. R. Diziain [24] donne les chiffres suivants pour le canton de Ndoukoula :

Émigration 36 ‰, Immigration (pratiquement retours d'originaires du canton après une absence plus ou moins longue, quelquefois quelques mois seulement) 25 ‰. Donc sur une variation due au changement de domicile vers l'extérieur du canton de 61 ‰, une perte de population de 11 ‰ seulement de façon temporaire dans l'intervalle entre deux recensements (1947-1948 à 1951), ce qui est loin de compenser l'accroissement naturel de la population Toupouri. R. Diziain signale encore que la majeure partie de ces « émigrants » se déverse sur la périphérie immédiate de la zone de l'ethnie Toupouri et spécialement au nord sur les cantons de Kalfou et Mindif.

On a depuis longtemps signalé en France combien l'accroissement démographique (et également le maintien en activité prolongée de classes âgées) était générateur de dépeuplement des campagnes. Or en pays Toupouri, malgré une expansion démographique bien supérieure, l'émigration est relativement faible. C'est que dans le premier cas le nombre d'exploitations agricoles est pratiquement limité (plus le père reste longtemps à la tête de son exploitation, moins les fils ont de chances de se mettre à leur compte). Par contre, en pays Toupouri, le système encore très souple de la tenure des terres et la garantie que garde la collectivité d'offrir à chacun son morceau de terre, la facilité d'établissement d'une exploitation agricole par suite du capital d'exploitation très faible, permettent à chaque homme de créer, en même temps qu'une famille, son exploitation autonome. Au lieu de l'exode rural ainsi déclenché en France, nous assistons en pays Toupouri à une multiplication des unités économiques rurales, parallèlement à l'augmentation du nombre des familles et à l'accroissement de la population. Malheureusement le corollaire en est une réduction progressive, insensible, de la surface des unités (en particulier pour les zones à Babou) et une diminution de la productivité moyenne à l'hectare par suite de la

1. Nous nous permettrons de citer ici Engels : « Il n'y a pas de voie conduisant plus directement à la paupérisation absolue des nations que la culture ininterrompue des plantes annuelles ». Et Karl Marx : « Il est hors de doute qu'avec le progrès de la civilisation on met en culture des terrains de plus en plus mauvais. Mais il est également hors de doute que par suite du progrès de la science et de l'industrie ces terrains plus mauvais sont relativement bons comparés aux terrains précédemment estimés bons » (lettre à Engels du 7-1-1871).

culture des terres de fertilité marginale ; car, par suite de la routine de la technique, l'amenuisement des surfaces ne s'accompagne pas d'une intensification suffisante de l'agriculture.

Il est difficile d'appliquer au pays Toupouri, dans un territoire dont l'évolution générale politique et économique est encore si imprécise, la notion extrêmement fluide d'optimum de population[1]. Il nous semble cependant que la définition classique « meilleure quantité et meilleure qualité de peuplement pour permettre à tous de bien vivre et pour que la zone géographique où se trouve cette population soit mise en valeur et développée selon toutes ses virtualités » est d'ores et déjà dépassée en pays Toupouri et dans le canton de Ndoukoula en particulier. Trop de gens, uniquement agriculteurs sur des terres pauvres, aux ressources extra-agricoles quasiment nulles, telle est la conclusion de ce chapitre.

Alors que, dans un périmètre de surpeuplement relatif, une amélioration des techniques, un réaménagement simple des activités agricoles permettraient de relever la capacité de production des terres et d'assurer un équilibre satisfaisant entre densité, niveau technique et niveau de vie, sans que l'émigration d'une partie de la population soit inévitable, par contre, dans un périmètre de surpeuplement absolu « les artifices les plus subtils de la technique moderne ne sauraient porter remède à la situation. L'exode seul peut soulager la pression démographique »[2].

Les livres IV, V et VI étudieront la production et l'économie dans leurs objets, leurs techniques et leurs modalités. C'est seulement à la lumière de toutes ces données, du programme du Sous-Secteur de Modernisation et de l'évolution que celui-ci a imprimée à l'économie rurale Toupouri, que nous pourrons conclure si la zone envisagée constitue ou non un périmètre de surpeuplement absolu comme les aperçus des chapitres précédents semblent l'indiquer.

1. L'optimum de population est fonction des tendances et des possibilités tout autant que de l'acquis et du présent ; c'est la résultante de 3 séries de facteurs : population, ressources et équipements économiques, valeur psychologique, technique et sociale des groupes.

2. M. Guillaume [96].

CHAPITRE IV

LE CADRE MATÉRIEL DE LA VIE

1. L'HABITAT

Le village.

Pas d'agglomérations, mais une poussière, un « semis » écrit R. Diziain [18], un éparpillement de cases au milieu des champs de mil, tel se présente l'habitat du pays Toupouri. Une certaine répartition existe cependant ; la zone habitée est localisée au contact des plates croupes sableuses et des faibles dépressions où est repiqué le mil de saison sèche. Les plaines semi-inondées ne sont pas occupées par les villages et ce n'est que lorsqu'existe une légère cuvette un peu plus argileuse qu'un village est installé au milieu des sables de la croupe (ex. : Golongari et Golonghobé).

L'utilisation des terres sablo-argileuses pour le mil repiqué et le problème de l'eau sont en effet deux impératifs de l'habitat en pays Toupouri au Cameroun (les Toupouri du Tchad favorisés par la bordure des lacs ont des villages alignés en limite de la plaine d'inondation). Le village est donc établi sur ce que nous avons appelé la « zone mil rouge Gara-habitations » de son finage.

Le tempérament individualiste du Toupouri, la pratique de la fumure du champ de mil Gara grâce aux ordures ménagères et aux excréments humains, conduisent à l'isolement relatif de chaque groupe familial de cases : le Tin[1]. La dispersion est encore plus grande à ce niveau familial que pour les villages. Bien entendu de petits sentiers vont de Tin en Tin puis confluent en direction du marché ou des villages périphériques ; mais il n'y a aucune relation géographique avec la route carrossable qui passe sur les sols les plus fermes (Laali).

Les quartiers constitués par l'exploitation côte à côte d'un même tenant de plaine à Babou ou par un sentiment confus de parenté pseudo-clanique étaient jadis autant d'entités sociales ; leur taille souvent réduite

1. Cf. p. 78, n. 1.

et leur dispersion a obligé l'Administration à les regrouper par trois ou quatre, en villages, sous l'égide du quartier le plus nombreux ou du chef de quartier le plus souple.

Les noms des quartiers sont inspirés soit par certaines conditions locales, soit par un événement relatif à leur fondation : ainsi Golonpoui = la mare aux hyènes (Poui).

Si nous examinons, grâce aux archives de la Subdivision de Yagoua, les successions des chefs de village du canton actuel de Ndoukoula, nous relevons, sur 22 villages où des précisions suffisantes ont pu être obtenues, trois grandes périodes de fondation de village, une il y a plus de 200 ans, une autre au début du XIXe siècle (1820 environ), enfin la troisième période au début de ce siècle, il y a 50 ans environ.

Dispersion des villages, pulvérisation des habitats familiaux peuvent être expliquées par l'exploitation des plaines à Babou, le tempérament du paysan Toupouri et un souci de défense par égaillement et mobilité bien approprié à la fluidité d'une société articulée en groupes restreints [24], mais l'approvisionnement en eau demeure le facteur primordial.

En saison des pluies aucun problème ne se pose, bêtes et gens s'abreuvent facilement aux mares creusées dans les *laali*, aux flaques d'eau qui s'étalent sur les pistes ou à de simples trous creusés çà et là dans le sol gorgé d'eau ; les puits modernes créés par le Sous-Secteur ne sont donc pas utilisés en saison des pluies.

Quand il n'est plus possible de recueillir l'eau de boisson à fleur de sol, les femmes vont puiser à de petites excavations allant jusqu'à 6 m de profondeur environ, utilisant une nappe phréatique temporaire alimentée par les eaux de la saison des pluies. Il y a en général un tel puits en entonnoir pour deux ou trois familles. Le bétail s'abreuve dans le fond boueux des mares que l'on recreuse à cette occasion. Mais cette nappe temporaire dure peu et il faut chercher l'eau plus en profondeur. Quelques puits profonds taillés directement dans le sol, non revêtus et de faible débit, existaient dans la partie la plus basse, mais tous de faible débit.

Un de nos premiers soucis fut d'assurer un ravitaillement correct en eau de bonne qualité aux paysans de Golonpoui. Alors que le Service du Génie Rural s'efforçait d'installer un puits par groupe de 5 000 habitants, nous pensions que la densité la plus faible nécessaire pour le pays Toupouri était d'un puits par 300 habitants environ. Après discussion avec les habitants qui souscrivirent rapidement à notre proposition, il fut décidé d'établir en pleine collaboration cinq puits, soit un par quartier. Les habitants fournirent toute la main-d'œuvre et le Sous-Secteur le ciment, le moule à buses et la surveillance technique.

L'intérêt passionné de tous les habitants montra combien l'initiative était bonne et assura ainsi dès la première année une excellente entente entre paysans et Sous-Secteur. Des abreuvoirs en ciment fournis par le Génie Rural sont venus compléter les puits ; mais ces puits ne furent pas fréquentés lors de la première saison des pluies. Par contre, dès la fin des pluies, les puits furent utilisés ; le puisage de l'eau s'effectue à l'aide de petites calebasses avec de longues cordes individuelles sauf pour deux puits, l'un avec une poulie, l'autre avec treuil.

Le Tin.

Chaque famille *stricto sensu* possède un groupe d'habitations comprenant au moins autant de cases qu'il y a d'adultes. L'ensemble de ces cases rondes à toit en cloche, sensiblement groupées en cercle avec leurs bâtiments annexes : cuisine, greniers, constitue le Tin. L'emplacement de ce Tin n'est décidé qu'après un long choix par le chef de la famille qui s'installe. Ce choix est lié à celui des terres à mil rouge entourant les cases, aliment fondamental du Toupouri. Après consultation du chef de terre, le Ouansiri, le périmètre du Tin et l'emplacement des cases sont tracés sur le sol ; le sacrifice en brousse d'un poulet consacre ce choix.

A l'intérieur d'un cercle plus ou moins régulier, les cases sont disposées de façon à toujours laisser un emplacement assez vaste au centre, souvent lieu de stabulation nocturne des bovins. Si l'installation de l'homme ne comporte qu'une case et parfois un grenier, l'ensemble concernant chaque femme est plus important. Autour de la case proprement dite d'habitation de la femme, existent généralement la cuisine, le grenier, le coin des poteries et la provision de bois propres à ladite femme. Il n'y a aucune disposition privilégiée, encore moins obligatoire. Si l'on songe que, seul le gros bétail couche à l'extérieur tandis que la volaille, chèvres et moutons, et surtout cheval quand il y en a un, ont un abri, on peut mesurer la complexité du Tin d'un polygame, malgré la simplicité originelle du plan et des moyens employés.

Le Tin est l'abri et le symbole de la famille. Quand un garçon le quitte, c'est pour aller fonder une autre famille et un autre Tin. Quand le chef de famille meurt, le Tin est au bout d'un délai plus ou moins long détruit et la famille dispersée. Caché au milieu des champs de Gara, il abrite toute la vie de la famille derrière sa clôture en paille tressée ou en tiges de mil séchées ou encore faite de fagots de bois sec ou d'épineux. C'est à l'intérieur de l'enceinte ainsi créée que jouent les enfants, que canards, poules et chiens s'ébattent, que sèchent sur le sol les arachides fraîchement récoltées, que le bétail est rassemblé chaque soir, que la famille vit.

La case.

Malgré sa simplicité extérieure, paroi circulaire en terre ou en paille tressée et toit en dôme de paille, la petite case individuelle, diamètre 3 à 4 m, hauteur de la paroi 1,20 m en moyenne, hauteur totale 4 m environ, témoigne d'une architecture ingénieuse basée sur le travail de la paille. C'est que le paysan Toupouri est un habile utilisateur de ces longs chaumes

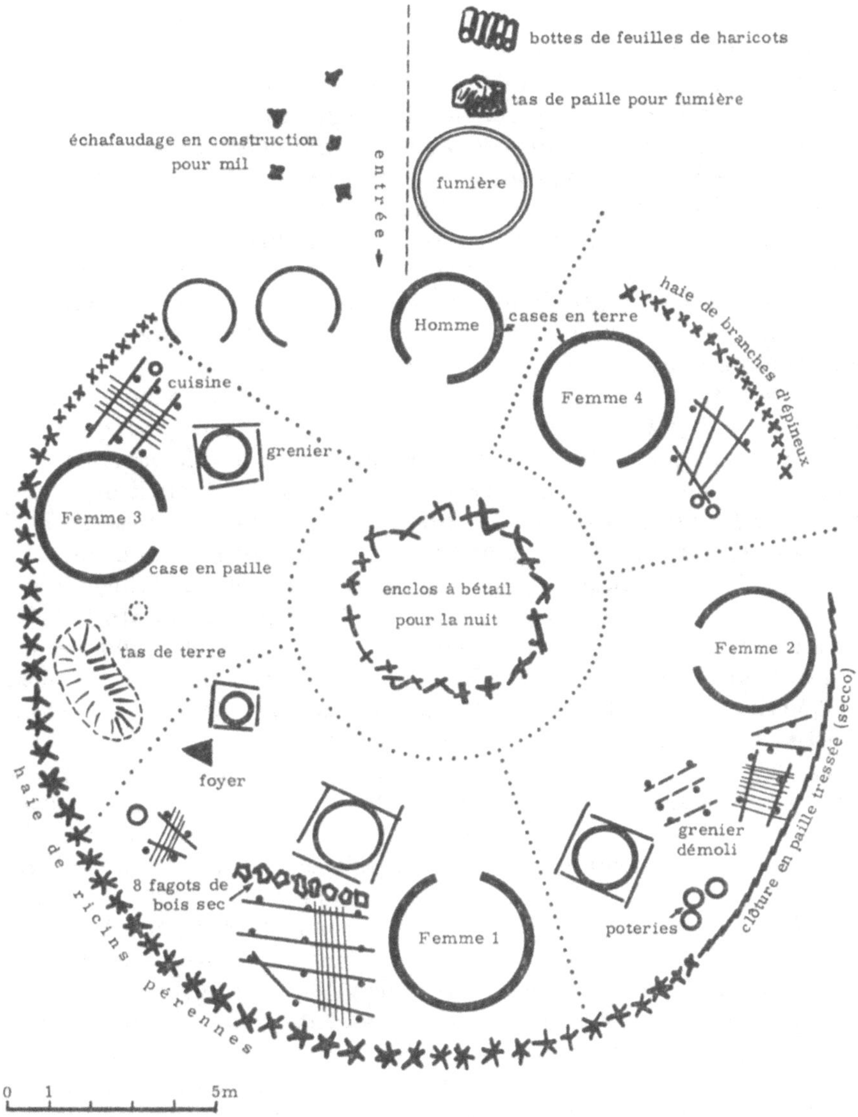

Le pointillé délimite la zone propre à chaque femme (abri à cuisine, grenier, poteries, etc.)

FIG. 18. — *Plan du Tin Damo.*

des grandes graminées des endroits assez humides (Hyparrhenia rufa, Andropogon tectorum, Echinochloa pyramidalis, etc.) ; il sait à merveille où les trouver, à quelle date les ramasser et comment les travailler. Les hommes tressent chacun pour leur compte des rectangles de 1 à 2 m de haut de ces tiges souples mais résistantes. Ce sont des *secco* soit pour eux-mêmes : clôture du Tin ou paroi de case ou de grenier, ou pour le chef de canton qui impose chaque village d'un certain nombre, soit encore, mais plus rarement, pour la vente (prix de 100 à 200 Fr. CFA).

La case est ronde et sa paroi est traditionnellement constituée par des *secco* fixés verticalement sur des piquets à tête plus ou moins fourchue et écartée de 50 cm en moyenne ; deux piquets plus forts délimitent une entrée de 60 cm de large. Très fréquemment cette paroi est remplacée par un mur de terre édifié suivant la technique du colombin (par bourrelets façonnés et lissés à la main avec une période de séchage entre la pose de deux anneaux successifs). Ce procédé beaucoup plus long et plus fatigant donne une case plus chaude car moins perméable aux courants d'air et beaucoup plus durable, aussi tend-il a être généralisé. Sur la crête du mur ou sur les têtes des piquets alignés à l'horizontale, un boudin de paille soigneusement serré et ficelé[1] est posé et attaché soit aux piquets soit au mur lui-même grâce à des trous aménagés dans la partie supérieure de celui-ci ; ce boudin constitue l'assise du toit et de sa fixation dépend la résistance de celui-ci aux coups de vent et aux tornades. Le toit est fabriqué au sol et ensuite transporté puis fixé sur le couronnement du mur. La technique de fabrication du toit est, malgré sa forme légèrement différente, proche de celle du toit Massa [44]. A partir d'un centre tressé à plat, une cloche en paille est modelée ; quoique légère elle présente une bonne rigidité qui est renforcée ensuite par la fixation à intervalle régulier, 40 à 50 cm, de bourrelets semi-circulaires horizontaux. Ces bourrelets sont constitués par des chaumes grossièrement alignés, avec une enveloppe de tiges choisies et soigneusement disposées, le tout maintenu étroitement serré par un ficelage en saucisson. Une natte repliée est attachée par point de couture avec des cordelettes en paille sur la base de la cloche, elle permettra, avec le renforcement ainsi créé du bas du toit, de mieux fixer celui-ci sur le mur. L'ensemble cloche en paille et armatures circulaires est robuste et pratiquement indéformable mais n'a aucune étanchéité ; mais ce n'est dans le fond qu'une habile charpente[2], peut-être imposée aux Toupouri par le manque de bois et de gaulettes pour un toit en cône du type soudanien classique. Sur cette charpente donc, sont posés côte à côte et liés aux cercles concentriques des paquets bien étalés de chaumes aux pieds rigoureusement alignés, l'épi en haut. Le sommet du toit est constitué par les paquets supérieurs liés en faisceau et couronnés par un petit chapeau. Le toit est ensuite hissé sur le mur et attaché au boudin de paille prévu à cet effet. Il n'est pas rare de rencontrer en saison sèche des toits « qui se promènent » portés sur la tête de six ou huit grands gaillards ; c'est un toit fabriqué en vue de la vente et livré à son acheteur

1. A l'aide d'écorces, de paille, de fibres diverses et non pas avec de la ficelle.

2. Cette technique de fabrication du toit et bien d'autres points (lutte à main nue, bracelets d'herbes des jeunes gens, etc.) rapprochent les Toupouri des Bachama et des Mbula décrits par Meek [60] dans la vallée de la Bénoué.

TOIT . CASE . GRENIER .

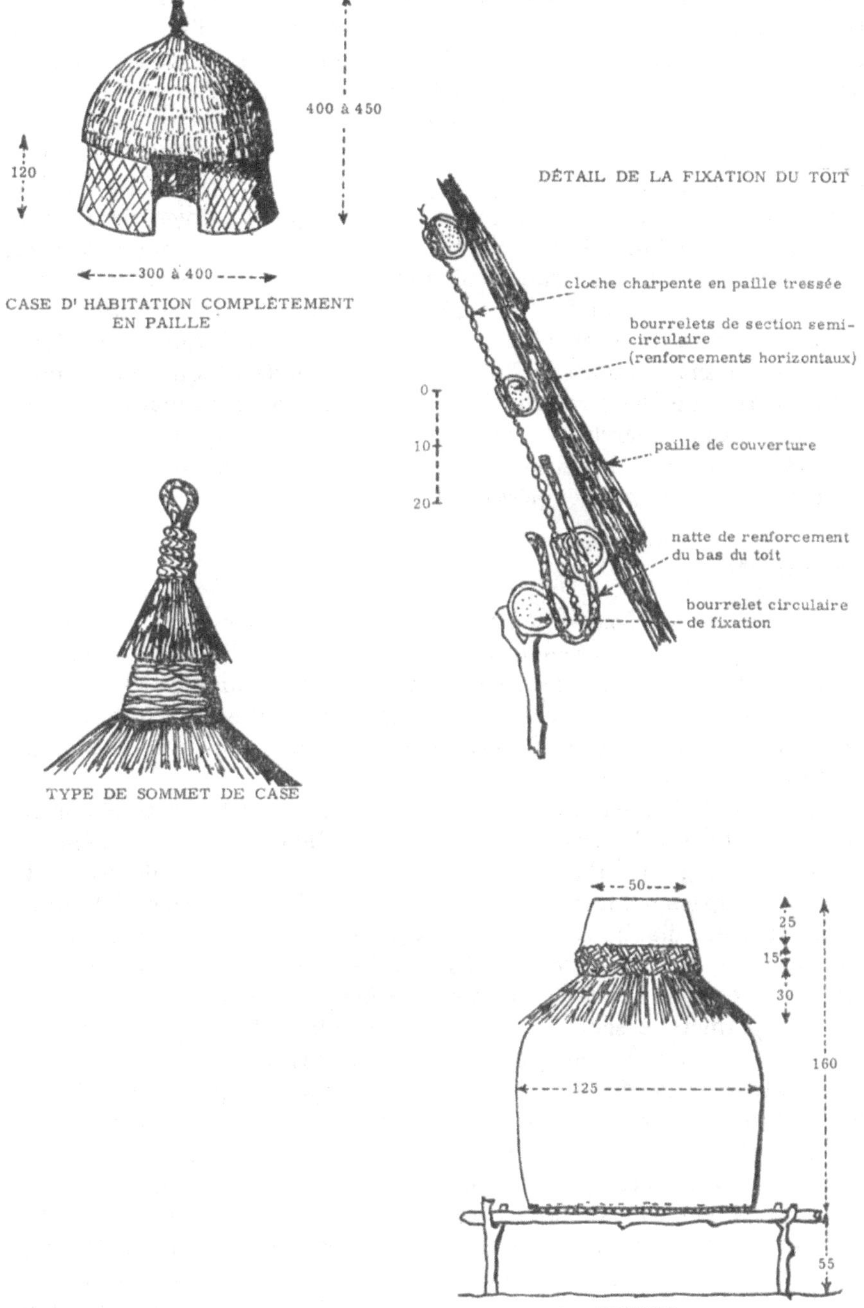

Les mesures sont données en centimètres .

Fig. 19. — *Toit. Case. Grenier.*

(prix 650 à 1 000 Fr. CFA), ou bien, cas le plus fréquent, un toit confectionné par le gendre pour sa belle-mère. La construction d'un toit nécessite une vingtaine de jours de travail. Une fois le toit mis en place il ne reste plus qu'à damer et lisser le sol, à prévoir une porte, natte glissée derrière deux piquets et à installer le maigre mobilier.

La cuisine est d'une confection moins soignée. Entre la case et la cuisine quelques fourches de bois supportent des perches et des tiges de mil entrecroisées sur lesquelles sont entassés des objets divers, les récoltes à sécher ou quelques fagots de bois. D'autres fagots dressés forment souvent un côté du rudimentaire abri sous lequel la femme accomplit une grande partie de ses tâches ménagères ; un peu en avant un foyer pour remplacer en saison sèche celui installé à l'intérieur de la cuisine, quelques poteries contenant des cendres pour la fabrication de sel, quelques grandes jarres dans lesquelles sera brassée la bière de mil pour les jours de fête ou pour la vente au marché, un petit abri à canards, complètent l'ensemble réservé à la femme. Mais, devant, sur ses piquets et son plancher de troncs se dresse le grenier personnel de l'épouse.

Les greniers.

Chaque femme possède en plus d'un petit grenier situé à l'intérieur de sa case (pois de terre, semences, etc.) un grenier extérieur où elle conserve les récoltes des champs (dont elle a l'initiative) et dans lequel elle puise chaque jour les grains nécessaires à sa participation à l'alimentation familiale. Ce grenier est le symbole même de son autonomie économique partielle au sein du Tin.

Le grenier Toupouri, de type paléo-négritique, est constitué par une énorme jarre à col assez large pour qu'un homme puisse y pénétrer, recouverte en partie de chaume et coiffée d'un chapeau de paille, lui donnant l'aspect d'une petite case ronde sur pilotis. Sur une plate-forme soigneusement établie à 60 cm du sol, le grenier proprement dit est construit par additions de boudins d'argile modelés et lissés à la main. Un cloisonnement intérieur en trois loges dissymétriques de 70 cm de haut environ permet de séparer les diverses récoltes et d'y poser les pieds pendant la visite. De tels greniers, toujours très bien faits, assurent une excellente conservation des récoltes. Il est très rare que les termites ou les rongeurs y pénètrent. Nous avons adopté ce type de grenier, peu coûteux et efficace, pour le stockage par village des graines d'arachides sélectionnées diffusées par le Sous-Secteur. Les dégâts d'insectes durant le stockage pourtant abondants dans le Nord-Cameroun (estimés à 10 % du total des récoltes par le Service de la Protection des végétaux [8]) sont en pays Toupouri assez faibles. Nous pensons que les déperditions de stocks qui leurs sont dues ne dépassent pas 2 à 3 %. Cependant nous avons réalisé à partir de 1956 une campagne de désinsectisation des greniers par pulvérisations sur les parois intérieures d'une solution aqueuse à 5 % de D.D.T. Les paysans, sous la conduite d'un moniteur de quartier surveillant la préparation de la solution et l'entretien des appareils, ont effectué eux-mêmes la totalité de l'opération (les pulvérisateurs étant fournis par le Sous-Secteur). Cette campagne dans les quatre villages formant alors la zone d'action du Sous-Secteur, a suscité un vif enthousiasme à tel point que des villages voisins, pourtant réputés turbulents et peu réceptifs, ont spontanément vidé leurs greniers et sont venus demander, avec cadeaux à l'appui, au moniteur responsable, le prêt des appareils pour traiter leur quartier[1].

En octobre et novembre, le mil blanc de saison des pluies Shoukouloum est stocké en dehors de ces greniers, entassé sur des claies à 2 m. de haut, ensuite empilé dans de grands paniers (les Touksou) constitués par des *secco* assemblés en cuvette et ceinturés par une corde. Il s'agit là de stockage temporaire de mil en épis en attendant qu'il y ait suffisamment de place dans le véritable grenier-silo.

Les travaux de case.

Nous n'envisageons sous cette rubrique que les tâches de construction, réparation du Tin et de ses constituants. Les bois et les pailles employés nécessitent une reprise assez fréquente, malgré la protection due à la fumée et on peut pratiquement estimer à 4-5 ans la durée d'une case. La récolte de la paille, souvent à des distances considérables (8-10 km) pour avoir une qualité convenable, la recherche et le choix des bois, la confection et surtout le transport de la terre pétrie exigent beaucoup de temps. Le tableau, p. 112, montre les temps énormes absorbés par ces tâches pour un habitat sommaire et peu confortable[2]. Deux remarques sont à faire : 1° Certaines familles de caractère assez imprévoyant effectuent leurs travaux de réparation de toiture en fin de saison sèche, c'est-à-dire quand les menaces de pluie leur en rappellent la nécessité. C'est ainsi que, sur les sept familles étudiées, près de 50 % des travaux sont effectués sur le tiers de l'année mars-avril-mai-juin et, ce qui est encore plus grave, 20 % en mai-juin, où pourtant des travaux plus urgents et plus productifs sont nécessaires. On peut penser à une action sur le plan coutumier, rappels du chef de quartier par exemple, pour pallier cette fâcheuse répartition du travail. 2° Les travaux de case sont en très grosse majorité le fait de l'homme ; c'est ainsi que 83 % du temps passé par les sept familles à leurs

1. Des mesures du même ordre devraient être appliquées dans tous les foyers de paysannat pour commencer. Elles permettent non seulement de préserver une partie de la récolte et d'apporter une facile et peu coûteuse satisfaction au paysan qui est très sensible à ces pertes contre lesquelles il est partiellement désarmé mais encore elles sont une heureuse prise de contact et une très payante action de propagande.

2. A rapprocher de l'estimation de R. Dumont [31] pour les zones cotonnières assez voisines du Tchad : « une famille consacre normalement près d'un mois de travail par an à ses bâtiments ».

travaux de case en 1957, sont représentés par 175 journées de travail d'homme. Celui-ci se réserve le travail de la paille et la construction des murs. La femme l'aide pour la préparation de la terre pétrie ou plutôt piétinée, pour son transport et pour les menus travaux. Une amélioration très importante a été apportée par le développement de l'attelage bovin ; en effet les points de prélèvement et de confection de l'argile de construction sont les mares creusées dans les Laali et un transport considérable de boules de terre a lieu à tête d'homme, ou de femme, jusqu'à la case ou au grenier en construction. Un véritable engouement pour les charrettes se déclara lorsque les paysans comprirent leur usage généralisable à tous les transports. Il faut noter pourtant que la forte densité de la terre humide amène le paysan encore peu expérimenté à surcharger excessivement sa charrette.

Malgré l'immense effort à faire dans le domaine de l'habitat et les tentations qui nous en étaient offertes, le Sous-Secteur n'a rien fait pour l'améliorer. En effet, d'une part, d'autres tâches plus importantes et plus payantes réclamaient notre attention, d'autre part les changements du système agricole et les bouleversements du mode de vie qu'ils apportaient étaient déjà suffisamment grands pour ne pas chercher à modifier ce qu'il n'était pas indispensable de toucher.

Dès que le paysan Toupouri pourra effectuer par lui-même les investissements nécessaires en matière de logement, il les fera facilement, et sans intervention de notre part ; ce sera alors au Sous-Secteur de le guider et de lui faciliter sa tâche. Les premières démarches seront la substitution du mur en terre ou mieux en parpaings d'argile crue à la paroi en paille, la séparation nocturne des chèvres, moutons et poules de la famille, peut-être le remplacement de la case ronde par la case rectangulaire avec fenêtres. Mais il ne faut pas oublier que des aménagements productifs : fumière, silo à fourrage, etc. restent à perfectionner et qu'en matière d'habitat on se heurte à la traditionnelle démolition du Tin après la mort du chef de famille. L'amélioration du mobilier et de l'intérieur des cases serait par contre beaucoup plus facile et beaucoup plus utile.

TRAVAUX DE CASE PAR FAMILLE (moyennes)

	Temps total = TT	*En mars + avril + mai + juin*	*En mai + juin*	*Travail des hommes*
Année 1956.	58,07 jours	25,78 jours soit 44,3 % de TT	13,07 jours soit 22,5 % de TT	79,7 % de TT
Année 1957.	30,07 jours	14,43 jours soit 48,0 % de TT	6,14 jours soit 20,4 % de TT	83,4 % de TT

2. Les accessoires de la vie quotidienne[1]

A) *L'aménagement intérieur des cases et le mobilier.*

La case de l'homme ne comporte en général qu'un ameublement très sommaire, le lit avec ses grosses traverses de bois, et, si l'individu est riche, une petite caisse où sont rangées les quelques pièces de vêtement qu'il possède. Par contre, la case de la femme est beaucoup plus « meublée ».

Le lit est toujours situé à droite en entrant tout près de l'entrée. Quatre fourches supportent deux piquets horizontaux sur lesquels reposent de grosses pièces de bois parallèles. Ces traverses de 1 m de long environ sur 15 cm de large et 8 à 10 cm d'épaisseur sont en général à bout pointu et soigneusement polies ; leur nombre est variable : trois habituellement mais pour l'homme parfois une ou deux seulement, et pour la femme une de plus par enfant.

Dans les cases de femme se trouve un *petit grenier* situé immédiatement à droite de l'entrée. D'une hauteur totale de 1 m environ, il est constitué par une jarre en terre crue de 70 cm de haut et 50 à 60 cm de diamètre posée simplement sur trois piquets. Un lourd bouchon plat d'argile (ϕ 30 à 35 cm) en ferme l'entrée. Il renferme les pois de terre, arachides ou haricots destinés à faire l'assaisonnement de la boule de mil. Symétrique de ce petit grenier par rapport à l'entrée se trouve incluse dans un massif de terre soudé au sol *la pierre à écraser le mil*, outil indispensable à la femme Toupouri qui apporte tous ses soins à son installation et à son entretien. Dans un bloc de terre bien tassée et bien modelée de 30 cm de haut et de 80 à 90 cm de long légèrement dégagé à la base et de forme elliptique, est enchâssée la meule dormante. C'est un morceau de granit de 30 à 50 cm de long avec la face supérieure assez plane, creusée peu à peu par l'usage. A l'extrémité du massif de terre, un pot en terre cuite (rayon : 10 cm) avec un col court est encastré de manière à être ouvert légèrement en dessous du niveau de la meule. L'ensemble meule-pot est dirigé vers la porte de façon que la femme agenouillée derrière pour moudre son grain puisse regarder la cour du Tin. Une meule mobile, morceau de granit de 15 à 20 cm de long et d'une dizaine de centimètres de large présentant une surface de frottement bien plate et un dessus bien bombé complète l'ensemble. Les Toupouri consommant la farine complète (écorce comprise) des sorghos et mils, aucun blutage du produit n'a lieu.

La majeure partie du pays Toupouri étant dépourvue de roches, toutes les meules doivent être achetées au marché. Provenant des monts Fianga ou de plus loin, elles alimentent un commerce assez important. Leur prix

1. Il sera traité de l'outillage agricole au livre IV, chap. III, § 1.

MEULE . TABOURET .
FOYER .

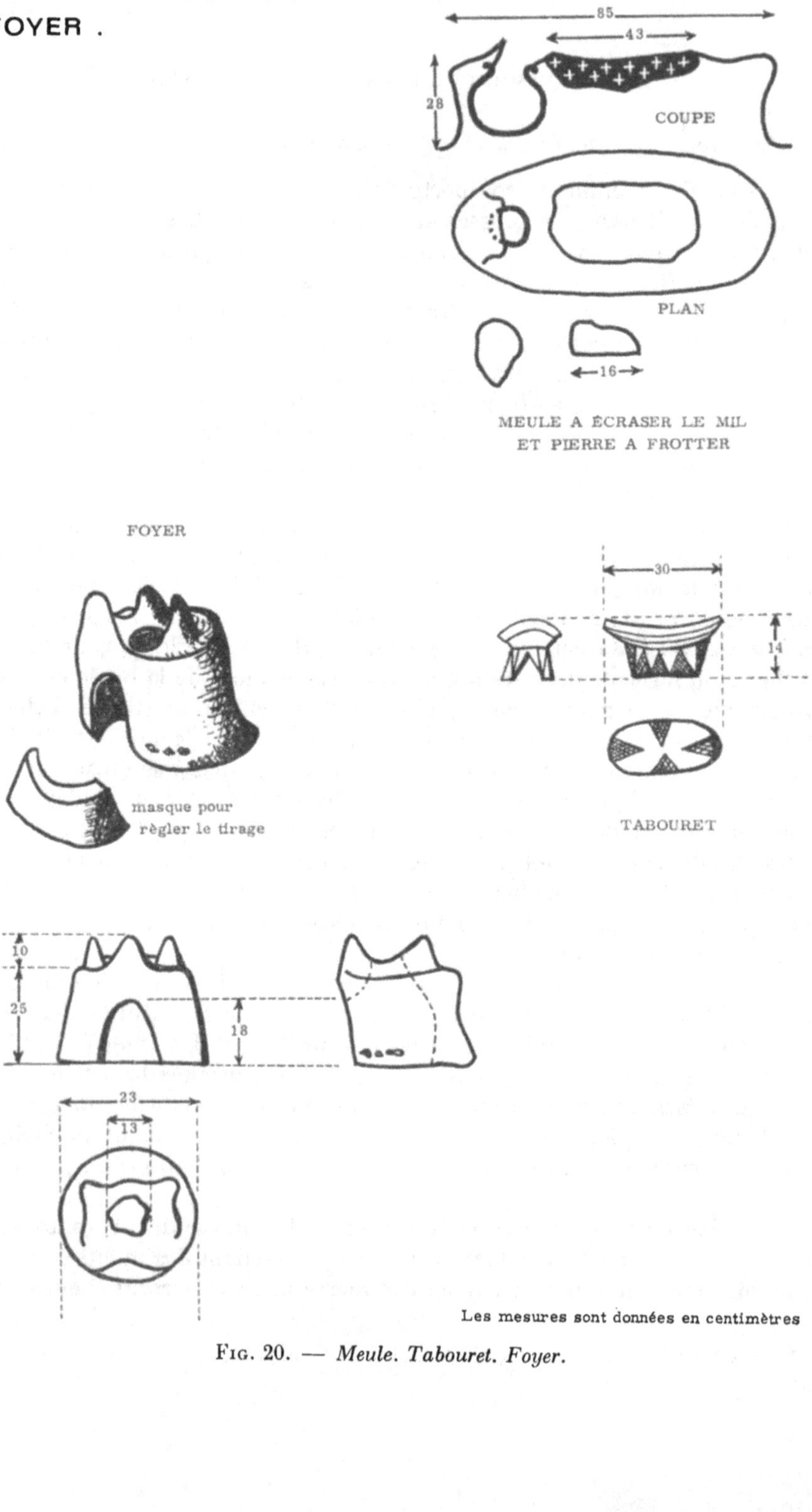

Les mesures sont données en centimètres

Fig. 20. — *Meule. Tabouret. Foyer.*

élevé, 800 Fr. CFA et plus, conduit à leur emploi prolongé et à une usure quasi totale.

La fatigue imposée à la femme tant par la position agenouillée que par le temps passé à moudre pourrait être réduite. Des moulins à mil à bras, robustes et à mouture réglable, furent mis à l'essai, mais nous nous sommes heurtés à une certaine réticence de la part des femmes ; pour la mouture très fine exigée (par suite de la consommation de l'écorce), l'effort demandé aux femmes était trop élevé. Grâce à l'emploi d'un vieux pont arrière d'automobile en guise de manège, un modèle de moulin à mil mécanisé (entraînement par un bœuf) très peu coûteux a été mis au point et pourra être diffusé par un système de location-vente chez quelques paysans plus dynamiques qui effectueront facilement des moutures à façon (avec paiement en nature).

Le logement des chèvres et moutons se trouve toujours au fond de la case. Très souvent, les ovins et les caprins passent la nuit entassés dans une enceinte de 70 à 80 cm de haut constituée par un voile mince (5 à 8 cm d'épaisseur) de terre crue. De forme grossièrement trapézoïdale (bases 1 m et 1,80 m, largeur 0,60 m) cette enceinte est adossée au fond de la case.

Le foyer constitué par un bloc de terre habilement modelé existe en plusieurs exemplaires pour chaque femme. S'il est toujours au centre de la cuisine et sous le « hangar-abri », il n'est pas rare de le rencontrer également dans la case proprement dite de la femme. Dans le bloc de terre est aménagée la cavité avec cheminée verticale qui constitue l'essentiel du foyer ; trois petits cônes soutiennent les pots au-dessus de la flamme qui s'échappe par l'ouverture circulaire du sommet. Un petit masque, en terre également, en forme de haricot, est souvent placé en face de l'entrée pour activer le tirage. Le foyer malgré son absence de décoration et grâce à l'harmonie de ses formes est un objet très esthétique et très bien adapté à sa fonction.

On rencontre encore parfois dans quelques cases Toupouri un séchoir primitif en argile destiné à « mûrir » le mil, quand la disette obligeait à cueillir celui-ci encore vert avant la date normale de récolte.

B) *La cuisine et les ustensiles.*

L'installation de la cuisine est beaucoup plus sommaire que celle de la case ; le foyer au centre, des poteries le long des murs, quelques tiges de mil ou des morceaux de fagot suspendus à des cordes de paille tressée après les branches du toit, le mortier et son pilon constituent l'équipement de la cuisine.

Le mortier est très simple ; taillé dans un bois dur (Parkia filicoïdea), il est de forme cylindrique et sa cavité mesure environ 30 cm de diamètre et autant de profondeur. Le pilon est également simple, en Balanites aegyptiaca, il mesure 1,50 m de long avec un diamètre sensiblement constant de 8 cm. Ni mortier ni pilon ne présentent de traces d'ornementation. Par contre *les poteries*, très employées, présentent des formes variées et souvent élégantes et des traces de décor. Il en existe deux grandes catégories, les unes de couleur jaune rougeâtre, de taille parfois considérable, destinées à contenir des produits (grains surtout) et des liquides, les autres de volume toujours beaucoup plus faible de couleur noirâtre destinées à aller au feu. Certaines grandes jarres (contenance supérieures à 100 et même 150 l) destinées à la fabrication de la bière de mil sont enterrées sur leur tiers inférieur contre la clôture à proximité du hangar-abri. Chaque femme confectionne en principe ses pots. Le vase est monté par bourrelets successifs avec lissage à la main (le tour est absolument inconnu) ; une décoration grossière : hachures, pointillés, est appliquée, avec une pointe de fer ou avec l'ongle. La cuisson à feu mort a lieu à même le sol ou dans un léger creux sous une couche de charbon de bois et de terre ; un certain commerce de pots, marmites, jarres, etc. a lieu (petites recettes dues à une cuisson bien réussie pour les vendeuses) ; le prix en varie de 40 à 200 Fr. CFA.

Les calebasses sont également très employées soit comme récipients à usage alimentaire, soit comme ustensiles de transport ; elles sont généralement achetées sur le marché aux Foulbé. Ces calebasses sont hémisphériques et non ornées.

Un petit tabouret, de forme élégante, taillé dans du bois de Bombax costatum, assez finement décoré par pyrogravure et frotté à l'ocre rouge, est le seul objet mobilier qui ne soit pas strictement utilitaire ; la femme s'y accroupit pour veiller son feu ou, adossée au piquet de la porte, pour fumer tranquillement sa pipe à court fourneau.

Dans ces cases assez basses en cercle, souvent couvertes par l'abondant feuillage d'une petite convolvulacée, Momordica charantia Linn., qui grimpe après les *secco*, dans son Tin dissimulé aux regards par les hautes hampes bien feuillées du Gara et relativement bien clos, le Toupouri mène une vie familiale calme que seuls viennent troubler le marché hebdomadaire et les grandes fêtes saisonnières.

3. Le vêtement, la parure et l'hygiène

Quelle que soit la saison, fraîcheur de décembre ou pluies d'août, le costume Toupouri, pour l'homme comme pour la femme, est des plus réduits. Une ceinture de fibres et quelques perles autour du cou, la tête rasée, les labrets qui déforment les lèvres, ainsi va la femme Toupouri ; une peau de chèvre qui lui bat les fesses et dont parfois il relève l'extrémité sur le pubis constitue le costume porté tout au long de l'année par l'écrasante majorité des hommes. Mais cette simplicité du costume n'est qu'apparente et des traditions comme une mode existent.

L'homme va pratiquement totalement nu jusqu'à 10-11 ans, sauf un léger fil de coton autour des reins. Dès qu'il a subi l'initiation ou atteint la puberté (car l'initiation qui n'a lieu que tous les 10 ans ne peut pas toujours être attendue), le garçon prend la peau de chèvre qui constituera jusqu'à sa mort son unique vêtement coutumier. Cette peau très souple ayant ou non gardé ses poils est portée sur le bas des reins, les deux bandes de peau qui forment les pattes arrière nouées au niveau du nombril et un petit morceau de queue dressé dans le prolongement du sillon interfessier ; le cou et les pattes avant très étirées en triangle pendent plus ou moins bas sur l'arrière des mollets. A la rencontre d'un étranger, le Toupouri, comme le Massa son voisin, dissimule d'un geste adroit ses organes génitaux. Il est de plus en plus fréquent que la peau de chèvre soit relevée en avant entre les cuisses et maintenue par le passage des pattes avant dans la ceinture formée par les pattes arrière. Les paysans les plus aisés possèdent plusieurs peaux dont une longue peau de mouton ayant gardé sa toison blanche et noire, portée surtout les jours de fête ; les jeunes gens affectionnent les peaux très souples de gazelle, rousses aux bandes verticales blanches et foncées. Le vêtement européen ne rencontre guère de succès mais il faut noter la grande vogue de la culotte très courte, confectionnée en coutil bleu ou blanc, taillée et cousue en série par les artisans des marchés. Le bas prix : 100 à 150 Fr. CFA, la commodité de ce vêtement expliquent chez les jeunes sa substitution progressive à la peau qui est cependant encore portée par tous les adultes. Quelques individus essayent, à l'instar du chef de canton, d'imiter le vêtement Foulbé en portant de vastes robes taillées dans des tissus légers de coton de couleur blanche.

Alors que les hommes adultes ont très généralement le crâne rasé, les jeunes gens ménagent des touffes, de dessin et de disposition plus ou moins fantaisistes. Un homme en deuil laisse pousser ses cheveux et sa barbe, parfois il porte une pièce d'étoffe roulée en guise de large ceinture autour des reins. Les vieillards gardent souvent au menton une barbe maigre et blanche.

La femme a un costume encore plus simple ; c'est essentiellement une ceinture soit de fils de coton soit de fibres faites avec l'écorce d'Akrao (Panicum anabaptismum) ; elle est teinte en rouge avec un extrait de tige de sorgho pour les femmes mariées, en noir avec des cendres pour les veuves non remariées, elle n'est portée qu'après l'accomplissement du mariage. En général, la femme porte simplement cette ceinture mais parfois la garnit en guise de cache-sexe de quelques feuilles vertes ; lors de ses déplacements : visites, marchés, elle fixe à l'arrière de la ceinture un écheveau de fils de coton qui flotte librement et danse à chaque pas comme une queue de cheval ; devant un étranger la femme ramène entre les cuisses les petites tresses composant l'écheveau. A certaines périodes, certaines femmes portent de longs paquets d'herbes séchées et blanchies qui traînent presque par terre.

La déformation faciale par les labrets est certainement le signe le plus caractéristique de la femme Toupouri. Celle-ci porte dans chaque lèvre un disque rond légèrement biconvexe mais au bord constitué par un large sillon creux de 6 à 9 mm de largeur ; ces disques de 1,5 à 3 cm de diamètre sont en terre cuite, en bois noir (Dalbergia melanoxylon) ou en métal, le plus souvent aluminium fondu puis formé à la lime. En plus de ces deux labrets qui prennent appui sur la gencive et projettent ainsi la lèvre en avant, la femme porte quatre (ou même parfois six) clous ronds en forme de rivets de chaque côté des commissures des lèvres.

Sur la demande de l'Administration, le chef de canton Golopo a, en 1950, décidé la suppression de cette coutume et les jeunes filles (sauf exception) portent actuellement seulement la trace des perforations tandis que les fillettes ont leurs lèvres intactes.

On rencontre un certain nombre de femmes Toupouri qui portent autour du cou un collier de métal de forme curieuse. Le Bousouli est formé d'un anneau dont les deux extrémités jointives sont aplaties et forment une large palette en forme de houe redressée à angle droit. Le diamètre du tore est de 8 à 10 mm et la hauteur de la palette de 15 cm environ ; le tore est décoré d'une spirale à angle vif obtenue par torsion du fer chaud ; la palette est ornée de dessins géométriques et de trous percés en bordure, ceux-ci servent à fixer à l'aide de fils de coton des cauris ou des perles de couleur. Le collier est posé par le forgeron sur la femme qui ne peut plus le quitter. Cet inamovible carcan est d'un prix assez élevé : un mouton ou 500-600 Fr. CFA ; il n'est porté que par un nombre restreint de femmes.

Les jeunes filles portent pour les fêtes un costume différent de celui des femmes ; à la place de l'écheveau de coton blanc elles ont un petit tablier pendant sur le bas-ventre et soutenu par une ceinture de perles.

C'est à l'occasion des danses que les jeunes filles et femmes sortent leurs bijoux. Le classique collier de trois ou quatre grosses perles enfilées sur une ficelle est complété par plusieurs autres colliers de même nature ; des bracelets de perles mais souvent aussi en fer de diverses formes : anneaux en Ω très refermé avec pointes, ou large plaque courbe recouvrant en partie l'avant-bras et ornée de grossières gravures géométriques, alourdissent certains bras. Mais presque toutes les danseuses portent aux chevilles des anneaux ou des jambières. Les jeunes filles à marier ont à chaque jambe une série d'anneaux de fer ; les femmes mettent des jambières formées chacune par une feuille de tôle en cylindre fendu selon une génératrice, décorée de simples dessins géométriques; hautes de 15 à 20 cm elles sont posées grâce à la fente et à leur élasticité. A l'occasion de danses les femmes portent très souvent une petite calebasse demi-sphérique sur la tête, de plus en plus remplacée de nos jours par une petite tasse émaillée de couleur assez vive ; une canne de danse en fer, simple tige de 0,80 m de haut recourbée en crosse à son extrémité est également tenue en main par la plupart des danseuses.

Il faut signaler que le Toupouri mâle n'est pas circoncis et que la femme ne subit pas de mutilations génitales. De même le tatouage quoique assez répandu est toujours très discret. Il a lieu à partir de la puberté seulement et uniquement sur le torse et les membres supérieurs. Certaines femmes portent des tatouages en pointillé formant une série de triangles alignés verticalement par leurs bases, les sommets dirigés vers la gauche. Les hommes ayant été initiés portent un tatouage en forme de triangle sur le haut du bras gauche. Il est assez fréquent que le torse de l'homme soit décoré de pointillés sur une moitié ou en amorce de spirale, mais toujours de très faible relief.

L'hygiène

Le Toupouri, homme ou femme, petit ou grand, se lave en général soigneusement une fois par jour à grande eau. Il utilise un savon très potassique acheté au marché (prix assez élevé, 50 à 100 Fr. CFA pour une boule de la grosseur d'une orange), savon obtenu à l'aide de cendres végétales, de couleur noirâtre et très hétérogène. Ses dents saines et non taillées sont brossées à l'aide de bâtonnets en bois tendre dont la mastication fait éclater l'extrémité. Par contre, les enfants, en saison sèche, se roulent volontiers dans la poussière de la piste et prennent un aspect cendreux. Les adultes s'enduisent, soit lors des fêtes, soit lorsqu'ils en éprouvent le besoin, d'huile de graines de Khaya senegalensis, parfois complétée par de l'ocre rouge ; un onguent composé de graisse de bœuf et d'extrait de racines de *Sangomey* (probablement un Cissus ou un Ampelocissus) est utilisé comme philtre d'amour [66].

Les besoins naturels sont faits sans aucune retenue pour la miction (en position accroupie) mais toujours un peu à l'écart et jamais à l'intérieur du Tin. Par contre la défécation a toujours lieu après isolement et de façon constante dans les champs de Gara. Le Toupouri recouvre soigneusement ses excréments d'une petite butte de terre, ceci pour des fins hygiéniques mais encore plus fertilisatrices. Le pays Toupouri est relativement propre par rapport à d'autres régions africaines.

Les soins aux enfants sont, quoique primitifs, attentifs; ils bénéficient jusqu'à leur sevrage de bains réguliers, froids ou chauds.

Les soins sont des plus rudimentaires parce que la plupart des maladies étant le fait des sorciers et des esprits mauvais, leur guérison doit être demandée par des sacrifices dont la nature est fixée par les pratiques du Djihalgi (cf. chap. v, § 1).

Les plaies dont l'origine est facile à percevoir (coups, blessures) ne sont pas considérées comme l'œuvre de puissances invisibles, elles sont traitées par des lavages avec une infusion de Tiboulboula (mélange de diverses espèces dont en particulier Bridelia) et reçoivent des pansements de feuilles. Cette méthode est appliquée également aux œdèmes dus aux Ver de Guinée, un cataplasme de feuilles, souvent mastiquées préalablement, ficelé en permanence sur le membre atteint, ramollit la peau et favorise l'extraction de la filaire.

Les Toupouri reconnaissent très facilement la supériorité des méthodes médicales modernes et se pressent en foule au seul dispensaire qui leur soit accessible pour le Cameroun, celui de la Mission catholique de Ndoukoula (les injections de sérum anti-venimeux contre les fréquentes morsures de serpent sont très pratiquées).

CHAPITRE V

LE CADRE SOCIAL DE LA VIE

1. Religion et coutumes

La vie religieuse et la métaphysique des Toupouri sont mal connues ; pas de temples voyants, pas de prières collectives, pas de propagande zélatrice, mais en revanche une intime liaison du surnaturel et du naturel, de la religion et des cultures, une recherche constante d'interventions au-delà de la frontière imprécise du tangible.

Le Toupouri a un seul dieu dont le culte présente divers aspects ; ce dieu est entouré de génies et d'esprits le plus souvent mauvais ; certains hommes ont des pouvoirs particuliers vis-à-vis de Dieu, ce sont les prêtres (Goh), ou bien vis-à-vis des forces mauvaises s'exerçant sur les individus, ce sont les sorciers. Il est possible de pénétrer les desseins qui échappent à la simple connaissance soit par un rite spécial le Halgi, soit par les songes. Ces croyances religieuses et les traditions familiales qui leur sont liées se traduisent par divers interdits dont le plus important est celui de l'exogamie qui donna naissance aux « pseudo-clans » de la race Toupouri. Ainsi la religion est très liée à la vie sociale et à la vie agricole ; comme le Toupouri se préoccupe essentiellement de la vie d'ici-bas, il cherchera à disposer favorablement son Dieu en sa faveur, à lui témoigner sa reconnaissance et à contenir les forces nocives par des prières, des sacrifices et grâce à l'aide de personnes spécialisées.

Bâ.

Bâ est un dieu unique, éternel qui a créé le monde et les hommes. Bâ a créé la terre et les éléments auxquels il commande d'où les expressions Bâ ra : Dieu pleure (il pleut), Bâ ca : Dieu gronde (il tonne), etc. Il a mis sur la terre les choses, les animaux et les hommes.

Bâ est la source de tous biens et de tous bonheurs, mais avant les hommes il avait créé des génies, Manhuli, êtres invisibles qui hantent les éléments et tourmentent les hommes causant leurs maux et leurs malheurs.

Quoiqu'il soit unique et que les sacrifices et prières pour s'attirer ses bienfaits, et surtout la santé et les bonnes récoltes, s'adressent toujours en fin de compte à lui, une manifestation spéciale de sa puissance a amené une partie des Toupouri à invoquer un avatar de Bâ : le Méné.

Bâ n'a pas de fêtes, pas de cultes particuliers, pas de temples, mais à l'occasion des grandes fêtes on l'invoque et on l'honore. C'est le fait des Goh et surtout des Ouan Son.

Les prêtres.

Ils se trouvent avoir une audience plus ou moins vaste à l'intérieur du pays Toupouri, des pouvoirs ou des dons plus ou moins grands, mais il n'y a pas de véritable hiérarchie entre eux ; ils accomplissent tous les mêmes sacrifices avec la même valeur, selon les mêmes coutumes mais il existe un décalage dans le temps entre leurs actions, ce qui constitue une préséance et une prééminence de certains d'entre eux, reconstituant leur filiation spirituelle.

Le plus ancien est le Ouan Son Koulou (traduction littérale : le grand chef des génies) dont le siège est dans un site pittoresque dans le massif Daoua à 7 km au sud de Fianga.

Quoiqu'on ait pu dire qu'il tira, à l'origine, sa puissance de brigandages facilités par le refuge offert par la montagne, le Ouan Son Koulou dispose encore de nos jours et malgré la dispersion des Toupouri d'une grande influence. Sans manifestations extérieures, il serait riche et puissant, il jouit d'une vaste renommée et d'une grande efficacité dans ses prières.

A la suite de la sécession des Goua qui ont adopté le Méné il n'est chef religieux que pour les Doré mais cependant possède toujours un certain pouvoir auprès des Goua. Gardien le plus compétent de la coutume, il déclenche les grandes fêtes annuelles en particulier la fête dite Karan, en mars et la fête dite du poulet (Ngakagi en octobre).

Le Ouan Son Koulou donne l'investiture spirituelle aux chefs des fractions d'origine Doré par l'octroi de la poudre jaune avec laquelle ils seront oints. Il peut régler les palabres moyennant des épices. Le « bois sacré » formé par un repli de la montagne entouré de grands arbres est le lieu des sacrifices, l'abri du grand tamtam et un lieu d'asile. Toute femme qui veut échapper à son mari peut s'y réfugier. Mais la coutume s'effrite et les liens se distendent, le pouvoir tout spirituel du Ouan Son Koulou s'affaiblit progressivement, en particulier chez les Goua. Le Ouan Son Koulou est désigné à l'intérieur du clan Mohabak[1] des Doré, choix

1. Il est chef de terre *Ouansiri* à l'intérieur de ce clan.

à ratifier par les autres clans Doré et par les clans Goua qui acceptent encore sa préséance. Mais l'intronisation est le fait du chef du village d'Illi quoique celui-ci soit d'un clan Goua ne reconnaissant plus le Ouan Son Koulou.

Les Ouanson (littéralement chef des génies) effectuent les sacrifices avec un jour de retard sur le Ouan Son Koulou et l'influence de chacun est restreinte à une fraction des Toupouri. A l'origine ils furent trois.

Il y a actuellement à l'intérieur de chaque pseudo-clan un homme qui est le chef des prières et des coutumes. Il effectue le premier les sacrifices et déclenche les rites des grandes fêtes (après que le signal en ait été donné par le Ouan Son Koulou), il est le conseiller et le juge écouté par les gens du clan en matière religieuse (tout spécialement auprès des chefs de terre Ouansiri). Il est choisi parmi les vieillards les plus instruits de la coutume, avec l'agréement du Ouan Son Koulou, par les Goh et les Djimobi du clan.

L'individualisme toujours présent chez les Toupouri, la liberté d'établissement des villages, la paix font que cette masse homogène ne représente aucune unité même religieuse ou coutumière. Le paysan Toupouri tend, malgré les facilités actuelles de communication, à limiter à son village son horizon géographique et encore plus son horizon religieux. Ce sont les Ouansiri (chefs de terre) qui sont donc les véritables prêtres du pays Toupouri et ce sont eux qui ont la plus grande influence religieuse et la plus grande chance de subsister avec le cortège de valeurs et croyances locales qu'ils représentent. Ils font les sacrifices après le Ouanson du clan et ont des pouvoirs plus restreints ; ils effectuent les premiers les travaux et ouvrent le ban des récoltes ; bien connus et respectés, ils ont une forte créance sur les vieilles classes du pays qu'ils dirigent encore, pour l'instant du moins. Même les convertis récents au Christianisme obéissent au Ouansiri et le respectent. Il représente la connaissance la plus profonde des choses terrestres et supra-terrestres, de la vie de la petite communauté, de ses fondements et de ses coutumes, il est le gardien de la tradition et du sol sur lequel vit cette petite unité rurale (cf. livre IV, chap. II, § 3).

Le calendrier et les fêtes.

Cette liaison étroite entre la religion et la vie sociale, entre les faits religieux et l'agriculture se retrouve dans le calendrier du Toupouri ; et la suite des saisons et des grandes fêtes règle la vie du paysan.

Pour les Toupouri l'année (ou Kingui) comporte douze lunes (ou Feo) de trente jours. La lune est la division du temps la plus petite que connaissent les Toupouri, mais chaque village Toupouri a sa semaine rythmée par le marché qu'il fréquente (marché de Datchéka le mercredi pour les gens de Golonpoui).

Deux fêtes importantes marquent l'année, l'une en septembre-octobre à la récolte du mil rouge hâtif de saison des pluies est accompagnée de l'égorgement d'un poulet, c'est Ngakagi (dite fête des poulets) ; elle marque le début de l'année. La deuxième fête a lieu chez les Doré quatre lunes plus tard en pleine saison sèche (mars) après la dernière récolte du cycle agricole annuel, celle du Babou (mil blanc repiqué de saison sèche). Fête des jeunes gens, de la saison sèche, de la demande de pluie, elle est remplacée chez les Goua par la fête du Méné. D'autres fêtes moins importantes existent également.

Hi Ngakagi ou la fête du coq.

C'est la fête la plus importante pour les Toupouri qui, tous, la célèbrent par un sacrifice, le repos et une large consommation de bière de mil. Sa date précise varie selon les lieux car elle est échelonnée dans le temps à partir de sa célébration par le Ouan Son Koulou. A la maturité du Gara, en général dernier quartier de la lune d'octobre, le Ouan Son Koulou commence la récolte. Il frappe alors sur son grand tamtam et donne le signal de la récolte du Gara et des préparatifs de la fête. Successivement les chefs de terre (Ouansiri) des villages du clan Mohabak (villages de Daoua, Denye, Youeye, au Tchad) puis les autres clans coupent le mil et commencent à préparer la bière. Sept jours après le signal le Ouan Son Koulou jette en l'air des épis de mil aux cris de joie de son clan réuni autour de lui. Puis il égorge un taureau et l'offre à Bâ avec une prière.

La viande est distribuée, la bière de mil coule et les Gourna dansent.

Cette fête qui dure deux jours coïncide avec la fête (dite Moulgoudoum) des Guiziga et avec la fête (dite Fing Didjom) des Moundang [35]. Elle est célébrée dans les villages avec un certain décalage après la cérémonie du Ouan Son Koulou (exemple à Golonpoui, onze jours après le Ouan Son Koulou, deux jours après la pleine lune). Après le Ouansiri du village chaque chef de famille (Djitin) distribue la bière de mil et éventuellement fait un sacrifice. Pour les paysans dont le père est mort deux coqs, pour ceux dont la mère est décédée un poulet, pour ceux dont les parents sont encore vivants le coq n'est pas nécessaire, seul le chef de terre tue un mouton ou mieux un bœuf, le sang des victimes est répandu sur le sol et de la bière de mil est versée sur les tombes des défunts. Cette hécatombe de volaille explique le nom de la fête : fête du coq Hi Ngakagi (du radical Nga couper et Kagi le coq).

Hi Karan (ou Hi Kaharang) ou la fête de la saison sèche est séparée par un intervalle de quatre mois de Hi Ngakagi, elle a lieu à la nouvelle lune de mars. Elle est liée à la récolte du Babou et achève l'année agricole. Comme pour Hi Ngakagi le Ouan Son Koulou en a l'initiative, il donne le signal de la récolte du Babou, fait préparer par ses femmes de la bière de mil et sacrifie un coq (en l'étranglant). Ensuite les chefs de terre de son clan puis tous les Ouan Son et tous les Ouansiri, enfin tous les chefs

Tableau 4

CALENDRIER DES TOUPOURI DE GOLONPOUI

Septembre ... / Octobre	1 Feo Ouangdore	« Lune de la fête du chef de Doré ».
Octobre ..... / Novembre ...	2 Feo Ngakagi	« Lune de la fête des poulets ». « Fête du coq » (Hikagi).
Novembre ... / Décembre	3 Feo Douki ou Feo Banviri	« Lune où tout le monde crie » ou « lune de la fête du coq à Viri » (village voisin).
Décembre .... / Janvier	4 Feo Dah ou Feo Djobaïka	« Lune où les gens jouent de la flûte ». La fête dite Djobaïka (ou Hiluti) remplace la fête du coq pour certaines fractions (en particulier quartier Mindif du village de Youeye) 45 jours après Hikagi.
Janvier ...... / Février	5 Feo Pari ou Feo Daram	« Lune de la fête des forgerons » (Hipari) ou récolte du Babou au village de Daram.
Février ...... / Mars	6 Feo Boutchouti ou Feo Goulourgou	« Lune où l'on bat le mil » ou « lune du petit village de Goulourgou » qui est au milieu de la brousse alors desséchée.
Mars .... / Avril	7 Feo Kaharang ou Feo Karan	« Lune de la fête Hikaran » ou « fête de la saison sèche » ; on demande la pluie pour la prochaine saison de culture.
Avril .... / Mai	8 Feo Bimene ou Feo Bongor	« Lune de la fête du Méné » au cours de laquelle on brûle la brousse, ou encore « lune de la fête du petit village de Bongor ».
Mai .... / Juin	9 Feo Boutki ou Feo Ba	« Lune où la pluie commence », « lune de Dieu » où l'on effectue le semis de Gara.
Juin .... / Juillet	10 Feo Mirouoï	« Lune pendant laquelle on sarcle » et repique le Gara ; pour certains cette lune n'a pas de nom.
Juillet .... / Août	11 Feo Mbigara ou Feo Babou	« Lune de l'eau du Gara » car fortes pluies ou « lune du Babou » c'est-à-dire pendant laquelle on sème les pépinières.
Août .... / Septembre ...	12 Feo Koumougi	« Lune des très fortes pluies qui empêchent de sortir »; pour certains cette lune n'a pas de nom. Elle est considérée comme la dernière si on admet que la fête du coq à Doré commence l'année, ou comme l'avant-dernière si c'est la fête du coq au village lui-même qui marque le premier jour de l'année.

de famille (Djitin) du groupe des Doré font le même sacrifice. Pendant cette fête sont exprimés à la fois les remerciements à Bâ qui a assuré la récolte du Babou, la demande de la pluie qui garantira la prochaine récolte, le souvenir des ancêtres (libation sur les tombes récentes) ; mais c'est surtout la fête du repos, de la fin des travaux agricoles et la fête des jeunes gens. La bière de mil, mise en fabrication dès le début de Hi Karan, coule à flots, tout le monde danse et boit. Les jeunes gens dansent, paradent et poursuivent les filles ; ils se dispersent à travers tout le pays, allant de case en case, en demandant des cadeaux, bière de mil, poulets, houes.

Hi Méné. Les Goua, à la suite de la révélation de l'avatar Méné, célèbrent à la place de Hi Karan ci-dessus, une fête qui leur est propre, la fête du Méné. La date en est donnée par le Ouan Méné du village de Gangou qui affirme ainsi son autorité sur le reste des Goua.

D'autres fêtes ont lieu au cours de l'année mais aucune n'atteint l'importance du Hi Karan ou Hi Méné et encore moins de Hi Ngakagi qui est commune à la quasi-totalité des Toupouri. Nous pouvons citer la fête des forgerons (Feo Pari) en janvier-février.

Les Ouansiri et les Goh jouent un rôle très important dans toutes les cérémonies, ils sont à la suite du Ouan Son Koulou les premiers à faire le sacrifice dans chaque quartier ; ils interviennent dans la désignation du chef de village et encore plus de canton. Mais extérieurement ils ne diffèrent pas des autres paysans, mêmes vêtements, même habitation, même pauvreté, de plus chaque chef de famille effectue les sacrifices identiques lors des grandes cérémonies. Ce n'est que pour des demandes ou des besoins particuliers qu'ils interviennent pour obtenir plus sûrement les faveurs de Bâ.

Le lieu du sacrifice est situé soit dans un bosquet dans la zone cultivée du village, soit à l'intérieur même du Tin. Il est alors généralement figuré par un bâton de bois auquel est lié un mince faisceau de paille, le tout calé entre quelques morceaux de terre cuite sur lesquels est versé le sang de l'animal tué.

Les esprits mauvais.

Si Bâ est la source de tout bonheur, il est également la source de tout malheur car celui-ci est toujours provoqué par un des êtres invisibles qu'il a créés ; aussi dès que l'un de leurs méfaits arrive, la victime va consulter une personne versée dans la connaissance des génies et qui va rechercher grâce à la pratique divinatrice du Halgi, quel sacrifice peut décider Bâ tout-puissant à écarter le mauvais esprit responsable.

Ces génies sont nombreux ; les uns sont très puissants, les autres moins. C'est ainsi que les Toupouri redoutent tout spécialement Manhouli, le chef de tous les esprits mauvais ; il se présente aux jeunes gens seuls en brousse sous une forme horrible et déclenche des convulsions d'assez longue durée. Les enfants du possédé meurent. Un mouton est sacrifié, il remplace le prochain enfant à venir et celui-ci portera le nom de Manhouli.

Un autre génie très puissant est Zéona qui s'attaque aux femmes. La femme durant un mois environ ne parle plus Toupouri mais une langue spéciale, la langue de Zéona, et ne fait rien, complètement coupée de sa famille et de son passé. Un femme anciennement possédée de Zéona, la Ouanzéona (chef de Zéona) la délivrera par une série d'incantations ; leurs buts sont d'une part chasser Zéona, d'autre part réapprendre à la femme tout son passé qu'elle aurait oublié ; c'est ainsi que la Ouan Zéona lui présente son mari et ses enfants, lui montre comment faire la boule de mil, etc. Hoyna ou Oueina s'attaque indifféremment aux hommes et aux femmes par des maux de tête violents d'abord ou directement par des crises allant jusqu'à la mort, paraît-il. Un Pai Oueina ou Ouan Hoyna exorcise l'esprit en disant une incantation et en jetant du tabac sur le malade, au cours d'une danse faite par ce dernier sur un rythme qui va en s'accélérant. Brusquement le malade court à la mare la plus proche et s'y jette, les assistants qui le suivent en dansant cassent des œufs dans cette mare. Les anciens possédés de la région viennent vivre avec lui dans une case spécialement faite à leur intention dans son Tin.

Il y a encore Ligi, démon du vent qui renverse les cases; Barkaki qui habite les eaux, renverse les pirogues, fait mourir les poissons et rend malades ceux qui entrent dans l'eau. Des mauvais esprits, les Va, provenant des Moundang, habiteraient maintenant les montagnes très loin du côté de Léré, et viendraient frapper ceux qui sont aux champs un certain jour interdit (jour de repos mobile au cours de l'année se succédant de village en village ?).

Quoique les Toupouri ne croient ni en une survie, ni en un au-delà après la mort, ils pensent qu'un esprit particulier pourrait s'emparer d'une personne (femme en général) à l'occasion de funérailles, et que parfois les morts se manifesteraient.

On voit l'importance dans toutes ces cérémonies du *Djihalgi*, c'est-à-dire de celui qui devine à l'aide du Halgi. Le plus souvent, un vieillard longuement initié à ces pratiques divinatoires est dans chaque quartier le conseiller écouté en matière de sacrifices, car lui seul peut à l'aide de son Halgi connaître quel sacrifice et quelles prières offrir.

La lecture d'un cercle ou d'une spirale de bûchettes permet au Djihalgi de lire dans le temps et de répondre à la consultation ; il reçoit comme cadeau préalable un poulet ou des os de bœuf. De petits morceaux de bois très fins (diamètre 3 à 4 mm ; longueur 30 cm environ) ou de paille très raide, tiges de roseau, appelés Firpi, sont utilisés. Il est défendu aux femmes d'y toucher, et les hommes ne peuvent les porter au-dessus de leur tête.

Entre les consultations ces bûchettes forment une botte posée à l'ombre dans le creux de l'arbre à proximité duquel le Djihalgi opère. Après présentation des cadeaux par le consultant, le Djihalgi égorge un poulet et arrose légèrement les bûchettes avec le sang puis il leur offre du tabac en disant une incantation qui se termine par :

« Il faut, Halgi, que tu me dises la vérité. »

Après avoir soigneusement balayé un cercle d'environ 4 m de diamètre, il dispose, sur une circonférence au centre de laquelle il se tient, les baguettes côte à côte par une ou par deux ou trois, dans le sens inverse des aiguilles d'une montre (il semble que le nombre pair ou impair des bûchettes qu'il prélève sans regarder dans la botte qu'il serre dans sa main gauche soit une des clés de la disposition). Les Firpi tracent ainsi sur le sol une amorce de spirale en général arrêtée quand la boucle est complète, celle-ci a une très forte valeur magique, on ne doit pas la déranger, nul ne peut y pénétrer même le Djihalgi ou son aide s'il ne tient en main un bâton magique (en bois de Gardenia = Bao), le dispositif est démoli dès que le Djihalgi, resté seul au centre pour l'interpréter, livre sa réponse.

Les conseils du Djihalgi sont très suivis, aussi bien pour les questions personnelles ou familiales que pour les problèmes intéressant tout le village.

Des songes et des présages (cf. Mouchet [66]) ouvrent également, en dehors du Djihalgi, une fenêtre sur le passé ou l'avenir. Ils sont en général simples : le rêve d'un oiseau noir signifie la maladie ou la mort selon sa taille; si l'on rêve de feu c'est que la case brûlera; si l'on rêve d'eau c'est que l'on se noiera.

Il ne faut pas confondre le Djihalgi, le Ouansiri et le *Sorcier* (ou Kren). Ce dernier dispose de pouvoirs mystérieux et de connaissances néfastes qu'il transmet à sa descendance, et les Toupouri le redoutent beaucoup. Mais les gens mal intentionnés peuvent faire appel à lui pour nuire à d'autres, quoique ce fait soit peu fréquent en pays Toupouri.

Bien entendu le plus grand mystère est observé sur la question des Kren. Cependant ils sont nombreux dans certains villages ; Touksou (canton de Ndoukoula) par exemple, est redouté comme lieu d'étape nocturne par les voyageurs et le grand Sikki de Zoueye (décédé en 1952) était des plus craints.

Ils pourraient se transformer la nuit en boule de feu (Bouinha) pendant que leurs corps resteraient en apparence endormis dans leurs cases. Ils pourraient infliger des maladies toujours étranges, souvent mortelles afin de « manger l'âme » des gens atteints. Leur action néfaste sur la lactation des vaches (ou même la survie du bétail) serait grande, et les Toupouri y prêtent une très grande attention.

Certains prétendent que les sorciers seraient liés aux esprits mauvais (en particulier Manhouli auquel on donne parfois le nom de Pir Kren : cheval du sorcier).

Toutes ces croyances expliquent la grande crainte des sorciers qu'ont les Toupouri et la position très à l'écart qu'ils occupent dans la société ; les sorciers se marient donc entre eux et leurs pouvoirs sont transmis à leur descendance.

Les renseignements sur ces questions de magie et de sorciers sont extrêmement difficiles à obtenir par suite de la crainte dans laquelle les superstitieux Toupouri vivent à leur égard ; mais il est certain que la sorcellerie joue un rôle très important dans la vie psychique et sociale du paysan.

Les interdits.

Le crapaud et le lézard peuvent représenter le sorcier et la sorcière. De même les Toupouri prétendent que la chèvre et le cheval ne sont pas des animaux aimés de Bâ tandis que le mouton est une bête aimée de Dieu. Il existe des règles, assez strictes et variant selon le pseudo-clan, constituant de véritables interdits vis-à-vis d'animaux ou même d'arbres. Défense est faite de tuer, de manger, de prononcer le nom et parfois même de regarder l'animal ou l'arbre interdits, sinon le coupable et sa famille seront frappés de maladie ou même de mort ; il s'agit donc d'une position entièrement négative en face d'un être animal ou végétal auquel on ne rend aucun culte et auquel on ne demande rien, sinon de vous laisser en paix.

La fraction constituée par les clans Doré reconnaît la panthère (Bélé) comme « étant de la même famille » ; aussi, si un Doré peut tuer une panthère, il ne peut en manger.

Les autres interdits généraux concernent le serpent dont on ne peut prononcer le nom mais que l'on peut toucher ou même tuer. Le python est également redouté, il cause une grande frayeur et si on en rencontre un, on ne doit pas le raconter et s'abstenir de prononcer son nom.

Les gens du pseudo-clan Nimbakri respectent le Panré (Tamarindus indica) car c'est grâce à lui que leur ancêtre a eu beaucoup d'enfants ; certains Goua auraient un interdit concernant le To Onré (Detarium microcarpum).

La vie religieuse du Toupouri malgré sa simplicité illusoire, malgré l'apparent détachement qu'il manifeste aux choses sacrées et aux problèmes spirituels, est profondément ancrée dans la masse.

Le vieux fond résiste bien aux religions importées (cf. § 7). Il est probable que l'ensemble des croyances religieuses soit encore plus complexe que ce qui a pu être résumé ci-dessus.

2. Famille

La cellule sociale la plus solide de tout le pays Toupouri est la famille *stricto sensu* composée du père, de ses femmes et de ses enfants, vivant ensemble dans une même enceinte de cases, le Tin. Cependant il faut préciser qu'entre le « pseudo-clan » (Kao) et le ménage (Tin) existent, à deux échelons, des groupes de familles. Le premier de ceux-ci groupe sous l'influence du Dji-Mobi, représentant le plus âgé de la génération la plus ancienne, les familles dont les membres ne peuvent absolument pas se marier entre eux ; le Dji-Mobi a une fonction religieuse très réduite.

Les familles *stricto sensu* se groupent également à trois ou quatre sous l'égide de l'homme le plus vieux de la génération la plus ancienne, le Dji Koulou, leurs Tin sont en général voisins et une entraide assez forte existe entre elles.

Le fils qui se marie quitte le Tin et va fonder une nouvelle famille totalement indépendante ; matérialisée par le groupe de cases, cette famille disparaît à la mort du chef de famille (Djitin)[1].

A l'intérieur de ce petit groupe le Djitin est le chef. Tous lui doivent obéissance mais il ne peut diposer en toute liberté de ses enfants ; il marie les filles sans leur consentement mais est obligé de les accueillir si elles s'enfuient de chez leur mari ; le Djitin est possesseur de tous les biens sauf les outils, les bijoux, les armes individuelles et les récoltes de chaque femme. Le jeune homme en âge de se marier se construit une case, séparée, mais voisine du Tin, il continue à travailler avec ses parents et à être nourri par sa mère mais a des recettes personnelles. Si un jeune homme est toujours célibataire quand son père meurt, il se rattache au Tin de son frère aîné qui joue le rôle de Djitin à son égard.

La naissance.

Les rapports sexuels semblent être des plus simples. Certaines périodes provoquent un ralentissement des actes sexuels (pendant la fabrication de la bière avant les grandes fêtes, Hingakagi et Himéné en particulier). Aucune attention spéciale n'est portée à la *femme enceinte* jusqu'au 7e mois (poursuite des visites de l'homme). Après cette date elle réduit sensiblement ses travaux agricoles et reste le plus souvent au Tin. Il n'y a pas d'interdits alimentaires précis mais souvent la femme évite de manger des oiseaux ou du hérisson. L'avortement, quoique peu pratiqué, est connu — sève de plante mélangée à la bouillie de mil. Les Toupouri ont une notion assez exacte de la durée de la grossesse.

L'accouchement.

Il a lieu dans la case de la femme ; elle est aidée par une vieille femme et par son mari. Dès que l'enfant apparaît, le père s'en va et d'après les indications du Djihalgi fait un sacrifice. Le cordon ombilical est tranché

1. C'est le type même de la famille « particulariste » de Le Play par opposition à la famille patriarcale.

avec un fragment coupant de tige de mil, puis lié avec une petite fibre, la mère est alors assise par terre, l'enfant dans ses bras et attend la fin de l'hémorragie. Les autres femmes arrivent en foule, les unes lavent l'enfant, lui mettent parfois un mélange de terre rouge et d'huile de caïlcédrat (Bagé) sur le front, et l'enveloppent dans une peau de cabri. La mère est également lavée à l'eau (dont elle boit ensuite une partie) et massée (ces opérations seront renouvelées matin et soir pendant sept jours). Elle se couche alors à terre sur une natte grossière (secco) sur le flanc gauche, reçoit son enfant et lui donne immédiatement le sein. Le placenta est enterré par les soins de la vieille femme qui a présidé à l'accouchement devant la porte de la case. Pendant une semaine environ (de 4 à 10 jours selon les cas) la mère reste au Tin ; elle fait sa toilette à l'emplacement où a été enfoui le placenta ; elle reprendra ensuite progressivement le travail mais ne recommence à piler et à moudre le mil qu'un mois après l'accouchement. Le père n'a vu l'enfant qu'après la toilette faite ; il n'aura plus de contacts sexuels avec sa femme jusqu'à ce que l'enfant marche. L'enfant nouveau-né est l'objet de grandes attentions ; jusqu'à sept jours, durée des relevailles, âge de présentation, il est porté dans les bras. Ensuite il est porté sur le dos de la mère soutenu par une peau de chèvre préparée spécialement à cet effet et ornée de cauris et de perles. Le jeune enfant est nourri exclusivement au sein pendant de longs mois et ses désirs comme ses caprices reçoivent une attention immédiate ; il ne quitte pas le dos de sa mère quel que soit le travail que celle-ci effectue et dort la nuit dans ses bras.

L'enfant reste avec sa mère très longtemps : sept ans environ pour un garçon qui va alors chez son père jusqu'à ce qu'il se marie ou jusqu'à ce qu'elle soit enceinte pour une fille (elle va alors chez sa grand-mère ou chez une autre femme jusqu'à son accouchement). Mais cette longue période auprès de la mère n'influe en rien sur la « propriété » de l'enfant ; l'enfant d'une fille-mère appartient au père s'il est connu (sans obligation d'épouser la mère) ; l'enfant d'une veuve non remariée appartient au frère du mari décédé ou à défaut au père de la femme.

Le nom.

Il n'y a pas de nom de famille et chaque individu a un nom propre et plusieurs noms spéciaux. Le jeune enfant ne reçoit pas immédiatement son nom propre, ce n'est qu'au bout d'un mois environ, lorsqu'il est assez fort pour sortir du Tin et être mêlé au monde, qu'un ou plusieurs noms lui sont attribués (cette coutume serait due à la forte mortalité infantile) ; il choisira parmi ceux-ci vers 2 ou 3 ans quand il s'exprimera correctement, en général c'est celui adopté par la personne ayant le plus d'influence sur lui qui est choisi. Les premiers jours le nouveau-né est appelé Huilfouri (garçon) ou Maytouey (fille), ce qui signifie bébé.

Tandis que pour une fille la mère ou le père peuvent choisir le nom, c'est le père qui a priorité pour un garçon mais n'importe qui peut lui donner un nom (en général pas plus de quatre noms).

Le nom est en général le résultat d'événements fortuits et représente soit le caractère, soit un souhait, soit un événement local. A l'occasion de ces choix du nom, il n'y a ni fête, ni cadeaux, ni costume particulier à l'enfant ou aux parents.

Les radicaux Ouan (chef), Huil (garçon), May (fille) ou Ouay (vient de Touin : femmes) sont très employés.

Il n'y a pas d'influence de l'ordre des naissances sur le nom, mais un enfant né après plusieurs autres morts en bas âge reçoit les noms de Huil Houli (fils des morts) ou May Houli (fille des morts), le suivant se nommera Dongbé (moins bon que ceux qui sont morts) dans le cas d'un garçon (nom indifférent si c'est une fille).

Si le jour de la naissance était un jour de fête l'enfant en porte le nom : Ouan Kagi : chef des poulets né le jour de la fête Hikagi où on égorge les coqs, Ouan Miné : né le jour de la fête du Méné et du feu de brousse qui suit, May Karan : née le jour de la fête Hi Karan.

On ne peut pas donner à un enfant le nom d'une personne du quartier, même si cette dernière est décédée.

Sans être un sobriquet le nom est souvent lié à des circonstances de la naissance ou du bas-âge, il peut parfois exprimer un souhait mais n'a aucune influence sur l'avenir de l'individu.

Mais chaque Toupouri possède en plus de ce nom donné par la famille qui lui est propre la vie durant, un autre nom qu'il acquiert plus tard lors de l'initiation (nom Gounougay) ou des sobriquets en général octroyés lors des réunions d'hommes (cure de lait ou Gourna, chasses collectives, etc.), ou lors de son mariage dans le cas d'une femme. L'homme est obligatoirement désigné par son nom d'initié lors des périodes d'initiation et sa femme l'emploie devant les étrangers, c'est un signe de respect que de l'utiliser. Les sobriquets sont employés dans la vie courante mais principalement à l'occasion des danses et fêtes. En général après une altération du radical, on ajoute les suffixes -Kreo, -Ou, -Dandi, -Sala, -Sam, -Dou, -Kosam pour former le nom de l'initié. C'est ainsi que trois de nos informateurs avaient les noms suivants :

1. Lopo, nom de son grand-père décédé il y a très longtemps.
   Golopkreo, nom d'initiation.
   Sobriquet : Dahouoya (qui saute et danse beaucoup).

2. Kama, origine inconnue par l'intéressé et par les autres personnes présentes.
   Kamdandi, nom d'initiation.
   Chokroma (malgré son infirmité, saute haut). Cet homme a en effet une jambe atrophiée.

3. Loumo, signifie le marché (né un jour de marché).
   Loumdandi, nom d'initiation.
   Telsoumo, expert dans les modes de danse.

Les femmes possèdent également plusieurs noms. Ainsi la première femme de Lopo peut s'appeler :

Mayhobre, nom donné par sa famille.

Mayhigi, fille de couleur noire, nom utilisé entre jeunes filles, n'est pas censé être connu du mari.

Maykoudoum, fille du village de Koudoum où elle est née, employé très généralement par les personnes qui ne la connaissent pas bien.

On conçoit facilement que l'absence de nom de famille lié à la filiation et la pluralité des termes pour une même personne soient gênantes pour les gens ne vivant pas en contact avec les Toupouri. C'est notamment la cause de grandes difficultés lors des recensements administratifs.

La vie du jeune enfant.

Elle se déroule en contact permanent avec sa mère qui suit attentivement son humeur. Après des ablutions et une tétée dès le lever, le bébé est attaché sur le côté de sa mère lors des déplacements ou du repos, sur le dos lors du travail. Elle lui donne fréquemment le sein et cherche à le consoler dès qu'il pleure. Il est sevré dès qu'il peut marcher ou lorsque la mère n'a plus de lait (entre 1 et 2 ans). L'enfant est alors alimenté par la mère avec de petites pincées de boule de mil et de sauce. Il joue nu (avec son seul fil de coton) dans le Tin et ses parents jouent avec lui et lui témoignent une sincère affection mais ne l'embrassent jamais. Il faut noter la très grande familiarité qui existe entre grands-parents et enfants, comme d'ailleurs entre parents non directs ; ceci se traduit par le même terme employé pour les désigner ; ainsi Ka signifie grand-mère ou dans l'autre sens petite-fille.

Vers 3 ou 4 ans les enfants cherchent à imiter dans leurs jeux les adultes puis vers 7 ou 8 ans ils prennent une part directe à la vie et aux travaux de la famille (garde de chèvres, surtout pour les garçons, balayage du Tin, puisage de l'eau, etc. pour les filles).

Les jumeaux.

Sous l'influence européenne, la coutume ancienne qui voulait que les jumeaux fussent tués à leur naissance disparaît progressivement. Les Toupouri voient en effet dans la venue de jumeaux un signe divin et prennent un certain nombre de précautions lors d'un tel événement.

L'enfant né le premier est considéré comme le plus âgé car c'est celui qui voit le premier le jour et cette aînesse dure jusqu'à son mariage (c'est le garçon né le premier qui se marie le premier car il bénéficie avant l'autre de la dot de sa sœur).

S'il s'agit de deux vrais jumeaux les garçons s'appellent le premier Huil Bâ (fils de Dieu) et le second Lao, Lahon, Lô ou Souari, les filles May Bâ (fille de Dieu) et Lama. Si ce sont de faux jumeaux le garçon se nommera Ouang Bâ (chef de Dieu) et la fille May Ching (fille du ciel).

Le mariage.

Le mariage, acte même de la fondation d'une famille, est très généralement consacré par une dot[1] versée par la famille du jeune époux au père de la femme ; il est accompagné de diverses démarches ou cérémonies ; la polygamie, très fréquente, est un signe de richesse et une opération considérée comme économiquement fructueuse ; elle est en partie la conséquence de la suspension des rapports sexuels pendant l'allaitement des enfants.

L'exogamie qui renforçait la séparation en clans tend à s'atténuer. Les anciens justifient l'exogamie par le respect des traditions, la honte des relations incestueuses et la dégénérescence raciale qui se produirait en son absence. Plus généralement, actuellement, le mariage ne se fait pas entre personnes parentes, sauf à un degré très éloigné, grâce à une profonde connaissance des affinités parentales entre divers villages en particulier par le DjiMobi. Dans le cas le plus général, l'homme choisit parmi les jeunes filles sa future femme, s'accorde avec elle puis, avec l'aide d'un témoin, négocie avec le père de la jeune fille. Cette méthode n'est pas toujours suivie car elle est longue et ne s'applique pas quand une grande disparité existe entre les futurs époux ; nous l'examinerons d'abord et verrons ensuite les autres mariages.

La jeune fille reste sous l'autorité de son père jusqu'à son mariage ; elle manifeste sa coquetterie et son désir d'être mariée contre une « dot » élevée en portant à la cheville un grand nombre d'anneaux de fer qui montent sur le mollet. A l'occasion du marché et surtout lors des danses de HiKaran, elle entre en relations, dès l'âge de 14-15 ans, avec l'homme qui la choisira. Celui-ci prend l'accord de son père, du DjiMobi et éventuellement de sa première femme. Il ne peut épouser la mère, la fille, la sœur ou la tante de celle-ci.

L'intervention d'un ami est alors essentielle, c'est le DjiTaogi ou témoin du mariage qui sert d'intermédiaire entre les deux chefs de famille respectifs, il est obligatoirement d'un autre clan et n'est pas parent des intéressés, il oriente les présentations et les discussions, il transmet la dot

1. Le terme « dot » est ici toujours employé au sens communément admis en Afrique, versement au chef de la famille de la jeune fille d'une certaine quantité de richesses et non pas au sens européen du mot.

d'un côté et la femme de l'autre mais n'est pas garant du mariage ou des versements.

L'homme, et le témoin qu'il a choisi, présentent la future au DjiMobi accompagnée d'une chèvre ou d'un veau en guise de cadeau, puis à son père qui remet à la jeune fille un bœuf, une chèvre ou une poule en signe d'acceptation ; le témoin engage alors entre les pères des futurs époux les discussions sur le montant de la dot.

La dot.

Elle est essentiellement constituée par des têtes de gros bétail, bœufs ou vaches, le montant actuel varie de 7 à 13 têtes selon la constitution de la femme, la réputation de sa famille et la richesse du père de l'époux. En 1911, Milbrat [64] donne comme montant 5 à 10 têtes de gros bétail, en 1923, Gévaudan [38] 10 vaches.

Les chiffres de dot n'ont donc pas sensiblement varié depuis Milbrat en 1911 et s'il y a eu une augmentation de richesse du pays, ce fait n'a eu aucune répercussion sur le montant de la dot ou l'accaparement des femmes.

Il nous a semblé que les Toupouri envisageaient la dot surtout comme une garantie ou compensation entre deux groupes de familles, le groupe du mari acquérant grâce à la femme un supplément de richesse, travail et nourriture, enfants, etc. qui est équilibré par le dépôt correspondant d'animaux également estimés, au bénéfice du groupe familial dont est originaire la femme et auquel elle continue d'appartenir.

Bien entendu, une fois le montant de la dot fixé, de longues discussions sur les qualités et la valeur de chaque bête suivent. La dot ainsi déterminée n'éteint pas les réclamations de la belle-famille, le mari lui devra une vache ou même deux par enfant si sa femme lui procure plus de deux enfants. Elle peut être versée par échéances mais la majeure partie doit être remise au futur beau-père avant le mariage. Le jeune homme ne peut généralement pas payer une telle dot, aussi sa famille en a-t-elle la charge, c'est grâce au mariage d'une de ses sœurs que le plus souvent il peut prendre épouse. Aussi voit-on assez fréquemment un homme âgé épouser une deuxième ou une troisième femme après avoir marié une de ses filles, ou un garçon dont le père est décédé se marier grâce au remariage d'une veuve de son père. Seul le garçon qui n'a pas de sœurs, ou qui est le dernier de plusieurs frères, éprouvera des difficultés à acquérir une épouse, il lui restera la ressource soit d'attendre, soit d'adopter un autre mode de mariage.

Le futur époux doit aider son beau-père à préparer les champs de l'année afin de pallier momentanément le départ du travailleur agricole que représente la femme.

Quand arrive la date choisie, une fête largement arrosée de bière de mil rassemble les parents des deux côtés et les voisins. Pendant trois jours ces derniers nourrissent le nouveau couple car la nouvelle épouse ne travaille pas ; au bout du troisième jour au coucher du soleil un cabri est égorgé devant la case de la femme et marque le début du travail de cette dernière. Le jeune ménage s'est installé dans un nouveau Tin construit par l'homme. Une nouvelle famille économiquement indépendante, un nouveau Tin, sont ainsi créés et le jeune homme est devenu indépendant de sa famille. Le mariage n'est cependant pas encore définitif. Le mari doit fournir à sa belle-mère un toit de case. Si le mari est satisfait de sa nouvelle épouse, il complète la dot puis, après quelques délais, porte au père une sagaie qui symbolise l'accord total des deux parties.

Ce mariage avec versement d'une dot et longue discussion entre les deux familles n'est pas toujours appliqué. Certaines filles ne trouvent pas de mari et doivent faire les premiers pas, sinon c'est le père lui-même qui cherche un gendre. Une fois celui-ci trouvé, la fille est conduite chez lui par son oncle paternel, elle y reste une nuit ; si l'homme est d'accord il la ramène le lendemain à son futur beau-père avec un poulet et une chèvre ; elle reste dans sa propre famille jusqu'à ce qu'une dot de 5 têtes de bétail soit versée.

Par contre certains hommes recherchent dès sa naissance leur future femme, ils paient alors la dot progressivement.

Mais les jeunes filles dès qu'elles sont pubères sont encouragées à avoir des relations avec les hommes (contre rémunération versée au père d'ailleurs) ; la jeune fille peut, soit prendre l'initiative du mariage, soit, si sa famille refuse, se laisser enlever par son futur époux, les modalités de ces deux mariages sont très proches.

La femme ainsi installée dans son nouveau foyer, le mari doit en principe coucher avec elle jusqu'à ce qu'elle soit enceinte ; en pratique, quoique manifestant une préférence pour la dernière femme, il choisit chaque jour celle qui viendra faire le feu dans sa case, lui apportera à manger et passera la nuit avec lui.

La rupture du mariage.

Le mariage peut être rompu soit par le mari qui répudie sa femme, soit par cette dernière qui s'enfuit de chez lui. En cas de répudiation le mari charge le témoin du mariage de la reconduire chez son père, celui-ci la renvoie au bout de quelques jours à son mari ; si ce dernier persiste dans son intention de s'en séparer, il la ramènera lui-même à son père. Si le motif invoqué par le mari apparaît comme valable, la dot est remboursée lorsque la femme trouve un nouveau mari grâce au versement fait par ce dernier. Si la répudiation est injustifiée, la dot n'est restituée qu'en partie.

La femme peut s'enfuir de son nouveau foyer avec l'appui de son père,

1. En saison des pluies dans les dépressions non exploitées de l'arrière-pays.

2. En saison sèche, le sol de type « 4 a » se fendille selon un réseau polygonal. Culture du mil repiqué.

3. La série post-culturale sur sol sableux.

4. Au premier plan *Faidherbia albida*, au fond les bosquets d'*Acacia Seyal* sur le Laali.

5. Type de jeunes hommes Toupouri.

6. Vieillards Toupouri.

7. Femmes Toupouri.

8. Les cases sont dispersées au milieu des cultures.

9. Grenier avec son capuchon de paille enlevé.

10. L'intérieur du « Tin » du côté de la case de la femme.

11. Au centre du « Tin » l'enclos à bestiaux.

12. Le pilonnage du mil.

13. « Une peau de chèvre qui lui bat les fesses. »

14. Costume féminin.

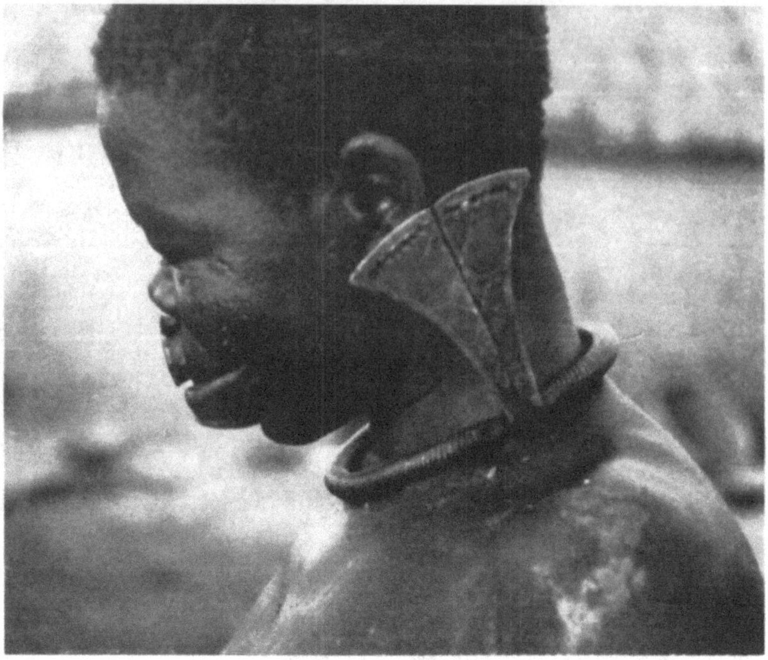

15. Le Bousouli.

16. Costumes de danse des jeunes filles.

17. L'enfant ne quitte pas le dos de sa mère.

18. Les Gourna.

19. Danse des jeunes gens.

20. Lamentations à un enterrement.

21. La charrue.

22. La charrette.

23. Sarclage attelé avec la binette mise au point sur place par M. Bloc'h. Champ de coton en cours de levée envahi par les cypéraceés.

24. Bétail au pâturage après la récolte du mil.

25. Le concours de labour en 1956.

26. Le Gara.

27. Les longues tiges du Shoukouloum. →

28. L'ami Hakna au milieu de sa parcelle.

29. Culture du tabac en petits placeaux aspergés.

30. La rentrée du troupeau de quartier le soir.

31. Vent de sable sur Golonpoui.

32. Ramassage du bois en brousse et son transport.

33. Dans la catégorie « travaux ménagers et repos de la femme » le lent décorticage du Voandzou tout en bavardant.

34. Le déglumage du mil au pilon.

35. Au marché de Datchéka.

qui ayant trouvé un gendre plus offrant, restitue facilement l'intégralité de la dot ; ce retour de la dot dans sa totalité équivaut à une rupture de mariage. Mais la femme peut également s'enfuir sans le consentement de son père, celui-ci la ramène à son mari une ou plusieurs fois. Ce n'est qu'après plusieurs fugues que le père se décide, ou non, à rendre un à un les animaux de la dot. La justification de la répudiation ou de la fugue fait l'objet de longs commentaires pour essayer de gagner quelques têtes de bétail. Le cas des enfants a été tranché par la coutume ; les enfants restent au père. Cependant si la femme est enceinte, elle ne pourra se remarier qu'après l'accouchement ; si elle a un très jeune enfant celui-ci est gardé chez son grand-père maternel jusqu'au sevrage.

Les mœurs.

Le Toupouri manifeste une grande simplicité de mœurs et une certaine pudeur sur les questions sexuelles. L'homme et la femme couchent séparément chacun dans leur case. De temps en temps le mari se rend nuitamment chez une de ses femmes ou fait venir celle-ci chez lui si elle a des enfants (qui couchent avec elle).

Les célibataires ont des relations fortuites avec des femmes mariées ou libres ou des jeunes filles connues pour leur facilité, mais le cas est assez rare.

Si, comme nous le verrons plus loin, l'adultère féminin est l'objet d'une forte réprobation, une formule de concubinage temporaire, pour ne pas dire de prostitution, permet à l'homme monogame d'échapper à la période de restrictions sexuelles qui correspond à l'allaitement du nouveau-né par sa femme. Le mari cherche une remplaçante temporaire parmi les jeunes filles du village et, avec l'accord du père, en installe une dans son Tin, sa femme l'aide d'ailleurs dans cette opération. La jeune fille reste et couche avec lui pendant une durée fort variable (qui d'ailleurs peut se transformer en mariage), elle vit en bonne intelligence avec l'épouse et aide celle-ci aux travaux ménagers. Une redevance est versée au père — un cabri pour une journée, un mouton pour trois jours.

Par contre la femme, dans cette société où la polygamie est fréquente, doit fidélité à son mari et, en plus de châtiments assez sévères pour les coupables, la coutume prévoit une compensation sous forme d'animaux donnés au mari trompé.

La famille Toupouri, qu'elle comporte une ou plusieurs femmes, est en général très unie dans une communauté de travail, d'entraide serrée, dans l'affection des enfants et le respect du Djitin, véritable chef de famille. La femme y dispose d'une certaine autonomie, notamment elle détient les récoltes effectuées sur les champs cultivés à son initiative et elle contribue avec ses recettes personnelles à l'entretien de la collectivité.

Étroitement limitée aux femmes et aux enfants d'un seul homme (le plus souvent les Tin sont constitués de 2 à 6 personnes), la famille Toupouri stable et calme représente une cellule (sociale et économique) de base de très bonne qualité.

3. Gounougay et Gourna

Les deux manifestations essentielles de la vie du jeune homme que sont l'initiation (Gounougay) et la cure de lait (Gourna) restent encore assez mal connues.

L'initiation.

Tous les sept à dix ans, un vaste rassemblement des jeunes garçons a lieu dans une zone très peu peuplée à l'est du lac de Fianga ; elle groupe les Toupouri de 10 à 17 ans (ou 20 ans) pour les cérémonies dites d'initiation (Gounougay en Toupouri). Un grand mystère plane sur les rites qui l'accompagnent et de grandes précautions sont prises pour éviter que les non-initiés et en particulier les femmes les connaissent (lieu secret, langue spéciale, etc.). L'initiation serait relativement récente chez les Toupouri. Son origine serait Massa ou peut-être même à rechercher chez les groupes plus au sud (Laka et Sara) ; en effet la même langue secrète est parlée par les initiés Massa et Toupouri, le terme de Labi ou Laba de plus en plus employé désigne également l'initiation chez les Massa, les Laka, les Sara et même d'autres groupes plus au sud (Baya).

L'initiation a lieu en saison sèche et sa date est fixée par un vieillard qui en sera le chef (DjiLabi). Le début en serait marqué [36] par le transport d'une tige de mil avec la motte depuis le village de Noulda jusqu'au lieu de rassemblement.

De tous les coins du pays Toupouri, les garçons se dirigent en groupes sous la conduite d'aînés, déjà initiés, sortes de parrains, auxquels leurs parents les ont confiés, vers le lac de Fianga qu'ils traversent soit en pirogue, soit à gué. Ils portent de longues perches où sont attachés des morceaux de calebasses s'entrechoquant ; le bruit signale leur passage. En général le plus jeune de tous les groupes (parfois âgé de 5 ans) est nommé « chef de l'initiation ».

Ils se rassemblent auprès d'un très vaste enclos d'épines aménagé dans une savane très dense et attendent accroupis, leur peau de cabri sur la tête. Ils sont ensuite introduits dans l'enceinte d'épines où ils endureront pendant une quinzaine de jours de durs traitements et un isolement complet.

Pendant de longues heures les garçons doivent rester allongés à plat ventre sans relever les yeux, et la mort à coups de sagaie punirait le désobéissant. Sa peau de cabri serait envoyée à ses parents pour les avertir du châtiment et ceux-ci, honteux de la faiblesse de leur fils, accepteraient en silence sa disparition.

Toute une série d'épreuves nocturnes et diurnes destinées à les épouvanter et à les affermir a lieu. En même temps, ils apprennent le langage secret et exécutent des danses et des chants particuliers à cette période de leur vie. Ayant une connaissance suffisante de la langue et des techniques du Gounougay ils prennent ce titre et deviennent ainsi « initiés ». Un petit tatouage en haut du bras gauche, formé de points ••• ••• , •• •• •• ou •• ou en triangle, consacre cette promotion.

Ils se reposent ensuite pendant une quinzaine de jours, toujours au milieu de la brousse et perfectionnent leurs connaissances; ils s'enduisent de boue et d'ocre rouge et font des ripailles avec les cadeaux : bœufs, moutons envoyés par leurs parents à leurs initiateurs et déposés à grande distance.

Commence alors une phase d'environ deux mois d'entraînement au vol et â la guerre pendant laquelle règne une grande excitation dans tout le pays Toupouri. Volant des poulets et du petit bétail, exigeant des cadeaux qu'on ne leur refuse d'ailleurs jamais, ils simulent l'attaque des villages, battent les femmes qu'ils rencontrent, provoquent les passants, même européens. Les nouveaux initiés sont alors regroupés par secteurs et abandonnent le lieu de l'initiation pour s'installer en brousse près de leurs villages respectifs, que peu à peu ils fréquentent. Ils brûlent les peaux et les bâtons qu'ils avaient au début et prennent de nouvelles peaux de chèvre, taillées en forme de croix et ornées de cauris. Ils exécutent des danses particulières (rythme et pas) accompagnées de chants en langue d'initié et du bruit de petits paniers remplis de cailloux et de coquillages attachés à leurs chevilles ; ils ont pris un nouveau nom.

Aux premières pluies cessent enfin toutes ces manifestations ; les garçons, menés par les « parrains » qui les ont initiés, reviennent à leurs familles mais celles-ci font mine de ne pas les reconnaître et de les renier, il faut alors que les « parrains » individuellement, les représentent à leurs parents pour qu'ils soient acceptés de leur « nouvelle » famille.

L'initiation comprend donc en plus de toute une série d'enseignements d'ordre physique et matériel (résistance aux souffrances, entraînement à la guerre, etc.) et d'ordre moral (respect des anciens, solidarité des initiés, valeur du groupe racial, suprématie de l'homme), un véritable rite de passage vers la catégorie des hommes. L'enfant arraché au groupe féminin, sans valeur sociale, est intégré après une nouvelle naissance (nom nouveau, langue nouvelle, oubli de l'existence antérieure) au groupe des hommes. Si la séparation nette des sexes et l'antagonisme Homme/Femme sont très nettement accusés durant la période d'initiation, le grand décalage d'âges entre les co-initiés ne permet pas d'y voir un rite de puberté ni un enseignement sexuel. L'hétérogénéité du recrutement ne donne pas de sociétés actives de classe d'âge.

Tous ces rites semblent mal adaptés à l'évolution africaine moderne, aussi faible fût-elle dans ces zones du Nord-Cameroun, et la périodicité très longue de l'initiation rend difficile toute prévision d'avenir. Un certain désir de suppression semble être exprimé par les rares élites auprès de l'Administration. Celle-ci, malgré les avertissements donnés par les Européens vivant au contact des villages, ne croyait d'ailleurs pas en 1955 à un aussi grand respect de la tradition et à une telle ampleur du mouvement et fut assez surprise de voir la vitalité de ces rites. Il ne faut pas penser qu'en 1962, l'initiation n'existera pas ; c'est une tradition forte et vivante qui, malgré son caractère apparemment archaïque, crée un vif lien de solidarité entre les hommes et a de fortes chances de survivre assez longtemps.

La cure de lait : les danses et les chants des Gourna.

Le mot Gourna désigne un jeune homme qui, retiré à l'écart pendant quelques semaines avec des camarades, consomme beaucoup de lait et mène une joyeuse vie pleine de chants et de danses. Cette coutume très fréquente, surtout en saison sèche, viendrait, comme l'initiation vue ci-dessus, de chez les Massa où elle est pratiquée selon un mode très analogue et porte un nom voisin (Gourou).

Un jeune homme prend l'initiative de réunir quelques camarades pour faire la cure de lait. Ceux qui ont une vache fraîche de lait l'emmènent, les autres vont trouver un ami, lui offrent un mouton qu'ils mangent en commun et lui demandent le prêt d'une vache, prêt qui n'est jamais refusé. Ils réunissent alors le troupeau, soit au milieu de la brousse sur une piste très écartée, soit sur un Laali[1]. Les jeunes gens se construisent des huttes de paille dans lesquelles ils couchent deux par deux sur une simple planche très épaisse posée à même le sol ; très souvent ils ne bâtissent pas de cases et couchent au milieu de leurs vaches. Ils vivent ainsi à peu près nus, isolés, se nourrissant abondamment de lait et de bouillie de mil pendant à peu près un mois. Ils passent leur temps à deviser, à danser, à chanter, à lutter entre eux ou à provoquer les passants à la lutte et à se faire beaux. Pour cela, ils nattent leurs cheveux en une courte tresse souvent au sommet de la tête, prolongée par une ficelle qui se termine par une pièce de monnaie dansant ainsi au milieu du dos, ou ornée d'une touffe d'herbe; ils mettent au cou, aux poignets, aux chevilles des rouleaux plus ou moins serrés de ficelle très serrée ou d'herbe auxquels pendent parfois des colifichets ; des petits fruits verts de Strychnos innocua (Gouloulou) décorés d'incisions géométriques ressortant en blanc ou noir, sont enfilés dans ces colliers et bracelets. De plus en plus le Gourna se frictionne le corps avec de l'huile de caïlcédrat et de l'ocre rouge ou dessine avec de l'ocre sur son torse. Il s'asperge ensuite de quelques

1. Les emplacements des *Gourna* sont utilisés comme pépinières de mil repiqué ensuite. Le Sous-Secteur encourage la récupération, à l'aide des charrettes, de la terre de Kraal ainsi accumulée parfois assez loin en brousse, pour les fumures.

gouttes de lait plus ou moins caillé, ce qui montre aux jeunes filles qu'il est fort et riche, tellement riche qu'il peut se laver avec du lait... Ainsi paré, laissant les vaches sous la conduite d'un camarade, il se rend en troupe sur les marchés, dans les villages, aux cérémonies funéraires. Là il se fait admirer des filles, provoque les membres des autres bandes de Gourna à la lutte, chante et danse ; il cherche à montrer sa force, sa richesse, sa vigueur de danseur. L'institution très curieuse du Gourna sert d'exutoire au dynamisme des jeunes hommes, anime les fêtes et les rassemblements populaires, transmet une partie du folklore.

Les Gourna se rencontrent entre bandes pour lutter, chaque bande soutient la réputation de son village dont les hommes se sont rassemblés pour les encourager et les juger. *Cette lutte Toupouri*, extrêmement agréable à suivre car rapide, harmonieuse et exempte de toute brutalité, se rapproche beaucoup de la lutte décrite chez les Bachama par Meek [60] qui lui attribue un rôle religieux.

Les Gourna se dirigent de leur retraite vers les rassemblements populaires, *danses* ou enterrements que le son du tam-tam leur signale. Munis chacun d'un énorme gourdin (Kraho) ils se dirigent en file indienne, les plus grands devant, vers le lieu des réjouissances. Leur démarche très curieuse (analogue à celle des Gourou Massa leurs voisins) consiste en un pas très long où tout le poids du corps est reporté d'une jambe sur l'autre avec une oscillation du buste et un balancement du gourdin tenu à peu près verticalement, leur progression très rapide est scandée par une mélopée monotone reprise par tous.

Après avoir rendu leurs devoirs au défunt et à sa famille et s'être rafraîchis de quelques tasses de bière, ils organisent des danses ; se groupant sur plusieurs rangs, les plus grands devant, ils piétinent sur place, les jambes légèrement fléchies, les gourdins dressés, en se balançant ; un chant grave et le rythme d'un ou deux tam-tams les accompagnent.

Il est rare que garçons et filles mêlent leurs danses (signalons d'ailleurs que les relations sexuelles seraient interdites aux Gourna).

Dans la brousse, les Gourna composent et apprennent les chants qui accompagneront les danses et porteront les nouvelles aux quatre coins du pays. Le chant est en général à voix alternées, chacune ajoutant son couplet en brodant sur le précédent, avec un rythme bien marqué et des phrases assez longues ; l'emploi fréquent de termes Massa ou de langue Gounougay en rend la compréhension difficile.

4. Rites funéraires

A l'approche de la mort, après consultation du DjiHalgi qui prescrit les sacrifices qui devraient permettre de sauver le moribond, la famille reste calme ; tandis que les femmes sortent de la case, les hommes restent pour assister le mourant puis pour faire sa toilette (ou vice versa selon le sexe). Après lui avoir fermé la bouche et les yeux, le mort est lavé et déposé à terre sur une natte à l'emplacement du lit démonté ; les gros orteils liés par une ficelle d'écorce, les jambes étendues, les deux pouces liés de même façon et les mains jointes devant la face, le cadavre est couché sur le flanc droit, le visage dirigé vers la paroi. Il est habillé, soit traditionnellement avec deux peaux, l'une vêtement habituel mais neuf ramené entre les jambes, l'autre couvrant la tête, soit de plus en plus actuellement par enveloppement dans une grande pièce d'étoffe *boubou*, couverture ou simple lambeau de *godon* (tissu assez grossier et épais tissé à la main dans le Nord-Cameroun).

Un parent est alors envoyé chez le chef de village. Ce dernier annonce alors la mort soit en frappant le petit tam-tam (à attributs féminins : Djokléré) si c'est une personne de condition ordinaire, par des séries rapides de trois coups avec le plat de la main, soit en donnant sur le grand tam-tam des séries de deux coups sourds pour les personnes riches, chefs, notables, etc. Les femmes de la famille se mettent à pleurer et les gens se dirigent vers le Tin du mort. La mise en terre est assez rapide, le même jour pour un paysan moyen, le lendemain pour un riche. Les voisins et les amis se réunissent autour de la case mais n'entrent pas voir le cadavre ; les plus affligés s'enduisent de cendre, d'ocre ou plus simplement de boue blanche. Le chef n'assiste pas au cérémonies funèbres. Tandis que les femmes de la famille proche restent dans la case ou à la porte en poussant des pleurs déchirants, une d'entre elles vide les cases voisines et rassemble les objets épars dans un grenier. Les visiteurs restent prostrés entre les cases ou devisent à l'ombre des arbres voisins ou bien se joignent à une procession circulaire qui n'a pas tardé à se former autour du Tin. Sur un front de cinq ou six, les femmes devant, brandissant leur canne de danse ou un simple bâton, les hommes derrière avec leur sagaie ou le gourdin dressé, forment un cercle hurlant sur deux tons pleureurs « Hou, Hou ! » et avançant à grands pas, détruisant tout sur son passage. Ce cortège, réduit parfois à quelques individus, peut s'enfler de la plus grande partie des gens présents et c'est une colonne assourdissante, soulevant un nuage de poussière, qui tourne effrénée autour du Tin. Le fils aîné (ou le plus proche parent) choisit l'emplacement de la tombe soit au centre du Tin à côté de la case, soit en dehors du Tin près d'anciennes tombes. La fosse orientée est-ouest est à la mesure du corps ; d'ouverture rectangulaire, elle est creusée par deux ou trois hommes âgés du village jusqu'à environ 2 m de profondeur. Elle peut être soit toute simple en parallélipipède rectangle, soit présenter au fond une large rigole de la largeur du corps mais en travers de laquelle des bâtons sont posés pour soutenir le cadavre, ou encore présenter une cavité latérale (côté sud) de la même longueur et de 40 cm de profondeur. Une fois la fosse achevée, les fossoyeurs amènent un tout jeune veau sur le bord et le tuent. Ils emportent la bête qui sera leur paiement. Le mort est alors sorti, caché par une couverture, par la porte de sa case si c'est un homme, par la paroi arrière défoncée à cet effet si c'est une femme ; il est porté par quatre hommes sous un arbre autour duquel se rassemble en désordre la foule qui crie encore plus fort qu'auparavant. C'est pendant ce temps-là qu'un des épisodes les plus curieux de ces rites d'enterrement se produit : un taureau jusqu'alors attaché dans une case est brusquement lâché mais est rapidement rattrapé, couché à terre et découpé *vivant* par une bande d'hommes. Le cadavre est porté vers la fosse dont on lui fait faire le tour puis on le dépose sur le talus de terre côté nord, la couverture qui le dissimulait est enlevée et un homme frotte de l'ocre rouge sur son linceul en commençant par la face. Deux hommes descendent dans la fosse et étalent au fond un morceau de *secco*, le cadavre est descendu entre leurs bras, déposé sur ce *secco* puis poussé la face contre la paroi, regardant le sud, les pieds étant à l'ouest ; le *secco* relevé ferme l'ouverture latérale ou recouvre le corps afin que celui-ci ne reçoive pas directement la terre de comblement. Le trou est ensuite rapidement comblé par les fossoyeurs et par les assistants.

La tombe devient un tumulus allongé de 40 cm de haut environ que l'on arrose superficiellement. Le chef du village peut alors venir saluer la famille.

Les amis et les voisins cessent peu à peu leurs chants funèbres et leurs danses mais les jeunes filles et les Gourna continuent à faire leurs rondes et leurs cabrioles à quelque distance jusqu'à la nuit. La famille reste assemblée trois ou quatre jours dans le Tin, puis elle se disperse laissant une quinzaine de jours veuf ou veuve et orphelins au Tin. Dans le cas du décès du Djitin une nouvelle réunion de parents et amis est marquée, quinze jours après l'inhumation, par de nouvelles danses et une large consommation de bière de mil. L'héritage du défunt et en particulier ses femmes sont partagées. Les réserves (ou ce qu'il reste après la fabrication de la bière) sont plus ou moins pillées et le Tin en grande partie détruit, manifestant après la mort du chef de famille la disparition de celle-ci comme unité sociale.

Le deuil dure environ six mois. Mais l'oubli vient rapidement, aucune nouvelle cérémonie ne vient rafraîchir les mémoires, sauf pour les personnes influentes pour lesquelles de nouvelles danses ont lieu parfois près d'un an après le décès (toujours en saison sèche). Si jadis le bétail était tué et dévoré, les cases détruites et les biens dilapidés, aujourd'hui tout ce qui est transportable est partagé. Les femmes et les filles ne peuvent prétendre à quelque héritage et sont, tout au contraire, partagées entre les seuls ayants droit, les hommes. Chacun des garçons a droit à une part égale (sinon le frère ou le neveu ou à défaut l'oncle paternel hérite). Si l'un d'eux est trop jeune, le frère aîné du défunt prend en charge la part qu'il lui remettra ensuite. Les femmes âgées vont au frère ou à l'oncle ou au neveu ; les femmes les plus jeunes sont attribuées aux fils mais ceux-ci ne peuvent les prendre comme épouses qu'après un délai d'un an. La dot des veuves qui se remarient revient aux fils. Les femmes comme le bétail sont donc l'objet de discussions et de partage entre les héritiers ; cependant elles gardent, sous contrôle du fils aîné, leurs réserves alimentaires qui leur permettront de se nourrir jusqu'à ce qu'elles soient rattachées à de nouvelles familles.

L'empoisonnement est moins fréquent que dans de nombreuses autres sociétés africaines, le poison n'est pas fabriqué par les Toupouri mais serait acheté aux Moundang (certains poisons rendraient fou). Le suicide, par contre, semble assez répandu et plus fréquent chez les femmes que chez les hommes aux dires de nos informateurs, il a toujours lieu par pendaison.

5. Hiérarchie coutumière

Il semble qu'avant leur installation dans leur zone actuelle, les Toupouri fussent organisés en groupes, unité sociale de gens en migration sous la conduite d'un ascendant commun. Ces pseudo-clans ou lignages se sont divisés en villages, à l'origine ensemble de familles du même lignage obéissant au même chef, en général le plus âgé des hommes que le plus petit nombre de générations séparait de l'ancêtre commun. Mais nous avons déjà vu que l'effritement des clans, l'individualisme assez grand du paysan Toupouri, l'affaiblissement des pouvoirs religieux en face des réalités matérielles et sociales avaient entraîné l'absence de tout lien politique serré dans l'ensemble du groupe Toupouri. Deux idées déjà émises par Milbrat en 1911 [64] : 1° contact avec le Foulbé qui nécessite une organisation défensive meilleure mais qui permet aussi un enrichissement grâce à la traite des esclaves, et : 2° imitation des Foulbé qui possèdent un équipement matériel (chevaux, guerriers mais surtout une hiérarchie, une cohésion, et une organisation sociale bien supérieure) — expliquent la constitution d'unités politiques, *les cantons*, grâce à l'appui de l'administration, amoureuse d'une hiérarchie politique et soucieuse de se décharger d'une partie du commandement de la masse, anarchique ou amorphe, incontrôlable et parfois turbulente des Toupouri.

Les trois caractéristiques les plus marquantes du chef de canton sont : 1° son imitation des « lamibé »[1] Foulbé et l'exhibition de signes extérieurs de richesse, 2° son immixtion de plus en plus grande dans les problèmes coutumiers, 3° sa prétention au rôle de représentant des populations auprès de la puissance publique.

Alors que le chef de village ne se distingue pas ou très peu de la masse

1. « Lamido » au singulier, « Lamibé » au pluriel. Cf. p. 67, n. 1.

des paysans et que la société Toupouri est une « société sans classes », le chef de canton copie les mœurs, les méthodes et l'apparat des chefs Foulbé.

Fort de l'appui de l'Administration, qu'il renseigne à peu près seul sur l'état d'esprit des populations, qu'il aide dans tous ses actes, il cherche à renforcer sa position, pourtant très peu menacée, en essayant de s'imposer sur le plan coutumier (ce qui lui est depuis longtemps reconnu par la Subdivision). Il tranche des problèmes d'installation de villages, s'occupe, souvent à son profit, des questions d'héritage, de location de terres à Babou. Il cherche à désigner lui-même, sinon à faire soumettre à son accord, les chefs de village. Et dans tous ces domaines qui relèvent autant du droit coutumier que de l'organisation sociale, il joue un rôle de plus en plus grand.

C'est que l'Administration, aux moyens, il faut le dire, limités et souvent mal adaptés, lui confie pratiquement la police et la responsabilité du « calme » dans le canton. Comme le chef de canton est pratiquement le seul informateur (avec le fonctionnaire interprète souvent acheté par ses soins) il trouve toujours facilement des coupables et impose son « ordre » aux populations ; tant que ses exactions ou son injustice ne sont pas trop criardes, il est appuyé par le chef de Subdivision. L'introduction des cultures d'exportation a été facilitée par les chefs de canton qui garantissaient l'exécution des surfaces imposées pour chaque village contre des avantages matériels certains.

N'hésitant pas à prélever des taxes personnelles, à détourner à son profit des recettes dues aux paysans, à exiger des épices lors des règlements des palabres, afin d'augmenter la rémunération versée par le Gouvernement au titre de « chef de canton », ce dernier peut disposer d'importants revenus quoique sa trésorerie soit en général toujours très réduite. En effet, il dépense beaucoup pour sa suite et son faste et pour faire des cadeaux.

La création d'une Assemblée Législative du Cameroun n'a pallié qu'en très faible partie cette situation ; les chefs de canton ou les Lamibé qui, il faut le dire, dirigent les élections à leur gré par suite de leur puissance et de l'ignorance totale des masses rurales, se sont arrangés pour faire élire, soit des hommes de paille qui leur sont tout dévoués, soit eux-mêmes. Cependant les faveurs obtenues par les hommes politiques, les rivalités entre chefs, les dissensions croissantes entre les chefs et leurs délégués risquent d'amener des changements dans cette trop facile manière de faire. De même l'évolution des populations, leur prise de conscience de la valeur de l'argent et des réalités économiques, le sentiment grandissant de leur masse et les jeunes élites instruites qui, fort lentement hélas, s'en dégagent, mettront rapidement en danger les pratiques de l'institution des chefs de canton. La désagrégation de cette unité politique artificielle menace d'arriver avant que des entités sociales plus soucieuses des individus : assemblées de village, de district, basées sur des collectivités dynamiques ayant pris conscience de leur rôle et de leur force, soient créées. C'est là un grave problème pour tout le Nord-Cameroun et les processus de destruction de cette structure politico-administrative, déjà fort avancée dans des régions voisines (pays Sara au Tchad par exemple), devraient attirer l'attention du Gouvernement et l'inciter à chercher des solutions de remplacement.

Il est inutile de préciser combien ce point délicat a apporté de gêne dans notre action modernisatrice à Golonpoui et dans les villages environnants. Le chef de canton Temoa, quoiqu'un des plus éclairés et un des plus favorables à l'activité française, a conservé longtemps une prudente expectative, sinon une méfiance à l'égard de notre entreprise, malgré les « leçons » du chef de subdivision.

Bien que nous nous soyons constamment limités au seul domaine de la technique agricole, Temoa fut, au début de l'entreprise, réticent puis presqu'hostile. En effet, au fur et à mesure que le paysan Toupouri acquit plus de confiance dans le Conseiller rural, il put mieux lui exposer ses griefs et ses ennuis; plus le paysan prit conscience de ses problèmes économiques et en particulier de l'intérêt de ses maigres capitaux pour améliorer son niveau de vie, plus il se montra réticent à admettre facilement les amendes ou les prélèvements effectués au bon plaisir de son chef de canton qui sentit fort bien l'hostilité croissante. Sollicité sans cesse d'une part par l'attachement aux paysans qu'il conseillait et d'autre part par le souci de ne pas compromettre l'œuvre entreprise, le rôle de Conseiller rural, qu'a exercé depuis 1954 avec beaucoup de doigté M. Bloc'h, ne fut pas toujours des plus faciles. Il faut noter que le sentiment du chef de canton à l'égard du Sous-Secteur nous apparut toujours lié de façon directe à l'intérêt porté audit Sous-Secteur par le chef de subdivision ou les instances administratives supérieures. Devant le succès de la modernisation l'Administration a manifesté son approbation et le chef de canton a donc applaudi des deux mains !

Quasi-totalité de paysans, pauvreté égale pour les biens et les outils, protection coutumière contre l'accaparement des terres, mettent tous les Toupouri au même niveau. Seuls la polygamie, le bétail et la chance d'avoir beaucoup de filles créent des différences. Même le chef de village, le Ouang ou Ouan, ne se distingue pas de la masse des paysans, il porte le même costume, effectue les mêmes travaux, habite une case analogue. Et s'il ne cherchait pas à s'affubler de quelque vieux *boubou* en certaines occasions, il ne serait pas reconnaissable dans la foule. Pourtant sa désignation, ses fonctions et ses funérailles diffèrent de celles du commun.

Le Ouan commande seul, et ne sollicite que très rarement l'avis des notables du village. Mais ses pouvoirs sont aujourd'hui très limités, il sert d'intermédiaire (et de « tampon ») entre le chef de subdivision, le chef de canton et les paysans. C'est ainsi qu'il perçoit l'impôt et le remet au chef de subdivision. C'est ainsi qu'il doit répartir entre les gens du village les corvées qui échoient à celui-ci, corvées administratives comme le nettoyage et la remise en état des pistes automobilisables après la saison des pluies et corvées au profit du chef de canton.

Les corvées apportent une gêne notable dans le travail du paysan (cf. livre V, chap. v, § 2). Dans ces zones où le relief est faible et le sol facile à travailler, la densité de population et le ramassage à proximité des lieux de culture des produits ont justifié un réseau automobilisable très étendu. Les moyens restreints de l'Administration, la possibilité de mobiliser des masses assez considérables de main-d'œuvre, la facilité d'ouverture de pistes ont conduit à exécuter ce réseau entièrement à la main et à l'entretenir de même.

La nécessité d'ouvrir aussitôt que possible les pistes, pratiquement fermées en saison des pluies, avait amené à faire effectuer cette remise en état par les villages traversés. Cette corvée administrative a été, sinon supprimée, du moins considérablement réduite ces dernières années grâce à l'augmentation générale des crédits et à l'emploi de niveleuses automotrices. Ce n'est que dans quelques cas assez rares que les populations sont requises pour des corvées de caractère administratif : creusage de puits dans le cadre de l'aide « spontanée » des populations au programme de Petit Équipement Rural, etc.

Tout autre est le caractère des corvées au bénéfice du chef de canton. Pour l'entretien de ses bâtiments ou la construction de nouveaux, pour les divers travaux qu'il peut avoir à exécuter, le chef de canton fait appel aux villageois et désigne les villages qui lui fourniront la paille, le bois et qui devront lui donner un certain nombre de journées de main-d'œuvre.

Il faut également parler du travail forcé au profit exclusif du chef de canton sous la forme des champs du chef. Pour le ravitaillement en mil de sa « cour », le chef de canton demande à chaque village une contribution en mil. Mais depuis l'introduction du coton, une nouvelle forme de corvée, destinée à augmenter ses revenus en argent a été créée : c'est le coton du chef. Celui-ci choisit en général en brousse, dans une zone peu peuplée, de vastes surfaces sur lesquelles les paysans du canton cultiveront du coton à son bénéfice. Chaque village doit à tour de rôle amener tous ses hommes pour défricher, semer, cultiver ces champs. Cette façon de procéder est extrêmement fâcheuse car elle détourne pendant la saison des travaux agricoles, les hommes de leurs propres champs pour un travail en fin de compte fort peu productif. En effet : 1º les champs du chef sont en général installés sur les zones peu fertiles des sols sableux beiges (c'est pour cela qu'elles ne sont pas déjà exploitées) donc rendement très médiocre en coton ; 2º l'éloignement des villages réduit la durée du travail ; 3º mobilisé alors que des travaux urgents le réclament sur ses propres champs, noyé dans la foule des requis, le paysan travaille peu et mal ; 4º les villages cherchent à faire reculer le plus possible la date de leur contribution et tous les travaux sont exécutés avec un grand retard. Malgré la surveillance des « polices » du chef et parfois sa présence personnelle sur les lieux, la mauvaise qualité du travail et le décalage des interventions réduisent encore les maigres rendements en coton à attendre de ces sols pauvres. Le champ du chef est généralement celui semé le plus tard et le plus mal, le plus irrégulier et le plus enherbé, celui enfin où le rendement à l'hectare est le plus bas. Malgré les superficies importantes ainsi défrichées et cultivées au profit du chef de canton (allant jusqu'à 400, 500 ha par champs de cent à deux cents « cordes »), le gain (absolument net car il n'a pas de dépenses) de celui-ci est très limité eu égard à la gêne qu'il impose à toute la population du canton.

Gonflement dangereux de la puissance du chef de canton et réduction des pouvoirs du chef de village en face d'une société sans classes, sans différenciations sociales, sans motifs d'évolution, tel est le problème urgent posé par l'ensemble du pays Toupouri.

6. Droit coutumier

La propriété privée n'existe que pour les hommes et elle se limite aux biens qu'il a acquis par héritage, par achats ou par son action personnelle. Les femmes et les enfants peuvent détenir par-devers eux leurs outils, leurs vêtements ou leurs parures ou leurs armes. Les récoltes, quoique détenues par chaque adulte, ne sont pas sa pleine propriété car la femme doit assurer sa quote-part à l'alimentation du chef de famille et celui-ci doit garantir la nourriture de tout le Tin. Tout ce réseau d'obligations réciproques sous la puissance du Djitin a pour but la stabilité et le bien-être de la famille.

Les récoltes sont le fruit réservé à celui qui a cultivé ou plutôt qui a pris l'initiative et la responsabilité du champ.

Lorsque la sagesse humaine, l'intervention des amis, l'arbitrage du Ouansiri ou du DjiMobi n'ont pas suffi à trancher une question, à départager deux personnes, à faire avouer un coupable en face de son accusateur, les Toupouri n'hésitent pas à recourir à des ordalies où Bâ fera connaître la vérité, et à des serments où Bâ punira celui qui oserait mentir devant sa face.

L'intervention magique, directe et immédiate dans le cas de ces ordalies, n'a lieu que parfois longtemps après et de façon indirecte dans le cas des *serments*.

La personne accusée choisit un des nombreux modes de serment, variant selon les faits contestés et selon le groupe, accomplit les rites exigés et par là même se lave de toute accusation. C'est Bâ qui se chargera de châtier l'auteur du faux serment par la mort, le plus souvent.

Le serment le plus employé semble être celui par l'écorce de Khaya senegalensis (Bagé). Le Haaki Souli ou serment sur la termitière est très analogue, l'accusé prélève avec ses dents de la terre d'une termitière en château et la crache vers le plaignant.

Le chef de village assisté du Ouansiri, ou les deux chefs de villages et leurs Ouansiri avec l'arbitrage du DjiMobi, réglaient jadis les palabres coutumières selon des règles assez précises. La victime recevait une juste compensation, mais l'ordre social troublé devait être apaisé par une amende versée au chef, représentant terrestre de la collectivité et des sacrifices à l'égard de Bâ et des génies, protecteurs immatériels de ladite collectivité.

Le coupable était donc sévèrement puni mais la loi du talion n'était jamais appliquée et les punitions physiques rares ; les sanctions étaient principalement matérielles et le coupable recevait pour s'en libérer l'aide de sa famille ; ce n'est que lorsque la faute était vraiment trop grave ou le coupable dans l'impossibilité de dédommager la victime que les châtiments corporels lui étaient infligés. Il faut également ajouter que de larges circonstances atténuantes pouvaient jouer : démence, ivresse, légitime défense, accidents, blessures involontaires, conséquences de chasse. Mais par contre la tentative, ou le début d'exécution, équivalait à l'infraction elle-même et le complice était puni exactement de la même manière que l'auteur principal. L'intervention du chef de canton qui s'arroge des pouvoirs de justice et d'emprisonnement et le recours à la justice administrative ont à peu près complètement fait disparaître cette justice coutumière, sévère mais assez humaine, pour laquelle l'intention surtout comptait, qui faisait passer les indemnités avant les sanctions, sans hésiter devant des peines aussi sévères que la mort ou l'exclusion de la collectivité pour les cas graves et les attaques contre les fondements de la société.

7. Influences modernes et ouvertures sur l'extérieur

Pratiquement le Toupouri semble toujours être dans le même état de culture qu'il y a soixante ans avant l'arrivée des Européens ; le français n'est parlé que très rarement, les traces matérielles de notre civilisation sont des plus limitées (quelques outils, bouteilles, boîtes, quelques vêtements). Et un observateur placé à quelques dizaines de mètres d'une route, peut très facilement s'imaginer être dans une contrée n'ayant pas encore été en contact avec la civilisation matérielle blanche. Cependant en fouillant plus à fond dans les biens et dans les comportements des paysans, il pourra s'apercevoir que ceux-ci ont été touchés, quoique de façon superficielle, par la présence européenne.

Niveau socio-culturel et Enseignement.

L'éducation traditionnelle du (de la) jeune Toupouri s'effectue essentiellement par imitation progressive des gestes et comportements des parents. Pas de leçons, pas d'explications, pas de contraintes mais une imprégnation lente et diffuse à partir d'un milieu très homogène ; l'exemple permanent d'une conduite en apparence inéluctable par suite des facteurs matériels et des conventions sociales inculque peu à peu au jeune enfant les règles de la vie comme les méthodes de travail. Alors que le bébé voyait tous ses caprices, sinon totalement satisfaits, du moins immédiatement écoutés, qu'il se forgeait sur le dos de sa mère l'image d'un monde peut-être hostile mais toujours à ses ordres, le jeune enfant voit ses parents modeler sans cesse leur comportement sur des normes matérielles et sociales en apparence rigides et les adopte à son tour.

Si une plus grande liberté d'esprit et de comportement vis-à-vis des règles sociales, religieuses et culturelles peut être décelée parmi les Toupouri (jeunes hommes en particulier), il n'apparaît pas que la somme des connaissances traditionnelles en matière de coutumes, de traditions agricoles, de normes familiales et religieuses ait sensiblement diminué (malgré la bonne conservation présente, la disparition peut être extrêmement rapide).

La culture « occidentale » n'a que fort peu pénétré en pays Toupouri. Le critère le plus immédiat (la connaissance de la langue française écrite ou parlée) est suffisamment révélateur. Sur les 1 450 habitants de Golonpoui, nous n'avons pu trouver en 1954 qu'une seule personne ayant de très vagues notions de français parlé (il s'agissait d'un ancien militaire). Le degré de connaissance du français était à peu près nul dans tout le pays Toupouri-Cameroun et, malgré l'effort de l'École primaire de la Mission catholique de Ndoukoula, l'analphabétisme le plus total y régnait (1 personne sachant écrire le français pour 10 000 habitants) il y a moins de dix ans. Le trop faible recrutement de l'école officielle de Yagoua (distance : 50 km environ du pays Toupouri), les maigres moyens des Sœurs catholiques de Ndoukoula ont réussi cependant ces quelques dernières années à produire quelques jeunes gens parlant et écrivant (plus ou moins bien, il est vrai) le français. L'implantation du Sous-Secteur a permis de fournir un travail sur place à quelques-uns d'entre eux comme encadreurs ruraux (moniteurs ou enquêteurs liés au Conseil rural). La densité en 1954 de 1 école pour 50 000 habitants environ était d'autant plus scandaleuse que les Toupouri, comme les autres races non islamisées du Nord-Cameroun, réclamaient ardemment l'enseignement primaire.

Une grande campagne de scolarisation fut lancée en 1956 grâce à un afflux de moniteurs (dotés du seul certificat d'études primaires) pour la grande majorité venus du Sud-Cameroun et grâce à l'étape provisoire des écoles de brousse ; elle devait se doubler d'une campagne d'alphabétisation fondée sur les cours d'adultes. C'est à la suite des réclamations du Sous-Secteur et dans le cadre de cet effort que fut installée une école à Datchéka (2,5 km de Golonpoui), résidence secondaire du chef de canton et marché hebdomadaire. Un jeune originaire de l'Ouest-Cameroun (absolument dépaysé tant au point de vue alimentaire qu'au point de vue social) y fut affecté et une partie du campement de passage réservée à l'école.

Coupé totalement de la population avec laquelle il ne pouvait s'entretenir, laissé à lui-même, il fut vite attiré par la ville camerounaise la plus proche (Yagoua : 50 km) où il put retrouver des gens de sa race ou de son niveau. L'école ne fonctionnait que trois jours par semaine. Malgré le désir d'apprendre, malgré l'intelligence vive des petits Toupouri, quelle sera l'efficacité d'une telle école ? En 1957 a été construite une « véritable école en dur » sous hangar métallique avec logement correct prévu pour le moniteur (logé auparavant dans une case de type local). Il est bien évident que les conditions matérielles sont meilleures mais il eût certes mieux valu des conditions de travail meilleures et un enseignement de plus grande valeur.

Parallèlement un cours d'adultes devait fonctionner plusieurs aprèsmidi par semaine et enseigner rapidement la lecture du français à quelques dizaines de volontaires, dépourvus de toute connaissance de cette langue, grâce à des séries de feuilles polycopiées, introduisant progressivement à l'aide de figures et de phrases simples, les notions du langage. Mais après quelques semaines de présence les effectifs fondirent et l'expérience menée sur le même style dans tout le Nord-Cameroun fut terminée. Dès que les projets du Service de l'Enseignement nous furent connus, nous avons essayé d'entrer en relation avec les responsables locaux quoique ceux-ci n'aient pas cru devoir s'inquiéter de l'effort de modernisation et des possibilités du Sous-Secteur. La rigidité du programme et des méthodes nous fut opposée pour l'école proprement dite. Quant au cours d'adultes nos propositions de modification ne furent pas écoutées ; au lieu de l'aprèsmidi nous aurions préféré les sessions le soir, ce qui aurait permis aux paysans d'y assister plutôt que des « volontaires » désignés par le chef du canton, et une aide matérielle du Sous-Secteur (éclairage) aurait été fournie. Il fut même préparé des feuilles de langage adaptées au pays et à la modernisation, pensant qu'il valait mieux apprendre au Toupouri « je graisse la roue de la charrette » plutôt que « je cire mes souliers ». Le manque d'initiative, le rejet en cascade des responsabilités, les modifications à apporter, la peur d'une ingérence éventuelle dans un système administratif firent que notre offre d'aide ne fut pas retenue.

Ces problèmes d'enseignement en pays Toupouri sont, à notre avis, des questions très importantes. Il y a là une population dense et dynamique, de très nombreux enfants, une soif d'entrer à l'école et d'apprendre, une grande bienveillance des parents, des possibilités, au moins dans les zones du Sous-Secteur et de ses points de diffusion, d'aide matérielle et de contrôle permanent, donc des conditions très favorables, pour une lutte efficace et rapide contre l'analphabétisme et pour le développement des jeunes.

Le fait d'ouvrir une école, d'apprendre le français et quelques rudiments à quelques dizaines de petits Toupouri fera très difficilement évoluer l'économie du pays, tout autre serait l'effet, dans une ambiance de modernisation rurale, de la formation intellectuelle des futures élites paysannes.

Religions importées.

Nous avons déjà signalé les actions sanitaires et scolaires de la Mission catholique (R.P. Oblats de Marie Immaculée, préfecture apostolique de Garoua et Sœurs qui leur sont adjointes) de Ndoukoula. C'est un des foyers principaux de la pénétration des religions importées chez les Toupouri, considérés comme une masse païenne à convertir. Mais le protestantisme essaie également, par d'autres méthodes, de gagner des âmes et l'Islam cherche aussi à progresser.

Si le costume d'islamisé est facilement adopté par les gens les plus riches, la religion du Prophète, qui ne semble avoir aucun prosélytisme, ne progresse pas (sauf chez les chefs de canton).

Cette conversion, quoique à suivre, ne paraît pas avoir de conséquences en raison de la coupure entre la société paysanne et les chefs de canton.

Grâce à la présence permanente depuis près de quinze ans au milieu du pays d'un noyau de Pères catholiques, grâce à une action sociale intelligente (largement aidée par le territoire, subventions au dispensaire tenu par les Sœurs), le catholicisme a fait, en apparence, des progrès très nets dans le secteur de Ndoukoula. Les conversions, surtout d'enfants fréquentant assidûment l'école, sont assez nombreuses. Mais il faut noter la fragilité de tels gains : le jeune homme repris par le milieu ambiant, par l'attrait de la polygamie, oublie vite ses promesses.

Cependant l'extension dans le reste du canton de la propagande catholique jusque-là limitée autour du siège de Ndoukoula (catéchisme itinérant, recherche de nouveaux centres d'installation), une vision plus exacte des rapports chef de subdivision/Pères (où l'Administration se montra plus bienveillante à l'égard du chef de canton qu'à l'égard de la Mission catholique), quelques frictions (notamment lors de l'initiation ou lors de mariages entre convertis [ou converties] et dépendants du chef) paraissent avoir détérioré en 1957 cette situation favorable.

Les progrès du catholicisme sont loin d'être sûrs et, de toutes façons, pas à l'échelle de l'œuvre sociale si intéressante que mènent les Révérends Pères, ni de leur profonde connaissance du pays.

Le protestantisme, sous l'égide de la Mission luthérienne américaine, a un mode de travail très différent. La présence « blanche » et le programme social en sont des plus discrets et le travail de conversion est essentiellement fondé sur des catéchistes Toupouri. Un pasteur américain et sa famille sont installés à Yagoua ; un catéchiste est basé à Datchéka à proximité du marché et y a bâti un temple des plus rustiques, lui-même vit dans des conditions matérielles très proches de celles des paysans. De petits noyaux de convertis se sont formés et semblent assez stables (1 à 2 % du total de la population) ; à Golonpoui plusieurs familles sont ainsi devenues protestantes. Si leur comportement est nettement différent de celui des autres habitants, tout heurt ou toute critique à l'égard des coutumes et institutions traditionnelles sont soigneusement évités. Le paysan converti ne travaille pas le dimanche, va au temple prier et discuter, mais ceci n'empêche pas qu'il chôme, comme les autres, le mercredi, jour de repos traditionnel à cause du marché (même en période de pointe) ; il n'exprime aucune désapprobation ouverte des mœurs, quitte à esquiver discrètement une prise de position nette. Le protestant a abandonné par contre la peau de cabri traditionnelle et se vêt du short et de la chemisette, ou du simple caleçon ; il est franchement monogame et il nous a semblé que la femme avait un meilleur sort (moins grande participation aux travaux agricoles) que dans les autres familles ; il manifeste une très grande solidarité envers les autres familles protestantes et le plus souvent un assez vif désir d'évoluer. Un évangile ayant été traduit en Toupouri, des rudiments de lecture sont enseignés par le catéchiste lors des réunions dominicales. L'action plus adaptée peut-être à la mentalité africaine, plus discrète également est probablement la cause du succès relatif du protestantisme et de son enracinement plus profond, mais nous nous demandons dans quelle mesure le protestantisme n'a pas son succès lié au désir d'évoluer des paysans les plus intelligents.

Ouvertures vers l'extérieur.

Quels contacts extérieurs la masse Toupouri a-t-elle avec d'autres milieux et d'autres cultures ? Quelles ouvertures extérieures a-t-elle sur le monde ? Certes les Toupouri n'ignorent pas qu'à quelques dizaines de kilomètres au maximum de leur Tin, existent des races, des coutumes et des civilisations différentes, que les blancs, gens étrangers, plutôt condescendants mais sans hostilité, doués de grandes richesses, viennent d'on ne sait trop où. Mais fort peu de Toupouri ont jamais quitté leur village ou leur canton, même sont allés à Yagoua et, à plus forte raison, au-delà des plaines du Nord-Cameroun. C'est qu'encore récemment toute hostilité n'avait pas disparu des contrées avoisinantes, et que le camion, quoique connu, est un moyen de transport très rarement utilisé par le Toupouri.

Ceci ne veut pas dire que le Toupouri ne bouge pas ; ni l'homme ni la femme ne restent immobiles au village, chacun d'eux fait de fréquentes visites à sa famille ou à des amis, ou se rend aux marchés des environs ; mais le rayon de déplacements excède rarement la capacité journalière : 30 à 40 km pour un homme. Par suite de l'homogénéité des conditions de vie et de production du pays Toupouri, ces voyages à brève distance n'apportent en général rien de nouveau au Toupouri.

Par contre il est une migration saisonnière, effectuée par un certain nombre de jeunes gens, qui les introduit dans un milieu totalement différent, c'est le louage de services pour la culture du mil blanc repiqué dit Mouskouari[1] chez les Foulbé installés au nord : Kalfou, Guidiguis, Mindif, Maroua principalement. Le Toupouri très souvent bénéficie, en plus du paiement en argent, de la libre disposition d'une parcelle dont la récolte lui appartiendra. La saison terminée il rentre à son village un peu plus riche, si la boisson, les femmes ou le jeu n'ont pas dévoré en route son gain. Mais parfois le travailleur reste une ou deux saisons, ou revient avec une épouse, il repère un coin libre et s'y installe, pas trop loin d'autres Toupouri, plus ou moins sous la dépendance économique de son ancien employeur, heureux de voir sa main-d'œuvre se fixer et ainsi, de proche en proche, la colonisation Toupouri gagne vers le nord sur les terres mal exploitées ou sur les pâturages des Foulbé. Les travailleurs isolés fondent des familles, celles-ci s'agglomèrent, des hameaux se créent et peu à peu les Toupouri remplacent les Foulbé. Le coton exigeant beaucoup de travail a renforcé cette migration saisonnière des Toupouri vers le nord et l'ouest, il a, dans une certaine mesure, favorisé l'extension Toupouri dans le sud du lamidat de Mindif.

Le jeune Toupouri désire vivement « faire service » ; c'est la garantie d'une vie facile, de bons vêtements et d'un petit pécule joint à un grand prestige lors du retour.

Aussi le moindre appel pour le recrutement de Gardes Camerounais (dont les Toupouri et Massa forment une grosse proportion), de simples gardiens régionaux, de tirailleurs, rassemble-t-il une foule de jeunes gens. Pendant la dernière guerre (1939-1945) un petit nombre de Toupouri ont ainsi été recrutés mais aussi nombreux ont été ceux qui passant la frontière, sont allés en Nigeria (300 à 400 km) pour se faire enrôler dans les forces de l'Empire Britannique où les conditions matérielles (habillement) en particulier leur semblaient meilleures. Les anciens militaires ont été assez vite repris par l'ambiance locale et ont oublié en général ce qu'ils avaient pu apprendre. Assez peu nombreux, dispersés, ils ne constituent pas au Cameroun un élément social utile ou dangereux.

Il ne semble pas que des mesures spéciales aient été adoptées, soit dans l'armée, soit après leur retour au pays pour les éduquer et en faire les « leaders » ruraux qu'ils pourraient devenir (utilisant le dynamisme, la cohésion, les avantages matériels et le prestige qu'ils apportent).

Une partie des « anciens combattants » camerounais n'a pas quitté les avantages et la discipline militaires et est entrée dans les corps de police (Gardes Camerounais, Gardiens Régionaux, etc.) ; il s'agit là d'une migra-

1. Légèrement différent du Babou Toupouri, qui n'est probablement qu'une variété, le Mouskouari est un mil en crosse, repiqué après la fin des pluies, sur terrain non labouré (fauche et brûlis des herbes répandues sur le sol) dans des trous parfois très profonds (arrosage pour faciliter la reprise).

tion à longue durée dont nous ne voyons pas encore le résultat car les migrants ne sont pas encore libres de regagner leur village. Les quelques exceptions semblent calmes, désireux de jouir en paix de la pension et forment des cadres d'appoint pour les travaux locaux (chef d'équipe par exemple).

Il faut signaler que jusqu'en 1950, le recrutement de travailleurs volontaires était effectué en pays Toupouri (et Moundang au Cameroun et Sara au Tchad) par la S.A.F.A. pour ses plantations d'hévéa de Dizangué dans le Sud-Cameroun. Le transport en camion, le cadeau d'une couverture, les belles paroles d'un ancien du pays employé à la S.A.F.A. et ramené pour cette occasion suffisaient à lever le nombre voulu de travailleurs. Nous n'avons guère rencontré d'anciens manœuvres ou saigneurs de la S.A.F.A. car la plupart d'entre eux, après un séjour plus ou moins long, se sont dirigés vers Douala dont ils ne sont pas revenus, y grossissant la masse des détribalisés urbains.

Une certaine migration d'individus puis de familles mais de très faible importance s'effectuerait d'est en ouest suivant la ligne Kaélé-Garoua-Yola et des Toupouri seraient installés dans la vallée de la Bénoué en territoire nigérien mais nous n'avons pu vérifier ces faits.

Les déplacements et migrations des Toupouri (en dehors de la lente poussée vers les terres sises au nord) sont essentiellement le fait des jeunes hommes, poussés, non seulement par la recherche du gain, mais également par le désir de voir du nouveau, de sortir de la masse et des coutumes, par la soif d'apprendre, plus que par la nécessité d'échapper aux contraintes du village[1].

Développement économique et structure sociale.

La vigueur croissante des pôles d'attraction, les sentiments d'amitié, ou au contraire d'hostilité, à l'égard des groupes voisins, l'hétérogénéité humaine, physique et économique du Nord-Cameroun entraîneront à peu près inéluctablement de profonds remaniements territoriaux.

Mais le fait essentiel réside dans le développement économique, dans les changements qu'il imposera tant au point de vue mentalité, besoins et désirs, qu'au point de vue champ d'activités (nouvelles méthodes, nouveaux points d'application, etc.). L'accession du paysan Toupouri à un niveau de vie correct nécessitera obligatoirement des disponibilités en terre plus élevées et une nouvelle répartition des activités. Reste à savoir si ces déplacements de population ou d'énergie seront spontanés, dirigés dans le calme, ou déclenchés dans le trouble.

1. Il est des plus probable qu'au fur et à mesure de la progression de l'enseignement primaire chez les Toupouri une émigration considérable d'employés et surtout de petits fonctionnaires se produira, pour les mêmes causes mais avec des conséquences plus graves car aucune élite ne sera retenue au village.

Actuellement le désir des choses, facteur puissant d'évolution et de développement rural, est restreint. Dans cette société sans classes, où tous sont égaux dans la pauvreté et la médiocrité, l'homme n'a guère de mobiles économiques (sauf l'acquisition de bétail et par suite de femmes) et peu de motifs de chercher à s'enrichir ou à progresser. La coutume et l'absence d'exemples font que les paysans connaissent peu de désirs en dehors des objets traditionnels ; d'autre part l'étroite marge de leurs possibilités techniques et le manque de sollicitations à leur portée compriment une éventuelle demande.

Mais le paysan Toupouri grâce aux cultures d'exportation (coton et arachides) est en train de devenir « economic-conscious » ; l'impact des conseils du Conseiller rural et des exigences économiques de la modernisation (popularité des charrues, charrettes, de l'outillage amélioré, « engrenage » du crédit agricole) a accéléré encore cette prise de conscience des producteurs. Ceux-ci sont plus disposés à faire des efforts supplémentaires, à mieux utiliser leurs forces, à rechercher des recettes nouvelles mais ils sont également plus soucieux de tirer le revenu maximum de leur travail, de garder par-devers eux la partie la plus grande possible de leurs gains. Et certains individus font des efforts pour émerger de la masse. Les paysans les plus dynamiques, ceux qui ont le plus rapidement adhéré à l'effort de modernisation, ont les premiers demandé à acheter des charrettes (avec l'aide du crédit à trois ans). Les gains qu'ils ont réalisés dès la première année en travaillant comme entrepreneurs de labour (assez limités par les exigences de la propre famille et par les délais d'ensemencement) mais surtout comme transporteurs (à la récolte du Babou jusqu'à des distances assez considérables de Golonpoui : 20 à 30 km), leur ont permis de se libérer facilement de leur emprunt mais surtout leur permettront d'investir utilement. Les paysans les plus riches (car les plus soucieux du progrès technique) devraient être non seulement les notables et les élites du pays Toupouri de demain mais les exemples émulateurs et les « leaders » des agriculteurs à venir.

Il est normal que ce développement économique accélère la modification des cadres sociaux et administratifs et aboutisse à leur remplacement. Si nous considérons comme fâcheuses les tentatives d'infuser une vie nouvelle aux institutions mal assises qui fonctionnent encore actuellement, il faut souhaiter qu'une évolution politique (création de petites unités rurales vivantes, apprentissage de l'autogestion, de la représentation du bien commun[1]) trouve rapidement les conditions propices à son démarrage pour que le déphasage des développements économique, social et politique n'entraîne pas des heurts et des bouleversements nocifs à ce pays Toupouri.

1. Que ce soit coopératives, communes rurales, ou d'autres formes.

LIVRE IV

LA PRODUCTION

CHAPITRE PREMIER

CONSIDÉRATIONS GÉNÉRALES SUR L'AGRICULTURE DU PAYS TOUPOURI

Comme tout l'ensemble du Nord-Cameroun, la Subdivision de Yagoua a une vocation essentiellement agricole et pastorale et la zone du Sous-Secteur, comme le canton de Ndoukoula et le pays Toupouri, n'ont, probablement encore pour longtemps, qu'un avenir agro-pastoral. Leurs seules ressources sont en effet des sols de qualité assez médiocre, une pluviométrie annuelle relativement régulière et une grande quantité de main-d'œuvre. Il n'est pas apparu jusqu'alors de possibilités minières et industrielles tant par suite du sous-sol et du manque d'énergie que de l'éloignement des centres producteurs de matières premières et des grands marchés. Avec une agriculture de faible productivité, concentrée sur une période pluvieuse de durée limitée, la masse humaine est d'ailleurs essentiellement préoccupée par la production de son alimentation. Ce n'est que lorsque cet obstacle sera levé qu'une disponibilité permanente en main-d'œuvre sera libérée ; ceci proviendra soit d'une spécialisation des zones de production agricole, soit d'une amélioration considérable des méthodes et des moyens de l'agriculture Toupouri, c'est-à-dire d'une transformation du système agricole actuel.

Or nous nous trouvons en pays Toupouri en face d'une société agraire jusqu'alors bien adaptée au pays et d'une vie rurale très puissante. C'est le seul mode de vie dont les Toupouri aient connaissance, le seul qu'ils puissent concevoir et la liaison entre toutes les composantes est particulièrement forte. Nous étudierons donc surtout au cours du livre IV et du livre V le travail agricole qui a plié les Toupouri à un genre de vie total, qui les a façonnés tant dans leurs gestes techniques que dans leurs démarches sociales, tant dans leurs réactions agricoles que dans leurs modes de pensée.

Cette unité de vie, de travail et de pensée si typiquement paysanne n'est nulle part plus solide, plus caractérisée que dans l'exploitation familiale groupée autour de l'homme chef de famille, que dans le Tin. C'est pourquoi notre action de modernisation rurale a pour base la famille et c'est pourquoi tout cet ouvrage est largement fondé sur l'étude détaillée d'un échantillon de huit familles du village de Golonpoui.

Mais que ce soit au niveau du pays ou à celui de la famille, le système de culture est le fondement même de l'économie agraire africaine. Comprenant à la fois l'emprise sur le sol, les moyens de production et les productions, le système agricole est, selon l'expression de De Schlippe et Batwell [89], « la zone de contact entre le milieu et la population humaine, l'axe des forces d'adhésion qui unissent celle-ci à celui-là ».

Il est donc à la fois la cause et la résultante de l'adaptation du paysan aux conditions locales. Mais il représente également, comme le signale justement R. Dumont [31], « l'équipement de base, l'infrastructure (de la production) en l'absence de laquelle tout le reste de l'équipement (voies de communication notamment) risque de rester longtemps sous-employé par une longue stagnation du niveau de production agricole ».

Il convient donc de connaître aussi parfaitement que possible le système agricole traditionnel avant de chercher à le modifier. Un apport de techniques modifiera obligatoirement la structure sociale et les conditions économiques, aussi faut-il d'une part n'apporter que des techniques assimilables et rentables et ne diffuser que celles qui auront une répercussion favorable sur la structure sociale.

Le rôle du conseiller est d'apporter un arsenal de techniques (quitte à se limiter à celles qui lui paraissent non seulement utiles mais encore aller dans les sens le plus favorable à l'équilibre de la communauté), à fournir les moyens d'évoluer, et éventuellement susciter le désir d'évoluer, à la collectivité rurale. Ce sera à celle-ci de choisir le sens de son évolution et les méthodes à adopter.

L'agriculture Toupouri est essentiellement céréalière avec une seule espèce végétale (sorgho) et de grosses réserves mais heureusement étalée grâce à l'emploi judicieux de variétés à cycles décalés. La place de plus en plus grande prise par les cultures d'exportation a fortement entamé le capital de vieilles jachères destiné à la production éventuelle de sorgho blanc tardif des saisons de pluies et la rivalité coton-arachides a été fortement ressentie dans le pays, avec les espérances déçues de la production cotonnière. Le bétail assez nombreux fait l'objet d'un élevage sentimental. Quoique la consommation de produits d'élevage (viande et lait) soit relativement forte (pour l'Afrique Tropicale) le bétail n'est pratiquement pas intégré dans la vie agricole.

Il joue par contre un rôle important dans la vie sociale, constituant un véritable capital et servant de base pour la dot.

L'emploi bien connu de la fumure pour la production du sorgho rouge hâtif de saison des pluies dans une zone bien déterminée, montre que l'agriculture Toupouri est une des plus avancées de l'Afrique Tropicale sèche.

Si le degré d'une évolution d'une agriculture se mesure à l'importance des transformations du milieu naturel et aux techniques employées dans ce but (intensification) plus qu'à la proportion des diverses énergies utilisées dans le travail agricole (mécanisation) nous pouvons dire que l'agriculture Toupouri présente un degré d'intensification élevé par rapport aux autres régions du Nord-Cameroun[1].

Les trois quarts de la production[2] sont assurés par une zone que nous pouvons considérer de culture intensive pour l'Afrique. Le paysan Toupouri y exploite en effet intensément le sol dont il ne laisse aucune parcelle libre (parfois même deux récoltes de sorgho : Gara puis Babou sur le même sol en une année), la végétation spontanée a complètement disparu, la fertilisation est assurée soit par un système astucieux de jachère semi-annuelle avec pâturage, soit par un apport de fertilité conscient (fumure, engrais humains) ou inconscient (Faidherbia albida). Certes les rendements sont bas mais trois points importants sont à considérer : 1° Le paysan Toupouri ne dispose pour ses productions vivrières que d'un matériel végétal peu productif, fruit d'une sélection routinière, probablement plus intéressant par sa rusticité et sa plasticité que par son rendement ; en quelques années la génétique peut faire plus pour améliorer le rendement et la qualité des récoltes que plusieurs siècles de tâtonnements paysans qui ne sont appuyés que par des expériences à l'échelle de la vie humaine et de la faible surface du village. 2° Ces plantes encore peu productives sont cultivées sur un sol à demi sauvage ; l'intensification partielle de l'agriculture Toupouri n'a pas encore réussi à modifier considérablement le sol et surtout à l'enrichir. Les Toupouri ne sont que depuis deux siècles sur l'emplacement actuel et leur capacité de travail a été presque totalement absorbée par la nécessité de pourvoir à leur subsistance. Il ne peut être question de comparer ce sol sauvage au sol domestiqué de nos campagnes d'Europe qui a absorbé le travail accumulé de nombreuses générations et des applications prolongées de fumures et d'amendements, sol souvent plus riche au départ et toujours beaucoup moins fragile que ceux

1. Sauf, dans un sens différent, l'agriculture des montagnards du Margui-Wandala qui ont réussi à discipliner leur sol grâce à un fourmillement de terrasses et à y appliquer une fumure intense à l'engrais humain. Mais ces pauvres gens se débattent dans des conditions économiques des plus sombres pour leur avenir : population très dense dans un pays très pauvre.

2. Si, par une approximation grossière, nous prenons le poids total en kg de la production des 8 familles de l'enquête en 1957, nous constatons que la somme des récoltes Gara + Babou (zone intensive) atteint 16 973 kg contre 4 526 kg pour la somme Shoukouloum, Tchanré, arachides (zone extensive), soit près de 80 % en poids de la récolte totale sur la zone intensive. Le rapport des productions est : $\frac{16\,973}{4\,526} = 3{,}75$, tandis que le rapport des surfaces est beaucoup plus faible $\frac{2\,357 \text{ ares}}{947} = 2{,}48$.

d'Afrique Tropicale. 3° Enfin le paysan Toupouri est plongé dans un milieu économique et social particulièrement défavorable. Annihilant l'effort individuel pour la meilleure survie de la collectivité, laissant les paysans sans défense contre les coups du sort, sans autre source de richesse que l'agriculture, la société rurale Toupouri n'est pas génératrice d'améliorations de la production. Avec un équipement matériel et économique sommaire, sans industries locales, à l'extrémité d'un réseau commercial long et coûteux, le paysan Toupouri est des plus défavorisés sur le plan économique. En face de moyens de production aussi peu perfectionnés, la paysannerie Toupouri, grâce à une connaissance intuitive et profonde du pays, à une faculté d'adaptation et une résistance remarquables, a réussi à élaborer une agriculture lui permettant de survivre mais non pas d'évoluer et de résister à la croissance démographique.

Ne faisant appel qu'au travail humain, ne disposant que d'une faible quantité de fumure, l'agriculture Toupouri n'avait qu'une production par hectare limitée. La répartition de la récolte était des plus défavorables à une augmentation progressive de la production ; en effet comme l'a indiqué R. Portères [75] à propos de l'agriculture sérère qui a abouti à un stade très analogue à celui de l'agriculture Toupouri, on se trouve en face d'une auto-consommation alimentaire très élevée par suite de la forte proportion de main-d'œuvre et, par contre, d'une auto-consommation d'exploitation et d'amélioration du sol très réduite (pas ou peu de fumure, peu d'équipement). Il était donc nécessaire d'augmenter la productivité non seulement de l'homme mais du sol et pour cela, comme l'a dit R. Dumont [31], de « rompre le cercle vicieux de misère de la culture discontinue à la houe » tout en assurant la pérennité des ressources de base. Cette culture à la houe est liée à l'alternance des cultures avec une jachère arborée mais R. Dumont ajoute : « Avec la houe on ne peut concilier un haut niveau d'alimentation et une quantité importante de production exportable. »

Il fallait donc à la fois arriver à une intégration du bétail dans l'agriculture, à une intensification de celle-ci, à une augmentation du capital d'exploitation et au passage à la culture continue, donc à la fertilisation. Des progrès sur ces différents points ont été enregistrés mais de façon bien inégale selon les domaines. C'est que le paysan n'a pas fait preuve dans tous ceux-ci de la même réceptivité, c'est que la résistance de la routine et de la société n'a pas été toujours la même, c'est peut-être aussi que le besoin ne s'en faisait pas sentir partout de façon aussi nette et aussi consciente.

Notre tentative au Sous-Secteur de Modernisation rurale de Golonpoui fut surtout de faire avancer les Toupouri sur le chemin qui les conduira « des paysans d'hier aux agriculteurs de demain ».

CHAPITRE II

L'UTILISATION DU SOL

A la force de ses seuls bras, le paysan a donné une nette empreinte agricole au paysage devenu celui d'une agriculture intensive par comparaison à la monotone savane boisée où sévit encore la culture itinérante. C'est que la proportion élevée de surface cultivée et l'utilisation continue de la majeure partie de celle-ci ont entraîné une distribution assez particulière des champs de la famille Toupouri et une tenure présentant des aspects originaux.

1. Finage du village et surface cultivée

Quoique le rassemblement artificiel des quartiers, véritables unités locales, en une seule unité administrative : le village de Golonpoui, ait considérablement gêné l'étude poursuivie, on doit admettre qu'à l'heure actuelle un seul territoire existe ; et des cultures individuelles (arachides, Shoukouloum) s'effectuent parfois dans la zone d'un quartier autre que celui auquel appartient la famille.

S'il est facile de connaître les limites des surfaces cultivées, il l'est beaucoup moins de connaître celles du finage. Les limites entre villages sont, en effet, fort imprécises et il vaudrait mieux parler des zones d'influence, d'options préférentielles que de territoire du village. Entre les zones cultivées ou en jachère existent des étendues plus ou moins grandes non cultivées de « brousse » où pâturent les troupeaux et où le paysan va chercher ses bois de construction. L'utilisation par le premier occupant lui conférera une priorité ultérieure mais ce premier signe d'affectation ne s'est pas toujours manifesté. Cette indécision apparente des limites ne permet pas le sondage par superficie de village [33]. Cependant la communauté rurale « acteur anonyme »[1], association de fait bien avant d'accéder à la personnalité légale, existe.

1. Marc Bloch, *Les caractères originaux de l'histoire rurale française*, 1931 (nouvelle édition, Paris, A. Colin, 1952).

En plus de la communauté sociale, en plus du chef de terre (Ouansiri), la communauté rurale se définit par les limites d'un terroir soumis à diverses règles d'exploitation communes et à des servitudes collectives. Si ce finage (Siri) est très précisément défini dans la zone à Babou où l'appartenance du champ permet de le rattacher au village de son possesseur sans contestation, il est très vaguement limité dans la zone des sols sableux à longue jachère. Sur les pistes, un arbre, une mare, servent de point de repère mais, entres elles, l'indécision du contour du finage est grande.

Le relevé topographique effectué au 1/5 000e en 1955 donne les chiffres suivants pour le village de Golonpoui :

a) *Surface du finage*	1 806 ha environ
b) *Surface cultivée*	1 123 ha
b1) superficie en mil	836 ha
b2) autres cultures	287 ha
c) *Surface non cultivée* (incultivable, jachère et « brousse »)	683 ha
c1) incultivable (routes, pistes, mares, Laali) ..	90 ha environ
c2) surface restante (c — c1)	593 ha environ

Pour l'ensemble du finage de Golonpoui la surface cultivée en 1955 dépassait 62 % de la surface totale et si l'on soustrait les 90 ha totalement incultivables par suite de leur stérilité ou de leur affectation on arrive à un pourcentage d'exploitation de 65,45 %. Cette proportion montre combien est grande dans ce pays la recherche de la terre sous la pression démographique (cf. fig. 21).

La répartition entre superficie cultivée et superficie non cultivée varie selon les quartiers. C'est que chacun d'entre eux est inégalement pourvu en terres suffisamment riches et surtout en terres à mil repiqué. Ce qui est compté sous la rubrique c2 : surface restante, après retranchement de l'incultivable c1 de l'aire non cultivée c, est en effet la plupart du temps soit de faible valeur, soit de jachère récente et devrait à ce dernier titre être normalement incluse dans la surface agricole. Le manque de terres a ainsi obligé le quartier Bougui, où pourtant la superficie non cultivée est de 50,8 %, à cultiver 7,8 ha d'arachides près des champs du quartier Tilali pourtant beaucoup plus cultivé mais possédant dans la partie nord-ouest des sols assez riches (lieu dit Tougdigi) et à utiliser 6,9 ha de champs de Babou, sur le même quartier. Cette pénurie de terres n'affecte pas que le village de Golonpoui et nombre de villages du pays Toupouri, soit sont trop à l'étroit dans leur finage, soit manquent d'une catégorie de terres. Et Golonpoui, assez largement doté par rapport à ses voisins, a pendant plusieurs années supporté sur son finage, à la suite de pressions du chef de canton et des agents d'encadrement, des périmètres de culture de coton en particulier. Ainsi encore en 1955 et malgré le sol peu favorable, 18,3 ha

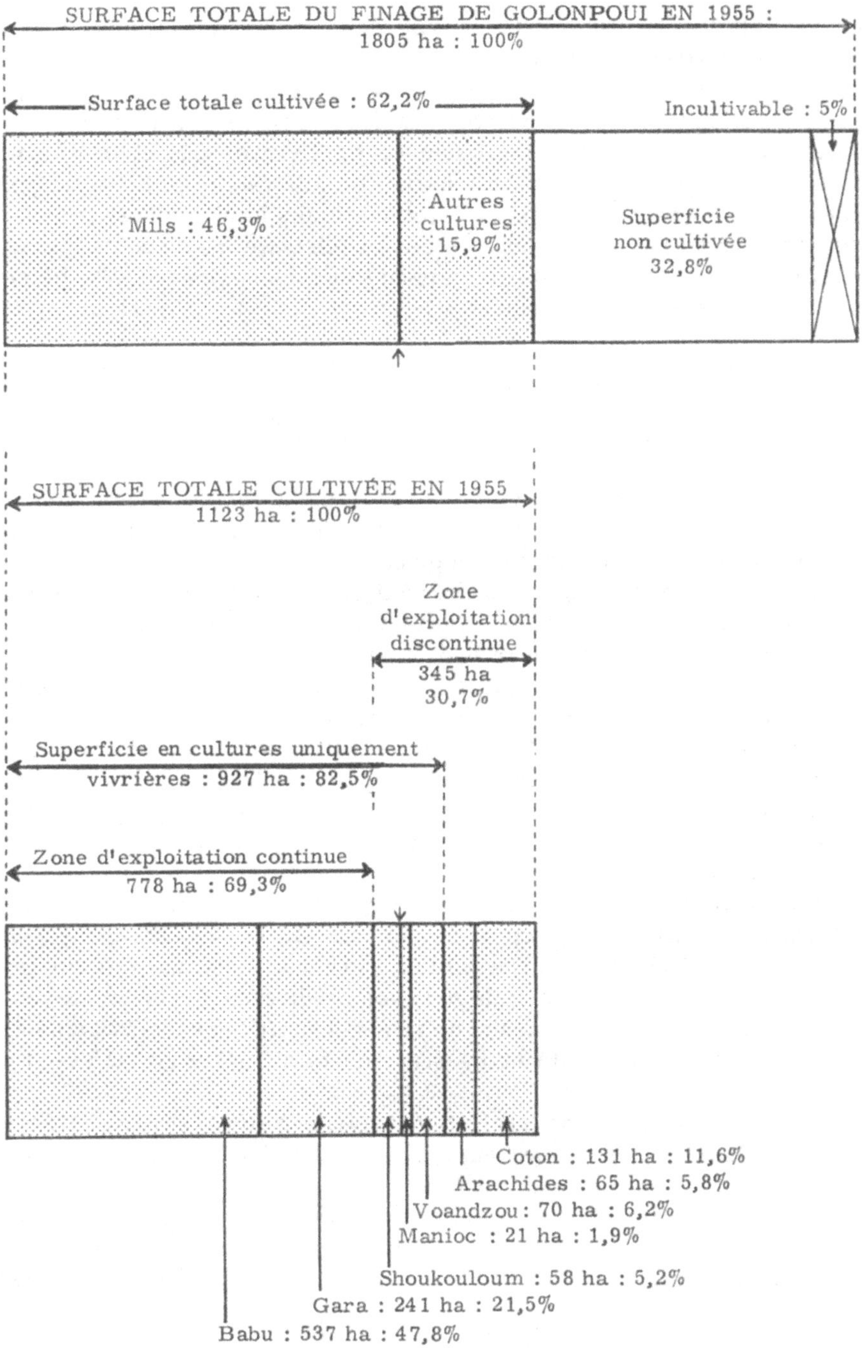

FIG. 21. — *Finage de Golonpoui (1955) : sa répartition.*

étaient cultivés en coton par les paysans de Datchéka, sur les sols sableux beiges du quartier Golonjam[1].

Comparons cette utilisation du sol avec les résultats de l'enquête agro-économique de Kaélé effectuée en 1954 [33]. La superficie cultivée varie sur l'étendue de la Subdivision de Kaélé entre 22,6 et 27,6 % de la surface totale (incultivable par nature ou affectation de 2,7 à 3,1 %). Mais ne considérant que les neuf parcelles situées le plus à l'est donc les plus proches de la zone que nous étudions (distance moyenne de Golonpoui 40 km) (ce qui représente un cinquième du total des parcelles étudiées), nous obtenons les résultats suivants :

Surface cultivée	35,95 %	de la surface totale	
dont surface cultivée en mils	29,22 %	—	—
et autres cultures	6,73 %	—	—
Brousse (équivalent à c2)	63,59 %	—	—

Le taux d'utilisation nettement plus élevé que celui de l'ensemble de la Subdivision de Kaélé est encore bien inférieur à celui obtenu « monographiquement » sur le finage de Golonpoui.

Mais le rapprochement est intéressant et prouve combien toute cette population non musulmane du Nord-Cameroun « presse » sur les sols. L'inflation démographique de cette zone (cf. [24]) et les problèmes agricoles et économiques urgents et graves qui s'y posent réclament une action énergique et soutenue de modernisation rurale.

Golonpoui comptait, en 1955, 1 452 habitants parmi lesquels 659 travailleurs (soit une population active se consacrant en totalité à l'agriculture égale à 45,3 % de la population totale). La densité est donc de 80,4 habitants au kilomètre carré (surface totale) mais elle s'élève à 130,4 habitants par kilomètre carré cultivé.

Dans cette communauté *uniquement* agricole où la totalité des adultes est engagée dans la production du sol, chaque travailleur dispose en moyenne de 2,742 ha de surface totale et cultive 1,686 ha. Ces chiffres très bas pour l'Afrique Tropicale sont voisins de ceux des zones surpeuplées d'Asie. Mais l'agriculture des savanes sèches africaines est loin d'avoir atteint le degré d'intensité et les rendements à l'unité de surface des vallées irriguées chinoises !

Ce manque de terre conduit certains paysans à effectuer deux cultures de sorgho la même année. On peut concevoir combien ces pratiques, assez rares d'ailleurs, peuvent épuiser les sols.

Si nous nous reportons aux données particulières fournies par notre échantillon de huit familles étudiées en détail (cf. livre V, chap. I) la moyenne des surfaces cultivées par habitant était en 1955 de 81,34 ares.

1. Dans le canton de Wina, proche du canton de Ndoukoula, encore plus à l'étroit, certains villages font les cultures d'arachides dans le canton Guissey, de l'autre côté du lac de Fianga.

Le produit, surface cultivée moyenne par habitant : 81,34 a x nombre d'habitants de Golonpoui : 1 452, donne comme surface cultivée calculée 1 181 hectares (soit une erreur de 5,16 % par rapport à la surface relevée sur plan).

1955	Surface totale pour 100 habitants	124,3 ha
	Surface cultivée pour 100 habitants	77,3 ha

2. Les diverses zones exploitées

Connaissant bien la valeur de chaque catégorie de sols et conscient de ses possibilités très limitées de maintien de la fertilité, le paysan de Golonpoui a aménagé au mieux l'espace agricole restreint dont il disposait. On est immédiatement frappé en pays Toupouri par l'aspect cultivé du paysage, par les grandes étendues continues d'une même culture. Déjà, en 1911, le « Leutnant » Milbrat [64], chef du poste allemand de Fianga, note : « La densité de la population permet d'utiliser les terres d'élevage et de cultures au maximum. Traversant le pays « Toubouris », le voyageur a presque l'impression de circuler à travers une exploitation agricole monstre d'un seul tenant »[1].

Le paysage agricole se divise en trois grandes zones (cf. tableau 5) :

A) La zone mil rouge hâtif (Gara)-habitations où l'occupation du sol est totale avec exploitation de saison des pluies et repos d'octobre à mai-juin.

B) La zone semi-inondée à mil repiqué (Babou) où l'occupation du sol est également totale mais où la culture a lieu de septembre à février.

C) La zone des sols sableux beiges où les cultures arachides, coton, mil blanc tardif, Voandzou, alternent avec les jachères. C'est la zone des « pseudo-rotations », comme les appelle De Schlippe [87]. L'occupation n'y est pas totale et l'exploitation agricole en est discontinue.

Chacune de ces zones présente des « types de culture » et par conséquent des « types de champs » propres, un mode de tenure particulier et un système de faire-valoir adapté.

A) *La zone Gara-habitations.*

Elle se trouve à cheval sur les sols sableux plus ou moins hydromorphes, les sols sableux argileux de la dépression et les sols à alcalis dont l'horizon compact est encore assez profond, donc en général en bordure de la dépres-

1. Plus conscient des réalités agricoles, le « leutnant » Milbrat aurait dû écrire « la densité de la population *rend nécessaire* d'utiliser les terres d'élevage et de cultures au maximum ».

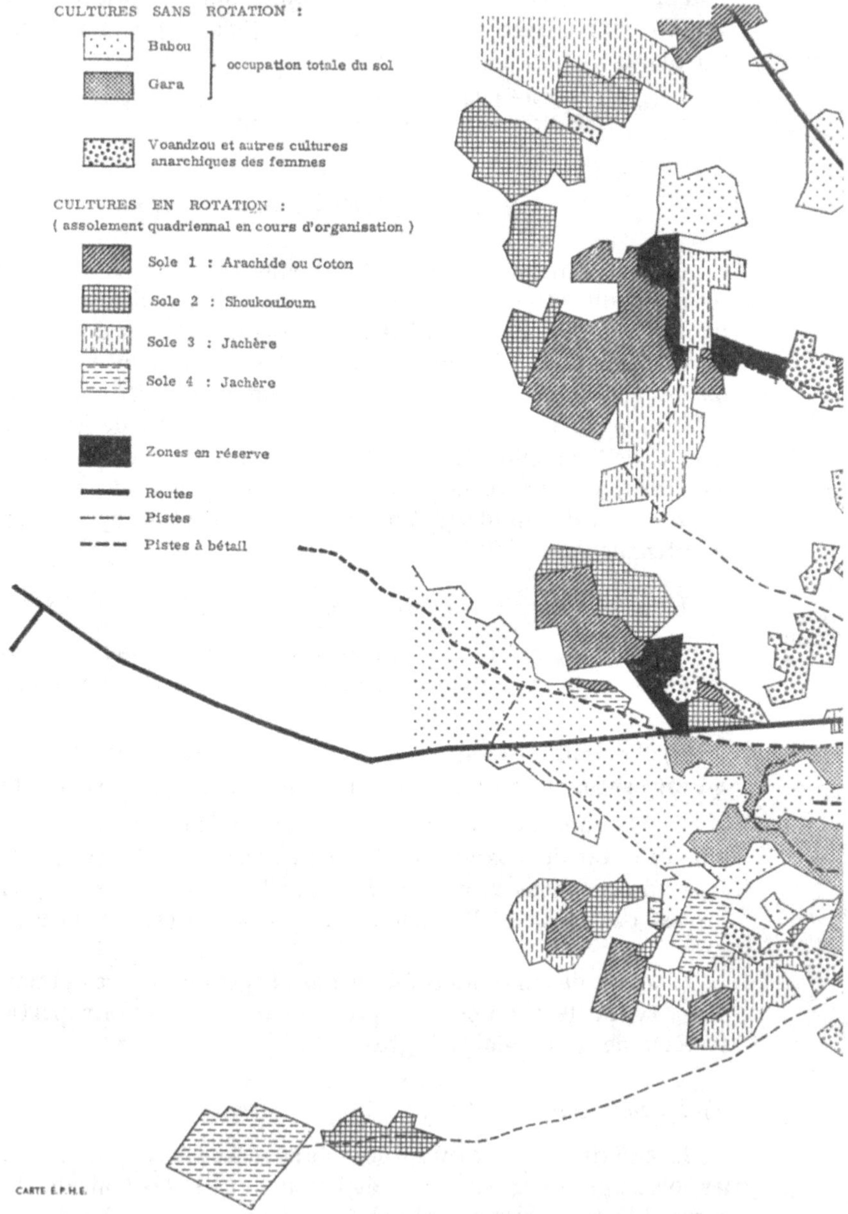

FIG. 22. — *Répartition des différen*

ıes de cultures de Golonpoui (1955).

TABLEAU 5

RÉPARTITION DES CULTURES DU VILLAGE DE GOLONPOUI EN 1955

	Culture	*Surface en hectares*	*Pourcentage de la rubrique*	*Pourcentage du total*
Zone d'occupation totale et d'exploitation continue	Babou	537	69,02	47,82
	Gara	241	30,98	21,46
		778	100	69,28
Zone d'occupation partielle et d'exploitation discontinue	Coton	131	37,97	11,66
	Arachides	65	18,84	5,79
	Schoukouloum	58	16,81	5,16
	Voandzou	70	20,29	6,23
	Manioc	21	6,09	1,88
		345	100	30,72
	Surface cultivée ...	1 123		100
	Surface en mils	836		74,44
	Cultures d'exportation	196		17,45
	Cultures vivrières autres que mils ..	91		8,10

sion. Elle est essentiellement liée à la dispersion des groupes familiaux. En effet le mil rouge hâtif de saison des pluies est cultivé sur une surface périphérique au groupe de cases de chaque famille, et les surfaces familiales sont contiguës. Sauf les endroits stériles (Laali) et les routes, pistes et mares, l'occupation du sol y est totale. Grâce à la dispersion de la fumure et aux déjections humaines déposées directement dans le champ de mil, cette « couronne de culture autour des cases » est exploitée annéee après année par la même famille. Mais celle-ci se disperse après décès du chef de famille, elle abandonne sa parcelle et va s'installer ailleurs, s'immisçant entre les champs des autres familles et gagnant la surface qui lui est nécessaire grâce au déplacement des parcelles contiguës. Quoique assez restreinte (21,46 % de la superficie cultivée et seulement 13,35 % de la surface totale du finage) cette zone est très importante car le mil rouge hâtif est la culture primordiale de l'agriculture et de la civilisation Toupouri.

B) *La dépression et les champs de Babou.*

Le mil repiqué de saison sèche forme au début de la saison sèche d'immenses étendues très vertes d'un seul tenant qui tranchent dans le paysage desséché et gris. Aucune place perdue, aucune surface inutilisée ; les champs sont tous en forme de rectangle très allongé (coefficient de forme sur 20 champs : 6,17) ayant entre 150 et 200 m de long et 25 m à 50 m de large. Limités par des touffes de Panicum anabaptismum, ils font l'objet d'un droit très voisin de la propriété telle qu'elle est conçue en France. Si l'occupation du sol est totale, l'exploitation par culture est limitée à la période septembre (repiquage du Babou) à février (récolte), ensuite cette zone est livrée au pâturage (février sur tiges de Babou et juillet sur jachère à graminées). Cependant certains paysans plus favorisés par la qualité de leur sol ou plus pressés par le besoin, font dans cette zone deux cultures sur le même champ. Le champ est semé, dès le début des pluies, en Gara. Dès la récolte en septembre de ce mil, le paysan repique, sur l'emplacement, après parfois un léger houage entre les souches restantes du Gara, les jeunes plants de Babou dont les épis seront récoltés en février. On a donc une culture continue de mai-juin à février. Mais cette double récolte annuelle est encore très limitée ; l'engorgement en eau et la pauvreté du sol ne permettent pas dans les conditions traditionnelles son extension.

C) *La zone des « pseudo-rotations ».*

En opposition avec les deux zones précédentes, celle-ci située sur des sols encore plus pauvres n'est ni occupée de façon totale ni exploitée de façon continue dans le temps. Aux deux ou trois années de culture du champ succède une jachère plus ou moins longue. Sous l'impulsion de l'encadrement européen les cultures d'exportation sont groupées mais les cultures reflétant le mieux les traditions agricoles (Voandzou et arachides cultivés par les femmes) ne semblent ni ordonnées, ni suivies, avec leurs champs non juxtaposés et leur désordre apparent dans le temps et dans l'espace. Mais l'utilisation de cette zone est-elle anarchique ? S'il est certain que [89] « l'ordre de distribution des cultures dans l'espace et dans le temps est déterminé par certaines règles écologiques et coutumières à caractère limitatif et par les disponibilités en travail », s'il est exact « qu'il n'y a pas de plan de culture déterminé pour l'avenir » il faut laisser, tout au moins chez les Toupouri, une assez grande part à l'initiative et à la compétence du paysan et encore plus des « leaders », avoués ou non, des quartiers. Il s'agit certes plus d'adaptation que de planification mais l'établissement de telle culture en tel endroit résulte d'un choix bien réfléchi de l'agriculteur Toupouri. A l'exemple de ce qui se passe dans sa vie sociale, il est plus persuadé de l'importance du passé, des cultures antérieures et de l'état de la jachère, que de la prévision de l'avenir et des cultures qui suivront. Et il ajustera, chaque saison, son travail, la superficie cultivée et la nature de la culture à ses besoins et à ses disponibilités du moment en fonction des antécédents de l'endroit et non pas par rapport à l'exploitation future.

On ne peut donc pas plus parler de soles bien délimitées et d'assolement que de rotations, au sens de l'agriculteur européen. Ces « pseudo-assolements » et « pseudo-rotations » liés à la mentalité et à l'agriculture de subsistance traditionnelles sont difficilement compatibles avec les conditions modernes de production proposées par le Sous-Secteur de Modernisation rurale. Les superficies cultivées dans cette zone étaient des plus variables et des moins prévisibles. Il n'était pas rare qu'en début de saison des pluies un paysan Toupouri sème sur coton ou arachides, du mil blanc tardif (Shoukouloum) sans aucun travail du sol, s'il avait du temps disponible. La faible quantité de graines nécessaire permettait un semis assez dense et l'opération était assez rapide pour ne pas compromettre les autres travaux. Le sort du champ ainsi créé dépendait du potentiel de travail de la famille disponible ultérieurement et des promesses de la récolte de Gara. Si celle-ci s'avérait bonne, le champ de Shoukouloum était purement et simplement abandonné aux mauvaises herbes ; si les pronostics pour la récolte de Gara étaient douteux, un premier sarclage avait lieu, quitte à ne même pas récolter les rares épis si le Gara donnait suffisamment. Par contre les pessimistes, ou ceux dont la taille du champ de Gara n'était pas proportionnée aux bouches à nourrir ou aux réjouissances et beuveries prévues, effectuaient une culture normale de Shoukouloum ou même agrandissaient leur champ par repiquage, en bordure, des plants en excès.

L'extension des cultures dans cette zone était d'ailleurs beaucoup plus limitée par les disponibilités en main-d'œuvre et surtout par le goulet d'étranglement que constituent les sarclages de ces champs facilement envahis par l'herbe que par le manque de fertilité et les faibles rendements.

L'organisation de cette zone, quoiqu'étant un objectif fondamental du Sous-Secteur, n'a pas été entreprise dès le début de l'action de celui-ci. Il nous a paru indispensable : 1° de connaître suffisamment bien et les conditions d'exploitation de cette zone et la mentalité des paysans, et 2° d'avoir sinon doté le paysan, du moins mis à sa disposition, des moyens de production supplémentaires (énergie et fertilité surtout). Ce n'est qu'après vulgarisation de l'énergie animale (spécialement transport et sarclage attelés) et de la production de fumier (fumières individuelles), à la saison sèche 1955-1956 (soit presque deux ans après le démarrage du Sous-Secteur) que fut abordée publiquement la question des assolements dans cette zone.

Les cultures des femmes (arachides mais principalement Voandzou) et les quelques champs de manioc étaient surtout situés dans la partie la plus proche des habitations, d'ailleurs plus épuisée que le reste. Il nous est apparu comme assez difficile dans une première phase de régulariser ces champs « anarchiques » et de faire adopter une discipline d'implantation et de rotation par les femmes et nous avons reporté à plus tard la tâche d'organiser cette partie de la zone des « pseudo-rotations » représentant environ 200 à 250 ha.

Comment se présentait le problème pour la surface restante ? Surface totale (1 806 ha) — surface d'exploitation continue (Babou 537 ha + Gara 241 ha) (778 ha) — surface incultivable (90 ha) = 938 ha.

De cette surface de 938 ha constituant ce que nous avons appelé la zone des « pseudo-rotations » il fallait donc retrancher :

a) La zone des cultures anarchiques : 230 ha environ.

b) Les parties les plus pauvres (sol sableux beige très peu fertile) qui, préservées de la culture, seraient des réserves sylvo-pastorales, indispensables à la vie du village, soit une centaine d'hectares.

Restaient donc 938 — 230 — 100 = 608 ha. Cette zone supportait en 1955, 131 ha de coton, 65 ha d'arachides et 58 ha de Shoukouloum, soit un total de 254 ha (41,8 % de l'aire envisagée). Mais d'une part étaient comptés dans les surfaces cultivées des champs d'autres villages (18,3 ha de coton de Datchéka) ; et d'autre part la présence du coton imposait la rotation : 1re année coton, 2e année arachides ou Shoukouloum et 3e année éventuellement mil. Il y avait donc 131 ha de culture de 1re année et 123 ha de culture de 2e année. Même en supposant éliminé le report d'une partie des cultures d'exportation de Datchéka sur le finage de Golonpoui, il était évident que la seule formule de rotation possible, en gardant les surfaces actuelles, était de deux années de culture et deux années de jachère. La substitution envisagée de l'arachide au coton comme culture commercialisable (cash-crop) laissait la 2e année de culture au mil tardif. Cette rotation de quatre ans ne permet qu'une reconstitution de la fertilité assez limitée. Les espoirs mis dans la modernisation des techniques peuvent assurer la pérennité de cet aménagement du système agraire si les facteurs extra-agricoles, accroissement démographique et pression de villages voisins, ne bouleversent pas trop vite les conditions actuelles.

Devant la structure sociale et les habitudes locales, nous ne sommes pas intervenus à l'échelon individuel ou familial pour la mise en place de l'assolement résultant de la rotation ainsi choisie. C'est à l'échelle du quartier que cette question fut discutée, étudiée sur place et soumise à l'accord des paysans. La comparaison des surfaces cultivées en 1954 et 1955 dans la zone des « pseudo-rotations », l'examen des conditions d'expansion démographique et économique de chaque quartier permirent de dégager la surface à cultiver chaque année sur les sols beiges sableux. Une augmentation de surface fut prévue afin de compenser temporairement l'accroissement de population. Déjà en 1954-1955 les cultures d'exportation furent groupées par quartier sur les meilleurs sols disponibles. Leur périmètre après l'agrandissement prévu, fut piqueté et les soles 1958 et 1959 furent ainsi automatiquement délimitées. L'implantation des cultures en 1956 et en 1957 a permis ensuite la mise en place des deux autres soles. Après de longues discussions l'accord des paysans fut acquis et la matérialisation des soles sur le terrain fut appliquée sans difficulté car procédant apparemment bien plus du système traditionnel de retour en arrière que de notre méthode de projection sur l'avenir. A leurs yeux il importait moins de délimiter la sole à cultiver en arachides en 1962-1966-1970 que de signaler l'emplacement où furent cultivées les arachides en 1954 et 1958.

C'est ainsi que pour chaque quartier ont été mises en place les quatre soles destinées à l'arachide et au Shoukouloum et les zones où toute culture est interdite. Ces petites parcelles sur les parties les plus pauvres ainsi mises en réserve assureront un certain pourcentage boisé protégeant les zones en culture. Mais aux yeux des paysans elles garantissent encore plus un pâturage absolument indispensable aux troupeaux, une réserve de paille et de bois nécessaires pour les cases.

Dans le cadre de la rotation l'utilisation des soles est laissée à l'initiative du quartier. La sole de tête est cultivée uniquement en arachides mais elle n'est pas obligatoirement entièrement ensemencée. La répartition des champs individuels est laissée complètement aux soins du quartier qui règle les problèmes par les méthodes coutumières. Mais il est d'ores et déjà certain que les paysans les plus « modernistes » et les mieux équipés tendent non seulement à réclamer une part plus grande mais surtout à améliorer la parcelle qui leur a été une fois attribuée. Ainsi ils cherchent ensuite à se réinstaller sur la même parcelle pour bénéficier soit du dessouchement soit de la fumure antérieure et ces améliorations se justifient facilement. Nous avons laissé au quartier le soin de mettre au point les modalités de distribution des champs individuels, de faire évoluer la coutume sur ce point. En somme il appartient aux paysans eux-mêmes d'élaborer un mode de tenure original pour ces soles collectives, au mieux des sentiments et des intérêts de la collectivité, quitte à codifier plus tard la méthode d'attribution ou même à reconnaître et cadastrer la propriété individuelle qui risque d'y apparaître.

3. La tenure du sol

Ce n'est qu'en étudiant le processus d'installation du village et d'une famille, que peuvent être précisés les facteurs complexes de la détention du sol et les modalités qu'a su apporter la société agraire à la tenure collective originelle. Une difficulté essentielle réside dans la notion de *propriété :* en effet ce terme dans son sens français, issu du droit romain, avec ses conditions et ses limites bien précises, n'est pas adaptable aux concepts traditionnels africains. « Nous sommes trop tentés de faire la distinction entre la *possession matérielle* du sol et le *droit* à cette possession » [65].

Il y a un lien très étroit entre la terre et la collectivité sociale que forme le village, groupement « taisible »[1] de membres du même clan. Une fraction de clan exploite sous la tutelle d'un chef de terre (Ouansiri) une zone déterminée sur laquelle elle fait ses cultures et s'approvisionne en produits de cueillette, c'est le finage ou la terre du village (Siri). Le Ouansiri n'est pas le propriétaire absolu de la terre du village mais plutôt le dépositaire et le gestionnaire du droit de la collectivité. Le système primitif de tenure du sol, approprié à l'économie de pure subsistance, était collectif. La dégradation de la notion de clan mais plus encore, à notre avis personnel, la pression démographique et le manque de terres, ont entraîné une nette altération de ce système de tenure communautaire et une réduction correspondante du rôle et du pouvoir du Ouansiri. D'une part les champs de Gara autour des habitations, d'autre part les champs de Babou échappent plus ou moins à la tenure collective qui ne s'applique plus que sur ce que nous avons appelé la « zone des pseudo-rotations ».

Le rôle et les prérogatives du Ouansiri sont très grands sur ce domaine collectif; il y règlemente, si besoin est, le droit de cueillette et de chasse, délimite les jachères et perçoit des redevances sur les cultures que chacun y pratique assez librement mais avec son autorisation. Un membre du clan, après avoir pris avis du Ouansiri, choisit l'emplacement de ses cultures dans la zone des « pseudo-rotations » ; le droit de première occupation est bien respecté et il suffit d'un signe minime, début d'abattage ou même branche coupée, pour que l'endroit soit réservé à la famille qui l'a ainsi désigné.

Les pouvoirs du Ouansiri sont particulièrement larges en ce qui concerne les arbres du domaine collectif. Un membre du clan peut abattre les arbres dont il a besoin avec l'autorisation du chef de terre; s'il passe outre à cette formalité, il se fera sermonner et ne recevra pas d'assistance en cas d'accident. Cette règle est encore renforcée pour les étrangers au clan. La réglementation de la cueillette, preuve de la détention primitive par le chef de terre du droit de la collectivité, se retrouve dans la priorité réservée au Ouansiri pour la récolte de la paille (toiture et nattes tressées) et pour la collecte des fruits du Khaya senegalensis.

Chaque famille cultive autour de ses cases son mil rouge hâtif. On peut supposer que dans les premières années d'existence du village, celui-ci s'est constitué, après l'installation d'une première famille (ancêtre fondateur), par adjonction progressive de nouvelles familles. Mais dans cette

1. « Taisible » désigne une communauté familiale sans convention écrite. *Cf.* Marc Bloch, *Les caractères originaux de l'histoire rurale française*, p. 169, *op. cit.*, p. 163.

croissance progressive du village, il y aurait eu une période plus ou moins longue où de vastes superficies étaient disponibles et où une culture intense comme celle du Gara ne se justifiait donc pas. Il vaudrait mieux supposer une migration collective de plusieurs familles s'établissant sur un nouvel emplacement mais de façon assez rapprochée. Au lieu d'avoir pour chaque famille une série de couronnes de culture concentrique au Tin, la couronne fertilisée de culture permanente de mil (Gara)[1] a été contiguë pour toutes les familles et d'un seul tenant pour le quartier ainsi créé. La surface ainsi cultivée en mil Gara autour de chaque Tin voit les droits de la famille s'affirmer en face de ceux de la collectivité et du pouvoir détenu par le Ouansiri. L'exploitation, année par année, la clôture parfois, la situation des cases au centre des champs de Gara, la fumure ont pu faire croire à une véritable propriété privée de chaque chef de famille. En réalité si, toujours dans le cas d'une famille de même origine que le Ouansiri, les pouvoirs de celui-ci sont très limités sur cette aire où le chef de famille dans le cadre des rites coutumiers peut faire ce qu'il veut, la clôture, protection contre les animaux, n'équivaut pas un bornage et les limites sont variables. Lors de la mort du chef de famille, l'emplacement de son Tin et les champs de Gara périphériques retombent dans le domaine collectif et les familles voisines en agrandissant leurs cultures s'en emparent (ces surfaces familiales de Gara sont toujours limitées, de l'ordre d'une quinzaine d'ares par habitant, variant de 20 à 150 ares environ pour chaque famille). Par contre la création d'une nouvelle famille (établissement d'un garçon venant de se marier ou dispersion des membres après décès du père) se manifeste par la construction d'un nouvel ensemble de cases, d'un nouveau Tin, et la culture d'une aire périphérique en Gara gagnée sur les champs des familles voisines. Ainsi par une série de mouvements « amiboïbes » liés aux vicissitudes des familles, chacune d'elles est assurée d'avoir une petite surface de Gara à cultiver, et toute l'aire du mil rouge Gara est exploitée de façon continue et totale, année après année. Cet usufruit par le chef de famille, sa vie durant, est encore très loin de notre notion de propriété.

Mais dans l'autre zone de culture continue et d'exploitation totale, la zone des champs de Babou, les pouvoirs du Ouansiri, représentant de la collectivité fondatrice dans ses droits fonciers, sont encore plus réduits. Les champs de Babou au contraire des autres types de champs ont une surface bien précise, constante et bornée de façon, sinon inaltérable, du moins fort visible et persistante. En fin de saison sèche quand les dernières tiges de mil ont été mangées par les bœufs et les chèvres, et leurs débris dispersés par le vent, les dépressions ne sont plus que de vastes plaines grises au sol sec et fendillé, sur lesquelles on remarque aisément des

1. Le Gara est la culture vivrière la plus anciennement pratiquée par les Toupouri, son importance dans le calendrier, les fêtes religieuses et la vie sociale le démontre amplement.

alignements de touffes d'herbes. Le Panicum anabaptismum Steud (Acrao) constitue ces souches pérennes de 20 à 50 cm de diamètre réduites en saison sèche à une brosse de 10 à 20 cm de hauteur, dure et grise, mais qui devient avec les pluies une belle touffe verte de 80 cm environ dont les tiges sont souvent nouées ensemble pour empêcher leur étalement. Ces « bornes » rognées chaque année sur les bords lors des sarclages sont scrupuleusement respectées et le champ de Babou est ainsi nettement délimité. C'est qu'il représente une valeur foncière très grande, tant par l'originalité de sa production que par l'ampleur des droits privés dont il bénéficie au détriment des droits de la collectivité. Le champ de Babou en effet se loue et environ le tiers des champs de Babou du village de Golonpoui est ainsi l'objet de locations. Si certaines familles n'en ont pas, d'autres en possèdent plus qu'elles n'en ont besoin pour leur approvisionnement en mil ou qu'elles n'en peuvent travailler. Cette inégalité proviendrait de l'héritage, car nous n'avons pu trouver de cas précis de vente. La forme et la disposition très particulières de ces champs, n'ont pu être élucidées ; la plaine à Babou est découpée en étroites lanières de 20 à 40 m de large et chaque champ a une longueur de 120 à 180 m, la superficie moyenne allant de 0,5 à 0,9 ha. Nous avons émis l'hypothèse d'un partage organisé de la dépression par division de la limite de celle-ci en autant de segments égaux qu'il y avait de familles à cette époque et chaque chef de famille défrichant et étendant son emprise aussi loin que possible, avec la même largeur, en s'éloignant de la zone Gara-habitations. Mais malgré de nombreuses interrogations nous n'avons pu avoir aucune confirmation, même des plus anciens villageois, de l'origine de cette disposition des champs commune à tout le pays Toupouri. Actuellement une certaine inégalité des surfaces existe, champs plus étroits, largeur variant d'un bout à l'autre, longueur parfois réduite ; on peut y voir la trace des successions (partage dans le sens de la longueur), des acquisitions (fusion de deux pièces côte à côte en une seule) et surtout des empiétements entre voisins car il est fréquent que le rétrécissement d'un champ corresponde à un élargissement de la pièce contiguë. Les champs peuvent être transmis aux héritiers (toujours dans le cas de membres du clan), mais si ceux-ci font défaut ou en cas d'émigration définitive, le Ouansiri en dispose à son gré au profit soit de gens revenus au village après une longue absence et ne retrouvant pas leurs terres, soit de familles venant s'installer. Les pouvoirs du chef de terre, gardien des droits de la collectivité, sont ainsi fort réduits et nous voyons que leur altération progressive conduit à l'appropriation familiale et même à la propriété individuelle. Ce mouvement est accéléré par la mise en œuvre de moyens de production importants, par la modification plus profonde du milieu producteur, c'est-à-dire par la constitution d'un véritable capital foncier.

La location des champs de babou s'effectue soit pour une année (au tarif de deux paniers de mil ou un chevreau ou agneau), soit plus généralement pour deux ans (une chèvre). Le paiement en monnaie (600 Fr. CFA pour deux ans) est assez rare non pas pour éviter le changement des cours mais parce que la pénétration de la monnaie, toute récente, n'a pas encore supprimé le « troc ». Notons que ce taux de location (deux paniers, soit de 40 à 55 kg de mil en épis par champ de surface moyenne 0,8 ha) atteint un dixième de la récolte. L'utilisation pour deux récoltes annuelles de ces terres à Babou, déjà signalée, n'a, à notre connaissance, lieu que sur champs détenus en propre. L'absence de véritable propriété aliénable empêche l'étranger au clan d'échapper aux impératifs agraires du groupe (c'est peut-être la raison pour laquelle il n'y a pas de vente qui rendrait possible l'aliénation du sol).

Si une famille d'un autre clan veut s'installer sur le finage d'un village elle doit solliciter l'accord du Ouansiri pour l'emplacement qu'elle a choisi. La durée de l'exploitation est limitée à la vie du chef de famille. Celui-ci ne transmet aucune prérogative à ses descendants et ceux-ci feront figure d'étrangers devant demander un nouvel accord pour s'installer. L'étranger au clan ne peut exercer aucun droit sur le domaine collectif sans autorisation et une infraction peut se traduire par son expulsion du village sur ordre du Ouansiri ; il verse une redevance d'une calebasse de mil lors de la récolte pour permettre au Ouansiri de faire de la bière pour la fête du Nga Kagi ; il ne peut s'opposer, comme les descendants du clan fondateur, à de nouvelles installations ; le Ouansiri ne descendra jamais de lui. C'est pourquoi même si le clan primitif, celui de la fondation du village, a presque complètement disparu devant l'immigration d'étrangers, le Ouansiri reste toujours un descendant du fondateur du village.

En pays Toupouri le chef de terre est très souvent le chef de village (sauf pour 7 villages sur un total de 39 pour le canton de Ndoukoula), et les deux rôles sont facilement confondus (cf. § 2 « Rites agraires » du chapitre III de ce livre IV : Le rôle religieux du chef de terre).

L'exemple de Golonpoui et les dispositions, assez spéciales pour l'Afrique Tropicale sèche sans cultures pérennes, de la tenure foncière en pays Toupouri nous ont montré comment la détention collective du sol évolue sous la pression démographique vers un exercice plus grand des droits individuels ou familiaux sur la terre, encore freinés par quelques garanties de la communauté fondatrice.

4. Les champs familiaux

Les champs des diverses zones ne sont pas seulement différents par les droits fonciers qui s'exercent sur eux et par les cultures qui s'y pratiquent, ils varient également dans leur surface et dans leur forme, reflets des conditions de leur exploitation.

Les cultures effectuées par les femmes dans la partie anarchique de la zone des « pseudo-rotations » ne sont ni contiguës ni homogènes ; les champs ont donc des surfaces et des formes très diverses. Par contre l'encadrement plus poussé qui s'est exercé pour les cultures d'arachides et de coton a entraîné des formes géométriques pour ces champs. Soit en fonction du nombre des imposables quand la culture du coton était obligatoire, soit selon le nombre des inscrits ensuite, les blocs de culture sont chaque année piquetés en fin de saison sèche par les agents d'encadrement. Ce piquetage est effectué en carrés égaux à l'aide d'une corde de longueur égale au côté du carré et qui a ainsi donné son nom au champ et à l'unité de mesure de surface ainsi créée. En dehors des inconvénients agronomiques du système d'agriculture géométrique, la modification, les erreurs ou les truquages de la longueur de la « corde-unité » eurent des répercussions fâcheuses. La « corde » passa successivement de 60 m (surface un peu supérieure à 1/3 d'ha) à 70 m (surface proche de 1/2 ha). L'allongement de la corde ou, ce qui revient au même la translation du point de départ, entraînait une augmentation de la surface. Ceci provoquait un accroissement de la récolte et, par suite des estimations d'ensemencement ainsi truquées, des rendements apparement plus élevés.

La « corde »[1] s'est, pour les cultures non traditionnelles, imposée comme unité de surface. Il ne semble pas que les Toupouri aient possédé auparavant une aire-unité liée directement à une mesure de longueur ; leurs estimations étaient faites selon les rendements : champ de trois paniers de mil par exemple. Si cette mesure était des plus imprécises (1/40 d'ha pour les champs de Gara à 1/30 d'ha pour les champs de Babou) elle était pratique.

Le relevé topographique de la majeure partie du quartier Tilali et le planimétrage de 200 champs (sur les 300 environ du quartier) ont permis de trouver la répartition suivante :

	En pourcentage du nombre examiné	*En pourcentage de la surface examinée*
	—	—
Champs de 0 à 20 ares ...	12,75	1,69
Champs de 20 à 50 ares ...	23,47	10,95
Champs de 50 à 100 ares ...	38,26	38,26
Champs de 100 à 150 ares ...	17,85	29,75
Champs de 150 à 200 ares ...	5,61	13,09
Champs de 200 ares et plus ..	2,04	6,25

La majorité des cultures s'effectue sur des champs de 0,5 à 1,5 ha.

Le concept de champ implique non seulement une aire continue et

1. Cette unité de surface ou bien encore le champ ainsi constitué est souvent appelé le « piquet », des quatre bâtons plus ou moins longs qui jalonnent les angles.

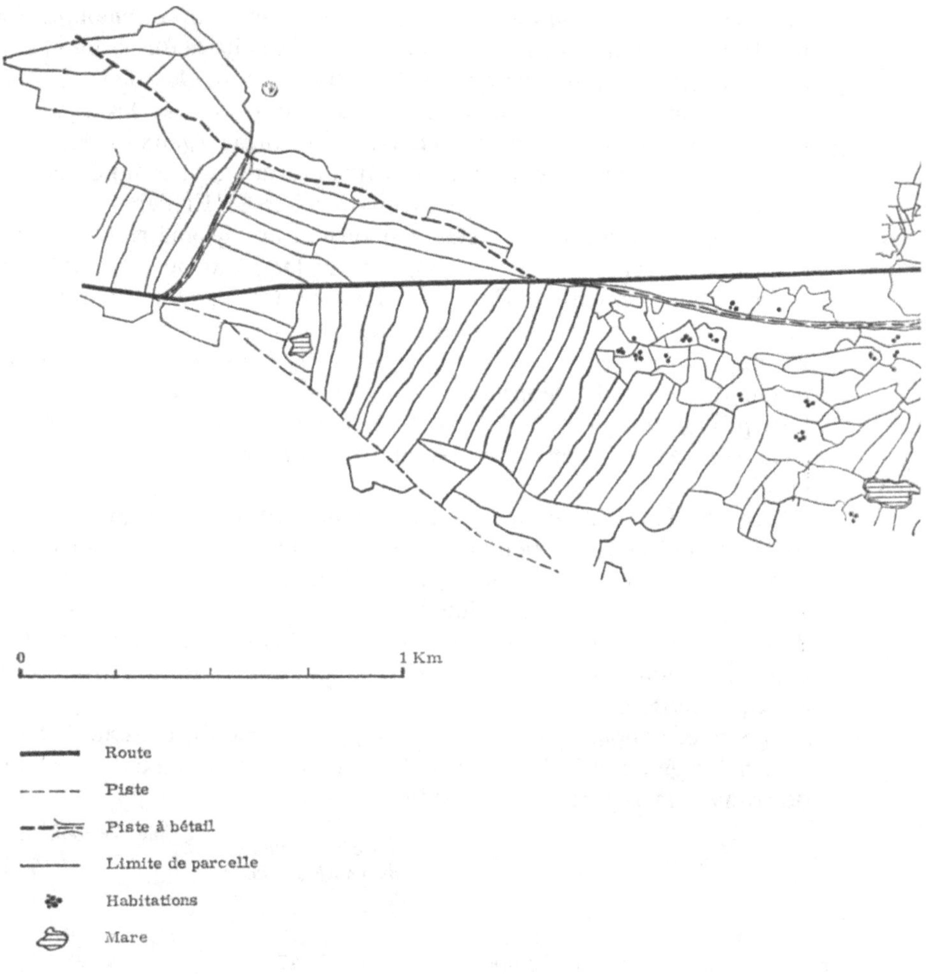

Fig. 23. — *Plan Parcell*

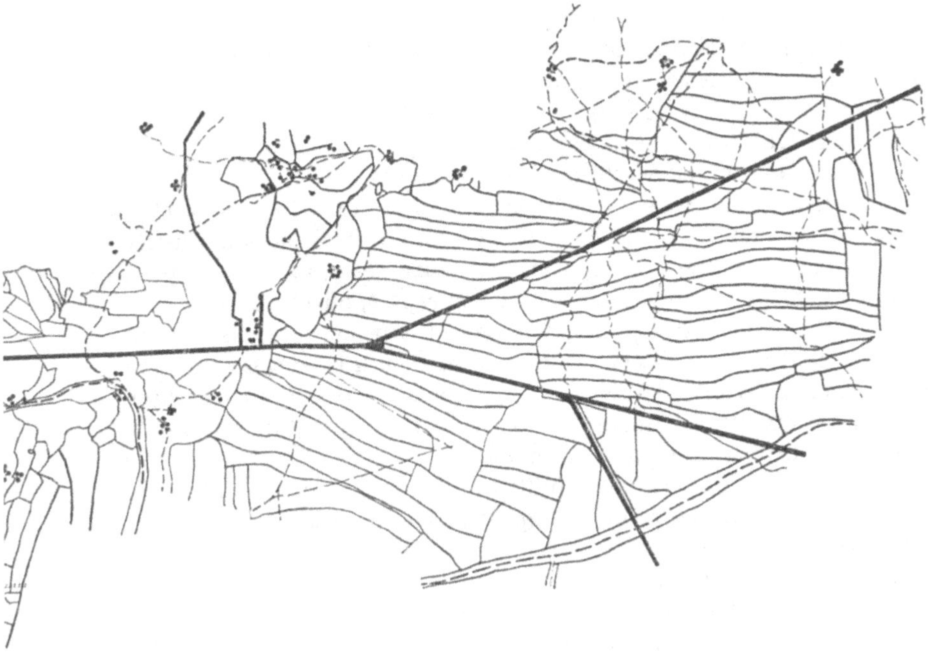

S DE CULTURES

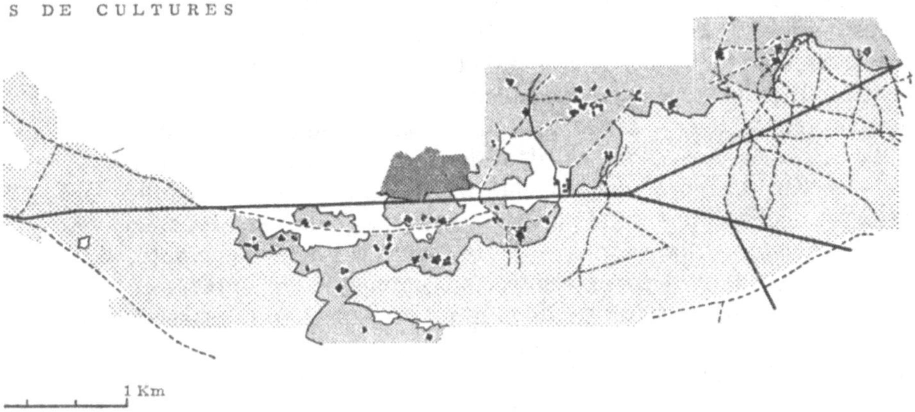

Zone du BABOU

Zone du GARA

Cultures anarchiques des femmes

gment) — Golonpoui 1956.

monoculturale[1], considérée comme une unité au point de vue travail, mais encore la responsabilité d'une personne unique. Tous les travaux culturaux ne peuvent pas en général être effectués par une seule personne mais celle-ci a l'initiative des travaux et garde la récolte dans son grenier personnel. C'est ainsi que nous distinguons à la suite des paysans Toupouri, les champs de l'homme et de chacune des femmes.

Une femme travaille ses champs avec l'aide de son mari et éventuellement des autres épouses ; elle conserve les produits dans son grenier personnel et participe grâce à eux à la nourriture de la famille, elle peut utiliser l'excédent pour se procurer des biens propres, outillage, ustensiles ou parure. L'homme est aidé par ses femmes, et dans certains cas par son ou ses gendres, il met en réserve la récolte et n'ouvrira son grenier que lorsque les autres seront épuisés. En pays Toupouri le champ témoigne à la fois d'un certain individualisme laissé à la femme et d'une profonde solidarité entre les membres de la famille.

Nous trouvons en général par famille autant de champs de mil rouge Gara qu'il y a de travailleurs, un champ de Babou pour l'homme et pour chacune des femmes, un petit champ de Voandzou et arachides rampantes par femme, parfois une petite surface en manioc pour l'homme, un champ de mil blanc tardif Shoukouloum et un champ d'arachides ou de coton. Quoique la surface de chacun de ces champs varie dans certaines limites et que certaines familles plus travailleuses ou mieux pourvues en bras ou ayant beaucoup de bouches à nourrir cultivent des superficies beaucoup plus vastes que d'autres, il nous a semblé intéressant d'étudier les moyennes des surfaces cultivées.

Un échantillon, d'abord de quatre familles en 1954, a été augmenté à partir de 1955 pour comporter huit familles, ce qui le rapprochait des moyennes obtenues sur le village. Les chiffres des superficies totales mises en culture et des superficies cultivées en mil obtenues par moyenne à partir de ces huit familles sont présentées dans le tableau 6.

Nous comprenons sous le terme *habitant*, toute personne appartenant à la famille et recensée avec celle-ci, donc participant constamment à la vie de celle-ci. (En 1956 nous avons un chiffre fractionnaire car une famille [Yongwé] s'est accrue d'une unité par suite du mariage de son chef mais seulement en septembre ; la présence de cette épouse eut donc dû compter pour un tiers d'habitant mais sa venue était prévue et les cultures en conséquence faites pour assurer la nourriture pendant la saison sèche suivante de cette bouche supplémentaire.)

Mais le chiffre des habitants rend mal compte des prélèvements alimentaires sur les récoltes ; c'est pourquoi nous avons introduit la notion de consommateur en comptabilisant pour une unité toute personne au-dessus de 10 ans et pour une demi-unité seulement les enfants d'âge inférieur

1. Où s'exerce une seule culture mais qui peut comprendre plusieurs espèces associées ou intercalaires, qui n'est donc pas obligatoirement monophytique.

TABLEAU 6

SUPERFICIE CULTIVÉE PAR FAMILLE

Comparaison d'après moyennes du village et de l'échantillon

Surface cultivée totale (en ares)	*1954* enquête *(4 familles)*		*1955* enquête *(8 familles)*		*1955* *d'après moyenne du village*	*1956* enquête *(8 familles)*		*1957* enquête *(8 familles)*	
Par habitant	77,93		81,63		76,60	78,19		65,68	ScH
Par consommateur	91,46		97,16		105,70	95,68		80,26	ScC
Par travailleur	121,65		133,25		168,50	136,07		126,87	ScT
Surface cultivée en mil (en ares)									
Par habitant	66,57		63,19		57,60	62,57		52,35	SmH
Par consommateur	77,31		75,19		79,40	74,31		64,57	SmC
Par travailleur	101,38		104,73		126,60	106,98		93,86	SmT
Surfaces cultivées par famille (en ares)	318,95		433,61		448,79	446,33		411,71	
Surfaces en mil par famille (en ares)	266,07		340,92		337,09	354,50		368,90	
Structure de l'échantillon					*d'après recensement 1954*				
Habitants	18	100	42	100	100	45,5	100	49	100
Consommateurs	14,5	80,5	34,5	82,1	81,9	36	79,1	38,5	78,6
Travailleurs	10	55,3	24	57,1	45,7	24,5	53,8	25	51

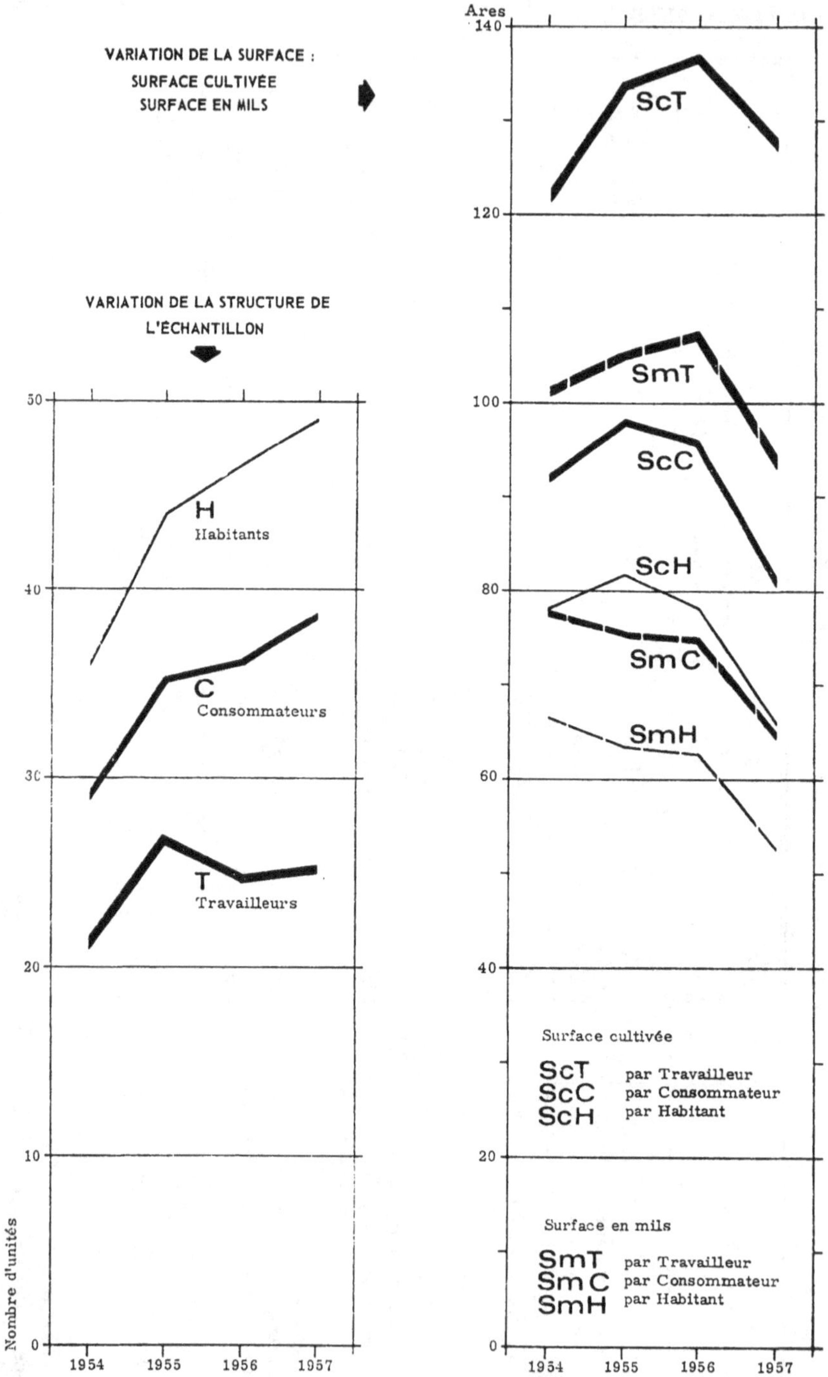

FIG. 24. — *Variations des surfaces cultivées et en mils et de la structure de l'échantillon.*

ou égal à 10 ans (le supplément de nourriture exigé par la mère allaitant compensant en principe la non-participation du nourrisson au repas de mil). Par travailleur, nous entendons tout adulte valide (vieillards exclus par conséquent). Il est bien évident que ces catégories sont assez grossières, que notre échantillonnage effectué *a priori* est très approximatif, mais nous obtenons des chiffres très voisins et des ordres de grandeur intéressants à examiner.

TABLEAU 7

COMPARAISON DE QUELQUES CHIFFRES DE SUPERFICIES CULTIVÉES PAR HABITANT OU PAR TRAVAILLEUR (en ares).

(Conditions grossièrement analogues à celles de Golonpoui.)

	Surface cultivée par habitant	*Surface en mils par habitant*	*Surface cultivée par travailleur*	*Surface en mils par travailleur*
Golonpoui	65,68 à 81,63	52,35 à 66,57	121,65 à 168,50	93,86 à 126,60
Makebi, Sous-Secteur C.F.D.T. Lara (chiffres 1953-1954 sur 53 personnes)[1]	30,75	10,56	95,88	32,94
Malame Gome, *id.*	40,61	18,26	86,52	38,91
Nyangwara (République du Soudan) (cf. [89]) .	17,85		44	
Sénégal. Chiffres Service Agriculture Sénégal 1949 (d'après [75]) ...	1,52 à 1,55			
Casier A (Nord Bongor) (cf. [17])		13,10 à 41,22	26,10 à 59,12	

La famille moyenne de Golonpoui comporte de 5 à 6 habitants soit 4,5 consommateurs et 3 travailleurs. Elle cultive une superficie d'environ 4,2 ha dont 3,4 en mils.

La structure familiale de notre échantillon par suite des événements familiaux (mariage, naissance, décès) a varié assez fortement (d'un total de 38 habitants à 49) (cf. fig. 24) ; mais malgré l'augmentation consi-

1. Chiffres d'après relevés agent C.F.D.T., recueillis sur place.

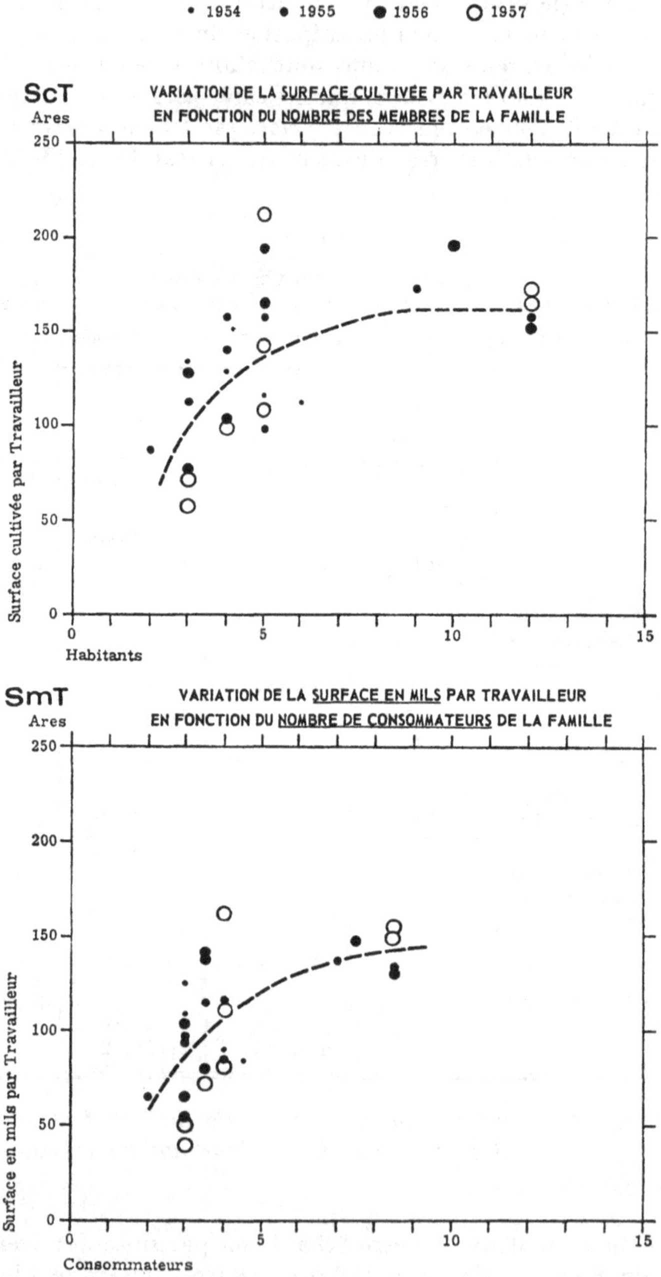

Fig. 25. — *Variations des surfaces cultivées et en mils, par travailleur, en fonction du nombre des membres et des consommateurs de la famille.*

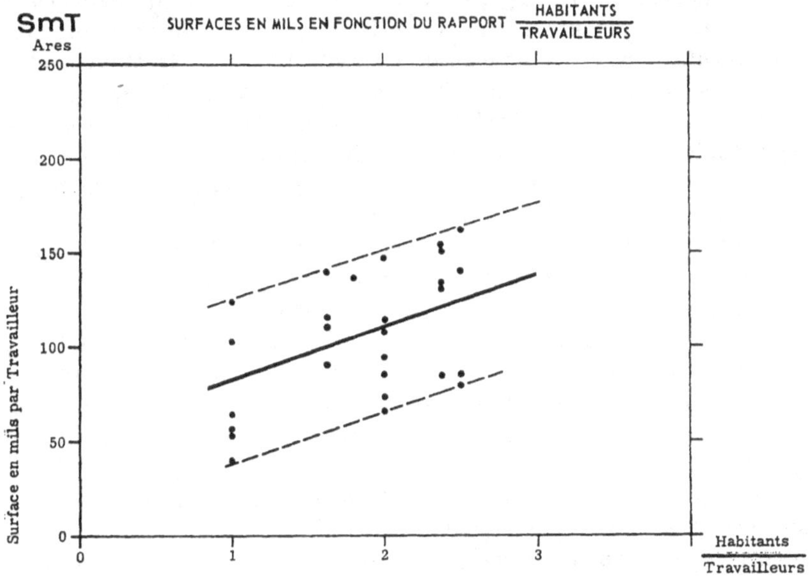

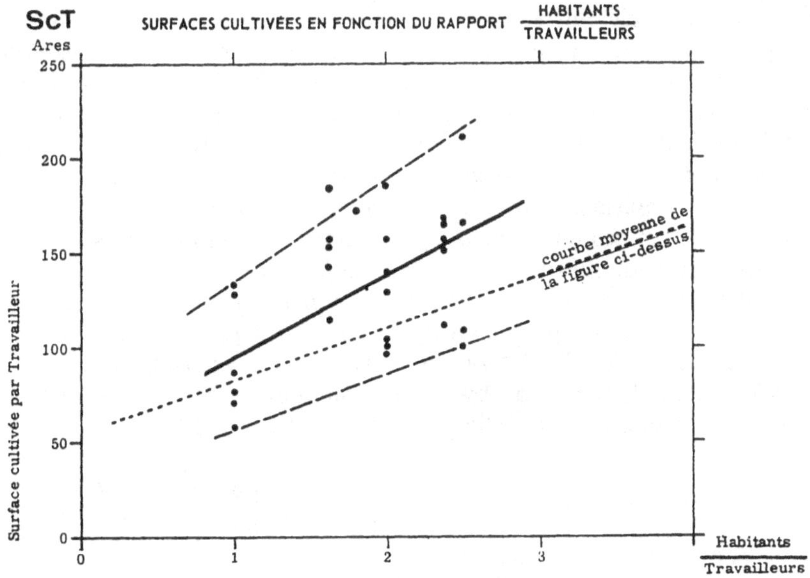

Base de l'enquête : 4 puis 8 familles

Fig. 26. — *Surfaces cultivées et en mils, en fonction du rapport habitants/travailleurs.*

dérable du nombre des consommateurs, le total des travailleurs a peu varié. Les surfaces cultivées par ces deux catégories montrent un maximum en 1955 (cette augmentation ne semble pas provenir de la modification de l'échantillon, mais plutôt être une manifestation de la bonne volonté des paysans de Golonpoui réagissant à la présence de l'agent du Sous-Secteur). Si les surfaces cultivées ou en mils par habitant et par consommateur diminuent avec l'augmentation du nombre de personnes dans ce pays très peuplé et à l'étroit sur ses sols pauvres (atteignant 21 % de 1954 à 1957) cela n'a rien d'étonnant ; nous verrons cependant que les rendements en mils en particulier ont crû et que, malgré la réduction des superficies, la quantité de mil récoltée par tête a augmenté.

Par contre, la surface cultivée par travailleur, quoique plus faible en 1957 qu'en 1956 a crû et les chiffres qu'elle atteint sont bien supérieurs à ceux que nous avons pu rapprocher, soit obtenus par une méthode analogue ou comparable, soit relevés dans des zones de climat et d'agriculture comparables. C'est que le paysan Toupouri doit rechercher sur des sols faciles à travailler mais pauvres la nourriture d'une nombreuse famille.

Plus le nombre des travailleurs est élevé, plus la surface cultivée et la surface en mils par travailleur est grande ; on peut supposer qu'une meilleure répartition du travail, une productivité plus élevée, le travail en groupe, permettent d'obtenir des superficies plus grandes par travailleur. Si la superficie cultivée par consommateur est à peu près constante, la surface en mils par consommateur croît avec le nombre de consommateurs de la famille. Si nous examinons les graphiques : variation de la surface cultivée par travailleur ScT en fonction du nombre de membres de la famille et variation de la surface en mils par travailleur SmT en fonction du nombre de consommateurs (cf. fig. 25), il apparaît, ce qui est aisément prévisible, que la surface par travailleur augmente avec le nombre de personnes ou de consommateurs de la famille. Mais elle tend rapidement vers un palier (1,60 ha au total par travailleur) qui correspondrait ainsi à la capacité de travail maximum du paysan dans les conditions antérieures à la modernisation (les surfaces plus élevées indiquées sur le graphique sont le fait de paysans déjà modernisés. Ex. : Dahan en 1957 atteint 2,10 ha par travailleur quoique sa femme ne participe guère aux travaux agricoles : 75 jours durant l'année 1957).

En fonction du rapport $\frac{\text{Habitants}}{\text{Travailleurs}} = \frac{\text{Population totale}}{\text{Population active}}$ le graphique 26 montre que la surface totale cultivée croît plus vite que la surface en mils quand la charge (bouches à nourrir) par travailleur augmente[1].

1. Il faut noter que les enfants ou adultes non valides, vieillards par exemple, peuvent effectuer de menues besognes, travaux ménagers, garde d'animaux par exemple, soulageant ainsi les travailleurs des tâches non directement productives.

CHAPITRE III

TECHNIQUES AGRICOLES

1. L'OUTILLAGE AGRICOLE[1]

L'équipement des paysans Toupouri est des plus réduits et des plus simples, sans différences entre les outils de l'homme et ceux de la femme. Essentiellement un paysan possède une houe de type raclant à manche courbé court, une hache-herminette et un petit couteau à récolter le mil, chaque famille détient en principe une houe à versoir pour billonner les pépinières de Babou. Quelques grands paniers tressés à chaque récolte avec de solides chaumes d'Hyparrhenia ou un lacis d'écorces sur une carcasse de gaulettes, qui servent à transporter, du champ au grenier ou au marché, les produits, complètent cet outillage.

La base de tout outil agricole Toupouri est le manche en bois en forme de V à branches inégales et d'un angle voisin de 30°. Taillé dans une branche soigneusement choisie, la base du V laissée presque brute de façon à avoir la résistance maximum, la branche la plus courte (10 à 15 cm) formant une solide pointe conique et l'autre branche (longueur 30 à 40 cm) amincie a un diamètre d'environ 3 cm et parfaitement rabotée, ce manche assez bien équilibré et bien en main servira de support à la pièce travaillante en fer. Si celle-ci est large et plate ce sera une houe, si elle est épaisse et étroite ce sera une hachette (ou, selon l'orientation du tranchant, une herminette).

La pièce travaillante de la *houe* (Son) est une lame semi-circulaire de 10 à 15 cm de large, rapidement réduite par le travail jusqu'à n'être plus qu'une feuille très fine et coupante.

Elle est fixée sur le manche soit par une soie présentant quelques aspérités en guise de barbules fichée à force dans le bois, soit par une douille conique. Cette houe est employée en raclant le sol, la minceur de la lame tenue horizontalement permettant un sectionnement facile des

1. Le matériel de la traction animale est traité au paragraphe 5 : «La culture attelée».

herbes ou le soulèvement d'une plaque de sol ou une pénétration aisée dans les sols sableux. L'angle aigu du manche avec le sol, sa brièveté exigent une attitude très courbée du paysan.

Le bois est en général choisi et préparé par le chef de famille mais il est vendu sur le marché à l'intention des maladroits ou des femmes seules. La lame est fabriquée par des forgerons locaux (assez rarement) ou par des artisans plus habiles (Foulbé ou Moundang) à partir de ferrailles récupérées. Le fer est de pauvre qualité, d'une usure très rapide dans ces sables quartzeux. Il est fréquent de voir des paysans (femme surtout) travailler avec des moignons de houe de quelque 3 à 4 cm de long (au lieu des 10 à 15 cm de la houe neuve), très minces et parfois même fendus. Les prix varient de 15 à 100 Fr. CFA selon le poids (et selon l'époque) sur le marché de Datchéka. Une telle houe neuve complète pèse de 400 à 500 g. La Société de Prévoyance de Yagoua avait en stock depuis plusieurs années des houes à œil de type Ceylan (largeur 12 cm, emmanchement conique) qu'elle n'avait pu vendre aux producteurs de riz. Nous avons essayé de les introduire en pays Toupouri. Alors que le prix de revient Yagoua s'établissait aux alentours de 115 Fr. CFA, la S.A.P. fut fort aise de nous céder la houe au prix de 80 Fr. CFA. Malgré la nouveauté d'un tel outil, le paysan Toupouri fut séduit par la qualité du métal et le poids ; il s'adapta rapidement au nouvel emmanchement et à la tenue différente de l'outil, mais le différenciant nettement de la houe traditionnelle (appelée Son), il le baptisa *coupe-coupe* et l'utilisa au début plutôt comme hache, pic, etc. que pour le travail des champs (creusement des puits et silos en particulier). La diffusion en fut rapide et quelques milliers de houes furent ainsi vendues non seulement aux paysans du Sous-Secteur mais à tout le pays Toupouri. Une nette amélioration fut ainsi facilement apportée à l'outillage traditionnel. Par contre la C.F.D.T., ayant acheté pour l'équipement des planteurs de coton des houes à soie, a accepté que nous essayions de diffuser dans le Sous-Secteur ce modèle en apparence beaucoup plus proche du type traditionnel. Ayant relevé le prix des houes à œil à 100 Fr. CFA pour avoir un prix identique pour les deux modèles, nous avons proposé les houes à soie aux paysans, sans aucun succès par suite de leur tranchant convexe et de la longueur de leur soie.

Il est probable que si les houes à soie C.F.D.T. avaient été proposées aux paysans avant les houes à œil S.A.P., elles se seraient beaucoup plus facilement vendues. Mais il faut noter qu'un outil de type nouveau nécessitant une forme de manche différente et exigeant une technique de travail différente (percussion au lieu de grattement) a été adopté tandis qu'un outil très proche du type traditionnel a été refusé car ne s'adaptant pas suffisamment aux techniques utilisées.

C'est le même type de manche en bois qui est utilisé pour la *hachette* (le paysan très pauvre ou la femme ne possède parfois qu'un seul manche, changeant la pièce travaillante en fer selon le besoin). Le fer est constitué par une douille conique fendue, aplatie et renforcée à son extrémité pour former un biseau droit. Cette hachette (ou herminette si le fer est placé différemment) dont le poids est d'environ 900 à 1 000 g est un outil des plus précieux pour le Toupouri ; grossièrement affûtée sur la pierre à moudre le mil, elle sert à l'abattage, au débroussaillement, à l'ébranchage, au façonnage du bois de case comme du petit tabouret, grâce au maniement fort habile de l'homme ; la femme l'utilise à toutes sortes de tâches, ramassage du bois de feu, extraction de racines ou parfois de poisson (collecte des Protoptères enkystés dans les mares asséchées), etc., avec le coude du manche elle brise les mottes de terre pour faire ensuite les pots, elle concasse les fruits de brousse. Aussi voit-on rarement le Toupouri sans, à défaut de sa houe, sa hachette sur l'épaule.

Il existe un autre type de houe dite *houe à billonner* qui est utilisée pour la préparation des pépinières de Babou. Un travail plus profond du sol et l'accumulation de terre en billons de 30 à 40 cm de haut étant nécessaires, la partie travaillante en fer est fixée sur un long versoir plat en bois (cf. croquis fig. 27, p. 192).

La difficulté de fabriquer le manche et le versoir d'une seule pièce explique la rareté relative de ces houes, une par famille ou parfois une pour plusieurs familles associées, et leur prix assez élevé. Le poids moyen de la houe à billonner équipée est de 2 000 g.

Le couteau employé à la case par l'homme ou par la femme est simplement formé d'une lame en feuille de saule fichée dans un petit cylindre de bois mais pratiquement le couteau-poignard de type Foulbé, lame triangulaire, soie à oreilles formant manche, vendu sur les marchés s'est imposé partout.

Houe, hachette, houe à billonner, couteau à récolter constituent tout l'outillage agricole du paysan Toupouri, aussi le capital outillage ne dépasse guère 600 à 1 000 Fr. CFA par paysan et 1 500 Fr. CFA par famille !

Si les manches sont, sauf cas particulier, choisis et taillés par l'utilisateur lui-même, les pièces travaillantes en fer sont achetées soit au forgeron local et payées en mil, soit, de plus en plus, au marché à des colporteurs qui les produisent ou non eux-mêmes.

En dehors des houes type Celyan nous avons cherché à introduire d'autres outils car nous pensons que l'amélioration du petit outillage agricole, dans cette agriculture, où les bras seront encore longtemps la principale énergie disponible, est capitale.

Des haches dites de type malgache (hachette légère à l'œil rond situé parallèlement au plan de coupe) ont été proposées, mais sans succès, aux paysans Toupouri. Malgré la qualité d'acier et le poids légèrement supérieur pour un prix égal, elles déroutent le paysan par leur système d'emmanchement (l'auto-serrage grâce à la conicité du manche ne leur est pas familière) ; par sa facilité d'emploi dans diverses positions, la hachette traditionnelle

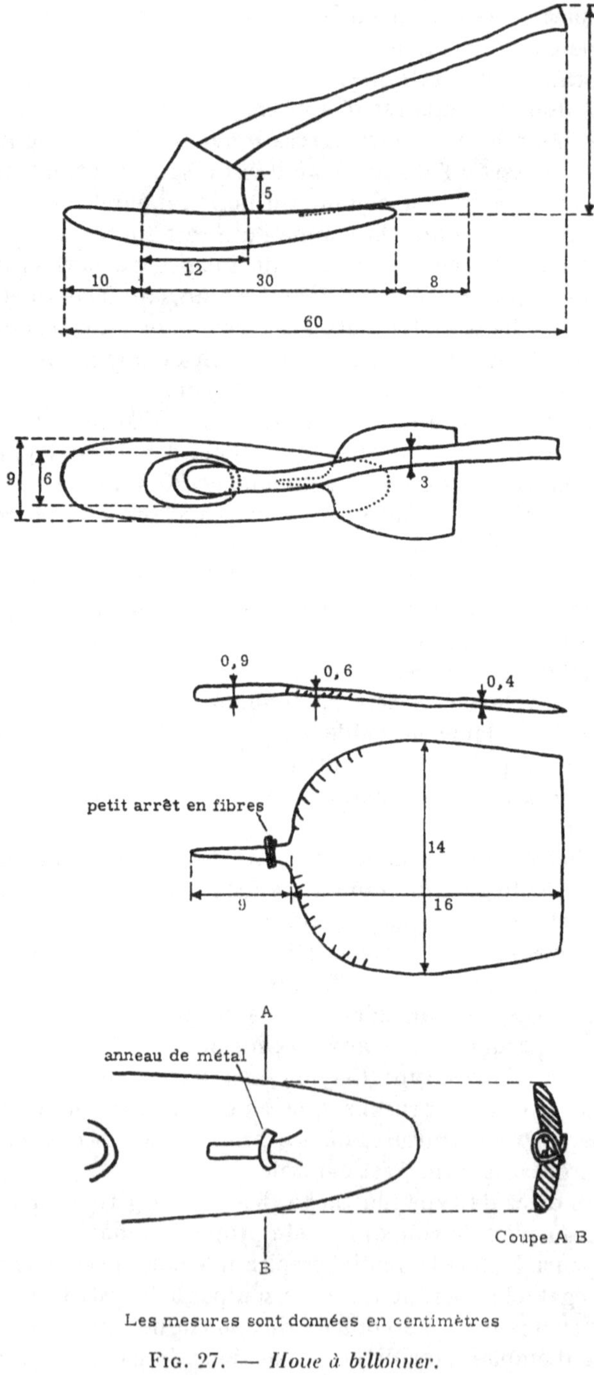

Les mesures sont données en centimètres

FIG. 27. — *Houe à billonner.*

(instantanément transformable en herminette) a été jugée par eux bien supérieure. Nous avons essayé de propager des faucilles très simples en fer que la S.A.P. n'avait pu écouler chez les producteurs de riz, pour le ramassage de fourrage en particulier ; mais même au prix extrêmement bas de 10 Fr. CFA elles n'ont suscité qu'une très maigre demande.

Nous avons présenté aux paysans des fourches en acier et des faux très courtes et robustes, ils ont été vivement intéressés et quelques-uns d'entre eux ont plusieurs fois demandé à s'en servir.

Après quelques démonstrations, quelques paysans sont arrivés à se servir sinon parfaitement, du moins efficacement de la faux et à avoir une idée des techniques d'entretien (battage et affûtage). La fourche « si pratique pour débrousser et évitant les épines » a été également très appréciée. Mais le prix de revient de ces deux outils est actuellement prohibitif pour les paysans Toupouri. Les quelques outils achetés pour les démonstrations ont été mis en dépôt chez les paysans qui ont le mieux appris à s'en servir, ils les utilisent à l'occasion mais se montrent fiers de ce prêt. La vulgarisation de la fourche en bois confectionnée sur place est en cours.

2. Les rites agraires

L'intime liaison entre la périodicité des saisons, la culture des plantes qui assurent la survie de la collectivité et le rythme des manifestations sacrées constitue l'essence même de la vie collective. On demande au ciel que la récolte soit belle, que le mil soit abondant et l'agriculture prend un caractère quasi sacré dans cette civilisation fondée sur le mil. Les grandes fêtes, toujours accompagnées d'abondantes libations de Yi, la bière de sorgho, qui marquent le déroulement du temps sont essentiellement des fêtes agraires ; découpant la vie de la société, exclusivement rurale, elles sont fondées sur la récolte et demandent, directement ou indirectement, à Bâ que l'abondance règne et que la collectivité ne soit pas dans le besoin.

Ce n'est qu'après consultation du Djihalgi et de son système divinatoire et le sacrifice d'une poule que le Ouansiri fait son offrande à Bâ et donne le signal des nouveaux travaux agricoles. A cet effet il se rend seul dans son champ de brousse et commence à retourner la terre ; c'est seulement le lendemain que les autres paysans commencent le travail des champs. De même il donne le signal de la récolte.

La société Toupouri, uniquement agricole, cherche à assurer sa permanence grâce à une récolte suffisante et grâce à la formation continue des jeunes agriculteurs. Les fêtes collectives, les rites particuliers du chef de terre auraient pour but de garantir la bonne périodicité des travaux, d'assurer la collectivité contre l'imprévoyance, travaux trop tardifs ou récoltes trop précoces. Comme il est le protecteur du système de détention collective du sol, le Ouansiri est le « mainteneur » du culte de la permanence en matière de technique agraire.

Le métier d'agriculteur chez les Toupouri s'apprend par une lente imprégnation individuelle et collective. Petit à petit l'enfant apprend l'essentiel du métier ; la patiente imitation des gestes sans cesse répétés par les parents lui donne les mêmes attitudes, les mêmes mouvements, les mêmes réflexes et les mêmes pensées. Ceci est renforcé par l'obligation quasi religieuse qu'a l'individu de suivre les gestes collectifs dont les grandes fêtes sanctionnent l'existence. Le paysan non seulement « ne peut pas » commencer à cultiver avant le chef de terre mais il « doit » labourer et semer après que celui-ci a donné le premier coup de houe, a semé le premier grain. P. De Schlippe [87] a pu écrire : « Il existe une relation directe entre les connaissances et leur applicabilité, entre le ' je sais ' et le ' je dois faire ' », ce qui s'applique assez bien au milieu Toupouri. Mais il ne faut pas minimiser l'importance de la contrainte sociale, tacite ou rappelée par le chef de village et le chef de terre (quand ceux-ci ne sont pas confondus en une seule personne), le dédain sinon l'opprobre qui s'attache au négligent ou au paresseux qui retombera plus tard à la charge de la collectivité. Il faut également invoquer le manque d'imagination, la tendance conformiste du paysan, ce qui peut être considéré comme une routine mais aussi la garantie d'une longue expérience qui a jusqu'alors assuré la survie de la collectivité.

3. Les divers travaux agricoles

Comme nous l'avons déjà vu (livre III, chap. v, § 2) la famille est la cellule de base de la société Toupouri que ce soit au point de vue social, économique ou agricole (exploitation, gestion et travaux). C'est avec la pleine collaboration de tous ses membres en état de travailler que la famille cultive ses champs. Dans une mesure plus ou moins grande, elle fait appel à un supplément de travail fourni soit dans le cadre des relations de parenté, soit dans le cadre d'une entraide du groupe, soit plus rarement par une main-d'œuvre payée en nature ou en argent. Par suite de la modernisation quelques paysans qui ont modifié jusqu'à la structure elle-même de leur exploitation, font un plus grand appel à cette aide salariée.

Les familles traditionalistes et travaillant toujours selon les normes coutumières ne font que peu appel à un supplément de main-d'œuvre étrangère au Tin, et celle-ci est toujours fournie par l'entraide familiale ou collective. Exemple : chez Tem l'aide pour les travaux agricoles représente en 1955, 5,02 % du total desdits travaux ; en 1956, 5,02 % ; en 1957, 7,7 %. Par contre dans une exploitation qui s'est progressivement enrichie avec un, puis deux bœufs, une charrue, une charrette et qui consacre une large partie de son temps à des travaux à façon (labour, transport) assurant un meilleur emploi de l'attelage, Dahan utilise un pourcentage beaucoup plus élevé de main-d'œuvre salariée mais on enregistre une diminution corrélative de la participation directe de l'homme et de son épouse aux travaux agricoles.

Exemple : Dahan

(en pourcentage du travail agricole total)

	Homme		*Femme*		*Aide*		
	—		—		—		
1955	49,3	+	30,2	+	20,5	=	100
1957	29,8	+	22,1	+	48,1	=	100

Cependant cet appoint de main-d'œuvre (en dehors du pourcentage d'aide traditionnelle toujours maintenue) est uniquement le fait d'hommes seuls, célibataires venant louer leurs services ; il n'y a pas en pays Toupouri de familles dépendantes d'une autre famille, ou même tirant une partie plus ou moins grande de leur subsistance de leur emploi par une autre famille. La famille est bien l'unité agricole et économique de base grâce à l'étroite liaison famille-Tin-exploitation agricole-cellule sociale.

Nous étudierons plus en détail (livre V) la répartition des diverses activités entre les membres de la famille, nous nous contenterons ici, en analysant les actes fondamentaux des divers travaux agricoles, de signaler la part qu'y prennent les diverses personnes. Pour chaque acte nous indiquerons surtout l'époque, l'outil, la méthode et l'agent qui l'effectue.

Choix du terrain.

C'est à la suite des indications du chef de terre (Ouansiri) après consultation des paysans qu'est choisi l'emplacement des cultures collectives dans la zone des « pseudo-rotations ». Chaque chef de famille choisit alors sa parcelle en recherchant le meilleur sol, venant en général s'adjoindre aux parcelles déjà réservées ; ce qui fait que la culture prend l'allure d'un champ collectif et non pas d'un semis de champs individuels dispersés. L'homme marque l'endroit qu'il a choisi en coupant quelques branches, en commençant à défricher en bordure du sentier. Pour les champs de Gara par contre, l'extension des champs de chaque famille a lieu en étoile à partir du Tin et chaque adulte « emblave » son champ en s'éloignant au fur et à mesure du Tin, en fonction de ses forces et de ses besoins. La surface ainsi semée en Gara est limitée par la rencontre des champs des voisins qui ont progressé de la même façon. Comme le Gara est semé sans travail préparatoire du sol, que les semis commencent pour tous à la même date, la première pluie assez forte marquant le début de la saison, et que les forces et les techniques des Tin voisins ne diffèrent guère, les superficies ainsi cultivées en Gara s'équilibrent année après année et varient peu. Cet équilibre peu à peu s'inscrit sur le terrain par un petit sentier ici, quelques buissons là, quelques pieds d'Hibiscus ou de ricin ailleurs. On ne peut donc pas parler de choix de terrain à propos du Gara.

Il en est tout autrement pour les cultures dites « de femmes », arachides et surtout pois de terre. Elles ont lieu dans la partie « anarchique » de la zone des « pseudo-rotations » et le choix de l'emplacement de chaque parcelle individuelle sur ces sols épuisés est absolument libre. Chaque femme cultive où elle veut, la superficie qu'elle désire. Parfois les champs des différentes femmes du même Tin sont contigus, parfois ils sont dispersés. En général les surfaces petites et irrégulières laissent entre elles des bandes non cultivées ; chaque femme défriche à son gré, selon sa fantaisie, selon sa force aussi et le résultat est des plus hétérogènes, parcelles de formes diverses, dispersées et de tailles très différentes.

Défrichement.

Celui-ci a lieu dans les mois qui séparent le choix du terrain de l'époque des premières pluies où la hâte d'exécution des semis de Gara ne permet aucun autre travail. Il est parachevé si nécessaire après les indispensables ensemencements de Gara. Le défrichement est commencé plus ou moins tôt selon l'importance de la surface recherchée. C'est ainsi que la famille Tem a en 1956 consacré au défrichement 27 journées de travail espacées assez régulièrement sur les cinq mois de janvier à mai, ce qui a représenté 12,9 % du total des travaux agricoles de la famille pour cette année-là. Il est rare que l'importance du défrichement soit aussi grande, et il est alors effectué en mars et parachevé en mai. C'est l'homme qui a la charge du défrichement et qui l'accomplit à peu près seul, la femme venant cependant parfois lui apporter une aide minime pour le ramassage des produits et leur brûlis.

Exemple :

1956	*Part de l'homme en h/jours*	*En pourcentage du total des travaux agricoles de la famille = TTA*	*Part de la femme ou des femmes en h/jours*	*En pourcentage TTA*	*Total de la famille en pourcentage TTA*
Tem	26,5	12,68	0,5	0,24	12,92
Lopo	4,5	1,62	0	0	1,62
Tionga ...	0,5	0,16	0	0	0,16

Les opérations de défrichement n'ont pas lieu tous les ans ; ainsi en 1957 par suite du retour des « cultures de brousse » sur d'anciens emplacements couverts seulement d'une bonne végétation herbacée elles ont été très réduites.

Dans le cas d'ouverture de nouvelles zones de « pseudo-rotations » très éloignées des habitations, consécutives à des déplacements de village, l'importance du défrichement est telle que des cases provisoires en paille (Mouriouki) sont édifiées à proximité du lieu de travail ; ces constructions légères disparaissent rapidement mais elles peuvent parfois devenir le noyau d'un futur quartier. Tel est par exemple le quartier du village de Toubali qui a gardé ce nom de Mouriouki.

La hache-herminette à fer étroit déjà décrite est l'outil essentiel du défrichement ; les outils tels que la hache à large tranchant et long manche droit, la matchette, ne sont absolument pas employés. Avec sa hache légère l'homme s'attaque aux buissons, aux rejets de souche qu'il sectionne au ras du sol, aux perches qu'il coupe à 60 ou même 80 cm de haut, mais il délaisse les arbres dès que le diamètre dépasse environ 10 cm. Quelques-uns de ceux-ci seront détruits grâce au feu, les produits du défrichement étant entassés au pied puis brûlés. Le défrichement chez les Toupouri est toujours une opération sélective ; le paysan épargne de nombreux arbres : Afzelia, Anogeissus, Parkia, Sterculia, etc, dont il élague au besoin les branches basses à l'aide de sa hachette, les champs de la zone des « pseudo-rotations » prennent alors l'allure de « vergers » cultivés.

Quand la totalité ou presque du champ a été débroussée, le paysan rassemble, parfois aidé de sa femme, les produits qui, en cette saison, ne possèdent pas ou très peu de feuilles. Il en fait des tas soit dispersés assez régulièrement sur sa parcelle, soit appuyés aux arbres à détruire ; il effectue cette opération à la main ou parfois quand il y a des épines, Gymnosporia, Acacia divers, à l'aide d'un bâton plus ou moins fourchu coupé à cette intention[1]. Il met le feu à ces tas bien secs en fin d'après-midi le plus souvent.

La modernisation de l'agriculture Toupouri devra rechercher une amélioration du défrichement : 1) dans le cas d'une culture attelée ultérieure, si le retour sur la même parcelle peut être garanti et si une jachère herbacée avec ou sans emploi de fertilisants (engrais vert ou tourteau de coton par exemple) assure un bon maintien de la fertilité, une sélection des arbres devra être opérée et l'élimination progressive des souches, si gênantes pour le semis et le sarclage attelés[2], rapidement menée. 2) Sur les champs où la culture attelée n'est pas envisagée ou en attendant les progrès de celle-ci, nous préconisons un abattage plus précoce (novembre-décembre si possible, périodes assez calmes au point de vue agricole), la dispersion des produits en couche uniforme sur le futur champ, ce qui

1. Lors de nos tentatives d'amélioration du petit outillage agricole, les habitants du Sous-Secteur ont montré un vif intérêt pour la fourche à dents d'acier qui facilitait beaucoup ce travail.

2. Par contre le paysan Toupouri les évite facilement avec sa charrue légère.

permettrait la chute totale des feuilles et une couverture protectrice du sol, durant la saison sèche. Leur ramassage avant la préparation proprement dite du sol serait facilité et on peut même envisager leur entassement, en bordure de parcelle, sans incinération, pour les champs périphériques.

Labour.

Par son but et par la date à laquelle elle est effectuée, cette opération d'ouverture du sol devrait être un labour et nous la désignerons sous ce nom ; en réalité, il s'agit d'un travail très superficiel remuant très peu le sol. Le semis doit être le plus précoce possible afin que la culture bénéficie du maximum de précipitations ; d'autre part le paysan Toupouri ne houe pas le sol tant que la pluie n'a pas suffisamment amolli la pellicule superficielle. Les labours sont donc faits dans la période de hâte qui sépare les premières pluies des semis. Pour le mil rouge hâtif de saison des pluies, le labour se borne au houage de l'emplacement du poquet de graines. Pour les cultures moins pressées ou pour lesquelles les exigences sont plus grandes : coton, arachides par exemple, le labour est généralement un peu plus soigné et s'effectue en plein sur toute la surface du champ. Ces labours ont lieu en mai ou juin selon la précocité des pluies.

Nous parlerons plus loin du labour d'août-septembre préalable au repiquage du mil de saison sèche qui est une opération nettement différente[1].

	Nombre de femmes	*Hommes*		*Femmes*		*Aide*		*Total*	
		Hommes/jours	*Pourcentage du TTA*	*Hommes/jours*	*Pourcentage du TTA*	*Hommes/jours*	*Pourcentage du TTA*	*Hommes/jours*	*Pourcentage du TTA*
Labour 1956 :									
Yongwé	1	11	6,38	3,5	2,03			14,5	8,41
Lopo	2	15	5,39	14,5	5,20	8	2,87	37,5	13,46
Hakna	4	26,5	5,44	91,5	18,79			118	24,23
Labour 1957 :									
Yongwé	2	8,5	3,97	4,5	2,10	1	0,46	14	6,53
Lopo	2	19,5	6,75	10	3,46	15,5	5,36	45	15,37
Hakna	4	16	2,88	51	9,18			67	12,06

1. Cependant par la dépense d'énergie physique qu'elle représente, par les outils et les mouvements employés, elle ne diffère pas sensiblement du labour. Aussi dans nos observations sur le cycle des travaux l'avons-nous toujours désignée sous la rubrique « Labour ».

C'est la houe (Son) qui est utilisée pour le labour. Le paysan la tient à deux mains, ce qui l'oblige à être très courbé, les mains proches du sol. Par suite de l'angle d'attaque très faible, du mouvement longitudinal de la houe et de la minceur du fer, une plaque peu épaisse de terre est à chaque fois soulevée par la houe. La terre est renversée par un basculement de la houe dû à une flexion du poignet en fin de course. La houe Toupouri traditionnelle ne travaille pas à la percussion mais par rabotage ; les « copeaux » de sol enlevés ont 2 à 3 cm d'épaisseur au maximum. On conçoit facilement qu'il soit nécessaire au paysan d'attendre que les premières pluies ramollissent la surface du sol avant d'employer un fer aussi mince.

Les deux tableaux indiquant la part du labour dans les travaux agricoles de l'entreprise familiale montrent que l'importance de cette opération peut varier assez fortement. La somme de travail consacrée au labour varie, en fonction de la surface totale cultivée, en fonction des antécédents du sol mais également en fonction de la capacité de travail de la famille. Si celle-ci ne dispose que de peu de temps elle sèmera sur un labour très imparfait quitte à espérer rattraper ce manque de préparation du sol par des travaux ultérieurs[1]. Alors que de 6 à 32 % du total des travaux agricoles (TTA) peuvent être effectués sous forme de labour, la part de l'homme dans ces travaux est relativement constante. Dans les petites familles (1 ou 2 épouses) l'homme accomplit à lui seul plus de la moitié du travail de labour (moyenne 1956 : 57 %, 1957 : 54 %)[2]. Dans les deux familles (à 4 épouses) de Hakna et de Damo la participation de l'homme au labour est beaucoup plus faible (moyenne 1956 : 27 %, 1957 : 27 %). En face de cet effort quelle est la part de la femme ? ou des femmes ?

POURCENTAGE DU TEMPS TOTAL PASSÉ AU LABOUR

	Familles à 1 ou 2 femmes		*Familles à 4 femmes*	
	1956	*1957*	*1956*	*1957*
Part de l'homme	57,7	53,7	27	27
Part de l'ensemble des femmes	28,3	22,2	72	71,4
Part de l'aide	14,1	23,9	1	1,5
TOTAL	100,1	99,8	100	99,9
Part moyenne d'une femme	18,2	12	18	17,8

1. C'est au livre V, « Cycle des travaux », que l'étude détaillée de l'importance respective des diverses opérations sera entreprise.

2. Il faut mettre à part l'exemple Dahan, paysan modernisé, qui a fait appel à une aide salariée et dont le labour et fait à la charrue.

La comparaison du pourcentage de travail effectué par homme ou femme à l'intérieur de l'opération labour (ce qui élimine l'influence des surfaces cultivées) montre que la part revenant à une femme est sensiblement constante. Le chiffre plus bas enregistré en 1957 est dû à l'influence de la famille Dahan où la quasi-totalité du labour a été fait à la charrue et où la femme n'y a jamais participé. On peut donc dire qu'en moyenne une femme participe pour 18 % à l'ensemble des travaux de labour de la famille, que l'aide extra-familiale est d'autant plus grande que la participation du groupe des femmes est plus faible (presque nulle dans les cas de familles polygames) et que l'homme effectue en général d'autant plus de labour qu'il a moins de femmes. On conçoit facilement que soit recherchée la polygamie qui soulage relativement l'homme du labeur pénible qu'est le labour (et le sarclage qui se fait de manière très analogue).

Fumure.

Elle n'est pratiquée traditionnellement par les Toupouri que pour les champs de Gara qui entourent le Tin. Elle s'effectue avant le semis ou même avant le labour par dépôt de façon plus ou moins régulière de calebasses de cendres et bouses sèches entassées à cet effet en saison sèche à l'entrée du Tin. La faible quantité de matières fertilisantes disponibles, le transport et le mauvais épandage limitent les surfaces ainsi fertilisées. Mais une autre méthode, la fumure au poquet, est également utilisée en pays Toupouri, toujours pour le Gara. Quand les pieds de sorgho atteignent 60 à 80 cm, le paysan qui peut le faire dépose au pied de chaque groupe de tiges une poignée de ce mélange de bouse de vache sèche, de cendres ménagères ou même de terre de lieu de stabulation. Signalons encore comme méthode de fumure l'utilisation systématique des champs de Gara comme lieux d'aisance avec l'enfouissement, sous une petite butte, des excréments humains. Il faut noter aussi l'installation des pépinières de Babou sur l'emplacement de stabulation des Gourna, ce qui correspond bien à l'utilisation consciente de la fertilisation ainsi produite par le séjour nocturne des vaches.

Semis.

Les graines peuvent être mises en terre sans qu'un labour préalable du champ ait eu lieu, c'est notamment le cas pour le Gara. Dès que les pluies sont commencées, le premier travail du paysan est de semer son mil de façon assez uniforme mais ni régulière, ni géométrique sur son champ. Pour ce faire il dispose quelques graines dans un poquet très superficiel hâtivement fait d'un coup de houe et qu'il referme avec le pied ; parfois même la mise en terre des semences de Gara se fait dans un simple trou creusé avec un bâton.

Les graines sont contenues dans une calebasse et une poignée est prise dans la main gauche qui en laisse couler trois ou quatre à chaque poquet. Pour les graines plus lourdes, coton, arachides, le travail est fait en général de façon plus soignée et en ligne. Sur le labour antérieur les emplacements des poquets sont dégagés d'un franc coup de houe, la régularité de l'écartement entre les lignes et de l'espacement sur la ligne est

TABLEAU 8

A) RÉPARTITION DES OPÉRATIONS DE SEMIS ENTRE LES MEMBRES DE LA FAMILLE

	Nombre de femmes	*Hommes*		*Femmes*		*Aide*		*Total*	
		Hommes/jours	*Pourcentage du TTA*	*Hommes/jours*	*Pourcentage du TTA*	*Hommes/jours*	*Pourcentage du TTA*	*Hommes/jours*	*Pourcentage du TTA*
Semis 1956 :									
Tem	1	10,5	5,02	4	1,91	1,5	0,72	16	7,65
Lopo	2	6,5	2,33	21	7,54	0,5	0,18	28	10,05
Damo	4	6	1,39	41	9,52			47	10,91
Semis 1957 :									
Tem	1	6,5	2,66	7,5	3,07	3,5	1,43	17,5	7,16
Lopo	2	6,5	2,25	20	6,92			26,5	9,17
Damo	4	7,5	1,24	38	6,07			45,5	7,31

B) POURCENTAGE DU TEMPS PASSÉ AU SEMIS

	Petites familles 1 ou 2 femmes		*Familles à 4 femmes*	
	1956	*1957*	*1956*	*1957*
Part de l'homme	48,4	39,7	11,4	15,1
Part de l'ensemble des femmes	49,8	55	85,4	84,9
Part de l'aide	1,8	5,3	3,2	0
TOTAL	100	100	100	100
Part moyenne d'une femme	31,1	34,4	21,3	21,2

assurée en théorie par l'emploi de bâtonnets de bois-mesures ou mieux d'une corde à nœuds-repères. Ce dernier système est de beaucoup préférable car il assure une plus grande régularité et un meilleur respect des distances.

En effet, le plus souvent le bâtonnet-mesure se perd et on en retaille un, de mémoire, plus ou moins approximatif, alors que la corde qui a coûté quelque travail est plus soigneusement gardée. De plus, malgré son extensibilité, la corde assure une bonne constance des espacements. Par contre le bâtonnet laisse à chaque report une large marge d'incertitude, la nouvelle mesure a souvent lieu à partir de la partie antérieure du coup de pioche, ce qui augmente automatiquement à chaque fois de 6 à 10 cm l'espacement préconisé.

L'emploi de la corde qui assure un écartement constant entre les rangs et le respect de l'espacement préconisé est meilleur malgré ses défauts (elle oblige pratiquement à des parcelles géométriques et à des lignes droites, quelle que soit la pente du terrain).

Il faut signaler que très souvent le travail du semis est dissocié, l'homme préparant les poquets et la femme déposant les graines ou bien l'homme effectue l'opération en deux temps. Dans le cas du seul dépôt des graines il est parfois utilisé une grande calebasse en forme de poire tenue sous le bras gauche et dont l'ouverture est à demi bouchée par la main droite qui filtre la quantité de graines nécessaires.

Comme dans le cas du labour, la part prise par l'homme dans l'exécution du semis varie selon qu'il a plusieurs femmes ou non. Alors que, dans le cas de familles de mono- ou de bigames, l'homme effectue à lui seul à peu près la moitié des semis, chez les familles à quatre femmes, sa part ne s'élève plus qu'à 10 ou 15 %. Dans ce dernier cas la part moyenne de la femme est également plus faible (21 %) que pour une femme de monogame (30 à 35 %).

Mais ce travail n'est pas réparti uniformément selon les proportions indiquées par les tableaux, sur l'ensemble des champs de la famille. Chaque adulte sème en principe le champ dont il prend la responsabilité et c'est dans cet acte surtout qu'il affirme son droit sur le champ et sur la récolte. La qualité de l'exécution et encore plus la date du semis conditionnent tellement la récolte que c'est l'acte décisif par excellence qui confirme l'initiative du cultivateur sur « son » champ.

Le semis à la volée est totalement inconnu du Toupouri et l'exécution de cette technique de semis lui apparaît particulièrement difficile.

Pépinières.

C'est seulement pour le mil repiqué de saison sèche Babou ou Donglong que le paysan produit systématiquement en pépinières les plants nécessaires.

Repiquage.

Cette opération est extrêmement importante car le paysan Toupouri y consacre environ de 6 à 14 % du total de ses activités agricoles. Elle porte uniquement sur les mils (la faible quantité de manioc plantée chaque année peut être passée sous silence). Le repiquage a lieu soit systématiquement, dans le cycle même de la culture, dans le cas du Babou ou du Donglong, soit occasionnellement, dans le cas des sorghos de saison des pluies. Le paysan regarnit les vides de son champ, dus à une mauvaise levée en prélevant des pieds individuels dans les poquets les mieux levés ; quand la taille du mil atteint 50 à 60 cm, l'arrachage est pratiqué facilement grâce au sol très mouillé, les plants sont parés, racines et feuilles raccourcies.

Le plant paré est déposé dans une fente presque verticale faite soit à la houe, soit le plus souvent à l'herminette, il est serré ensuite avec le talon. Le repiquage ainsi pratiqué en juin et juillet pour le regarni des champs de Gara est également utilisé dans les champs de Shoukouloum. Mais dans ce dernier cas il peut atteindre une grande ampleur ; en effet, la surface cultivée en Shoukouloum[1] le plus souvent dépend des perspectives de la récolte de Gara et des disponibilités en travail de la famille. Cette extension, que permet le semis en général dense, peut doubler ou même tripler la superficie originellement ensemencée en sorgho blanc tardif de saison des pluies. Comme dans le cas des compléments à l'intérieur du champ de Gara les plants sont extraits, préparés sur place et repiqués à proximité sans aucun délai. Parfois c'est l'homme qui ayant arraché 10 à 30 plants les repique lui-même ; d'autres fois, c'est la femme qui prépare les plants et approvisionne ainsi l'homme qui se borne au repiquage proprement dit.

Le repiquage de Babou ne diffère de ceux décrits plus haut que par son ampleur et son utilisation méthodique pour la culture de ce mil de saison sèche. Pratiqué en août-septembre et même octobre c'est lui qui constitue ce pourcentage élevé de consommation de main-d'œuvre (10 % du total des travaux agricoles en moyenne).

Les plants sont arrachés en général la veille au soir et attachés en bottes, constituant une charge d'homme (ou de femme) ; ils sont parfois préparés, cimes et racines rognées et quelquefois même un pralinage à base de terre de pépinière est réalisé (cas de longs transports ou de la vente de plants). Ils sont transportés dès le matin au champ et repiqués.

La distance entre les pieds est d'environ 1 m, le paysan avance en éventail et les plants de Babou se trouvent disposés sur des lignes plus ou moins circulaires. Nous avons essayé en vue de pratiquer les sarclages attelés, de vulgariser le repiquage en lignes du Babou et les paysans ont bien répondu à nos conseils.

1. Cf. livre IV, chap. IV, § 2-C.

Pour le Donglong, autre mil repiqué existant en pays Toupouri, plus tardif que le Babou et exigeant des terres plus lourdes, la méthode de repiquage est différente et s'apparente plus à celle utilisée par les Foulbé pour le repiquage du Mouskouari. Ces derniers repiquent au début de la saison sèche sur des sols très argileux, non labourés mais nettoyés par brûlis des herbes arrachées, ils utilisent soit la hachette, soit un lourd pieu

TABLEAU 9

A) RÉPARTITION DES OPÉRATIONS DE REPIQUAGE

	Nombre de femmes	*Hommes*		*Femmes*		*Aide*		*Total*	
		Hommes/jours	*Pourcentage du TTA*	*Hommes/jours*	*Pourcentage du TTA*	*Hommes/jours*	*Pourcentage du TTA*	*Hommes/jours*	*Pourcentage du TTA*
Repiquage 1956 :									
Dahan	1	10	5,36	3,5	1,88			13,5	7,24
Tionga	2	15,5	4,84	23,5	7,35			39	12,19
Hakna	4	13	2,67	57	11,70			70	14,37
Repiquage 1957 :									
Dahan	1	12	3,63	8	2,42	1	0,30	21	6,35
Tionga	2	18,5	5,23	26	7,35			44,5	12,59
Hakna	4	12	2,16	52	9,36			64	11,53

B) POURCENTAGE DU TEMPS PASSÉ AU REPIQUAGE

	Petites familles 1 ou 2 femmes		*Grandes familles à 4 femmes*	
	1956	*1957*	*1956*	*1957*
Part de l'homme	51,15	46,09	19,09	24,71
Part de l'ensemble des femmes	48,85	53,24	80,91	75,29
Part de l'aide		0,66		
TOTAL	100	99,99	100	100
Part moyenne d'une femme	30,53	33,27	20,23	18,82

à l'extrémité inférieure conique et renflé à la partie supérieure, pour pratiquer des trous profonds de 15 à 30 cm dans lesquels ils laissent glisser les plants ; ces trous ne sont pas refermés, ils servent à rassembler les dernières pluies ou à favoriser les condensations nocturnes de cette période ; parfois si le repiquage est trop tardif, un peu d'eau est versée dans chaque trou afin de faciliter la reprise.

Les Toupouri utilisent pour le Donglong un petit bâton de 30 à 40 cm de long légèrement fourchu à l'extrémité ; dans le trou pratiqué à l'aide de ce bâton dans le sol encore très humide (sol argilo-sableux à argileux des dépressions et travail effectué en octobre) ils glissent le plant. Un deuxième trou pratiqué à proximité avec le même bâton tenu obliquement permet de bien serrer la terre au niveau des racines, les deux ouvertures des trous restant béantes. Alors que les repiquages de Gara ou de Shoukouloum placent pratiquement le plant dans sa position naturelle, les repiquages de Babou et encore plus de Donglong ou de Mouskouari mettent le collet bien en dessous du niveau du sol.

Sarclage.

Le sarclage ne diffère guère du labour car l'outil, les gestes et le résultat sont les mêmes. Seules l'époque, la couverture végétale, l'occupation du champ créent quelques différences. Dans la même position que pour le labour, le paysan utilise la même houe à manche court et coudé, à fer plat et tranchant pour soulever une mince couche de sol, sectionnant ainsi les racines des touffes d'herbe. La plaque de sol sableux dont le chevelu radiculaire assure la cohésion est retournée afin de provoquer la dessiccation des herbes ; dans quelques cas, avant le retournement, le paquet d'herbes est secoué avec la main gauche pour mieux le dégager.

La plupart du temps un premier sarclage même soigneusement fait ne suffit pas à éliminer les herbes (cypéracées et graminées principalement) qui prolifèrent dans les cultures pendant la saison des pluies. Aussi le paysan est-il obligé de repasser une ou plusieurs fois pour des sarclages complémentaires; il profite d'un de ceux-ci pour effectuer parfois un buttage plus ou moins fort (spécialement pour coton et arachides, mais parfois également pour consolider les pieds de mil).

Le nombre des sarclages, la lenteur du travail et le soin qui y est apporté expliquent que le poste « sarclage » représente un poids aussi élevé dans l'ensemble des travaux agricoles du pays Toupouri.

Les chiffres 1956 (temps minimum 20 % du temps total des travaux agricoles [TTA], moyenne 33,7 %, maximum 48 %) sont assez différents des chiffres 1957 (minimum 33,5 %, moyenne 44 %, maximum 54 %), ce qui semble indiquer une intensité nettement moindre des sarclages. Ceci tient à deux facteurs : 1° l'incertitude qui plane sur la désignation des travaux d'ouverture-nettoyage du sol lors de la plantation du Babou ;

2° la compensation nécessaire d'un labour insuffisant par un sarclage plus intense et vice versa. En effet, pour le premier point, le repiquage du Babou s'effectue en général en même temps que se pratique l'ouverture du sol. Le labour avec enfouissement de l'herbe doit-il s'appeler sarclage quand il est pratiqué entre les plants déjà mis en place, toutes les autres conditions et la méthode étant les mêmes ? Aussi l'observateur africain

Tableau 10

A) OPÉRATIONS DE SARCLAGE

	Nombre de femmes	*Hommes*		*Femmes*		*Aide*		*Total*	
		Hommes/jours	*Pourcentage du TTA*	*Hommes/jours*	*Pourcentage du TTA*	*Hommes/jours*	*Pourcentage du TTA*	*Hommes/jours*	*Pourcentage du TTA*
Sarclage 1956 :									
Tem	1	37	17,70	27	12,92	2	0,96	66	31,58
Tionga	2	26	8,13	38,5	12,04			64,5	20,17
Hakna	4	30	6,16	99	20,33			129	26,49
Sarclage 1957 :									
Tem	1	73	29,86	36,5	14,93			109,5	44,79
Tionga	2	47	13,30	63,5	17,97	25	7,07	135,5	38,33
Hakna	4	49	8,83	176,5	31,81	25,5	4,59	251	45,23

B) POURCENTAGE DU TEMPS PASSÉ AUX SARCLAGES

	Petites familles 1 ou 2 femmes		*Grandes familles à 4 femmes*	
	1956	*1957*	*1956*	*1957*
Part de l'homme	45,71	39,30	21,89	17,41
Part de l'ensemble des femmes	51,61	41,49	77,67	63,36
Part de l'aide	2,68	19,20	0,43	19,23
Total	100	99,99	99,99	100
Part moyenne d'une femme	36,86	25,93	19,42	15,84

note-t-il indifféremment labour ou sarclage pour ces travaux. Si le premier labour précédant le semis n'a été que très sommaire les champs sont vite envahis par l'herbe et les sarclages devront être plus intensifs ou plus nombreux.

Si nous additionnons les temps et les fractions du temps agricole (TTA) consacrés au labour et aux sarclages, c'est-à-dire si nous réunissons en une seule rubrique ces deux catégories de travaux, nous voyons que la somme labour + sarclages constitue approximativement un peu plus de la moitié de l'ensemble des travaux agricoles (cf. tableau 11).

TABLEAU 11

LABOUR + SARCLAGES EN POURCENTAGE DE TTA (Total Travail Agricole)

	Années	*Pourcentage minimum*	*Moyenne*	*Pourcentage maximum*
Famille	1956	44,50	54,24	61,58
	1957	40,10	54,90	65,96
Homme	1956	11,60	23,02	34,69
	1957	11,46	19,20	36,20

Les sarclages sont à l'origine des pointes de travail enregistrées pendant les mois d'août et septembre. L'homme y participe très activement (1955 : 5,5 à 20,9 % TTA ; 1957 : 8,4 à 29,9 % TTA) mais la part des femmes y est relativement plus importante que pour les autres travaux.

Il faut noter que la part de l'aide peut être très importante dans l'exécution des sarclages. Et la comparaison 1956-1957 (à la lueur des pluviométries différentes)[1] est frappante. Alors qu'en 1956 les paysans maîtrisaient facilement avec leurs moyens propres la croissance des herbes et assuraient le bon état de leurs cultures, ils étaient obligés en 1957 de faire appel à des suppléments de main-d'œuvre assez importants. Que ce soit sous forme d'entraide individuelle ou collective (Damo : 14,4 % TTA et 26,8 % des sarclages) ou sous forme de main-d'œuvre salariée (Dahan : 30,7 % TTA et 56,4 % des sarclages), des personnes étrangères aux exploitations sont venues aider dans cette lutte contre les herbes. Certes le paysan faisant appel à l'entraide est obligé de rendre à peu près l'équivalent de celle-ci en allant travailler chez ses amis, mais cette entraide lui permet d'intervenir plus efficacement au moment jugé le plus opportun.

1. Août 1956 : 175,8 mm, septembre 1956 : 141,1 mm.
Août 1957 : 261 mm, septembre 1957 : 253,5 mm.

Garde.

La garde des récoltes en pays Toupouri n'exige pas beaucoup de travail. La densité de la population et l'éparpillement de l'habitat restreignent en effet beaucoup les dégâts des oiseaux. Et si l'on enregistre au moment de la maturité des mils quelques demi-journées passées à leur surveillance, il s'agit plutôt de visites pour s'assurer de l'état des récoltes et se prémunir contre leur vol que de garde proprement dite. Cependant notre étude de l'emploi du temps du paysan Toupouri nous a permis de relever chez certaines familles des temps de garde assez élevés. Ainsi Hakna, 1956 : 7,5 jours pour l'homme, 5 jours pour sa quatrième femme, soit 2,57 % TTA. Damo, 1957 : homme 7 jours, deuxième femme 0,5 jour, quatrième femme 3 jours (soit 1,73 % TTA).

Ces chiffres sont dus à la surveillance en juillet des pépinières de Babou aussitôt après leur établissement. L'homme ou une de ses femmes (le plus souvent celle qui peut le moins travailler) assure toute la journée pendant une semaine environ la garde des billons sur lesquels a été semé le sorgho afin d'éviter les dégâts des oiseaux. Ce n'est évidemment pas un travail très pénible mais il se place à une période de pointe et son importance n'est pas négligeable.

Récolte.

Les récoltes s'échelonnent d'octobre (Gara) à février (fin de la récolte du Babou), mais c'est surtout novembre et décembre qui sont les mois de récolte (mil blanc tardif, coton, arachides), c'est alors le travail important et d'ailleurs pratiquement le seul travail agricole. Nous avons classé sous la rubrique « Récolte » les quelques travaux préparatoires, par exemple relevage des tiges de mil que le poids des épis murs fait pencher jusqu'à terre, attachage de ces tiges entre elles pour se soutenir mutuellement, ou encore préparation des aires de séchage des arachides ou des épis de mil, mais toutes ces tâches ne sont pas couramment effectuées et leur durée est toujours très faible.

Pour la récolte des arachides, l'homme armé de la houe soulève les pieds, les dégage de la terre sablonneuse en les secouant et les rassemble grossièrement parfois en ligne. La femme le plus souvent a pour tâche d'accumuler les pieds d'arachides munis de leurs gousses en bottes liées par l'homme à la fin de la journée et que tous deux rapportent sur la tête à la case. L'égoussage est alors fait au Tin mais parfois il peut être effectué au champ. La récolte du coton est beaucoup moins pénible quoique souvent aussi longue.

Ce sont deux catégories de travaux bien différents au point de vue nature, gestes et fatigues. La récolte des sorghos est également différente. Quand le sorgho s'annonce mûr, le responsable du champ, aidé ou non des autres membres de la famille, coupe les épis à quelques centimètres de leur base à l'aide d'une petite lame de fer tenue dans le creux de la main ; les épis sont rassemblés sur le champ ou sont transportés dans de grands paniers jusqu'au Tin où ils seront égrenés ou mis en greniers tels quels.

Tableau 12

a) récoltes

	Nombre de femmes	*Hommes*		*Femmes*		*Aide*		*Total*	
		Hommes/jours	*Pourcentage du TTA*	*Hommes/jours*	*Pourcentage du TTA*	*Hommes/jours*	*Pourcentage du TTA*	*Hommes/jours*	*Pourcentage du TTA*
Récolte 1956 :									
Yongwé	1	11,5	6,67	31,5	18,26			43,	24,93
Tionga	2	24	7,50	32,5	10,16	12,5	3,91	69	21,57
Damo	4	10	2,32	50,5	11,73	6	1,39	66,5	15,45
Récolte 1957 :									
Yongwé	2	21	9,79	46	21,45	1	0,47	68	31,71
Tionga	2	28,5	8,06	52,5	14,85	10	2,83	91	25,74
Damo	4	13,5	2,22	95	15,67			108,5	17,89

b) pourcentage du temps passé a la récolte

	Petites familles 1 ou 2 femmes		*Grandes familles à 4 femmes*	
	1956	*1957*	*1956*	*1957*
Part de l'homme	29,77	30,69	18,77	6,91[2]
Part de l'ensemble des femmes	48,42	51,68	70,58	86,97
Part de l'aide	21,80	17,62	10,64	6,11
Total	99,99	99,99	99,99	99,99
Part moyenne d'une femme	34,58	32,30	17,65	21,74

1. Ce très faible coefficient s'explique par la longue maladie qui a empêché un des chefs de famille (Hakna) de participer aux travaux de récolte de sa famille (il est d'ailleurs décédé en janvier 1958).

Il est difficile de mesurer le temps nécessaire à la récolte du Gara. En effet celle-ci intervient à la période où les réserves alimentaires s'épuisent, et la cueillette des épis se fait de façon très irrégulière. Même si la maturité n'est pas atteinte la femme ramasse chaque jour les épis nécessaires à l'alimentation du jour. La maturation est hâtée soit par couchage des tiges en faisceaux subhorizontaux, soit même par dessiccation artificielle des grains (dans le « mûrit-mil »). Une collecte aussi dispersée, aussi occasionnelle ne peut figurer de façon totale dans nos relevés de travaux et ceci réduit le temps consacré en réalité aux récoltes. Quoi qu'il en soit c'est environ 20 à 25 % du total des travaux agricoles qui sont consacrés à la récolte du produit des cultures.

TEMPS PASSÉ A LA RÉCOLTE EN POURCENTAGE DE TTA

	Pourcentage TTA minimum	*Moyenne*	*Pourcentage TTA maximum*
1956	6,46	19,86	32,45
1957	17,89	25,29	31,71

Effectués à une période où les autres travaux sont à peu près nuls, mal limités dans le temps quant à leur fin[1], mal fixés dans leur nature, les travaux de récolte sont la plupart du temps très sous-estimés. S'il est en partie exact que leur modernisation, augmentant la productivité théorique en hommes/jours, mais ne résolvant aucun problème agricole ou économique, n'est pas à rechercher en premier lieu, il ne faut pas méconnaître leur importance et la grande consommation de main-d'œuvre qu'ils représentent.

Nota 1. — Il est difficile comme nous venons de le préciser au sujet des récoltes de trouver une limite nette des activités agricoles. Les transports, conservations des produits, transformation et vente de ceux-ci, ou même les travaux de construction de greniers ou de fumières, qui pourtant n'ont pas d'autre justification que la production agricole elle-même, n'ont pas été considérés par nous comme travaux agricoles mais classés dans les travaux divers.

Nota 2. — Il faut signaler la connaissance par le paysan Toupouri de l'irrigation ou plutôt de l'arrosage soit à la calebasse, soit même à la bouche (pulvérisation de fines gouttelettes sur les jeunes semis de tabac), mais son emploi est extrêmement limité dans le pays Toupouri, et spécialement dans la zone de Golonpoui.

1. Le grappillage des arachides qui produit quelques kilogrammes de gousses par jour doit-il être considéré comme un travail de récolte ?

4. Le maintien de la fertilité

Comme dans la plupart des paragraphes de cette étude, nous examinerons à la fois les aspects traditionnels, les progrès en cours et les perspectives de cet important problème du maintien de la fertilité. C'est pourquoi ce paragraphe discutera successivement de la jachère naturelle et des rotations, de la jachère artificielle et de l'engrais vert, enfin de la fumure, en pays Toupouri.

Nous avons écrit au chapitre II, § 2, comment s'opérait le retour des cultures à intervalles plus ou moins longs sur les mêmes terrains et comment nous avons essayé d'orienter, plutôt que de réglementer, ces pratiques dans le cas de la population dense et des espaces exigus du Sous-Secteur.

Tout l'espoir de regagner le niveau de fertilité antérieur à l'exploitation agricole repose sur les facteurs naturels au premier rang desquels est la végétation spontanée. Aussi est-il facile de comprendre pourquoi le paysan juge la possibilité d'utilisation de son sol surtout à l'aspect de la couverture végétale.

Sachant comment rétablir (ou plutôt laisser se rétablir) les qualités productrices de son sol, le paysan Toupouri utilisait des « pseudo-rotations » pour tirer le meilleur parti de la fertilité ainsi exploitable. Dans les sols les meilleurs se succédaient : 1° coton, 2° mil, ou bien : 1° coton, 2° arachides, Voandzou, haricots ou doliques, 3° mil (sols un peu plus légers). Dans les sols les plus pauvres et les plus légers : 1° arachides, 2° mil pénicillaire (Tchanré), et facultativement 3° arachides, et enfin exceptionnellement 4° Tchanré. Mais le seul jeu des facteurs naturels a des limites assez étroites.

Dans le cas des terres argilo-sableuses sur lesquelles est cultivé le Babou, la fertilité semble assez facilement maintenue par la conjugaison d'une jachère annuelle (jusqu'en septembre), de l'enfouissement sans brûlis de la bonne couverture herbacée ainsi produite et par le pacage prolongé (sur jachère ou après récolte). Mais pour les sols sableux de la zone des « pseudo-rotations », il est à craindre que la modification lente de la végétation naturelle ne se traduise par une dégradation de son pouvoir régénérateur. D'autre part l'influence de la culture attelée gênée par les souches (spécialement lors de la généralisation du semis et du sarclage attelés), la tendance au retour sur le même emplacement, prélude à une appropriation individuelle, entraînent toutes deux l'élimination progressive de la strate arborée ou même buissonnante ; il faut donc envisager la disparition à plus ou moins long terme de la jachère mixte arborée-graminéenne ; il est indispensable de chercher un autre moyen de maintenir la fertilité ou même de l'augmenter.

L'engrais vert a paru être la forme la meilleure de remplacement de la jachère spontanée et les stations de recherche agricole ont pu émettre des formules semblant satisfaisantes (mélange de mil pénicillaire et de Crotalaria juncea en sols légers ou seulement à base de légumineuses, Crotalaria juncea et Dolichos Lablab). Mais ces formules séduisantes en station sont très difficiles à vulgariser ; elles nécessitent des travaux importants (labour préalable, sarclage éventuel, coupe, enfouissage) dont le paysan ne mesure encore que très imparfaitement l'utilité ; elles réclament ces travaux à des périodes très inopportunes, en juin période de grands travaux et en septembre où il n'y a guère de temps inoccupé. D'autre part R. Dumont [31] signale très justement combien l'engrais vert serait nécessaire pour protéger le sol pendant toute la saison sèche mais, si l'on attend la fin de la saison sèche pour l'enfouir, il n'est pas décomposé au moment des semis. C'est pourquoi nous avons plutôt cherché, non seulement un contrôle de la végétation spontanée, mais aussi une amélioration de celle-ci et son utilisation partielle par le pacage ; cette transformation de la jachère en une sole fourragère et amélioratrice nous semble devoir être, dans l'état actuel de l'agriculture Toupouri, une solution obligatoire. Hélas, faute d'expérimentation préalable dans une station consacrant une partie de ses efforts à cet important problème en gardant toujours à l'esprit les caractères limitatifs de l'agriculture autochtone, nous n'avons pu nous livrer qu'à un essai réduit cette dernière année[1]. Sur un hersage rapide dans une zone abandonnée l'année précédente, nous avons persuadé quelques paysans de semer à la volée un mélange de Dolichos Lablab et de mil pénicillaire (soit Tchanré local, soit mil Sian fourni par la station de Ba Illi). Notre intention était de l'utiliser comme pâturage intensif pour les bœufs de labour (avec stabulation nocturne éventuelle sur place), puis enfouissement à la charrue dans la mesure du possible, la réduction de la taille par le pâturage diminuant la masse d'engrais vert à enfouir, la partie non retournée et les repousses servant à l'ensilage ou au pâturage en fin de saison sèche. Nous pensons que grâce au pâturage-parcage (consommation du silo creusé à proximité, en fin de saison sèche d'où fumure correspondante), à l'enfouissage de la matière verte restante, on peut arriver, sans abandonner tout de suite la jachère spontanée, à maintenir plus efficacement, sinon à augmenter le potentiel de fertilité de ces sols sablonneux. Cette solution mixte jachère spontanée-mélange mil-légumineuse, pâturage-parcage-enfouissage n'a pas été concluante. En effet nous n'avons pas pu empêcher les troupeaux de quartier de se jeter trop tôt sur les jeunes pousses de mil par suite de l'absence de limites matérielles et de la rivalité inavouée entre détention individuelle et propriété collective que notre action n'a pu encore supprimer.

Il existe dans ces régions sèches du Nord-Cameroun et plus particulièrement en pays Massa et Toupouri le « miraculeux » Faidherbia albida (Tchour en Toupouri) (cf. livre II, chap. v, p. 55). Le paysan Toupouri

1. 1957.

en connaît l'utilité et le protège tout spécialement dans les zones habitations-Gara. Nous favorisons sa dispersion dans les terrains où il est rare mais son démarrage très lent fait que l'on ne peut guère compter sur lui avant une quinzaine d'années. Des Faidherbia assez régulièrement alignés (10 m sur la ligne, 20 à 25 m entre les lignes) pour ne pas gêner les opérations culturales (culture attelée spécialement), à la densité d'une soixantaine d'arbres à l'hectare fourniraient certainement (en plus d'un intéressant appoint pour l'alimentation du bétail) une fertilisation très appréciable.

Le paysan Toupouri pratique également une fumure artificielle, ce qui place son agriculture à un niveau d'intensité remarquable pour l'Afrique Intertropicale. L'accumulation sans soin à l'entrée du Tin des cendres et déchets de cuisine avec quelques bouses de vache sèches donne un volume le plus souvent restreint de fertilisant de valeur assez maigre. Les gros tas de ces déchets que l'on rencontre parfois sont l'indice d'une migration du Tin (par suite de la mort supposée proche du Djitin). Le fertilisant est épargné au profit des futurs champs. Les nouveaux exploitants trouvent une bonne compensation dans l'ouverture de l'emplacement même du Tin, au sol tassé superficiellement mais très enrichi.

Voyant cet intérêt du paysan Toupouri pour la fumure, un des premiers objectifs du Sous-Secteur fut de rechercher à faire augmenter la quantité et la qualité du fumier. La tâche consistait à récupérer une plus grande quantité de déchets organiques et déjections animales, à y faire ajouter des produits végétaux, à éviter d'une part la dessiccation et l'exposition à l'air et au soleil et d'autre part la dispersion par les poules ; il ne pouvait être question au démarrage et encore à l'heure actuelle de chercher à produire du véritable fumier qui nécessite des litières et un arrosage fréquent en saison sèche. Après avoir longuement insisté auprès des paysans sur l'utilité et la valeur du fumier, nous fîmes réaliser une « fumière » simple en quelques exemplaires exécutés aux frais du Sous-Secteur d'abord. Elle consiste en une plate-forme circulaire de terre battue légèrement concave de 1 à 2 m de diamètre selon l'importance de la famille : une murette en terre de 10 à 15 cm d'épaisseur la bordant, ayant au début 30 cm de haut, fut élevée à 50 cm et même 60 cm ensuite. Sur cette plate-forme sont déposés chaque jour les détritus ménagers et le maximum de bouses de vache, sèches ou non, qui peuvent être recueillies à l'emplacement de stabulation nocturne des bêtes (au centre du Tin le plus souvent) ; y sont ajoutés tous les déchets végétaux, pas trop ligneux, disponibles, paille, cosses de haricots, glumes de sorgho et l'homme est invité à ramener chaque soir du champ où il a travaillé une botte d'herbes qui sert à recouvrir le monticule qui s'agrandit tous les jours. On obtient peu à peu un volume très appréciable de déchets bien protégés contre les poules et le soleil par la murette périphérique et la couverture d'herbes ; quand le tas est suffisamment haut et menace de déborder de l'enceinte, il est recouvert soit d'une épaisse couche de paille soit mieux d'une croûte de terre. Une nouvelle « fumière » est alors installée à proximité.

Une fois démontré par l'exemple ce que nous entendions par fumière nous avons essayé de la généraliser à tous les Tin. Les premières fumières furent établies en mai et juin 1954 par les soins[1] du Sous-Secteur (qui

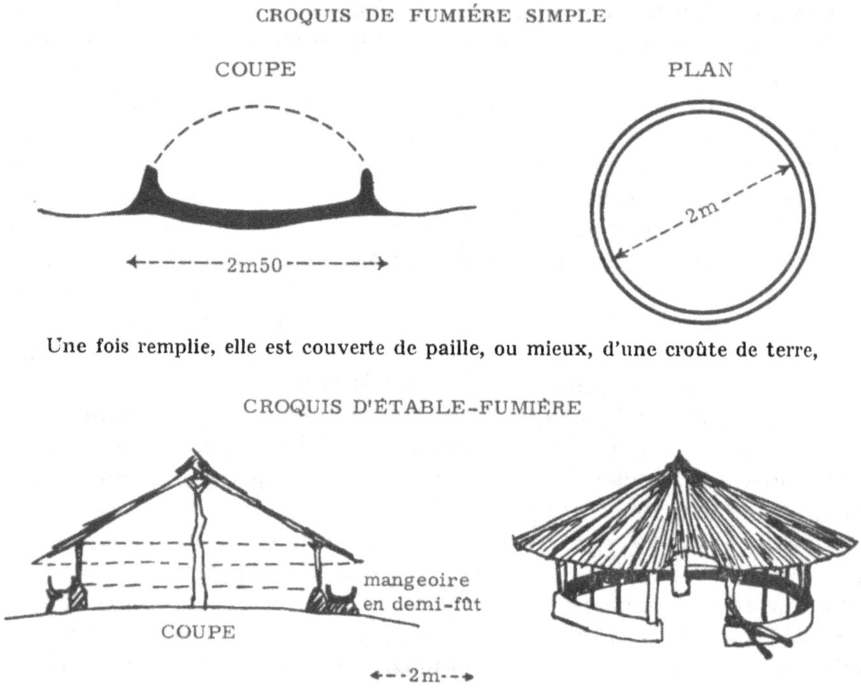

Fig. 28. — *Croquis de fumière simple et croquis d'étable-fumière.*

avait démarré en avril). Devant servir de modèles elles furent dispersées dans le village, une chez chaque chef de quartier (5) et cinq autres chez des paysans qui nous apparurent dès l'abord suffisamment réceptifs. N'ayant rencontré ni hostilité ni même objections sérieuses, bien au contraire, nous décidâmes d'accord avec le chef de canton, le chef de village et les chefs de quartier de demander en août à chaque Tin de posséder sa fumière. Les paysans ne les confectionnèrent pas en 1954 sous divers prétextes.

Mais en 1955 et 1956 ce type de fumière fut progressivement généralisé, à Golonpoui et dans les villages voisins, la hauteur de la murette périphérique fut également augmentée jusqu'à 60 cm environ afin d'accroître la quantité de matières accumulées par fumière et de mieux la protéger.

1. Main-d'œuvre payée : 3 journées d'homme par fumière.

Le résultat n'est évidemment pas du fumier (avec ses caractéristiques européennes dues en particulier à l'absorption des urines par la paille de la litière), plutôt un terreau très enrichi, assez humide même en fin de saison sèche, d'une valeur bien supérieure à celle des détritus habituels. Mais surtout la quantité disponible par famille est considérablement plus élevée. Certes de gros progrès sont encore à faire, en particulier par l'incorporation plus abondante de matières végétales, par une meilleure protection quotidienne, par l'arrosage éventuel pour faciliter la décomposition. L'idéal serait certainement la stabulation nocturne sur litière de paille ou d'herbe permettant de récupérer les urines et les bouses (dépôt maximum au crépuscule et à l'aube donc la plus grande quantité ainsi concentrée au village) mais nous verrons au livre IV, chapitre v « Élevage » les difficultés que cela représente en plus de l'important travail exigé.

Cette grande quantité de fertilisant (terreau ou fumier) obtenue, que devait en faire le paysan ? Accroître la surface fertilisée à la dose traditionnelle ou augmenter l'intensité de la fumure sur les champs de Gara ? Faute de données expérimentales nous avons estimé d'une part, que les champs de Gara étaient encore loin d'avoir atteint un palier de fertilité et que d'autre part, il valait économiquement mieux intensifier la fumure jusqu'à obtenir une dose normale (10 t/ha) que de disperser les produits fertilisants sur une plus grande surface. C'est pourquoi nous n'avons pas cherché à étendre la fumure à partir du produit des fumières au-delà des champs périphériques aux Tin, la première zone à atteindre ensuite étant celle des champs de Babou où l'effet en sera certainement des plus payants.

Nous pensons que pour les cultures en dehors de la zone habitations-Gara tant que n'existera pas une meilleure production de fumier (grâce également à la vulgarisation du transport attelé qui permet l'approvisionnement en paille et dans l'autre sens l'évacuation vers les champs du fumier) il faudra faire appel soit à la fertilisation indirecte soit aux fertilisants artificiels. Par fertilisation indirecte nous entendons le pacage sur champ, sur jachère naturelle améliorée (avec au besoin distribution d'ensilage stocké sur place). Par fertilisants artificiels nous comprenons aussi bien les engrais importés que les sous-produits des industries agricoles : tourteau de coton en particulier. A des doses relativement faibles (500 kg/ha), le tourteau de coton produit par l'huilerie moderne de la C.F.D.T. à Kaélé est un excellent engrais très intéressant pour le Nord-Cameroun. Apprécié des animaux il doit être utilisé d'ailleurs à deux fins : alimentation d'abord puis fertilisation. Il est normal que la C.F.D.T. cherche surtout à en assurer la diffusion et l'emploi dans les zones les plus cotonnières (grâce au transport en retour des camions qui collectent le coton-graines). Mais nous essayerons de provoquer chez les paysans Toupouri le transport par leurs propres soins avec leurs bœufs et leurs charrettes pendant la période creuse de la saison sèche.

La C.F.D.T., toujours à la recherche d'une augmentation de la production de coton, a effectué depuis quelques années des essais de diffusion d'engrais, sulfate d'amoniaque et urée spécialement, avec d'excellents résultats. Ces engrais artificiels sont d'un prix élevé à l'unité de poids (par suite des coûts de transport très élevés) mais leur utilisation, en tenant compte des facteurs économiques, aurait dû être sérieusement étudiée. Malheureusement nous avons déjà signalé combien fait défaut toute recherche agronomique sérieuse et bien orientée dans le Nord-Cameroun. Que ce soit pour les sorghos, le coton ou l'arachide, il est probable que l'emploi rationnel d'engrais artificiel est payant, en particulier le dépôt d'une petite quantité de fertilisant azoté placé au semis (ou au démarrage) à proximité de chaque emplacement comme les Anglais l'ont vulgarisé sur l'arachide en Nigeria et comme la C.F.D.T. s'emploie à le faire pour le coton.

5. La culture attelée

Lors de notre examen des conditions de modernisation du pays Toupouri, il nous est apparu que l'intégration plus étroite du bétail à la production agricole était un des facteurs les plus importants.

La modification de l'esprit du paysan pour l'amener à voir dans le bétail qu'il élevait sans souci de son utilisation, une source d'énergie nouvelle, de fertilisation complémentaire et un revenu supplémentaire, cette transformation de la mentalité de l'agriculteur à la houe nous est apparue comme une base fondamentale de la modernisation rurale du pays Toupouri (comme d'ailleurs du Nord-Cameroun dans une grande majorité de cas).

Bien entendu, depuis de nombreuses années, les expériences du Sénégal et du Soudan, et surtout le vieux réflexe européen qui lie labour et paysannerie, avaient fait penser à la vulgarisation de la charrue. Des essais importants, non seulement en stations (hélas sans aucune diffusion dans le milieu rural), mais au stade du village avaient eu lieu. En 1938, la Société Indigène de Prévoyance (SIP) de Yagoua avait dépensé des crédits importants pour la vulgarisation du labour attelé. Quinze ans après il n'en restait que quelques charrues rouillées abandonnées dans les herbes et une grande méfiance à l'égard d'une nouvelle initiative de ce genre. L'étude des conditions de cette tentative et l'analyse des raisons de son échec expliquent la méthode que nous avons adoptée et le système d'encadrement concentré et permanent qui est à la base même de toute l'action du Sous-Secteur. En 1938, chaque chef de canton dut envoyer obligatoirement un ou deux jeunes hommes pour leur formation comme bouviers et laboureurs. Bien entendu ce ne furent ni des paysans déjà installés, ni des gens exerçant une influence importante, mais soit des serviteurs, soit des célibataires sans emploi. Ayant appris sans grand enthousiasme comment atteler des bœufs et comment labourer, ces deux jeunes gens revinrent chez le chef de canton avec une paire de bœufs et une charrue équipée, fournis par la SIP mais qui apparurent comme le « cadeau du Commandant ». Essayant de démontrer leur science nouvellement acquise devant, sinon les sarcasmes des vieux, du moins l'inertie et la routine collectives, ces bouviers furent rapidement arrêtés par de menus incidents mécaniques, chaîne égarée, boulon desserré, soc usé, etc., que l'éloignement de la Subdivision et le passage irrégulier des responsables ne leur permirent pas de résoudre sur-le-champ. Le long intervalle séparant les périodes de labour, nécessitait chaque saison de travail un nouveau dressage des animaux laissés en liberté depuis de longs mois. Quand la charrue fut ainsi délaissée, les bœufs bien plus intéressants aux yeux de la population et du chef, ne tardèrent pas à disparaître souvent à l'occasion de quelque fête. Les paysans ayant trop eu l'impression que les bœufs et la charrue comme le labour lui-même étaient des choses du « Commandant » n'en prirent que ce que la peur ou le respect de l'Administration leur firent adopter. L'encadrement épisodique et irrégulier (ceci dû en grande partie à la dispersion des efforts sur une zone trop vaste), le manque de soutien matériel et moral à portée du paysan, l'introduction d'une technique isolée sans améliorations des autres manifestations de la vie agricole, c'est-à-dire sans être incluse dans (et justifiée par) un contexte agricole dynamique furent les causes de l'échec de 1938.

La solution nouvelle proposée au problème de l'amélioration de l'agriculture africaine, encadrement permanent, polyvalent et en profondeur, s'adaptait particulièrement bien à la vulgarisation de la culture attelée en pays Toupouri.

Mais le concept culture attelée est trop souvent lié dans l'esprit du profane à la charrue. « C'est le combiné de culture *attelée-fumée* qu'il faut répandre... Les premiers animaux devraient être dressés à la charrette... *avant ou en tous cas en même temps qu'à la charrue* » (R. Dumont [31]). Nous dûmes rechercher et mettre au point tout à la fois les méthodes d'emploi, les instruments et les moyens de les faire adopter de façon définitive.

Deux attelages conduits par deux jeunes Toupouri formés par M. Bloc'h furent chargés d'effectuer des démonstrations chez les paysans qui le désiraient, ceux-ci s'engageant en échange à nourrir bœufs et bouviers et à construire une fumière (dont la vulgarisation en ce premier semestre 1954 était également en cours). Par démonstration il faut comprendre non pas la seule exécution d'un labour par le moniteur mais la participation active du paysan qui aide à l'attelage et doit essayer de prendre les mancherons, afin de se familiariser avec les animaux et la charrue. Un vif intérêt se manifesta dès les premiers jours devant la qualité et la rapidité d'exécution des labours. Notre premier souci fut de rechercher à accroître notre base de démonstration et éventuellement à susciter la création d'attelages chez quelques paysans. Pour cela il fallait trouver animaux, charrues et charrettes et... paysans. Nous eûmes rapidement la conviction que quelques habitants de Golonpoui, parmi la foule des enthousiastes, étaient fermement intéressés : demandes fréquentes de l'attelage, questions pertinentes, offres d'achat même. L'examen détaillé de tout le troupeau de Golonpoui révéla que le nombre d'animaux mâles adultes en état d'être dressés et de travailler était loin de suffire même aux seuls besoins immédiats du démarrage. Nous ne trouvâmes en effet qu'un seul taureau de format et de poids suffisants, les paysans cherchant en général à se débarrasser des mâles le plus tôt possible. Les premiers taureaux de labour[1] durent donc être achetés en dehors du pays Toupouri et en particulier sur les deux marchés de bétail au contact des zones Foulbé et Toupouri ou Moundang, Moulvoudaye (70 km au nord de Golonpoui) et Doumrou (70 km à l'ouest de Golonpoui). Trois attelages furent ainsi facilement constitués par le Sous-Secteur et effectuèrent des démonstrations ou même furent prêtés à des cultivateurs. Quelques vieilles charrues de modèles très divers : Ransome à très long versoir, Bajac à âge d'acier, Brabant, etc. furent récupérées ; quelques unités reconstituées nous permirent les premiers labours. Nous acquîmes rapidement à titre d'essai six charrues neuves assez bien adaptées au pays. Il s'agissait de deux charrues métalliques Ebra de 18 à 20 kg, deux charrues Fondeur FBI de 21 kg et deux modèles Bourguignon BM2M de 24 kg, parmi lesquelles les paysans pouvaient choisir le modèle qui leur plaisait le mieux. D'autres modèles furent introduits par la suite mais les préférences des cultivateurs et les nôtres allèrent toujours vers la charrue Bourguignon BM2M par suite de ses qualités, de la facilité de ses réglages (pas de boulon à serrer mais des trous avec goupille ou des crans dans le régulateur de traction). Les paysans ont tout de suite apprécié un type de charrue assez légère pour être très facilement maniable car la présence de souches oblige le laboureur soit à basculer la charrue sur le côté pour contourner l'obstacle, soit à soulever la charrue pour le franchir. Mais la charrue doit être assez robuste pour résister à des souches cachées ou aux mauvais traitements fréquents.

Enfin la simplicité de réglage est très appréciée si elle ne comporte pas l'emploi d'une clé (dont l'utilisation est à apprendre par le paysan au même titre que celle de la charrue) qui s'égare facilement si on la transporte au champ.

Comme pour les charrues nos premiers exemplaires de charrettes furent récupérées dans des tas de ferraille ; ce furent des restes de voiturettes Lefèvre introduites avant 1938. Malgré leur mauvais état et le rafistolage nécessaire, elles nous rendirent les plus grands services.

1. Nous employons indifféremment l'expression taureau de labour ou bœuf de labour ou même bœuf tout court. Dans le Nord-Cameroun on dit couramment un troupeau de bœufs pour un rassemblement de zébus où il n'y a parfois qu'un seul mâle !

Ainsi pourvu d'un minimum de matériel le Sous-Secteur chercha à diffuser rapidement à Golonpoui et à intensifier le labour et le transport attelés. Il fallut dès le premier mois restreindre le prêt des attelages et matériels du Sous-Secteur au profit de l'achat par les cultivateurs de ces nouveaux moyens de travail. Les premières constatations sur l'économie locale et les ressources familiales avaient montré la pauvreté des paysans et leur manque total de réserves financières; or le coût d'un équipement s'élevait en gros à (2 bœufs : 6 500 $\times$ 2 $=$ 13 000 Fr. CFA, charrue et accessoires 5 000 Fr. CFA, charrette 20 000 Fr. CFA) un total de 38 000 Fr. CFA qui équivalait à plusieurs fois les recettes annuelles de chaque exploitation. De plus les charges de l'entretien de deux animaux nous parurent dépasser les capacités d'une famille. Nous fûmes donc conduit à fonder l'équipement sur une association de deux familles (chacune un bœuf et la charrue à moitié) aidées par un crédit agricole individuel. Par suite de son prix élevé la charrette ne fut pas diffusée de suite, celles appartenant au Sous-Secteur étant prêtées librement aux paysans venant les chercher le matin.

Au paysan désireux de s'équiper on explique, s'il ne le sait déjà, qu'il doit s'associer avec un autre paysan pour constituer un attelage et bénéficier du crédit agricole qui lui permettra l'achat du bœuf et du matériel. Ce n'est que lorsqu'il se présente avec un associé que l'affaire est prise au sérieux. Le Conseiller rural effectue alors une enquête sur chacun des paysans, la composition de leur famille (les célibataires trop instables ou trop tentés d'inclure le bœuf dans la dot sont écartés), leurs récoltes, leur situation et leur caractère[1] ; il consulte le chef de quartier et le chef de village pour avoir leur avis et en même temps leur garantie morale. S'ils sont agréés chacun des associés doit effectuer un premier versement, en théorie de l'ordre d'un tiers du crédit à accorder, en pratique de 1 000 Fr. CFA au minimum afin de consacrer sa ferme volonté de bénéficier du crédit et de rembourser les avances faites. Le crédit agricole qui fut ainsi mis sur pied à Golonpoui à l'aide des économies sur le budget de fonctionnement du Sous-Secteur d'abord, puis de la Société de Prévoyance de Yagoua et enfin récemment du Crédit du Cameroun, est un crédit à trois ans à faible intérêt, uniquement destiné à l'achat d'attelages et de matériel agricole ; il est fondé sur la connaissance personnelle de l'emprunteur par le Conseiller rural, sur la confiance réciproque et sur la contrainte morale qui peut être exercée par la hiérarchie coutumière ; faute de biens matériels et de propriété foncière, il est gagé par les animaux et le matériel acheté. Les remboursements doivent être en principe du tiers annuellement mais la libération est possible par versement à n'importe quelle époque de petites sommes à condition que leur total annuel soit égal

1. Ceci pour les villages périphériques au Sous-Secteur ou dans le cas d'un nouveau noyau, car il connaît personnellement plus ou moins tous les paysans des villages de sa zone.

au minimum à un tiers de l'argent avancé. Des exceptions peuvent être faites spécialement en cas d'accident, l'échéance annuelle est fixée au 1er février date à laquelle les récoltes de cultures d'exportation sont vendues. Il est bien évident qu'une telle formule de crédit ne peut convenir que dans la zone d'action du C.r. et que toute extension inconsidérée devient, faute de garanties matérielles, une aventure financière. Les contrats de prêt très simples sont visés par les chefs de quartier, de village et de canton qui participent ainsi personnellement à la garantie du prêt et signés ou plutôt approuvés par le cultivateur qui y appose (comme les chefs de quartier ou de village qui ne savent pas signer) l'empreinte des deux pouces. Un contrat est rédigé pour chaque prêt d'argent ou livraison de matériel (charrue ou charrette) mais une seule fiche de crédit est tenue par cultivateur de façon à connaître à tout instant la position financière de celui-ci. Notre intention était, une fois l'opération « vulgarisation de la culture attelée » à peu près achevée, de transformer ces fiches de crédit en une véritable banque rurale qui aurait aussi bien servi au dépôt des économies des paysans qu'à des prêts à court terme. Hagam, pour prendre un exemple concret, associé à Kirouna, tous deux acceptés par le C.r., s'est rendu au bureau du Sous-Secteur où il a fait un dépôt de 2 000 Fr. CFA et a reçu une avance de 7 000 Fr. CFA (méthode beaucoup plus efficace car plus concrète que de faire un prêt de 5 000 Fr. CFA). Alors que les premiers bœufs, achetés au marché de Moulvoudaye et Doumrou, étaient des animaux de race foulbé, à la charpente assez forte et saillante, mais mal adaptés au travail, de dressage difficile et de résistance à la fatigue médiocre, il fut ensuite plus facile de trouver à acheter des taureaux dans le pays Toupouri lui-même qui conservait ses jeunes mâles, pour cette demande. Ces animaux sont en général plus bas, plus trapus, plus musclés avec une bosse bien marquée ; moins nerveux, plus adaptés à un effort soutenu, les taureaux de « race Toupouri » nous ont en général donné toute satisfaction pour l'attelage ; il n'est pas nécessaire de pratiquer la castration ; il semble, et les paysans Toupouri sont de cet avis, que les bêtes de robe foncée sont de caractère plus difficile, c'est en tous cas des taureaux noirs qui ont causé les rares échecs de dressage enregistrés.

Ayant ainsi acheté après marchandages et hésitations son animal, Hagam vient le présenter, en même temps si possible que celui de son associé, au Sous-Secteur. Il rend éventuellement la différence entre le prix réel et les 7 000 Fr. CFA avancés, appose ses pouces sur le contrat de prêt et se voit expliquer sa fiche de crédit. Recevant un joug de bosse et une chaîne les deux associés peuvent commencer le dressage et s'entendre à cet effet avec le moniteur bouvier du Sous-Secteur.

Le joug est formé par une pièce de bois droite de 1,50 m de long environ, constitué au début par un chevron de 8 × 8 cm puis ensuite par un rondin de 10 cm de diamètre, coupé à cette intention en brousse ; quatre tiges de fer à béton recourbées de façon à épouser largement la section du cou du bœuf et repliées à l'extrémité supérieure pour les arrêter marquent l'emplacement des animaux ; l'arête arrière rabattue ou bien un petit coussin d'herbe ou même simplement quelques poignées de paille amortissent le contact avec le garrot par lequel est exercée toute la poussée de l'animal. Le joug possède au milieu un crochet auquel est accrochée la chaîne de traction. Le dressage est facile avec les animaux du pays relativement doux et ne demande qu'une à deux semaines. L'expérience a prouvé que si un taureau n'a pu être dressé dans ce laps de temps il ne donnera jamais satisfaction et il vaut mieux s'en débarrasser avant qu'il n'ait blessé quelqu'un ou endommagé le matériel. Les deux bêtes destinées à former un attelage sont amenées avec une corde liée autour des cornes et attachées près l'une de l'autre à un arbre ; après quelques instants le joug est posé pendant un quart d'heure sur les garrots pour les habituer à cette nouvelle sensation. Ce n'est qu'à une autre séance que le joug est fixé aux deux animaux, ceux-ci étant toujours attachés à l'arbre. Rapidement les deux bêtes restent calmes avec le joug ; c'est alors qu'avec une longue chaîne, 6 m, un morceau de bois de 60 à 80 kg est attaché au joug et l'attelage libéré. Il s'agit d'apprendre aux bœufs à marcher calmement dans la même direction et à tirer ensemble. Les premiers essais ne sont pas toujours faciles, le poids du morceau de bois est suffisant pour gêner leurs élans sans cependant les freiner trop et les routes comme les jachères fournissent de bons terrains d'exercice. Ayant ainsi brisé leur indiscipline, on les entraîne alors à marcher droit et au commandement. Pourtant à leurs débuts à la charrue ils sont encadrés par trois hommes, l'un à l'avant les guidant ou plutôt les tirant avec une cordelette attachée à leurs chignons, deux autres de chaque côté leur distribuant généreusement les coups de bâton, cette période plus ou moins longue est assez pénible pour les bêtes qui portent alors rapidement des escarres à la fesse. Quand une paire de bœufs marche bien à la charrue, le passage à la charrette est très aisé malgré la présence inopportune du timon et le bruit continu sur leurs talons. De même certains taureaux acquièrent rapidement une placidité telle que nous avons pu les harnacher et les mettre entre les limons. Cette longue description du dressage montre que les animaux du pays Toupouri se dressent facilement et rapidement. En 1957 un essai de joug de cornes fut tenté et rapidement abandonné par suite des difficultés que ne compense pas le seul avantage du recul possible des charrettes.

Le modèle de charrue qui nous apparut répondre le mieux aux besoins locaux, type BM2M des établissements Bourguignon à Bourg-de-Péage, fut commandé en gros par le Sous-Secteur par l'intermédiaire de la Société de Prévoyance de Yagoua. A chaque délivrance d'une charrue, l'inscription d'un prêt de 2 500 Fr. CFA est faite pour chacun des copropriétaires de l'instrument. Le prix de revient de la charrue n'est en réalité guère supérieur à 4 000 Fr. CFA[1] mais dans l'ignorance d'un prix de revient exact nous avions fondé notre propagande sur le chiffre de 5 000 Fr. CFA, aussi le Sous-Secteur fournit-il gratuitement le joug et la chaîne et détient-il un stock de pièces de rechange : socs, boulons divers, etc., qui sert à maintenir en état le matériel. La pauvreté jointe à la bonne entente des paysans Toupouri ont permis de réaliser sans peine cette copropriété de la charrue et du joug, symbole de la coopération étroite de deux familles.

Les labours ont lieu surtout aux premières pluies, mai et juin en principe, pour précéder le semis des principales cultures, fin juillet et début d'août pour l'extension par repiquage des champs de Shoukouloum si le besoin s'en fait sentir et ensuite fin août et septembre pour le retournement des champs de Babou avant leur repiquage. Il est très difficile de faire labourer avant le début des pluies et la qualité du travail très médiocre par suite de la dureté du sol n'est guère encourageante. Par contre, une fois le sol mouillé, et tout spécialement pour les labours de Babou, le travail est excellent, cette terre sablo-argileuse se retourne parfaitement en enfouissant très correctement une masse de graminées de 40 à 60 cm de haut. Et le paysan Toupouri qui, avec l'expérience et le lent perfectionnement des bêtes, n'a plus besoin de guide pour l'attelage, commence à prendre l'orgueil du vieux laboureur pour les sillons droits et bien réguliers[2]. Le rendement moyen sans surcharger l'attelage, est d'un quart d'hectare par demi-journée de travail, les bœufs se reposant au pâturage l'après-midi. Nous avons freiné l'enthousiasme, souvent irréfléchi, des paysans du Sous-Secteur qui tous voulaient avoir une charrue sans bien se rendre compte des sujétions, du travail et des implications financières de la modernisation. D'une part il fallait chercher le meilleur emploi possible des attelages et les 4 ha de moyenne par famille, soit 8 ha par attelage, soit 32 jours de labour (si tout était labouré, ce qui est loin d'être le cas en particulier pour les champs de Gara semés très souvent directement), ne suffisent pas à occuper assez les bœufs, ni à justifier leur entretien. D'autre part dans cette société rurale très homogène, pratiquement sans classes mais également sans « acquisitivité », un facteur de différenciation économique et sociale devait, à notre avis personnel, jouer un rôle

1. Il faut compter pour l'importation de tels matériels un prix de revient double du prix d'achat par suite du coût élevé du fret pour de tels envois, des frais de transit et du transport par route jusqu'à Golonpoui.

2. Nous avons organisé en 1956 un concours de labour sous le patronage du chef de canton Temoa. Plus de cinquante attelages furent inscrits. C'est après une double éliminatoire fondée sur la qualité du travail qu'un jury de paysans a désigné les meilleurs d'après la rapidité d'exécution et la régularité du labour. Le premier attelage constitué par l'association de deux paysans de Taala et conduit par leurs fils a reçu un prix de 5 000 Fr. CFA, le deuxième, celui de Dahan qui possède à lui seul les deux bœufs et une charrette a reçu 2 500 Fr. CFA. Chacun des concurrents inscrits a eu une houe en guise de cadeau. Cette manifestation a eu un très grand succès.

extrêmement important; le jour où le paysan Toupouri, voyant dans son village les exemples d'autres paysans économiquement plus évolués, cherche également le moyen d'échapper à la routine est un jour de victoire pour la modernisation.

La charrue offrait l'occasion de disloquer la masse sociale amorphe et d'y introduire une différenciation féconde, à condition qu'elle ne puisse être acquise par tous les paysans. Les premiers acquéreurs de charrue ont, sur nos conseils, rapidement compris l'intérêt de travailler à l'entreprise, ce qui leur procure un gain rapide et facilite le remboursement de leurs emprunts. De même les paysans non équipés voyant la vitesse et la qualité du travail demandèrent aux attelages de labourer leurs champs ; malgré la nécessité d'aider au champ (guidage), de nourrir bœufs et bouviers et la somme élevée exigée par jour de travail (jusqu'à 450 Fr. CFA avant que nous n'intervenions auprès des laboureurs pour qu'ils ramènent la journée de labour à 300-350 Fr. CFA, ce qui est largement payant), malgré le coût donc, les labours à façon furent rapidement très demandés aussi bien dans les limites du Sous-Secteur qu'à l'extérieur.

Nous estimons qu'une densité de une paire de bœufs et une charrue pour six à huit familles[1] est bien suffisante. Si, au moment favorable, le nombre des attelages ne suffit pas à labourer toute la surface, il faut songer que cette période ne couvre guère que deux mois et demi sur l'année et qu'un équilibre entre l'utilisation des attelages et le coût de l'entretien de ceux-ci doit être respecté.

Aussi nécessaires que soient les charrettes, leur prix de revient élevé en permet difficilement la diffusion. Après les premières charrettes récupérées du tout début et malgré un appel général lancé à toutes les Subdivisions du Nord-Cameroun et à leurs tas de ferrailles, le nombre des véhicules à atteler resta limité à trois. Nous ne pouvions songer à utiliser les charrettes à pneus confectionnées avec des restes d'automobiles comme beaucoup de personnes nous poussaient à le faire. D'une part les paysans Toupouri n'auraient pu réparer leurs pneus une fois crevés, si même ils avaient penser à s'en préoccuper ; d'autre part s'il est possible de fabriquer ainsi deux ou trois charrettes pour les besoins d'une ferme-école, il est difficile d'imaginer l'équipement d'une zone agricole avec des essieux et des roues de récupération. Cependant il était indispensable d'avoir rapidement un certain nombre de charrettes permettant, non seulement de familiariser les paysans avec les multiples aspects de leur emploi, mais encore plus de faire travailler les animaux pendant la saison sèche. Un premier essai de roues pleines en bois ne fut pas plus satisfaisant que

1. Ceci correspond par charrue à une surface totale moyenne de $4 \times 6 = 24$ ha à $4 \times 8 = 32$ ha, soit en comptant deux tiers labourés : 16 à 21 ha ou 64 à 84 jours de labour qui peuvent se « caser » à la rigueur dans la période d'exécution de ces travaux. D'autre part deux familles sur six à huit sont enrichies et l'élévation nette d'un quart de la population au-dessus du reste, même si ce dernier voit son sort amélioré, est un facteur de différenciation suffisant.

l'expérience du traîneau, il en fut de même pour les bâts en paille tressée que nous essayâmes de mettre au point. Par contre, avec une série de petites astuces, M. Bloc'h (le Conseiller rural) réussit à fabriquer, uniquement avec de vieux fûts de 200 l en tôle et quelques morceaux de bois, de petites charrettes basses susceptibles de transporter 200 kg. Il fallut mettre au point pour ces petites voitures un système d'attelage à un bœuf, entre limons, auquel les bêtes s'adaptèrent très vite. Ces petites voitures malgré leur attelage improvisé, rendirent de grands services en permettant d'attendre l'arrivée de nouvelles charrettes.

Le Sous-Secteur, après de longues comparaisons des prix, avait commandé en France aux usines de la Motte à Saint-Dizier, d'une part dix ensembles, châssis rectangulaire 1,80 m × 1 m en tôle pliée et soudée avec essieu de 50 mm × 50 mm de section et deux roues métalliques de 1,10 m de diamètre à bandage plat de 10 cm de large et rayons rivés, et d'autre part dix paires de roues et dix essieux du même type, le cadre étant à fabriquer sur place. Ce matériel arrivé après de longs délais fut progressivement mis en service. Les châssis métalliques furent planchéiés et des ridelles fabriquées par le menuisier local ; ils se sont avérés commodes quoique le tube de fixation du timon n'ait pas été d'une solidité suffisante. Pour les paires de roues et essieux sans cadre métallique, furent fabriquées des carrosseries simples en bois, deux bastaings de 11 × 8 cm formant les longerons sur lesquels l'essieu était maintenu par une plaque et deux boulons ; le timon était attaché après l'essieu et sur la traverse avant. Ces charrettes vivement appréciées des paysans (grande robustesse, facilité de déchargement grâce à la planche arrière coulissante et aux ridelles mobiles) sont malheureusement d'un prix de revient élevé, plus de 16 000 Fr. CFA pour le modèle à châssis métallique, un peu moins de 15 000 Fr. CFA pour l'autre type. Aussi nous avons longtemps hésité sur leur mode d'acquisition par les paysans ; le prêt avec retour de la charrette au hangar du Sous-Secteur tous les soirs ou tous les mercredis (jour de marché) qui permit de les mettre à l'épreuve devait-il être remplacé par l'achat individuel ou par la vente collective à un groupe d'agriculteurs par suite du prix élevé ?

Quelques paysans plus « débrouillards » empruntèrent les charrettes pour faire du transport à façon notamment lors de la récolte des mils repiqués de saison sèche et les recettes très élevées qu'ils en tirèrent nous permirent de procéder à la vente individuelle des charrettes. Une journée de transport de mil depuis le champ jusqu'au Tin soit environ 6 voyages à 400 kg sur 3 km et plus était payée 350 à 500 Fr. CFA plus la nourriture du bouvier et de l'attelage, ou 3 à 4 grands paniers de mil. Les paysans profitant de ce gain facile et de l'échelonnement des récoltes (à mesure que l'on va vers les lacs les terres sont plus argileuses et les mils plus tardifs) se déplacèrent dans les villages environnants, allant même jusqu'à plus de 20 km de Golonpoui, ne rentrant que toutes les semaines au foyer (ce fut une excellente propagande pour notre action de modernisation dans tout le pays Toupouri). Ce système de vente bien supérieur à tout autre car confiant la responsabilité et l'entretien à une seule personne, nous donna toute satisfaction malgré la surcharge de crédit imposée aux comptes individuels. Encore plus que pour les charrues, il fallut, sinon réglementer, du moins restreindre le nombre des charrettes afin de permettre leur bon emploi, assurer leur amortissement et ne pas dilapider les investissements ; plus que les charrues elles introduisent un élément d'enrichissement différentiel. Il nous a semblé qu'une densité de 1 charrette pour 3 charrues, soit 18 à 24 familles, était suffisante durant cette première phase de la modernisation[1].

Plus que la multiplication des charrues et des charrettes tant que leur plein emploi n'est pas réalisé et leur amortissement rapide ainsi assuré, nous sont apparus essentiels d'autres équipements susceptibles d'augmenter la production et la productivité de l'agriculture Toupouri. Malgré le grand rôle joué par le labour dans la lutte contre les herbes et la réduction des sarclages, ceux-ci constituent un pourcentage très important des travaux agricoles et leur influence sur la production est très sensible. La vulgarisation d'un instrument de nettoyage passait donc au premier plan spécialement pour les cultures d'exportation : coton (en dépit de son abandon progressif) et arachides, dont la technique plus récente est moins routinière que pour les sorghos.

Deux vieilles bineuses de marque Étoile furent obligeamment prêtées pour des essais par la Ferme-École de Djarengol de Maroua. Malgré (ou plutôt à cause de) leurs perfectionnements : écartement et profondeur variables, réglage d'attelage, elles ne furent pas appréciées. Lourdes et peu faciles à manier par les paysans encore inexpérimentés, elles déviaient souvent à cause des souches et occasionnaient ainsi des dégâts dans les lignes ; de plus leurs pièces travaillantes mal adaptées n'étaient pas très efficaces. En supprimant les leviers de réglage, celui-ci étant fixé à 50 cm de largeur de travail, et la roue avant, elles devinrent beaucoup plus légères et purent être utilisées. A l'aide d'une fourche de bois sur laquelle sont fixés à hauteur judicieuse deux crochets latéraux, M. Bloc'h mit au point un petit jouguet de garrot individuel des plus pratiques et des moins coûteux ; avec ce jouguet et un seul taureau bien guidé par un aide marchant entre les lignes (la tête de l'animal à peu près dans les reins) certains paysans arrivent à faire des sarclages très corrects. S'inspirant de types de bineuses à pommes de terre utilisées en Bretagne, M. Bloc'h

1. Soit une charrette pour 72 à 96 ha cultivés ce qui peut paraître faible mais il faut songer qu'une partie est très proche des cases, que les transports (en particulier de fumure) sont encore malheureusement limités. Le budget annuel des 18 à 24 familles s'élève en gros de 108 000 à 144 000 Fr. CFA, soit seulement 6 à 10 fois le coût d'une seule charrette. Celle-ci semble donc un investissement suffisamment lourd pour des budgets aussi faibles (où le revenu est encore beaucoup plus faible) et nous n'avons pas permis d'imposer une charge plus élevée à une économie aussi précaire à ce premier stade.

chercha à fabriquer localement un instrument rustique suffisamment léger pour pouvoir être employé non pas en appuyant sur les mancherons mais plutôt en le soulevant de façon à pouvoir rapidement dégager[1]. L'instrument est constitué par un triangle de bois (demi-chevrons ou mieux rondins normaux de bois de brousse) et un âge médian. Les pièces travaillantes sont cinq simples dents recourbées et élargies. L'ensemble est léger, peu coûteux et peut être facilement fabriqué sur place, la largeur du travail est fixée une fois pour toutes à 50 cm. La suppression des dents et le remplacement de la dent arrière médiane par un cœur ou un petit versoir permet de butter très efficacement les arachides et cette modification fut très appréciée. Pour assurer une meilleure régularité du travail et permettre un sarclage plus profond, le jouguet individuel fut remplacé par un joug de garrot à deux bêtes beaucoup plus long que celui employé normalement de façon à permettre aux deux bœufs de circuler dans les interlignes contigus à la bande travaillée. On atteint 1/2 à 1/3 d'hectare biné par jour.

R. Portères [75] montre quel est le grand avantage en culture arachidière du semoir attelé et combien le semoir est l'instrument agricole le plus répandu au Sénégal. Nous avons eu la chance de retrouver dans un magasin de la SAP du Diamaré à Maroua un lot de semoirs, à un rang, neufs ; malheureusement nous ne pûmes découvrir les distributeurs que nous dûmes commander en France pour les espacements que nous désirions. Deux (marques : Super Eco et Ebra) furent prêtés après réglage aux paysans pour des essais de semis, arachides et mil. Les premiers résultats furent assez décevants, l'irrégularité du sol et les obstacles n'ont pas permis d'assurer une bonne régularité des interlignes mais l'expérience est à continuer.

En partie pour pallier ces inconvénients, en partie pour permettre le nettoyage des champs ou même pour suppléer dans certains cas au labour, nous avons essayé de vulgariser la herse, soit un élément de herse métallique zigzag, soit cadre trapézoïdal de bois, avec dents en fer à béton, fabriqué localement ; la diffusion en est en cours.

La culture attelée a rencontré rapidement un grand succès en pays Toupouri. Les nouveaux instruments eurent bientôt des noms locaux : « Son Blodai » ou houe des taureaux pour la charrue, « Pouss-Pouss » pour la charrette, nom courant dans le Nord-Cameroun pour la brouette utilisée sur les chantiers administratifs.

Nous dûmes lutter à la fois contre l'enthousiasme des paysans qui se rendaient mal compte des obligations que l'attelage apporte et contre les pressions administratives qui, ne voulant pas comprendre la méthode même, employée au Sous-Secteur, prétendaient entreprendre la diffusion accélérée de la seule charrue.

1. Il est bien évident que l'amélioration du sol par son travail continu et l'évolution vers la possession individuelle entraîneront une plus grande facilité d'emploi d'instruments de type classique.

CHAPITRE IV

LES CULTURES

1. Introduction aux monographies

Pour chacune des différentes espèces végétales cultivées en pays Toupouri et spécialement à Golonpoui, le même plan d'exposition sera adopté : identification et description sommaire ; zone et méthode de culture ; cycle cultural ; rendements ; utilisation.

A côté de plantes très cultivées : sorghos, arachides, nous examinerons des cultures moins fréquentes : mil pénicillaire, pois de terre, etc., et le coton, qui, après plusieurs années de mauvaises récoltes, n'est plus cultivé. C'est que malgré son apparence de très grande stabilité l'agriculture Toupouri évolue ; même pour le mil[1], les variations sont notables. Alors qu'à quelques kilomètres de Golonpoui, de l'autre côté de la frontière du Tchad, un déficit alimentaire chronique existe par suite de la priorité donnée au coton sur le mil, le pays Toupouri est largement exportateur de mils divers. Cependant en 1927 le lieutenant Verdier [94] écrivait : « La production de mil est intense mais insuffisante pour assurer la soudure en juin-juillet ; la raison en est la consommation excessive de bière de mil » ; aujourd'hui la soudure est, sauf année exceptionnelle, bien assurée et il ne semble pas que la consommation de bière de mil ait diminué ! Les consociations ne sont pas aussi généralisées et aussi compliquées que dans de nombreuses autres agricultures tropicales ; mais les seules cultures monophytiques sont celles d'exportation : coton, arachides, dont on peut ainsi dire qu'elles ne font pas vraiment partie de l'agriculture traditionnelle Toupouri.

En dehors de leurs avantages indirects, les cultures associées permettent un rendement total à l'hectare plus élevé (donc de réduire la surface à travailler) et la compensation aisée de la faillite d'une culture par le

1. Sous ce vocable sont groupés sorghos et mil pénicillaire, mais ce sont les sorghos qui forment la quasi-totalité de ce qui est désigné sous le terme général de mil.

développement plus grand de l'autre. Mais l'agriculture Toupouri, très soucieuse d'exploiter au maximum les différents sols dont elle dispose au moyen de sa céréale principale, a trouvé dans la gamme des sorghos le moyen d'étaler dans le temps les travaux, et sur des zones différentes les risques de mauvaise récolte, avec une compensation assez facile des déficits probables.

Par contre, recherchant surtout dans le pois de terre (Voandzou) et un peu dans l'arachide, le complément protéinique, le Toupouri consomme peu de haricots (Phaseolus, Vigna, Dolichos, etc.) qui sont un des éléments les plus courants des consociations culturales. Aussi les cultures associées sont-elles assez réduites en pays Toupouri et ne se trouvent guère que sous la forme haricots-mil blanc tardif de saison des pluies. Ceci facilitera notre étude sur chaque culture car nous pourrons négliger l'influence de la culture associée.

Pour chaque grande culture, à l'aide de l'enquête détaillée sur le travail de huit familles de Golonpoui, nous nous sommes efforcé d'établir le cycle cultural. Ces graphiques n'ont pas la prétention d'analyser en détail les temps de travaux (cf. livre V) mais plutôt de préciser quelle est la durée d'occupation du sol par la culture, les époques des différents travaux et en particulier les dates de semis et de récolte. La même légende est utilisée pour chaque culture.

2. Mil et sorghos

Le mil chandelle ou Tchanré n'est pas très cultivé, par contre les trois sorghos : Gara, sorgho rouge hâtif de saison des pluies, Shoukouloum, sorgho blanc tardif de saison des pluies et Babou, sorgho repiqué de saison sèche, constituent la principale récolte des Toupouri.

A) *Gara.*

De tige plutôt courte assez rigide, à panicule bien dressée, contractée et serrée en une masse globuleuse plus ou moins régulière, aux branches raides de couleur généralement rouge, ce sorgho serait *Sorghum caudatum var. caudatum.* Le grain à peu près sphérique de couleur rouge ou très voisine est à demi recouvert par deux glumes assez coriaces de couleur variable mais généralement blanche ou rouge.

Tandis que le terme Chourri englobe tous les sorghos, le vocable Gara ne désigne que ces sorghos rouges hâtifs cultivés tous les ans sur une sole périphérique au Tin. De notables différences existent à l'intérieur d'un même champ; en effet le Toupouri sème plus ou moins en mélange de nombreuses « variétés » ou plutôt des populations synthétiques de comportement semblable. Le tableau 13 donne quelques-unes de ces principales

NATURE DES TRAVAUX AGRICOLES :

- Préparation du terrain, défrichement, labour
- Labour attelé
- Labour de nettoyage
- Préparation et semis des pépinières de Babou
- Semis
- Semis de remplacement
- Repiquage
- Sarclage
- Récolte
- Garde
- Fumure

INTENSITÉ DU TRAVAIL :

- un seul membre de la famille y travaille ; petite quantité de travail répartie sur plusieurs jours.
- la moitié au moins de la famille y travaille
- une aide extérieure (amis, parents, salariés), égale ou supérieure à la capacité de travail normale de la famille, est apportée à cette période

Légende pour les graphiques de cultures.

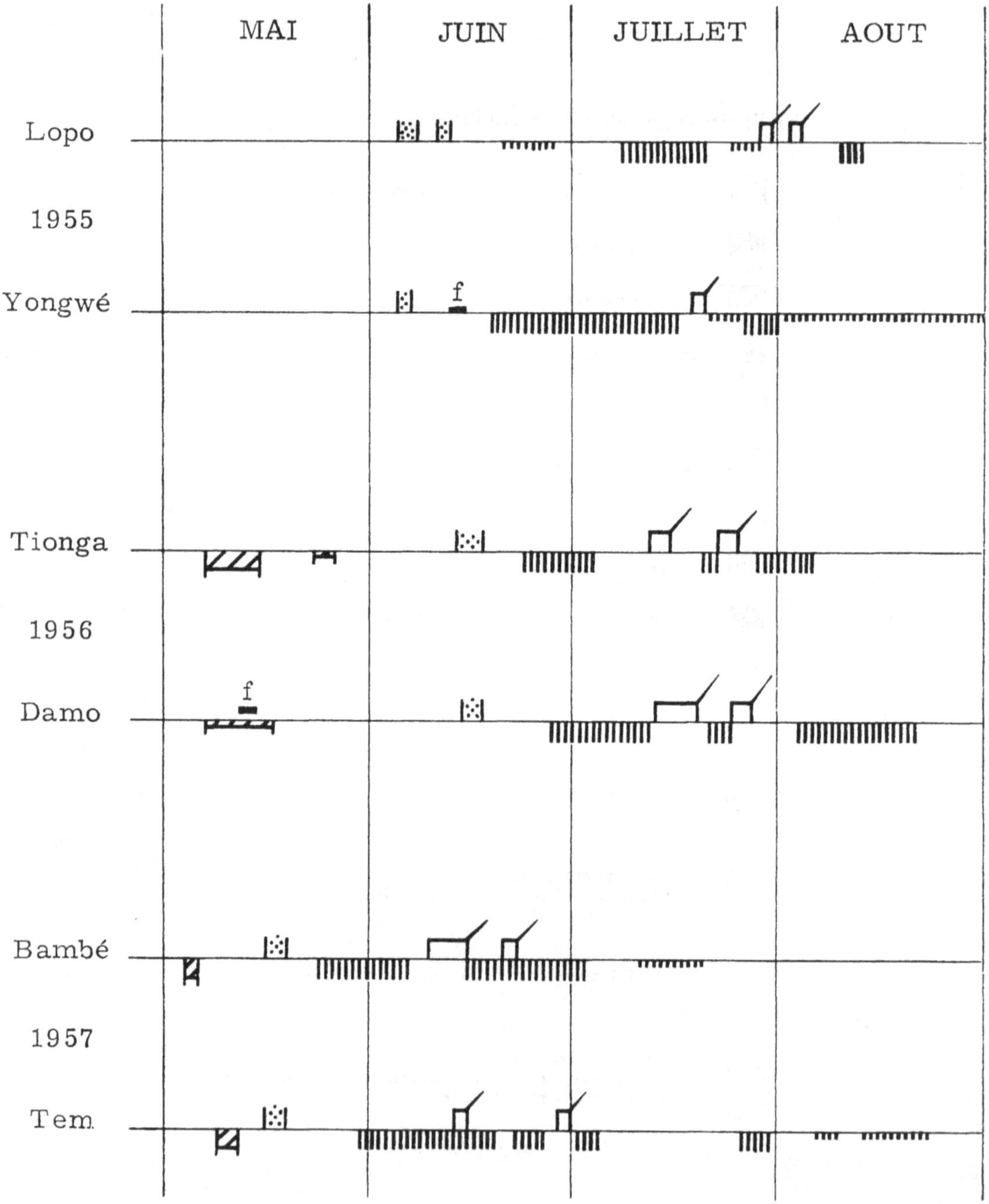

FIG. 29. — *Graphique*

de culture du Gara.

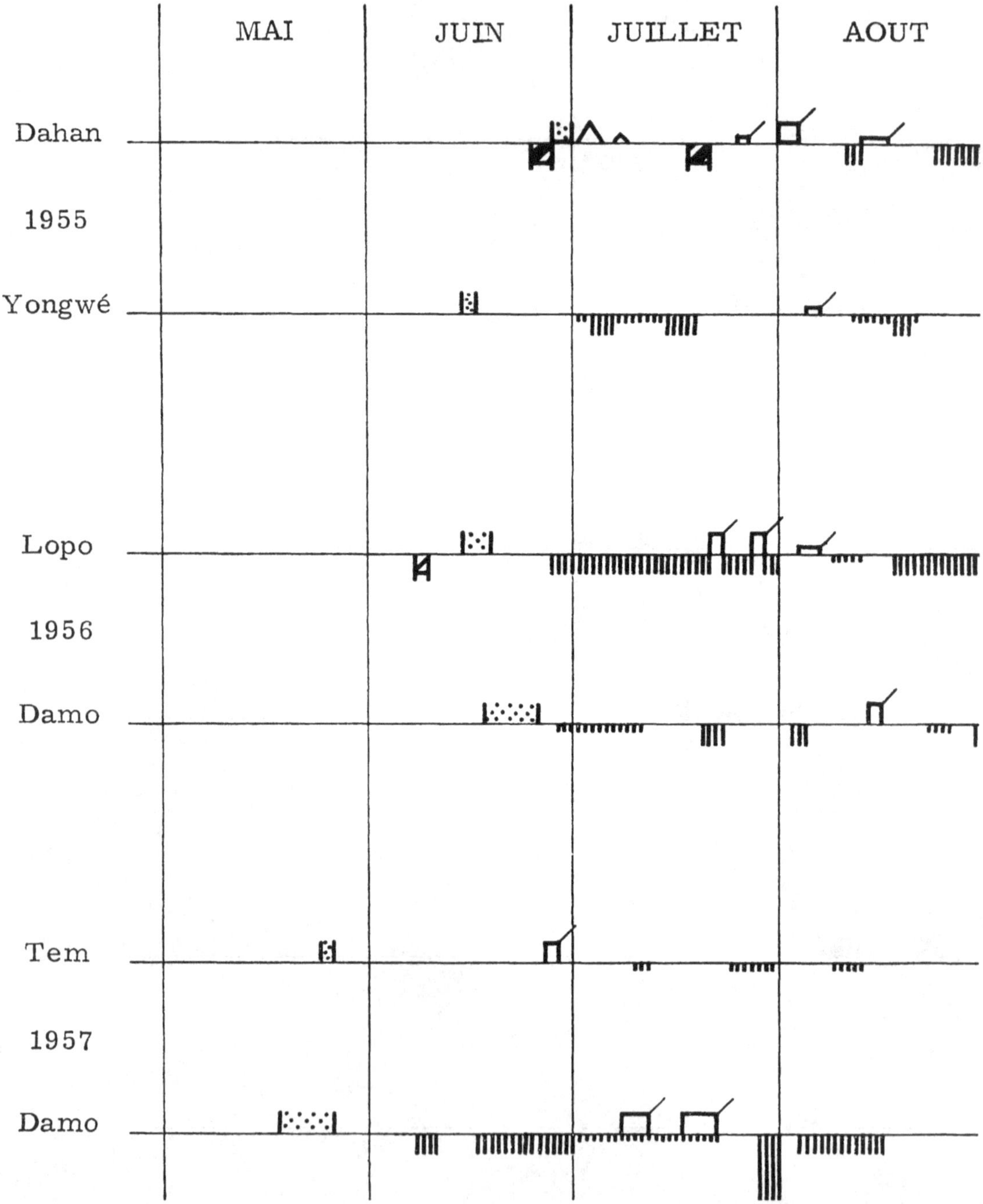

FIG. 30. — *Graphique d*

ulture du Shoukouloum.

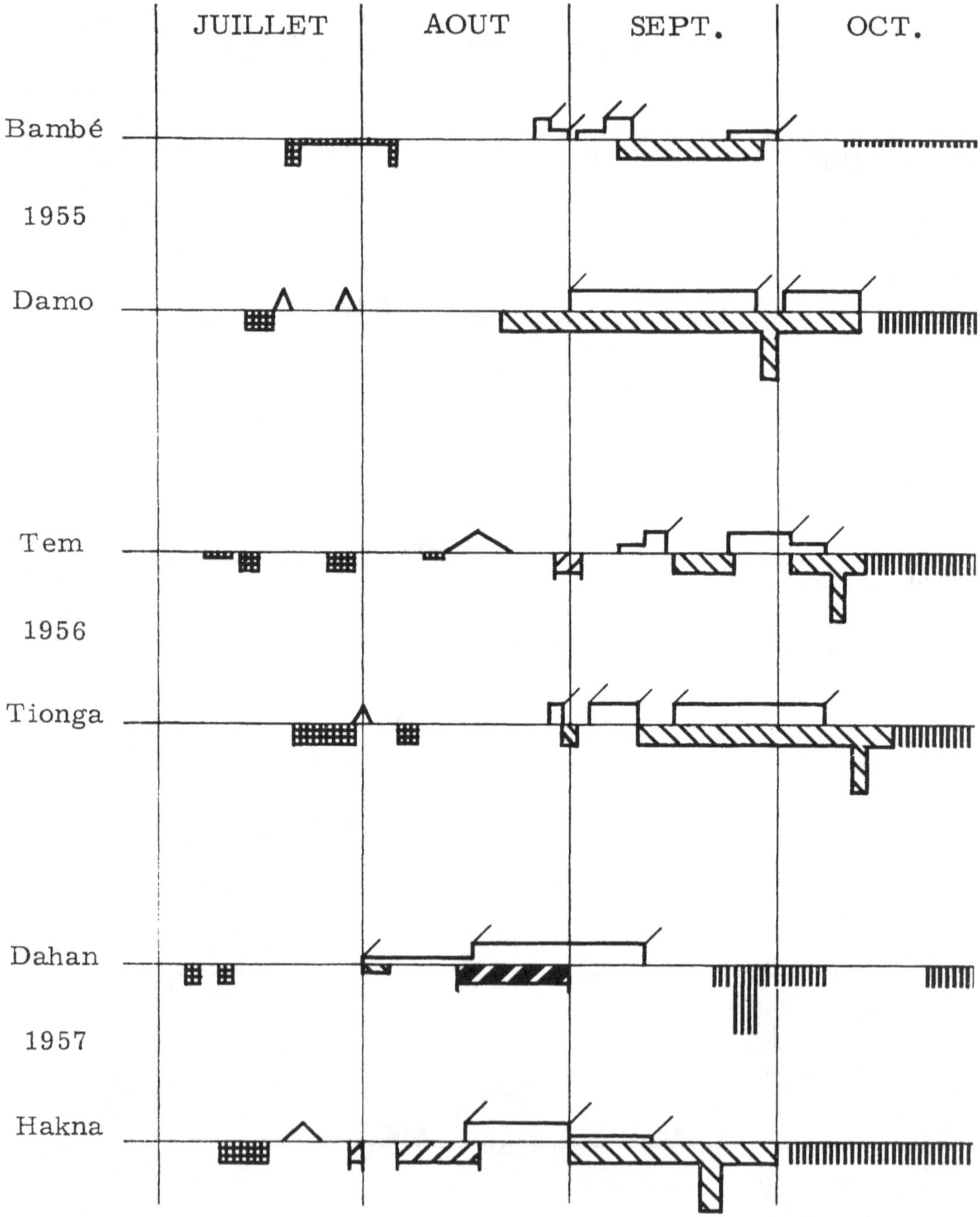

Fig. 31. — *Graphiqu*

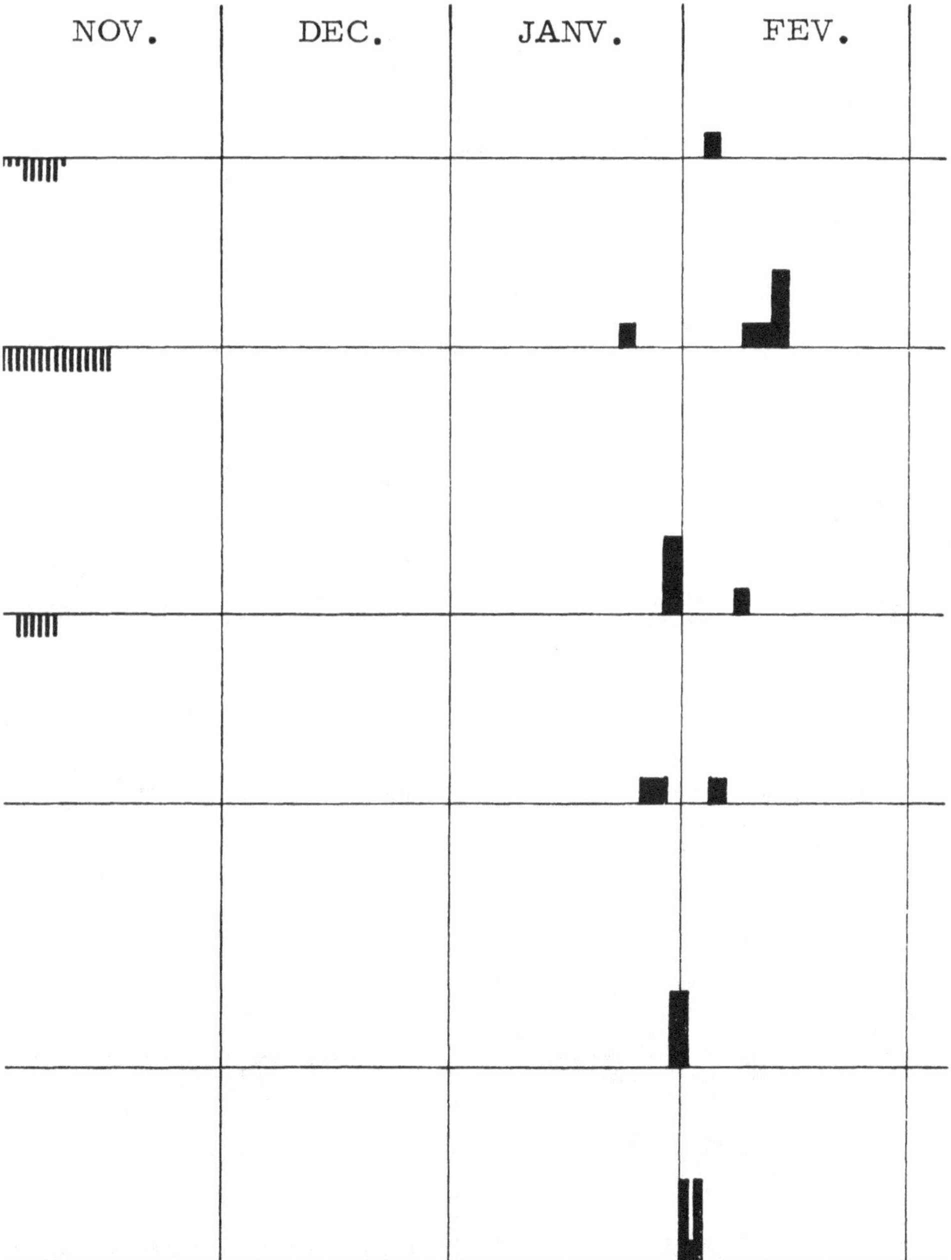

le culture du Babou.

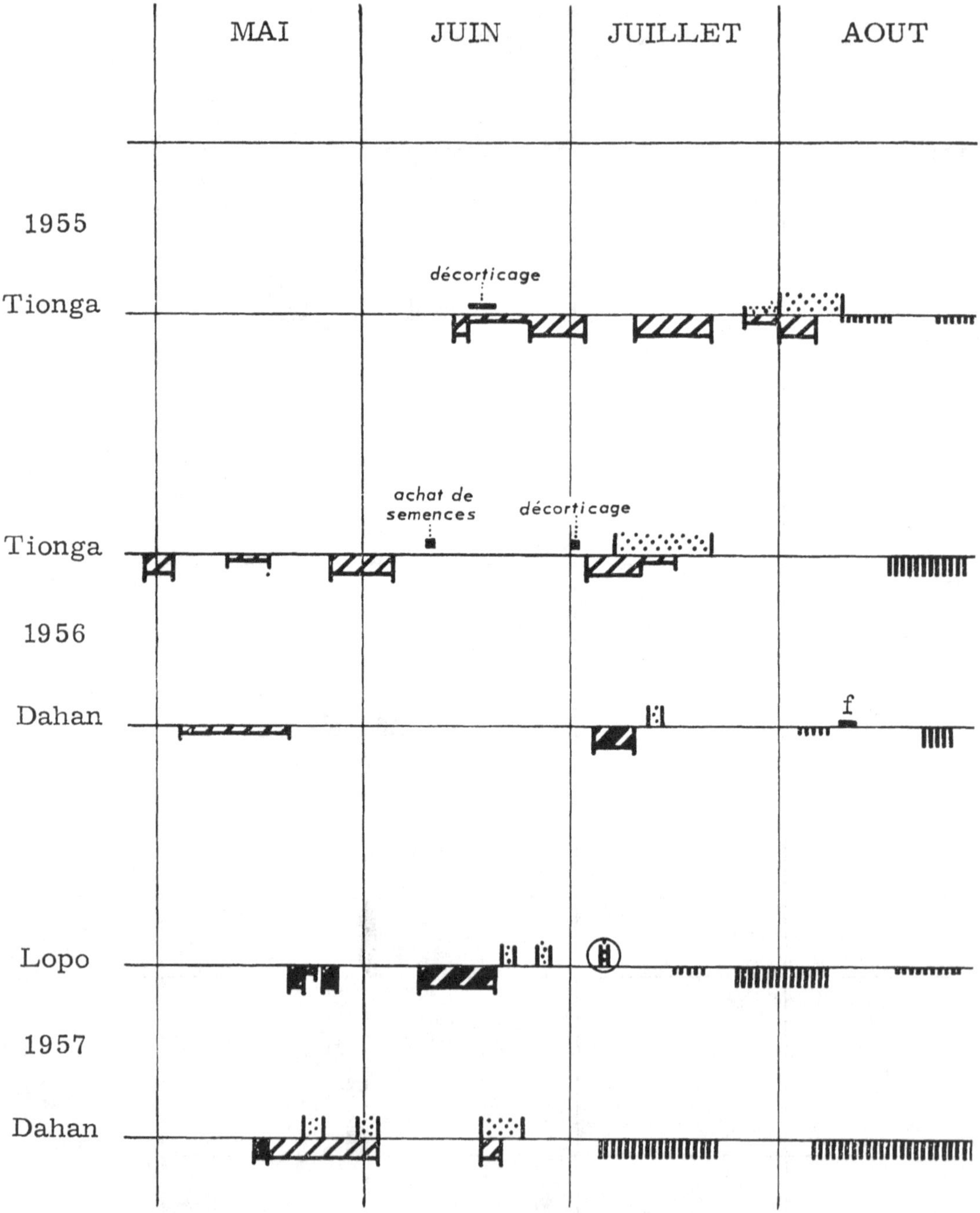

FIG. 32. — *Graphique*

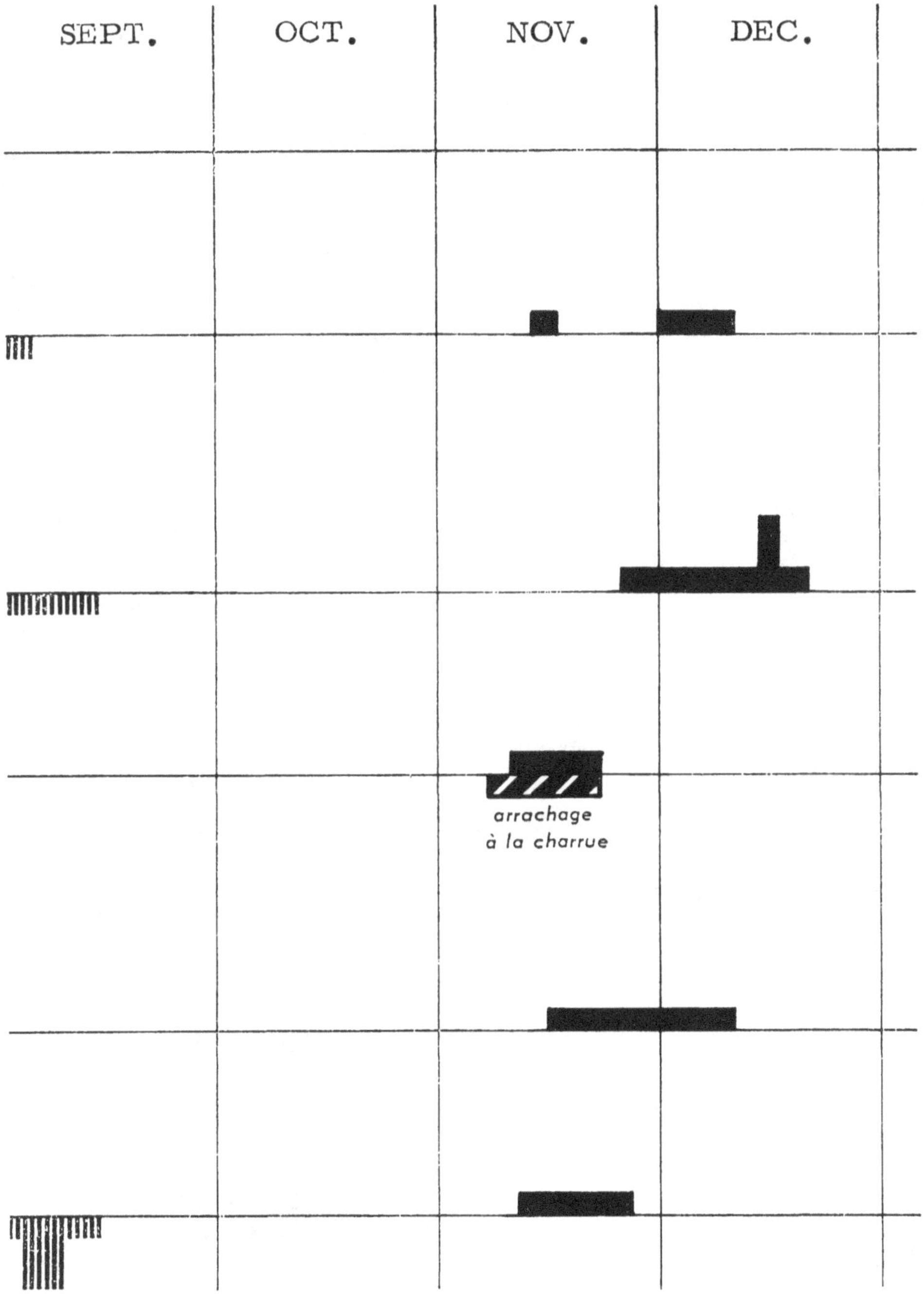

lture de l'Arachide.

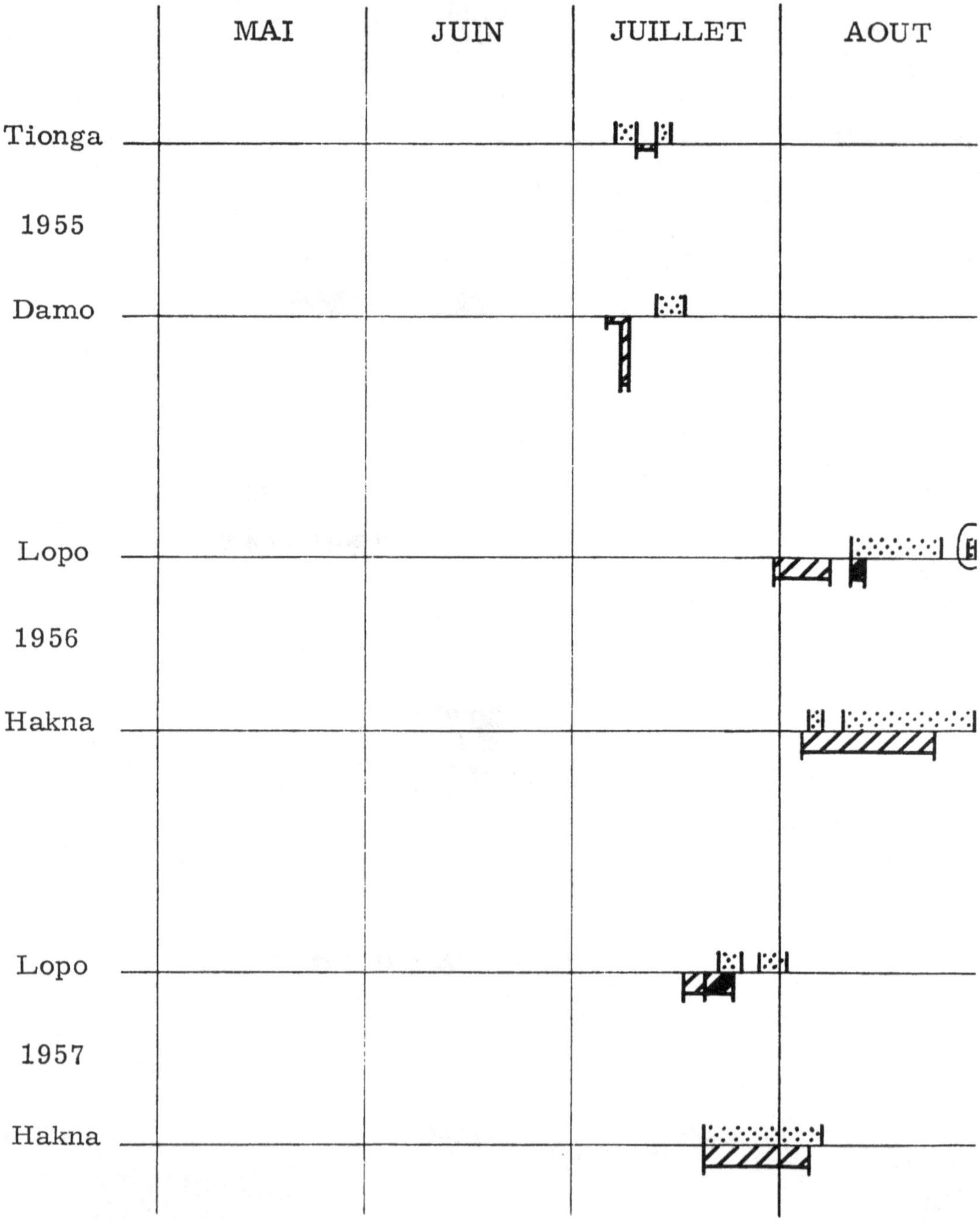

Fig. 33. — *Graphique c*

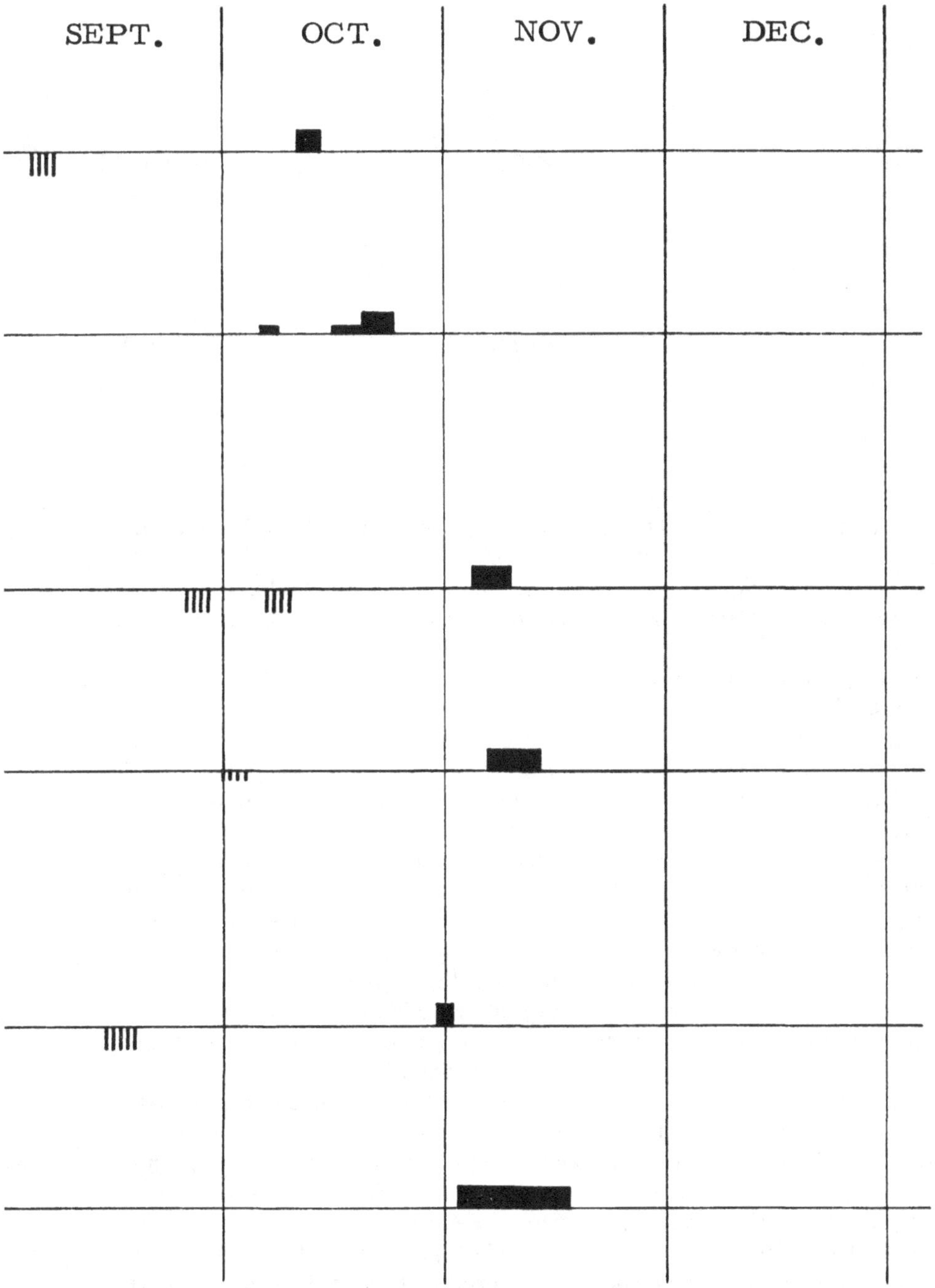

culture du Voandzou.

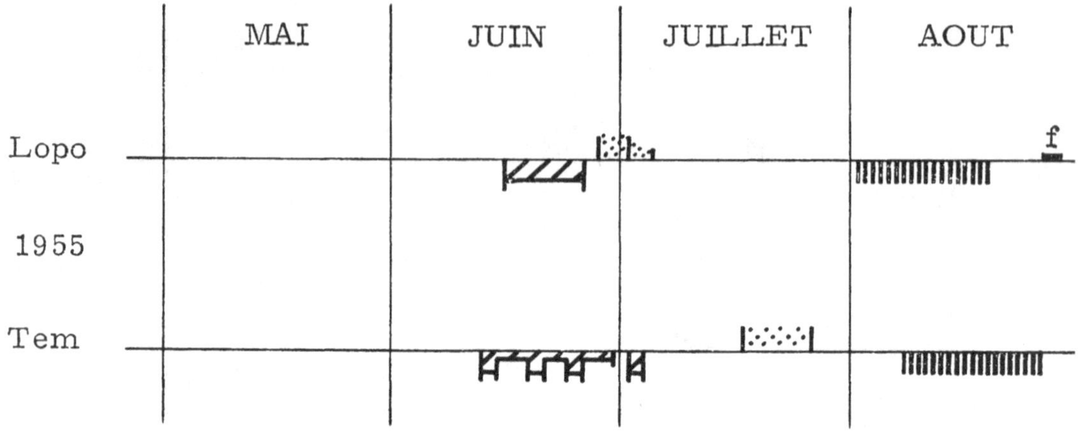

FIG. 34. — *Graphique*

variétés avec leurs caractéristiques. Il en existe encore bien d'autres plus rares ou peu fréquentes dans notre zone d'étude. Citons : Gara Dojôn, Haïn, Toupiri, Ngouai yale, Doukgi, Maïraï, Bégé, Kouloughbo, Ouan-Nencé, Tican, Ouirein, Jao, etc. Le paysan peut, lors de la récolte, à la forme de la panicule, à la couleur des glumes et du grain, désigner pour chaque panicule la variété mais est incapable de les distinguer auparavant. Il les sème toujours en mélange plus ou moins dosé selon les qualités de son sol ou selon ses goûts ou besoins. Le mélange à semer est obtenu par l'égrenage des diverses panicules choisies au moment de la récolte. Le sorgho destiné à la consommation est en général récolté en bloc.

En dehors des variations assez légères de port et de couleur ou de la teneur en sucre de la tige, deux classements peuvent être opérés parmi les variétés de Gara. A part le Gara Guirling il faut constater que les deux caractères, précocité et sols légers, sont associés. Les variétés tardives plus productrices exigeraient une fertilité du sol plus grande.

Le Gara est toujours cultivé autour du Tin. Cependant parfois par suite d'un mauvais départ de la saison des pluies ou par suite d'une grande provision de mil, cette aire est semée en Shoukouloum plus estimé. Le Gara fait donc l'objet d'une culture continue sur la même surface, sans rotation ni assolement. Une fumure de qualité médiocre ou la mise en culture de l'emplacement d'anciens Tin, permet d'assurer le maintien de la fertilité, à moins que celui-ci ne soit surtout le fait du passage du troupeau, ou de la très importante fumure à l'engrais humain. Chaque femme a son champ personnel de Gara qu'elle cultive avec l'aide des autres femmes de la famille et de son mari, le produit sera utilisé pour sa contribution personnelle à l'alimentation du Tin ; le mari cultive très souvent

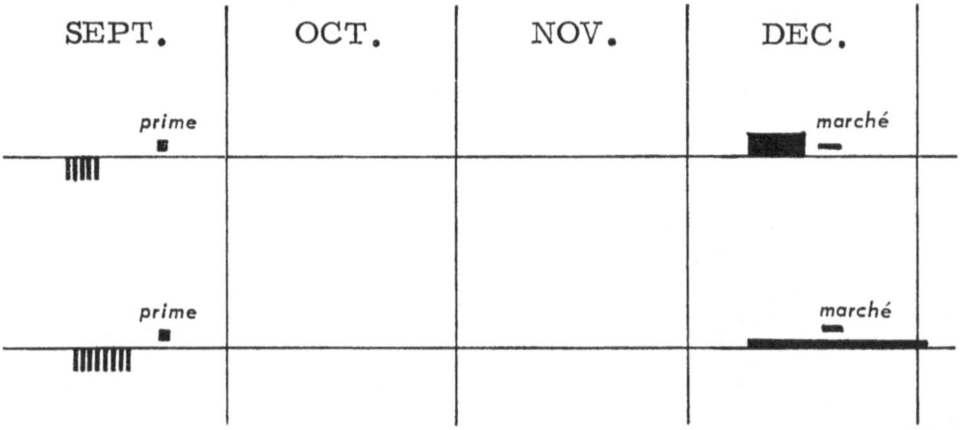

de culture du Coton.

un champ qui fournira un supplément, une réserve de Gara. Les célibataires ne cultivent pas de Gara.

La préparation du terrain avant le semis est des plus sommaires, parfois même nulle. Elle consiste généralement en un nettoyage sommaire du terrain et en un labour léger et rapide. C'est que le semis qui conditionne la date de cueillette et ainsi la solution de la soudure entre les deux récoltes, a lieu le plus tôt possible, dès que les pluies sont suffisamment amorcées et cette date imprécise surprend parfois le paysan. On peut dire que le Gara est semé dès qu'il est tombé plus d'une vingtaine de millimètres dans la décade ou que la pluviométrie totale utile (c'est-à-dire pratiquement au cours des 30 jours précédents) atteint une cinquantaine de millimètres. Dès que le moment est venu c'est une fièvre générale, marquant le début de toute la campagne agricole, qui conduit les gens à effectuer leurs semis de Gara dans le plus bref délai possible. Trois ans sur quatre le semis de Gara a lieu fin mai. Les semis ne durent guère qu'un ou deux jours, toutes les activités de la famille étant concentrées pour cette tâche sur la surface relativement réduite des champs de Gara.

Le semis est exécuté soit au bâton en terrain préalablement labouré, soit à la houe en terrain non préparé, encore dur superficiellement. Dans le premier cas l'homme fait un trou au bâton dans lequel la femme qui le suit dépose une dizaine de graines recouvertes d'un coup de talon. En terrain non labouré l'homme fait à la houe de petits placeaux (20 × 20 cm) sur lesquels la femme enfouit avec le pied les grains de mil. L'espacement le plus courant est de 70 à 80 cm en tous sens (variant de 50 × 50 cm à 1 × 1 m selon les champs) avec 3 à 4 pieds à chaque emplacement. Cette densité de 15 à 20 000 poquets, soit environ 50 000 pieds/ha, est obtenue grâce à un semis assez fort, 10 à 15 kg de semences à l'hectare et à un

Tableau 13

VARIÉTÉS DE GARA DE GOLONPOUI

Gara	*Couleur du grain*	*Précocité*	*Tige*	*Moelle*	*Préférences*	
Gara Koulou	rouge orange	demi-hâtif	longue	sucrée	terres fortes	Le plus employé. Semé le plus souvent en mélange avec Gara Dessé et Gara Tepoui.
— Dessé	rouge	demi-hâtif	longue	non sucrée	terres fortes	Semé le plus souvent en mélange avec Gara Koulou et Gara Tepoui. Très cultivé.
— Tepoui ou Tpoui	blanc	demi-hâtif	longue	non sucrée	terres fortes	Semé le plus souvent en mélange avec les deux précédents (maturité 15 jours après les variétés les plus hâtives [Gara Keléré Doré]).
— Shoukouloum Yali	rouge	hâtif	longue		terres légères	
— Blayne	rouge	hâtif	courte	sucrée	terres légères	
— Doukmon	rouge et blanc	demi-hâtif	longue			Grain très sucré, peut être mangé en vert. Sert surtout à faire de la bière.
— Panaré ou Pan Naré	blanc ou rouge	demi-hâtif	moyenne	sucrée		
— Ouangmiri Garoua	rouge violet	très hâtif	courte		terres légères	« Ne peut laisser le chef souffrir (de la faim) », car un des sorghos les plus précoces.
— K(e)léré Doré	orange	très hâtif	courte	sucrée		Mangé le plus souvent en vert. Très précoce mais peu cultivé.
— Haré	rouge	très hâtif	courte	sucrée		Le plus précoce de tous les sorghos (90 jours).
— (Ma) Ouang Nitching	blanc	hâtif	courte			Vit bien sous les arbres si l'ombre n'est pas trop dense.
— Guirling ou Giling	rouge	tardif	moyenne	non sucrée	sol très léger	
— Giling Ayéké	rouge	tardif	moyenne	sucrée		Variété du précédent à moelle sucrée.
— Charaka	rouge	tardif	très longue			Donne une bière très appréciée. Ses longues tiges sont brûlées pour faire du sel.
— Huek	orange	demi-tardif	courte	sucrée		Peu cultivé.
— Raina	blanc	très hâtif	courte	sucrée		Peu cultivé.
— Ouang Toksou	blanc					Ne peut être consommé cru — traduction « le maître du grenier ».

dépressage environ un mois après le semis. La levée est rapide, de quatre à cinq jours en moyenne, la jeune plantule est assez fragile à une sécheresse de plus d'une dizaine de jours suivant immédiatement le semis. Mais sauf cas exceptionnels les semis de remplacement sont rares, le paysan pratiquant un repiquage de plants obtenus par dépressage de poquets bien fournis, aux emplacements vides.

Dès la levée a lieu un sarclage général du champ ; si le terrain n'avait pas été labouré c'est avant même la levée que le paysan laboure à la houe le sol entre les emplacements. L'envahissement des adventices, en particulier Cyperus rotundus, est très rapide et les jeunes plants de mil disparaissent souvent dans le tapis graminéen de 15 à 20 cm de haut. Cette période du premier sarclage dure une vingtaine de jours. Ensuite le paysan procède au dépressage et au repiquage complémentaire ; les plants arrachés des poquets en surnombre ont leurs feuilles légèrement coupées et les racines laissées intactes. Cette opération a lieu en plusieurs temps, après chaque grosse pluie, car les replants sèchent rapidement s'ils ne sont pas bien arrosés les premiers jours. Ce n'est qu'un mois à un mois et demi après le semis qu'est effectué le deuxième binage, les plants atteignant en moyenne 50 à 60 cm. Par suite des autres travaux agricoles et à cause de la situation des champs à proximité du Tin, les travaux relatifs au Gara sont peu concentrés dans le temps. Le paysan profitant de ses rares moments de liberté, d'une éclaircie après une pluie de fin de journée, sa femme entre deux corvées ménagères, se rendent à leur champ de Gara, à deux pas de leur case. A cause de cet étalement des travaux, ceux-ci se succèdent souvent sans interruption sur le champ et le deuxième sarclage a parfois lieu dès la fin du repiquage. Ce deuxième nettoyage est assez long à exécuter car les mauvaises herbes reprennent vite en cette période pluvieuse (juillet) et il faut secouer minutieusement chaque touffe avant de l'abandonner sur le terrain. Parfois un troisième binage a lieu accompagné d'un léger buttage des tiges pour profiter des racines adventices sur les nœuds inférieurs et consolider la tige contre la verse.

Dès le mois d'août, les paysans Toupouri commencent à récolter quelques épis. Ceux-ci peuvent être mangés en vert pour quelques variétés. On rencontre encore dans quelques Tin, une cheminée verticale en terre fermée à la partie supérieure par une grille, en terre également ou en petites tiges de bois, le « mûrit-mil », sorte de four qui servait à faire sécher aux époques de disette les panicules cueillies encore vertes. La femme récolte ainsi chaque jour la quantité nécessaire à l'alimentation quotidienne selon la précocité des pieds et l'épuisement des réserves en grains. Cette manière de procéder gêne beaucoup les mesures de rendements. Ce n'est que fin septembre ou même début octobre, à la fin des pluies, environ 110 jours après le semis, qu'a lieu la récolte proprement dite ; la maturité (à peu près 45 jours après la floraison) se manifeste par un rapide dessèchement et brunissement de la tige et des feuilles, par une coloration marquée de la panicule et le durcissement du grain. Les tiges sont coupées soit au ras du sol, soit, cas le plus fréquent, à mi-hauteur. Elles sont laissées à sécher sur le champ soit dressées en faisceau, soit couchées presque horizontalement sur des appuis formés par des chaumes, pendant dix à quinze jours. Les panicules sont ensuite détachées et transportées au Tin où elles sont placées dans les greniers en terre sans être battues.

Le cycle moyen du Gara est de 110 à 120 jours, comme le montrent les graphiques ci-joints. Notons qu'en 1955 le semis a eu lieu le 4 juin et la récolte proprement dite à partir du 1er octobre, en 1956 : 13 juin-26 septembre, en 1957 : 15 mai-8 septembre.

Nous pouvons évaluer les limites de ce cycle en calculant grâce aux graphiques les données suivantes :

Tableau 14

CYCLE DU GARA

	Semis		Récolte	
	—		—	
	1955			
Lopo	4-6/12-6		30-9	
	(1) 118	(3) 110		
	(2) 118	(4) 110	*118/110*	(2) Max. : 140
Yongwé	4-6/18-6		4-10/20-10	(3) Min. : 108
	(1) 122	(3) 108		
	(2) 138	(4) 124	*122/124*	
	1956			
Tionga	13-6/17-6		29-9/30-10	
	(1) 108	(3) 104		
	(2) 139	(4) 135	*108/135*	(2) Max. : 139
Damo	14-6/17-6		26- 9/15-10	(3) Min. : 87
	(1) 104	(3) 101		
	(2) 124	(4) 121	*104/121*	
	1957			
Bambé	15-5/18-5		7- 9/24- 9	
	(1) 115	(3) 112		
	(2) 132	(4) 129	*115/129*	(2) Max. : 140
Tem	15-5/18-5		24- 9/26- 9	(3) Min. : 110
	(1) 132	(3) 129		
	(2) 134	(4) 131	*132/131*	

TABLEAU 14 *bis*

RÉSUMÉ CYCLE CULTURAL DU GARA

	(3) *Min.*	(1) (4)	(2) *Max.*
	—	— —	—
1955	108	*123/122*	140
1956	87	*106/118*	139
1957	110	*118/132*	140
1955	4-6/ 1-10	26 + 31 + 31 + 30 = 118	
1956	13-6/26- 9	17 + 31 + 31 + 26 = 105	
1957	15-5/ 8- 9	16 + 30 + 31 + 8 = 116	

(1) Intervalle séparant le début du semis du début de la récolte proprement dite (moyenne des champs observés).

(2) Longueur maximum du premier semis à la fin de la récolte (valeur extrême). Cf. extraits des graphiques fig. 29 et tableaux 14 et 14 *bis*.)

(3) Cycle minimum du dernier jour de semis au premier jour de récolte (valeur extrême).

(4) Intervalle séparant le dernier semis de la fin de la récolte (qui suppose la maturité complète même des pieds les plus en retard) (moyenne des champs observés).

Ce n'est qu'au fur et à mesure des besoins alimentaires que les panicules de Gara sont égrenées et la récolte n'est jamais stockée en grain. Afin de pouvoir calculer la récolte en poids de grain, seule base de comparaison possible, nous avons été obligé de faire faire des mesures de rendement en grain des panicules, mesures faites non pas sur des panicules isolées mais sur des quantités de l'ordre de 50 kg, le battage étant effectué par les paysans eux-mêmes.

Alors que P. Viguier dans *Les sorghos et leur culture au Soudan français* (Dakar 1947) donne des rendements en grain de l'ordre de 70 à 80 %, chiffres repris par G. Élias dans une *Note sur les mils et leur culture dans le Nord-Cameroun*, nous trouvons pour le Gara des rendements $\frac{\textit{grain}}{\textit{panicule}}$ toujours supérieurs à 80 %, en moyenne 84 %, maximum 85 %.

En sus de la difficulté en 1954 de mesurer l'intégrité de la production par suite de la cueillette journalière, difficulté qui fut facilement surmontée les années suivantes grâce à de plus grandes réserves familiales et une plus grande confiance envers le Conseiller rural, un autre facteur vient perturber l'étude des rendements. Très souvent les récoltes des champs des divers membres de la famille sont mélangées ou des échanges se font entre les femmes, de sorte que l'on ne peut être assuré que les paniers pesés constituent la production entière et la seule production d'un champ donné ; force nous fut donc de calculer le rendement grâce au quotient $\frac{\text{production en Gara de la famille}}{\text{total des surfaces cultivées en Gara}}$ afin de supprimer cette source d'erreurs.

Nous constatons en comparant les rendements obtenus pendant trois années successives une assez forte dispersion des résultats :

1955	Min. : 441 kg/ha	Max. : 1 083 kg/ha	Moyenne : 618 kg/ha
1956	— 189 —	— 2 150 —	— 859 —
1957	— 416 —	— 2 633 —	— 1 259 —

mais une augmentation très nette, presqu'un doublement de la moyenne des rendements.

TABLEAU 15

RENDEMENTS DU GARA (en kg/ha)

Surface cultivée en Gara (en ares)	*Poids de la récolte en panicules* (en kg)	*Poids de grains* (en kg)	*Rendement en grain* (kg/ha)
1954			
Famille Tionga : 41 ares	463	389	949
1955			
Famille Tionga : 41 ares	529	444	1 083
— *Lopo* : 19,70 —	144	121	612
— *Tem* : 39 —	205	172	441
— *Yongwé* : 37 —	263	221	595
Les 8 familles : 500,10 —		3 094	618,6
1956			
Famille Tionga : 66,60 ares	1 191	1 000	1 501
— *Tem* : 13,30 ares	341	286	2 150
— *Damo* : 82,25 —	1 689	1 418	1 711
— *Hakna* : 149,15 —	337	283	189
Les 7 familles[1] : 458,10 —		3 934	858,7
1957			
Famille Bambé : 29,20 ares	916	769	2 633
— *Lopo* : 54,50 —	270	227	416
— *Tem* : 27,40 —	419	352	1 284
Les 8 familles : 514,60 —		6 481	1 259

Nous pouvons espérer qu'une part très sensible de ce doublement des rendements est due à la fumure beaucoup plus intense des champs de Gara[2].

1. La famille Lopo n'a cultivé qu'une superficie très faible de Gara, qui a d'ailleurs été récoltée avec le Shoukouloum.

2. Sur le Sous-Secteur de Lara de la C.F.D.T. une très abondante fumure à la cendre de graines de coton effectuée par des épandages de camions de cendres la première année a également entraîné une très importante augmentation des rendements du mil rouge hâtif cultivé autour des cases.

Nous avons essayé de voir dans quelle mesure les variétés de Gara avaient des rendements différents, et les avons (en 1956) cultivées isolément (par variété) et comparées avec d'autres mils précoces du Nord-Cameroun et du Tchad. Les variétés sont classées par ordre de rendement *en grain* décroissant.

1956	*Rendement en grain* (kg/ha)	*Date de semis*	*Date de récolte*	*Coefficient de multiplication récolte/semence*
Gara Koulou	1 600	18-6-56	4-10-56	114,2
Gara Tepoui	940	18-6-56	18-10-56	78,3
Gara Dossé	890	18-6-56	18-10-56	98,8
Gara Panaré	870	18-6-56	4-10-56	96,6
Djigari Guétalé[1]	860	18-6-56	18-10-56	74,8
Mil précoce[2] (n° 20 Ba Illi)	840	18-6-56	27- 9-56	54,1
Gara Guirling	800	18-6-56	18-10-56	84,2
Gara Doukmon	500	18-6-56	18-10-56	43,4
Walaganari[1]	450	18-6-56	18-10-56	45
Damougari[1]	400	18-6-56	4-10-56	38,1
Boulbassiri[1]	270	18-6-56	18-10-56	21,6

Les variétés locales se sont révélées plus productives que les variétés introduites à cette occasion et les trois variétés qui viennent en tête (Koulou, Tepoui, Dessé) sont celles qui sont le plus cultivées en pays Toupouri.

Un autre essai effectué en 1957 nous a donné pour le Gara Koulou 2 480 kg à l'hectare et pour le Gara Dessé 1 250 kg, ce qui confirme nettement la nette supériorité de la première variété qui offre en plus l'avantage d'être assez précoce. Mais d'immenses progrès sont encore à faire dans le domaine du rendement : meilleure culture, fumure équilibrée, sélection, etc.

Le parasitisme est assez limité sur le Gara. Il faut citer surtout des attaques de noctuelles sur les jeunes semis, des invasions de pucerons blancs ou verts sur les faces inférieures des feuilles qui déclenchent des excrétions sucrées favorisant l'anthracnose. Mylabris holosericea (Coleoptera-Meloidae) et Myleris Abdominalis qui dévorent les fleurs et même les grains en formation, font quelques dégâts peu importants. Les Rouilles quoiqu'en général peu dangereuses peuvent provoquer certaines années des pertes considérables. Aussi les Toupouri respectent-ils avec soin la pratique mystérieuse de ne pas travailler pendant un ou deux jours

1. Variétés provenant de la Station de Guétalé (Service de l'Agriculture du Cameroun).
2. Variété fournie par la Station Agronomique du Ba Illi (Service de l'Agriculture du Tchad).

en août pour éviter que la rouille ne réduise les récoltes, cet interdit serait « itinérant » à travers le pays Toupouri. Le Gara n'est jamais atteint par le charbon. Les oiseaux ne font que peu de dommages au Gara par suite de la proximité des habitations. Mais par contre c'est dans les champs de Gara que se développe avec le plus de fréquence et d'intensité le Striga (Roubki) (cf. Livre II, chap. v).

L'action des parasites des grains emmagasinés est presque nulle sur le Gara qui est toujours rapidement consommé, ce qui limite sa durée de stockage.

Le Gara est surtout destiné à permettre à la famille d'attendre la récolte du Shoukouloum dont le grain est plus estimé. Le célibataire, qui est toujours nourri par une famille car l'homme ne saurait moudre le grain et faire la cuisine lui-même, ne cultive pas de Gara. Une partie de la production est mangée en « branche », les grains encore en lait étant grignotés crus. Une importante quantité est transformée en bière de mil (Yi), soit à l'occasion de la grande fête du Higara, soit ensuite par utilisation des surplus ou plutôt par achat sur le marché de Gara vendu par d'autres familles.

La section de Nutrition-Alimention de l'IRCAM a analysé douze variétés de Gara prélevées à Golonpoui en novembre 1954. Le Toupouri consommant le grain de mil en entier, sans séparer le son de la farine, les teneurs sont calculées pour 100 g de grain de mil entier (déglumé). Les variétés sont classées par valeur calorique décroissante :

Variétés	*Calories*	*Glucides*	*Protides*	*Lipides*	*Calcium*	*Cellulose*	*Eau*	*Azote*
Gara Raïna	421,2	85,60	15,06	2,06	0,032	1,76	12,96	2,4
Gara Keléré Doré	378,5	75	15,04	2,04	0,032	1,70	13,16	2,4
Gara Ouang Nitching	370,2	71,60	15,10	2,60	0,032	2,04	18,14	2,4
Gara Ouang Miri Garoua	368,8	70,90	16,25	2,25	0,044	2,08	12,74	2,6
Gara Doukmon	361,4	69,10	16,63	2,05	0,044	2,62	13,04	2,6
Gara Panaré	360,3	69,10	15,75	2,32	0,038	2,32	12,78	2,5
Gara Koulou	360,2	69,60	15,85	2,05	0,032	2,06	12,90	2,5
Gara Tepoui	349,4	66,30	15,06	2,66	0,036	2,28	12,26	2,4
Gara Shoukouloum Yali	346,5	67,02	15,02	2,04	0,040	2,14	13,40	2,4
Gara Blayne	333,3	62,85	14,52	2,65	0,034	2,29	14	2,3
Gara Dessé	328,56	62,17	14,75	2,32	0,036	2,30	13,24	2,3
Gara Huek	320,2	61,70	13,13	2,32	0,040	1,88	12,62	2,1

On constate une très grande différence dans le nombre de calories fournies par 100 g de sorgho (100 calories entre les deux extrêmes). Comme la nourriture est pratiquement à base de sorgho, on voit l'importance que peut acquérir cette variation dans la richesse des variétés. De même la teneur en protides varie de 16,63 à 13,13, soit une différence de 3,50.

Remarquons que les trois variétés les plus cultivées tiennent un rang correct dans cette classification et que le Gara Koulou le plus productif a une valeur calorique moyenne et une bonne teneur en protides. Les tiges de Gara sont parfois consommées en vert, mâchées en raison de leur teneur en sucre, mais le plus souvent elles sont laissées sur les champs où les bestiaux lors de leur passage trouvent ainsi un appoint alimentaire intéressant. L'écorce de la tige de certaines variétés plus colorées est détachée et après décoction donne une teinture rouge utilisée pour les ceintures des femmes. Il est rare que les tiges de Gara soient employées pour faire des clôtures, ou brûlées pour faire du sel (sauf Gara Charaka qui a de très longues tiges).

Dans quelle mesure la culture du Gara qui est capitale en pays Toupouri sinon par la quantité, du moins par son importance alimentaire et socio-religieuse, pourrait-elle être améliorée ? Le progrès enregistré en quatre ans montre l'importance de la fumure.

Le traitement des semences peut assurer une meilleure levée ; un meilleur travail préparatoire du sol évitant les sarclages longs et répétés, le binage attelé grâce au semis en lignes, permettront certainement d'augmenter les rendements tout en diminuant la quantité de travail exigée par le Gara. La production de variétés locales suffisamment précoces de forte production et de bonne valeur alimentaire est également à rechercher. Mais le respect de la date de semis la plus précoce possible restera encore longtemps le principal facteur d'une bonne récolte.

B) *Shoukouloum*[1].

Ce sorgho blanc tardif de saison des pluies diffère nettement du Gara tant par la farine blanche qu'il produit que par ses exigences et ses méthodes culturales.

Il existe plusieurs variétés qui se rattachent à plusieurs espèces botaniques et d'aspects très différents. En général cependant le Shoukouloum possède une panicule assez lâche, plus ou moins pyramidale, jamais compacte, parfois retombante, presque toujours portée par une longue tige atteignant parfois 4 m de haut, de section ovale. Plus grand que le Gara, beaucoup moins coloré, aux panicules moins denses, il a un grain blanc ou jaunâtre avec des glumes blanches ou noires ou parfois ocres, plus ou moins longues ou bâillantes.

1. Nous adopterons l'orthographe Shoukouloum employé couramment au Sous-Secteur. Il vaudrait peut-être mieux écrire Chokloum ou Choukoloum.

Citons les variétés les plus courantes à Golonpoui :

1) Groupe du *Shorghum notabile*
   — Shoukouloum Garfata (ou Garfoda) noir et blanc, le plus cultivé.
   — Shoukouloum Süelgui, noir et blanc très cultivé
2) *Sorghum membranaceum*
   — Shoukouloum Ninehouli (ou Nen Houli) très apprécié au point de vue alimentaire, panicule très lâche de couleur jaune clair, semé en mélange avec S. Garfata.
3) *Sorghum guineense :* Shoukouloum Dopoui.
4) *Sorghum caudatum var. caudatum :* Shoukouloum Moulouvayi (ou Mieououeyi).

Citons encore les variétés non identifiées :

— Koroum (ou Korôn) pour les terres fortes plus ou moins humides.
— Dessé, semé souvent en mélange avec S. Garfata et S. Süelgui.
— Madacei (ou Madeceigou).
— Yegé.
— Grân.
— Guesstia.
— Kouaryan, etc.

Les Shoukouloum supportent assez mal l'engorgement en eau du sol mais ils n'aiment pas non plus les sols trop légers. Ils sont cultivés dans la zone des « pseudo-rotations » mais très rarement en première année de culture, le plus souvent après arachides, pois de terre et surtout coton. Son retard sur le Gara pour le semis comme pour les opérations culturales en font une bonne garantie contre les accidents du Gara. L'extension des champs de Shoukouloum est très facile en général et les travaux nécessaires, semis et surtout repiquage d'extension, aisés. Mais dans ces terres soumises à une jachère sylvo-herbacée les adventices pullulent et l'envahissement par les mauvaises herbes est rapide. Les sarclages qui conditionnent la production sont longs et constituent un véritable goulet d'étranglement pour l'extension en superficie de ces cultures de Shoukouloum. Parfois c'est autour des Tin, dans les champs normalement consacrés au Gara, sur tout ou partie de la surface, ou même en mélange avec les Gara, que sont cultivés les Shoukouloum ; ceci dépend de la répartition des pluies en début de saison mais surtout du goût des familles ; c'est ainsi que la famille Lopo qui a des réserves suffisantes d'une année sur l'autre cultive très peu de Gara et parfois même pas du tout. Tous les membres de la famille ne font pas de Shoukouloum ; la plupart du temps, il n'y a que le champ de l'homme. Très souvent sont cultivés en intercalaire des haricots (Vigna sp.) peu grimpants. Leur faible densité et le peu d'intérêt qui leur est porté expliquent leur production très basse.

Sur un terrain nettoyé en saison sèche, a lieu aux premières pluies, dans le temps laissé libre par le semis de Gara, une rapide ouverture du sol à la houe. Le semis est toujours effectué au bâton sur terrain préalablement labouré ; les semis sont ainsi échelonnés, parfois pendant plus d'un mois pour le village. Ils ont lieu en général quand la chute d'eau dans la décade a dépassé 50 mm. La densité du semis varie selon la quantité d'eau tombée et les perspectives pluviométriques, de l'écartement plus ou moins approximatif de 70 à 80 cm en tous sens avec 5 ou 6 grains par trou, à un écartement beaucoup plus grand (120 à 140 cm en tous sens) avec 15 à 20 grains par poquet. De toutes façons il est recherché une bonne production de jeunes plants permettant une extension possible du champ en compensation d'un déficit de production du Gara. La levée a lieu une semaine après le semis si les conditions sont correctes et un premier binage assez soigné est fait quand les jeunes plants ne sont encore qu'une ou deux feuilles courtes et pâles.

C'est ensuite que se décide véritablement le sort du champ de Shoukouloum. Parfois le paysan certain d'avoir une bonne récolte de Gara et trop pris par d'autres travaux, abandonne le champ à son sort, il se contentera de venir cueillir les quelques panicules qui auront pu survivre. Par contre devant une production de Gara compromise, il cherche à obtenir la quantité maximum de Shoukouloum ; pour cela il effectue un repiquage de façon à avoir une densité correcte et même augmente la surface en repiquant des plants dans une zone d'extension labourée en bordure à cet effet, il exécute avec soin les sarclages et protège son champ contre les oiseaux. Entre ces deux positions extrêmes, abandon et extension maximum, il y a bien entendu toutes les attitudes possibles, sarclage sans repiquage, extension abandonnée ensuite, etc. Aussi, à la différence du Gara qui reçoit toujours les soins les plus attentifs, le Shoukouloum est-il plus ou moins soigné, plus ou moins entretenu et ses rendements varient considérablement de famille à famille.

Les repiquages ont lieu début juillet après chaque grosse pluie, le plus souvent à deux ou trois reprises. Les poquets bien levés sont démariés à 2-3 individus et les plants en surplus, une fois les feuilles légèrement coupées, sont repiqués deux par deux soit en position intermédiaire si l'écartement du semis fut très grand, soit en remplacement des manquants, soit en extension sur terrain nu préparé à l'avance en bordure. Un ou deux sarclages plus ou moins intensifs, parfois exécutés avec de la main-d'œuvre extra-familiale (entraide) ont lieu en juillet-août dans les champs correctement entretenus.

La récolte a lieu fin novembre, une quarantaine de jours après la fin des pluies. Les panicules seules sont coupées et rapportées au Tin. Elles sont stockées sur une plate-forme faite en branches et *secco* ou en tiges de sorgho, située en général en dehors du Tin vers l'entrée. Après ce complément de séchage elles sont entassées dans un grand grenier-panier, le Touksou, à 1 m environ au-dessus du sol. L'excédent de production sur la consommation est mis dans le grenier en terre après égrenage.

Le cycle moyen du Shoukouloum est de 160 à 170 jours, soit une cinquantaine de jours de plus que le Gara. Notons qu'en 1955 le semis a commencé le 11 juin et la récolte le 26 novembre, en 1956, 14 juin et 18 novembre, en 1957, 17 mai et 14 novembre. La date de la récolte varie peu malgré la différence des dates de semis.

TABLEAU 16

CYCLE DU SHOUKOULOUM

	Semis		Récolte
	1955		
Dahan	28-6/ 8-7		26-11/ 3-12
	(1) 154	(3) 175	
	(2) 158	(4) 179	*154/179*
Yongwé	14-6		29-11/ 3-12
	(1) 165	(3) 165	
	(2) 172	(4) 172	*165/172*
	1956		
Lopo	14-6/18-6		18-11/24-11
	(1) 157	(3) 153	
	(2) 163	(4) 159	*157/159*
Damo	17-6/23-6		24-11/26-11
	(1) 160	(3) 152	
	(2) 162	(4) 154	*160/154*
	1957		
Tem	23-5/24-5		14-11
	(1) 175	(3) 174	
	(2) 175	(4) 174	*175/174*
Autre variété de Shoukouloum :			
Damo	17-5/25-5		21-11/28-11
	(1) 188	(3) 180	
	(2) 195	(4) 187	*188/187*

	(1) (4)	*(2) Max.*	*(3) Min.*
Cycle moyen : 1955	*164/172*	182	154
1956	*158/149*	180	132
1957	*176*	180	165
Autre variété : 1957	*195/194*	204	180

Le rendement en grain de la panicule est compris entre 71 et 80 %, en moyenne 76 %. Tous nos tableaux de rendements sont, comme dans le cas du Gara, exprimés en kilogrammes de grain par hectare d'après les rendements moyens par famille.

TABLEAU 17

RENDEMENTS DU SHOUKOULOUM

	Surface cultivée en Shoukouloum (en ares)	*Production en grain* (en kg)	*Rendement en grain* (kg/ha)
1954			
Famille Tionga	49,42	445	900
— *Dahan*	143,50	522,5	364
Les 5 familles	384,91	1 816	471,6
1955			
Famille Dahan	150,30	1 136	755
— *Yongwé*	17,90	81	452
Les 7 familles	502,45	2 799	557
1956			
Famille Lopo	154,10	534	347
— *Damo*	79,50	667	839
Les 5 familles	539,30	3 258	604,1
1957			
Famille Lopo	12,40	71	572
— *Tem*	42,70	78	183
— *Damo*	48,55	208	428
Les 5 familles	255,90	1 182	462

Comme pour le Gara nous avons cultivé en 1956, côte à côte, diverses variétés de Shoukouloum ainsi que des variétés de mils tardifs qui nous furent fournies par la Station du Nord-Cameroun (Guétalé indiquées par *) et celle du Tchad (Ba Illi signalées par **). Certes le dispositif de mise en place ne permet pas une comparaison statistiquement valable, mais étant donné l'homogénéité du terrain les résultats nous ont semblé intéressants à citer :

		Rendement en grain (kg/ha)	*Coefficient multiplication* $\frac{\textit{poids grains récoltés}}{\textit{poids grains semés}}$
Damadjar*	semis le 18-6 récolte le 22-11	520	54,7
Yolobri*		520	47,3
Sh. Garfata		500	45,4
Gakaïka**		490	46,6
Sh.Dessé		480	40
Godji 136*		460	57,5
Godji 135*		450	56,2
Kourha Atchié**		430	57,3
Kourkouro**		320	27,9

Les autres variétés introduites (Godji 133*, Am Bedi Amcun**, GSRGR*, GSBGN*, Tchaïri**, Sian**) ont donné des rendements inférieurs à 250 kg. Nous remarquerons que le rendement le meilleur est nettement inférieur à la moyenne des rendements obtenus sur plus de 5 ha de culture familiale.

Les rendements de Shoukouloum sont très variables, étant essentiellement fonction du travail des champs et de la date du semis ; ils oscillent entre 300 et 1 000 kg environ mais il ne faut guère compter sur une moyenne supérieure à 600 kg, ce qui place les Shoukouloum bien audessous des Gara (il est vrai que la fumure joue un rôle extrêmement important sur ces sols pauvres).

Les parasites cités pour le Gara attaquent également le Shoukouloum. Les champs de mil tardif étant situés le plus souvent loin des habitations, subissent des dégâts assez importants par les oiseaux surtout entre 6 et 10 heures du matin et en fin de journée (16 à 18 heures). Un autre danger pour les récoltes est le vol heureusement peu fréquent dans la société Toupouri ; la présence de « fétiches garde-mil » serait une protection suffisamment efficace. Le paysan Toupouri effectue à l'approche de la maturité de fréquentes visites à son champ de Shoukouloum et parfois y passe la journée pour éloigner les oiseaux.

Le Shoukouloum est très apprécié au point de vue alimentaire, après broyage il donne à la cuisson une « boule » plus blanche car la farine elle-même est blanche et le son ne la colore guère. Le Shoukouloum fait l'objet d'un commerce assez actif, surtout par petites quantités troquées sur les marchés. En général les femmes n'utilisent pas leur propre sorgho pour confectionner la bière mais achètent des mils rouges spécialement à cette intention, quitte quelques jours avant ou après à vendre ou échanger une partie de leur provision de mil blanc moins estimé pour cette fabrication. Le célibataire cultive du Shoukouloum sur tout ou partie de la surface qu'il a consacrée l'année précédente à une culture d'exportation, il vend le produit afin de compléter la dot qui lui permettra de prendre femme.

Les tiges de Shoukouloum la plupart du temps très longues sont utilisées pour faire des clôtures autour des Tin, pour poser sur des charpentes de perches afin de faire des claies de séchage ou des toits ; certaines sont brûlées pour tirer par lessivage des cendres un sel de cuisine. Mais la majeure partie reste sur le champ où elle est consommée avec plaisir par les bovins qui commencent à souffrir de la saison sèche.

On a soutenu que l'extension des cultures d'exportation, du coton en particulier, amenait une augmentation de la production de mil par suite de l'introduction de la rotation coton-mil blanc et de l'extension de la surface ainsi cultivée en mil. C'est peut-être vrai en zone de culture Foulbé ou analogue, où le Yolobri tient une place importante dans l'alimentation (sans que cela justifie la destruction accélérée des jachères boisées qui résulte de l'augmentation des surfaces). En pays Toupouri où le mil blanc tardif n'est qu'une culture d'appoint aux deux grandes récoltes alimentaires (Gara et Babou) l'argument porte beaucoup moins.

De grands progrès restent à faire, et pourraient être facilement faits, pour l'amélioration des rendements de Shoukouloum. Le plus important est celui du relèvement du taux de fertilité sur les sols pauvres de la zone où il est cultivé; l'aménagement progressif d'une véritable rotation jointe à la fumure permettra d'élever considérablement la production en mil blanc tardif.

C) *Tchanré ou mil chandelle.*

Ce pénicillaire est peu cultivé en pays Toupouri mais il est bien connu et certains paysans en sèment régulièrement.

Le petit mil, comme on l'appelle souvent par suite de la taille réduite de ses grains par rapport aux sorghos, est un Pennisetum. La tige bien droite, pleine, atteint 2 à 3 m de hauteur ; elle porte des feuilles longues et étroites, rubannées, de couleur en général plus claire que chez les sorghos. L'inflorescence est un épi cylindrique de 30 cm de longueur moyenne portant de très nombreuses graines protégées par un hérissement plus ou moins dense de poils plus ou moins longs et rigides (qui constituent une protection très efficace contre les insectes et oiseaux attirés par les grains). Le grain est un caryopse oblong pointu à la base, de couleur variable, blanc, jaune ou gris et noir le plus souvent, possédant une enveloppe dure et lisse.

Les pénicillaires cultivés en pays Toupouri se rattachent au groupe des Yadiri du pays Foulbé ; on distingue les variétés Dipoui et Tônchi.

Le Tchanré est cultivé dans la zone des « pseudo-rotations » sur les sols les plus légers et le plus souvent la dernière année de culture, car il est peu exigeant. Les terres à Ampelocissus, sablonneuses et légères lui conviennent bien. Le semis a lieu le plus souvent à 1 × 1 m avec un nombre de grains suffisant pour avoir 2 ou 3 pieds à chaque poquet ; il est effectué avec un léger labour des emplacements, ou bien au baton sur sol préalablement ouvert à la houe. Il a lieu le plus tôt possible dans la saison des pluies dès que les semis de Gara et de Shoukouloum sont terminés. La levée est rapide et la couverture du sol également ; il suffit en général d'un sarclage dans les 40 à 80 jours qui suivent le semis. La récolte a lieu comme pour les sorghos, les « chandelles » sont transportées au Tin et stockées telles quelles dans les greniers.

Le cycle du Tchanré est de 170 à 180 jours :

(3) Min.	*(1)*	*(4)*	*(2) Max.*
155	180	168	189

ce qui lui donne une quinzaine de jours d'avance sur les Shoukouloum mais en fait néanmoins un mil demi-tardif. Par suite de sa très faible extension en pays Toupouri, nous n'avons que peu de renseignements sûrs sur son rendement.

1957	*Surface en ares*	*Production en grain*	*Rendement en grain* (kg/ha)
	—	—	—
Famille Tionga ...	89,70	336	375

Il semble que les rendements des mils « chandelles » soient de l'ordre de 500 kg au maximum dans le Nord-Cameroun.

Le Tchanré serait estimé au point de vue alimentaire par sa farine fine et blanche mais le Toupouri lui préfère ses sorghos fournissant une « boule colorée », très pâteuse et chargée de son, et donnant des rendements plus élevés.

D) *Babou.*

Les Toupouri cultivent la totalité des dépressions argilo-sableuses à argileuses de leur pays avec un sorgho repiqué dont la majeure partie du cycle se situe durant la saison sèche. Ce sorgho est connu, par une généralisation hâtive d'un terme inexact, sous le nom de Babouri. Cette dénomination est formée par l'addition d'un suffixe « Ri » qui est appliqué aux noms Foulbé des mils (Yadiri, Yolobri, Mouskouari) à un mot purement Toupouri Babou qui désigne les jeunes plants, en pépinière ou une fois arrachés, des sorghos repiqués de saison sèche. En réalité le Toupouri distingue deux grandes familles de mils repiqués : *Borgay* pour les terrains non inondés et moyennement argileux et *Donglong* pour les sols plus argileux et inondés. Cette dernière catégorie est proche des mils de décrue ou de sols très argileux des Foulbé : les Mouskouari, sorghos à panicule massive retombante (mil en crosse).

Malgré sa relative impropriété, le mot Babou s'applique ici uniquement au groupe Borgay.

Il possède une tige bien droite et rigide, des feuilles rubannées très engainantes de couleur vert foncé, ce qui forme au milieu du paysage desséché de la saison sèche d'immenses taches vertes. La panicule assez petite est compacte à branches raides, bien dressée sur un pédoncule rigide ; le grain bien rond est à demi recouvert par les glumes, sa couleur est variable, blanc à jaune et parfois rougeâtre, mais l'aspect général de la panicule est gris blanchâtre le plus souvent. Il a été identifié comme appartenant au groupe du *Sorghum caudatum* (alors que le Donglong serait un *Sorghum durra*).

Le paysan distingue à l'aspect des panicules les variétés Mayjarga, Oualemansan (ou Ma oualsan), Doui, Maouaga, Pannay, Maïdarsé, Daobi,

Kéré, etc. mais en général les sème en mélange et ne semble pas faire de différences entre elles tant au point de vue culture que rendement ou utilisation.

L'originalité de la culture du Babou est que ce sorgho une fois repiqué ne reçoit guère que la fin des pluies et mûrit en pleine saison sèche. Après un cycle court de 45 jours environ en pépinière, il reste environ 140 jours en champ, ce qui fait un sorgho de près de 200 jours, soit près de deux fois plus que le cycle du Gara.

C'est en juillet que le paysan Toupouri commence à établir la ou les pépinières nécessaires à la fourniture de ses plants à repiquer. L'emplacement en est très variable mais il y a toujours une certaine recherche de le fertilité du sol ; il peut être choisi à proximité ou même à l'intérieur du champ futur, mais ceci entraîne la nécessité de clôturer la pépinière et d'y apporter une fumure ; aussi le cas est-il assez rare. L'emplacement le plus recherché est celui très fumé des anciens endroits de stabulation des vaches des Gourna ; une fois le premier travail de défoncement accompli (sol très tassé au départ par suite du piétinement des animaux) la richesse du terrain permet de cultiver trois ou quatre ans de suite. Dans les autres cas l'emplacement est changé tous les ans, soit place peu éloignée du Tin, soit petite plage de fertilité non cultivée en Gara, fréquemment sous un Faidherbia isolé.

La préparation du terrain de la pépinière est longue et minutieuse. Un défonçage sur 25 à 30 cm de profondeur effectué par l'homme, la femme se contentant d'ameublir derrière lui en cassant les mottes et en repiochant un peu, enfouit les herbes et remue profondément le sol. Des billons demi-cylindriques d'une trentaine de centimètres de haut sur 50 cm de large sont fabriqués en utilisant la houe à billonner qui permet de travailler en sol très meuble à 20 cm de profondeur et de remuer une grosse quantité de sol. Les billons sont soigneusement confectionnés et régularisés par le piétinement des femmes sur la partie supérieure pour éviter un sol trop creux. Les billons sont grossièrement parallèles, parfois même en cercles concentriques si l'emplacement est un léger bombement (pour éviter la submersion lorsque la pépinière est faite à proximité des champs de Babou), leur écartement est de 70 cm environ.

Le semis a lieu lorsque le chef de terre a effectué l'ensemencement de sa propre pépinière. La pluviométrie totale utile (c'est-à-dire quasi continue, ce qui élimine les pluies très précoces d'avril) atteint alors en général 200 à 250 mm et la chute par décade est égale ou supérieure à 60 mm. C'est donc en pleine saison des pluies, en juillet, que commence le cycle du Babou. Dans un sillon tracé au sommet du billon (souvent avec le pied) les graines sont semées en lignes assez serrées. Environ 6 à 10 kg de semences pour un are de pépinière suffisent pour le repiquage d'une surface de 1 ha (c'est à peu près la même quantité de semences à l'hectare que pour les autres sorghos, la levée, meilleure par suite des conditions plus favorables de la pépinière, compensant les pertes en pépinière et au repiquage).

Dès que le semis a eu lieu, il faut garder la pépinière contre les dégâts des oiseaux (il existe à cette période peu de graines spontanées ou cultivées déjà mûres et les oiseaux recherchent les pépinières fraîchement semées). Cette surveillance peu pénible mais qui doit être continue de l'aube à la nuit est exercée par l'homme ou à la rigueur par une femme, rarement par un enfant. Elle dure jusqu'à la levée, soit cinq à six jours, mais comme le semis est parfois échelonné sur plusieurs jours, elle peut s'étendre sur une douzaine de journées. Deux semaines environ après le semis a lieu un binage, les mauvaises herbes arrachées à la main avec précaution sont déposées dans le creux entre les billons.

Parfois le paysan sème deux pépinières à quinze jours d'intervalle de façon à être sûr d'avoir des plants convenables au moment du repiquage. Dans quelques cas si son champ est suffisamment argileux et apte à recevoir soit Borgay soit Donglong il prépare une pépinière de chaque variété ; il pourra ainsi à l'époque du repiquage, selon l'état d'engorgement en eau de son sol, choisir le sorgho qui conviendra le mieux.

Le cycle en pépinière calculé grâce au graphique dont extrait ci-joint (fig. 31) nous donne les chiffres suivants :

CP	*(2) Min.*	*(1)*	*(4)*	*(3) Max.*
	—	—	—	—
1955	19	40	46	91
1956	21	47	65	92
1957	17	40	51	74

Moyenne 42/54

Ce sont des plants âgés d'un mois et demi environ qui sont employés au repiquage mais ils peuvent n'avoir que trois semaines ou au contraire être en pépinière depuis probablement trois mois.

C'est que le repiquage est une opération assez longue, un mois environ et l'on peut être obligé au début de prendre de jeunes plants ou au contraire de repiquer en fin de travail des plants ayant longtemps séjourné en pépinière.

Fin juillet commence la préparation des champs. Chacun retrouve le champ des années précédentes. En général il y a à peu près autant de champs que d'adultes dans la famille. Aussi les surfaces cultivées sont-elles importantes ; de l'ordre de 80 à 120 ares en moyenne par personne, elles peuvent dépasser 5 ha pour un Tin à quatre femmes. Ex. : Hakna : 1955 : 580,5 ares, 1956 : 526,10 ares, 1957 : 584,95 ares.

La préparation du sol se limite à un rabattage des rejets de Faidherbia albida et de Bauhinia reticulata qui sont assez abondants et qui sont conservés par les Toupouri par suite de leur utilité directe (complément de pâturage lorsque le gros bétail paît dans les dépressions au début de la saison des pluies et après la récolte du Babou) et indirecte (couverture

TABLEAU 18

CYCLE DU BABOU : EXPLICATION DES SYMBOLES

— *du début du semis* à		— *de la fin du semis* à	
début du repiquage	(1)	début du repiquage	(2)
fin du repiquage	(3)	fin du repiquage	(4)
début de la récolte	(5)	début de la récolte	(6)
fin de la récolte	(7)	fin de la récolte	(8)
— *du début du repiquage* à		— *de la fin du repiquage* à	
début de la récolte	(9)	début de la récolte	(10)
fin de la récolte	(11)	fin de la récolte	(12)

— *Cycle en pépinière* .... CP Valeurs moyennes (1) et (4), minimum (2), maximum (3).

— *Cycle en champ* .... CC Valeurs moyennes (9) et (12), minimum (10), maximum (11).

— *Cycle total* .... CT Valeurs moyennes (5) et (8), minimum (6), maximum (7).

Il faut noter que ces valeurs sont liées entre elles par les relations du type : (1) + (9) = (5) = (3) + (10), etc. (cf. Cycle du Gara, p. 244).

du sol et enrichissement par suite de leurs racines profondes) ; ils possèdent des souches importantes, condition et conséquence de leur résistance à ce traitement annuel. La végétation graminéenne assez fournie, à base d'Eragrostis tremula, Schoenfeldia gracilis, Aristida spp. et Brachiaria spp., atteint fréquemment 30 à 40 cm de haut. Parfois les herbes sont arrachées à la main et épandues sur le sol mais le plus souvent le repiquage a lieu directement sans préparation du sol.

Quand le signal en a été donné, les jeunes plants de mil qui atteignent alors 50 à 60 cm de haut sont soigneusement arrachés et préparés. Les racines sont parées de façon à n'avoir que 8 à 10 cm de long, les feuilles nettement raccourcies, les plants sont mis en bottes de 200 à 300 pour être transportés jusqu'au champ. Souvent l'arrachage et la préparation ont lieu le soir de façon à pouvoir repiquer dès le matin, les plants étant laissés au frais pendant la nuit. Assez rarement des plants sont offerts sur le marché, parfois pralinés avec une boue argileuse. Le repiquage débute quand la chute de pluie utile a dépassé 500 mm, la précipitation par décade étant alors de 70 à 80 mm ; pour le paysan Toupouri c'est lorsque la pluie a atteint son maximum d'intensité et commence à diminuer. En 1955 le début des repiquages s'est échelonné suivant les familles du 16 août au 1er septembre, en 1956 les paysans commencèrent à peu près tous en même temps entre le 2 et 7 septembre, en 1957 ce fut les 15 et 16 août.

La densité du repiquage est de 10 000 pieds/ha en moyenne. Nos comptages ont donné de 9 200 à 12 100 pieds à l'écartement assez régulier de 0,90 m à 1 m en tous sens. Le plant tenu dans la main gauche par paquet de dix à vingt est glissé dans le trou pratiqué à la hachette ou même simplement avec un manche de houe ; puis la terre est serrée contre les racines par un deuxième trou fait obliquement à proximité, les deux trous sont laissés ouverts pour concentrer l'eau au pied du plant. Cette opération est pratiquée autant que possible après une bonne pluie et la reprise est en général excellente.

Le repiquage est discontinu d'une part parce qu'il accompagne les fortes pluies, d'autre part parce qu'il est suivi d'un labour de nettoyage. Quatre ou cinq jours après le repiquage, pour réduire la couverture d'herbe qui, une fois son rôle protecteur achevé, serait un concurrent dangereux pour l'eau, a lieu un labour à 6 cm environ qui retourne les plaques de sol.

Il s'agit là d'un travail long et pénible, chaque travailleur penché du matin jusqu'au soir avance lentement sur un front de 2 à 3 m de large. Ce n'est que lorsque les surfaces déjà repiquées ont été labourées, que le repiquage reprend, afin sans doute d'assurer le bon état de ce qui est déjà repris plutôt que d'étendre les repiquages et de laisser ceux-ci en concurrence avec l'herbe. Pour échapper à la monotonie du labour du Babou, pour accélérer le repiquage et profiter au maximum de la saison, ce travail est assez souvent effectué collectivement. Le chef de famille qui fait appel à une aide collective repique d'un seul coup son champ et prévient les gens qu'il aura besoin d'eux à telle date ; il s'adresse à ses amis, aux familles de ses femmes, à ses frères, etc., on ne peut pas parler ici de groupes d'âges ou de sociétés d'entraide. Il réussit ainsi à rassembler au jour dit une équipe de plusieurs dizaines de personnes (jusqu'à 100) dans un seul champ de 0,80 à 1,50 ha et le labour est ainsi effectué en une seule journée. Les femmes du Tin ont préparé à cette intention quelques grandes jarres de bière de mil (avec le Gara fraîchement récolté parfois) et fait cuire de nombreuses petites boules avec une abondante sauce à base de poule ou de canard ou encore, mets de choix, de chien. Le repas collectif est la seule rémunération de ce travail en commun (quoique la réciprocité de l'aide soit fréquente, elle n'est pas obligatoire et une balance exacte n'existe pas).

Le labour s'étale le plus souvent sur un mois, un mois et demi et même plus. Pourtant malgré sa profondeur et la qualité de son exécution ce travail à la houe ne suffit pas à éliminer complètement l'herbe très abondante et à l'enfouir correctement. Aussi à la fin des pluies, au cours du mois d'octobre, un deuxième passage a lieu dans les champs de Babou ; il s'agit cette fois d'un binage très superficiel pour non seulement éliminer les adventices ayant pu repousser mais surtout pour aplanir le terrain, créer une couche assez fine protégeant le sol contre la dessiccation rapide, montrant combien les Toupouri sont des agriculteurs conscients de l'économie de l'eau sur ces terres sabloargileuses dont le pouvoir de rétention est malgré tout assez limité.

Pour réduire le lourd travail du premier labour-sarclage et accélérer le repiquage, nous avons largement prôné le labour attelé des champs de Babou. Les circonstances y sont très favorables ; la terre bien imbibée d'eau se laboure très bien ; malgré la légèreté des charrues des sillons parfaits de 10 à 15 cm de profondeur moyenne sont exécutés facilement par les bœufs en très bon état de santé et d'entraînement, l'herbe est parfaitement retournée et enfouie même si elle atteint 40 à 50 cm de haut. On obtient rapidement des champs propres sur lesquels le repiquage est facile et qui ne réclament pas de gros efforts pour le binage de fin de saison des pluies. Le repiquage total peut être effectué plus tôt et un rendement plus grand est enregistré par les paysans. Ce labour à la charrue a une très grande vogue en pays Toupouri car il réduit très nettement une importante pointe de travail et les charrues sont employées au maximum, à l'intérieur du Sous-Secteur et sur ses franges, avec une grande demande de labour à façon.

La récolte a lieu fin janvier-début février. Elle dure une quinzaine de jours tant à cause de la longueur de la cueillette que du transport, jusqu'au Tin assez éloigné, d'un volume relativement important de produits. Les panicules seules sont coupées avec un petit morceau de pédoncule, la tige est laissée debout entière. Les panicules sont entassées, sur le champ même, pendant la journée. Elles sont transportées chaque soir au Tin, ou bien elles restent dans le champ jusqu'à ce que la récolte soit terminée et parfois quelques jours de plus. Que ce soit au Tin ou au champ, elles sont stockées sur le sol sur un emplacement nettoyé et protégé par une haie de branches de Faidherbia posées par terre en cercle. Le paysan dispose les panicules en cercles concentriques, le fragment du pédoncule dirigé vers le centre, le diamètre des cercles diminuant à chaque rang en hauteur afin d'obtenir un dôme où n'apparaissent que les sommets des panicules. Le transport a lieu par paniers portés à tête d'homme et de femme. Comme le champ est parfois très éloigné du Tin, ce transport est long et pénible. Le paysan cherche à faire en commun la récolte et son transport, et pour cela fait appel à ses frères ou à des amis, qui viennent avec leurs femmes le plus souvent ; il se rend ensuite lui-même chez ceux qui sont venus l'aider. L'emploi de la charrette a été très apprécié pour ces transports de Babou (et de Donglong pour lequel le problème est le même) ; les détenteurs de charrettes louent leurs services et ceux de leur attelage à la journée à des prix très intéressants (350 à 500 Fr. CFA, nourriture du bouvier et des bœufs en plus) ou contre paiement en nature : deux à trois grands paniers de mil. Il vont ainsi, suivant l'échelonnement des récoltes lié à l'augmentation progressive vers le sud du taux d'argile, jusqu'à des distances assez considérables du Sous-Secteur (Tikem et rive sud des lacs). En cette saison où aucun autre travail n'a pratiquement lieu, l'emploi de la charrette augmente la productivité sans augmenter la production et semble donc inutile ; il ne faut pas oublier le soulagement apporté à la peine du paysan et de sa femme et qu'il s'agit ici d'un surplus de gain très intéressant pour les possesseurs des charrettes qui seraient autrement inemployées (sans compter l'utilisation des bœufs qui sont ainsi entraînés presque toute l'année de façon continue).

Il n'y a que peu de dégâts d'oiseaux malgré l'étendue des surfaces cultivées d'un seul tenant en Babou. Dans quelques villages des enfants sont chargés d'éloigner les oiseaux, ou parfois, à l'imitation des Foulbé ou des Laka, un réseau de ficelles permet d'agiter spasmodiquement des fragments de calebasses. On trouve parfois des panicules enfermées entre des feuilles nouées pour les protéger.

La récolte est stockée sur le sol pendant quinze jours à un mois, les panicules sont alors placées dans de grands paniers montés sur des claies basses qui font office de grenier (Touksou). Le Babou est égrené par battage au fléau des panicules en mars ou avril quand le Shoukouloum est épuisé. Les femmes balaient le grain et le vannent au vent. Il est alors stocké en grenier proprement dit. Cette opération a lieu parfois tout de suite après la récolte. Une fois la récolte terminée, on laisse les troupeaux de zébus des quartiers parcourir les dépressions. Les tiges de Babou laissées sur pied leur fournissent une nourriture très appréciée en ces mois de février-mars où le fourrage est rare.

Tableau 19

CYCLE DU BABOU

	Semis		Repiquage	Récolte
	1955			
Bambé	19-7/ 5-8		25-8/30- 9	4-2
	(1) 37	(2) 20		
	(3) 73	(4) 56	CP	*37/56*
	(5) 200	(6) 183		
	(7) 200	(8) 183	CC	*163/127*
	(9) 163	(10) 127		
	(11) 163	(12) 127	CT	*200/183*
Bamo	13-7/17-7		1-9/12-10	23-1/14-2
	(1) 50	(2) 46		
	(3) 91	(4) 87	CP	*50/87*
	(5) 194	(6) 190		
	(7) 216	(8) 212	CC	*144/125*
	(9) 144	(10) 103		
	(11) 166	(12) 125	CT	*194/212*
	1956			
Tem	7-7/12-8		7-9/ 7-10	29-1/ 8-2
	(1) 62	(2) 57		
	(3) 92	(4) 87	CP	*62/87*
	(5) 206	(6) 201		
	(7) 216	(8) 211	CC	*144/124*
	(9) 144	(10) 114		
	(11) 154	(12) 124	CT	*206/211*

TABLEAU 19 (suite)

	Semis		*Repiquage*	*Récolte*
	—		—	—
Tionga	20-7/ 9-8		30-8/ 7-10	25-1/ 6-2
	(1) 41	(2) 21		
	(3) 79	(4) 59	CP	*41/59*
	(5) 189	(6) 169		
	(7) 201	(8) 181	CC	*148/122*
	(9) 148	(10) 110		
	(11) 160	(12) 122	CT	*189/181*
	1957			
Dahan	4-7/11-7		15-8/11-9	31-1/ 1-2
	(1) 42	(2) 35		
	(3) 69	(4) 62		
	(5) 211	(6) 204	CP	*42/62*
	(7) 212	(8) 205		
	(9) 169	(10) 142	CC	*169/143*
	(11) 170	(12) 143	CT	*211/205*
Hakna	9-7/16-7		15-8/10- 9	1-2/ 3-2
	(1) 37	(2) 30		
	(3) 63	(4) 56		
	(5) 207	(6) 200	CP	*37/56*
	(7) 209	(8) 202		
	(9) 170	(10) 144	CC	*170/146*
	(11) 172	(12) 146	CT	*207/202*

La récolte de Babou est consacrée par la fête Hikaran célébrée à la nouvelle lune de mars qui clôture ainsi la campagne agricole.

Le cycle moyen en champ du Babou est de 150 jours environ ; les dépressions ne sont donc cultivées que 4,5 à 5 mois par an, cette période étant principalement en saison sèche ; c'est pourquoi la jachère annuelle et le pâturage arrivent à maintenir la fertilité de ces sols.

Le Babou exigeant près de 200 jours pour être récolté à maturité est le sorgho du Sous-Secteur ayant le cycle le plus long. Cependant sa concentration pendant 40 à 50 jours sur la pépinière et le décalage de sa période en champ par rapport aux autres cultures et à l'activité agricole générale le rendent extrêmement intéressant.

TABLEAU 20

RÉSUMÉ DES CYCLES DU BABOU

	(1) CP (4)			*(9) CC (12)*			*(5) CT (8)*		
	(2) Min.		*(3) Max.*	*(10) Min.*		*(11) Max.*	*(6) Min.*		*(7) Max.*
1955 ...	19	40/46	91	103	154/128	181	166	193/194	217
1956 ...	21	47/65	92	110	149/126	163	169	196/191	216
1957 ...	17	40/51	74	120	163/146	172	176	203/196	218

Le rendement à l'égrenage est en moyenne de 72 % (il varie entre 70 et 78 % mais la moyenne pondérée donne 72 %). Ce chiffre faible s'explique en grande partie par la structure très forte de la panicule et la dimension du pédoncule. Il modifie les chiffres généralement avancés au sujet des rendements en sorghos repiqués que l'on a prétendu toujours plus élevés que ceux des sorghos de saison des pluies ; on peut difficilement comparer des rendements en panicules pour des sorghos ayant des coefficients d'égrenage variant de 84 % (Gara) à 76 % (Shoukouloum) et 72 % (Babou).

Les rendements moyens (en grain) du Babou sont de 300 à 400 kg en moyenne à l'hectare.

	Nombre de familles	*Surface totale* (en ares)	*Rendement en grain* (kg/ha)
1954	8	1 631,95	562,7
1955	7	1 796,65	259,3
1956	6	1 682,25	316,8
1957	7	1 695,30	357,9

Tableau 21

	Surface cultivée (en ares)	*Poids de la récolte en grain* (en kg)	*Rendement en grain* (kg/ha)
1955			
Famille Bambé	104,10	288	277
— *Damo*	468,50	1 743	372
Les 7 familles	1 796,65	4 652	*259,3*
1956			
Famille Hakna	526,10	1 599	304
— *Tem*	117	193	165
— *Damo*	490,25	1 848	377
Les 6 familles	1 682,25	5 329	*316,8*
1957			
Famille Tionga	86,10	173	201
— *Tem*	73,90	522	707
— *Lopo*	226,05	827	366
Les 7 familles	1 695,30	6 067	*357,9*

On voit que les rendements en grain de Babou à Golonpoui sont faibles, beaucoup plus faibles que ce qui est couramment admis pour les sorghos repiqués du Nord-Cameroun. Mais ces chiffres (1 000 à 1 200 kg/ha) sont la plupart du temps estimés et répétés d'année en année sans qu'une vérification sérieuse en soit faite. De plus ce sont des chiffres de rendement en panicules qu'il faut donc réduire de plus d'un quart (720 à 860 kg/ha). De toutes façons on ne peut étendre au Babou et aux sols qui le portent (relativement riches pour Golonpoui mais combien pauvres en argile et en éléments minéraux par rapport au Karal sur lequel sont cultivés les Mouskouari foulbé) les résultats obtenus sur les sorghos du Nord-Cameroun, même si ceux-ci sont exacts. Ce sont deux cultures et deux sols bien différents. Il n'en reste pas moins que le rendement du Babou est bas et qu'il faut chercher à l'augmenter.

Quelques colonies d'Aphis (pucerons blancs et verts) attaquent les jeunes plants et il y a quelques taches de rouille. Mais le Babou est sujet à de très fortes attaques de charbon. Cette maladie, bien connue des paysans sous le nom de Biri, provoque la destruction des panicules, parfois même leur avortement et remplace les grains par l'accumulation noirâtre des sores de Sphacelotheca sorghi, Sphacelotheca holci sorghi (charbon couvert) ou Sphacelotheca cruenta, charbon nu du sorgho. Seuls les sorghos repiqués en sont atteints, probablement par suite de la longueur de leur cycle végétatif qui permet le développement complet du cryptogame. Les dégâts furent estimés [8] à un minimum de 5 % de la récolte (donc environ 15 000 t pour l'ensemble du Nord-Cameroun). Nos comptages nous ont donné pour l'ensemble du pays Toupouri des proportions panicules atteintes/total des panicules allant jusqu'à 10 et même 20 % ; comme un certain nombre de pieds restent stériles, l'influence du cryptogame est encore plus grande. L'attaque est d'ailleurs irrégulière, certains villages sont plus contaminés que d'autres, certains champs ne sont que peu atteints ; mais il est rare de voir les cultures de Babou d'un quartier absolument intactes. Aussi la lutte contre le charbon fut-elle inscrite dès le début dans le programme d'action agricole du Sous-Secteur. Malgré les obstacles apparents : toxicité des produits anticryptogamiques, susceptibilité des paysans en ce qui concerne leurs semences tout spécialement de mil, la lutte était facile par suite de l'encadrement serré des paysans et de leur confiance dans le Conseiller rural et ses méthodes.

Le traitement est fondé sur la désinfection préventive de la semence. Parmi les nombreux produits anticryptogamiques, c'est le formol que nous avons adopté car le plus simple et le moins dangereux ; nous avons en effet éliminé les organo-mercuriques étant donné les précautions d'emploi (nous pouvions redouter la consommation des graines après traitement de la part de paysans aussi peu instruits) et adopté la voie humide qui, seule, permet le traitement des toutes petites quantités individuelles et assure à chaque paysan la restitution de sa propre semence. Le trempage des grains pendant une dizaine de minutes (au lieu de

30 minutes généralement recommandées) dans une solution de formol à 0,25 % nous a donné d'excellents résultats. La première année (1954) ce furent seulement quelques volontaires qui, ayant confiance dans les paroles du Conseiller rural, vinrent donner à leurs graines « le bon médicament ». Le résultat fut éclatant, les champs protégés ne possédaient aucune panicule charbonneuse. L'année suivante le traitement fut étendu à tout le village de Golonpoui et des paysans vinrent des villages voisins apporter leurs semences. Les résultats excellents et constants de l'emploi du formol ont continué à progresser même en dehors de l'ensemble du Sous-Secteur.

Le traitement au formol est des plus simples et l'équipement très réduit. Une dilution en deux temps amenant à 0,25 % de formol permet d'éviter un gaspillage ou une mauvaise utilisation. Sur une grande calebasse est tendu un sac ; chaque paysan y apporte sa semence et la déverse sur le sac, sous le poids des graines celui-ci trempe dans le liquide et la semence est agitée dans le formol dilué. Au bout de quelques minutes en tirant sur les bords du sac, on sort les graines qui égouttent et le paysan les reprend ; il est certain de recevoir la propre semence qu'il a apportée, traitée devant ses yeux de façon convenable. Quand le bain devient trop sale ou trop réduit (par suite des pertes inévitables) l'Encadreur rural change le liquide ; un litre de formol dilué à 10 % lui permet en effet de faire quatre calebasses à la dilution utilisée, chaque calebasse recevant en moyenne 10 à 20 lots de graines. Ceux-ci sont toujours assez restreints, une mesure faite sur 150 lots de semences traités dans une journée nous a donné un poids total de 537 kg, le lot moyen étant de 3,355 kg avec des écarts allant de 13 kg à 1,5 kg. Un litre de formol pur du commerce permet ainsi sans accessoires coûteux et avec une pleine efficacité de traiter théoriquement deux tonnes de semences de Babou soit 200 ha de culture ; pratiquement on ne peut guère espérer plus d'une tonne de semences et 100 ha de culture par suite des incidents, ou simplement du liquide jeté en fin de journée ; néanmoins le prix de revient est toujours excessivement bas. Le traitement est une occasion facile pour l'encadreur du village ou pour le Conseiller rural de voir un à un tous les paysans et de bavarder une fois de plus avec eux.

Consommé d'avril à septembre le Babou est soigneusement conservé après le battage et le vannage dans les greniers de terre ; il a le plus long stockage des mils du pays Toupouri et ce n'est guère que sur le Babou que l'on trouve des attaques d'insectes (Sitotroga cerealella Ol., Alucite des grains, Rhizopertha dominica Fab., Bostryche des récoltes, Calandra oryzae L., Tribolium confusum Per. et Tribolium castaneum Herbst).

L'incidence de ces ennemis des graines entreposées est variable mais toujours assez faible. En l'absence de mesures exactes, nous ne pouvons qu'estimer les dégâts à moins de 2 à 3 %. Nous avons cependant procédé (cf. livre III, chap. IV, § 1 « Habitat ») à la pulvérisation interne des greniers. Cette action fut très appréciée des paysans.

Le Babou fournit une exsudation sucrée (dans une plus faible mesure que le Donglong il est vrai) en pleine saison sèche. La sève élaborée de la tige et du parenchyme des feuilles coule le long de la tige ou s'égoutte à la pointe de la feuille et se cristallise sur le sol en petites pellicules blanchâtres à goût légèrement sucré et un peu amer. Le produit est recueilli surtout par les enfants et parfois vendu sur le marché.

Parfois le paysan n'a qu'une trop faible surface de terres propices au Gara et au Babou spécialement. Si le sol de son champ de Babou n'est pas trop inondé et peut supporter une culture de mil rouge hâtif, il pourra faire deux récoltes de sorgho sur le même terrain dans l'année, ce cas est assez fréquent en pays Toupouri. Dès la récolte du Gara sont repiqués les plants de Babou. Ce système qui fournit une double récolte supprime la jachère de mai à septembre et a certainement une fâcheuse répercussion sur la fertilité du sol.

Les faibles rendements du Babou et l'importance de cette culture, en surface comme dans l'alimentation, exigent une amélioration. Déjà la lutte contre le charbon permet d'augmenter la production de 10 % environ. La sélection permettrait probablement de dégager des populations à meilleur rendement. Mais nous pensons que le facteur limitant, dans le finage du Sous-Secteur où ces faibles productions à l'hectare ont été relevées, réside dans la pauvreté des sols argilosableux. Leur pauvreté en réserves minérales, leurs carences en azote, phosphate total et matière organique expliquent leur manque de fertilité. Par contre leur excellent comportement hydrique et leurs autres qualités physiques les rendent susceptibles d'améliorations faciles ; le relèvement de la fertilité amènera une nette augmentation des rendements. Nous pensons que ces champs de Babou, devront être les premières zones fumées (en dehors du Gara). Il faudrait d'urgence préciser la meilleure date d'application : fumure en plein lors du labour attelé ou fumure au poquet lors du sarclage dans le cas de champs cultivés à la main ? car l'arrivée rapide de la sécheresse risque d'en perturber les effets.

La croissance du Babou s'effectue dans la première phase grâce aux dernières chutes de pluie mais ensuite la plante ne doit compter que sur l'eau qu'elle pourra extraire du sol pour arriver à maturité. Le dessèchement superficiel très brutal du sol réduit certainement le développement malgré les façons culturales. Le réseau de bandes boisées mis en place par le Service des Eaux et Forêts dans ces dépressions balayées par les vents desséchants d'est et nord-est devrait être complété, pour avoir une efficacité plus grande, par de petites haies à faible espacement (30 m, en bordure des champs par exemple) mais nous n'avons pu trouver de bons éléments constitutifs pour une telle haie qui ne peut se justifier aux yeux du paysan que par un rapport supplémentaire immédiat.

E) *Donglong.*

Ce sorgho repiqué est peu cultivé dans la partie étudiée du pays Toupouri. Sa panicule en crosse, très compacte et solide portant de gros grains l'a fait identifier *Sorghum durra*, proche des mils Berbéré du Tchad et des Mouskouari foulbé du Nord-Cameroun. On distingue les variétés Kéri et Madifi. Il exige des terrains à forte rétention en eau et par conséquent plus argileux que la plupart de ceux du pays Toupouri Camerounais, il est par contre fréquent au Tchad sur les sols argileux du bord des lacs.

La culture est sensiblement la même que celle du Babou. Cependant le repiquage a lieu sur terrain beaucoup plus humide, labouré en général avant ; le plant est enfoncé à l'aide d'une petite fourche en bois appuyant sur le renflement au départ des racines, jusque bien au-dessus du collet, un deuxième trou fait à proximité garantit un contact étroit des racines avec le sol ; les deux trous sont laissés ouverts (chez les Foulbé le Mouskouari est repiqué sur terrain labouré au fond de trous profonds pratiqués à l'aide d'un gros pieu-plantoir, le plant disparaît presque dans le trou qui le protège contre l'action desséchante du vent, parfois un peu d'eau est versée au fond du trou pour assurer une meilleure reprise). Le repiquage du Donglong et du Mouskouari est nettement plus tardif, fin octobre-novembre, que celui du Babou, la récolte a lieu en mars. Le cycle du Donglong est d'environ 200 jours, soit sensiblement égal à celui du Babou, les pépinières étant faites plus tardivement.

D'après les renseignements officiels, les rendements en Mouskouari « seraient dans l'ensemble plus élevés » que pour les sorghos de saison des pluies, ce qui donnerait des chiffres de 1 000 à 1 200 kg/ha. Mais nous avons déjà vu en étudiant le Babou, les objections à faire : rendements en panicules, base des chiffres avancés. Il semble cependant que le Donglong ait une production meilleure que le Babou. La plus grande teneur en argile et en réserves minérales des sols à Donglong par rapport aux sols à Babou explique facilement cette différence.

Cette culture si intéressante des mils repiqués est-elle proprement Toupouri ? Il semble qu'elle ait été introduite par les Foulbé. Ceux-ci ont très probablement apporté avec eux en venant de l'ouest les méthodes agricoles de culture sur les terres de décrue et les sorghos qui y étaient adaptés. Tandis que les Moundang et les Toupouri plus directement au contact des Foulbé cultivent des sorghos repiqués, les groupes situés plus à l'est et plus au sud : Massa, Moussey, Hoho, y sont encore aujourd'hui farouchement hostiles. La dispersion du peuplement Foulbé dans toute la zone au nord de la Bénoué semble confirmer cette hypothèse. Les chefs de bande (Lamibé) choisirent pour s'installer les endroits stratégiques toujours situés en bordure des plaines où cultiver le Mouskouari (Karal en Foulbé), qui étaient alors peu peuplées.

Cependant il faut noter les différences assez remarquables existant entre le Mouskouari et le Babou par suite de leur adaptation à des conditions différentes de sol. Les Toupouri, en s'inspirant des principes techniques introduits par les Foulbé, ont-ils réussi à mettre au point depuis une centaine d'années environ ces variétés qui s'avèrent assez bien adaptées ?

3. Arachides et coton

Alors que le Tchad cultivait le coton, de l'autre côté de la frontière proche, depuis de nombreuses années (1927) le Nord-Cameroun était resté jusqu'en 1951 uniquement producteur d'arachides. La culture des arachides fut longtemps une culture forcée avec impositions de surfaces par canton et par village en fonction du nombre d'imposables (hommes adultes). Cette culture obligatoire n'avait pas pour but le profit immédiat de quelques individus ou Sociétés comme l'apparaissait alors la culture du coton en A.E.F. ; la recherche d'un tonnage élevé d'arachides était plutôt dictée par le souci, louable en son principe, d'assurer une production exportable au Nord-Cameroun et de procurer une source de revenus monétaires (biens de consommation mais également impôt) aux populations. Malheureusement ceci conduisait le plus souvent à des résultats stupides, imposition de la culture quelles que soient les conditions locales, encadrement plus soucieux des surfaces que des rendements, du tonnage que de la production, pression continue sur les chefs et sur les paysans par une Administration qui y usait peu à peu son prestige. Les critiques qui commençaient à se faire entendre au sujet de l'arachide reçurent un fort appui en 1951-1952 devant le succès de l'introduction du coton.

Le coton par suite de ses conséquences très visibles au Tchad où la culture imposée entraînait souvent un déficit en mil et une importation vivrière à partir des zones voisines du Nord-Cameroun, était peu populaire dans cette région. La Compagnie Française pour le Développement des Textiles (C.F.D.T.) tenta cependant en 1951 de l'introduire. Devant les bons résultats des premiers essais, l'extension en fut recherchée activement en 1952. Grâce à une habile campagne, à un prix d'achat apparemment plus rémunérateur, à l'appui discret mais efficace de quelques Administrateurs, grâce surtout à l'impopularité de l'arachide auprès des paysans, les surfaces en coton s'accrurent considérablement. Espérant une forte production des Subdivisions de Yagoua et Kaélé, la C.F.D.T. choisit Kaélé comme base et y installa son usine d'égrenage. La querelle arachides-coton qui ne manqua pas de diviser le Nord-Cameroun, tourna rapidement à l'avantage de la culture non administrative, en l'occurence le coton. Et tandis que R. Dumont [31] avait écrit en 1950 dans son rapport de mission relatif à l'installation de la C.F.D.T. dans le Nord-Cameroun : « l'arachide n'exclut pas le coton », on vit bientôt en fait le coton supplanter l'arachide même dans les sols les plus appropriés à cette dernière et peu propices au coton.

Le dynamisme de l'encadrement spécialisé mis en place par la C.F.D.T. conduisit peu à peu à des erreurs semblables à celles ayant discrédité l'arachide mais beaucoup moins « criantes », beaucoup plus facilement redressées. A côté de cela les beaux résultats techniques sur le plan de la substitution de variétés plus productives, de la commercialisation et de l'industrialisation (égrenage, huilerie), les efforts remarquables de modernisation rurale du Sous-Secteur de Lara, l'augmentation générale des exportations du Nord-Cameroun faisaient de l'action de la C.F.D.T. un véritable succès.

Cependant, dans la zone qui nous intéresse, et même dans la Subdivision de Yagoua presque entière, sur ces sols légers la culture cotonnière soumise à un parasitisme intense (Diparopsis castanea en particulier) obtenait des rendements très bas. Des essais en grand de traitements ne suffisant pas à supprimer cet obstacle, devant le découragement croissant des paysans, la C.F.D.T. fut amenée à réduire ou même à supprimer temporairement la culture du coton sur la Subdivision de Yagoua[1]. Le Sous-Secteur du pays Toupouri avait rapidement orienté ses efforts vers l'arachide plus que vers le coton ; nous continuons à penser qu'il s'agit plus d'une question de qualité des sols que de parasitisme, les foyers de celui-ci devant très probablement se déplacer au cours des années à venir.

Cette rivalité coton-arachides, qui n'aurait pas dû exister, chacune de ces productions ayant sa place dans l'économie du Nord-Cameroun en fonction des sols pour la meilleure rémunération du travail du producteur, a marqué durant ces dernières années l'agriculture de toute la région et de la zone que nous étudions. Il était indispensable d'en tracer les grandes lignes avant d'examiner plus en détail chacune des cultures protagonistes.

A) *Arachide.*

Depuis longtemps l'arachide était cultivée pour les besoins alimentaires des paysans du Nord-Cameroun. Il s'agissait le plus souvent de variétés rampantes à production assez faible (en particulier arachide blanche à trois graines par coque dite Fianga ou Djelmé). La substitution progressive de variétés érigées (assez mal définies et reproduites sur place) aux variétés locales, une pression administrative soutenue transformant le chef de Subdivision et ses auxiliaires en agents de la production, une action des Sociétés de Prévoyance dans les domaines du décortiquage et de la commercialisation (achats témoins pour protéger les vendeurs contre les fraudes à la pesée et à l'achat) avaient réussi depuis 1945 à élever considérablement les tonnages d'arachides produits par le Nord-Cameroun. Malheureusement « les sanctions sévères contre les producteurs qui s'écar-

1. Les bons résultats, inespérés au départ de la Subdivision de Mora, et la faible production de la région située à l'est de Kaélé, font que les installations considérables de cette ville ne se trouvent plus au centre de gravité de la production cotonnière.

teraient par trop des consignes données » (selon les termes mêmes d'une circulaire administrative relative à la campagne de l'arachide), le zèle excessif des encadreurs et leur ignorance des notions agricoles les plus simples aboutirent à une hostilité croissante des paysans contre l'arachide. On pouvait voir en effet des cultivateurs obligés d'arroser ou de battre le sol à coups de maillet pour déterrer la maigre récolte d'arachides, dans des sols trop argileux (le village ne possédant que des terres fortes). Certains villages étaient obligés d'aller cultiver les arachides dont la production leur était imposée à des distances considérables (exemple : canton de Wina faisant ses champs de l'autre côté de la dépression dans le canton de Guisey). De même Datchéka venait cultiver de l'arachide sur les finages de Golonpoui et de Taala, faute de terres libres et de sols légers. Chaque chef de Subdivision cherchait à obtenir un tonnage plus élevé que son prédécesseur sans trop se soucier des conditions dans lesquelles il était obtenu. Quelques Administrateurs, conscients de la lassitude des paysans et de la dégradation progressive de la position de l'Administration, commencèrent à joindre leurs voix à celles des techniciens et à lancer des cris d'alarme. L'arrivée de la C.F.D.T. et du coton allait accélérer les choses et entraîner la « liberté » de l'arachide en 1954.

Comment était pratiquée la culture de l'arachide avant cette date ? Chaque village se voyait fixer un certain nombre de « cordes » à cultiver en fonction du nombre d'imposables (hommes adultes)[1]. Après le choix du champ, chaque parcelle individuelle formant un carré de 60 × 60 m (soit 1/3 d'hectare approximativement) était délimitée à l'aide d'une corde (d'où le nom) et de piquets. Un très léger allongement de la « corde » entraîne un accroissement considérable de surface et les piqueteurs en profitaient largement soit par translation du point de départ de la mesure, soit par emploi d'une corde légèrement plus longue (un allongement d'un mètre fait passer la surface du carré de $60 \times 60 = 3\,600$ m² à $61 \times 61 = 3\,721$ m², un supplément de 10 m de longueur donne $70 \times 70 = 4\,900$ m² soit un champ de près de 1/2 ha). Cette simple astuce entraînait un relèvement apparent des rendements moyens commercialisés obtenus par le simple quotient $\frac{\text{quantité achetée}}{\text{surfaces théoriques}}$.

Une fois les champs choisis et piquetés, l'action des agents encadreurs s'exerçait sur les approvisionnements en semences (soit réserves individuelles ou collectives, soit distribution) puis sur les ensemencements que l'on cherchait à obtenir aussi précoces et aussi denses que possible. L'activité des « encadreurs » était alors la plus grande, courant de village en village pour s'assurer que les surfaces prévues avaient bien été ensemencées

1. Sans tenir compte des facteurs sol, aptitude des paysans, etc., cette méthode est des plus néfastes. En effet plus la population est dense, plus la surface de culture imposée est grande, même là où la surface disponible est déjà insuffisante pour les cultures vivrières.

en totalité ; c'était l'époque où les chefs de village récalcitrants étaient convoqués au chef-lieu de la Subdivision pour attendre devant la porte des bureaux que les semis de leur village soient achevés.

Inutile de dire combien l'accumulation de ces erreurs psychologiques et techniques pesait sur l'esprit des paysans qui voyaient de plus en plus dans l'arachide une corvée, une imposition pure et simple. La lassitude de tous, paysans comme encadreurs devant des récoltes de plus en plus médiocres (certains villages cultivant depuis quatre ou cinq ans l'arachide sur le même emplacement dit « champ du Commandant »), l'arrivée de la C.F.D.T. et du coton, la prise de conscience de nombreux responsables aboutirent en 1954 à une révision complète de cette politique : produire de l'arachide à tout prix.

La Subdivision de Yagoua grâce à ses sols légers était une des plus grosses productrices du Nord-Cameroun, mais la pression administrative y avait été telle que le coton y fut accueilli avec enthousiasme et qu'en 1953 il n'y était plus pratiquement cultivé d'arachides en vue de l'exportation. Seules les femmes continuaient à semer des arachides en mélange ou à côté de leurs pois de terre, dans la partie épuisée de la zone des « pseudo-rotations » pas trop éloignée des villages. Le semis tardif, la grande pauvreté du sol aboutissaient à des rendements très médiocres (200 à 250 kg/ha).

L'arachide étant bien plus appropriée pour l'exploitation des sols sableux pauvres de la zone des « pseudo-rotations » que le coton, il fut décidé dès la première saison du Sous-Secteur (avril 1954) d'encourager les paysans à cultiver l'arachide. A côté d'un champ de démonstration-essai effectué par le Sous-Secteur avec de la main-d'œuvre salariée, nous entreprîmes de convaincre les paysans que l'arachide bien cultivée leur rapporterait, pour un travail moindre, plus que le coton sur les sols sableux qu'ils pouvaient exploiter. Ceci était appuyé par la vulgarisation de meilleures méthodes culturales et l'introduction de semences sélectionnées en provenance de Guétalé, station expérimentale du Nord-Cameroun du Service de l'Agriculture. Alors que l'ensemble de la Subdivision de Yagoua a une production arachidière décroissant régulièrement jusqu'en 1957, nous enregistrons à Golonpoui la progression suivante :

1954 : 4,5 ha, 1955 : 57,75 ha, 1956 : 116 ha, 1957 : 196 ha, la même extension se produisant dans les villages voisins :

	1954	*1955*	*1956*	*1957*
	—	—	—	—
Mourao	0 ha	10 ha	52,5 ha	86 ha
Taala	0	22	30,5	101
Datchéka ..	0	23,5	67,5	60[1]
Golonpoui .	4,5	57,5	116	196
	4,5 ha	113 ha	266,5 ha	443 ha

1. Ne dispose que de peu de sols à arachides.

tandis que les surfaces en coton décroissaient progressivement pour être très réduites et nulles en 1957.

La variété propagée est la variété érigée Soudan 28-206 en provenance de Bambey (Sénégal) et produite par la station de Guétalé.

L'arachide n'est cultivée que dans la zone des « pseudo-rotations ». En effet les autres zones sont occupées au maximum et sauf la zone Gara-habitations, elles subissent un engorgement en eau qui ne saurait être supporté par l'arachide.

Celle-ci est normalement cultivée en tête d'assolement, cependant nous avons essayé, afin d'utiliser au mieux les défrichements faits pour le coton dans les sols sableux beiges, de faire pratiquer par quelques paysans la rotation coton-arachides-mil.

Le choix des champs a lieu en février-mars en pleine entente entre le chef de terre, le Conseiller rural et les paysans et le défrichement, coupe des arbustes et des buissons, a lieu en principe aussitôt. Mais son déroulement est souvent lent et il n'est parfois pas terminé à l'approche de la saison des pluies. Par suite de ce retard si fréquent et de la compacité superficielle de la terre en saison sèche, l'ouverture du sol est retardée jusqu'aux premières pluies. Mais la hâte à effectuer les semis de sorgho de saison des pluies, fait encore reculer la date du travail sur les champs d'arachides.

Un labour aussi profond que possible du champ a lieu avant le semis ; il est effectué soit à la houe, soit de plus en plus fréquemment à la charrue, ce qui permet d'ouvrir plus profondément la terre, de mieux enfouir les débris végétaux et surtout de semer plus tôt. En 1954 pour les petites surfaces ensemencées nous avions conseillé aux paysans de constituer des billons à l'écartement des futures lignes de semis, pratique qui donna d'excellents résultats mais qui est malheureusement plus longue. Pour améliorer l'état du sol après le labour à la charrue (et faciliter en particulier nos essais de semoir attelé) nous conseillons un passage rapide de herse pour aplanir. Pendant ce temps, a lieu au Tin, la préparation des semences. Celles-ci provenaient jadis soit des réserves familiales, soit de distributions administratives (avec ou sans récupération d'une quantité équivalente par suite de la médiocre organisation technique de la production). Comme le Sous-Secteur du pays Toupouri joue un rôle pilote dans la réintroduction de la culture arachidière dans la Subdivision de Yagoua et contribue en particulier à la multiplication des semences, celles-ci sont stockées par ses soins.

Il semble raisonnable de se baser sur une quantité de 90 kg de coques à l'hectare. Un examen attentif des semis africains bien effectués, à la forte densité recherchée montre :

1° que le rendement au décorticage n'atteint guère que 60 % par suite des amandes abîmées et des prélèvements inévitables pour le grignotage des femmes et des enfants qui décortiquent ; 2° que très souvent des quantités de graines de l'ordre de 50-60 kg à l'hectare (et même 70 kg) sont employées au semis, ce qui nous donne des poids d'arachides en coques de 83 à 100 kg à l'hectare, soit presque le double des quantités officiellement préconisées.

Le semis devrait être aussi précoce que possible afin que la variété, au cycle de 120 à 130 jours, puisse produire le maximum de graines. Cependant il faut que les pluies soient suffisamment régulières pour assurer une bonne germination. D'autre part les semis un peu tardifs sont compromis par le ralentissement des pluies qui survient généralement début juillet. Mais en pays Toupouri la nécessité d'assurer d'abord une bonne production de mil de saison des pluies fait en général repousser la date des semis assez tard et c'est un facteur limitatif très important du rendement. Nous relevons les périodes suivantes pour le semis : 1955 du 11 juillet au 2 août (avec intensité maximum les 15 et 16 juillet), 1956 du 21 juin au 25 juillet (intensité maximum du 7 au 11 juillet), 1957 du 22 mai au 1er juillet (intensité maximum du 13 au 15 juin), ce qui représente un progrès très notable sur les années précédentes.

L'écartement adopté au début de 60 cm entre les lignes et 20 cm sur la ligne, qui donne une densité approximative de 80 000 à 85 000 pieds à l'hectare, a été progressivement réduit afin d'assurer la densité maximum tout en permettant le passage éventuel d'instruments attelés entre les lignes ; il atteignait selon les derniers conseils du Sous-Secteur 40 cm × 20 cm, ce qui fournit une densité théorique de 125 000 pieds à l'hectare. Le semis est effectué soit sur de très légers billons tracés à l'écartement voulu, soit à plat le long d'une cordelette à nœuds espacés de 20 cm, la ficelle étant déplacée après chaque ligne de l'écartement choisi. Une ou deux graines sont mises en place à chaque nœud à une profondeur de 3 cm environ, déposées au fond d'un trou pratiqué avec le doigt et refermé en tassant à la main. On observe assez fréquemment à Golonpoui des dégâts de rongeurs sur les graines pas assez enterrées.

La levée a lieu au bout d'une semaine environ. Si le semis a été bien fait à une période pluviométrique convenable, la régularité de la levée ne nécessite pas de semis de complément ; autrement ceux-ci sont effectués 10 à 15 jours après le semis primitif ; le cas est assez rare, le paysan jugeant presque toujours la densité obtenue comme trop forte et préférant échapper à ce travail supplémentaire ; comme le premier semis est la plupart du temps déjà trop tardif, ces semis de complément seraient d'ailleurs peu utiles.

Le semis est une opération longue et fastidieuse en cette période où le travail agricole presse. On trouve pour le semis de l'arachide des temps de travaux à l'hectare variant de 8 à 36 hommes/jour avec une moyenne approximative de 16 hommes/jour (cf. livre V, chap. IV). Quoique la femme accomplisse une besogne égale à celle de l'homme la durée du semis conduit à un étalement de celui-ci sur une semaine environ par champ d'un 1/2 hectare. Aussi le paysan fait-il souvent appel à l'aide de quelques-uns de ses amis ou de membres de sa famille. Il est fréquent que le semis soit effectué en petits groupes de 4 à 6 personnes. Au Sénégal le semoir attelé a provoqué un grand enthousiasme chez les populations et le nombre des semoirs, quelques milliers, dépasse très largement celui des autres instruments attelés (cf. R. Portères [75]). Nous avons essayé (cf. chap. III, § 5 de ce livre) l'emploi de semoirs attelés de deux modèles légèrement différents. Malgré la rapidité d'exécution du travail les cultivateurs qui voulurent bien les essayer n'en furent pas enchantés. En effet la surface assez cahotique, malgré le hersage, et les petites souches subsistantes donnèrent un semis très irrégulier et des lignes peu parallèles. Cette difficulté d'emploi (d'où quasi-impossibliité des sarclages attelés) pourra être résolue par un hersage plus soigné et par l'extraction progressive des petites souches. Il n'en reste pas moins que le semoir attelé ne pourra pas être diffusé avant quelques années. D'autre part sa grande spécialisation et sa très faible durée d'emploi rendent son amortissement difficile, une famille cultivant au maximum un hectare d'arachides ne peut investir la somme élevée qu'un semoir individuel représente, il faudrait donc trouver d'autres modes d'acquisition, semoirs coopératifs ou entrepreneurs de semis ?

Les travaux d'entretien s'échelonnent sur les mois de juillet à septembre. Mais il est difficile de trouver une homogénéité dans les entretiens sur arachides, culture d'exportation. Alors qu'il faudrait trois binages pour s'assurer un bon rendement, il est bien rare que le paysan en fasse plus de deux. La couverture du champ due à la densité du semis réduit les adventices et pour le paysan Toupouri les travaux d'entretien sont avant tout une lutte contre les mauvaises herbes ; de plus, la grande pointe de travail de la saison des pluies ne lui permet pas d'exécuter ces sarclages. Le premier avant l'apparition des premières fleurs, est fait en général en juillet deux à trois semaines après le semis. Un deuxième sarclage trois semaines plus tard, plus rapide, élimine les mauvaises herbes. Enfin parfois fin août est exécuté un troisième passage qui nettoie bien le champ et réduit les dégâts dus aux fortes pluies de ce mois, gousses déterrées, etc. Nous avons encouragé vivement cette troisième intervention et conseillé aux paysans d'effectuer en même temps un léger buttage des lignes qui permet d'accroître le nombre de gousses s'il est fait assez tôt. Nous avons commencé à vulgariser le sarclage attelé avec dents droites dans l'interligne pour le premier sarclage, avec seulement un petit cœur buttoir pour le deuxième afin d'assurer un bon buttage, le sol étant alors propre. C'est surtout ce dernier travail, très facile à exécuter par suite de la conduite très aisée de l'instrument et des (ou du) bœufs entre les lignes bien marquées qui a remporté les faveurs des paysans et bientôt tous les possesseurs d'attelage l'exécuteront. La maturité arrive fin octobre-début novembre mais la récolte n'a en général lieu qu'à partir de mi-novembre. Les gousses sont alors bien sèches, bien brunes à l'extérieur. Les dégâts de rongeurs et parfois de termites sont assez faibles.

L'arrachage à la main est long ; l'homme passe avec sa daba pour bien soulever et dégager les gousses ; c'est la femme venant le plus souvent le même jour ou immédiatement derrière l'arracheur, qui rassemble les touffes en bottes sur des liens d'herbe que le mari en fin de journée attache. Ces bottes sont transportées sur la tête jusqu'au Tin où les gousses en seront détachées. Il est assez rare que la séparation ait lieu sur le champ même, le Toupouri et sa femme préférant exécuter ce travail au Tin ; les fanes, fourrage très apprécié, sont distribuées au bétail ou stockées en gros rouleaux conservés dans les arbres pour l'alimentation des chevaux. Si une partie de la récolte est « égoussée » au champ, à l'abri d'un arbre le plus souvent, les fanes restent sur place et seules les arachides en coques sont rapportées sur la tête dans des corbeilles jusqu'au Tin. Les gousses sont étalées dans un coin du Tin bien balayé à l'avance et sommairement protégé par quelques branches ou un *secco* de paille tressée, la couche de 10 à 20 cm d'épaisseur est remuée tous les jours.

Nous avons relevé une moyenne de 30 à 40 jours d'arrachage et transport à l'hectare tandis que pour la totalité des travaux de récolte (séparation des coques comprise) les chiffres varient entre 40 et 110 journées. Mais étant donné la pratique de l'égoussage au Tin, alterné de travaux ménagers, de bavardages et de repos, nous ne pouvons guère tenir compte de ces derniers chiffres. L'arrachage à la main a lieu à une période où les autres travaux ne pressent guère, mais il est long et pénible. Dans les parcelles buttées l'arrachage à la charrue s'effectue facilement et rapidement. L'homme passe avec la charrue ordinaire tenue légèrement inclinée sur le côté et met à l'air très aisément sa récolte. Dans la plupart des cas il ne retourne qu'une partie de son champ afin que le ramassage et la mise en bottes puissent suivre. A la charrue il est facile de retourner la « corde » dans la journée, mais, même avec l'aide d'amis ou de parents, le ramassage ne peut être aussi rapide. Les bottes sont chargées sur la charrette renforcée de piquets afin de pouvoir charger en hauteur. L'homme effectue plusieurs chargements laissant le soir la charrue au bout du champ.

Quelle que soit la méthode de récolte employée quelques gousses subsistent dans le sol. Aussi les vieilles femmes vont dans les champs rechercher en fouillant la terre ces arachides perdues et ceci parfois plus d'un mois après la récolte.

Le cycle de l'arachide est d'autant plus long que le semis a été plus précoce, la récolte s'effectuant toujours bien après la fin des pluies, en novembre. Nous avons obtenu les données suivantes (cf. tableau 22).

	Date du 1er semis	*(3) Min.*	*(1)*	*(4)*	*(2) Max.*
1955	11-7	96	125	141	158
1956	21-6	101	133	142	166
1957	22-5	115	149	164	196

Malgré une amélioration de plus de 50 jours sur la précocité du semis entre 1955 et 1957, les dates du début de la récolte n'ont que peu varié : 1955 : 13-11, 1956 : 21-10, 1957 : 1-11.

Les rendements en arachides sont assez faibles quand on considère les quantités commercialisées comme c'est généralement le cas. Nos chiffres se rapportent à ces quantités seulement car les données ont été recueillies au moment de l'achat. Or l'arachide est avec le pois Voandzou (ou pois de terre) un aliment très apprécié des Toupouri. Lors de l'enquête alimentaire effectuée fin octobre 1954, il fut relevé une consommation moyenne d'arachides en coques pour une période de 5 jours et par foyer (c'est-à-dire par femme appartenant au Tin) de 770 g mais atteignant jusqu'à 3 430 g. Tandis que certains foyers ne consommaient pas d'arachides (mais seulement du pois de terre) en cette année 1954 où la surface ensemencée par le village de Golonpoui fut extrêmement faible, d'autres foyers en consommaient plus de 0,3 kg par jour et certains 1 kg. Ces quantités relevées à l'époque de la récolte sont beaucoup plus importantes que celles consommées durant le reste de l'année. Mais nous pouvons, sans trop grande erreur, estimer à environ 40 à 50 kg par famille et donc par planteur la quantité d'arachides destinée à la consommation. Il faut songer que le paysan met normalement de côté la semence pour l'année suivante soit de 35 à 50 kg pour sa future « corde » d'un demi-hectare. Pour une surface d'un hectare il y a donc en général stockage ou consommation de 80 à 120 kg pour des fins alimentaires et 70 à 100 kg pour la semence, ce qui conduit à majorer les rendements commercialisés de 150 à 220 kg pour avoir approximativement les quantités récoltées à l'hectare.

	Surfaces sur lesquelles a porté le calcul (en ha)	*Moyenne*[1] *commercialisée à l'hectare* (en kg)	*Variations des rendements champs individuels* (en kg/ha)	*Rendement*[1] *probable à l'hectare*
1954 ...	4,5	495	320 à 860	645
1955 ...	57,75	473,4	198 à 950	623
1956 ...	26	379,7	172 à 460	530
1957 ...	45,41	507,7	230 à 956	658

Le Sous-Secteur effectua des placeaux de démonstration pour vérifier les possibilités de la culture dans de bonnes conditions. Ces champs furent

1. Nous donnons toujours ici les rendements en arachides/coques à l'hectare. Le rendement probable à l'hectare (dernière colonne) est obtenu en ajoutant arbitrairement 150 kg au quotient $\frac{\text{poids commercialisé}}{\text{surface}}$.

bien entendu semés au bon moment et cultivés avec soin, les rendements de la variété 28206 s'élevèrent ainsi à :

1954	*1955*	*1956*	*1957*
—	—	—	—
1 168 kg/ha	1 327 kg/ha	533 kg/ha	1 105 kg/ha

A part l'année 1956, les résultats sont tous bien supérieurs à la moyenne des productions commercialisées. Nous fîmes exécuter chaque année une série d'expérimentations sur l'arachide, faute de l'appui technique indispensable en cette matière par suite de l'indifférence du Service de l'Agriculture.

Tableau 22

cycle de l'arachide

	Semis	*Récolte*
	—	—
	1956	
Tionga	7-7/20-7	25-11/20-12
	(1) 141 (3) 128	
	(2) 166 (4) 153	*141/153*
Dahan	11-7/12-7	10-11/22-11
	(1) 122 (3) 134	
	(2) 121 (4) 133	*122/133*
133/142		
	1955	
Tionga	25-7/ 9-8	13-11/10-12
	(1) 111 (3) 96	*111/123*
	(2) 138 (4) 123	
125/141		
	(2) Max. 158	
	(3) Min. 96	
	1957	
Lopo	20-6/27-6	15-11/10-12
	(1) 148 (3) 142	
	(2) 174 (4) 168	*148/168*
Dahan	22-5/23-6	11-11/26-11
	(1) 173 (3) 141	
	(2) 188 (4) 156	*173/156*
149/164		
	(2) Max. 196	
	(3) Min. 115	

En 1954 un essai de fumure au poquet (bouse de vache séchée à la dose approximative de 1 500 kg/ha appliquée en juillet) donna 1 432 kg/ha contre 1 168 kg/ha dans la parcelle témoin. Mais le paysan Toupouri considérant d'un fort mauvais œil la fumure de l'arachide, nous reportâmes notre effort sur la comparaison de variétés fournies par la Station Expérimentale de Guétalé. En 1955 et 1956 les variétés furent semées en terrain apparemment bien homogène en lignes parallèles au hasard sans blocs ni répétitions ; en 1957 le Conseiller rural eut plus de temps disponible et les essais furent plus systématiques (évitant un résultat aberrant comme celui de la variété 28206 en 1956) mais ils ne portèrent que sur trois variétés, la Soudan 28206 étant prise comme témoin.

TABLEAU 23

COMPARAISON DE DIVERSES VARIÉTÉS D'ARACHIDES CULTIVÉES A GOLONPOUI
(en kg/ha)

	Port.	*1955*	*Class*[t]	*1956*	*Class*[t]	*1957*	*Class*[t]
Soudan 28206 ..	érigé	1 327	6	533	7	1 105	2
— 28207 ..	—	1 681	1	650	4	1 163	1
— 28208 ..	—	932	10	683	3		
Fianga E 34/13 .	—	1 227	8	416	10		
Baol 3133 ..	demi-érigé	833	11	750	1	1 016	3
Baol RD 3538 ..	—	1 681	1	716	2		
Sine 2411 ..	—	1 195	9	500	8		
Yagoua blanche .	rampante	1 490	4	183	11		
Saloum 3665 ..	—	1 521	3	433	9		
Saloum 2448 ..	—	1 463	5	616	5		
Fianga 212 ..	—	1 272	7	583	6		
Soudan 28204 ..	érigé					960	4

Ces variétés correctement cultivées et dont la totalité de la récolte a été soigneusement pesée, montrent que les rendements que nous avons appelés « commercialisés » sont toujours nettement en dessous des rendements réels. La chute de production enregistrée en 1956 sur les champs des cultivateurs s'est nettement ressentie dans les parcelles du Sous-Secteur. Si nous considérons la quantité de pluie tombée durant le cycle total de la culture nous obtenons les lames d'eau suivantes :

1955 du 11-7 au 13-11 : 643 mm rendement commercialisé .... 473 kg/ha
1956 du 21-6 au 21-10 : 529 mm — — .... 380 kg/ha
1957 du 22-5 au 1-11 : 846 mm — — .... 508 kg/ha

Le rendement est proportionnel à la pluviométrie pendant le cycle mais encore plus à la quantité d'eau reçue pendant la floraison.

Est-ce que la variété 28206 a été plus sensible que les autres variétés au déficit pluviométrique durant cette période critique ? Elle enregistre parmi les 11 variétés comparées la chute la plus importante. Par contre les variétés Soudan 28207 et BAOL RD 3538 ont su conserver leur rang de classement très correct.

De cette confrontation de variétés il ressort que la Soudan 28206 fournie par la Station Expérimentale de Guétalé à partir des graines de Bambey, ne semble pas la variété la mieux adaptée. La vocation de producteur d'arachides de l'ensemble du pays Toupouri-Yagoua mériterait que la variété la plus productrice soit recherchée puis diffusée. Actuellement le Sous-Secteur de Golonpoui joue le rôle de centre multiplicateur de semences pour la Subdivision de Yagoua ; il reçoit chaque année un certain nombre de semences de Guétalé et la production est réservée pour la diffusion par la Société de Prévoyance de Yagoua ; par suite de l'abandon progressif du coton devant les faibles rendements, l'arachide est en train de reprendre la place qu'elle aurait dû garder dans la production agricole de la Subdivision de Yagoua.

Il ne semble pas y avoir eu de gros dégâts de rosette verte de l'arachide sur les champs du Sous-Secteur. Néanmoins nous encourageons au maximum le semis aussi précoce que possible et effectué en même temps par l'ensemble des planteurs et nous insistons sur l'amélioration des méthodes culturales : semis serré et non-répétition de la culture sur le même emplacement deux années de suite, pratiques de nature à contrarier les attaques de l'agent vecteur mais encore plus techniques agricoles modernisées.

Les cultures des femmes pratiquées sur des sols très épuisés, sans ordre ni méthode, à des écartements très variables, avec des semis très échelonnés de variétés rampantes, cultures anarchiques répétées parfois sur le même emplacement, ont des rendements bien inférieurs à ceux des champs sous la responsabilité des hommes. Nous avons relevé les moyennes suivantes (rendements en coques pesés à la récolte et non pas rendements commercialisés puisque ces arachides ne sont généralement pas portées au marché) : 1955 : 285 kg/ha, 1956 : 284 kg/ha, 1957 : 429 kg/ha. Il faut faire disparaître progressivement ces arachides de femmes au profit d'une part de la culture bien organisée et d'autre part du Voandzou.

Une baisse importante du rendement est à attribuer à la présence de nombreuses gousses vides. La touffe présente une belle vigueur végétative et porte de nombreuses gousses, malheureusement une partie de celles-ci ne présente qu'un embryon mal développé dans une coque aux dimensions normales ; les paysans distinguent aisément ces gousses vides. Il ne semblerait pas qu'il s'agisse d'une affection parasitaire, peut-être plutôt d'une carence minérale ? Nous avons posé la question dès fin 1954 au Laboratoire de Phytopathologie du Service de l'Agriculture, trois ans après, nous sommes encore sans réponse !

La désinfection des semences permettant un décorticage bien avant la saison du semis, augmentant la levée et les rendements, réduisant les aléas culturaux, est à vulgariser dans le pays Toupouri.

Il faut vérifier si l'emploi d'engrais minéraux ne serait pas économiquement intéressant en dépit de leur prix de revient très élevé (apport de phosphore et d'azote particulièrement). Malgré l'amélioration certaine de rendement qu'apporteraient les engrais il n'est pas sûr que leur achat à prix de revient élevé serait compensé par l'excédent de production à prix bas.

Le cours de l'arachide est fixé sur la base décortiquée, nu bascule Garoua (qui est le port d'expédition) en fonction du prix FOB Marseille. Des réfactions fixes pour l'achat et le transport en fonction de la distance Garoua-lieu d'achat permettent d'obtenir le prix d'achat du kilogramme d'arachides-graines et par conséquent des arachides-coques aux divers lieux de production. On calcule d'après un rendement de 71 % environ au décorticage (140 kg coques donnant 100 kg d'arachides).

Le prix du kilogramme d'arachides en coques étant ainsi fixé, l'achat est également réglementé ; il ne peut avoir lieu que dans un certain nombre de centres dits marchés d'arachides qui ne fonctionnent chacun qu'un ou deux jours, le calendrier en étant fixé à l'intérieur de la période de traite par le chef de chaque Subdivision.

Normalement le paysan devrait vendre ses arachides décortiquées mais les Sociétés de Prévoyance du Nord-Cameroun ont préféré acheter des machines à décortiquer afin de permettre la vente en coques ; le décorticage manuel exige une très grande quantité de main-d'œuvre pour un travail long que la machine ou, comme on a coutume de dire dans le Nord-Cameroun, la Samat, effectue rapidement pour un prix modique (1,50 Fr CFA par kilogramme d'arachides-graines en 1954). Ce raisonnement économique serait exact si, à cette époque de l'année, le paysan avait le moyen d'employer de façon plus payante son travail, mais il s'agit justement d'une période de sous-emploi, pendant laquelle la valeur du temps est aux yeux du paysan inemployé des plus faibles ; la minime rémunération du décorticage aurait fourni un petit supplément monétaire à la famille (sans compter que les Samat souvent mal réglées et mal conduites donnent un pourcentage important de brisures).

Les acheteurs d'arachides (opérant en général pour le compte des sociétés exportatrices qui leur avancent l'argent nécessaire) s'installent à l'emplacement prévu pour le marché au jour fixé avec leurs sacs et leurs bascules. Il y a en général un marché pour 60 à 100 t d'arachides afin de permettre un fonctionnement correct de la Samat, de justifier la venue des acheteurs par une quantité suffisante à commercialiser, mais en restant au centre d'une zone de production suffisamment restreinte pour éviter au cultivateur un portage de plus de 5 à 6 km. Le paysan présente sa production à l'acheteur qui la pèse et le paye directement en billets. Les nombreux abus qui ne manquaient pas de se produire lors de l'achat, paiement en dessous du cours au kilogramme, erreurs dans le calcul, mais surtout fraudes à la pesée, malhonnêtetés si faciles en face de paysans ignorants et un peu désemparés dans la bousculade du marché, ont entraîné des protestations. Très souvent la Société de Prévoyance installe un représentant avec une bascule sur le marché afin de servir d'acheteur-témoin. Les tonnages ainsi achetés par les Sociétés de Prévoyance grâce à un prêt de campagne sont revendus par l'Union des Sociétés de Prévoyance (UNISAP) du Nord-Cameroun aux enchères en fin de campagne à Garoua et les lots ainsi constitués sont le plus souvent achetés au-dessus du cours par les Sociétés Exportatrices désireuses de compléter leurs chargements. Les marchés d'arachides sont également l'objet d'une surveillance de la part de l'Administration.

La plus grande partie de l'arachide produite dans le Nord-Cameroun est exportée à partir de Garoua, par le trafic fluvial saisonnier de la Bénoué. Une petite quantité était achetée par une huilerie installée à Pitoa, à proximité de Garoua, dont la production était partie consommée sur place (huile de table), partie exportée (huile et tourteaux). Les tourteaux mal pressés contenaient encore suffisamment d'huile pour être appréciés, malgré le prix élevé du transport, sur les marchés européens ; par contre il semblait difficile d'en vulgariser la consommation en pays Toupouri par suite même de leur prix de revient élevé. Il y avait là une perte sensible de production (et de fertilité) due à l'éloignement du centre transformateur. A la suite de difficultés financières, cette huilerie vient de passer sous la direction de la C.F.D.T., nous ignorons quelle sera l'orientation nouvelle de ses activités.

Nous verrons au livre V combien l'arachide est adaptée à la répartition du travail agricole des Toupouri, commandée par le cycle des divers sorghos. Malgré ses défauts, l'arachide est une culture d'avenir pour les sols sableux pauvres du pays Toupouri de la Subdivision de Yagoua.

B) *Coton.*

Le cotonnier est connu depuis très longtemps dans le Nord-Cameroun. Les Africains cultivaient pour leurs propres besoins des variétés à soie longue, plus ou moins pérennes [56]. Les chefs avaient un petit champ de coton le plus souvent auprès des cases, qu'ils récoltaient pendant trois années consécutives avant de l'abandonner. Le produit assez médiocre était égréné à la main à l'aide d'une alêne de fer, filé sur place et éventuellement tissé ; en pays Toupouri il servait surtout à fabriquer les cache-sexes des femmes.

En même temps qu'au Tchad la culture cotonnière essaya de s'implanter dans le Nord-Cameroun. Après les essais du capitaine Delingette en 1920, eurent lieu ceux du lieutenant Vallin en 1924, mais son successeur à la tête de la Subdivision de Yagoua, le lieutenant Verdier, note en 1927 [94] que les champs ont été « perdus » en pays Toupouri par la faute des chefs. Tandis que le Tchad, comme l'Oubangui-Chari, se lançaient dans la production cotonnière[1] avec un résultat appréciable pour les finances de l'A.E.F. mais très contestable sur de nombreux autres points, le Cameroun ne parvenait pas à définir une politique de production cotonnière. Une petite installation d'égrenage créée à Pitoa, près de Garoua[2], échoua et fut abandonnée en 1938. Il fallut attendre 1951 pour que la production cotonnière soit lancée dans le Nord-Cameroun sous la vigoureuse impulsion de la Compagnie Française pour le Développement des Textiles (C.F.D.T.). La politique cotonnière du Tchad avait conduit à de telles aberrations sur les plans agricole, économique et social que l'extension du coton de l'autre côté de la frontière souleva longtemps de nombreuses objections malgré les conditions assez favorables.

Autant d'erreurs, autant de maladresses que la C.F.D.T. sut intelligemment analyser et chercher à éviter.

Chargée de promouvoir la culture du coton dans le Nord-Cameroun, la Compagnie Française pour le Développement des Textiles a le monopole de l'achat du coton-graines à un prix fixé. Elle réussit à substituer à une culture d'exportation contrôlée par l'Administration, une autre culture d'exportation sous le contrôle des chefs et surveillée par de jeunes et actifs agents de propagande et encadrement.

Lancée sur de bonnes bases techniques, assurée de la sollicitude d'une entreprise dynamique et puissante, bénéficiant de l'impopularité de l'arachide, appuyée par des arguments financiers tels que la prime en cours de campagne, la culture du coton gagna très rapidement en surface. La progression dans la Subdivision de Yagoua fut la suivante : 1951, 95,6 ha ; 1952, 3 222 ha ; 1953, 6 959 ha ; 1954, environ 10 000 ha (surface inférieure à l'objectif que s'était fixé l'encadreur : 11 800 ha !). Mais devant les rendements moyens décroissants dus en partie à l'intense parasitisme, la C.F.D.T. se décida à délaisser temporairement la zone de Yagoua.

En même temps que cet effort d'encadrement, la C.F.D.T. bénéficiant des travaux de la Station de l'I.R.C.T. de Tikem (District de Fianga) entreprenait la diffusion progressive de variétés améliorées. Déjà au Tchad le « Triumph » hétérogène et à fibres de faible longueur (7/8 d'inch) avait été remplacé en 1941 par l' « Allen » (30 mm) plus rustique, plus résistant à la sécheresse mais n'ayant qu'un rendement de 28 à 30 % à l'égrenage. L'I.R.C.T. produisait sucessivement à Tikem les variétés Allen 42/5 puis A 49 T (rendement à l'égrenage 33,4 %), A 50 T (35,5 %), A 58151 (36,9 %) et enfin Allen 150 (37,4 %), faisant ainsi passer pour un même tonnage de coton-graines, la production de fibres de l'indice 100 à l'indice 124,7.

1. 1927 création de la Société des Cotons du Tchad, 1928 transfert du monopole à la Compagnie Cotonnière Équatoriale Française (COTONFRAN), convention renouvelée en 1939-1949 à renouveler prochainement — 1932 création du Centre de Recherche du Service de l'Agriculture de Fianga transféré en 1940 à Tikem et mis à la disposition de l'Institut de Recherches du Coton et Textiles (I.R.C.T.) en 1946.

2. Là où déjà en 1911 les Allemands expérimentaient le coton local et diverses variétés importées sur une Station de Recherches dont il ne reste plus trace.

Mais en même temps ces variétés et en particulier A 49 T et A 58151 s'avèrent plus productives en milieu africain. Rapidement en quatre ans la C.F.D.T. a substitué sur toute l'étendue de la zone cotonnière du Nord-Cameroun la variété la plus intéressante.

C'était pour le Nord-Cameroun une culture nouvelle, qui n'était pas embarrassée de traditions sociales ou religieuses, ni de routines en matière de technique. Il est plus facile de faire admettre une méthode, un calendrier, des façons, des attitudes pour cette plante nouvelle que d'améliorer, de modifier des productions depuis longtemps adoptées et adaptées par les paysans. C'est en ce sens que nous disons : il est plus aisé de porter la production du coton de l'indice 100 à l'indice 150 que de faire franchir la même étape à une production vivrière. Ajoutons à cela que l'on dispose d'un matériel végétal amélioré par de longues recherches en face du maigre fruit d'une sélection inconsciente de paysans dépourvus de toute aide. Il est probable que si autant avait été dépensé pour le sorgho que pour le coton (ou le blé par exemple) nous disposerions d'un matériel végétal meilleur et de rendements de la plante vivrière beaucoup plus compétitifs.

Avec une variété bien étudiée et bien adaptée, une technique bien connue et dont la vulgarisation ne comportait que peu d'obstacles immatériels, avec un encadrement spécialisé plus dense que celui prévu pour l'arachide et à plus forte raison que pour les productions vivrières, il était normal que le coton se répande rapidement dans un milieu agricole inerte mais non hostile, qu'agitait un confus besoin de signes monétaires.

En mars l'agent de la C.F.D.T. commence à effectuer le choix des terrains de la campagne. Muni du recensement donnant le nombre d'hommes adultes par village, il recherche avec l'aide du chef de canton les emplacements des champs suffisants pour contenir autant de parcelles d'un demi-hectare qu'il y a de paysans. Jusqu'en 1953, pour la Subdivision de Yagoua la parcelle individuelle mesurée à l'aide d'une corde de 60 × 60 m était de 0,36 ha, en 1954 elle passa à 71 × 71 m, soit 0,50 ha. Pour le canton de Ndoukoula (24 700 habitants, 6 158 imposables) la surface en coton qui était de 1 581 cordes à 0,36 ha, en réalité 565 ha en 1952, et 5 249 cordes à 0,36 ha en réalité 1 942 ha, en 1953, aurait dû passer à 6 000 cordes de 0,50 ha soit théoriquement 3 000 ha en 1954 ; les faibles rendements de 1953 (moyenne 161 kg/ha pour le coton) ont fait ramener cette surface à 2 380 ha.

Par suite des exigences du cotonnier et de l'occupation intense du terrain, ces champs doivent être choisis sur l'emplacement de vieilles jachères très boisées sur les sols sableux beiges ayant ainsi constitué un certain stock d'humus. D'une part ces emplacements sont limités en face des surfaces nécessaires et de la nécessité de trouver une aire suffisante pour des villages voisins démunis de tels sols tel Datchéka. D'autre part leur fertilité même après le sacrifice du boisement existant est faible. Aussi l'attention de la C.F.D.T. s'est-elle portée sur les sols argilosableux des dépressions. Arbitrairement, le chef de canton, gagné par les arguments avancés par la C.F.D.T., a décidé qu'une partie de cette zone devrait être cultivée en coton. Ainsi l'on vit le quadrillage géométrique des cordes de coton se surimposer temporairement au découpage en lanières des champs et une série de spoliations et d'injustices naître. Les détenteurs de champs ne sont pas tous planteurs de coton, il y a parmi eux des gens qui s'assurent un petit revenu en nature par la location, toutes personnes auxquelles le produit de leur champ échappe sans compensation aucune et qui voient ainsi leur source d'aliments réduite de façon importante. Même si le paysan cultive du coton, il est rare que dans la distribution, il se trouve sur son champ et de toutes façons le carré de la corde ne peut se substituer à la bande étroite qu'il a l'habitude de cultiver. Enfin ces sols ont le gros inconvénient d'être, sinon submergés, du moins tous les ans engorgés en eau, or le coton craint l'excès d'humidité, le mauvais drainage, aussi la culture devait être faite sur billons.

Préoccupé par ce problème de terres à coton, nous avons cherché à réduire progressivement les surfaces sur sols sableux beiges aux rendements catastrophiques et pour cela nous avons proposé aux paysans de Golonpoui de limiter leurs champs à 1/4 d'ha, quitte à cultiver une deuxième corde de même dimension en arachides. Rapidement le coton disparut de la zone en question pour n'y laisser que l'arachide. Par contre nous avons essayé de faire cultiver le coton sur la zone Gara-habitations au sol plus fertile et fumé, en réduisant la surface semée en Gara. Quelques paysans ont suivi ces conseils en 1954 et 1955 pour leur plus grand bien car les rendements s'y sont montrés beaucoup plus élevés ; malheureusement nous n'avons pu procéder à un regroupement de ces petits champs isolés et ainsi terriblement exposés aux attaques du parasitisme. Nous avons proposé pour la campagne 1956 aux paysans de s'entendre entre propriétaires limitrophes dans la zone du Babou (au besoin avec échange temporaire et locations) pour semer en coton moitié de leur champ pris dans le sens de la longueur. Cet artifice laissait espérer un bloc de coton de surface suffisante, une rotation coton-Babou permettant à chacun d'assurer une partie de son ravitaillement en mil mais il se heurtait, de la part des agents de la C.F.D.T., à l'habitude de la parcelle géométrique nécessaire à l'attribution de la prime d'ensemencement. La direction de la C.F.D.T. accepta de remplacer sur l'étendue du Sous-Secteur la prime d'ensemencement par une majoration du prix d'achat du kilogramme de coton-graines. Malgré nos interventions répétées nous n'avons pu décider un nombre suffisant de paysans à adopter ce système cultural et dûmes abandonner. Fort heureusement d'ailleurs car les rendements 1956 furent tellement faibles que le paysan fut dégoûté du coton et que la C.F.D.T. décida d'abandonner toute la région.

En mars et avril est effectué le piquetage des parcelles par les soins du « boy-coton ».

Le plus tôt possible après le piquetage a lieu le défrichement pour les cordes sur jachère car le coton vient en tête de rotation. C'est un travail long qu'il convient d'avoir achevé suffisamment tôt avant le semis du Gara.

En mai-juin dès les premières pluies et dès la fin des semis de Gara a lieu l'ouverture du sol. Celle-ci ne peut avoir lieu à la main que sur une terre suffisamment humectée ; malgré cela la houe ne permet qu'un grattage assez peu profond et l'enlèvement des mauvaises herbes qui commencent à couvrir le sol. Celles-ci sont mises en tas dans la « corde » ou sur sa bordure ; en effet leur enfouissement donnerait un sol creux ou soufflé qui entrave la levée et diminue le rendement. La charrue permettant d'ouvrir rapidement le sol à la profondeur et à l'époque convenables est particulièrement appréciée pour les champs de coton. Dans la zone du Babou, des billons étaient effectués à l'interligne désiré pour réduire l'engorgement en eau du sol.

Le semis a lieu à la corde à nœuds. A chaque repère le paysan donne un léger coup de houe à 2-3 cm de profondeur dans lequel il dépose soit en même temps, soit à un second passage les graines transportées dans une petite calebasse. Les sept à huit graines sont recouvertes, avec la main, de terre fine sans tasser.

L'écartement préconisé pour le Nord-Cameroun varie de 60 $\times$ 30 cm pour les sols légers à 80 $\times$ 40 cm pour les terres plus lourdes et plus riches. Dans le pays Toupouri ce fut en pratique 70 $\times$ 30 cm pour les « cordes » de la zone des jachères boisées et 80 $\times$ 40 cm pour les « cordes de saré » et la zone du Babou, avec démariage à deux plants.

Alors que le semis doit être effectué le plus tôt possible, le paysan Toupouri préfère assurer la récolte de mil qui lui fournira l'essentiel de sa nourriture ; les semis furent toujours faits en pays Toupouri avec un retard plus ou moins grand selon l'activité de l'agent d'encadrement C.F.D.T. et la pression du chef de canton. La nécessité d'avoir convenablement houé la surface à semer est un important facteur de ce retard, aussi voit-on souvent le paysan semer la partie de sa parcelle travaillée avant de passer au labour sur le reste. La vulgarisation de la charrue permettrait de réduire ces délais plus que l'emploi généralisé du semoir, prôné par le Service de l'Agriculture du Tchad mais sans aucun succès faute de réalisations pratiques[1].

Les opérations suivantes : semis de remplacement des poquets manquants (15 à 20 jours après le semis, soit une dizaine de jours après la levée), démariage et premier sarclage lorsque le cotonnier a quatre à cinq feuilles vraies (15 jours après l'opération précédente, soit 30 jours après le semis), deuxième sarclage avec parfois buttage 30 jours plus tard, sont

1. Des essais de semis à poquets ouverts, les graines étant déposées sans recouvrement du sol mais sans attendre que la pluviométrie soit suffisante, ont donné de bons résultats malgré quelques dégâts de rongeurs ou fourmis (transport des graines).

exécutées en général selon les normes et d'après les indications de l'agent d'encadrement et de son réseau de boys-coton.

Alors a lieu la distribution de la prime à l'ensemencement et au bon entretien, au cours des mois d'août et septembre. La prime est normalement attribuée d'après le jugement de l'agent d'encadrement, après examen de la parcelle, fondé sur la qualité du travail effectué. Elle a pour buts : 1° d'aider l'agriculteur à une période de l'année où ses disponibilités monétaires sont très réduites ; 2° de récompenser le soin apporté aux travaux (et ainsi corrélativement de pénaliser les paysans ayant mal suivi les consignes) ; 3° de compenser en partie les aléas culturaux éventuels, mais elle a surtout pour effet d'inciter les paysans à effectuer le deuxième sarclage dans bien des cas négligé. Le taux maximum était de 1 600 Fr. CFA à l'hectare, soit dans le cas de Golonpoui (corde de 1/4 d'ha), 400 Fr. CFA pour une « corde » très bien soignée, 300 Fr. CFA puis 200 Fr. CFA pour les « cordes » médiocres. Il est rare qu'en pratique la « corde » ne reçoive aucune prime, le paysan ayant toujours fait un effort, ne serait-ce que le semis. Elle prend malheureusement l'aspect d'une subvention, d'un cadeau à la surface ensemencée et diminue ainsi le rapport des champs à rendement élevé. Mais elle aide le paysan à supporter les maigres rendements et paye une partie de son travail ; sans elle, dans la majeure partie de la zone cotonnière, le deuxième sarclage serait mal (ou pas du tout) exécuté[1]. Un troisième sarclage, avec éventuellement buttage, devrait être fait au début de la formation des capsules trois mois après semis mais il est souvent négligé.

La récolte a lieu environ quatre mois après le semis en plusieurs passages par suite de l'échelonnement de la pleine maturité des capsules. Cette opération est effectuée par les femmes et par les hommes, sans aucune hâte, sans aucun souci et souvent avec beaucoup de négligence. Il n'est pas rare de rencontrer début janvier des champs à demi récoltés ou même intacts encore ; c'est que les paysans ont fait l'effort de semer et de biner parce que le boy-coton et le « blanc du coton » l'avaient dit, parce que le chef de canton sévissait contre ceux qui ne suivaient pas les consignes, mais pour la récolte on peut toujours dire que l'on s'y mettra demain et la tension qui parcourt le pays est maintenant concentrée sur les marchés.

Selon un calendrier préétabli, l'agent d'encadrement C.F.D.T. se déplace dès la fin de novembre de marché de coton en marché de coton. Les paysans entassent le coton-graines dans de grands paniers confectionnés par leurs soins, soit en grosse paille d'Hyparrhenia, soit avec de légères tiges de bois et portent ces lourds paniers sur leur tête. La charrette est bien appréciée dans ces occasions. Le coton-graines a été trié et nettoyé soit au champ, soit à la case, des débris de capsule, feuilles sèches et le coton jaune séparé. Il y a deux marchés, le deuxième ramassant le reste

1. On dit couramment qu'un sarclage produit 100 kg de coton-graines à l'hectare.

de la récolte et le coton jaune. Par suite de l'absence totale de pluie, le coton acheté est stocké en plein air dans de grandes enceintes circulaires de 2 m de haut environ construites en terre. L'agent acheteur installe sa bascule, sa table, la cantine où il enferme l'argent, sous un léger abri de perches et de paille tressée. Le paysan dépose ses paniers sur la bascule, un ticket en donne le poids duquel est défalquée la tare des paniers puis il reçoit à la table voisine le prix correspondant et le ticket qui peut servir de contrôle ultérieur. Tandis que les paniers sont transportés et déversés dans le « silo à coton », le paysan se dirige vers l'arrière de l'abri où, tranquillement à l'ombre, un homme du chef de canton l'attend patiemment. Au passage sont prélevés quelques billets au hasard de la tête du paysan et de ses plus ou moins bonnes relations avec le chef de canton, parfois un billet de 1 000 Fr. CFA, mais le plus souvent un billet de 500 Fr. CFA. Le marché de coton est un long défilé, une longue attente au milieu du rassemblement des paysans et de leurs femmes, du vacarme et de la poussière soulevée par des centaines de pieds, produite par le déversement du coton et les paniers vides balancés hors du silo. Aussi le paysan ne s'y attarde-t-il pas, le marchand venu avec son camion étaler ses produits et ses étoffes qui a tenté l'expérience en 1955 en a eu la preuve car il n'a guère fait d'affaires.

Les rendements en coton furent en décroissance très rapide dans l'ensemble du pays Toupouri. Alors que la première année (1952) les résultats avaient été bons : 515 kg/ha de moyenne sur les 565 ha du canton de Ndoukoula avec des pointes dépassant 800 kg/ha (mais cultures faites le plus souvent sur des terres bien fumées à proximité des Tin, donc pas du tout représentatives du canton), le rendement tombait en 1953 à une moyenne de 161 kg/ha pour la surface de 1 900 ha cultivée et était à peu près égal en 1954. A Golonpoui malgré les soins apportés à la culture le rendement moyen était en 1954 de 227 kg/ha nettement supérieur à celui des villages voisins (Datchéka 180 kg/ha, Mourao 200 kg/ha) puis tombait en 1955 à 60 kg/ha ; en 1956 quelques paysans s'entêtaient à faire du coton et malgré les nombreuses « cordes » de Tin la moyenne de la production tombait à 37,7 kg/ha.

Pourquoi des rendements aussi bas ? La réponse la plus immédiate est l'intense parasitisme. Alors que le cotonnier est dans l'ensemble du Nord-Cameroun pratiquement indemne de bactérioses et de mycoses, il est l'objet d'attaques d'insectes dont les principaux sont par ordre d'importance croissante : Bemisia sp. (Aleurodes), Aphis gossypii (Puceron), Dysdercus supertitiosus et Dysdercus fasciatus (Punaise), Earias insulana (Chenille épineuse), Pectinophora gossypiella (Ver rose), Chlorita fascialis (Jasside) et Diparopsis castanea (Ver rouge de la capsule). Mais ce dernier s'est montré le pire ennemi de la production cotonnière dans le Nord-Cameroun et tout spécialement dans la zone Toupouri. On a estimé (S. Bazan [8]) à 15 % le parasitisme du Diparopsis dans l'ensemble de la zone cotonnière camerounaise en 1954, ce taux s'élevant à 60 % dans la région sise à cheval sur les Subdivisions de Yagoua et Kaélé, le foyer le plus intense étant les cantons de Ndoukoula et Tchatibali. Malgré l'imprécision concernant aussi bien les moyens de lutte contre le Diparopsis que la rentabilité des traitements, il fut décidé d'effectuer en 1955 une expé-

TABLEAU 24

CYCLE DU COTON

	Semis	*Récolte*
	—	—
	1955	
Lopo	27-6/ 4-7	8/12 ?
	(1) 164 (3) 157	
Tem	16-7/25-7	8/12 ?
	(1) 145 (3) 136	
152/148		
	Min. 136	
	Max. 164	

rience sur 2 000 ha environ de lutte contre le Ver rouge de la capsule, la C.F.D.T. fournissant les produits, le Service de Protection des Végétaux le matériel et le personnel. Le plan d'action devait permettre d'éprouver toute la gamme des matériels et des produits reconnus efficaces. Le Sous-Secteur accepta d'assumer une partie de l'expérience en essayant les traitements pouvant être entièrement effectués par les paysans eux-mêmes. Ce furent : 1° 50 ha en poudrage (poudreuse Rotver) Toxaphène 25 %, 15 kg/ha au premier traitement, 20 kg/ha au deuxième traitement — 1 h/j à l'hectare; 2° 30 ha en pulvérisation aqueuse (pulvérisateur Léo-Colibri) Dieldrine 20% à la dose de 4 kg/ha — 3 h/j à l'hectare; 3° 20 ha témoins.

Malgré la nouveauté de la chose, les précautions à prendre avec la Dieldrine, l'opération se déroula parfaitement dans le finage du Sous-Secteur. Le paysan Toupouri apprit rapidement à utiliser les appareils, sinon à les entretenir, les équipes de poudrage s'organisèrent très bien entre voisins, l'alimentation en eau pour la pulvérisation fut effectuée par les femmes ; l'ensemble prouvant que, grâce à la confiance dans le Conseiller rural, il était tout à fait possible de procéder à de tels traitements.

Les résultats furent les suivants :

Témoins	64,5 kg/ha
Poudrage Toxaphène + D.D.T.	110,6 kg/ha
Pulvérisation Dieldrine	76,8 kg/ha

différences de production qui ne compensaient qu'une faible partie du coût des produits insecticides (sans parler de la main-d'œuvre ou de l'amortissement du matériel). On peut attribuer cet échec technique à l'incompétence du service de la signalisation qui ne déclencha les traitements que beaucoup trop tard alors qu'il eût fallu attaquer la première génération. Les autres secteurs montrèrent aussi peu de succès quant à l'accroissement des rendements. Et la C.F.D.T. après un nouvel essai en 1956 mais dans lequel le Sous-Secteur ne fut pas inclus, essai aussi peu fructueux, décida de ne plus faire de coton dans la zone d'intense parasitisme espérant pouvoir revenir dans quelques années. Elle suivait ainsi la voie du bon sens et appliquait les conseils de R. Dumont [31] qui écrivait en 1950 à propos des bas rendements du Tchad : « éliminer toute zone ne convenant absolument pas, c'est-à-dire toutes celles où la moyenne de trois récoltes successives n'aura pas atteint par hectare 150 kg de coton-graines dans une première étape et 200 kg ensuite, sans négligence systématique de la culture ».

Le Diparopsis est-il vraiment le responsable des bas rendements de la zone Toupouri ? Il faut savoir si le shedding parasitaire n'a pas fait que se substituer au shedding physiologique et si l'inadaptation du cotonnier aux sols locaux n'est pas la cause profonde, réelle, de l'échec de la culture en pays Toupouri. D'une part ces sols sont relativement pauvres et l'on a enregistré sur les « cordes » de Tin des rendements sensiblement doubles par suite de la fumure. D'autre part si les sols sableux beiges sont parfois en saison des pluies recouverts d'eau par suite du colmatage superficiel, ils se dessèchent très rapidement. Or on estime à la station I.R.C.T. de Tikem, où le sol est assez argileux, qu'il est nécessaire pour une bonne capsulaison que la couche superficielle du sol ait un minimum de 10 % d'eau.

La pauvreté chimique, le déficit hydrique lors de la capsulaison des sols du pays Toupouri ne seraient-ils pas autant responsables des faibles rendements que le Diparopsis ? (sans parler des interactions entre les deux facteurs).

***

Nous avons étudié comment en 1954 et en 1955 se répartissaient les paysans cultivant soit l'arachide, soit le coton. La comparaison des années 1954 et 1955 montre que pour le coton les proportions sont sensiblement analogues malgré la différence marquante du nombre des paysans (1954 : 279 ; 1955 : 202) :

Coton	*1954*	*1955*	*Moyenne pour les deux années* (cf. fig. 35)
< 16 ans	4,66	5,94	5,2
16-20 ans	16,58	19,31	*17,6*
21-25 ans	12,54	13,36	12,8
26-30 ans	21,78	19,80	*20,9*
31-35 ans	16,84	18,31	17,4
36-40 ans	9,67	8,41	9,2
41-45 ans	3,94	6,93	5,2
46-50 ans	6,09	2,97	4,8
51-55 ans	3,94	3,96	3,9
> 55 ans	3,94	0,99	2,7
	99,98 %	99,98 %	99,7 %

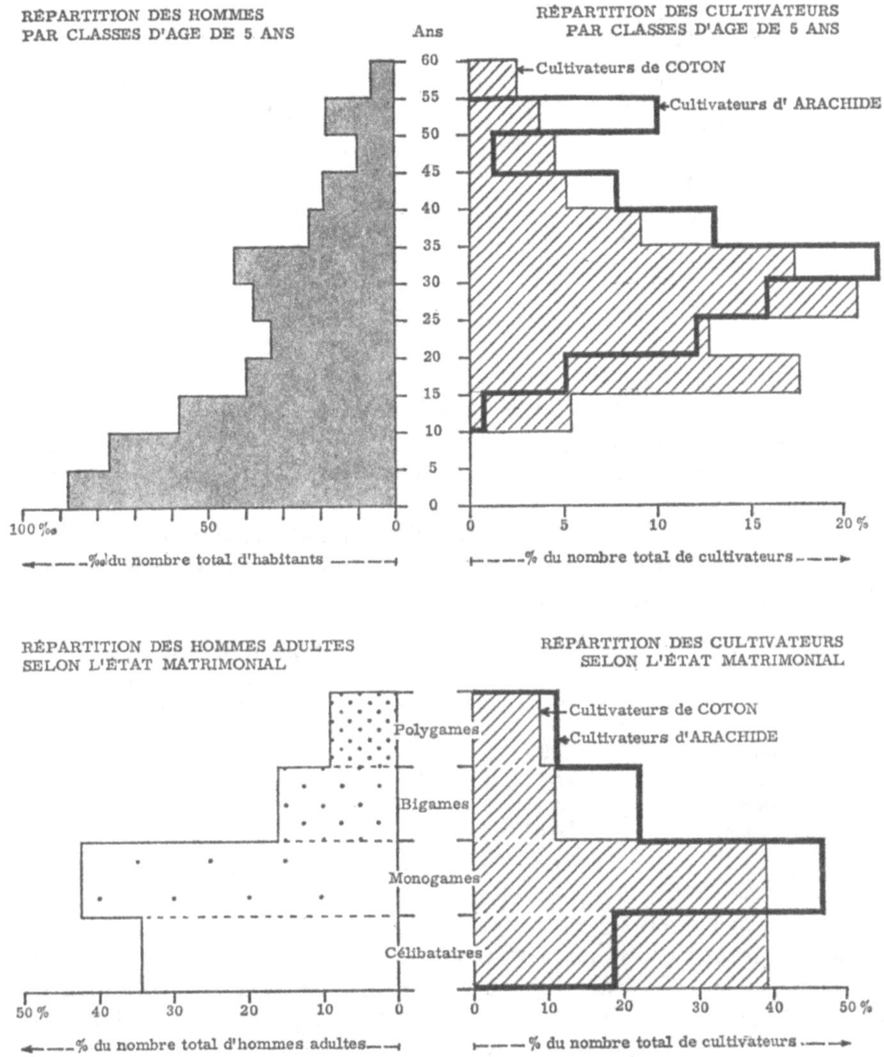

FIG. 35. — *Répartition des cultivateurs (hommes adultes) pour chaque culture d'exportation à Golonpoui en 1954 et 1955.*

La majorité des planteurs de coton se situe dans les catégories 26-30 ans et 16-20 ans ; en 1955 la diminution a porté surtout sur les catégories âgées, ce qui a renforcé l'abondance des jeunes gens de 16 à 20 ans.

Le classement des planteurs d'arachides est sensiblement différent (calcul global pour les deux années 1954 et 1955, 137 planteurs en tout) :

Arachides	*1954 et 1955* (cf. fig. 35)
—	—
< 16 ans	0,72
16-20 ans	5,11
21-25 ans	12,40
26-30 ans	16,05
31-35 ans	*22,63*
36-40 ans	13,14
41-45 ans	8,03
46-50 ans	1,45
51-55 ans	10,22
> 55 ans	10,22
	99,97 %

Pour l'arachide ce sont les hommes de 31 à 35 ans qui constituent la plus forte proportion des planteurs ; la quasi-totalité des paysans qui cultivent l'arachide a plus de 21 ans et les paysans âgés sont en grand nombre.

Si l'on considère la situation de famille du planteur, la différence entre les deux cultures est encore plus nette. Nous avons trouvé pour les années 1954 et 1955 la répartition suivante (cf. fig. 35) :

	Arachides	*Coton*	*Répartition des hommes de plus de 15 ans de Golonpoui*
	—	—	—
Célibataires	18,9	39,9	34,3
Monogames	47,4	39,9	41,6
Bigames	22,6	11,5	15,7
Polygames[1]	11,1	8,7	8,4
	100	100	100

Alors que l'arachide est surtout cultivée par les hommes mariés, le coton est plutôt l'affaire des célibataires et des jeunes monogames. Quelle est l'explication de cette différence ? Malgré l'obligatoire liaison entre l'âge et l'état matrimonial les variations de la répartition des planteurs entre les groupes d'âge et les diverses situations de famille fournissent deux explications (qui d'ailleurs ne s'excluent pas). Les jeunes hommes qui n'avaient pas une longue habitude de la culture arachidière ont été les plus séduits par le coton, production nouvelle, « culture jeune », et ont le plus rapidement assimilé ses techniques ; par contre les gens plus âgés ont retrouvé plus facilement, après son abandon passager, la culture qui leur était la plus familière. Il semble surtout que la culture du coton soit le fait de paysans peu préoccupés par les nécessités alimentaires, de gens qui ne sont pas aussi étroitement dépendants de la production du

1. Par polygames nous désignons les hommes à 3, 4 épouses et plus.

mil que ne le sont les polygames ayant de nombreuses bouches à nourrir. Ceci dénoncerait un antagonisme mil-coton, déjà maintes fois signalé sans preuves bien caractérisées, rivalité due à la somme de travail exigée par le coton au moment où les champs vivriers réclament le maximum de main-d'œuvre.

4. Cultures secondaires

Nous ne parlerons que brièvement de toutes ces productions dont l'importance agricole, économique et sociale n'est que très faible.

A) *Pois de terre.*

Le *Voandzou subterranea* appelé Mougrang en Toupouri semble être connu depuis longtemps par les Toupouri. Il y aurait deux ou trois variétés de Voandzou assez mal connues et mal déterminées.

La culture du Mougrang est essentiellement l'affaire des femmes ; ce sont elles qui ont « l'initiative » de la culture, choisissent l'emplacement du champ propre à chacune d'elles, effectuent le semis et gardent la récolte.

Les champs sont établis dans la zone des « pseudo-rotations » la plus proche du village là où généralement la terre est épuisée et la jachère des plus maigres. Le défrichement n'est pratiquement pas effectué car chaque femme choisit son emplacement à l'endroit qu'elle juge le meilleur (terre la moins pauvre et défrichement limité) sans se soucier du champ voisin. La forme n'en est pas régulière soit par suite d'obstacles, couvert d'un arbre, soit par suite du contour d'autres champs. La taille en est toujours très faible, comprise le plus souvent entre 6 et 20 ares. Dans un Tin à plusieurs épouses, chacune d'elles a son champ propre qui n'est pas forcément contigu à ceux des autres femmes, ni de taille analogue. Les champs de Mougrang donnent ainsi l'image d'un « puzzle non assemblé », ce qui nous a fait appeler l'endroit où le Voandzou est cultivé, la zone « anarchique » des sols beiges.

L'ouverture du sol et le semis ont lieu en même temps ; soit un aide pioche à la houe et la femme sème, soit celle-ci travaille seule et sème chaque jour la surface qu'elle a labourée. Sur un houage assez superficiel sont pratiqués des poquets de 5 à 6 cm de profondeur à 50-60 cm d'écartement en tous sens dans lesquels sont enterrées deux à trois graines rondes et dures. Ces travaux de labour et semis sont effectués en général assez tard en saison des pluies, deuxième quinzaine de juillet ou même début août.

Comme le houage fait avant le semis a complètement détruit la couverture herbacée et que tous les adventices ont largement eu le temps de germer, les champs sont peu envahis et les travaux d'entretien sont limités. Un petit sarclage rapide a parfois lieu 25 à 35 jours après le semis.

Ce n'est que dans le cas d'un semis effectué sur un champ mal nettoyé qu'un sarclage relativement important a lieu immédiatement après le semis.

La récolte se fait par arrachage des touffes, dont les feuilles jaunies commencent à tomber, en novembre. Les coques sphériques à une graine sont détachées des fanes et mises à sécher dans l'enceinte du Tin. Chaque femme les enferme ensuite dans un petit grenier situé dans sa case, grande poterie cylindrique au lourd couvercle de terre. Le décorticage n'a lieu qu'au moment de l'emploi. L'écrasement précède la cuisson avec le mélange de feuilles et de viande qui forme la base de la sauce.

Tableau 25

CYCLE DU VOANDZOU

	Semis	*Récolte*
	1955	
Tionga	6-8/14-8	10-11/13-11
	(1) 96 (3) 88	
	(2) 99 (4) 91	*96/91*
Damo	5-8/13-8	1-11/19-11
	(1) 88 (3) 80	
	(2) 106 (4) 98	*88/98*
	(2) Max. 119	
	(3) Min. 78	
94/97		
	1956	
Lopo	13-8/23-8	4-11/ 9-11
	(1) 83 (3) 73	
	(2) 88 (4) 78	*83/78*
Hakna	5-8/28-8	6-11/13-11
	(1) 93 (3) 70	
	(2) 100 (4) 77	*93/77*
	(2) Max. 100	
	(3) Min. 69	
85/80		
	1957	
Lopo	21-7/ 1-8	31-10/ 1-11
	(1) 102 (3) 91	
	(2) 103 (4) 92	*102/92*
Hakna	19-7/ 5-8	2-11/17-11
	(1) 106 (3) 88	
	(2) 121 (4) 104	*106/104*
	(2) Max. 121	
	(3) Min. 87	
99/98		

Le cycle du Voandzou est très court. Les relevés nous donnent[1] :

	(3) Min.	*(1)*	*(4)*	*(2) Max.*	*1er semis*
	—	—	—	—	—
1955	78 jours	94 jours	97 jours	119 jours	16-7
1956	69 —	85 —	80 —	100 —	5-8
1957	87 —	99 —	98 —	121 —	19-7

soit un cycle moyen de trois mois. Plus la date de semis est tardive plus le cycle est court.

Cependant nous avons relevé dans un champ d'une femme de Lopo en 1955 un cycle de 140 jours, supérieur d'un mois et demi aux autres temps de culture de cette année-là, grâce à un semis beaucoup plus précoce ; il s'agit probablement là d'une variété différente.

Le rendement du Mougrang, malgré la brièveté de son cycle, la pauvreté du sol et les travaux limités qui lui sont appliqués, est relativement bon. La variation du rendement fut la suivante sur nos échantillons :

1954	460 kg/ha	Max. : 539 kg/ha
1955	362,1 hg/ha	— 610 kg/ha
	(la variété à cycle de 140 jours chez Lopo a donné 525 kg/ha)	
1956	365,7 kg/ha	
1957	579,3 kg/ha	Maximum enregistré : 679 kg/ha

Il est probable que le Voandzou pourrait fournir des rendements beaucoup plus élevés.

Le pois Voandzou est très apprécié des Toupouri tant par sa facilité de culture et de ses faibles exigences en sol que par sa production et par ses qualités alimentaires. Une grande quantité en est consommée à l'état frais lors de la récolte, parfois même mangée crue en grignotant les graines comme une friandise. C'est la base essentielle de toutes les sauces de la femme Toupouri.

B) *Haricots.*

C'est également dans la confection des sauces qu'entrent les diverses graines de Phaséolées désignées sous le nom de Hayn (ce terme désigne également la sauce elle-même). Les plus cultivées sont le groupe de Vigna unguiculata Walp et des haricots à grains noirs. Ces « haricots » sont semés en juillet entre les lignes de Shoukouloum ou quelques fois dans les arachides de femmes. Cette association culturale est toujours limitée, beaucoup de Toupouri n'en font pas, ceux qui les cultivent n'en sèment qu'un nombre de pieds très limité.

Les opérations culturales sont faites à l'occasion des travaux effectués pour la culture hôte. Nous ne pouvons indiquer de rendements car la

1. Cf. p. 245 pour la signification de ces symboles.

densité est très variable à l'intérieur d'un même champ et le facteur surface n'a aucune valeur dans ce cas. La récolte par femme est de l'ordre de 10 kg en grains environ par an. Les haricots sont écossés et gardés en grain avec les pois de terre ou dans une calebasse à l'intérieur du grenier à mil de la femme. Ils sont également écrasés avant la cuisson.

Les fanes sèches sont très appréciées comme fourrage pour les chevaux. Aussi sont-elles soigneusement séchées, mises en bottes et conservées soit sur les perches croisées qui protègent le foyer extérieur des femmes, soit dans les arbres. Leur cours atteint 20 à 30 Fr. CFA la botte d'environ 5 kg en fin de saison sèche.

Cette culture facile associée au sorgho, est des plus intéressantes et doit être vivement encouragée. La consommation de graines de pois d'Angole, soit lors de leur distribution aux fins de semis pour améliorer la jachère, soit lors de la maturité des pieds ayant réussi, prouve qu'un supplément de production trouverait facilement son écoulement.

C) *Sésame.*

Quelques pieds de sésame sont souvent cultivés dans les champs d'arachides ou de Tchanré. Il s'agit le plus souvent de sésame à grains rouges ou noirs ; il est semé fin juillet, bien après le semis de la culture proprement dite. La plupart du temps les pieds sont disposés en bordure du champ, soit alignés pour former une limite, soit placés au début des interlignes.

Les pieds de sésame sont arrachés en octobre, mis en bottes et transportés avant la pleine maturité au Tin ; la femme en fait alors de petits paquets qu'elle fixe à l'aide d'un petit rameau de bois formant broche sur la paille du toit de sa case où ils restent à sécher quelques jours. Les graines facilement séparées sont mises par la femme dans une calebasse en forme de gourde. Les tiges sont conservées puis brûlées pour en lessiver ensuite les cendres et obtenir du sel.

D) *Hibiscus.*

Certains Tin complètent leur clôture par un semis d'Hibiscus cannabinus dont les tiges serrées forment un rideau élevé, la croissance en est bonne sur le sol enrichi des abords des cases. Les tiges sont coupées encore vertes et mises à rouir dans les mares afin de fabriquer des cordes pour les besoins du Tin. Certains hommes cependant fabriquent avec ces fibres, en saison sèche, des cordes spécialement destinées à la vente (surtout cordes avec boucle terminale pour conduire les bestiaux ou petit bétail au marché).

L'Hibiscus esculentus est semé en quelques pieds isolés au milieu des champs de Gara autour des cases. Les bractées sont consommées fraîches en octobre ; les fruits sont ramassés en novembre avec le pied entier qui est resté ainsi isolé après la récolte du mil rouge. Les fruits coupés en morceaux sont mis à sécher sur les toits ou même par terre.

E) *Manioc.*

Les Toupouri ne sont pas traditionnellement cultivateurs de manioc et de patate douce, quoique connaissant ces deux plantes.

Le manioc est beaucoup moins rare que la patate douce, les racines font l'objet d'un commerce, restreint il est vrai, mais bien rémunérateur apparemment.

C'est à partir de boutures venant des cantons de Fianga et de Wina que quelques paysans ont installé des plantations. Les champs de manioc sont en général de petites parcelles de 20 à 40 ares situées dans la partie anarchique des « pseudo-rotations » à côté des cultures de Voandzou des femmes. Nous avons cherché à faire établir les cultures de manioc sur des sols un peu plus fertiles de la même zone sableuse mais les paysans s'y sont refusés par crainte des voleurs. La curiosité pour la culture nouvelle, la facilité d'arrachage d'une racine croquée ensuite sur la piste par un passant ne sont pas suffisamment contrebalancées par les protections magiques et sociales contre le vol.

Sur un labour assez profond exécuté à la houe, les boutures de tige sont repiquées irrégulièrement espacées (en moyenne 70 × 70 cm) ; un léger sarclage est effectué les mois suivants. La récolte a lieu sept à huit mois plus tard. En général et malgré nos conseils, après arrachage complet du pied, la tige est coupée en morceaux et repiquée au même emplacement ou en bordure du champ.

Comme l'arrachage des racines ne touche à chaque fois que quelques pieds, soit pour les besoins du Tin, soit pour vendre et gagner quelque argent au marché, le champ de manioc se présente comme un mélange de pieds mûrs et de boutures à tous les stades du développement. Le manioc est cultivé uniquement par des hommes.

Nous n'avons pu mesurer le rendement mais il est certainement très faible sur ces sols pauvres en culture continue. Les racines sont de faible taille et assez ligneuses mais elles fournissent un supplément de nourriture assez différent des aliments classiques pour être considéré comme une friandise !

F) *Tabac.*

Le tabac est abondamment consommé en pays Toupouri, surtout par les femmes dans des pipes à petit fourneau et à long tuyau de fer ou de bois. Si la production locale (Golonpoui) est assez limitée faute d'eau pour l'arrosage des jeunes plants, la Solanée : Nicotiana rustica est largement cultivée en pays Toupouri.

Le tabac est cultivé par les femmes soit autour des termitières, soit dans le fond des mares desséchées. Semé sur une petite planche arrosée grâce à de fines aspersions avec la bouche, il est repiqué sur ces endroits plus fertiles. De petites diguettes de 10 cm de haut y délimitent des carrés de 50 cm environ de côté pour faciliter l'arrosage. La récolte serait de l'ordre de 600 à 800 kg de feuilles sèches à l'hectare mais la surface dépasse rarement 1 are par famille. Les feuilles humectées sont pétries en boules noires à odeur pénétrante de deux tailles différentes : boulettes de 100 g environ et grosses boules de 500 g. Elles sont offertes, après séchage, sur le marché à des prix variant de 10 à 100 Fr. CFA la boule, soit entières, soit fragmentées pour la vente par petites quantités.

5. Importance des différentes cultures

Si l'on détaille les superficies cultivées en 1955 (cf. chap. II et tableau 5) on constate la répartition suivante :

Gara	241 ha	836 ha	21,5	74,5 %	surface en mils
Shoukouloum	58 ha		5,2		
Babou	537 ha		47,8		
Coton	131 ha	196 ha	11,6	17,4 %	cultures d'exportation
Arachides	65 ha		5,8		
Voandzou	70 ha	91 ha	6,2	8,1 %	cultures vivrières autres que mil
Manioc	21 ha		1,9		
Surface cultivée totale		1 123 ha		100 %	

La culture la plus importante quant à la surface est très nettement le Babou. Assez loin derrière vient le Gara dont cependant l'importance alimentaire (mil de soudure) et socio-religieuse compense largement cette différence d'aires cultivées. C'est le Gara qui est psychologiquement la culture Toupouri la plus importante, le Babou venant tout de suite après. Ces deux cultures dominent tout le pays Toupouri, elles sont la condition de la survie de toute la population, elles passent dans l'esprit des paysans avant toute autre considération agricole. Avec leurs deux techniques bien particulières, elles forment un système cultural suffisamment étalé dans le temps et garantissant assez bien contre les aléas culturaux. Elles montrent que l'agriculture Toupouri était arrivée à une adaptation locale et à une intensification remarquables malgré les défauts dus au contexte économico-social dans lequel la société Toupouri était enfermée.

A côté de ces grandes surfaces en mils, et une aire réduite en Voandzou, on ne trouve que les cultures d'exportation plus ou moins imposées, plus ou moins introduites de force dans le système agricole Toupouri, mais qui réussissent à constituer 17 % de la surface cultivée totale et à occuper près de 11 % de la surface totale du finage de Golonpoui.

Cette agriculture très peu diversifiée est tout entière orientée vers la production de l'aliment de base d'une alimentation peu variée où la farine de sorgho joue la part essentielle (95 % en poids des produits alimentaires

TABLEAU 26

SUPERFICIES CULTIVÉES PAR LES HUIT FAMILLES DE L'ENQUÊTE
(en ares)

	1955		*1956*		*1957*	
	Ares	*Pourcentage*	*Ares*	*Pourcentage*	*Ares*	*Pourcentage*
Gara	459,30	13,24	459,25	12,85	522,60	14,87
Shoukouloum .	443,95	12,79	629,95	17,62	294,65	8,39
Tchanré					99,70	2,84
TOTAL mils saison des pluies.	903,25	26,03	1 089,20	30,47	916,95	26,10
Babou	1 824,15	52,58	1 749,85	48,97	1 834,30	52,24
TOTAL mils	2 727,40	78,61	2 839,05	79,44	2 751,25	78,34
Arachides	318,85		356,38		495,80	
Coton	137,30		84,15			
TOTAL cultures d'exportation .	456,15	13,14	440,53	12,32	495,80	14,11
Voandzou	214,90		253,95		219,85	
Manioc	70,40		40,10		45,20	
TOTAL cultures vivrières autres que mils	285,30	8,25	294,05	8,24	265,05	7,55
Superficie totale cultivée par les 8 familles.....	3 468,85	100	3 573,63	100	3 512,10	100

végétaux constituant eux-mêmes 91 % du poids total brut de la ration moyenne)[1]. Les petites cultures destinées à compléter le régime alimentaire, à faire l'objet d'échanges ou à approvisionner un artisanat local sont complètement absentes ou réduites à quelques pieds en culture intercalaire. La double conséquence en est d'une part l'éventail étroit des productions et d'autre part la grande homogénéité des systèmes agricoles familiaux, la quasi-rigidité des productions familiales tendant à l'autarcie alimentaire du Tin. Toutes les familles cultivent les mêmes plantes dans des proportions sensiblement analogues.

Cette homogénéité culturale et par suite la grande monotonie de l'emprise humaine sur le paysage n'est pas sans contribuer puissamment à renforcer l'unité du pays Toupouri.

L'agriculture Toupouri semblait être arrivée, avant la diffusion de l'arachide et du coton pour l'exportation, à un stade, très avancé pour l'Afrique Tropicale certes, mais à un stade final figé, sans évolution apparente. La croissance rapide de la population, l'augmentation plus que probable de ses besoins individuels devaient fatalement bousculer la gamme traditionnelle des productions agricoles, mouvement accéléré par l'importance économique croissante des cultures d'exportation.

Les surfaces cultivées en mils varient assez peu d'année en année mais, selon la pluviométrie ou plutôt selon la tendance au départ de la saison des pluies le Shoukouloum prend une part plus ou moins importante. Les surfaces cultivées par les huit familles de notre enquête témoignent d'une constance remarquable (variation de la surface cultivée totale inférieure à 3 %), que ce soit pour la surface totale ou pour l'aire consacrée à chacun des grands groupes de production. Ce n'est qu'à l'intérieur de ceux-ci que l'on enregistre des différences notables. Par exemple la superficie cultivée en Shoukouloum peut varier de plus du simple au double (1957 : 295 ares, 1956 : 630 ares) sans qu'il y ait de grosses variations de la surface en mils car l'ajustement de la production aux variations climatologiques est fait par le jeu des variétés et non par la variation de la surface globale. Tandis que les 8 familles cultivaient en 1955, 13 champs individuels de Shoukouloum (6 familles) représentant 444 ares, il n'y avait plus en 1956 que 11 champs entre les mains de 5 familles mais la surface était bien plus élevée : 630 ares ; enfin, en 1957, 5 familles cultivaient 8 champs de Shoukouloum d'une superficie de 295 ares.

Tandis que certaines familles (Dahan, Lopo, Damo) sèment chaque année plusieurs champs de Shoukouloum, d'autres n'utilisent ce sorgho que de façon accidentelle. Cela dépend des traditions de la famille mais également de la disponibilité en bonnes terres à Gara.

La rapide évolution au profit de l'arachide déjà signalée se traduit

1. Cf. livre VI. chap. v : « Alimentation ».

aussi bien sur les chiffres du village que sur ceux de l'échantillon de 8 familles :

		1954	*1955*	*1956*	*1957*
Village en hectares	Arachides	4,5	57,5	116	196
	Coton	145	98,7	96	0
	Total des deux	149,5	156,2	212	196
Échantillon 8 familles en ares	Arachides		319	356	496
	Coton		137	84	0
	Total des deux		456	440	496

Les rendements des différentes productions Toupouri sont, dans l'ensemble sinon satisfaisants, du moins conformes aux moyennes de rendements de zones voisines ou de conditions écologiques et économiques analogues. Il n'en reste pas moins qu'un énorme effort est à faire pour hausser la productivité de la surface agricole utile à un niveau permettant le développement économique et social du pays.

CHAPITRE V

ÉLEVAGE

Les Toupouri possèdent des bovins, des ovins et des caprins en assez grand nombre, les chevaux étant plus rares, et de nombreuses volailles. Si le paysan Toupouri n'a pas toutes les connaissances et toutes les qualités à attendre d'un véritable éleveur, il manifeste un très grand souci de son gros bétail. Malgré son introduction paraît-il récente dans le pays, celui-ci reçoit beaucoup d'attentions ; permettant d'obtenir des femmes en mariage car la vache est l'élément de base de la dot, il joue un très grand rôle dans la vie sociale. L'action du Sous-Secteur liée partiellement au développement de la culture attelée a porté surtout sur les bovins.

1. Le gros bétail

Les chiffres contestables, mais néanmoins approchés des recensements administratifs, montrent une progression soutenue du nombre de têtes de gros bétail, l'amenant à Golonpoui en dix-huit ans à plus de 360 % du chiffre de départ grâce à une augmentation moyenne annuelle d'une vingtaine de têtes.

	1936	*1939*	*1941*	*1943*	*1948*	*1951*	*1954*
Total gros bétail .	147	199	288	244	489	516	535

En comparant cet accroissement du gros bétail à l'augmentation de la population nous trouvons pour 100 habitants le nombre de têtes suivant :

1936	14,7
1941	24
1948	36,3
1954	36,9

Les chiffres du Service vétérinaire sont considérablement plus élevés. Le recensement effectué par ses soins sur notre demande en 1954 a donné 592 animaux répartis en (cf. Gaubert [37]) :

Taureaux	6	Vieilles vaches	45
Bouvillons	19	Génisses	381
Taurillons	13	Veaux	128

chiffre accusant une réduction de 57 têtes (soit 8,75 %) sur le recensement vétérinaire immédiatement antérieur (août 1953). Mais par contre une différence de 35 % à l'avantage du recensement 1954 existe pour les jeunes élèves. Le recensement du bétail n'est pas chose facile, les bovins sont en effet très dispersés et ni le rassemblement, ni la visite des Tin ne fournissent une solution satisfaisante. De plus l'utilisation du gros bétail comme dot entraîne de rapides et imprévisibles fluctuations intervillages.

Nous avons effectué en août 1955 un nouveau recensement aussi complet que possible à l'occasion d'une étude sur la streptotrichose :

	Taureaux et bœufs de labour	*Jeunes mâles*	*Vaches*	*Génisses*	*Total*
Quartier Bougui-Doueye	2	17	28	29	76
— Bougui	3	20	29	28	80
— Tilali	5	12	30	40	87
— Golonjam	4	10	23	35	72
— Chef	3	36	96	99	234
TOTAL	17	95	206	231	549

Ce total ne comprend pas les jeunes veaux non sevrés et le classement entre catégories n'étant pas le même que pour le recensement 1954, les chiffres sont difficilement comparables.

Il n'en résulte pas moins que Golonpoui possède un troupeau de gros bétail nombreux et bien équilibré grâce à une nette prédominance des femelles et des jeunes.

C'est à l'occasion des contacts plus ou moins rudes avec les Foulbé que les Toupouri auraient acquis du bétail. On peut expliquer par la rapidité actuelle de l'accroissement numérique, comment en cent cinquante ans environ les Toupouri ont réussi à constituer à partir de bêtes capturées aux Foulbé un troupeau d'une telle ampleur (les recensements administratifs donnent un total de 9 364 bovins en 1951 contre 3 633 en 1936 pour le canton de Ndoukoula ; même si la technique du recensement s'est améliorée, l'évolution reste considérable).

Les zébus sont tous de race Foulbé mais cependant se différencient légèrement de celle-ci. De taille moyenne avec une ossature assez fine et des aplombs corrects ils ont un cornage peu développé, un fanon moyen et une bosse petite mais généralement bien accusée. La robe est soit pie rouge plus ou moins foncée, soit noire avec des taches blanches, soit blanche.

Les bovins de chaque famille sont rassemblés pour le pâturage en troupeaux de quartier et les saillies se font alors sans aucun contrôle, la gestation est comptée pour neuf lunes.

A la naissance le jeune veau ne consomme pas le colostrum ; celui-ci est trait et distribué aux jeunes enfants mélangé à la farine de mil. Le veau tète sa mère jusqu'à deux mois ; pendant cette période il reçoit parfois, surtout pour les bêtes mal venantes, un supplément de nourriture sous la forme d'un mélange de farine de mil, d'eau et de sel que le paysan stocke dans sa bouche et crache violemment au fond de la gorge du veau maintenue ouverte de force. Puis il est très progressivement sevré ; le veau est conduit durant ces mois avec d'autres jeunes élèves à proximité du village pour s'assurer un complément en herbe. A cinq mois il est sevré et mélangé au troupeau du quartier.

La plupart des familles possèdent quelques bêtes à cornes dont le nombre varie d'année en année (en général inférieur à 8-10 car au-delà de ce chiffre la dot d'une femme est constituée et les bêtes cèdent la place à la nouvelle épouse du chef de famille ou d'un de ses fils). Tous les matins les bovins sont lâchés hors du Tin et se rassemblent en troupeaux de quartier sous la surveillance des jeunes hommes (5 à 8 surveillants par troupeau de 100 bêtes environ). Cette charge est assurée à tour de rôle par tous les jeunes hommes (célibataires en particulier) du quartier. Le troupeau est ainsi au pâturage (ou en déplacement vers celui-ci) de 6 à 12 heures et de 14 à 18 heures, il s'abreuve le matin et le soir aux abreuvoirs remplis à son intention.

Grâce à l'échelonnement des récoltes de mil une rotation assez judicieuse des zones pâturées a pu être adoptée et seule la fin de la saison sèche (avril-mai) présente de grosses difficultés alimentaires. Pendant la première partie de la saison des pluies (cf. fig. 36) les bovins pâturent dans la zone de Babou et dans les parties non cultivées (jachère incultivable, surfaces non exploitées) de la zone des sols sableux beiges ; pour éviter tous dégâts aux champs de Gara, d'étroites pistes, souvent bordées d'épines, conduisent de chaque Tin à des pistes à bétail beaucoup plus larges et sur lesquelles a lieu le rassemblement des bêtes[1]. Puis en août et septembre, grâce à l'herbe abondante en brousse, le bétail est conduit à des distances atteignant parfois 2 à 3 km sur les sols sableux beiges. Après la récolte du Gara, les tiges de mil et les nombreux adventices, Pennisetum pedicellatum en particulier, fournissent un fourrage excellent à proximité des cases. Aussi après le pâturage en brousse de la matinée, le bétail reste-t-il

1. Ces pistes à bétail ont été bordées, dans le cadre de l'action de reboisement entreprise par le Service des Eaux et Forêts, de plusieurs lignes d'arbres de façon à renforcer les couloirs ainsi existants.

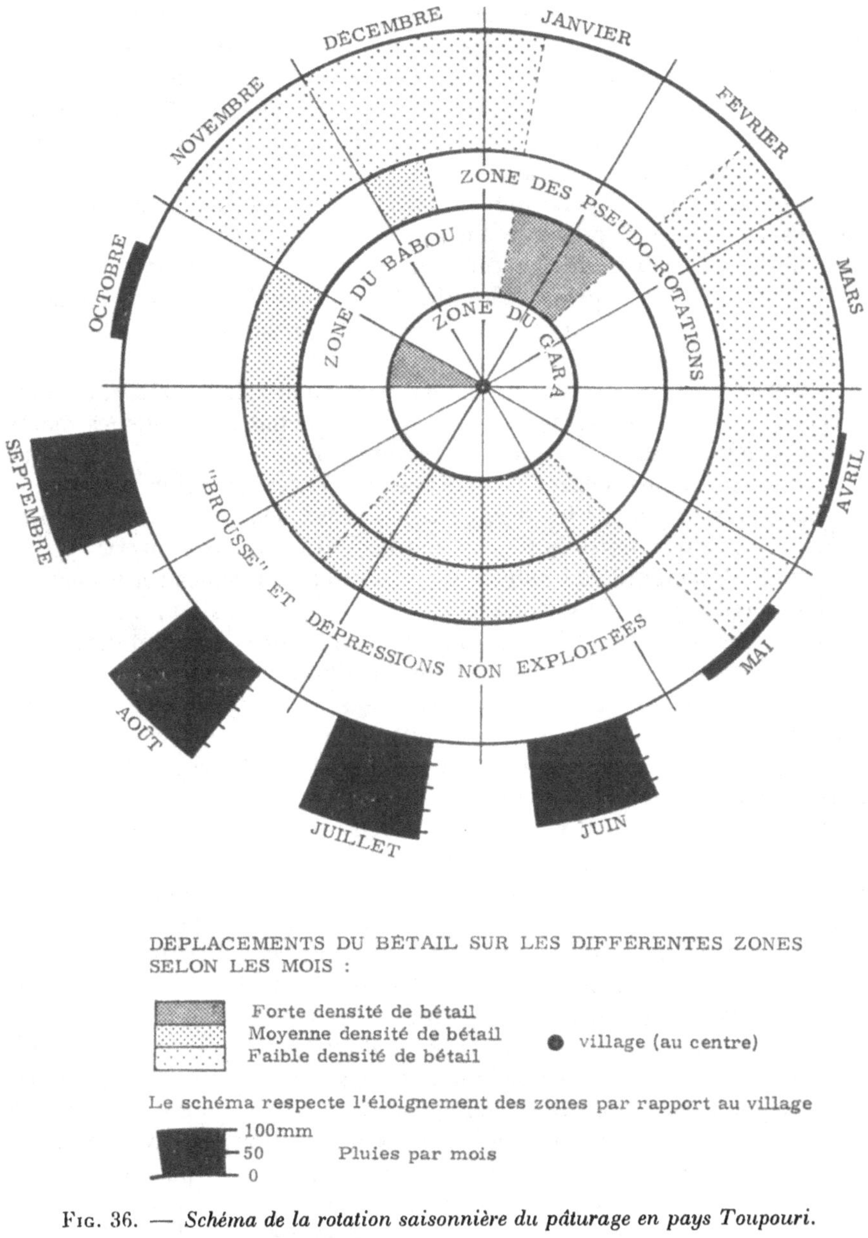

FIG. 36. — *Schéma de la rotation saisonnière du pâturage en pays Toupouri.*

l'après-midi sur ces champs. Quand cette ressource est épuisée les troupeaux reprennent régulièrement jusqu'en janvier-février le long chemin des jachères et de la brousse où l'herbe se fait de plus en plus sèche et de plus en plus rare (en supplément « champoyage » sur le Shoukouloum). Après la récolte du Babou, les troupeaux paissent dans les plaines et y consomment avec plaisir les tiges encore un peu juteuses du mil. Un supplément est produit par la consommation lors du retour au Tin des gousses mûres et tombées à terre de Faidherbia albida ou tout au moins ce que chèvres et moutons en ont laissé.

Vient alors une période difficile où les troupeaux sont conduits très loin jusque dans les dépressions non exploitées de l'arrière-pays ; le retrait plus tardif de l'eau permet encore, sinon un peu de verdure, du moins une masse végétale à peine suffisante. La chaleur de ces mois, les longs trajets, la maigre nourriture pèsent lourdement sur l'état du troupeau bovin et celui-ci maigrit beaucoup.

L'abreuvement des troupeaux est également plus difficile à cette période. Alors qu'en saison des pluies tout le bétail boit dans les mares creusées dans les Laali, dès la fin des précipitations celles-ci s'épuisent rapidement. Comme pour l'eau de boisson des hommes on abandonne ensuite progressivement les trous à faible profondeur pour les puits profonds. Chaque quartier a le sien où son bétail est abreuvé en priorité.

L'eau est remontée à l'aide de calebasses et de longues cordes par les jeunes gens et en fin de saison sèche ce sont parfois des journées entières passées à tirer l'eau qui suinte au fond. L'eau est versée par l'intermédiaire d'un vieux tronc creux de Faidherbia ou d'une goulotte en Hyphaene jusque dans des bassins ronds ou le plus souvent rectangulaires avec une murette en argile de 20 à 30 cm de haut.

A part les vaches des Gourna qui couchent en brousse ou sur les Laali avec ceux-ci, toutes les bêtes regagnent le soir le village et chacune d'elles se dirige seule vers son Tin après la dispersion sur la piste à bétail. A l'intérieur de l'enceinte plus ou moins complète des cases du Tin chaque famille garde ses bêtes. S'il n'y en a qu'un tout petit nombre (3 ou 4) elles sont attachées, toujours par une corde à la base des cornes, à des piquets de bois solidement enfoncés en terre ; si elles sont plus nombreuses (4 à 10) elles sont enfermées dans un enclos dont l'étroit passage de l'entrée est barré par quelques branches. Nous avons recherché à obtenir une meilleure stabulation des animaux pour, d'une part les protéger, d'autre part récupérer les urines et obtenir une plus grande quantité de fumier. Les essais d'étable collective (pour 2 ou 3 familles) réalisés à Lara sur le Sous-Secteur patronné par la C.F.D.T. ne nous ont pas paru satisfaisants. Pour abriter les bœufs de labour en particulier, nous avons préconisé une étable très simple abritant quatre animaux au maximum ; elle est constituée essentiellement par un toit conique en paille soutenu par de très gros pieux qui servent éventuellement à attacher les bestiaux, une simple murette en terre de 30 cm de haut surmontée de branchages très lâches contient la litière et empêche les animaux de sortir (si on les laisse libres dans l'étable). Le bord du toit assez bas abrite bien l'ensemble, des suppléments peuvent être facilement donnés à un animal particulier en face de celui-ci sous le débord du toit (graines de coton dans une grande calebasse, ou fanes d'arachides, ou ensilage directement sur le sol par exemple). Peu coûteuse, facile à construire par le paysan lui-même cette étable peut être rapidement vulgarisée et le Sous-Secteur s'y emploie activement. Cependant la facilité de drainage est un point essentiel, il faut rechercher un endroit légèrement surélevé pour éviter que les eaux de ruissellement ne viennent attaquer la murette mais celle-ci entrave l'écoulement vers l'extérieur du purin que la litière, toujours insuffisante, ne suffit pas à absorber. Il y a là un problème à résoudre qui pourra l'être facilement quand le paysan pourra disposer d'une sole en béton avec rigoles d'écoulement (seule la question — achat du ciment — empêche cette réalisation) (cf. fig. 28).

Même dans le cas de la stabulation en plein air, nous encourageons les paysans à disposer sous leurs bêtes une litière. Le parcage nocturne du bétail sur les sols à fumer n'a pu être appliqué faute de clôtures suffisamment faciles à déplacer ; cependant le « champoyage " des tiges de mil, après la récolte, amène un enrichissement qui serait utile si la rigueur de la saison sèche ne le suivait pas ; le pâturage sur la zone à Babou pendant la première partie de la saison des pluies, joint à la jachère semestrielle de ces mêmes terres explique en grande partie le maintien apparent de la fertitilité sur ces terres cultivées année parès année.

Les difficultés d'alimentation en fin de saison sèche sont spécialement graves pour les bœufs de labour. Ceux-ci voient en effet leur ration diminuer avant, et même pendant, la période où leur emploi devrait être le plus intense. La rapidité de l'ouverture des terres conditionne étroitement les rendements ; or, à cette époque les bœufs n'ont rien ou presque à manger sur place car l'herbe est quasi inexistante (les Cyperus de très faible taille forment les premières plantes adventices). Pour y porter remède nous avons encouragé le stockage d'aliments. Les réserves de tiges de mil ou de fanes d'arachides et haricots (en principe réservées aux chevaux) ont suscité un grand intérêt chez les paysans qui les ramènent en bottes et les entassent sur les hangars entre les cases ou sur les arbres mais la quantité est assez limitée.

Beaucoup plus intéressant est l'ensilage familial. En dépit des résultats obtenus en stations : fermes du Service de l'Agriculture ou Centres Vétérinaires, toujours critiquables car trop onéreux et exigeant des investissements trop importants[1], nous avons recherché une méthode d'ensilage économique et efficace à la portée du paysan.

En 1954 nous avons fait creuser pour le compte du Sous-Secteur deux silos, de diamètre 2 m et de 2,50 m de profondeur dans le sol compact et imperméable des Laali ; ce terrain se tient parfaitement et permet d'avoir

1. Ce qui justifiait en partie l'hostilité du Service Vétérinaire pour nos essais.

de véritables cuves étanches ; une hausse en terre façonnée à la main est érigée ensuite exactement à l'aplomb des parois sur une hauteur de 1,50 m à 1,80 m. Ces fosses ont été emplies en octobre, l'une avec du sorgho haché semé comme fourrage à cette intention (coupe à la hauteur de 60 cm ; 70 ares pour remplir ce silo de près de 8 m^3), l'autre avec de l'herbe en vrac ramassée sur le bord des chemins et dans les champs de mil rouge (il s'agit d'adventices et surtout de Pennisetum pedicellatum, récolte sur 1,5 ha environ mais densité très irrégulière). Le fourrage est fortement tassé, spécialement sur les bords puis un chapeau de terre prélevé sur les déblais du creusement complète le tassement ; au fur et à mesure que celui-ci se produit, la hausse est démolie et renforce la charge et l'étanchéité[1].

En avril ces deux silos furent ouverts et le produit s'avéra être d'excellente qualité : ensilage brun verdâtre humide, odeur forte mais agréable, pertes extrêmement réduites 2 à 3 cm sur le bord et 10 cm au-dessus, donc parfaite conservation comparable à celle obtenue en Europe avec de l'ensilage acide en fosses bétonnées. Les bovins l'acceptèrent très facilement dès la première présentation et se précipitèrent les soirs suivants pour recevoir la ration. Compte tenu de ce succès technique et des avis enthousiastes des paysans, l'ensilage fut vulgarisé en 1955, auprès des possesseurs de bœufs de travail. Nous avons conseillé des silos légèrement plus petits en diamètre (1 m afin de faciliter la descente en s'aidant par pieds et mains) (ce qui réduit les pertes par suite du rapport $\frac{V}{S}$ plus favorable) mais plus profonds (3 m) exigeant donc un tout petit toit. Le volume est de plus de 2 m^3, ce qui en comptant une perte de 10 % (chiffre très supérieur à la réalité) donne environ 1 450 kg d'ensilage. Nous préconisons de fournir un supplément alimentaire pendant un mois (durée normale de vidange), ce qui donne une quantité journalière de 48 kg

1. Pour cette première expérience nous avons noté le coût en main-d'œuvre. Creusement : 6 manœuvres et 1 chef d'équipe pendant 3 jours (0,44 m^3 par homme/jour en raison de la dureté du sol et de l'exiguïté du trou obligeant à des relais fréquents des piocheurs). Hausse : 8 manœuvres et 1 chef d'équipe pendant 1 jour. Chargement : 1° silo de mil en vert : 45 journées de travail de manœuvre et 3 journées de chef d'équipe (coupe, transport, remplissage, tassement, etc.) ; 2° silo d'herbe, 60 journées de travail de manœuvre et 3 journées de chef d'équipe (il n'a malheureusement pas été possible de récupérer suffisamment de main-d'œuvre pour effectuer le chargement en une journée mais ceci n'a pas nui au résultat). Le creusement peut être facilement amorti sur 5 à 10 campagnes si l'ouverture est protégée en saison des pluies par un petit toit (confectionné en 10 journées de travail). En comptant en plus 1 à 2 jours par an pour le nettoyage, l'entretien, on aboutit au prix de revient annuel suivant :

Creusement	4,2 h/j (base 5 ans)	
Toit	2	
Entretien	1,5	
Hausse	9	
Chargement	63	(cas le plus défavorable mais procédé qui a été généralisé).
	79,7	

soit 80 jours de travail pour obtenir environ 7 m^3 d'excellent ensilage, soit environ 350 rations d'appoint.

permettant de compléter très copieusement la ration ordinaire de deux bœufs. En 1955, 44 silos furent spontanément faits sur le village de Golonpoui. Un certain nombre (dix) ne donnèrent qu'un ensilage médiocre car nos conseils ne furent pas strictement écoutés. En particulier il fallut déplorer — de trop longs délais de chargement dus à des événements extérieurs (le responsable interrompant son travail pour aller au marché par exemple) — des tassements insuffisants (par suite de hausses non cylindriques, ouverture plus petite que le diamètre du silo d'où vides latéraux) — de mauvais emplacements de silos (arrivée d'eaux de ruissellement). Mais les paysans reconnurent facilement leurs erreurs et purent juger sur les silos réussis de leurs voisins de l'intérêt d'un travail correct.

En 1956 et 1957 tous les propriétaires de bœufs de labour et d'autres paysans firent un silo (ou même certains deux) ; des associations se sont formées pour mettre en commun deux silos, ce qui réduit la durée d'ouverture et assure une plus grande fraîcheur à l'ensilage. Le paysan a toujours tendance à ouvrir son silo trop tôt, ce qui fait qu'en cas de grand retard des pluies, le complément de nourriture ne peut pas être apporté au moment favorable. Certains cherchent à donner l'ensilage en priorité à leur cheval (qui ne prélève par ses propres moyens qu'une faible partie de sa ration, au contraire du bœuf). D'autres croient utile de faire ressuyer l'ensilage en le répandant sur le sol pendant une journée. Autant de pratiques néfastes contre lesquelles une propagande active est faite.

Malgré le succès de l'ensilage, il y a lieu de rechercher d'autres compléments alimentaires surtout pour les bœufs de travail (tout au long de l'année si possible) et pour les autres animaux (en fin de saison sèche). Le mil est une denrée trop précieuse en pays Toupouri pour songer, à l'heure actuelle, à en nourrir les animaux (même grâce à une réduction des quantités transformées en bière). Le tourteau de coton produit par l'huilerie de la C.F.D.T. à Kaélé sera des plus utiles.

L'agriculture Toupouri n'est pas encore assez évoluée pour entreprendre des cultures fourragères spéciales (mil fourrager à tige sucrée par exemple) (les surfaces disponibles ne le permettraient d'ailleurs pas). Mais il faut espérer que les jachères améliorées à base de graminées pourront devenir de véritables soles fourragères. Si on ne peut guère penser à un fourrage intensif consommé à l'étable (ce qui entraîne un double transport : aller fourrage du champ à l'étable, retour fumier de l'étable au champ), nous pensons améliorer suffisamment la composition des jachères pour qu'elles deviennent un fourrage extensif consommé sur place (avec retour, par le pacage, de la fertilité).

Le Toupouri ne sait pas déterminer l'âge par la dentition, ne pense pas à la sélection par les géniteurs, ne connaît pas de protection contre les maladies. Les diarrhées entraînent une mise à la diète au piquet dans le Tin. Les plaies sont lavées avec un liquide à base de jus de végétaux et de solutions tannifères (à base d'écorce d'Acacia scorpioides).

Le charbon bactéridien, la peste bovine (attaque en 1950) prédominent sur les autres grandes maladies. Par contre les tiques sont très abondantes et très gênantes. Elles sembleraient plus abondantes sur les sols sableux que dans les zones humides (effet nocif de la boue des pistes ?) ; les Toupouri ne pratiquent pas aussi soigneusement que les Foulbé le détiquage. La streptotrichose atteint sévèrement les bovins Toupouri, elle se généralise assez rapidement sur certaines bêtes et entraîne leur mort par cachexie. En août 1955, il fut dénombré sur les 549 bêtes recensées de Golonpoui, 33 animaux très atteints (6 % de l'ensemble), 78 animaux moyennement atteints (14,2 %), 158 bêtes peu touchées (28,6 %) et 280 bêtes apparemment indemnes (soit 51,2 %). Les animaux qui sont frappés de streptotrichose ont des plaques croûteuses dures et épaisses sur des surfaces plus ou moins étendues, leur aspect est minable et leur vitalité très diminuée, ce qui est extrêmement grave en particulier chez les bœufs de travail. Nous avons entrepris sur le Sous-Secteur une campagne de lutte préventive contre les tiques et la streptotrichose (les deux étant probablement liées). Soucieux de n'adopter que des procédés simples, peu coûteux, donc facilement vulgarisables, nous avons écarté le principe du bain détiqueur et adopté la formule de pulvérisations périodiques (en saison des pluies, où l'attaque des gales-streptotrichoses se développe) par des solutions arsénicales ou à base d'HCH (produits commerciaux Cooper ou Tigal). Dans des couloirs très simples construits par les paysans eux-mêmes avec des bois de brousse (un couloir pour 1 500 à 2 000 bêtes) (couloir de 4 m de long, de 0,80 m à 1 m de large, précédé par un entonnoir de canalisation du bétail de 5 à 6 m) les bovins passent deux à deux. La pulvérisation est faite par deux hommes équipés de pulvérisateurs à dos, situés de chaque côté du couloir et décalés de façon à traiter chacun le flanc d'un des deux animaux sans risquer de s'asperger mutuellement. Les pulvérisations eurent lieu une fois par mois, un jour étant réservé à chacun des villages du Sous-Secteur, qui présente ses animaux par quartier ; cependant les bœufs de travail et les bêtes très atteintes subirent une pulvérisation hebdomadaire. Le matériel et la main-d'œuvre fournis par le Sous-Secteur, les produits par le Service Vétérinaire, le couloir entretenu et l'eau puisée par les gardiens des troupeaux de quartier, le système est parfaitement au point (faute de contrôle par un vétérinaire, nos seules estimations très approchées paraissent indiquer une augmentation du pourcentage des bêtes indemnes, mais aucun changement pour les animaux les plus atteints). Un accident fort décourageant risqua en juillet 1956 non seulement d'entraver cette lutte contre tiques et streptotrichose mais de ruiner toute notre action[1]. Après avoir réussi à calmer les esprits et à

1. Par suite d'une négligence d'un moniteur bouvier quelques bêtes reçurent au lieu de l'aspersion, une application directe du produit concentré à base d'HCH. Quelques animaux périrent dans les jours suivants.

reprendre les traitements, un rebondissement politique de l'affaire en 1957 nous amena à indemniser les pertes. Nous devons reconnaître que, devant la carence du Service Vétérinaire, nous avions peut-être entrepris une action hors de nos compétences. Mais là, comme dans d'autres domaines, l'aide des Services en place nous fut très mesurée ou même refusée et nous dûmes marcher souvent seuls. Peut-être aurions-nous dû, au lieu de nous préoccuper principalement du paysan Toupouri, passer plus de temps à rechercher des formules de collaboration avec les Services ? (dans la mesure où ceux-ci étaient accessibles et perméables à une expérience de Modernisation Rurale).

La production moyenne de lait ne dépasse pas 1,5 à 2 l/jour d'un lait très gras et très parfumé. La traite est effectuée une fois par jour, le soir en général, par les hommes en prélevant une part de plus en plus grande au fur et à mesure du sevrage du veau. Quand une vache ne veut pas donner son lait facilement, les Toupouri, en particulier les Gourna, pratiquent le soufflage. Soulevant la queue un homme applique ses lèvres contre l'anus de la bête et lui insuffle de l'air ; la gêne provoquée par le gonflement de l'intestin entraîne l'arrêt de la rétention du lait. Ce procédé, jadis paraît-il très utilisé, se fait plus rare. Le lait est consommé cru par les hommes en principe. La fabrication du beurre est connue (imitation des Foulbé) mais comme il n'est pas consommé cette transformation n'est pas effectuée.

L'abattage a lieu par égorgement, le sang n'est pas recueilli et toutes les parties de l'animal sont consommées (aucune croyance ne semble attachée aux vertus d'un organe quelconque)[1]. Lors du dépouillement une étroite et longue bande de peau ventrale et la chair sous-jacente sont prélevées et jetées au loin.

L'abattage est soit le fait de bouchers établis au marché de Datchéka, souvent d'origine Foulbé ou voulant s'y assimiler, qui vendent la viande crue, soit le fait du paysan lui-même en guise de sacrifice ou pour des réjouissances (les deux choses étant la plupart du temps liées). Les bouchers revendent les peaux après un séchage rapide (dans une case, sous un arbre ou tendues à quelques centimètres du sol) à des commerçants qui fréquentent le marché.

Il faut signaler les pratiques de prêt ou mise en dépôt de bovins fréquemment rencontrées en pays Toupouri. Ce peut être la mise en dépôt par une personne très riche (en fait les seules personnes riches sont les chefs de canton et leurs familles) ; celle-ci donne en gardiennage à des voisins ou à des chefs de village une ou plusieurs bêtes, les produits sont partagés ; le chef de canton se décharge ainsi du souci d'un troupeau trop nombreux et s'attache des obligés (Temoa, chef du canton de Ndoukoula,

1. Le rendement moyen en viande serait de 45 à 50 % du poids vif, soit de 150 à 250 kg de viande par sujet adulte bien constitué.

aurait dispersé de cette manière dans son canton plus de 200 vaches). Mais une autre formule de prêt peut intervenir entre plusieurs personnes par échange réciproque de bovins, ainsi Huilba met deux vaches en dépôt chez Kama qui en prête trois à Sirhué lequel lui en prête une des siennes et en envoie deux autres à Huilba. Cette sorte de prêt-échange aurait de nombreuses explications : raffermissement des liens entre familles amies ou parentes en particulier mais également souci de semer la confusion chez les recenseurs.

2. Le cheval

Il serait d'origine divine, cadeau de Bâ, ce qui expliquerait son intelligence plus vive que celle des autres animaux, son sens supérieur de la famille et du maître et le prix que lui attachent les Toupouri. Les équins sont de race assez mélangée mais chez un certain nombre on relève des traces nettes d'origine Laka (vulgairement appelée « poneys » Mousey), taille réduite, membres grêles par rapport au corps, chanfrein concave, naseaux prononcés et saillants mais bons aplombs, grande vitalité, pied très sûr et excellent marcheur.

Le cheval loge dans la case de l'homme ou dans une case spéciale, entravé par le pied à un piquet solidement enfoncé contre la paroi. Il est l'objet de soins attentifs et reçoit journellement une copieuse ration d'herbe légèrement fanée ou de paille, celle-ci est complétée aussi souvent que possible, et tous les jours en cas de travail ou d'état sanitaire médiocre, d'une calebasse de mil (1 kg environ); le cheval est laissé quelques heures par jour en liberté totale pour pâturer. Les saillies sont contrôlées et l'influence de la qualité de l'étalon reconnue. Le jeune poulain est sevré au bout de trois à quatre mois. Le cheval n'est ni abattu ni consommé.

Si le Toupouri monte le plus souvent à cru, sa peau de chèvre flottant sur la croupe, s'aidant d'un simple mors et de deux ficelles, les cavaliers du chef de canton utilisent le harnachement Foulbé. L'emploi du cheval est peu fréquent par le paysan (notables, gens âgés, longs déplacements) ; il constitue plus un signe de richesse et de respectabilité qu'un moyen de transport. Le nombre en est d'ailleurs limité ; les chiffres recensés sont les suivants :

	1936	*1939*	*1941*	*1943*	*1948*	*1951*	*1954*
	—	—	—	—	—	—	—
Golonpoui	6	8	18	16	20	18	19
Canton de Ndoukoula .	168	145	302	259	291	311	

(sur lesquels de 150 à 200 sont la propriété du Chef de canton qui en remet la plus grande partie en dépôt à des chefs de village ou à des alliés sûrs pour accroître leur prestige mais constituer en même temps une cavalerie toujours prête à être rassemblée, sans aucun souci d'entretien d'une nombreuse écurie).

Citons pour mémoire l'âne que le Toupouri connaît mais n'élève pas en principe.

3. Les ovins et les caprins

Vivant en commun, bénéficiant de la même liberté mais aussi du même manque d'intérêt, les chèvres, bêtes des esprits mauvais et les moutons, bêtes de Dieu, sont considérés comme de valeur égale. Le recensement en est encore plus difficile que pour les bovins et le nombre peut en fluctuer rapidement (sacrifices lors des grandes fêtes). Les recensements officiels qui les groupent sous le terme de « caprovins » donnent :

	1936	*1939*	*1941*	*1943*	*1948*	*1951*	
	—	—	—	—	—	—	
Golonpoui	419	584	788	763	1 230	1 066	têtes
Canton de Ndoukoula..	9 700	12 200	16 500	16 300	27 000	24 200	têtes

et le recensement pratiqué en avril 1954 par le Docteur Vétérinaire Gaubert nous donne pour Golonpoui les chiffres de 671 ovins et 941 caprins (soit 1 612 « caprovins »). On constate là aussi un accroissement considérable des chiffres recensés (quatre fois plus en 1954 qu'en 1936). L'élevage des moutons et des chèvres est des plus simples, la plus grande liberté leur est laissée pour s'alimenter sous la conduite des enfants et adolescents (de 6 à 10 heures le matin et de 14 heures à la tombée de la nuit l'après-midi). Aucun supplément ne leur est donné et ils doivent pourvoir eux-mêmes à leur abreuvement (en saison sèche en buvant entre les pattes des vaches ou dans les flaques laissées près des puits par les femmes). Ils couchent la nuit dans les cases des femmes attachés à des piquets ou enfermés dans une enceinte spéciale.

La castration est parfois pratiquée par les Toupouri sur les moutons par écrasement des testicules entre deux pièces de bois dès que les jeunes mâles sont sevrés ; chez les boucs cette opération donnerait une chair mauvaise, sans goût et sans valeur, tandis qu'au contraire les moutons castrés sont recherchés.

Chèvres et moutons donnent leur peau qui constituera l'essentiel du vêtement masculin, leur lait n'est pas consommé. Ils sont l'objet de nombreux sacrifices et fournissent la base de très abondantes transactions. Quand une recette quelconque est nécessaire, le Toupouri se sépare d'une chèvre ou d'un mouton, quitte à en racheter dès qu'il aura l'argent voulu[1].

1. Gévaudan [38] note déjà en 1923 : « Si le païen ne peut accepter de se séparer de son bœuf autrement que dans des circonstances exceptionnelles comme celle du mariage, il conduit volontiers son mouton sur le marché local où il l'échange contre des objets de première nécessité. Bien mieux c'est à peu près uniquement avec le produit de cette vente qu'il parvient à s'acquitter de l'impôt. »

4. La volaille

« Les poules seraient tombées du ciel, envoyées par Dieu avec de grandes pluies. A la même époque les canards sortirent de l'eau et des herbes du fleuve voisin », telle serait l'origine légendaire rapportée par Gaubert [37] des volailles des Toupouri.

Les canards (de Barbarie) vivent et se reproduisent en quasi-liberté (cependant nous avons trouvé dans quelques Tin des abris à canards formés par une cloche en terre de 1 m de diamètre à la base, avec deux ouvertures, l'une au ras du sol, l'autre au sommet). Leur chair est excellente quand ils sont jeunes mais les Toupouri les consomment lorsqu'ils sont le plus gros possible.

Les poules par contre sont l'objet d'un assez vif intérêt. Les œufs ne sont pas consommés car le paysan espère toujours avoir des poussins (et ce sont seulement les œufs non éclos, ou abandonnés par la poule couveuse, donc toujours partiellement couvés ou mauvais, qui peuvent être mangés). Le rythme de ponte des poules serait fonction de leur fécondation par le coq ! (un œuf par jour si le coq est bon, autrement un œuf tous les trois à quatre jours). Quand une poule a pondu aux abords du Tin de douze à quinze œufs, le paysan les recueille et les dispose sur de l'herbe sèche dans un coin de case. Du grain et de l'eau sont préparés à proximité du nid et la poule ne se lève que pour excréter et s'alimenter. Le Toupouri estime la durée de couvaison à un mois. L'éclosion est en général très bonne et les jeunes poussins sont enfermés avec leur mère sous un panier tronconique en branchettes et en tiges dures de graminées de 1 à 2 m de diamètre à la base, la poule est alimentée par l'orifice supérieur. Des espaces entre les branches, ou une légère surélévation d'un côté permettent aux poussins de sortir manger les suppléments qui leur sont réservés. La couvée est surtout nourrie de résidus de farine de mil et de termites. Pour cela les enfants organisent de véritables pièges à termites ; ils disposent au-dessus des trous de sortie de termitières ou à proximité de celles-ci des calebasses ou des pots renversés et remplis de bouse de vache ; les termites se rassemblent en grand nombre dans le pot où ils sont capturés facilement.

A la suite de l'introduction par le Service Vétérinaire de poules sélectionnées des races Rhode-Island et Plymouth, devant la carence de la Société Africaine de Prévoyance qui, théoriquement, s'était chargée de la vulgarisation, et la lenteur de la diffusion, nous avons directement demandé au Service Vétérinaire de Yaoundé de nous fournir par avion via Yagoua un, puis deux lots de départ. Nous avons adopté la solution très simple de l'échange œuf par œuf, au profit du Conseiller rural qui assure en contrepartie la nourriture d'un parquet. Le gros avantage est que le petit poulailler ainsi établi à Golonpoui, au centre du Sous-Secteur, est très facilement et très souvent observé par l'ensemble des paysans qui peuvent remarquer les soins donnés aux volailles : logement sain, eau propre, distribution de grain, de déchets (et de verdure par suite de l'enclos).

Les poules Toupouri sont élevées, après les soins attentifs du jeune âge, avec beaucoup de négligence. Elles cherchent leur nourriture dans le Tin ou aux alentours et couchent la nuit dans les cases (le plus souvent perchées sur les logements des chèvres). Elles sont soit vendues aux marchés, soit sacrifiées à l'occasion des fêtes, soit consommées par la famille. Les bonnes qualités d'éleveur du paysan Toupouri peuvent, avec des volailles sélectionnées et un débouché rémunérateur assuré, lui procurer un petit revenu supplémentaire des plus intéressants.

5. Les chiens

Le paysan Toupouri aime beaucoup les chiens et en possède souvent un, mais le maître ne songe guère à nourrir convenablement son chien, lequel s'alimente de déchets et détritus (y compris crottes de poule). La cynophagie est de pratique courante en pays Toupouri (sauf certains clans et certaines personnes) mais le plus souvent a lieu en groupe. A l'occasion d'une aide collective pour le sarclage des champs de Babou (rassemblement allant de 10 à 100 personnes, parents, voisins, amis ou anciens compagnons d'initiation), le chef de famille tue un chien qui vient en complément très apprécié de la boule de mil offerte à chaque participant.

L'affection que porte le Toupouri à son chien a été sérieusement entamée en décembre 1956 par la décision administrative de la vaccination antirabique obligatoire et payante. Le versement d'une somme de 50 Fr. CFA par chien au profit du chef de canton a été supplémenté en 1956 d'une somme de 350 Fr. CFA (soit souvent plus de 1/10 des dépenses annuelles d'une famille moyenne Toupouri) pour payer la vaccination antirabique obligatoire. Aussi de nombreux chiens furent-ils tués et consommés par leurs maîtres incapables de payer les 350 Fr. CFA nécessaires pour les sauver. Et nous nous souvenons de la tristesse de notre vieil ami Toukouroum quand il nous apprit avoir mangé son chien pour n'avoir pas pu payer une vaccination bien au-dessus de ses faibles moyens !

6. Les problèmes d'élevage en pays Toupouri

En considérant les chiffres du recensement d'avril 1954, soit 592 bovins, nous obtenons (population de Golonpoui 1 450 habitants, surface du finage sur lequel en principe est nourri ce troupeau 1 800 ha) les rapports suivants :

Nombre de têtes de gros bétail :	au kilomètre carré	32,9
	pour 100 habitants	40,8

Comparons ces chiffres avec ceux fournis par R. Gillain[1] :

	Nombre de têtes		Densité hab./km²
	Au km²	Pour 100 habitants	
Kivu (Congo Belge)	0,68	9,2	7,40
Ruanda-Urundi	17,5	22,6	77,28
Belgique	69	25	270
Hollande	65	25	257
France	28	38	73
Golonpoui	32,9	40,8	80,50

Malgré la difficulté de comparer des chiffres obtenus sur de vastes ensembles géographiques et ceux d'un espace aussi restreint que Golonpoui ou même ceux du pays Toupouri nous trouvons une densité de bétail et une proportion $\frac{\text{bétail}}{\text{habitants}}$ supérieures à celles moyennes en France (comme la densité humaine d'ailleurs) et bien supérieures à celles du Ruanda-Urundi pourtant justement réputé comme zone surchargée en bétail.

Cette densité du bétail, très importante, dépasse celle de la plupart des autres régions du Nord-Cameroun. Le Service Vétérinaire après estimation de la surface utile en pâturage (c'est-à-dire en retranchant de la surface totale d'une région les superficies cultivées et les aires non pâturables) obtient, pour un effectif, également calculé, de bovins théoriques (1 bovin théorique = 1 tête de gros bétail ou 1 cheval ou 5 chèvres ou moutons) et pour le Diamaré une surface de 2,4 ha par tête (tandis que pour l'autre grande zone d'élevage du Cameroun : l'Adamaoua, elle atteint 7 ha par tête). Or la surface *totale* disponible par bovin théorique est pour Golonpoui de 1,93 ha (et par bovin réel de 3,04 ha). En effet nous n'admettons pas, tout au moins en pays Toupouri, cette notion de surface utile car, comme nous l'avons vu, les résidus de récolte et les jachères jouent un rôle très important dans l'alimentation du bétail.

Quel que soit le mode de calcul adopté ceci montre une grande densité de bétail et une très forte pression sur le pâturage. L'augmentation croissante de l'effectif bovin, l'accroissement démographique, l'introduction de nouvelles cultures et les exigences économiques croissantes présentent une menace sans cesse grandissante sur tout le pays Toupouri.

1. R. Gillain, « L'élevage au Ruanda-Urundi », *Bulletin Agricole du Congo Belge*, VI, 3, p. 780.

Or avant l'utilisation d'une partie combien faible encore des mâles pour l'attelage, quel était le revenu économique d'un tel troupeau ? La vente sur le marché de Datchéka de quelques têtes à des prix de 6 000 à 7 000 Fr. CFA, de quelques dizaines de chèvres et moutons à un taux variant de 500 à 1 000 Fr. CFA, l'autoconsommation, donnent un revenu si faible que l'on ne peut considérer le troupeau comme un capital, ni cette forme d'élevage comme une exploitation. Cependant, sans parler de l'importante question de la dot ou des sacrifices, nous devons considérer la très grande utilité du troupeau dans l'alimentation Toupouri grâce à l'autoconsommation de lait et de viande et ne pas oublier le transport et la concentration inconsciente d'éléments fertilisants effectués à partir des zones de brousse au profit des champs de Gara.

Si nous devons éviter tout accroissement nouveau du troupeau, de très grands progrès restent à faire dans les domaines de l'hygiène, de la santé, de l'alimentation, de la sélection du bétail afin d'avoir des animaux en meilleur état et d'un prix plus élevé. Si l'amélioration parallèle du niveau de vie et par conséquent de la nutrition des hommes, augmente la consommation de viande, celle-ci suffira largement à écouler la production. Il n'y a donc pas lieu de détourner une partie du bétail Toupouri vers l'exportation (abattoir, chaîne du froid ou de la conserve, centres de Kaélé ou de Maroua-Salak par exemple) comme il le fut proposé[1]. Nous avons encouragé les paysans du Sous-Secteur à sélectionner leurs jeunes mâles et à les revendre une fois dressés comme animaux de travail, ce qui leur procurera un revenu supplémentaire et facilitera le démarrage de la Modernisation dans les zones voisines. L'amélioration du format et de la musculature par le travail donnera une production de viande intéressante à condition que les animaux de travail ne soient pas gardés trop longtemps (6-7 ans âge optimum pour l'abattage), ce qui implique une politique de revente mais surtout de recrutement de mâles sélectionnés à dresser.

Il est regrettable que ces problèmes d'élevage en pays Toupouri (comme en pays Massa), qui sont en étroite relation avec l'agriculture et la vie sociale de ces populations et constituent la base d'une association pouvant être fructueuse, soient négligés par le Service de l'Élevage au profit de l'élevage pastoral et vagabond des Foulbé et de la production d'un pseudo-capital qui ruine le pays sans aucun revenu.

1. Le problème est différent en zone d'élevage Foulbé, moins peuplée et où l'élevage est une spéculation essentielle.

CHAPITRE VI

CHASSE • PÊCHE • COLLECTE

1. Chasse

Il y a peu à dire sur la chasse en pays Toupouri car le gibier y est assez rare et le paysan très occupé par ses champs. Le Toupouri n'est pas un chasseur possédant les outils et les techniques que la poursuite et la capture du gibier impliquent normalement. Mais il recherche avidement toutes les protéines animales qu'il peut trouver, aussi se rabat-il, à défaut de gros gibier, sur les oiseaux, les rongeurs, les batraciens et les insectes.

Les gazelles sont les seuls grands animaux fréquentant la brousse en pays Toupouri, elles se promènent dans les régions pas trop densément boisées des plateaux sablonneux peu peuplés. Elles font l'objet des chasses collectives. Il s'agit plutôt d'une battue, la bande de 50 à 70 hommes cernant une vaste zone et rabattant devant elle tout le gibier. Celui-ci est abattu à coups de sagaie et de bâton qui sont les seules armes de chasse dont dispose le Toupouri[1]. Le butin se limite en général à deux ou trois pintades, parfois une gazelle. Il est partagé entre les participants à la battue ; celui qui a eu l'initiative, celui qui a tué l'animal (ce qui n'est pas toujours facile à déterminer avec la mêlée et les jets de bâton) et le chef de terre ont le plus souvent un morceau plus important.

Les enfants pratiquent beaucoup la chasse aux petits rongeurs et disposent pour cela d'un piège assez original. Grâce à sa simplicité il est très répandu et chaque Tin peut ainsi en placer une ou deux douzaines, ce qui permet d'obtenir un ou deux rongeurs par jour. Le piège appelé Divou Ma Djaoui (bois pour prendre les souris) consiste essentiellement en un lacet maintenu ouvert par une cheville de bois ou une paille dont

1. L'armement Toupouri consiste essentiellement en courtes sagaies au fer barbelé léger et effilé porté par un manche court et souple (tige de Grewia très souvent). On ne trouve ni arcs, ni lances, ni épées. Par contre le gourdin (Krao) est entre les mains de tous les hommes une arme redoutable par suite de son poids et de la vigueur avec laquelle il est manié.

le passage du rongeur provoque le déplacement ; le brin mobile du lacet est relié à une tige de bois courbée dont l'extension rapide entraîne la fermeture du lacet et l'étranglement du rongeur.

2. Pêche

Le Toupouri n'est pas plus pêcheur qu'il n'est chasseur et il n'exploite pratiquement pas les lacs qui jalonnent le cours du Mayo Kebbi, laissant cette pratique à des groupes très restreints, en général étrangers au pays (Haoussa le plus souvent). Cependant les femmes des villages situés sur le bord même des lacs pêchent au panier, tronc de cône en vannerie tenu verticalement et posé devant soi au hasard de la marche (ou en rabattage concerté d'une bande de femmes) ; le poisson ainsi coiffé est emprisonné et extrait à la main par l'ouverture supérieure.

Mais il est un mode de « pêche » plus généralisé et beaucoup plus curieux. Il s'agit de la pêche à la houe, à la recherche des Protoptères enfouis dans la vase sèche. Le Protopterus annectens qui, sans abonder cependant, existe dans les mares temporaires du pays Toupouri, se replie dès le dessèchement sur les franges très argileuses et peu piétinées de ces grandes flaques d'eau et s'enfonce dans l'argile ou la vase encore molles pour s'y enkyster en attendant le retour des pluies. D'un coup sec d'une houe à lame étroite ou même d'une herminette, la femme Toupouri soulève les blocs d'argile et découvre dans les couches sous-jacentes plus ou moins durcies les Protoptères qu'elle arrache. Les vieilles femmes sont particulièrement attachées à cette pêche singulière et l'on peut, en saison sèche, les voir retourner patiemment décimètre carré par décimètre carré les plaques d'argile desséchée pour obtenir en fin de journée quatre ou cinq petits Protoptères de 15 à 25 cm de long.

3. Collecte

Devons-nous classer comme pêche le ramassage de grosses grenouilles dans les mares par les femmes et les enfants ? Devons-nous appeler chasse la collecte des sauterelles, des grosses punaises qui entrent couramment dans le régime alimentaire des Toupouri et ne sont pas parmi les morceaux les moins appréciés ?

Le ramassage principal d'insectes a lieu au début de la saison des pluies quand les premières grosses averses déclenchent les vols des Termites reproducteurs ailés. Prévoyant ces sorties abondantes, les Toupouri couvrent de branchages les termitières en château ou en dôme aux ouvertures verticales, qui boursouflent de-ci de-là les champs ; ils pratiquent tout autour de la termitière un petit fossé de 10 à 20 cm de large où l'eau de pluie se rassemblera et noyera les insectes cherchant à s'enfuir. Les émissions tourbillonnantes des Termites aux longues ailes se heurtent aux feuillages et, les ailes fragiles brisées, les sexués ne peuvent plus s'échapper. Au matin les paysans les ramassent dans les calebasses, en grignotent une partie crus et font griller les restants car la quantité est souvent importante (plusieurs calebasses). Le Termite grillé est couramment vendu à cette époque sur les marchés ; c'est un aliment apprécié par sa richesse (assez gras) et son goût de graine de sésame bien mûre.

Ces mêmes termitières servent souvent de refuge à des rongeurs, des batraciens, des reptiles qui y pénètrent par les cheminées. En saison des pluies à l'aide d'un petit fossé de diversion et de quelques coups de pioche entaillant la surélévation de la termitière, il est facile de noyer celle-ci grâce aux eaux de pluie ; les animaux qu'elle hébergeait sont chassés par l'inondation et le paysan les tue à coups de bâton à la sortie.

Le paysan Toupouri connaît les abeilles et apprécie vivement le miel. Il enfume et détruit les ruches sauvages pour s'emparer du miel ; celui-ci est fréquemment acheté sur les marchés, à titre de friandise plus que d'aliment, à des paysans Massa ou Moundang qui savent pratiquer l'apiculture. En effet le Toupouri ne pratique pas et ne connaît pas l'élevage des abeilles malgré son goût pour le miel. Nous avons dès 1954 introduit les techniques apicoles. Nous avons fait appel à un apiculteur Massa qui est venu en pays Toupouri pendant une huitaine de jours montrer aux paysans qui le désiraient comment confectionner une ruche. Il s'agit soit d'un tronc d'arbre évidé obturé aux deux extrémités par des bouchons de terre et de paille, soit d'un cylindre de terre recouvert de paille ; les ruches, après avoir été enduites d'un mélange subtil de parfums divers et mystérieux, sont laissées dans les arbres (Caïlcédrat, Faidherbia surtout), attachées à une fourche ou suspendues à une branche. Les essaims y viennent s'installer très facilement. Ces ruches présentent deux gros inconvénients, d'une part elles sont exposées aux intempéries, pluie et vent, qui en détruisent quelques-unes, d'autre part ne possédant pas de hausse, la récolte du miel ne peut être faite que par la destruction de la colonie. Néanmoins telles quelles, elles ont été facilement adoptées par quelques paysans du Sous-Secteur et sont peut-être le début d'une apiculture correcte et d'une ressource supplémentaire très appréciée et quasiment gratuite.

Les Toupouri font entrer dans leur alimentation sinon en grande quantité, du moins pour une part importante en qualité, les produits de cueillette, fruits de brousse plus ou moins verts et acides mais toujours riches en vitamines, feuilles très diverses d'arbres et de plantes qui apportent goût, couleur et liant aux sauces (cf. livre VI, chap. v). Les fruits du Strychnos innocua (Gouloulou) sont très employés, la pulpe légèrement sucrée et très aqueuse est consommée fraîche, la coque dure et sphérique est utilisée pour boucher les jarres d'eau ou encore pour servir d'ornement, après décoration au couteau par découpage de l'écorce verte, aux jeunes gens faisant la cure de lait (Gourna).

Les femmes ramassent dans les mares les plus profondes et peu fréquentées par le bétail, les fruits immergés à maturité de Trapa bispinosa (ou Tingari) ; une fois cuits à l'eau ils donnent une farine blanche et douceâtre assez appréciée.

Les fruits du Caïlcédrat Khaya senegalensis (Bagé) sont ramassés puis brisés pour en extraire les graines. Celles-ci fournissent une huile fine et appréciée pour les soins du corps. La priorité pour le ramassage appartient au Ouansiri (chef de terre).

Le Toupouri connaît bien la nature qui l'entoure, il s'y promène souvent à la recherche de bois de chauffage ou de bois de construction et il sait l'époque d'apparition des divers fruits et produits. Son alimentation à base de mil requiert un complément qualitatif qu'il recherche dans les productions spontanées et non pas dans les cultures spécialisées. Tant que la brousse continuera à lui fournir en quantité suffisante ces produits de collecte, c'est-à-dire qu'il restera une végétation spontanée assez abondante et assez diversifiée en face d'une population de croissance très rapide, l'alimentation Toupouri ne sera pas qualitativement carencée. Mais il faut craindre le déséquilibre qui s'annonce proche et il faut amorcer le développement d'une petite culture potagère et fruitière.

Cette action a été entreprise par le Sous-Secteur qui, chaque année, a revendu aux paysans qui le désiraient des plants d'arbres fruitiers (citronniers, pamplemoussiers, orangers, grenadiers, manguiers). De même des graines de papayer ont été distribuées. Les Tin peu à peu s'enrichissent ainsi d'un ou deux arbres fruitiers ; mais le manque de fixité du Tin posera des problèmes quant à la propriété des arbres survivant à l'homme qui les a plantés.

LIVRE V

LE CYCLE DES TRAVAUX

CHAPITRE PREMIER

LA MÉTHODE D'ENQUÊTE[1]

I. Nécessité de l'enquête « Travail »

Il faut que l'agronome chargé de la modernisation ait une connaissance aussi exacte que possible de la quantité de travail humain incorporée à chaque production. Dans les sociétés avancées, un commun étalon de valeur, la monnaie, permet de comparer entre eux les divers facteurs de la production. Mais dans la plupart des sociétés agricoles africaines l'absence d'un étalon de valeur générale ne permet pas de mesurer l'économie des moyens de la production et oblige à l'exprimer en unités d'effort à la production (homme/jour).

Il faut, pour toute modification au système agricole, avoir à l'esprit l'effort supplémentaire qu'elle peut demander et encore plus la marge d'effort dont le paysan dispose. Cette mesure du travail du paysan a une telle importance que nous en avons fait un « Livre » séparé.

La répartition du travail, dans le temps et entre les différentes cultures est à considérer au même titre que la quantité de travail visible intégrée au produit.

Or les renseignements sur ces données sont en Afrique des plus maigres. Se rapportant le plus souvent à des récoltes prises isolément, fréquemment obtenues en Station, les valeurs absolues, malgré leur intérêt, sont insuffisantes, en face du besoin de connaître la répartition des efforts.

2. Buts et méthode de l'enquête

Nous avons commencé dès mai 1954 à mesurer les diverses actions du paysan Toupouri, dans tous les domaines. Dès juillet 1954, en possession

1. Nous avons résumé les principales idées de ce chapitre dans une courte étude intitulée « Essai de mesure de l'activité d'un paysan africain : le Toupouri », publiée dans le numéro 4 de 1958 de l'*Agronomie Tropicale* [40].

des premiers renseignements, a été mise au point une technique de dépouillement et d'interprétation.

Ce n'est que bien plus tard que nous avons appris que De Schlippé et Batwell [89] avaient effectué des études analogues dans un esprit assez voisin (cf. également A. Guinard et Y. Gros [43]).

Au contraire d'une activité de type industriel où il est facile de mesurer et décomposer le temps passé, toujours dans les mêmes conditions à la fabrication d'un objet toujours semblable, l'activité du paysan africain est dispersée dans le temps comme dans l'espace ; elle semble purement individuelle et souvent désordonnée. Le plus souvent elle consiste en des séries d'actes (les travaux agricoles pour chaque culture) qui s'entremêlent au long de la campagne agricole ; manquer un maillon de la série, négliger une autre série, sont des fautes graves que l'on ne peut réparer avant l'année suivante. Le paysan travaille isolé, avec des gestes et des outils qui lui sont propres, sur des champs de qualités diverses, donc accomplit, dans un milieu hétérogène, dans des conditions particulières la tâche que la coutume et la routine lui imposent. Le travail purement agricole est loin de constituer toute l'activité du paysan ; il faut connaître les autres occupations, même si elles ne sont pas productives, afin de mesurer leur répercussion sur la production. D'autre part certains actes, agricoles ou non, peuvent paraître au premier examen facultatifs ou gratuits ; ce n'est que leur répétition dans le temps (année après année) et dans plusieurs séries individuelles qui permettra de les juger à leur vraie valeur.

Il faudrait donc chronométrer pendant plusieurs années l'activité de plusieurs exploitations agricoles de façon à obtenir une représentation correcte et des moyennes valables. Rien en effet ne semble plus variable, moins soumis à une loi précise que l'activité du paysan africain ; tout semble dépendre de sa force, de la pluie ou de son humeur. Un tel chronométrage serait très coûteux. De plus la présence continuelle d'un chronométreur derrière chaque paysan ne saurait être tolérée et, de toutes façons, pourrait considérablement modifier son attitude.

Grâce à l'excellence des relations entre les paysans Toupouri et le Conseiller rural, il fut possible d'adopter le système plus économique de l'interrogatoire quotidien. Pour réduire les inexactitudes inhérentes à ce système indirect d'observation nous dûmes prendre plusieurs sujets d'analyse, tout autant que pour obtenir une représentation suffisamment correcte. Un contrôle, à la fois de l'agent africain chargé de recueillir les renseignements, et de l'exactitude de ceux-ci fut effectué tout au long de l'enquête par le Conseiller rural.

Nous avons ainsi étudié d'abord quatre familles (à partir de mai 1954) puis huit familles (quatre familles ajoutées en complément en mai 1955) jusqu'au 10 février 1958. La notion de temps, insuffisante à elle seule, fut appuyée par l'étude détaillée des surfaces cultivées (levé des champs de chaque famille) et des récoltes (pesée totale de toute la récolte, champ par champ, dans la mesure du possible) ; ceci fut complété par le recensement total des biens des familles et par un relevé, d'après leurs déclarations, au jour le jour, de leurs transactions[1].

Ceci nous a fourni, pour huit familles du village de Golonpoui, une image aussi exacte et aussi complète que possible de leur vie pendant près de trois ans.

3. L'unité d'observation : la famille

La « famille particulariste » groupée dans le Tin constitue la cellule économique de base, donc obligatoirement notre unité d'observation. Par suite de l'étroite collaboration entre l'homme et sa (ou ses) femme, travaillant souvent ensemble dans leurs champs respectifs, par suite de la plus ou moins grande spécialisation de chacun selon la nature des travaux, il n'était pas possible de nous intéresser à une seule personne prise isolément au sein de la famille. L'approche des femmes, même par un interrogateur de la même race, risquait d'être délicate sinon difficile ; l'interrogatoire, chaque soir, du Djitin sur leur activité au cours de la journée levait cet obstacle. De même il facilitait le travail, le réduisant à la rencontre de huit individus au lieu d'être la recherche de vingt-quatre personnes dans ce cas concret. Certes la famille Toupouri ne forme pas une unité de revenus et de consommation comme souvent la petite exploitation agricole familiale française. Chaque femme conserve par-devers elle les récoltes des champs dont elle a eu l'initiative mais participe à l'alimentation du chef de famille et subvient à la sienne propre et à celle de ses enfants ; chaque adulte a ses recettes propres (soit par la vente, soit par le troc) et les garde pour lui sans les remettre au Djitin chef de famille. Nous serons obligé au chapitre III (livre VI) « Les bilans familiaux » d'additionner ensemble tous ces revenus et dépenses mais le Tin reste la conjonction des économies de chaque femme autour du Djitin, comme il est la conjonction des groupes familiaux de chaque mère autour de l'homme. Par contre le Tin constitue une unité de travail très solide, comprenant des individus fortement liés, échangeant sans contre-valeur leurs services entre eux, exerçant son action sur une surface divisée complexe mais parfaitement définie (l'ensemble des champs de la famille) ; c'est une unité de travail dont les produits quoique partagés entre les membres restent à l'intérieur du Tin. Cette unité peut fournir du travail à l'extérieur ou en recevoir. Ceci ne joue néanmoins qu'un rôle secondaire dans la vie économique du pays, chaque famille tendant à assurer, au même titre que sa consommation, le travail nécessaire à sa survie. Cette absence de spécialisation, cette rareté des échanges de biens et de services, cette

1. Cf. Livre VI, chap. III.

autarcie familiale renforcent la valeur du Tin en tant qu'unité de travail et par conséquent qu'unité d'observation.

A l'intérieur du Tin, les enfants ne jouent qu'un rôle productif extrêmement réduit. A partir de 7-8 ans les garçons commencent à garder les chèvres et les moutons et les filles à aider leur mère pour les soins du ménage. Ce sont plutôt des périodes de jeu, d'imitation et d'enseignement indirect. Après l'initiation (à un âge plus ou moins avancé entre 10 et 17 ans) le jeune homme entre dans le groupe des hommes. Il participe alors plus activement à la vie de la communauté et accomplit souvent des tâches à la charge de la collectivité : corvées, garde des troupeaux, quand il n'est pas absent soit pour une cure de lait (Gourna) soit pour une promenade, soit pour avoir loué ses bras aux environs afin de gagner quelque argent. La fille dès qu'elle devient nubile est mariée et quitte le Tin. Elle passe presque sans transition du jeu et de la copie des gestes à des responsabilités de femme active. Pour ces raisons nous ne considérerons à l'intérieur du Tin que les adultes hommes ou femmes, sans tenir compte des enfants. De même nous avons négligé les vieillards dans la mesure où ils ne participent pas directement à la production malgré leur rôle parfois utile, par exemple : garde des enfants pendant que les parents sont absents du Tin.

L'unité d'observation ainsi définie, nous ne pouvions examiner en même temps toutes les familles de Golonpoui (248 Tin). Seul un échantillonnage permettait à la fois d'avoir une image assez fidèle et assez exacte des conditions locales avec un prix de revient acceptable dans le cadre des ressources limitées du Sous-Secteur de Modernisation. Par suite de l'énorme importance de la pluviométrie dans la vie agricole Toupouri, nous avons préféré étendre notre enquête sur plusieurs années avec le même nombre restreint de familles que d'étudier pendant une seule année un plus grand nombre de Tin. Nous avons choisi au hasard, dès le démarrage du Sous-Secteur quatre familles dispersées dans chacun des quartiers de Golonpoui. Ce n'est que plus tard à la suite du dépouillement du recensement sur fiches donnant la structure démographique et familiale de Golonpoui, ayant déterminé la nature exacte de la population à étudier que l'échantillonnage fut modifié. Nous désirions une vue globale de la répartition du travail, les rapports entre les diverses occupations et entre les différentes cultures autant que les quantités de travail exigées par chacun des actes ou espèces cultivées. Dans l'absence totale de renseignements de cette nature, nous pouvions nous contenter d'un degré de précision assez faible donc tolérer une marge d'erreur assez large. Un nombre assez restreint de familles pouvait donc suffire.

Plutôt que de laisser au hasard la désignation des familles complémentaires, nous avons demandé à la méthode des quota de nous fournir celles-ci. La population de Golonpoui étant divisée en groupes selon le nombre d'épouses dans chaque Tin, un échantillon groupant la même proportion de chacune de ces catégories nous donnerait une image fidèle du village. Alors que le premier lot de quatre familles comprenait deux familles de monogames (Bambé et Tem) et deux familles de bigames (Lopo et Tionga), le lot complémentaire de quatre familles incluait deux familles de polygames (Hakna, Damo), une famille de monogame (Dahan) et un célibataire (Yongwé). Il ne faut d'ailleurs dans une étude de cette nature, ni rechercher une précision illusoire ni exiger une rigueur mathématique. Elle a en effet pour support la vie même du paysan Toupouri, la plupart des données sont trop qualitatives pour qu'elles soient rigoureusement chiffrées (cf. l'unité de temps) et d'autre part la matière d'observation est elle-même fluctuante. Ainsi le célibataire Yongwé choisi début 1955 s'est marié en janvier 1956, de même le chef de famille Hakna est décédé en janvier 1958 après une longue maladie juste à la fin de l'enquête.

Tenant compte des deux remarques ci-dessus, dans quelle mesure nos huit familles peuvent prétendre représenter l'ensemble de la population de Golonpoui ? Elles groupaient, en 1955, 42 personnes (ou habitants) comme suit[1] :

Bambé	2 hommes (dont le père de Bambé, incapable de travailler)		
	1 femme		
	3 enfants		
	6 personnes	2 travailleurs	4,5 consommateurs
Lopo	1 homme		
	2 femmes		
	2 enfants		
	5 personnes	3 travailleurs	4 consommateurs
Tem	1 homme		
	1 femme		
	2 enfants		
	4 personnes	2 travailleurs	3 consommateurs
Tionga.............	1 homme		
	2 femmes		
	3 personnes	3 travailleurs	3 consommateurs
Composition du 1er lot	18 personnes	10 travailleurs	14,5 consommateurs
Yongwé	1 homme		
	1 femme (mère)		
	2 personnes	2 travailleurs	2 consommateurs

1. Cf. livre III, chap. III, § 4 « Population active » où nous avons introduit cette notion de consommateur et livre IV, chap. II, § 4 « Les champs familiaux » où nous avons déjà en partie examiné la représentation et la variation de l'échantillon.

Dahan	1 homme 2 femmes (sa mère aveugle incapable de travailler) 1 enfant		
	4 personnes	2 travailleurs	3,5 consommateurs
Damo	1 homme 4 femmes 7 enfants		
	12 personnes	5 travailleurs	8,5 consommateurs
Hakna	1 homme 5 femmes		
	6 personnes	5 travailleurs	6 consommateurs
Composition du 2e lot	24 personnes	14 travailleurs	20 consommateurs
Composition de l'échantillon final 8 familles	42 personnes	24 travailleurs	34,5 consommateurs

Reproduisons en partie ici le tableau 6 qui nous montre la variation de la composition de l'échantillon et la confronte à celle du village de Golonpoui.

	1954 Enquête	*1954 Village de Golonpoui*	*1955*	*1956*	*1957*
Familles	4	248	8	8	8
Habitants	18	1 452	42	45,5[1]	49
Consommateurs	14,5	1 190	34,5	36	38,5
Travailleurs	10	663	24	24,5	25

Soit en ramenant tout à 100 habitants pour pouvoir comparer :

Habitants	100	100	100	100	100
Consommateurs	80,5	81,9	82,1	79,1	78,5
Travailleurs	55,5	45,7	57,1	53,8	51

La répartition habitants, travailleurs, consommateurs de l'échantillon est restée malgré la variation du nombre des habitants suffisamment proche de celle du village en 1954 qui, elle-même, a de son côté évolué pendant le même temps.

Sur les simples bases démographiques hommes, femmes, enfants, nous avons les chiffres suivants :

Golonpoui 1954 .	1 452 habitants	677 enfants	370 hommes	405 femmes
1er lot 1954 (4 familles)	18 habitants	7 enfants	5 hommes	6 femmes
Échantillon entier (8 familles) ...	42 habitants	15 enfants	9 hommes	18 femmes

1. La venue en septembre 1956 d'une épouse au Tin de Yongwé explique ce nombre fractionnel pour les personnes et pour les travailleurs.

Soit en ramenant à 1 000 habitants :

Golonpoui 1954 .	1 000 habitants	466 enfants	254 hommes	280 femmes
1er lot 1954	1 000 habitants	389 enfants	278 hommes	333 femmes
Échantillon entier 1955	1 000 habitants	357 enfants	214 hommes	429 femmes

La famille moyenne du village comprend, en 1954, 6,0 personnes et 2,75 enfants. Tandis que notre premier lot donnait une moyenne de 4,5 personnes et 1,75 enfants, l'ensemble de l'échantillon était représenté en 1955 par une famille moyenne de 5,25 personnes et 1,88 enfants.

Le premier lot était constitué de familles nettement en dessous de la famille moyenne du village mais la répartition entre les groupes malgré un déficit d'enfants était assez bonne ; en tous cas meilleure que pour l'ensemble obtenu par adjonction du deuxième lot de quatre familles où la proportion des enfants est encore plus faible ; par contre l'ensemble ainsi obtenu se rapproche nettement plus de la famille moyenne de Golonpoui 1954. En prenant l'échantillon tel qu'il était fin 1957 en fin d'enquête, soit 9 hommes, 19 femmes et 21 enfants, soit 49 personnes, nous voyons que la répartition par groupes est devenue :

Habitants	*Enfants*	*Hommes*	*Femmes*
1 000	429	184	387

et que la famille moyenne de cet échantillon est de 6,12 personnes et 2,62 enfants, soit assez proche de la famille moyenne de Golonpoui en 1954.

Nous avons longuement étudié ces comparaisons entre l'échantillon et le village sous les aspects : famille moyenne, répartition de la population, équilibre habitants-consommateurs-travailleurs, pour montrer d'une part combien il est difficile de bien définir la représentativité de l'échantillon qui change selon le critère choisi ; et d'autre part pour faire ressortir l'évolution qui ne manque pas de se produire au sein des familles élues (aussi bien que dans le village d'ailleurs) ce qui modifie sa composition initiale.

Tel qu'il fut constitué nous avons considéré avoir un échantillon convenable pour l'étude de l'activité du paysan Toupouri. Ce même échantillon nous a servi pour l'étude des échanges et des bilans familiaux et là encore nous le considérons comme suffisamment représentatif.

Certes il ne comprend pas assez de célibataires mais nous avons vu que ceux-ci jouent un rôle réduit dans la production agricole globale et de même dans la vie économique du pays. J. Binet [12] dans la partie de son *Étude sur les budgets familiaux dans le Nord-Cameroun* consacrée au village de Mourao, relève une grande différence entre les premières données que nous avions obtenues et les chiffres de budgets recueillis par lui simplement par interrogation d'un certain nombre d'hommes. Il en donne pour cause à Golonpoui le choix de familles « riches » et la non représentativité de notre échantillon. Cependant, en dehors même des questions de méthode, nous nous permettons de contester l'assiette de son enquête. J. Binet prétend avoir vu la quasi-totalité du village, en ayant interrogé vingt-six familles ; il donne les seuls renseignements suivants : vingt-six familles, famille moyenne 5,2 individus, nombre moyen d'enfants 2,2 ce qui correspond à 135 individus dont 157 enfants (soit 42 %). Or le dernier dénombrement administratif pratiqué à Mourao (1951) donne une population totale de 993 habitants dont 453 enfants (46 %). J. Binet a donc interrogé en 1956, en un seul jour, un nombre d'hommes parlant au nom de 13,5 % de la population (recensée en 1951) tandis que pendant plus de trois ans nous avons enquêté dans huit familles, ce qui équivaudrait à suivre pendant l'année complète 18 + 42 + 45,5 + 49 = 154,5 personnes soit 10,64 % de la population recensée en 1954. Le volume de l'échantillon est aussi grand, la représentativité à notre avis aussi bonne (Golonpoui 1954 = 466 enfants ‰, 8 familles 1957 = 429 enfants ‰) (Mourao 1951 = 456 enfants ‰, Binet 1956 = 422 enfants ‰) ; seules restent donc à comparer, toutes questions de prix de revient mises à part, les deux méthodes employées d'après les résultats (cf. livre VI, chap. III).

4. L'unité de mesure : la demi-journée

Le Toupouri ne connaissant pas d'autres mesures du temps que l'alternance du jour et de la nuit et notre méthode reposant sur l'interrogatoire des chefs de famille, il n'était guère possible de prendre une unité plus petite que la demi-journée. Le paysan Toupouri règle son effort en fonction de l'urgence des travaux mais partage souvent son labeur quotidien en deux parties distinguées soit par une légère collation, soit par un repos et presque toujours par deux actions de nature différente. Malheureusement cette demi-journée est loin d'être une grandeur fixe et sa valeur est variable aussi bien intrinsèquement qu'extrinsèquement.

La demi-journée n'a pas la même longueur, le même nombre d'heures toute l'année malgré la grande régularité de la durée du jour à cette latitude. Selon l'époque, selon les nécessités agricoles, selon son courage, le paysan part plus ou moins tôt au champ ou en rentre plus ou moins tard. Souvent il exécute avant ou après la tâche qu'il déclarera à l'enquêteur, une action secondaire de moindre importance (ramassage de bois, cueillette, surveillance, etc.). De même il inclut dans la demi-journée le temps mis à se rendre au champ. La demi-journée dans ce cas n'est donc qu'une mesure approximative du temps[1]. Si pour la majorité des travaux agricoles, le paysan travaille par demi-journée, cette unité n'a malheureusement qu'une valeur intrinsèque très variable. Même si elle comporte un nombre identique d'heures de travail, l'intensité de ce dernier fait que les résultats de la demi-journée sont différents : plus ou moins grande fatigue du travailleur, plus ou moins grande surface cultivée. Pendant la période de pointe la demi-journée a non seulement une durée bien plus longue mais le paysan met toutes ses forces au travail, il ne s'arrête pas pour se reposer ou pour parler. Par contre en saison sèche, même si les heures de départ et de retour au Tin sont les mêmes, la quantité de travail est bien inférieure. La différence est encore plus nette pour les périodes de repos, de fêtes ou de bricolage au Tin. Pouvons-nous considérer qu'une demi-journée de houage a la même valeur qu'une demi-journée passée au Tin ?

Cependant, même si elle comprend le même nombre d'heures, même si elle produit avec les mêmes gestes des résultats très analogues et si la même fatigue en résulte, la demi-journée a une valeur extrinsèque variable. Il n'est pas du tout équivalent pour le paysan de passer au moment des semis, une journée à la distribution des semences ou de patienter le même nombre d'heures au marché de coton ; car dans un cas il a beaucoup de travail qui exige sa présence, dans le deuxième cas il n'a rien qui le presse. Les corvées administratives, ou les corvées au profit du chef de canton sont plus ou moins bien accueillies suivant la saison car la valeur extrinsèque du temps varie beaucoup. Le paysan lui-même en est pleinement conscient ; cette nette différence d'optique entre les périodes de travail et les autres fait qu'il n'y a pas de commune mesure de l'effort/temps. Le paysan qui met deux jours à façonner et à polir un manche d'outil dans l'ombre de sa case n'a pas le sentiment de gaspiller du temps qui n'a pour lui aucune valeur ; par contre un salaire, même supérieur au tarif habituellement pratiqué, ne pourra le détourner de son labeur des champs quand la saison est propice.

La valeur de l'unité de comptage, la demi-journée, est donc très variable pour le même paysan. Nous avons cependant admis qu'elle avait une valeur uniforme aussi bien entre hommes, qu'entre les saisons et les travaux. Dans notre enquête nous relevons également le travail des femmes en demi-journée. Nous nous sommes demandé si nous pouvions raisonnablement additionner les unités de travail homme et les unités de travail femme. Il est certain que pour les petits travaux, la surface ensemencée, la quantité récoltée, la qualité du travail, sont sensiblement égales ; pour

1. De Schlippé parle « ' d'effort relatif ' parce qu'il n'a été fait qu'un comptage du nombre de cas où, au cours d'une demi-journée, tel travail (ou tel loisir) a été poursuivi. L'unité n'est donc pas une demi-journée de travail ou 1/2 h/j mais une ' occurrence ' demi-journalière d'un travail (ou d'un loisir) ». Ces termes unité de comptage et occurrence demi-journalière répondent parfaitement à ce que nous avons désigné par demi-journée. Cf. De Schlippé, *Méthodes de recherches quantitatives dans l'économie rurale coutumière de l'Afrique Centrale*, Bruxelles, Ministère des Colonies, 1957.

les gros travaux il semble, d'après nos observations, que la surface travaillée et la profondeur du labour soient inférieures. Mais (cf. livre IV, chap. III, § 3) une certaine spécialisation existe entre les deux sexes. Nous avons admis que nous pouvions comparer, additionner, juxtaposer des demi-journées passées au houage des champs, aux petits travaux d'entretien du Tin, à la danse ou au marché, à des demi-journées de semis, de surveillance, d'écrasement du mil ou de lamentations. Car il ne nous est pas apparu que la différence entre les unités homme et femme était plus grande que la variation de valeur intrinsèque et extrinsèque de l'unité homme elle-même. On peut aussi bien additionner et comparer ces demi-journées d'homme et de femme, que des demi-journées de sarclage et des demi-journées de repos.

5. Technique de l'enquête

Nos huit familles étaient divisées, par le processus même de leur choix, en deux groupes (premier lot : Tionga, Tem, Bambé, Lopo) (lot complémentaire : Yongwé, Dahan, Hakna, Damo). Le premier lot fut observé à partir de la première pluie de la saison (5 mai) 1954, l'autre à partir du 1er mars 1955. La période qui devait s'étendre jusqu'au 31 décembre 1957 fut prolongée jusqu'au 10 février 1958 afin de comprendre le cycle complet du Babou.

Un encadreur de race Toupouri, sachant à peu près écrire le français, mais choisi pour sa familiarité avec les paysans et la régularité de son travail fut spécialement attaché à cette enquête. Chaque soir il avait pour tâche de rencontrer chacun des chefs de famille, de l'interroger sur l'emploi du temps au cours de la journée de chacun des adultes du Tin et de noter les réponses ; il disposait à cet effet d'un agenda de format 13 × 21 cm, une page par jour, par groupe de quatre familles et devait chaque soir noter directement les résultats de la journée. Nous avons préféré ce système de l'agenda à celui du carnet familial, car il évite les feuilles volantes qui se perdent, les erreurs de date, les lacunes, il permet un contrôle facile. Chaque Tin est désigné par le nom du chef de famille, les femmes sont dotées d'un numéro d'ordre : 1re femme, 2e femme, etc., d'après leur ordre d' « acquisition » bien connu du Djitin.

Pendant la journée cet enquêteur se promenait à travers les champs du village de façon à observer les travaux et à repérer les membres des huit familles (contrôle de la véracité des dires du chef de famille), notait les remarques qu'il avait pu faire, ou observait et interrogeait sur des points précis demandés par le Conseiller rural. Enfin il était chargé soit seul, soit avec l'aide d'un topographe, du relevé des biens et des champs de chaque famille, de la pesée des récoltes, démarches à renouveler au cours de chaque campagne. L'enquêteur ajoutait à son enregistrement des travaux de la journée pour chaque famille, la déclaration des recettes et des dépenses faites pendant le jour (quantité et nature des produits vendus ou achetés et sommes correspondantes).

En même temps que ce relevé quotidien des activités de chaque adulte, le Tin a fait l'objet d'une série d'enquêtes. Un inventaire détaillé des biens, outils, animaux a été effectué au début et à la fin des observations ; chaque campagne agricole, les champs de la famille furent relevés, mesurés et cartographiés en indiquant leur appartenance ; la récolte de chaque champ fut pesée en totalité et des prélèvements opérés pour calculer les coefficients d'égrenage, décorticage, etc. Quoique nous ayons préféré au sondage et à l'estimation la pesée complète de la récolte de chaque champ, cette opération présente un certain nombre de difficultés (cf. p. 245). La récolte est parfois (cas du Gara par exemple) effectuée de façon discontinue et consommée au fur et à mesure. Alors qu'en 1954 nous n'avons pu peser la récolte de Gara que d'une seule famille, nous avons réussi les années suivantes à avoir des résultats plus complets. Si, en principe, chaque adulte garde par-devers lui la récolte de ses champs, de fréquents échanges, dons ou contreparties de l'aide apportée, ont lieu entre membres d'une même famille pendant la récolte (en particulier entre femmes pour le Voandzou) ; il vaut donc mieux rapprocher la quantité totale récoltée et la surface cultivée par le Tin pour avoir le rendement moyen des cultures de la famille, que de chercher à isoler les récoltes de chaque membre. Pour les cultures d'exportation (arachides et coton) afin d'éviter la pesée, nous nous sommes reporté au poids commercialisé. Si ceci peut être admis pour le coton, nous avons précisé pour l'arachide (cf. p. 277) quelle marge d'erreur les données ainsi obtenues recouvraient (il y a là une facilité à éviter dans les enquêtes de ce genre). Ces huit familles ont été systématiquement inscrites dans les divers programmes de recherche (en particulier enquête « nutrition » effectuée par l'IRCAM).

Comment avons-nous exploité la masse des données rassemblées[1] ? Nous avons regroupé les activités en grandes rubriques, d'une part les différentes cultures : Gara, Shoukouloum, Coton, Arachides, Voandzou (ou Manioc), Babou, d'autre part les activités diverses : corvées, entraide, travaux d'entretien ou de construction de bâtiments, enfin les occupations non productives : visites et promenades, marchés, fêtes, danses de funérailles, repos (pour l'homme), maladies et même chasse ou pêche. Nous avons ajouté pour les femmes la rubrique spéciale « Travaux ménagers et repos de la femme » où nous avons groupé les présences de la femme au Tin lorsqu'elle n'effectue pas une tâche bien précise qui peut être classée dans une autre rubrique. En effet lorsque le Djitin déclare : « Aujourd'hui ma deuxième femme est restée toute la journée au Tin, ma première femme

1. Pour le premier groupe nous avons : 1 368 jours d'observation par famille, pour le second groupe : 1 068 jours par famille, ce qui correspond au relevé de 58 284 demi-journées de travail.

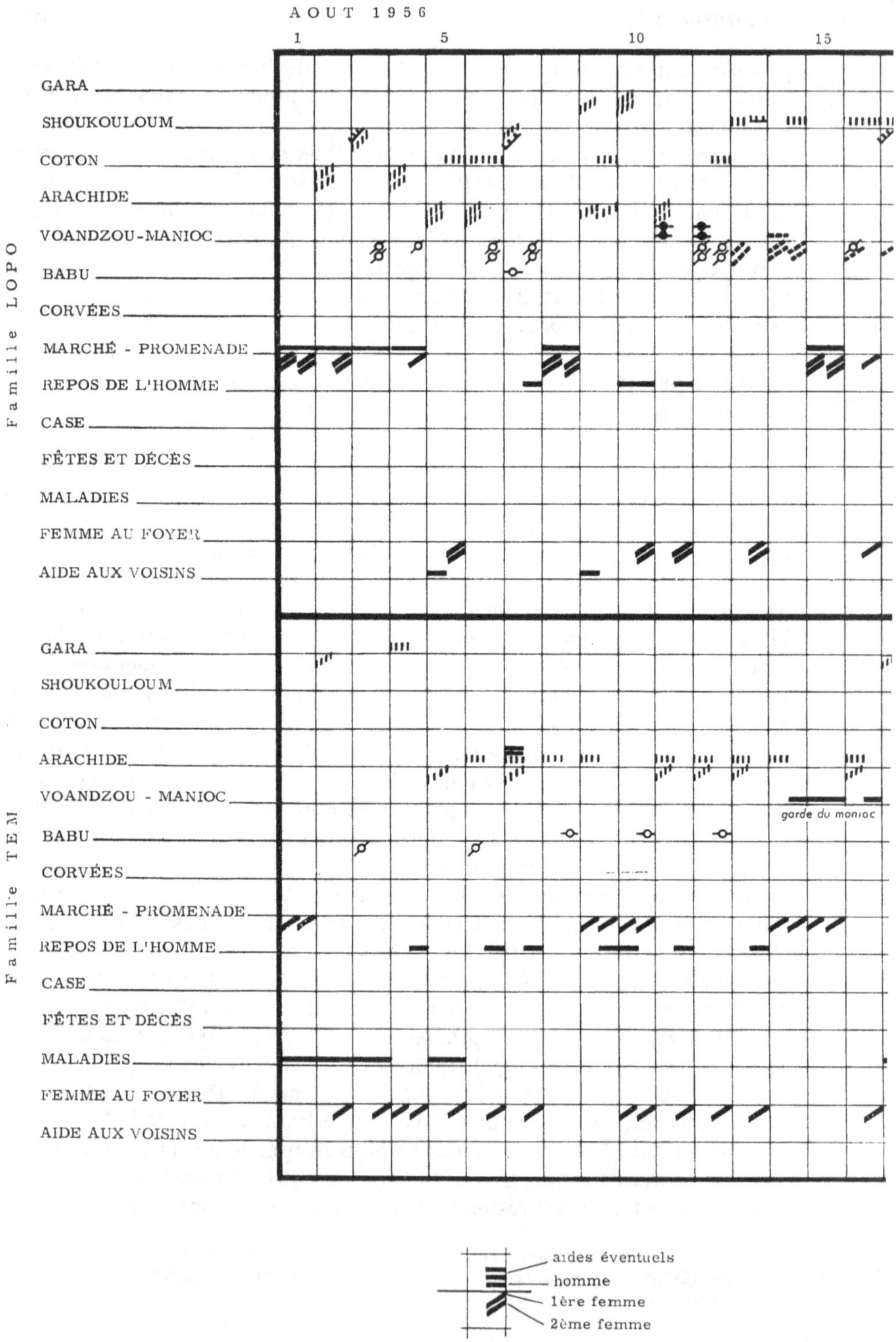
AOUT 1956
1
5
10
15
Famille LOPO
GARA
SHOUKOULOUM
COTON
ARACHIDE
VOANDZOU-MANIOC
BABU
CORVÉES
MARCHÉ - PROMENADE
REPOS DE L'HOMME
CASE
FÊTES ET DÉCÈS
MALADIES
FEMME AU FOYER
AIDE AUX VOISINS
Famille TEM
GARA
SHOUKOULOUM
COTON
ARACHIDE
VOANDZOU - MANIOC
garde du manioc
BABU
CORVÉES
MARCHÉ - PROMENADE
REPOS DE L'HOMME
CASE
FÊTES ET DÉCÈS
MALADIES
FEMME AU FOYER
AIDE AUX VOISINS
aides éventuels
homme
1ère femme
2ème femme

FIG. 37. — *Ex*

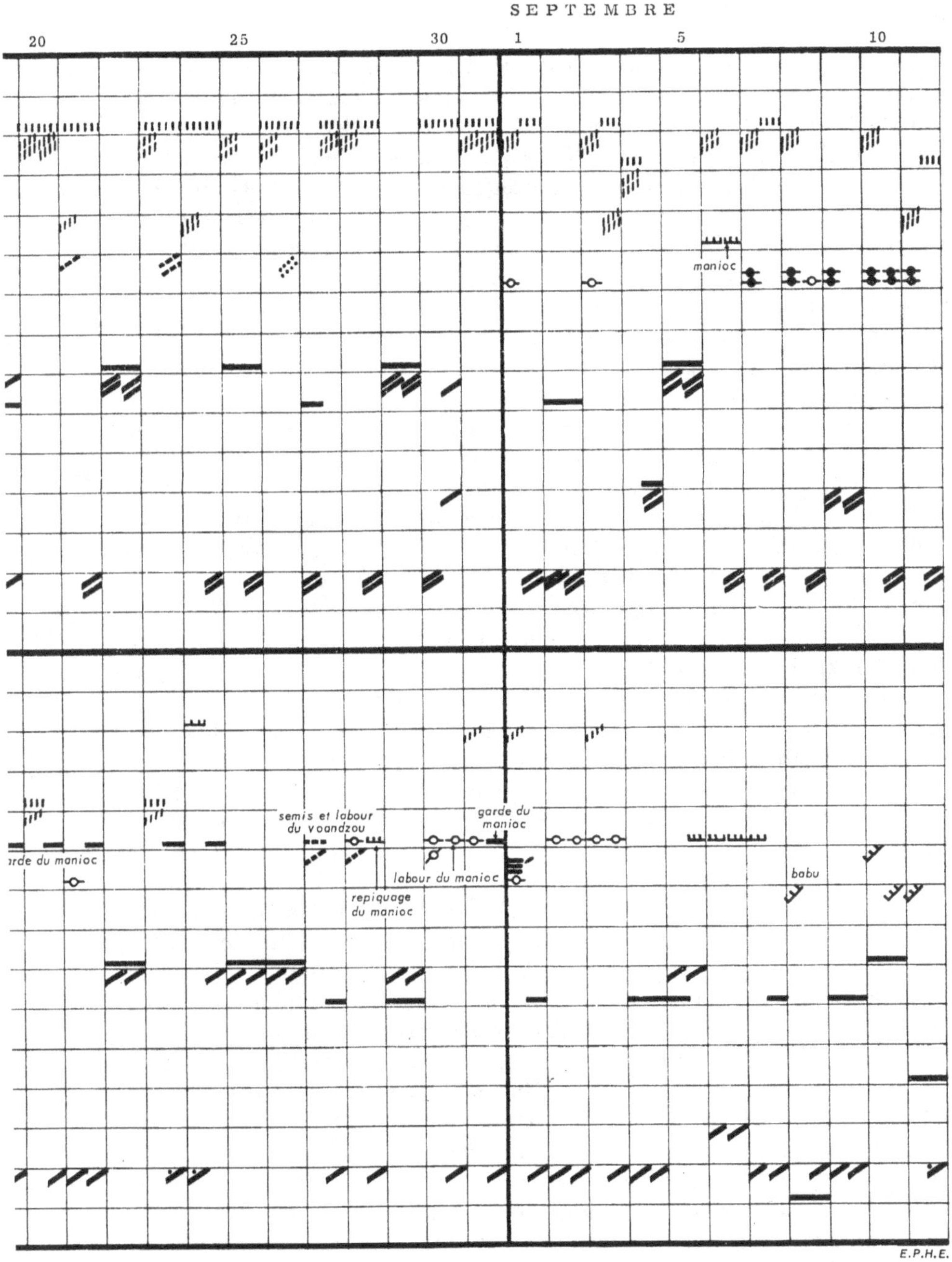

Préparation du sol ; labour à la houe.
Labour à la charrue.

Semis.
Semis de remplacement.

Repiquage.
Entretiens. (sarclages, binages)
Récolte .

Activités non agricoles.
(y compris maladie, repos ...)
Recherche du bois de chauffage.

phique d'emploi.

n'y a passé que l'après-midi », il est impossible de distinguer entre les activités purement ménagères et le repos ; si l'écrasement du mil est pénible, la surveillance des enfants constitue un quasi-repos ; cette confusion travail ménager-repos pour le besoin du dépouillement a été, lors de l'analyse des résultats, tranchée en partageant en deux les totaux obtenus : 1/2 temps ménager, 1/2 temps repos, ce qui correspond à peu près à ce qu'une série d'observations directes dans les Tin nous a permis d'estimer.

Des activités voisines ont été groupées sous la même rubrique. Marchés et promenades (souvent une personne va au marché sans rien vendre ni acheter, ou elle va en visite chez un parent, parfois plusieurs jours). Fêtes et décès rassemblent les fêtes coutumières, les cérémonies de funérailles avec leurs danses, etc.

Certaines rubriques peuvent être ajoutées par exemple culture non prévue (Tchanré) ou activité nouvelle (chasse et pêche). Les cultures intercalaires sont groupées avec la culture-hôte.

Le dépouillement des résultats est effectué grâce à un graphique dit graphique d'emploi (cf. Extrait fig. 37, p. 336). Établi sur papier millimétré il présente sur l'axe des abscisses le temps, chaque unité de mesure, la demi-journée, étant représentée par un demi-centimètre. Sur l'axe des ordonnées les diverses activités classées sont reportées à un centimètre de distance, chaque activité se trouve donc sur une ligne centimétrique. Avec quelques lignes laissées inoccupées pour permettre d'y inscrire les activités supplémentaires, une famille occupe ainsi en ordonnée une longueur de 18 cm. A la partie supérieure du graphique une bande de 5 cm est réservée pour l'inscription à leur quantum des événements collectifs et des précipitations quotidiennes (volume et total cumulé des pluies antérieures). Chaque ligne centimétrique correspondant à une activité bien spécifiée, le travail de chacun est différencié. Le travail de l'homme est inscrit 2 mm au-dessus de la ligne centimétrique, le travail de la première femme sur la ligne elle-même puis celui de chacune des autres femmes dans leur numéro d'ordre : 1, 2, 3 mm en dessous ; en lisant le graphique le long de la ligne correspondant à chaque adulte dans chaque catégorie d'activité on peut connaître le nombre de demi-journées qu'il a consacrées à l'activité en question. De même on peut connaître le nombre total de demi-journées qui ont été dépensées pour telle activité ou telle culture dont on connaît à la fois la surface et le produit.

Pour préciser la nature du travail effectué quand il s'agissait de rubriques agricoles nous avons adopté cinq grandes catégories que nous avons désignées chacune arbitrairement par une couleur : préparation du sol (comprenant à la fois débroussement et labour) (rouge), semis (violet), repiquage (orange), sarclage (vert) et récolte (bleu). Ainsi nous pouvions, au jour donné, reporter exactement pour chaque adulte la nature du travail effectué. Les autres activités agricoles (fumure, garde, traitements, etc.) de beaucoup moins grande importance sont indiquées au crayon à dessin ordinaire avec une lettre pour préciser leur nature (F, G, T, etc.) ; lors de l'emploi de l'attelage bovin pour les labours, le sarclage ou les transports, le travail de l'homme est indiqué à l'encre noire. Pour les rubriques non agricoles, des signes divers permettent d'avoir des précisions complémentaires. Par exemple dans le cas du protestant Dahan un trait ondulé dans les rubriques « repos de l'homme » et « travaux ménagers et repos de la femme » indique leur présence au culte protestant. Dans la rubrique « travaux ménagers-repos de la femme » un point au milieu du demi-centimètre indique la demi-journée passée à la recherche du bois de chauffage (pour la cuisine spécialement). Des inscriptions à l'aplomb de la journée apportent des indications complémentaires utiles lors du dépouillement du graphique. Une ligne centimétrique par rubrique, la position différente de chaque adulte par rapport à cette ligne, l'emploi de la couleur et les inscriptions manuscrites éventuelles permettent de représenter avec exactitude et précision les renseignements relevés quotidiennement par l'enquêteur. L'aide apportée à la famille est indiquée par

Tableau 27

EXTRAIT DES RELEVÉS MENSUELS DE LA FAMILLE TEM
(Juin 1957)

	Hommes	*Femmes*	*Aide*	*Résumé*
Gara	19,5 + 1,5	7,5		R = 1,5 S = 27 = 28,5
Shoukouloum ...	0,5 + 0,5	0,5		R = 1 S = 0,5 = 1,5
Arachides	1,5	1,5	2,5	s = 5,5 = 5,5
Voandzou				
Manioc				
Babou				s = semis R = repiquage S = sarclage
Total des travaux agricoles	23,5	9,5	2,5	
Corvées	1			
Entraide	1	1		
Marchés - Promenades	0,5	4,5		
Repos hommes ..	1,5			
Travaux de case .	0,5			
Fêtes et décès ..	2	2		
Travaux ménagers et repos de la femme.......		13 (bois 0,5)		
Maladie				
	30	30	2,5	

un nombre de traits au crayon correspondant au nombre de demi-journées et de personnes, soit au-dessus de la ligne s'il s'agit d'hommes, soit au-dessous de la dernière femme s'il s'agit de femmes. Dans certains cas (grand nombre de personnes lors du sarclage du Babou) le chiffre global est indiqué pour éviter un trop grand empilement de petits traits.

Ce graphique représente un travail minutieux et long d'alignement de petits traits colorés. Mais il est des plus utiles pour extraire et condenser l'enquête. Il peut être interprété de nombreuses façons : *a*) soit par période (saison, mois ou année) donnant la nature, le volume et la répartition des activités pendant celle-ci ; *b*) soit par activité (ou par culture) fournissant non seulement la quantité brute de travail exigée par celle-ci mais encore les différentes formes (labour, semis, etc.) et leur répartition ; *c*) soit par famille (ou par individu), ce qui permet de connaître comment elle (ou il) emploie son temps, répartit ses efforts, etc.

Un résumé par mois est dressé pour chaque famille (cf. tableau 27, p. 339).

Les graphiques des cycles culturaux du chapitre IV « Les cultures » du livre IV ont été réalisés à partir de cette enquête, de même (livre III, chap. IV, § 1) les résultats obtenus en ce qui concerne les travaux d'entretien du Tin. Les chiffres fournis pour les divers travaux agricoles proviennent du dépouillement du graphique. Les chapitres suivants de ce même livre ont uniquement pour base le dépouillement de ce graphique.

6. Lacunes et défauts de la méthode

La suite de ce livre V montrera la somme de renseignements que nous avons tirée de l'enquête. D'autres indications auraient pu en être extraites, mais l'ampleur de l'enquête était trop faible pour que les résultats en soient valables et cela aurait exigé un travail supplémentaire important.

Certes les insuffisances, les défectuosités de notre enquête sont grandes et nous en avons conscience. Nous avons déjà à propos du choix de l'unité d'observation et de l'unité de mesure énoncé quelques critiques. Le mode d'enquête lui-même n'en est pas indemne. Si nous écartons la longueur nécessaire des observations, le dépouillement fastidieux, le long délai avant l'obtention de résultats utilisables, il faut nous attarder un instant sur le procédé même de recueillement des renseignements de base. Tout ce travail repose entièrement sur les déclarations au jour le jour des chefs de famille (vérifiées il est vrai par le recoupement et le contrôle direct de l'enquêteur et du Conseiller rural) et ces déclarations peuvent paraître *a priori* douteuses. Mais il ne faut pas oublier que toute l'action du Sous-Secteur est fondée sur la persuasion, sur la confiance entre les paysans et l'équipe. Nous avons préféré nous fier aux dires des paysans, quitte à les recouper, à les contrôler, que de faire de l'observation directe et continue, ce qui aurait trop modifié le comportement des individus ou apporté une certaine gêne dans les rapports ; l'influence de l'observateur fut ainsi réduite au minimum. Certes la première année, il y eut des erreurs, des mensonges ; nous dûmes vérifier de près la qualité du travail de l'enquêteur (il est nécessaire de vérifier au moins une fois par semaine et de façon imprévisible la tenue des agendas, il est utile d'établir le graphique fréquemment, tous les mois par exemple). Certains paysans dissimulaient quelques faits et gestes, supposant faire plaisir au Conseiller rural (le paysan déclarant avoir sarclé son champ d'arachides alors qu'en réalité il est allé au marché) ; mais comme aucune critique, aucune répercussion ne se firent sentir, les chefs de famille jugèrent plus simple de déclarer tout crûment leurs actions, avec une franchise totale (les résultats de l'enquête économique menée en même temps sont une confirmation de cette attitude ; la balance annuelle des familles s'équilibre assez correctement malgré la modicité et la multiplicité des transactions et la tendance paysanne à dissimuler en matière financière).

Lors du dépouillement nous avons introduit une assez grande part d'arbitraire pour atteindre des résultats simples et interprétables. Une même rubrique par exemple « travaux de case » regroupe des activités diverses : les unes de construction et entretien des habitations, d'autres liées à la conservation des récoltes (confection et réparation des greniers par exemple) et qui auraient pu être adjointes aux activités agricoles, d'autres enfin occasionnellement rémunératrices : fabrication de piquets, tressage de paille *secco*. La garde du troupeau de quartier par les jeunes hommes à tour de rôle a été classée dans « Entraide ». Alors que nous avons rattaché certaines petites activités occasionnelles à de grandes rubriques existantes (par exemple : le vote, classé dans « marchés-promenades »), la limite des activités agricoles proprement dites fut assez difficile à préciser. Lorsqu'un paysan déclare avoir été en brousse repérer un emplacement de champ d'arachides, cette demi-journée pourrait aussi bien être classée « promenade » que dans la catégorie « arachides ». L'égrenage des panicules de sorgho a été inscrit dans les « travaux ménagers » plutôt que dans la catégorie de mils correspondante. Par contre la surveillance des champs (pépinières de Babou spécialement) a été incluse dans les travaux agricoles, bien qu'elle s'apparente à un repos, mais comme elle prend un temps précieux à une période où les paysans ne peuvent prendre de repos, son importance dans les travaux culturaux est grande.

Ces imprécisions, ces lacunes, ces défauts nous sont apparus pleinement mais nous les avons estimés secondaires devant l'intérêt et l'ampleur des renseignements que cette enquête pouvait nous fournir, dans un domaine encore mal connu de l'économie rurale africaine, en face de données pour la plupart très qualitatives, pleines d'erreurs systématiques, souvent vagues et complexes auxquelles les méthodes classiques d'analyse du travail ne peuvent guère s'appliquer.

CHAPITRE II

L'EMPLOI DU TEMPS

Combien de temps travaille le paysan (ou la paysanne) Toupouri pendant l'année ? Question qui inclut : quand et comment travaille-t-il ? Seules des généralités, appuyées certes sur des faits d'observation courante, mais nullement chiffrées, pouvaient être données en réponse. Aussi l'interprétation des résultats fut-elle d'abord dirigée vers ces problèmes d'emploi dans le temps. L'irrégularité du travail, les perturbations apportées par certains faits sociaux ou religieux, ne permettant pas de choisir une période d'étude trop courte, nous nous sommes borné à un découpage mensuel des activités quoique cette unité de temps puisse masquer d'intéressantes variations[1]. Les occupations furent également rassemblées en quatre groupes : « Travaux agricoles » (toutes les rubriques « Cultures ») (TA), « Travaux divers » (Corvées, Entraide, Travaux de case et en plus pour la femme moitié du temps de la rubrique « Travaux ménagers-Repos de la femme ») (TD), « Repos » (comprenant Repos de l'homme, Marchés-promenades, Fêtes et Décès, Chasse, Pêche et pour la femme en plus la deuxième moitié de la rubrique « Travaux ménagers ») (R), enfin « Maladie » (M). Nous avons dressé pour chaque adulte un graphique d'emploi avec en abscisse les divers mois de l'année et en ordonnée pour chaque mois le nombre de jours consacrés à chaque grand groupe d'occupations (cf. fig. 38 et 39 et tableaux 28 et 29)[2].

Il est facile de voir au premier coup d'œil que les activités du paysan Toupouri, comme celles de sa femme, ont un caractère périodique. Ce caractère est surtout du à la grande variation du nombre de journées consacrées chaque mois aux travaux agricoles, cette périodicité du labeur agricole étant liée à l'alternance saison sèche-saison des pluies qui rythme toute la vie du pays Toupouri. Malgré cette grande variation mensuelle

1. De Schlippé et Batwell [89] ont établi leurs graphiques avec une période de cinq jours. Cf. p. 365, n. 1.

2. Nous n'avons gardé pour ces tableaux que les années complètes pour chaque famille.

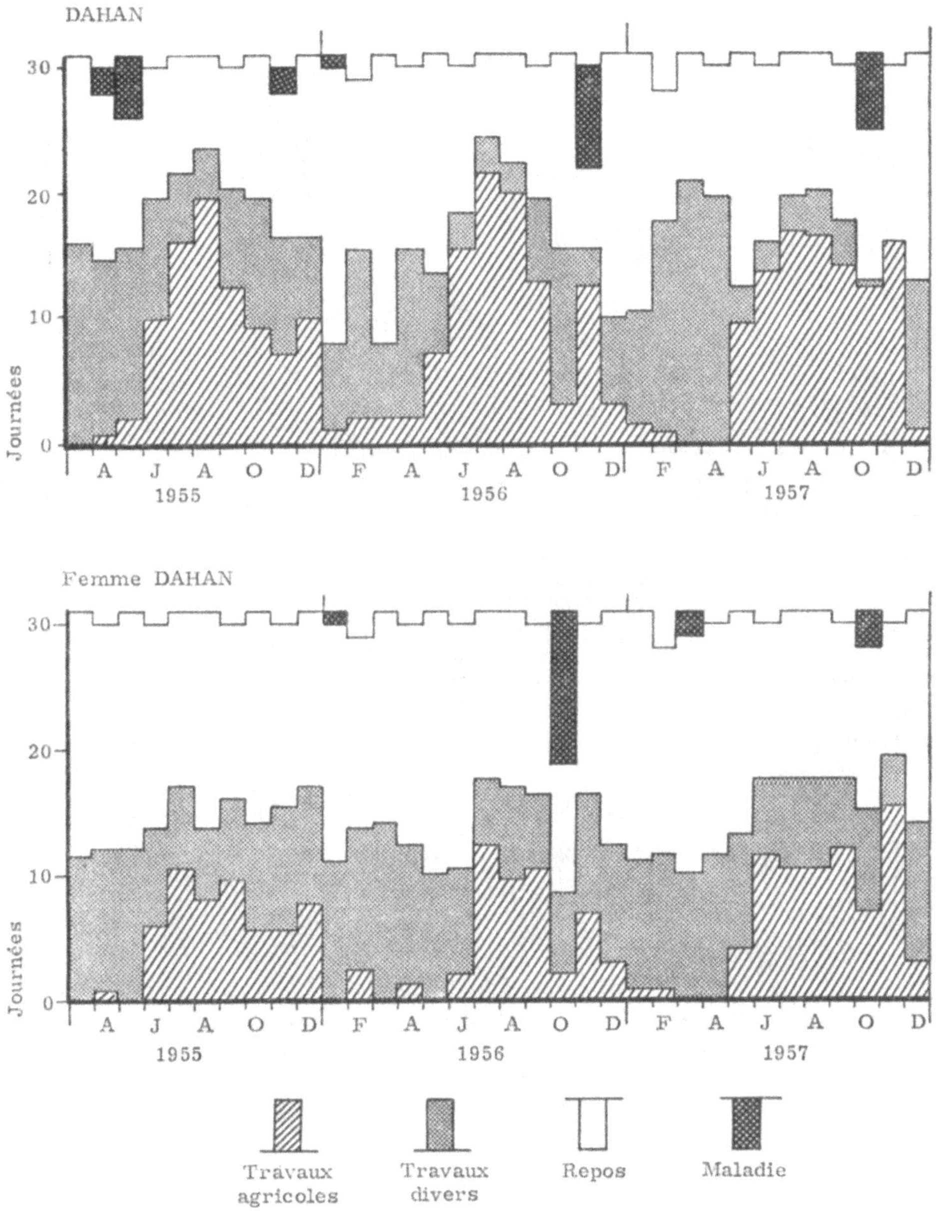

FIG. 38. — *Graphique d'emploi mensuel : Dahan et sa femme.*

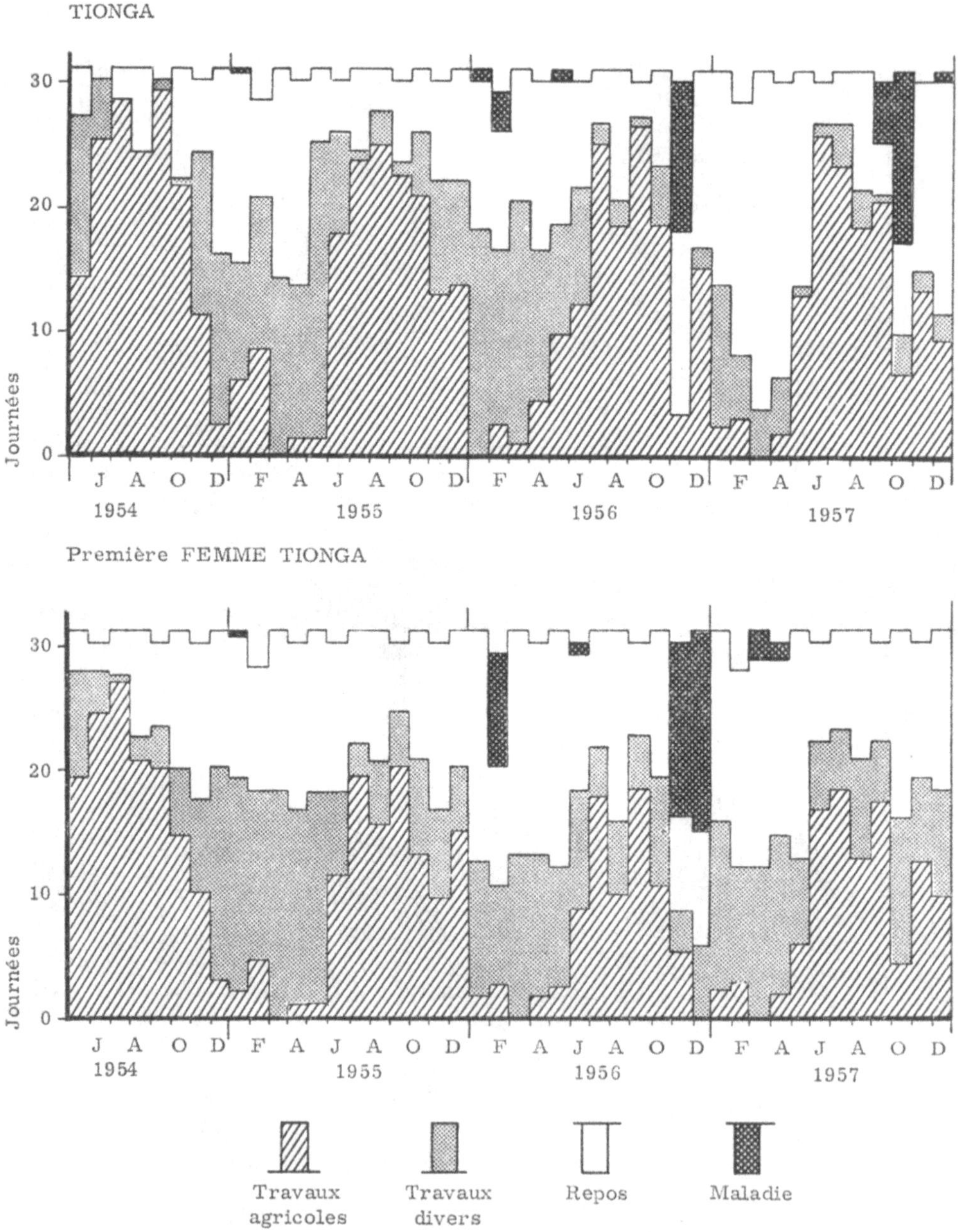

FIG. 39. — *Graphique d'emploi mensuel : Tionga et sa première femme.*

de l'importance des diverses catégories d'activité, il apparaît que d'année en année, cette répartition ne varie pas considérablement pour un même individu. Mais de grandes différences existent entre divers adultes.

	1955		*1956*		*1957*	
	TA	*TA + TD*	*TA*	*TA + TD*	*TA*	*TA + TD*
Ex. *Hommes :*						
Bambé	66,5	122	73	126	56	89
Tem	130,5	252,5	144,5	235,5	144,5	231
Hakna			113	189	96	124
Dahan			102,5	187	102,5	196
Ex. *Femmes :*						
Tionga F2 ..	76	159	89,5	196,5	87,5	197,5
Hakna F2 ..			112	205	117	204,5
Hakna F3 ..			103	210,5	111	196,5

Tandis que certains paysans sont des modèles de régularité (ex. Tem, Dahan, Lopo), certains sont beaucoup plus irréguliers en ce qui concerne le temps consacré aux travaux agricoles chaque année (ex. Bambé). De même tandis que la part des travaux agricoles est relativement importante chez certains hommes (ex. Tionga, en moyenne plus de 40 % de l'année) d'autres ne consacrent que beaucoup moins de temps à l'agriculture (ex. Bambé moins de 18 % en moyenne, Lopo 24 % environ). Une certaine corrélation semble exister entre la régularité du travail agricole fourni par an (TA) et la quantité de celui-ci, les paysans les plus réguliers étant ceux qui consacrent le plus de journées aux travaux des champs.

Si nous faisons l'addition des temps des travaux agricoles (TA) et des durées des travaux divers (TD), la somme (TA + TD) témoigne également d'une plus ou moins grande constance selon les paysans. Alors que Tem ou Dahan donnent chaque année sensiblement le même nombre de journées à des activités productrices, la quantité de travail effectuée par an peut varier beaucoup chez d'autres individus. Quoique Tionga consacre régulièrement à peu près le même nombre de jours aux travaux agricoles la somme TA + TD varie considérablement en ce qui le concerne (TA + TD 1955 = 261, 1956 = 246, 1957 = 173, soit 38,7 % de variation par rapport à la moyenne). La durée des travaux agricoles est très peu compressible, elle dépend à la fois des surfaces cultivées, des espèces semées, des méthodes employées et de la qualité du travail que le paysan a l'habitude d'effectuer. Nous pouvons dire que la proportion du temps total passée aux travaux agricoles permet de définir la nature (pour ne pas dire la qualité) de l'homme paysan. Tem, Tionga sont des hommes déjà assez âgés, travailleurs consciencieux, acharnés et routiniers qui ne songent pas à courir les marchés, visiter les amis, etc. Par contre Bambé est du type opposé, il a une faible durée de travail agricole et celle-ci varie beaucoup d'année en année. Comme les champs nécessitent un mini-

Tableau 28

RÉPARTITION DU TRAVAIL DES HOMMES

	Bambé			*Lopo*		
	1955	*1956*	*1957*	*1955*	*1956*	*1957*
TA	66,5	73	56	87	86	92
TD	55,5	53	33	75,5	47	38
R	239	234	270	200,5	214,5	230
M	4	6	6	2	18,5	5
	Tem			*Tionga*		
	1955	*1956*	*1957*	*1955*	*1956*	*1957*
TA	130,5	144,5	144,5	152	155,3	133
TD	122	91	86,5	109	90,5	40,5
R	112	114,5	117	103,5	104	171,5
M	0,5	16	17	0,5	16	20
	Damo			*Hakna*		
	1955	*1956*	*1957*	*1955*	*1956*	*1957*
TA		114	116,5		113	96
TD		102	63,5		76	28
R		131,5	156		147	159
M		18,5	29		30	82
	Dahan			*Yongwé*		
	1955	*1956*	*1957*	*1955*	*1956*	*1957*
TA		102,5	102,5		82	88
TD		84,5	93,5		149	131
R		170	163		134	142
M		9	6		1	4

mum de soins dont la durée est le plus souvent impérative, ce sont les travaux divers qui, année après année, enregistrent chez chaque individu les pertes de temps dues soit à la maladie, soit à des obligations sociales ou matérielles. La rubrique « Travaux divers » partage cette variation du temps réellement disponible avec la rubrique « Repos » (R) qui regroupe non seulement le véritable repos, mais les activités ne consommant pas de travail véritable, ce qui ne les empêche pas parfois d'exiger une assez grande consommation d'énergie (ex. les danses). Le nombre de jours inscrits dans ce groupe « R » peut varier considérablement : Tionga R 1955 = 103, 1956 = 104, 1957 = 171,5, soit 54 % par rapport à la moyenne; mais il peut rester dans certains cas très constant, ex. Tem. Si les paysans qui ont le TA le plus bas ont souvent R le plus élevé (ex. Bambé),

TABLEAU 29

RÉPARTITION DES ACTIVITÉS FÉMININES 1re SÉRIE

	1re femme Lopo			*2e femme Lopo*		
	1955	*1956*	*1957*	*1955*	*1956*	*1957*
TA	92	92,5	84,5	83,5	87,5	78
TD	103	91	100,5	107,5	112	103,5
R	170	180,5	178,5	164	158,5	174,5
M		2	1,5	10	8	9
	1re femme Tionga			*2e femme Tionga*		
	1955	*1956*	*1957*	*1955*	*1956*	*1957*
TA	112,5	79,5	101	76	89,5	87,5
TD	100,5	95,5	105	83	107	112
R	151,5	151	156	162,5	164,5	164,5
M	0,5	40	3	12,5 voyage : 31	5	1
	Femme Tem			*Femme Bambé*		
	1955	*1956*	*1957*	*1955*	*1956*	*1957*
TA	75,5	56	87,5	42	54	72
TD	114,5	128	97,5	134,5	108,5	113,5
R	162,5	171	179,5	179,5	167,5	174
M	12,5	11	0,5	9	36	5,5

TABLEAU 29 *(suite)*

RÉPARTITION DES ACTIVITÉS FÉMININES 2e SÉRIE

	1re femme Damo		*2e femme Damo*		*3e femme Damo*		*4e femme Damo*	
	1956	*1957*	*1956*	*1957*	*1956*	*1957*	*1956*	*1957*
TA ...	102,5	107	95,5	114,5	85	106,5	58,5	94,5
TD ...	73,5	96	108	88,5	125,5	92,5	136	102,5
R	190	158	162,5	159	153,5	164	152,5	151
M		4		3	2	2	19	17

	1re femme Hakna		*2e femme Hakna*		*3e femme Hakna*		*4e femme Hakna*	
	1956	*1957*	*1956*	*1957*	*1956*	*1957*	*1956*	*1957*
TA ...	116,5	113,5	112	117	103	111	83,5	86
TD ...	88,5	87,5	93	87,7	107,5	85,5	118,5	117
R	158	155	154	155,5	155,5	154,5	155	162
M	3	9	7	5		14	9	

	Femme Dahan		*Mère Yongwé*		*Femme Yongwé*	
	1956	*1957*	*1956*	*1957*	*1956*	*1956*
TA ...	50	75	62	50,5		82
TD ...	111	100,5	116,5	129,5		96
R	192	184,5	165,5	185		181
M	13	5	22			6

l'importance des travaux divers peut réduire R, ex. Yongwé 1956 TA = 82 mais R = 134 seulement, car TD atteint 149, de même en 1957 Yongwé TA = 88, TD = 131 et R = 142. La connaissance plus précise des individus permet de mieux comprendre ces chiffres bruts. C'est ainsi que Bambé a passé en 1957 plusieurs semaines en prison, ce qui a forcément accru le nombre de jours de repos. Yongwé était jusqu'en 1956 (septembre) célibataire, à ce titre il participait activement aux corvées collectives, à la garde du troupeau de quartier ce qui explique le chiffre élevé de TD ; après son mariage il a pris une part à peine moins grande à la garde du troupeau mais a dû en sus s'occuper plus activement de l'installation matérielle du Tin, fabriquer un toit de case pour l'offrir à sa belle-mère, etc.

Si nous considérons les moyennes nous obtenons les résultats suivants : 1954 (4 hommes), 1956 et 1957 (8 hommes) :

	1955	1956	1957
TA	109	108,8	103,6
TD	90,5	86,6	64,2
R	163,8	156,2	176,1
M	1,7	14,4	21,1
	365	366	365

TABLEAU 30

RÉPARTITION DES ACTIVITÉS FAMILIALES EN NOMBRE DE JOURS PAR AN

	Famille Lopo			*Famille Bambé*		
	1955	*1956*	*1957*	*1955*	*1956*	*1957*
TA	262,5	266	254,5	108,5	127	128
TD	286	250	242	190	161,5	146,5
R	534,5	553,5	583	418,5	401,5	444
M	12	28,5	15,5	13	42	11,5
	Famille Tem			*Famille Tionga*		
	1955	*1956*	*1957*	*1955*	*1956*	*1957*
TA	206	200,5	232	340,5	324,5	321,5
TD	236,5	219	184	292,5	293	257,5
R	274,5	285,5	296,5	417,5	419,5	492
M	13	27	17,5	13,5	61	24
				voyage : 31		
	Famille Damo			*Famille Hakna*		
	1955	*1956*	*1957*	*1955*	*1956*	*1957*
TA		455,5	539		528	523,5
TD		545	443		483,5	405,5
R		790	788		769,5	786
M		39,5	55		49	110
	Famille Dahan			*Famille Yongwé*		
	1955	*1956*	*1957*	*1955*	*1956*	*1957*
TA		152,5	177,5			220,5
TD		195,5	194			356,5
R		362	347,5			508
M		22	11			10

Les chiffres légèrement plus bas pour les Travaux (TA et TD) en 1957 sont la répercussion, sur la moyenne, de la maladie du vieil Hakna (82 jours de maladie en 1957), maladie qui s'est d'ailleurs terminée par son décès en janvier 1958.

Chez les femmes les mêmes variations, avec encore plus d'ampleur, se retrouvent en ce qui concerne le total des jours de travaux agricoles. Elles sont plus fortes entre femmes appartenant à différents Tin qu'entre femmes de même Tin. La différence de travail agricole relevée entre les hommes existe pour leurs Tin respectifs et leurs épouses suivent en principe le même rythme de travail ; il y a des familles qui travaillent beaucoup et d'autres qui consacrent beaucoup moins de temps à l'agriculture. A l'intérieur d'un même Tin, les variations entre épouses sont souvent dues à des facteurs personnels : maladie, accouchement et période de repos qui suit, etc. Très souvent la 4e femme participe moins aux travaux des champs, elle est en général la plus jeune, a les faveurs du mari et doit rester plus longtemps à la maison; fréquemment elle est enceinte et un certain ménagement lui est accordé.

Si une grande variation des chiffres TA existe entre femmes, la somme TA + TD est par contre beaucoup plus constante. L'écart maximum enregistré entre femmes de différents Tin est :

1956 : 210,5 (3e femme Damo, 3e femme Tionga) à 161 (femme Dahan)

De même entre femmes d'un même Tin les différences sont-elles faibles.

Cette constance de TA + TD vient en partie de notre mode de calcul de TD mais surtout de la compensation qui existe entre femmes dans la répartition des tâches agricoles et des travaux divers. On peut dire que la somme TA + TD est pour la femme voisine de 200 jours par an. Mais là encore le caractère du Tin intervient. Dahan, protestant, très attiré par la modernisation, employant une importante aide salariée, semble avoir des égards particuliers pour sa femme ; celle-ci participe peu aux travaux agricoles proprement dits : 1956 = 50, 1957 = 75. Par contre dans le Tin de Hakna où celui-ci âgé est souvent malade, les 4 femmes prennent une part très importante aussi bien à la production agricole qu'aux autres travaux.

Les moyennes obtenues sur 8 femmes (1955), 16 femmes (1956) et 17 femmes (1957) sont les suivantes :

	1955	*1956*	*1957*
TA	80,3	83	92,2
TD	107,1	107,6	100,9
R	165	164,2	166,9
M	7,4	11,2	5
Voyages	5,2		
	365	366	365

Étant donné ces remarques au sujet des hommes et des femmes, il est normal de voir dans la répartition familiale des activités, à la fois une certaine constance à l'intérieur du Tin (cf. tableau 30) et une assez grande diversité entre familles. Nous avons établi un graphique d'activité de chaque famille. Si l'échelle des abscisses est la même, en ordonnée sont portées les sommes des temps de la famille dans les diverses rubriques. Le graphique est limité en haut par une ligne crénelée qui indique le temps total disponible pour la famille dans le mois. Alors qu'exactement au-dessous de cette ligne crénelée, nous portons à partir d'elle le nombre de jours de maladie, qui diminue la quantité de jours « libres » pour la famille, nous avons fait figurer au-dessus les quantités de travail reçues par le Tin à partir d'une main-d'œuvre (hommes ou femmes, salariée ou non) étrangère à la famille *stricto sensu*. Son importance, parfois considé-

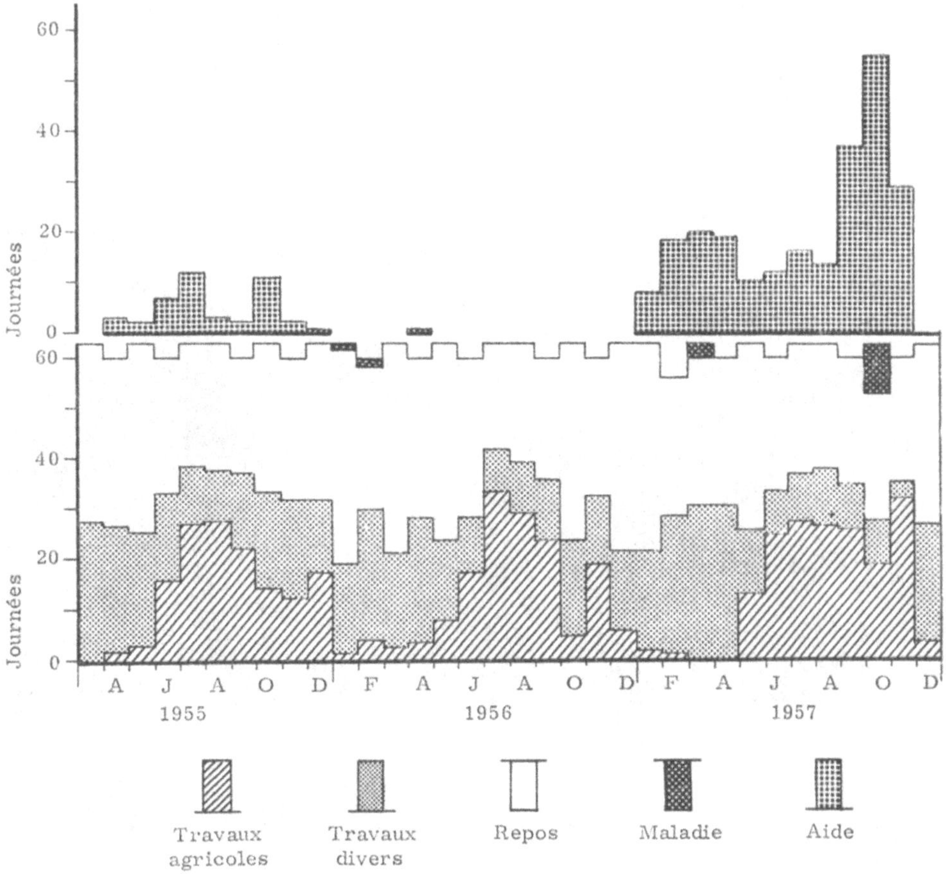

FIG. 40. — *Graphique d'emploi mensuel : Famille Dahan.*

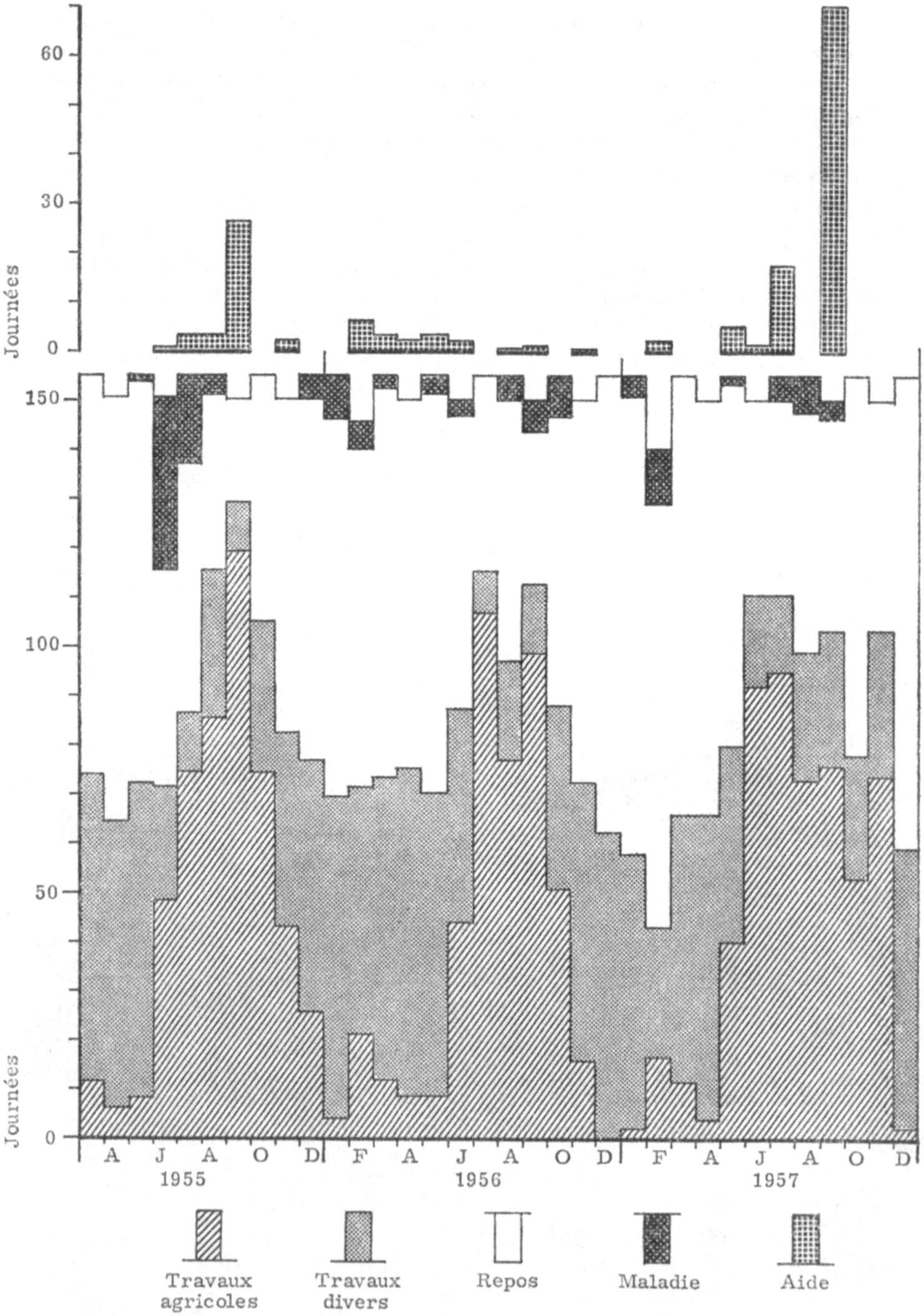

Fig. 41. — *Graphique d'emploi mensuel : Famille Damo.*

rable, est plus due à la masse de main-d'œuvre qu'elle permet de mettre à un moment précis sur un champ qu'à son volume annuel lui-même, c'est pourquoi il ne faut pas considérer seulement le nombre de jours de travail ainsi fournis en appoint, et ceci explique que nous étudions cette question plus en détail au chapitre III.

La comparaison des activités familiales étant difficilement possible par suite de la composition différente des Tin, nous avons calculé le quotient : $\frac{\text{Activités de la famille}}{\text{Nombre d'adultes de la famille}}$ (cf. tableau 31) ; la moyenne obtenue par adulte de la famille donne des chiffres intermédiaires entre ceux de l'homme et de la femme. Alors que certaines familles ont constamment un TA moyen par individu supérieur à la moyenne, ex. Tem, Tionga, Hakna, d'autres familles consacrent toujours un nombre de jours bien inférieur à la moyenne aux travaux agricoles : ex. Lopo, Dahan mais surtout Bambé.

TABLEAU 31

RÉPARTITION DES ACTIVITÉS FAMILIALES RAMENÉES A L'UNITÉ ADULTE ACTIF

		1955	*1956*	*1957*
		—	—	—
Famille Lopo	TA	87,5	88,7	84,8
	TD	95,3	83,3	80,7
	R	178,2	184,5	194,3
	M	4	9,5	5,2
Famille Bambé	TA	54,2	63,5	64
	TD	95	80,8	73,2
	R	209,3	200,7	222
	M	6,5	21	5,8
Famille Tionga	TA	113,5	108,2	107,2
	TD	97,5	97,7	85,8
	R	139	139,8	164
	M	4,5	20,3	8
	Voyage	10,5		
Famille Damo	TA		91,1	107,8
	TD		109	88,6
	R		158	157,6
	M		7,9	11
Famille Hakna	TA		105,6	104,7
	TD		96,7	81,1
	R		153,9	157,2
	M		9,8	22

Tableau 31 *(suite)*

		1955	1956	1957
		—	—	—
Famille Dahan	TA		76,3	88,7
	TD		97,7	97
	R		181	173,8
	M		11	5,5
Famille Yongwé	TA			73,5
	TD			118,8
	R			169,4
	M			3,3
Famille Tem	TA	103	100,2	116
	TD	118,2	109,5	92
	R	137,3	142,8	148,2
	M	6,5	13,5	8,8
Moyennes	TA	91,8	93,4	95,9
	TD	100,5	97,6	89,2
	R	164,5	162,8	169,8
	M	5,1	12,2	10,1
	Voyage	3,1		
		365	366	365

Le caractère plus ou moins « travailleur » de la famille qui nous était déjà apparu, est nettement mis en évidence. A travers une masse paysanne qui semble extrêmement homogène, nous voyons que la répartition entre les diverses activités peut varier considérablement :

		Minimum		*Moyenne*	*Maximum*	
		—		—	—	
Hommes (24 individus)	TA	56	(Bambé 1957)	106,8	156,5	(Tionga 1956)
	TD	28	(Hakna 1957)	78,4	149	(Yongwé 1956)
	R	103,5	(Tionga 1955)	165,7	270	(Bambé 1957)
	M	0,5	(Tem 1955, Tionga 1955)	14,5	82	(Hakna 1957)
				365,4[1]		
Femmes (48)	TA	42	(F. Bambé 1955)	86,3	117	(F2 Hakna 1957)
	TD	73,5	(F1 Damo 1956)	104,7	136	(F4 Damo 1956)
	R	151	(F1 Tionga 1956 et F4 Damo 1957)	165,5	192	(F. Dahan 1956)
	M	0		7,9	40	(F1 Tionga 1956)
	Voyage .			1,1	31,1	(F2 Tionga 1956)
				365,5[1]		

1. Cette moyenne est fonction du nombre d'unités étudiées chaque année, ex. : pour l'homme : $\frac{(365 \times 4) + (366 \times 8) + (365 \times 8)}{20} = 365,4$.

Moyenne individuelle par famille (19 familles, soit 73 adultes)

	Minimum	*Moyenne*	*Maximum*
	—	—	—
TA ...	54,2 (Bambé 1955)	94,1	116 (Tem 1957)
TD ...	73,2 (Bambé 1957)	94,7	118,8 (Yongwé 1957)
R	137,3 (Tem 1955)	166,1	222 (Bambé 1957)
M	3,3 (Yongwé 1957)	9,8	22 (Hakna 1957)
Voyage	0	0,7	10,5 (Tionga 1955)
		365,4[1]	

En dépit des considérables variations entre individus et entre familles les moyennes annuelles sont très constantes et peuvent être regardées comme une bonne indication de la répartition des activités du paysan Toupouri.

Alors que l'homme dépense environ 107 journées par an à la production agricole, effectue pendant 78 jours des travaux non directement liés à l'exploitation du sol, il n'exécute aucun travail pendant 166 jours et est immobilisé par la maladie durant 15 jours en moyenne par année. 3,5 mois de travaux agricoles, 2,5 mois d'autres travaux, 5,5 mois de non-travail et un demi-mois de maladie, tel est le partage moyen du temps annuel de l'homme Toupouri. Pour la femme la répartition est légèrement différente : un peu moins de 3 mois consacrés à l'agriculture, mais par contre 3,5 mois employés à des travaux divers (parmi lesquels les travaux à l'intérieur du Tin tiennent une grande place), une durée d'immobilisation par la maladie plus faible et pratiquement la même durée de non-travail que pour l'homme.

Ne travailler que 185 jours par an et, encore mieux, n'en consacrer que 107 à la production agricole, dans une économie strictement rurale, caractérise un très net sous-emploi et explique en grande partie le bas niveau de vie Toupouri. S'il en découle que le Toupouri ne travaille pas assez, il ne faut pas en déduire que le Toupouri est paresseux ou incapable.

C'est que les travaux agricoles sont essentiellement liés au rythme des cultures, donc à la pluviométrie. Les graphiques individuels montrent très nettement les courbes en cloche (nombre de jours par mois) des travaux agricoles très analogues à celles de la pluviométrie mensuelle (cf. fig. 42). Alors que, durant la saison sèche, aucune tâche agricole n'est effectuée, une grande activité dans ce domaine est concentrée dans les 4 à 5 mois de la saison des pluies. Comme pratiquement les travaux agricoles sont rassemblés sur une petite période, que, malgré tout, les travaux divers ou la maladie accaparent quelques journées, le paysan Toupouri est réellement très occupé durant ce temps et, très souvent il est obligé, pour assurer une meilleure qualité de son travail, de faire appel à un supplément de main-d'œuvre.

1. Cf. note au bas de la page précédente.

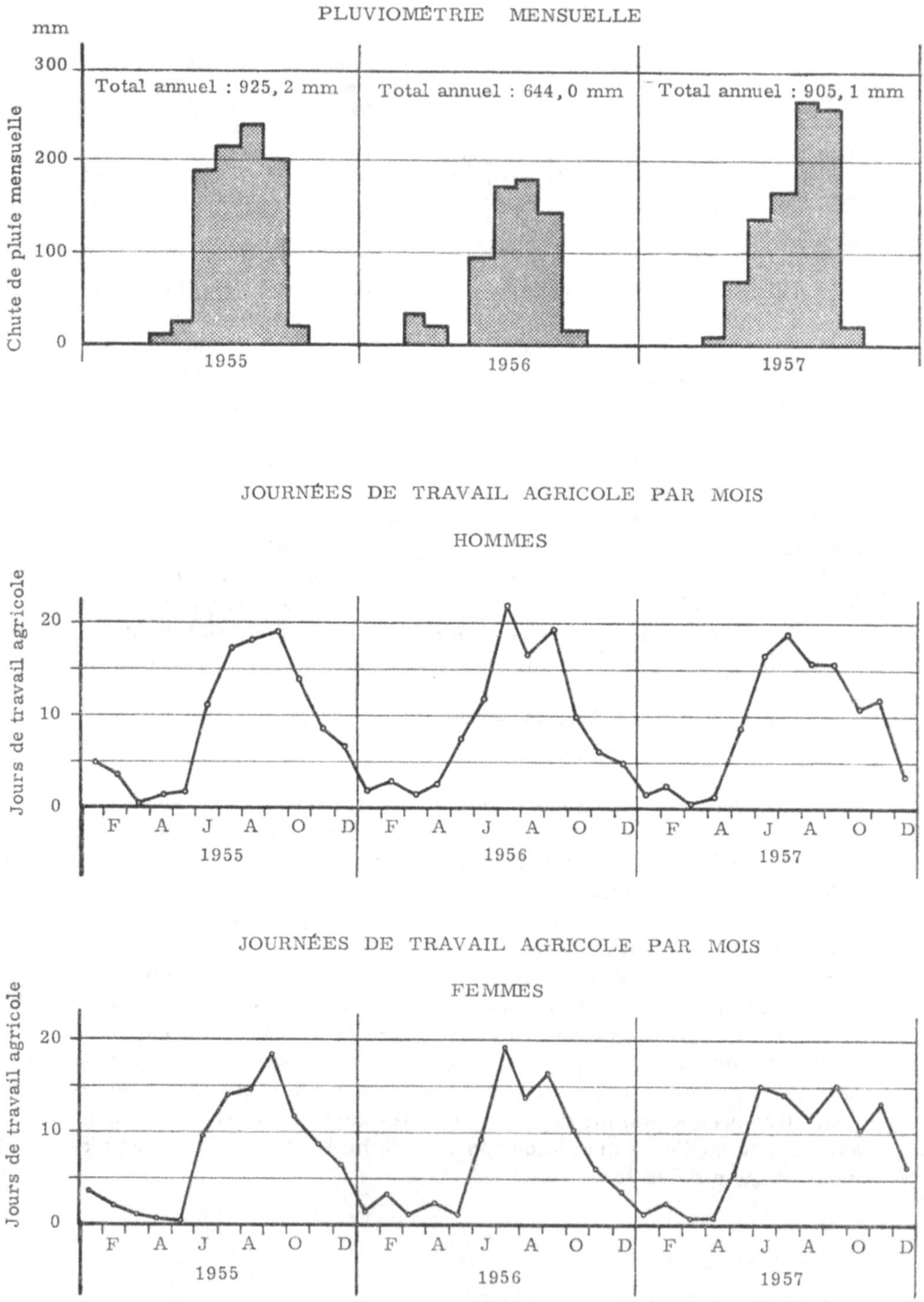

FIG. 42. — *Variations annuelles du nombre de jours consacrés par mois aux travaux agricoles.*

CHAPITRE III

LES APPOINTS DE MAIN-D'ŒUVRE

Chaque famille Toupouri fait plus ou moins appel à un supplément de main-d'œuvre surtout pour l'aider dans ses travaux agricoles. Ce supplément peut être de sources diverses, aide de parents proches, entraide collective ou encore salariat. Mais réciproquement chaque famille travaille un certain nombre de jours par an au profit d'autres Tin, soit gratuitement, soit contre paiement. Ces échanges de travail, malgré leur faible ampleur, jouent un rôle assez important car ils permettent à la famille, de capacité de travail limitée, de répondre aux exigences culturales au moment le meilleur et ainsi d'avoir une production plus grande.

Notre enquête sur l'activité des huit familles a permis de préciser cette notion d'aide jusqu'alors très vague.

AIDE REÇUE ET FOURNIE PAR LES FAMILLES DE L'ENQUÊTE
(En journées de travail)

	1955 (4)		*1956 (8)*		*1957 (8)*	
	Reçue	*Fournie*	*Reçue*	*Fournie*	*Reçue*	*Fournie*
Aide manuelle	98	118,5	136	198	426,5	197,5
Travail attelé				9,5	53,5	72,5
Garde du troupeau .				68,5		74
	98	118,5	136	276	480	344
	+ 20,5		+ 140		— 136	

La comparaison entre l'aide reçue et celle fournie pendant le même temps montre qu'en trois ans la balance est à peu près équilibrée (sans qu'il y ait de relations directes entre les huit familles, simplement par le jeu global des compensations à l'intérieur du village). La part d'aide fournie, ou reçue, sous forme de travail attelé a crû considérablement ces deux dernières années. La participation des femmes dans le travail fourni à l'extérieur du Tin : 1955 = 37,9 %, 1956 = 35,3 %, 1957 = 32,8 % est en diminution progressive par suite de la croissance de l'aide attelée à peu près totalement fournie par les hommes.

Dans le tableau ci-dessus nous avons indiqué à part la garde des troupeaux de quartier qui a un caractère à la fois de corvée coutumière et d'autre part d'entraide collective. Si chaque homme y participe plus ou moins une ou deux journées par an, l'essentiel de cette tâche est assuré par les célibataires ou les jeunes hommes encore peu chargés de famille, tel est le cas de Yongwé qui a fourni pratiquement à lui seul les chiffres du tableau. On ne peut mesurer le produit de l'aide ainsi fournie à l'ensemble du quartier mais elle permet de libérer, pendant la saison des cultures, les hommes du souci du bétail. Autant que la solidarité qu'elle crée à l'échelon du quartier, cette surveillance du troupeau collectif est un important élément du système agricole.

Nous pouvons répartir l'aide reçue pour les travaux agricoles et pour les travaux divers, comme suit :

	Jours	*Travaux agricoles*	*Travaux divers*
1955	98	83,5 j soit 85,2%	14,5 j soit 14,8%
1956	136	123 j soit 90,4%	13 j soit 9,6%
1957	480[1]	458 j soit 95,4%	22 j soit 4,6%

L'aide concernant les travaux des champs dépasse très largement celle relative aux travaux divers. Parmi ceux-ci l'aide apportée à la construction est de loin la plus importante[2]. Le deuxième poste important représente l'apport de main-d'œuvre fourni par les parents ou les voisins qui viennent piler le mil (Shoukouloum et Babou principalement) avant de stocker le grain en greniers.

Nous avons étudié comment l'aide, apportée aux familles de notre enquête, en matière agricole se répartit en fonction des familles, de la période de l'année, de la nature du travail et de la culture :

	1955	*1956*	*1957*
Par familles			
Bambé	35 jours	8 jours	43 jours
Lopo	19	19	38
Tem	10,5	3	23
Tionga	19	23	10
Yongwé		4	3,5
Dahan		37	211
Damo		13	90
Hakna		16	39,5
	83,5	123	458

1. Nous avons ajouté le travail attelé : 53,5 jours d'homme à l'aide manuelle. En réalité par suite de son rendement plus grand, de la présence de la paire de bœufs, de sa rémunération très souvent en argent, les deux aides ne sont pas comparables.

2. Cf. livre III, chap. IV.

Certaines familles reçoivent plus d'aide que d'autres. Nous devons mettre à part la famille Dahan où la structure modernisée de l'exploitation agricole entraîne d'une part du travail rémunéré à l'extérieur du Tin (labour et transport attelés à l'entreprise) mais d'autre part une adjonction de main-d'œuvre quasi permanente ; il n'est d'ailleurs pas facile de faire le partage exact de celle-ci entre ses activités à l'intérieur et à l'extérieur de l'exploitation proprement dite. En effet le jeune garçon employé par Dahan pour conduire l'attelage l'accompagne partout, mais effectue également d'autres tâches ; l'appoint de main-d'œuvre reçu par le Tin de Dahan est donc pour partie utilisé en dehors des champs de la famille. Dans la mesure où nous pouvons les dissocier nous avons décompté pour la famille Dahan, en 1957, 157,5 jours d'aide sur les champs du Tin et 53,5 jours d'aide dépensés à l'extérieur du Tin. Parmi les 157,5 jours utilisés sur les champs de la famille, une partie compense l'absence du chef de famille Dahan quand celui-ci travaille à façon (contre paiement en argent ou en nature) pour d'autres familles. Nous avons affaire dans ce cas à une exploitation nettement plus complexe (par suite de l'emploi de l'énergie animale) que les autres familles de Golonpoui.

Si nous ne considérons que les sept autres familles, la moyenne annuelle du nombre de jours d'aide par famille est :

1955 .... $\frac{83,5}{4}$ soit 20,9 j

1956 .... $\frac{86}{7}$ soit 12,3 j

1957 .... $\frac{247}{7}$ soit 35,3 j

En plus de l'importance croissante de l'intervention attelée qui accroît la quantité d'aide reçue par famille en même temps que la participation du sexe masculin à cette aide, il semble que l'appoint de main-d'œuvre soit proportionnel à la pluviométrie, ou plus exactement aux indices pluviométriques des mois d'août et septembre. Ceux-ci furent :

	Août	*Septembre*	*Total des deux mois en mm*
	—	—	—
1955	263,4	204,7	468,1
1956	175,8	141,1	316,9
1957	261	253,5	514,5

Les deux principaux postes d'emploi de l'aide étant les sarclages de Babou et la récolte des arachides et du Babou, il est bien évident que l'influence favorable d'une bonne pluviométrie sur le volume de la récolte peut provoquer une demande accrue d'aide à cette dernière période ;

TABLEAU 32

RÉPARTITION MENSUELLE DE L'AIDE AGRICOLE APPORTÉE A L'ENSEMBLE DES FAMILLES DE L'ENQUETE EN JOURS ET EN POURCENTAGE DU TOTAL ANNUEL

	Janv.	*Févr.*	*Mars*	*Avril*	*Mai*	*Juin*	*Juil.*	*Août*	*Sept.*	*Oct.*	*Nov.*	*Déc.*	*Total annuel*
1955 j ..	6	16,5				3	15	6	9	15,5	11,	1,5	83,5
1955 % .	7,2	19,8				3,6	17,9	7,2	10,8	18,5	13,1	1,8	99,9
1956 j ..		40	0,5	1	0,5	8,5	9	14	6,5	6,5	13	23,5	123
1956 % .		32,5	0,4	0,8	0,4	6,9	7,3	11,4	5,3	5,3	10,6	19,1	100
1957 j ..	12	41		0,5	6	23	45,5	23,5	144,5	71	37	0,5	404,5
1957 % .	3	10,1		0,1	1,4	5,7	11,2	5,8	35,7	17,6	9,1	0,1	100

TABLEAU 33

RÉPARTITION, PAR NATURE DE LA CULTURE, DE L'AIDE APPORTÉE A L'ENSEMBLE DES FAMILLES

	Babou	*Arachides*	*Shoukouloum*	*Gara*	*Coton*	*Voandzou*	*Manioc*	*Total annuel*
1955 j	55	7	2,5	5,5	10,5	1,5	1,5	83,5
1955 %	65,8	8,4	3	6,6	12,7	1,7	1,7	99,9
1956 j	68,5	18,5	29,5	4,5	1	1		123
1956 %	55,7	15	24	3,6	0,8	0,8		99,9
							Tchanré	
1957 j	286,5	79,5	31	4,5		0,5	25	404,5
1957 %	70,8	19,6	7,7	1,1		0,1	0,6	99,9

d'autre part un mois d'août très pluvieux favorise la pousse des herbes et nécessite des sarclages plus importants que la famille ne peut, à elle seule, effectuer en temps suffisant, d'où nécessité d'une aide plus importante

Tandis que certaines familles (Tem, Yongwé) sont toujours nettement en dessous de la moyenne, c'est-à-dire n'utilisent que très peu d'aide, d'autres familles (Lopo, Bambé) font largement appel à l'aide extérieure. Nous retrouvons là, en partie, la différenciation que nous avions déjà remarquée entre familles.

L'aide n'est pas utilisée de façon constante au cours de l'année, certains mois la famille est obligée, soit pour effectuer certaines tâches au moment opportun, soit par suite de la pointe de travail mensuelle, de faire appel à un supplément de main-d'œuvre (cf. chap. IV, ci-dessous). Le tableau 32 indique cette répartition de l'aide par mois, en nombre de jours et en pourcentage du total annuel de l'aide. Pendant les mois de fin de saison sèche aucune aide n'a pratiquement lieu, tandis que les mois de juillet à décembre occupent en 1955, 69,3 %, en 1956, 59 % ; en 1957, 79,6 % de l'aide reçue. Le mois de février (récolte du Babou) reçoit également un important supplément de main-d'œuvre : 1955, 19,8 % ; 1956, 32,5 % ; 1957, 10,1 %. Ce qui fait qu'en sept mois (février et juillet – août-septembre-octobre-novembre-décembre) les familles ont reçu environ les 9/10 de l'aide totale annuelle.

Pour mieux comprendre cette répartition de l'aide dans le temps analysons plus en détail comment elle est employée, pour quels travaux, sur quelles cultures (cf. tableaux 33 et 34)[1].

Le Babou absorbe à lui seul environ 64 % de la main-d'œuvre étrangère aux familles. L'ensemble arachides-coton reçoit en moyenne 18 %. La troisième culture est le Shoukouloum, 11,6 %. L'appoint de main-d'œuvre qui

TABLEAU 34

RÉPARTITION, PAR NATURE DE TRAVAIL, DE L'AIDE APPORTÉE AUX FAMILLES

		Labour	*Semis*	*Pépinières*	*Repiquage*	*Sarclage*	*Récolte*	*Total annuel*
1955	j ...	5,5	4	1		45	28	83,5
	% ..	6,6	4,8	1,2		53,9	33,5	100
1956	j ...	12	2,5		30	33,5	45	123
	% ..	9,8	2		24,4	27,2	36,6	100
1957	j ...	34	28,5	5	10,5	230	96,5	404,5
	% ..	8,4	7	1,2	2,6	56,9	23,9	100

1. Cette question a déjà été abordée partiellement au livre IV, chapitre III, § 3.

est appliqué au Babou est justifié par l'exécution de travaux en temps opportun plutôt que par l'impossibilité par la famille de les effectuer avec ses propres forces. Il s'agit d'abord des sarclages ou des labours-sarclages, faits tout de suite après le repiquage (cf. livre IV, chap. IV, § 2). L'autre aide pour le Babou a lieu lors de la récolte, non pas tant pour la coupe et la cueillette des panicules elles-mêmes, que pour leur transport. Ainsi la famille Damo a effectué pour la campagne 1957 (récolte du 30-1 au 3-2-1958), en admettant une charge moyenne par panier de 25 kg, 122 voyages aller et retour aux champs, l'équivalent d'un portage sur 305 km et le retour à vide). Aussi cette famille a-t-elle utilisé en plus des 14,5 jours fournis par les femmes du Tin, 18 journées d'aide pour cette récolte. Plus la pluviométrie a été favorable, plus l'aide requise pour le transport est importante.

Pour l'arachide l'appoint de main-d'œuvre est beaucoup plus faible (15 à 20 % du total). Lors du semis une ou deux personnes (parents proches dans la plupart des cas) viennent aider la famille. Mais c'est surtout lors de la récolte que la culture de l'arachide utilise le supplément de main-d'œuvre, car l'arrachage à la main, le rassemblement, le transport et l'égoussage sont longs. L'arrachage à la charrue et le transport par charrette vont réduire considérablement l'aide requise par l'arachide. Parfois pour le Shoukouloum la famille fait appel à un supplément de main-d'œuvre pour le semis, le sarclage ou la récolte. Mais c'est surtout lorsque la nécessité se fait sentir d'une extension des surfaces en Shoukouloum que cet appoint de main-d'œuvre est désiré, il consiste surtout en labour et repiquage sur le périmètre du champ primitif de Shoukouloum.

L'aide apportée aux familles pour les autres cultures, Gara, Voandzou, manioc est faible et relève le plus souvent de « coups de main » temporaires soit pour le semis, soit pour le sarclage.

Quelles sont les modalités de cette aide, c'est-à-dire qui l'apporte et comment ? Rappelons le cas du travail fourni par le gendre, avant et après le mariage (cf. livre III, chap. V, § 2). L'homme va travailler dans les champs de son beau-père, probablement pour compenser temporairement la perte de travail que va entraîner le départ de la jeune fille ; de même le toit qu'il doit fournir à sa belle-mère représente un travail appréciable que son beau-père n'a pas à effectuer.

L'aide peut se présenter, en dehors du cas ci-dessus, sous trois formes bien différentes : 1° l'aide de parents ou d'amis toujours sous forme individuelle ; 2° l'aide apportée par un groupe de personnes rassemblées à cette occasion (aide collective) et 3° l'aide salariée consistant en un véritable louage de services pendant une durée plus ou moins longue. Alors que les deux premières formes sont traditionnelles et constituent encore l'essentiel des échanges de services, l'appoint de main-d'œuvre fourni par le salariat, apparu assez récemment et très lié au développement de la culture attelée, a une importance rapidement croissante.

Entre parents, entre voisins, entre amis, un échange très fréquent de services a lieu pendant la saison agricole. Si l'un des adultes d'un Tin est immobilisé pendant une période d'urgence, il est fait appel à une sœur, à un frère, ou à un enfant déjà marié pendant un jour ou deux pour exécuter le travail, semis surtout, qui doit être effectué sans délai. C'est le « coup de main » donné de façon très spontanée par la famille, sans esprit de lucre ou même de compensation. Cette pratique d'entraide, tout à fait naturelle chez le paysan Toupouri, existe également entre familles voisines. L'homme ou la femme qui vient aider le Tin voisin apporte son outil et travaille à côté du Djitin ou de la femme qui a demandé son aide ; il (ou elle) ne reçoit ni nourriture, ni salaire. Lorsque c'est un parent proche qui se déplace parfois d'assez loin, il est nourri et reste quelquefois un ou deux jours, logé dans la case du chef de famille ou de la femme (si c'est une sœur par exemple). Cette aide temporaire s'applique aussi bien aux travaux divers qu'à l'ensemble des travaux agricoles, sauf sarclage du Babou pour lequel a lieu l'aide collective (cf. livre IV, chap. IV-2D).

Depuis la vulgarisation de la culture attelée, une nouvelle forme d'échanges de service s'est manifestée en pays Toupouri, elle comporte la rémunération du travail effectué soit sous forme directe (en argent ou en nature) soit sous forme indirecte (hébergement et nourriture) (cf. livre IV, chap. III, § 5). Cette mobilisation, en dehors de la surface du Tin, du chef de famille et de son attelage, l'orientation différente de ses cultures entraînent dans quelques cas un besoin supplémentaire de main-d'œuvre. L'exemple de la famille Dahan qui (après avoir été choisie pour l'enquête) est devenue une des plus « modernisées » du Sous-Secteur, fournit d'intéressants renseignements à cet égard. En 1956, Dahan a utilisé 37 journées d'aide sur son Tin mais a travaillé (sans utiliser d'aide rémunérée) 19 jours à l'extérieur (9,5 jours d'entraide traditionnelle à la main, 9,5 jours de travail avec l'attelage). Son attelage a travaillé 16,5 jours sur les champs du Tin, temps pendant lequel Dahan avait besoin d'un auxiliaire pour diriger les bœufs pendant que lui-même labourait, donc sur les 37 jours de travail apportés au Tin, 16,5 ont été consacrés à l'attelage, les 20,5 restants compensant à peu près exactement le temps passé par Dahan à l'extérieur de son domaine propre. Ainsi, en 1956, année où il ne disposait encore que d'une charrue, Dahan n'a employé de la main-d'œuvre que pour l'aider à labourer et pour compenser ses absences du Tin lors de l'exécution de travaux à façon ; aide répartie comme suit : labour 7 jours, sarclage 3 jours, récolte 27 jours. Par contre en 1957 Dahan a utilisé une charrette et effectué de nombreux transports à façon. Tandis qu'il n'a travaillé que 3 jours à l'entraide traditionnelle, il a passé avec son attelage 72,5 jours (à labourer 4,5 jours et à transporter 68 jours) pour le compte d'autres Tin et contre paiement, utilisant à cette occasion 53,5 jours de travail d'un jeune garçon (aide qui ne figure donc pas dans l'aide apportée aux travaux du Tin proprement dits). Par contre sur les champs du Tin ont été dépensés en 1957, 157,5 jours d'aide, parmi lesquels 87 représentent l'aide collective apportée pour le sarclage des champs de mil repiqué (un groupe de 32 personnes en septembre et un autre de 55 en octobre). Le jeune homme « loué » par Dahan n'a donc travaillé que 157,5 — 87 = 70,5 jours sur le Tin. Comme les bœufs ont travaillé 16 jours dans l'année pour le compte même des champs du Tin, l'aide salariée a été occupée 16 jours directement avec l'attelage et 54,5 jours au travail manuel ce qui ne suffit pas dans ce cas à compenser totalement l'absence du chef de famille. L'aide, non seulement remplit une partie des tâches agricoles que l'homme, travaillant à l'extérieur, ne peut exécuter, mais encore doit prêter la main aux soins et à l'alimentation de l'attelage (ramassage d'herbe par exemple). De plus la superficie cultivée par la famille n'a pas la même répartition et la même valeur que dans le cas de l'agriculture traditionnelle à la houe. Le jeune homme dont Dahan utilise les services loge dans le Tin quand besoin est, reçoit la même nourriture que la famille ; il n'est employé que de façon temporaire et irrégulière. Nous n'avons pu déterminer s'il recevait un salaire précis mais dans les dépenses de la famille Dahan il est noté au deuxième semestre 1957 la somme de 1 050 Fr. CFA pour salaires ; il est probable que cette somme correspond à des dons en argent, des gratifications plutôt qu'à une rémunération proportionnelle au travail effectué. Cette exploitation agricole a franchi les limites de son domaine, est sortie de l'autarcie traditionnelle, exporte du travail et de l'énergie spécialisés et utilise de la main-d'œuvre, elle est devenue une entreprise économique qui commence à préfigurer le pays Toupouri de demain où les relations économiques se substitueront en partie aux échanges sociaux pour une productivité accrue.

CHAPITRE IV

LES ACTIVITÉS AGRICOLES

Au livre IV, chap. III, § 3, nous avons déjà indiqué quelle part chaque travail agricole occupait dans l'ensemble des activités familiales et comment il était partagé entre l'homme et les femmes. Il nous reste donc à étudier 1° l'effort humain et sa répartition et 2° la quantité de travail pour chaque culture.

1. L'effort humain et sa répartition

Le paysan Toupouri consacre moins de temps à ses champs (3,5 mois en moyenne) qu'à se reposer ou à se distraire (5,5 mois par an) et malgré les grandes variations individuelles cette approximation reflète bien l'activité globale médiocre du Toupouri. Mais les graphiques d'emploi individuels (fig. 38 et 39) ou familiaux (fig. 40 et 41) montrent que l'activité agricole est représentée par une courbe en cloche sous la dépendance étroite de la pluviométrie. Nous avons pris comme unité de temps pour l'établissement de ces graphiques le mois, et les valeurs sont indiquées en nombre de jours par mois. La distribution saisonnière nettement marquée des activités agricoles, l'ampleur des variations individuelles, les facilités de calcul des données et d'établissement des graphiques compensent l'imprécision due à l'emploi d'un découpage à une échelle aussi grande[1].

C'est pendant la saison des pluies que les travaux agricoles sont importants. Alors qu'en saison sèche le nombre de jours consacrés chaque mois à l'agriculture est extrêmement faible (nul très souvent en mars), la majeure partie du temps est consacrée aux travaux agricoles en juillet-

1. P. De Schlippé, in : *Méthodes de recherches quantitatives dans l'économie rurale coutumière de l'Afrique Centrale*, Bruxelles, 1957, préconise l'emploi de tranches de 5 jours ; il ne nous semble pas nécessaire de rechercher avec des données aussi qualitatives une précision illusoire.

août-septembre. Le labeur des champs occupe alors 15 à 20 jours par mois, ce qui ne laisse que fort peu de repos proprement dit par suite de l'incidence (faible) de la maladie et de l'importance (grande) des impératifs sociaux. Certains hommes vont même jusqu'à sacrifier ces derniers (en particulier le marché) lors de la période des grands travaux agricoles. C'est ainsi que nous relevons les *maxima* suivants :

Jours de travail agricole dans le mois (hommes)	*1955*	*1956*	*1957*
Juin	Tionga 17,5	Tem 16	Tionga 25,5
Juillet	Tionga 23,5	Damo 26	Damo 26,5
Août	Tionga 24,5	Dahan 20	Damo 18,5
Septembre	Damo 26,5	Tionga 26,5	Hakna 21,5

Ces chiffres montrent qu'en ces mois les travaux agricoles sont importants. Il y a alors une véritable pointe de travail. Même pour les paysans les moins travailleurs l'activité est assez grande. Voici les *minima* enregistrés pour les mêmes mois :

Hommes	*1955*	*1956*	*1957*
Juin	Hakna 4 (mais a été malade 14 jours)	Bambé 4,5	Yongwé 6,5
Juillet	Yongwé 13	Hakna 14,5	Bambé 11
Août	Bambé 9	Bambé 10	Bambé 6,5
Septembre	Bambé 12,5	Yongwé 13	Bambé 4

Le caractère, déjà signalé plus haut, de quelques hommes qui fournissent un travail agricole annuel bien inférieur à la moyenne se retrouve ici.

La moyenne mensuelle du nombre de jours de travail agricole élimine en partie l'influence de tels facteurs personnels :

	Janvier	*Février*	*Mars*	*Avril*	*Mai*	*Juin*	*Juillet*	*Août*	*Septembre*	*Octobre*	*Novembre*	*Décembre*
1955	5	3,8	0,2	1,3	1,7	11	17,2	17,9	18,6	13,4	8,1	6,7
1956	1,9	2,6	1,6	2,4	7,3	11,7	21,5	16,4	18,9	9,9	6	4,8
1957	1,3	1,9	0	0,4	7,7	16,9	18,7	15,1	15,1	10,7	11,7	3,9

La figure 42 montre que d'année en année la répartition moyenne mensuelle des travaux agricoles des hommes varie très peu. Tandis qu'une pointe de travail extrêmement importante a lieu en juillet-août et septembre, le minimum est atteint en mars. Un maximum secondaire mais combien faible par rapport à celui du cœur de la saison des pluies a lieu en février et correspond à la récolte du Babou.

La comparaison des variations mensuelles par années avec la pluviométrie (fig. 42) permet de préciser la relation travail agricole/pluviométrie. Alors qu'en 1955 le démarrage tardif mais très rapide des pluies a entraîné un retard très sensible des travaux agricoles, la quantité annuelle de pluie a donné une récolte correcte qui a nécessité une main-d'œuvre importante et un large débordement de la courbe des travaux agricoles de l'homme sur la courbe de pluie mensuelle. En 1956, la courbe du nombre de jours de travail suit fidèlement jusqu'en juillet celle des chutes de pluie mensuelles ; mais le déficit (relatif) de pluie en juillet et août a entraîné une baisse très nette des travaux, créant un minimum relatif de ceux-ci qui différencie très nettement 1956 des autres années observées ; les travaux de repiquage et sarclage du Babou ont fourni un deuxième maximum en septembre ; la faible pluviométrie annuelle a donné un effet à retardement (récolte) moins important qu'en 1955. En 1957, malgré un total de précipitations août et septembre supérieur à la moyenne, la courbe des travaux agricoles est beaucoup plus étalée que les années antérieures ; l'établissement assez précoce et très progressif des pluies a permis au paysan de mieux répartir ses efforts et le maximum de ceux-ci a eu lieu en juillet, la bonne récolte d'arachides a entraîné un deuxième clocher en novembre.

Chez les femmes les facteurs purement personnels ont une importance beaucoup plus grande que chez les hommes. C'est également en juillet-août-septembre qu'a lieu la pointe de travail mais le nombre de jours est toujours inférieur à celui des hommes et l'amplitude inter-individuelle est considérable. D'une part la femme doit assurer la nourriture partielle du Tin et donner les soins aux enfants ; elle est obligée de se rendre au marché, enfin elle peut être immobilisée par la grossesse et l'accouchement d'autre part.

Maxima (femmes) jours de travail agricole par mois	*1955*	*1956*	*1957*
Juin	Femme « 2 » Hakna : 12,5	Femme « 2 » Hakna : 14	Femme « 2 » Damo : 20
Juillet	Femme « 1 » Tionga : 19,5	Femme « 1 » Hakna : 23,5	Femme « 1 » Damo : 18,5
Août	Femme « 1 » Lopo : 18,5	Femme « 2 » Hakna : 19	Femme « 2 » Hakna : 17
Septembre	Femme « 1 » et Femme « 2 » Damo : 24	Femme « 2 » Hakna : 24,5	Femme « 3 » Hakna : 21

Ces maxima mensuels sont toujours inférieurs aux maxima fournis par les hommes mais leur sont, à deux ou trois jours près, très analogues. Par contre les minima sont beaucoup plus faibles que chez les hommes :

Minima (femmes)	*1955*	*1956*	*1957*
Juin	F. Bambé 3	F. Dahan 2	Mère Yongwé 9,5
Juillet	F. Bambé 3	F. Dahan 12,5	Mère Yongwé 9,5
Août	F. Bambé 6,5	Mère Yongwé 6	Mère Yongwé 2,5
Septembre	F. Bambé 9	Mère Yongwé 5,5	F. « 2 » Lopo 7

Si nous considérons les moyennes mensuelles nous obtenons le tableau suivant :

	Janvier	*Février*	*Mars*	*Avril*	*Mai*	*Juin*	*Juillet*	*Août*	*Septembre*	*Octobre*	*Novembre*	*Décembre*
1955	3,2	2,1	0,9	0,6	0,3	9,5	13,6	14,2	17,9	11,2	8,2	6,4
1956	0,9	2,7	0,8	2	0,8	8,8	18,9	13,1	16,3	9,8	5,8	3,3
1957	0,8	2,3	0,6	0,6	5,6	14,2	13,6	11,1	14,8	10	13,1	5,7

La répartition mensuelle du travail agricole des femmes varie d'année en année plus sensiblement que dans le cas des hommes mais l'allure de la courbe est la même avec le minimum de mars, le clocher secondaire de février et la pointe de travail de la saison des pluies (cf. fig. 42). La comparaison des courbes « Hommes » et « Femmes » confirme ce que nous écrivions déjà au livre IV, (chap. III, § 3) sur la participation de chaque sexe aux travaux agricoles. Comme les femmes ne travaillent que peu au défrichement et à la préparation des champs, l'ascension brusque de leur courbe a lieu un mois plus tard que chez les hommes. De même au mois d'août, à la mise en route des champs de Babou, les femmes consacrent au labeur des champs un nombre de jours inférieur à celui des mois voisins, ce qui crée chaque année un minimum relatif (peu marqué en 1955). Comme leur rôle lors de la récolte est relativement important, la décroissance est beaucoup moins rapide que chez les hommes en octobre et novembre, ce qui contribue à étaler un peu plus la courbe représentative de leur effort mensuel moyen. Ce fait est particulièrement net au début de la saison sèche 1957-1958 où un clocher important, beaucoup plus marqué que pour les hommes, a lieu en novembre.

Les mêmes remarques sur la comparaison des courbes d'effort mensuel moyen et de pluviométrie mensuelle que dans le cas des hommes peuvent être faites. Mais il y a lieu de noter que dans les deux cas, la courbe représentative 1957 est beaucoup plus étalée que celles des deux années précédentes, quoique la somme de travail total annuel ait été beaucoup plus forte pour les femmes cette année (92,2 contre 80,3 et 83) (légèrement inférieure pour les hommes 103,6 contre 109 et 108,8). Nous croyons pouvoir discerner dans ce phénomène l'influence de la modernisation rurale qui grâce au labour préparatoire, au binage attelé, a réduit considérablement les pointes de travail et assuré une meilleure récolte.

Le parallélisme des courbes de répartition de l'effort mensuel et des chutes de pluie montre combien l'agriculture Toupouri repose sur le facteur climatique. Cette « primitivité » de l'exploitation du sol, cette étroite dépendance des conditions du milieu[1] masquent l'intensité agricole à laquelle est parvenu le paysan Toupouri. La culture du Babou entraîne l'étalement du clocher (ou plutôt l'existence d'un clocher secondaire) en septembre, elle conduit à une faible utilisation du potentiel de travail disponible en février. Mais nous avons encore affaire à une agriculture excessivement saisonnière et la modernisation doit chercher 1° à réduire la pointe de travail de juillet-août-septembre ; 2° à utiliser la grande capacité de travail de décembre à mai. Ce deuxième point sera évoqué au chapitre VI, conclusion de ce livre V.

En ce qui concerne l'écrêtement des pointes de travail quelques remarques doivent être faites : *a*) l'action agricole qui consomme le plus de main-d'œuvre est le sarclage ou mieux la combinaison labour-sarclages ; la charrue contribuant à assurer le bon état et la propreté des champs réduit l'importance de ce poste mais la vulgarisation du binage attelé doit, une fois cette première phase de démarrage de la modernisation accomplie, devenir un objectif primordial du Sous-Secteur ; *b*) la période de semis, c'est-à-dire le début de la saison des pluies n'a pas le caractère de travail intensif qu'on a coutume de lui attribuer ; nous avons des moyennes d'emploi de 11 jours en juin 1955, 11,7 jours en 1956 et 16,9 en juin 1957. Beaucoup plus que l'effort du paysan qui pourrait être nettement supérieur[2], c'est la répartition quotidienne des pluies, l'accomplissement du semis au moment le plus propice qui échelonnent les travaux ; *c*) le goulet d'étranglement nous paraît être plutôt les mois de sarclages juillet et septembre, où le nombre de jours moyens est de 19,1 et 17,5 tandis que certains paysans travaillent 26 jours (hommes) et 24 jours (femmes).

Il nous semble difficile d'exiger un effort plus considérable dans ces

1. Le facteur pluie est celui qui actuellement peut être le moins modifié directement par l'homme.

2. Un travail agricole par homme d'une vingtaine de jours par mois semble possible, ceci est inférieur à la moyenne hommes de juillet 1955 et bien loin des maxima déployés par quelques paysans. A noter qu'en juin les réserves alimentaires sont supérieures à celles de juillet-août et que ceci ne peut être un facteur limitant.

mois car les jours de non-travail agricole correspondent à des impératifs sociaux et ménagers (marché, bois, cuisine, corvées pour le chef de canton parfois), à des pluies importantes qui obligent le paysan à rester à l'abri et à un repos bien gagné et nécessaire après un dur labeur ; il faut en effet songer que c'est à cette époque que la durée du travail sur le champ est la plus longue et que le Toupouri ne pense pas à flâner, sarclant sans relever la tête du matin au soir. Grâce à sa combinaison des divers sorghos, le paysan Toupouri est arrivé d'une part à s'assurer une alimentation correcte lors de la soudure et des travaux les plus importants (cueillette des Gara précoces), d'autre part à étaler au maximum ses travaux dans le cadre de ses maigres moyens matériels et de ses possibilités de modifier les facteurs naturels de la production.

2. La somme d'efforts appliquée a chaque culture

Ayant ainsi examiné en détail comment l'effort était réparti au cours de l'année[1] il nous faut étudier comment il est partagé entre les différentes cultures. Certes il est probable que les besoins intrinsèques de chaque culture sont différents des chiffres que nous allons ensuite fournir (en principe supérieurs) ; mais d'une part le paysan doit répartir ses efforts entre différentes cultures, délaissant l'une pour aller à une autre plus prioritaire, retardant son intervention sur un champ pour assurer la sauvegarde de l'autre ; d'autre part le Toupouri ne recherche pas le rendement maximum de la culture, inconsciemment il se préoccupe du rendement optimum (le maximum de récolte pour un minimum d'efforts) non pas d'une culture isolée mais de l'ensemble de ses productions. Nous avons assimilé la demi-journée de travail d'une femme à une demi-journée de travail d'homme ; des mesures plus précises auraient fourni un coefficient de transformation mais alors il eut fallu un coefficient pour chaque tâche car le rapport de l'efficacité de chaque sexe varie selon le travail effectué. Nous avions pensé prendre 1/2 journée d'homme = 1 journée de femme. Cet arbitraire nous est apparu beaucoup plus loin de la réalité des faits que l'égalité des deux unités-temps de travail. Aussi compterons-nous 1 journée de femme = 1 journée d'homme et nos données seront-elles exprimées en homme/jour (avec toutes les restrictions que cette unité fictive, si mal définie, comporte).

Les tableaux relatifs à chaque culture montrent des différences individuelles considérables non seulement entre les temps à l'hectare pour une même culture mais entre le nombre de jours consacrés à chaque opération. En ce qui concerne la préparation du sol, les sarclages et la récolte, les

1. Nous avons, par commodité, étudié cette répartition par année légale. Il aurait été plus légitime de choisir la campagne agricole de mars à mars.

différences entre paysans peuvent être très grandes, chacun n'y consacrant que le temps qu'il juge nécessaire ou qu'il peut accorder à l'opération (la durée de la cueillette est fonction de l'importance de la récolte) ; les variations sont beaucoup plus faibles en ce qui concerne des opérations fondamentales comme les semis ou le repiquage du Babou. Dans le cas du coton cette constance du temps consacré au semis chaque année est remarquable. Si pour l'étude des activités individuelles nous avons observé un nombre de familles suffisant pour avoir une grande homogénéité des résultats il semble que l'échantillonnage soit trop restreint dans le cas des temps de travail pour chaque culture ; les moyennes obtenues n'auraient donc qu'une valeur indicative pour chaque culture.

L'agriculture Toupouri n'est pas codifiée au point d'imposer, à chaque unité rurale, la même dépense de travail, elle n'est pas assez imprégnée des concepts d'économie et de productivité du travail pour que les cultures reçoivent la même dose d'effort.

A) *Gara* (tableau 35 et fig. 43).

La moyenne du temps total de travail à l'hectare varie de 96,62 h/j en 1955, 113,91 h/j en 1957 à 130,20 h/j en 1956. Mais individuellement les variations sont beaucoup plus grandes.

Si nous décomposons ce temps global entre les diverses opérations nous avons :

H/J/HA

	1955 *moyenne*	*1956* *moyenne*	*1957* *moyenne*	*Minima*	*Maxima*
Labour	6,01	12,94	5,38	0	32,05
Semis	16,32	13,40	8,52	4,52	37,60
Fumure	1,61	2,56	0,26	0	6,74
1er sarclage	43,59	44,35	46,57	12,89	127,82
Repiquage	5,13	13,82	10,10	0	31,74
2e sarclage	13,51	31,11	22,78	0	90,23
Récolte	10,44	12,01	20,30	1,85	44,16
	96,62	130,20	113,91		

Le labour (chiffre dans lequel nous avons compris toutes les opérations de préparation du sol, coupe de quelques rejets, enlèvement d'objets ou détritus par exemple) compte pour 6 jours environ à l'hectare. Il peut être nul ou au contraire nécessiter de nombreux jours de travail (cas d'un nouveau champ comme pour Dahan 1956 qui y a appliqué en plus 16 jours de travail à l'attelage à la charrue[1]). Le semis demande en moyenne 8 à 12 j/ha, mais il faut parfois le recommencer ou le compléter ; si le

1. Nous n'avons pas, sauf indication contraire, inclus dans les calculs l'intervention attelée mais avons comptabilisé le nombre de journées d'homme ayant été dépensées à cette occasion.

labour a été insuffisant le semis s'accompagne d'un ameublissement des poquets à la houe et les deux influences combinées ameublissement + reprise du semis donnent fréquemment des temps de 25 à 30 j/ha. La fumure est une opération difficilement mesurable dans le cas très particulier du Gara. Elle est faite « à moments perdus » plus ou moins consciemment par épandage des cendres et ordures ménagères.

TABLEAU 35

RÉPARTITION DES TRAVAUX A L'HECTARE DE GARA PAR FAMILLE ET PAR ANNÉE[1]
(Quelques exemples)

	Ares	*Labour*	*Semis*	*Fumure*	*1er Sarcl.*	*Repi-quage*	*2e Sarcl.*	*Ré-colte*	*Total*
1955									
Yongwé	644,50	0	14,85	4,05	48,60	4,05	20,25	8,10	99,90
Bambé	81,40	0,61	6,14	0,61	12,89	3,07	5,53	3,68	32,53
Tionga	41	3,66	14,64	0	50,02	10,98	35,38	23,18	137,86
Moyenne sur 8 familles		6,01	16,32	1,61	43,59	5,13	13,51	10,44	96,62
1956									
Dahan	21,40	5,42 (+ 1,81)	4,52	2,71 (+ 0,90)	11,74	0	8,13	11,74	46,26 (+ 4,52)
Damo	81,60	11,03	7,96	6,74	40,42	17,76	23,28	25,11	132,30
Bambé	30,95	11,30	14,53	0	45,22	19,38	27,46	19,38	137,27
Moyenne sur 8 familles		12,94	13,40	2,56	44,35	13,82	31,11	12,01	130,20
1957									
Dahan	47,95	1,04	7,30	2,09	31,28	0	0	10,43	52,14
Yongwé	44,50	0	7,86	0	38,13	15,66	20,22	34,93	116,80
Tionga	36,20	26,22	8,28	0	30,36	31,74	37,20	44,16	177,96
Moyenne		5,38	8,52	0,26	46,57	10,10	22,78	20,30	113,93

Sauf dans le cas de Tem 1956 (127,8 h/j/ha), de Tionga 1956 (14,9 h/j/ha) le premier sarclage nécessite environ 40 à 45 h/j/ha, cette opération fondamentale pour le succès de la culture a une durée sensiblement constante. L'énergie consommée pour le repiquage varie par contre considérablement, elle dépend du succès du semis et du soin que prend le cultivateur de ses champs.

1 Les chiffres entre parenthèses, ex. : (+ 1,81), indiquent le travail attelé. La même convention est employée dans les tableaux suivants relatifs aux autres cultures.

Il en est de même du deuxième sarclage dont l'importance est toujours nettement moins grande que pour le premier ; on relève cependant fréquemment des coûts de 35 h/j/ha.

La récolte du Gara n'est pas, sauf cas particuliers, une opération agricole systématique, aussi les chiffres obtenus devraient-ils plutôt être considérés comme des minima si nous étions certains que dans chaque cas la demi-journée complète ait été passée à la récolte et au transport, ce qui est peu probable par suite de la proximité du Tin.

Dans la culture du Gara quelle est la proportion du travail familial effectué par l'homme et par les (ou la) femmes ? Les variations sont considérables (cf. tableau 41), car interviennent non seulement les caractères individuels des relations mari/épouse(s), mais encore la composition de la famille observée. Dans le cas du Gara la participation de l'homme est d'autant plus faible qu'il a plus d'épouses. L'effort étant approximativement partagé entre les adultes du Tin, la part de l'homme est inversement proportionnelle au nombre de ses épouses. Dans le cas de notre échantillon, alors que le monogame assure 50 % environ des travaux de Gara, les bigames n'effectuent que de 20 à 30 % et les deux hommes à quatre femmes (Damo et Hakna) ne participent que pour 20 %. Malgré la part si variable prise par chaque homme (de 5,5 % Lopo 1957 à 69,1 % Tem 1957), la moyenne annuelle de participation de chaque sexe est relativement très constante : 1955, hommes 33,7 %, femmes 66,3 % — 1956, hommes 37,5 %, femmes 62,5 % — 1957 hommes 32,2 %, femmes 67,8 %. Cette fidélité de la répartition des tâches se retrouvera pour les autres cultures, quoique la contribution de chaque sexe soit différente.

En moyenne dans les conditions de Golonpoui qui paraissent bien représenter celles du pays Toupouri, le mil rouge hâtif ou Gara représente une dépense moyenne annuelle de 95 à 130 jours de travail à l'hectare, effectuée un tiers par les hommes, deux tiers par les femmes et qui se décompose comme suit par hectare :

Préparation du sol	5 à 12 jours
Semis	8 à 20 jours
Fumure	2 jours
1er sarclage	45 jours
Repiquage	10 jours
2e sarclage	13 à 30 jours
Récolte	10 à 20 jours

Malgré les différences annuelles de superficie et de rendement, les graphiques 43 indiquent une progression du rendement en fonction du travail dépensé à l'hectare, et une intensité du travail d'autant moins grande que la superficie familiale totale est plus élevée. Il est probable que le calcul champ par champ, aurait donné des variations encore plus grandes

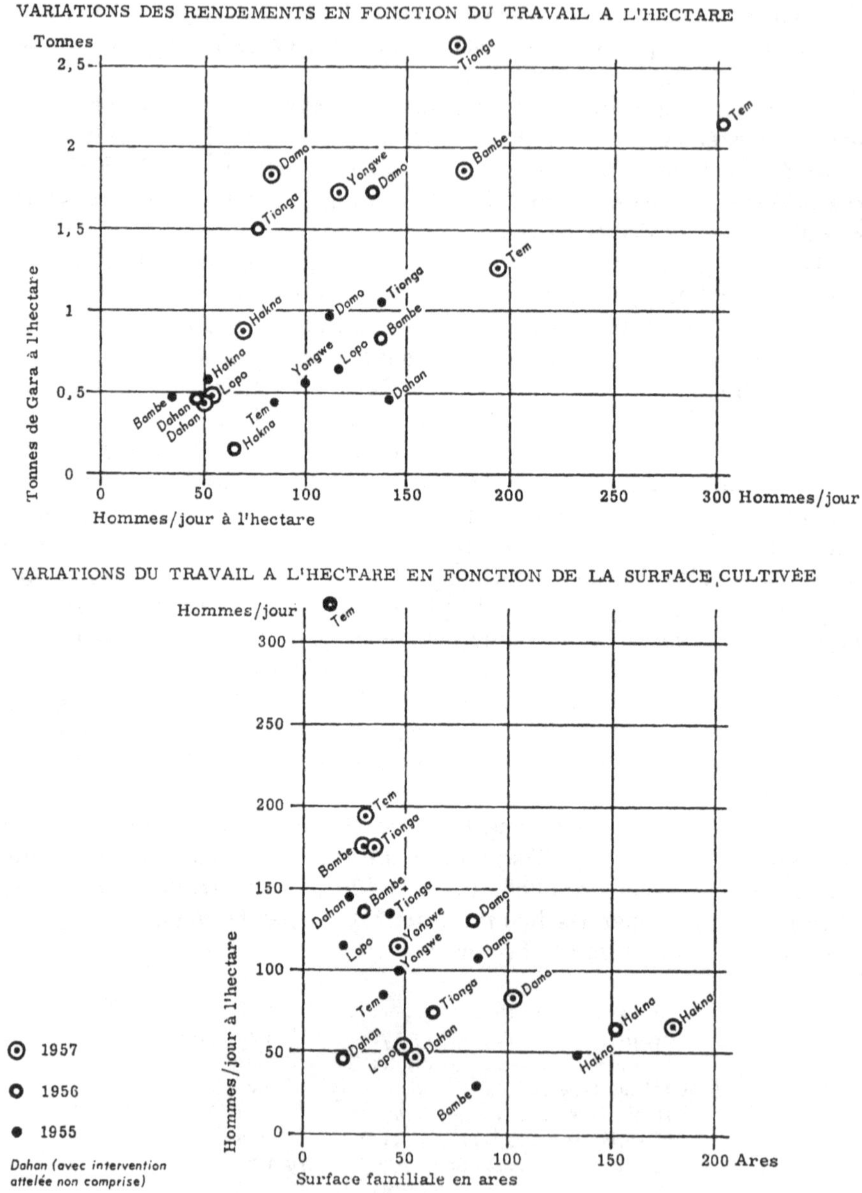

FIG. 43. — *Gara : Rendement et Travail à l'hectare par famille.*

mais la confusion des efforts et des récoltes au sein du même Tin ne nous aurait pas permis une analyse valable.

95 jours à 130 jours de travail à l'hectare pour un rendement de 700

à 1 250 kg donc une production moyenne en 1955 de 7,22 kg/h/j, en 1956 de 6,50 kg/h/j et en 1957 de 11,1 kg/h/j, tels sont les chiffres relatifs au Gara que nous reprendrons dans notre essai sur l'économie des différentes cultures (livre VI, chap. III, § 5).

B) *Shoukouloum* (tableau 36).

Nous avons lors de l'étude de cette culture au livre IV expliqué combien était irrégulière la quantité et la qualité du travail apporté au Shoukouloum, mil d'appoint. Les variations entre les familles seront donc encore plus grandes que dans le cas du Gara.

TABLEAU 36

RÉPARTITION DES TRAVAUX A L'HECTARE DE SHOUKOULOUM PAR FAMILLE ET PAR ANNÉE
(Quelques exemples)

	Ares	*Labour*	*Semis*	*Repiquage*	*Sarclages*	*Garde*	*Récolte*	*Total*
1955								
Dahan	150,30	4,90 (+ 2,14)	2,45	4,59	14,69	0,92	2,14	29,68 (+ 2,14)
Damo	101,90	9,31	4,41	1,47	31,36	0	10,78	57,33
Tem	10,50	0	9,52	19,05	9,52	0	9,52	47,62
Moyenne sur 8 familles		2,91	4,53	5,72	30,56	0,18	6,29	50,19
1956								
Dahan	223,90	4,69 (+ 1,34)	4,24	4,91	21,22 (+ 1,56)	0	4,47	39,53 (+ 2,91)
Yongwé	47	5,31	9,56	7,44	37,19	0	10,63	70,12
Damo	79,50	27,62	15,69	10,67	32	0	8,78	94,75
Moyenne sur 8 familles		11,38	9,80	6,46	32,75	0	7,41	67,80
1957								
Damo	48,55	0	18,54	12,36	89,61	0	36,05	156,56
Lopo	51,15	0	12,71	23,46	5,86	0	11,73	53,76
Tem	42,70	3,51	7,03	3,51	18,73	0	5,85	38,64
Moyenne sur 8 familles		2,19	11,87	11,41	40,65	0,52	16,53	83,18

La moyenne du temps total de travail à l'hectare varie de 50,19 h/j en 1955, 67,80 h/j en 1956 à 83,18 h/j en 1957 avec un minimum et un maximum de 29,78 (Lopo 1955) et 156,66 (Damo 1957).

La décomposition en opérations principales est la suivante :

H/J/HA

	1955 moyenne	1956 moyenne	1957 moyenne	Minima	Maxima
Préparation du sol ...	2,91	11,38	2,19	0	27,62
Semis	4,53	9,80	11,87	0,69	17,99
Repiquage (complémentaire ou d'extension)	5,72	6,46	11,41	0,69	23,46
Sarclage	30,56	32,75	40,65	5,86	89,61
Récolte	6,29	7,41	16,53	2,14	36,05
Garde, fumure, etc. ..	0,18		0,52	0	2,63
	50,19	67,80	83,18		

Nous n'entrerons pas dans le détail des opérations comme pour le Gara. Si semis, repiquage, récolte sont du même ordre de grandeur pour les deux sorghos, les autres opérations : préparation du sol (défrichement et labour éventuel), fumure et sarclages sont beaucoup moins importants dans le cas du Shoukouloum. S'il semble y avoir une relation inversement proportionnelle entre l'étendue des champs familiaux de Shoukouloum et les soins qui leur sont apportés, il n'apparaît pas qu'il y ait relation entre la dose d'énergie appliquée et le rendement à l'hectare.

Les rendements beaucoup plus faibles que pour le Gara, 300 à 750 kg à l'hectare en moyenne, sont probablement limités plus par la fertilité des sols que par les travaux eux-mêmes.

La répartition du travail entre les époux marque une participation moindre des femmes que pour les champs de Gara :

EN POURCENTAGE[1]

	H moyenne	F moyenne	Maxima H	Minima H
1955	46,3	53,7	67,8 (Tionga)	23,9 (Damo)
1956	51	49	90,3 (Tem)	13,4 (Damo)
1957	45,6	54,4	71,7 (Dahan)	18,5 (Damo)

L'influence du nombre d'épouses est moins grande également. Tandis que le monogame effectue les deux tiers du travail, l'homme à deux femmes ne participe que pour 45 % et l'homme ayant quatre épouses à 35 % des travaux effectués pour le Shoukouloum. Cette différence du partage des contributions pour le Shoukouloum et pour le Gara s'explique facilement si on considère les éloignements respectifs des champs de ces deux cultures

1. Dans ce calcul de la répartition du travail entre les sexes, seuls les membres de la famille sont considérés, tandis que, bien entendu, l'aide étrangère à la famille est comptabilisée pour les temps de travail à l'hectare.

par rapport au Tin ; la femme s'occupe plus du Gara proche de la case, laissant à l'homme le soin du champ de Shoukouloum situé en brousse parfois à plusieurs kilomètres. D'ailleurs la femme est rarement la responsable d'un champ de mil blanc tardif alors qu'elle l'est toujours d'un champ de Gara. En dépit des grandes variations enregistrées, la répartition moyenne des tâches au sein de notre échantillon est assez constante :

1955 ... 46,3% 1956 ... 51% 1957 ... 45,6% pour l'homme.

En moyenne, tout en gardant à l'esprit les grandes différences selon les familles et selon les années, le Shoukouloum reçoit de 50 à 85 jours de travail à l'hectare, effectués pour près de moitié par les hommes et se décomposant approximativement comme suit :

Préparation du sol	3 à 11 jours
Semis	4 à 12 jours
Repiquage	5 à 11 jours
Sarclages	30 à 40 jours
Récolte	6 à 16 jours

Alors que R. Dumont [29] indique pour la région de Bousso au Tchad la valeur de 40 jours de travail à l'hectare (pour un rendement il est vrai de 300 kg), le Rapport Annuel 1948 du Service de l'Agriculture du Tchad donne la décomposition ci-dessous (sans indiquer le rendement, ni les conditions) :

Préparation du sol	17 jours
Houage et semis	15 jours
3 sarclages	27 jours
Récolte	10 jours
	69 jours à l'hectare

auxquels s'ajoutent 7 jours de battage que nous n'avons pas comptabilisés dans les travaux agricoles proprement dits. Les chiffres sont très comparables de part et d'autre de la frontière.

La production moyenne par jour de travail fut pour l'ensemble de notre échantillon de 11,1 kg en 1955 ; 8,9 kg en 1956 et 5,5 kg en 1957.

C) *Babou.*

Dans cette culture les différences entre familles sont beaucoup moins grandes que pour les deux sorghos précédents. La moyenne du temps de travail à l'hectare pour les huit familles formant notre échantillon fut de 59 jours en 1955, 49,08 jours en 1956 et 74,05 jours en 1957.

Les écarts autour de ces moyennes sont relativement faibles :

1955 .. Bambé : 49,95 h/j/ha — Yongwé : 84,75 h/j/ha
1956 .. Lopo : 32,59 h/j/ha et 2,81 d'attelage — Tem : 80,78 h/j/ha
1957 .. Hakna : 49,12 h/j/ha — Dahan : 107,56 h/j/ha + 3,46 journées d'attelage.

Alors que pour le Gara l'amplitude autour de la moyenne annuelle était grande, les chiffres individuels sont beaucoup plus serrés dans le cas du Babou :

VALEUR DES ÉCARTS EN POURCENTAGE PAR RAPPORT A LA MOYENNE ANNUELLE

	1955	*1956*	*1957*
	—	—	—
Gara ...	— 66,3 % à + 46,9 %	— 64,5 % à + 148,3 %	— 57,4 % à + 69,7 %
Babou ..	— 15,3 % à + 43,6 %	— 33,6 % à + 64,5 %	— 33,7 % à + 45,3 %

Cette régularité de la culture du Babou se manifeste mieux dans la répartition des tâches entre hommes et femmes du même Tin[1] :

EN POURCENTAGE

	H *moyenne*	*F* *moyenne*	*Maxima H*	*Minima H*
	—	—	—	—
1955	49,2	50,8	81,2 (Dahan)	24,4 (Hakna)
1956	46,8	53,2	71,8 (Bambé)	18,8 (Hakna)
1957	47,3	52,7	66,1 (Tem)	23,1 (Damo)

La constance annuelle de la répartition des tâches est légèrement plus grande que dans le cas du Shoukouloum mais le partage est sensiblement le même. L'homme n'ayant qu'une seule femme effectue les deux tiers du travail, le bigame 45 % et l'époux à quatre femmes 25 % seulement (contre 35 % pour le Shoukouloum et 20 % pour le Gara). Quoique la contribution des femmes à la culture du Babou soit plus faible que dans le cas du Gara, les épouses peuvent avoir « l'initiative » de champs de Babou et ceci explique l'intervention relativement limitée du polygame dans ce domaine.

La décomposition de l'effort global à l'hectare de Babou a été la suivante pour la moyenne de notre échantillon :

H/J/HA

	1955 *moyenne*	*1956* *moyenne*	*1957* *moyenne*	*Minima*	*Maxima*
	—	—	—	—	—
Pépinière	5,76	4,47	5,57	0,78	9,35
Garde	0,85	0,46	2,06	0	11,38
Labour	25,45	13,81	6,13	3	28,82
Repiquage	9,20	9,97	11,93	4,34	33,06
Sarclages	12,85	13,43	39,91	0,83	74,22
Récolte	4,86	6,94	8,44	1,45	14,03
	59	49,08	74,05		

1. Cf. p. 376, n. 1.

Si le travail proprement dit de la pépinière, ouverture du sol et préparation des billons, semis, entretiens est sensiblement toujours le même à l'hectare : 5 à 6 jours, la rubrique « garde » est loin d'être constante. Elle ne correspond pas à un véritable travail mais à une surveillance, sa durée n'est pas directement proportionnelle à l'étendue de la pépinière.

La confusion qui peut exister entre les travaux désignés par « labour », « repiquage » et « sarclage » du Babou a déjà été signalée (cf. livre IV, chap. III, § 3). Les variations individuelles du nombre de jours à l'hectare pour ces diverses rubriques montrent combien difficilement elles peuvent être distinguées.

Dans la rubrique « récolte » ont été compris le relevage des tiges, la cueillette proprement dite et le transport jusqu'au Tin. Les opérations complémentaires de séchage, pilage, mise en grenier, etc., ne sont pas incluses.

En moyenne le paysan Toupouri consacre de 50 à 70 jours de travail agricole à la culture d'un hectare de Babou, près de la moitié du labeur familial étant assurée par l'homme. Nous venons de préciser labeur familial c'est-à-dire dépensé par les adultes du Tin lui-même, car le Babou utilise une grande partie d'aide ou d'appoint de main-d'œuvre. En étudiant les modalités de ce supplément de travail, nous n'avons pas précisé quelle part il tenait dans la culture du Babou. Le pourcentage

$$\frac{\text{Nombre de jours d'aide}}{\text{Nombre total de jours de travail}} \times 100$$ fut le suivant pour les familles de notre échantillon :

	1955	*1956*	*1957*
Hakna	25,1	6,1	13,8
Damo	13,8	2,2	30,4
Dahan	15,4		64,3
Yongwé	0	12,5	5,9
Bambé	27,7	24,5	43,7
Lopo	12,4	31,9	15,3
Tem	3,4	20	30
Tionga	13,2	11,5	7
Moyenne	13,9	15,5	26,2

Nous n'avons pas relevé de relation entre la surface cultivée en Babou par la famille et l'importance de l'aide sollicitée par celle-ci.

En résumé, la culture du Babou représente une somme de travail de 50 à 70 jours, dont 15 à 25 % sont effectués par de l'aide extérieure à la famille, 40 % par l'homme et 40 % par les (ou la) femmes ; ce travail se répartit comme suit :

Pépinière	5 jours
Labour	6 à 25 jours
Repiquage	10 jours
Sarclages	9 à 40 jours
Récolte	5 à 10 jours

Le Rapport Annuel Agriculture Tchad 1948 déjà cité donne les chiffres suivants, relatifs au mil berbéré dont la pratique est très semblable :

Pépinière (semis et entretien)	30 jours
Mise en place	15 jours
Sarclages	30 jours
Récolte	10 jours

soit un total de 85 jours à l'hectare. Nos résultats sont nettement inférieurs et nous croyons le poste « pépinière » très surestimé dans le détail du mil berbéré.

TABLEAU 37

RÉPARTITION DES TRAVAUX A L'HECTARE DE BABOU PAR FAMILLE ET PAR ANNÉE

(Quelques exemples)

	Ares	*Pépinière*	*Pépinière Garde*	*Labour*	*Repiquage*	*Sarclage*	*Récolte*	*Total*
1955								
Dahan	42,50	4,71	0	4,71	12,94	29,41	7,06	58,33
Yongwé	73,80	6,10	0	48,14	11,53	13,56	5,42	84,75
Bambé	104,10	5,76	0	16,81	9,61	15,85	1,92	49,95
Moyenne sur 8 familles		5,76	0,85	25,45	9,20	12,85	4,86	59
1956								
Damo	490,25	5,10	0,61	14,79 (+ 0,30)	7,24	1,94	3,47	33,16 (+ 0,30)
Tem	117,60	9,35	0	26,36	13,18	17,85	14,03	80,78
Tionga	240,40	6,86	0,42	21,63	13,52	4,58	7,07	54,08
Moyenne sur 8 familles		4,47	0,46	13,81 (+ 0,47)	9,97	13,43	6,94	49,08 (+ 0,47)
1957								
Hakna	574,95	2,78	1,56	3,30	8,78	28,17	4,52	49,12
Dahan	159	5,35	0	7,86 (+ 3,46)	8,18	74,22	11,95	107,56 (+ 3,46)
Tem	73,90	4,06	0	6,76	10,82	41,94	10,82	74,41
Moyenne sur 8 familles		5,57	2,06	6,13 (+ 0,68)	11,93	39,91	8,44	74,05 (+ 0,68)

Le Babou nécessite un nombre de jours de travail à l'hectare inférieur à celui des autres sorghos mais ses rendements sont nettement plus bas dans les conditions de Golonpoui : de 300 à 400 kg de grain à l'hectare.

Notre échantillon de huit familles donne les productivités suivantes en kilogrammes de grain par jour de travail :

1955	4,4 kg/homme-jour
1956	6,4 kg/homme-jour
1957	4,8 kg/homme-jour

Ces rendements et cette productivité inférieure sont probablement la rançon de l'épiaison en saison sèche du Babou, car les sols des dépressions, quoique les plus riches de la région, ne sont pas très fertiles et ont une capacité d'emmagasinage de l'eau limitée. Mais leur régime hydrique ne permet pas facilement un autre type de culture et surtout une récolte dont le rythme ne se superpose pas aux pointes déjà si aiguës de travail ; ceci compense, à notre avis, très largement la différence de production du Babou (ce qui ne veut pas dire que de gros efforts ne doivent pas être faits pour augmenter le rendement).

D) *Tchanré.*

Nous n'avons que très peu de données sur le nombre de jours de travail nécessaire à la culture d'un hectare de mil chandelle par suite de la faible extension de cette production. Néanmoins les chiffres enregistrés au Tin Damo en 1957 :

Surface cultivée		99,70 ares
Temps passé aux travaux agricoles	labour	6 jours
	semis	18 jours
	sarclages	32 jours
	récolte	10 jours

donnent un total de 66 jours, chiffre qui peut être retenu pour l'hectare. Le travail a été partagé comme suit :

Homme	38,6 %	
Aide	1,5 %	
Ensemble des femmes	59,9 %	(dont 1re femme 16,7 %, 2e femme 16,7 %, 3e femme 15,2 % et 4e femme 11,3 %).

La récolte fut de 336 kg en épis soit 337kg/ha et la productivité par jour de travail fut de 5,09 kg.

E) *Arachides.*

La moyenne des résultats de nos relevés est la suivante en nombre de jours de travail par hectare :

1954	95,5 j + 3 j	d'attelage
1955	103,6 j + 6,1 j	—
1956	118 j + 2 j	—
1957	130,3 j + 2 j	—

La progression assez régulière de cette moyenne annuelle relative à notre échantillon indique un soin chaque année plus grand de la culture de l'arachide qui est redevenue le « cash crop » du pays. Les variations individuelles :

	Minima	*Maxima*
	—	—
1955	58,08 h/j/ha	163,62 h/j/ha
1956	82 —	215 —
1957	84 —	199 —

sont relativement faibles par rapport à celles du Gara, mais elles sont nettement plus élevées que pour le Babou.

Valeur des écarts en pourcentage par rapport à la moyenne annuelle :

Arachides :	1955	— 39,1% à + 71,3%
	1956	— 20,8% à + 107,5%
	1957	— 35,5% à + 52,7%

Comme pour les autres cultures c'est en 1956 que les écarts par rapport à la moyenne ont été les plus grands, spécialement pour les quantités de travail à l'hectare élevées.

Comment cette centaine de journées de travail agricole a-t-elle été répartie entre les diverses tâches ?

H/J/HA

	1955 *moyenne*	*1956* *moyenne*	*1957* *moyenne*	*Minima*	*Maxima*
	—	—	—	—	—
Travaux divers	5	1,5	1,8	0	11,7
Préparation du sol ...	40,8	24,2	17,7	4,3	66
Semis	13,2	21,9	15,2	6,4	36,3
Sarclages	16,2	28,8	24,3	7	56,1
Récolte	28,4	41,5	71,3	11,8	109
	103,6	118	130,3		

Sous la rubrique « travaux divers » nous avons regroupé des actions très différentes : piquetage, confection de la corde à semer, surveillance du champ, mais surtout décorticage des semences qui constitue l'essentiel de cette catégorie. Il est difficile d'observer le temps passé réellement au décorticage car ce travail est souvent effectué de façon discontinue soit par les femmes et les enfants entre les travaux ménagers, soit par les hommes pendant le repos. Au moment du décorticage des semences, quelques jours avant le semis, le paysan ne peut pas interrompre les autres travaux agricoles pour se consacrer uniquement à cette tâche, il cherche plutôt à l'inclure dans ses moments perdus. Nous avons préféré mesurer l'incidence du décorticage dans l'ensemble de la répartition de ses activités plutôt que d'en connaître la valeur absolue.

TABLEAU 38

RÉPARTITION DES TRAVAUX A L'HECTARE D'ARACHIDES PAR FAMILLE ET PAR ANNÉE
(Quelques exemples)

	Ares	*Travaux divers*	*Labour*	*Semis*	*Sarclages*	*Récolte*	*Total*
1954							
Bambé	25	6	16 (+ 6)	20	12	60	114 (+ 6)
Lopo	39,60	3,78	15,15	11,36	31,56	15,15	77
Moyenne		4,89	15,58 (+ 3)	15,68	21,78	37,58	95,50 (+ 3)
1955							
Damo	97,30	1,03	23,13	7,71	14,39	11,82	58,08
Dahan	16,50	3,03	54,54 (+ 9,09)	36,36	15,15	54,54 (+ 21,21)	163,62 (+ 30,30)
Tionga	38,50	11,69	55,83	9,09	19,48	33,76	129,85
Moyenne		5,01	40,82 (+ 1,82)	13,21	16,19	28,37 (+ 4,24)	103,62 (+ 6,06)
1956							
Lopo	21,38	0	4,68	30,40	56,12	25,72	116,92
Tionga	50	1	66	33	35	80	215
Tem	49,50	0	27,27	13,13	25,25	20,20	85,85
Moyenne		1,56	24,19	21,90	28,81	41,54	118 (+ 2)
1957							
Dahan	101	0,49	13,86 (+ 5,94)	7,92	23,76 (+ 0,99)	44,05	90,08 (+ 6,93)
Lopo	61,25	0	21,7 (+ 7,3)	14,5	30,7	86,4	153,3 (+ 7,3)
Tionga	50	3	27	36	44	89	199
Moyenne		1,81	17,67	15,25	24,29	71,31	130,33 (+ 2,03)

La préparation du sol comprend aussi bien le débroussement, la mise en tas et l'incinération des produits que le labour proprement dit. Son importance est plus ou moins grande selon la couverture spontanée et la culture antérieure. Alors que nous avons des temps de préparation du terrain de 66 h/j/ha (Tionga 1956) ou 54,54 h/j/ha + 9,09 jours d'attelage (Dahan 1955) pour les cultivateurs les plus exigeants ou les moins pressés par d'autres travaux, certains se contentent d'un nettoyage et d'une ouverture du sol très sommaires (ex. Damo, 1956 : 4,25 h/j/ha). Néanmoins une moyenne de 20 à 25 jours semble nécessaire au paysan Toupouri pour préparer son champ au semis de l'arachide.

Cette dernière opération est également effectuée avec plus ou moins de minutie. Nous n'avons pas poussé la recherche jusqu'à la différenciation des temps passés par les femmes sur leurs parcelles semées toujours tard et à grand espacement et du nombre de jours consacrés aux parcelles pour lesquelles une grande densité et une bonne régularité des semis étaient recommandées aux hommes (cette remarque s'applique aussi bien aux autres postes de travail de cette même culture). Ce n'est pas seulement du dépôt de la graine qu'il s'agit d'ailleurs ; sont incluses sous le titre « semis » les opérations d'alignement des raies, d'ameublissement complémentaire à l'emplacement du poquet, etc., toutes besognes accomplies en même temps. Le semis demande de 6 à 30 jours de travail (maximum Dahan, 1955 : 36,36 h/j/ha).

Les sarclages (1er et 2e) et le léger buttage qui les accompagne parfois dépendent considérablement des opérations antérieures. Mais cependant aucune relation n'a pu être trouvée, avec les données de notre échantillon, entre les durées « préparation du sol-semis et sarclages ». La moyenne fut de 16,2 jours en 1955, 28,8 jours en 1956 et 24,3 jours en 1957. Comme dans toutes nos observations, les facteurs particuliers soit proprement culturaux, soit proprement individuels, ont une très grande importance et expliquent la grande dispersion des chiffres présentés. La constance relative des moyennes doit seulement être retenue.

Le nombre de jours passés à la récolte comprend l'arrachage, le rassemblement sur le champ, l'égoussage sur le champ ou la mise en bottes et le transport jusqu'au Tin. Mais il n'inclut ni le décorticage, ni la commercialisation. La récolte est l'opération qui demande en moyenne le plus grand nombre de jours de travail et les déclarations des paysans de l'enquête aboutissent à des sommes de labeur à l'hectare très élevées. Relevons Tionga 1956 : 80 h/j/ha ; Tem 1957 : 106 h/j/ha et encore mieux Hakna 1957 : 109 h/j/ha. Que faut-il penser de tels chiffres ? Certes l'arrachage à la main, touffe par touffe, dans un sol très rapidement durci en surface par la brusque arrivée de la saison sèche est une longue opération. Rien ne presse alors le paysan Toupouri qui rassemble soigneusement les touffes et les nettoie parfaitement. Les femmes passent de longues heures penchées sur le sol pour ramasser les gousses et le glanage des coques oubliées est pratiqué par les femmes âgées, parfois jusqu'en janvier (supplément de production « gratuit » car il n'y a pas grand-chose à faire à cette période). Nous avons cherché si le nombre de jours nécessaires à la récolte était fonction du rendement de celle-ci. Les facteurs individuels sont, là encore, nettement plus importants que l'action elle-même de ramassage.

C'est en 1957 que le temps passé est le plus nettement proportionnel à la quantité récoltée.

Comme la récolte représente une partie élevée de l'ensemble du travail « arachides » et que les femmes y jouent un grand rôle, leur participation aux travaux agricoles « arachides » est très forte ; ceci est encore accru par les petites parcelles d'arachides cultivées uniquement par les femmes.

EN POURCENTAGE DU TRAVAIL FAMILIAL

	H *moyenne*	*F* *moyenne*	*Maxima H*	*Minima H*
	—	—	—	—
1955	53,1	46,9	66,7	32,2
1956	56,2	43,8	77,7	29
1957	43,3	56,7	56,1	27,1

L'arachide n'échappe pas à la règle déjà relevée selon laquelle la participation des épouses réduit le rôle de l'homme. Alors que le monogame effectue de 50 à 65 % du travail total, dans les Tin à quatre épouses l'homme n'en réalise que 30 % environ. Si nous avions effectué le partage entre les champs des deux sexes, la prépondérance du travail masculin aurait été beaucoup plus élevée dans les champs à l'initiative des hommes.

La culture d'un hectare d'arachides en pays Toupouri consomme donc en moyenne 105 à 130 jours de travail qui se décompose en :

Travaux divers (décorticage des semences principalement)	2 à 5 jours
Préparation du champ	15 à 40 jours
Semis (et façon superficielle à l'occasion)	10 à 25 jours
Entretiens	15 à 26 jours
Récolte (transport jusqu'au Tin et séparation gousses/fanes comprise)	30 à 70 jours

Le Service de l'Agriculture du Tchad *(op. cit.)* donne le détail suivant (pour la même superficie) :

Mise en état du terrain (houage compris)	14 jours
Décorticage des gousses pour la semence	5 jours
Semis	4 jours
Trois sarclages	27 jours
Récolte	8 jours
Glanage et égoussage	12 jours
	70 jours

Le nombre de jours de travail à l'hectare indiqué par le Service de l'Agriculture du Tchad est nettement inférieur au temps passé effectivement par le paysan Toupouri à la culture de l'arachide ; comme aucune indication n'est donnée ni sur la manière dont fut obtenu le résultat ci-dessus, ni les conditions, nous pensons que l'estimation ainsi faite est nettement en dessous, non pas peut-être du temps nécessaire à la culture isolée d'un hectare, mais de la durée effective des travaux, du nombre de jours qu'ils soustraient aux autres activités dans la complexité d'un système agricole réel.

105 à 130 jours de travail à l'hectare pour une production *commercialisée* de 400 à 500 kg d'arachides-coques, tel est le bilan apparent de la culture arachidière. Ces rendements commercialisés doivent, à notre avis personnel, être majorés de 150 à 220 kg par hectare ; mais interviennent d'autre part les arachides des femmes, en superficie très faible il est vrai mais à production assez basse. Ces divers facteurs font qu'il est extrêmement hasardeux de calculer la productivité de la culture de l'arachide à Golonpoui. En tenant compte des restrictions ci-dessus nous obtenons une production d'arachides-coques moyenne de 5,2 kg d'arachides-coques par jour de travail. Nos chiffres varient de 1,740 kg/h/j (Tionga 1956) à 11,065 kg/h/j (Damo 1954) mais la plupart d'entre eux sont compris entre 3 et 7 kg par homme-jour sans que nous ayons pu déceler de groupement plus précis.

F) *Voandzou.*

La culture du pois de terre est faite à peu près uniquement par les femmes. La participation des hommes y est très faible ou même souvent nulle, sauf dans le cas de Yongwé, célibataire qui, en 1955 et 1956, a beaucoup aidé sa mère pour cette production.

EN POURCENTAGE DU TRAVAIL FAMILIAL

	H *moyenne*	*F* *moyenne*	*Maxima H*	*Minima H*
	—	—	—	—
1955	3,9	96,1	18,7 (Yongwé)	0
1956	8,1	91,9	25 (Yongwé)	0
1957	4,7	95,3	10,3 (Lopo)	1,1

Cette « culture de femmes » a nécessité une moyenne de 79,98h/j/ha de travail[1] en 1955, 56,83 h/j/ha en 1956 et 102,47 h/j/ha en 1957 (ce dernier chiffre n'est appuyé que par des observations sur une surface cultivée de 57,65 ares nettement insuffisante pour espérer une moyenne valable). Les temps individuels sont assez variables :

	Minima	*Maxima*
	—	—
1955	53,48 h/j/ha	132,25 h/j/ha
1956	42,32 —	81,34 —
1957	79,72 —	125,23 —

ce qui donne comme variations autour de la moyenne :

1955	— 33,1% à + 65,3%	
1956	— 25,5% à + 43,1%	
1957	— 22,1% à + 22,1%	(deux données seulement)

1. Nous devrions dire femme-jour/ha plutôt que homme-jour/ha dans le cas présent.

Ce travail se décompose en :

	1955 moyenne	*1956 moyenne*	*1957 moyenne*	*Minima*	*Maxima*
Préparation du sol ...	10,38	16,06	25,47	3,82	32,67
Semis	11,64	21,01	25,16	3,13	36,52
Sarclages	30,77	4,33	8,76	0,47	42,52
Récolte	27,18	15,43	43,08	8,37	56,26
	79,97	56,83	102,47		

Tableau 39

RÉPARTITION DES TRAVAUX A L'HECTARE DE VOANDZOU

(Quelques exemples)

	Ares	*Labour*	*Semis*	*Sarclage*	*Récolte*	*Total*
1955						
Damo	43,40	28,75	9,20	41,40	52,90	132,25
Yongwé	14	3,82	19,10	3,82	26,74	53,48
Moyenne		10,38	11,64	30,77	21,18	79,98
1956						
Tionga	29,50	13,28	36,52	3,32	28,22	81,34
Hakna	106,05	30,18	16,50	0,47	8,96	56,11
Moyenne		16,06	21,01	4,33	15,43	56,83
1957						
Hakna	27,55	32,67	25,41	10,89	56,26	125,23
Moyenne		25,47	25,16	8,76	43,08	102,47

Si on retrouve à peu près les mêmes durées pour le semis que dans le cas de l'arachide et des temps légèrement plus bas pour la préparation du sol et la récolte, les sarclages, eux, sont nettement inférieurs. Un sol beaucoup plus pauvre, de préparation plus facile, un ensemencement avec houage plus tardif réduisant l'envahissement par les herbes expliquent cette différence du travail nécessaire aux deux cultures.

Le Voandzou produit de 360 à 580 kg à l'hectare pour un travail de 80 à 100 jours. La productivité de cette énergie à peu près uniquement féminine varie de 3,6 à 7,2 kg/jour de travail, nous adopterons comme chiffre moyen 5,2 kg/jour de pois de terre en coques, très voisin de celui calculé pour l'arachide.

G) *Coton.*

Les calculs que nous avons pu effectuer sur la dépense en main-d'œuvre pour la culture d'un hectare de coton sont limités à un petit nombre d'exemples : 1954 : 4 ; 1955 : 3 ; 1956 : 2, par suite de la disparition progressive de cette culture. Ceci réduit certes la valeur des moyennes qui en sont tirées dans ce paragraphe mais n'en fournit pas moins quelques résultats intéressants sur le temps de travail qu'absorbait le coton.

Le nombre moyen de jours de travail annuel a subi une très grande variation de 1954 à 1956 par suite principalement de la grande diminution du temps passé à la récolte lié à l'effondrement des rendements :

1954	221,5 h/j/ha
1955	115,2 h/j/ha
1956	64,7 h/j/ha

Les travaux de débroussement, incinération, premier labour sont groupés sous la rubrique « préparation du champ ». Alors qu'en 1954 et en 1955 le coton fut cultivé dans la zone des « pseudo-rotations », nécessitant un important labeur de nettoyage, en 1956 il fut semé sur les « cordes de Tin », c'est-à-dire proches des habitations. Ceci explique que le temps moyen de préparation du champ passe de 44 j/ha à 14 j/ha. Les chiffres donnés pour le semis sont assez voisins de ceux rencontrés pour l'arachide ; le fait que la graine d'arachide est plus facile à manipuler que les semences de coton est compensé par la densité beaucoup plus grande du semis pour le coton.

Sous la rubrique « Travaux divers » ont été rangés les actes très différents mais toujours de faible durée : fumure au poquet, opérations de traitement insecticide, etc.

Une très grande variation se manifeste dans les rubriques « Sarclages ». Si le premier sarclage est toujours effectué, le temps nécessaire varie beaucoup avec l'état d'enherbement du champ. En 1954 sur des champs de brousse, avec une bonne pluviométrie la moyenne est plus de deux fois supérieure aux moyennes 1955 et 1956. Par contre les sarclages suivants reflètent beaucoup plus le tempérament du cultivateur, l'influence de la distribution de la prime appelée d'ensemencement, ou les perspectives mêmes de la récolte. Les champs de coton de 1956 d'une excellente vigueur végétative mais en proie à un parasitisme acharné, ne donnaient guère d'espoir de bonne récolte, aussi les paysans se bornèrent-ils au premier sarclage.

Ce volume de la récolte explique également que le temps consacré au ramassage et au tri des capsules passe de 62 h/j/ha en 1954 à 11,7 h/j/ha en 1956. Cette opération est assurément celle qui nous a fourni les chiffres les moins certains parmi les divers travaux des différentes cultures tant par le nombre de demi-journées déclarées que par l'importance très relative du travail durant ces occurrences. C'est pendant cette récolte de coton que la durée du temps passé au champ par demi-journée, et l'effort fourni, sont probablement les moins élevés[1]. Mais comme dans les autres cas, nous avons cherché à mesurer la part occupée par chaque acte agricole dans la réalité de la vie du paysan Toupouri, son incidence relative plus que la valeur absolue et l'énergie consommée par telle ou telle opération.

TABLEAU 40

RÉPARTITION DES TRAVAUX A L'HECTARE DE COTON PAR FAMILLE ET PAR ANNÉE[2]

(Quelques exemples)

	Ares	*Défriche-ment-labour*	*Semis*	*Travaux divers Fumure Trait.*	*1er Sarclage*	*2e Sarcl.*	*Ré-colte*	*Arra-chage*	*Total*
1954									
Bambé	42,50	30,55	22,32	7,05	29,37	16,45	15,27	1 ,18	122,20
Lopo	25	54 (+ 4)	28	14	26	24	98	8	252 (+ 4)
Tem	25	44	26	16	54	44	70	8	262
Tionga	25	48	24	8	48	56	66		250
Moyenne		44,14	25,08	11,24	39,34	35,11	62,32	4,29	221,52
1955									
Lopo	50,20	30,87	14,94	1,99	1,99	64,74	17,93		132,46
Tem	62,50	20	24	0,80	3,20	41,60	10,40	9,60	109,60
Dahan	24,60	18,29 (+ 8,13)	6,10	6,10	42,68 (+ 6,10)	10,16	16,26	4,06	103,66 (+ 14,23)
Moyenne		23,05 (+ 2,71)	15,01	2,96	15,95 (+ 2,03)	38,83	14,86	4,55	115,21 (+ 4,74)
1956									
Lopo	43,20	15,02	8,09	0	25,41	19,63	16,17	2,31	86,63
Bambé	40,95	13,43	14,65	0	7,33	0	7,33	0	42,74
Moyenne		14,22	11,37	0	16,37	9,81	11,75	1,16	64,68

Alors que pour les autres cultures nous n'avons pas inclus les travaux post-culturaux (tous d'ailleurs de transformation des produits avant leur utilisation ou leur vente) il nous est apparu obligatoire d'inscrire pour le coton l'opération d'arrachage des vieux cotonniers (ou plus exactement

1. Il n'est pas exagéré d'assimiler la demi-journée lors de la récolte du coton à une heure de travail effectif.

2 Les chiffres entre parenthèses, comme dans les cas précédents, indiquent le travail attelé (journée d'attelage).

de destruction ; en effet le paysan se contente de les couper au pied, de les entasser et de les brûler). Ce travail de protection phytosanitaire est une obligation prévue par la loi et sérieusement contrôlée par les agents de la C.F.D.T. ; cependant lors de la campagne 1956, il ne fut pas correctement exécuté par suite de l'abandon de la culture cotonnière.

Pour les raisons données ci-dessus, effort très dilué de la récolte, différences de nature des champs, les variations individuelles sont assez grandes ; seule la campagne 1955 montre une grande homogénéité de résultats.

	Minima	*Maxima*
1954	122,20 h/j/ha	262 h/j/ha
1955	103,66 —	132,46 —
1956	42,74 —	86,63 —

Mais ces écarts autour des moyennes sont beaucoup moins importants que pour le Gara et même l'arachide :

1954	— 44,8% à + 18,2%
1955	— 10 % à + 14,9%
1956	— 33,9% à + 33,9%

Devons-nous y voir l'effet d'un encadrement plus actif, d'une inadaptation à cette culture nouvellement introduite ou d'un manque d'initiative individuelle de la part du paysan ?

La production du coton est surtout assurée par les hommes.

EN POURCENTAGE DU TRAVAIL FAMILIAL

	H *moyenne*	*F* *moyenne*	*Maxima H*	*Minima H*
1954	53,1	46,9	65 (Tem)	45,3 (Tionga)
1955	61,1	38,9	91,3 (Dahan)	32,4 (Hakna
1956	76,7	23,3	78,5 (Bambé)	75 (Lopo)

Si l'influence du nombre de femmes du Tin s'y fait toujours sentir en réduisant la part de l'homme, celle-ci reste toujours très élevée et toujours supérieure à son pourcentage de participation dans la culture de l'arachide.

Il nous est difficile, devant la grande dispersion des chiffres relevés de 1954 à 1956, sur un nombre trop petit de familles, de donner une moyenne du temps dépensé pour la culture d'un hectare de coton. En adoptant les chiffres 1955 nous voyons que le paysan Toupouri a consacré environ 115 jours à l'hectare, soit :

Préparation du terrain	15 à 35 jours
Semis	15 à 25 jours
1er sarclage	20 à 25 jours
Sarclages ultérieurs	30 à 40 jours
Récolte	15 à 30 jours
Travaux divers	8 jours
Arrachage des vieux cotonniers	4 jours

TABLEAU 41

RÉPARTITION DU TRAVAIL ENTRE L'HOMME ET LES (OU LA) FEMMES
POUR LES DIFFÉRENTES CULTURES SELON LES ANNÉES
En pourcentage du total de travail agricole.

	Nombre de femmes	*Gara*		*Shoukouloum*		*Babou*		*Arachides*		*Coton*		*Voandzou*	
		H	*F*	*H*	*F*	*H*	*F*	*H*	*F*	*H*	*F*	*H*	*F*
1955													
Damo	4	26,6	73,3	23,9	76,1	27,1	72,9	32,2	67,8			3,6	96,4
Hakna	4	12,5	87,5	44,8	55,2	24,4	75,6			32,4	67,6	3,3	96,7
Dahan	1	30,8	69,2	64,4	35,6	81,2	18,8	65,9	34,1	91,3	8,7	0	100
Yongwé	1	28,4	71,6	36,1	63,9	57,6	42,4	66,7	33,3			18,7	81,3
Bambé	1	66,7	33,3			59,5	40,5	61	39				
Lopo	2	17,4	82,6	29,1	70,9	33,7	66,3			50,4	49,6	2,1	97,9
Tionga	2	42	58	67,8	32,2	46,2	53,8	39,5	60,5			0	100
Tem	1	45,4	54,6	58,3	41,7	64,4	35,6			70,4	29,6	0	100
Moyenne		33,7	66,3	46,3	53,7	49,2	50,8	53,1	46,9	61,1	38,9	3,9	96,1
1956													
Damo	4	37,7	62,3	13,4	86,6	29,6	70,4					0	100
Hakna	4	11	89	62,5	37,5	18,8	81,2	29	71			0	100
Dahan	1	62,8	37,2	64,2	35,8			77,7	22,3			0	100
Yongwé	2	34	66	72,4	27,6	43,6	56,4	49,5	50,5			25	75
Bambé	1	47,1	52,9			71,8	28,2	47,1	52,9	78,5	21,5		
Lopo	2	10,5	89,5	32,6	67,4	48,1	51,9			75	25	1,1	98,9
Tionga	2	36,6	63,4	21,4	78,6	46,5	53,5	57	43			22,4	77,6
Tem	1	60,7	39,3	90,3	9,7	69,2	30,8	70	30				
Moyenne		37,5	62,5	51	49	46,8	53,2	56,2	43,8	76,7	23,3	8,1	91,9
1957													
Damo	4	25,1	74,9	18,5	81,5	23,1	76,9					2,6	97,4
Hakna	4	13	87	47,7	52,3	27,7	72,3					1,1	98,9
Dahan	1	29,1	70,9	71,7	28,3	64,5	35,5	54,7	45,3				
Yongwé	2	26,7	73,3			51,5	48,5	42,1	57,1				
Bambé	1	48	52			51,8	48,2	27,1	72,9				
Lopo	2	5,5	94,5	30	70	47,7	52,3	39,9	60,1			10,3	89,7
Tionga	2	31	69	47,9	52,1	46,1	53,9	40	60				
Tem	1	69,1	30,9	57,6	42,4	66,1	33,9	56,1	43,9				
Moyenne		32,2	67,8	45,6	54,4	47,3	52,7	43,3	56,7			4,7	95,3

Le Service de l'Agriculture du Tchad *(op. cit.)* donne le détail suivant :

Préparation du terrain	10 h/j/ha
Semis	15 —
1er sarclage	22 —
Sarclages ultérieurs	23 —
Récolte	30 —
Arrachage	12 —
soit	112 h/j/ha

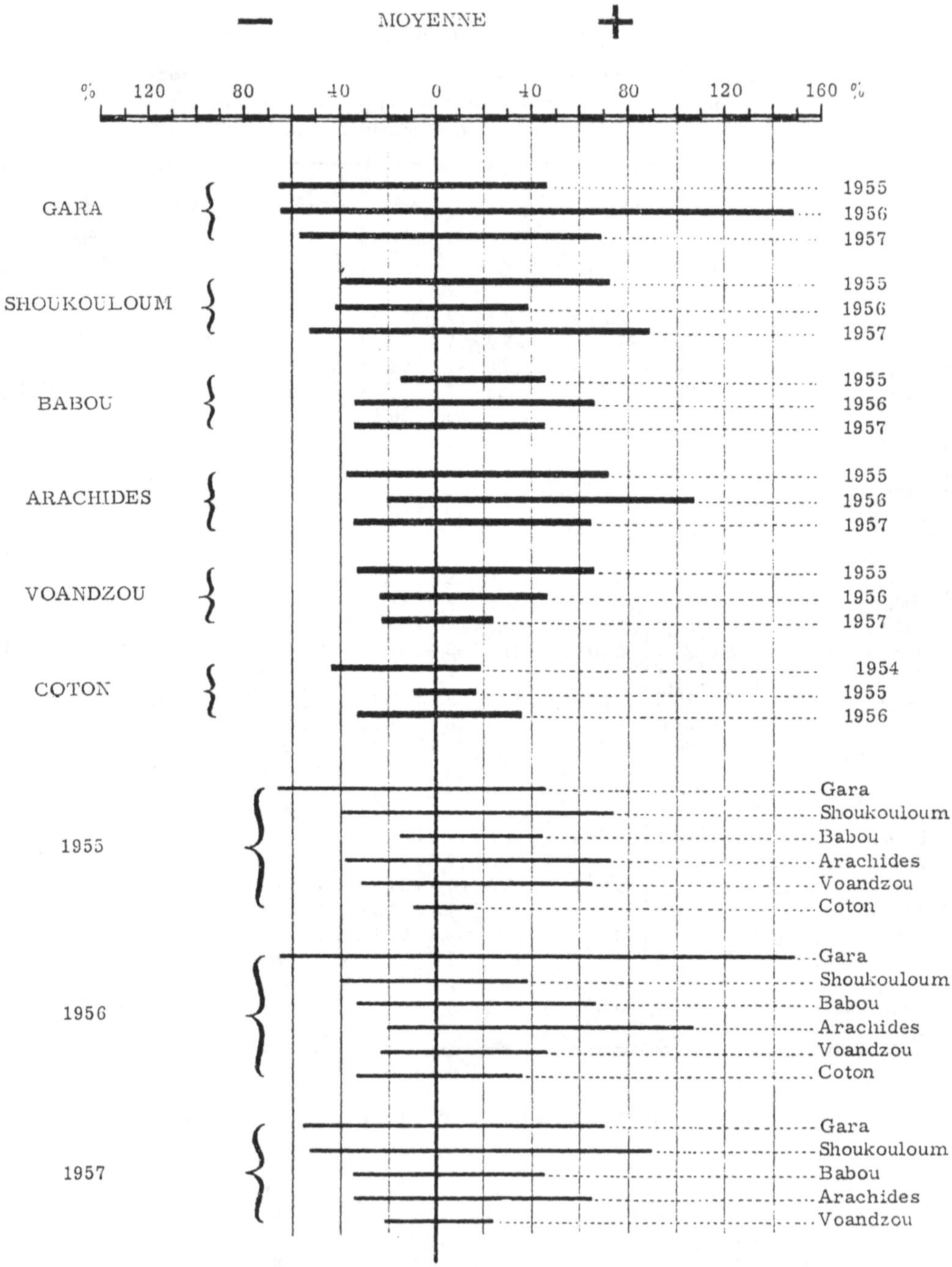

FIG. 44. — *Variations des temps de travail à l'hectare par culture et par année.*
(Écarts à la moyenne.)

auxquels s'ajoutent 6 jours pour le transport et la commercialisation. Nos chiffres sont donc assez voisins, si quelque valeur peut leur être attachée par suite de l'énorme variation des résultats annuels.

Les faibles rendements à l'hectare du coton donnent une productivité à l'homme-jour des plus basses, sans aucun rapport ni avec l'effort déployé, ni surtout avec la gêne apportée au système agricole et l'importance de l'activité ainsi détournée d'autres cultures à meilleure productivité. Nos moyennes rendement et travail à l'hectare donnent une production en kilogramme de coton-graines par jour de travail de 1,024 kg en 1954, 0,521 kg en 1955 et 0,583 kg en 1956.

EN H/J/HA

	1954	*1955*	*1956*	*1957*
Gara		97	130	114
Shoukouloum		50	68	83
Babou		59	49	74
Arachides	96	104	118	130
Voandzou		80	57	102
Coton	221	115	65	

telles sont les moyennes résultant de notre enquête sur les huit familles de Golonpoui. Presque toutes les cultures montrent une augmentation du nombre de jours de travail qui leur sont consacrés par hectare. La figure 44 relative aux écarts maxima des divers résultats individuels par rapport à la moyenne calculée indique que les variations sont beaucoup plus faibles pour le Babou que pour le Gara et que c'est en 1956 que les différences les plus grandes furent enregistrées.

3. Résultats globaux

Sans distinguer ni entre les différentes opérations ni entre les diverses productions quel est l'effort moyen déployé à l'hectare cultivé par la famille Toupouri ? Les travaux fonciers proprement dits qui équivaudraient à un investissement de travail incorporé de façon permanente au sol sont très restreints tant par suite des techniques employées que de la large proportion de terres cultivées en permanence ; ils se bornent au défrichement dans la zone des « pseudorotations » ; l'importance faible de celui-ci est à répartir sur les trois années de l'exploitation et l'opération correspond plus à l'utilisation de la jachère arbustive qu'à un travail réel d'amélioration foncière.

D'autre part n'ayant pas compté les tâches de transformation de produits dans les travaux agricoles proprement dits, le total de ceux-ci correspond bien à la somme de travail humain dépensée sur l'ensemble des champs de la famille pour la seule production agricole. Enfin étant donné les modalités encore bien imparfaites de l'emploi de l'attelage et son intervention dans quelques-uns seulement de nos exemples, nous n'avons pas cherché à convertir par un équivalent douteux ce travail animal en travail humain, nous contentant de signaler son existence à l'occasion.

MOYENNES H/J/HA

	1954	*1955*	*1956*	*1957*
	—	—	—	—
Lopo	80,1	60,1	*52*, (+ 1,55 A)[1]	69,1 (+ 2,48 A)
Bambé ...	70,9	57,2	67,5	79,1
Tem	95,1	69	103,9	129,1
Tionga ...	107,9	109,6	89,2	*168,8*
Dahan		64,6 (+ 7,73 A)	57,6 (+ 5,01 A)	80,1 (+ 3,81 A)
Yongwé ..		97,1	76,9	132 (+ 0,59 A)
Damo		66,3	62,1	75,1
Hakna		62,7	58,8	68,4

La quantité de travail humain à l'hectare consacrée directement à la production agricole a donc varié, d'après notre enquête, de 52 à 168,8 h/j/ha mais la majorité des résultats est située entre 60 à 80 jours de travail à l'hectare.

La moyenne annuelle a nettement changé, un fort maximum en 1957 succédant à un net minimum en 1956, mais les chiffres par famille tout en suivant pratiquement la même progression accusent nettement le caractère de chaque unité d'exploitation.

	1954	*1955*	*1956*	*1957*
	—	—	—	—
Moyenne des moyennes sur les 4 puis les 8 familles	88,5	73,3	71,0	100,2 j/ha

	Moyenne sur 3 ans	*Moyenne sur 4 ans (1954 compris)*
Lopo	60,4	65,3
Hakna	63,3	
Dahan	67,4	
Damo	67,8	
Bambé	67,8	68,7
Tem	100,6	99,3
Yongwé	102	
Tionga	122,5	118,9

Le classement en fonction de l'activité agricole, représentée par la somme de travail dépensée à l'hectare cultivé ne change que fort peu.

1. L'aide apportée par l'emploi de l'énergie animale est exprimée en journée d'attelage A.

Dans un même milieu, dans des conditions de travail absolument identiques, avec à peu près les mêmes besoins de base (Lopo et Tionga sont tous les deux bigames) une famille (Tionga) passe deux fois plus de temps à l'hectare cultivé que l'autre (Lopo) pour un résultat sensiblement

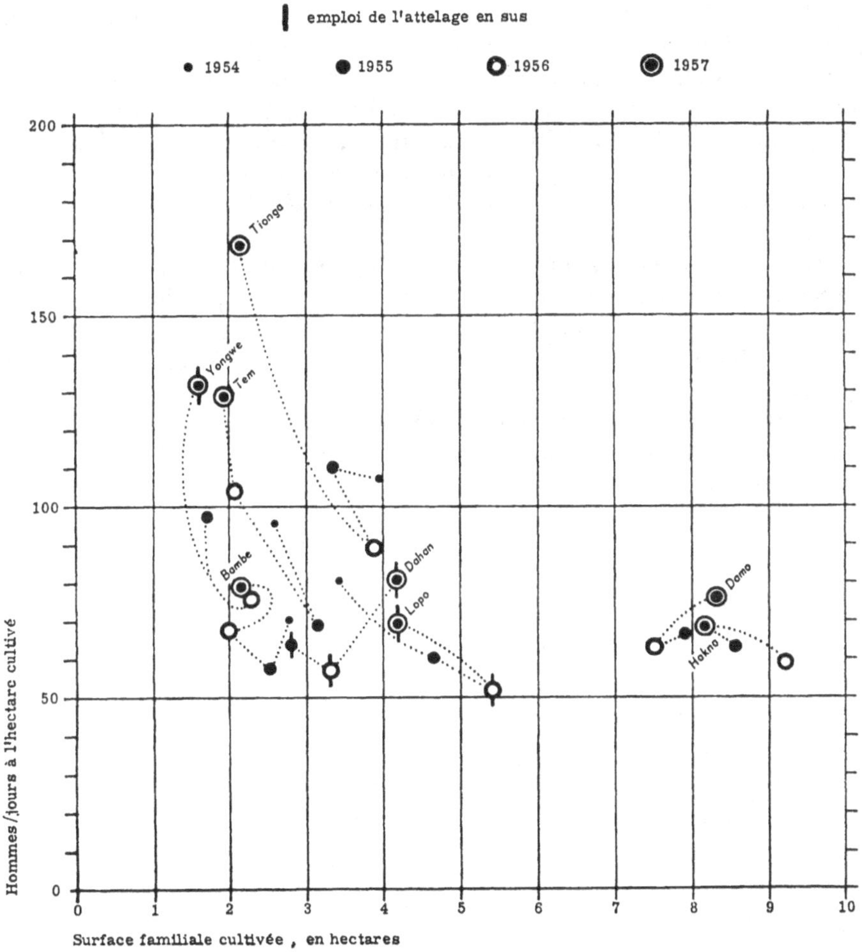

FIG. 45. — *Travail humain à l'hectare à Golonpoui.*

égal. La figure 45 sur laquelle sont reportées les moyennes de travail à l'hectare pour chaque famille et chaque année semble indiquer que le nombre d'hommes/jours/hectare diminue avec la surface totale cultivée, une remarque analogue a déjà été faite lors de l'étude séparée de chaque culture. Faut-il en déduire que la productivité est d'autant meilleure que la surface familiale est plus grande ou que seules les petites surfaces permettent d'effectuer correctement les travaux nécessaires par suite des pointes de travail. Le manque de surfaces familiales comprises entre 5 et 7,5 ha laisse un vide dans le graphique mais il ressort assez nettement qu'environ 57 j/ha constitue un minimum de travail dans les conditions de Golonpoui.

R. Dumont dans ses livres *Économie agricole dans le monde* [29] et *Révolution dans les campagnes chinoises* donne quelques chiffres de travail humain à l'hectare dans des milieux et avec des cultures assez semblables au pays Toupouri. Tandis qu'en Afrique il cite 40 j/ha au Tchad et 100 à 120 j/ha pour la Côte d'Ivoire, chiffre qui lui paraît beaucoup plus généralisé, il relève pour la Chine un minimum de 200 j/ha (Vallée du Fleuve Jaune 215 j/ha malgré un degré d'emploi de 48,6 jours par travailleur et par an).

Les chiffres suivants sont fournis par K.D.S. Baldwin dans *The Niger Agricultural Project* (Oxford, 1957) : surface cultivée par homme adulte travaillant : 1,58 ha, nombre de jours de travail agricole par an par homme adulte travaillant : 151 jours, nombre moyen d'homme/jour à l'hectare : 96,3.

Dans ce cas également on a une consommation d'énergie animale extrêmement faible ou même nulle et une grande ignorance de l'utilisation des forces naturelles.

CHAPITRE V

LES ACTIVITÉS NON AGRICOLES

Au chapitre II (Tableaux 28, 29 et 30) a été indiqué le volume annuel par individu et par Tin des travaux divers, c'est-à-dire ne concernant pas directement la production agricole de la famille. Il est assez difficile de définir exactement le contenu de cette rubrique ; ce pourrait être l'ensemble des activités productrices mais non exercées sur les champs de la famille ; elle élimine des dépenses d'énergie aussi importantes que les danses ou les fêtes de funérailles qui ne sont pas à nos yeux productrices (mais qui peuvent être considérées par les Toupouri comme essentielles aux récoltes) et inclut des jours de travail ne profitant pas à la famille mais cependant représentant une fatigue ou une entrave aux travaux agricoles du Tin. Une brève analyse de ce que nous avons regroupé sous le titre « Travaux divers » ou activités non agricoles permet de mieux en comprendre la signification.

Corvées.

Nous avons parlé au livre III, chap. V, des corvées coutumières. Les corvées administratives sont assez limitées, en général un jour ou deux par an pour le nettoyage et la remise en état des pistes automobilisables, au début de la saison sèche ; elles mobilisent les hommes à proximité de leur quartier, le travail est gratuit et obligatoire. La densité élevée de routes dans le pays Toupouri est heureusement compensée par la facilité de leur entretien et surtout par la population dense. L'intervention de niveleuses automotrices a permis de supprimer presque complètement en 1957 cette corvée (il eût peut-être mieux valu la faire effectuer à une date plus propice au point de vue agricole et payer les paysans à cette occasion; dans une région où le sous-emploi est si grand, ce petit apport d'argent n'était pas à dédaigner). Les corvées (administratives et coutumières) ont représenté le nombre de jours de travail suivant :

1954	(partie) 4 familles	86,5	jours soit	21,6	jours	par Tin
1955	4 familles (année complète)	104,5	—	26,1	—	—
	4 familles (année partielle)	66,5	—	16,6	—	—
	ensemble des 8 familles	171	—	21,4	—	—
1956	8 familles (année complète)	111,5	—	13,9	—	—
1957	8 familles (année complète)	69,5	—	8,7	—	—

Les corvées administratives sont restées limitées à 1 ou 2 jours par an (3 à 4 jours en 1956 et 1957 où nous y avons inclus des opérations de vote, de recensement et de vaccination qui revêtent aux yeux des Toupouri le caractère d'obligation vis-à-vis du Chef de Subdivision). Malgré cette augmentation le volume global des corvées a considérablement diminué de 1954 à 1957 ; il semble être passé par un maximum en 1955. Cette évolution du poids des corvées coutumières est liée à la fois au changement d'état d'esprit du chef de canton vis-à-vis du Sous-Secteur et à la disparition du coton (champs du chef de canton). Il est heureux qu'ait été réduite la lourde contrainte représentée par 20 jours de travail à l'extérieur du Tin.

Entraide.

(Cf. chap. III du présent livre.) Quoique cette entraide, par le canal des échanges de services, soit indirectement incluse dans les travaux agricoles au profit de la famille, nous avons préféré l'incorporer aux travaux divers.

Travaux de case.

Voir livre III, chap. IV, § 1, p. 111 et 112.

Chasse et pêche.

Tandis que la chasse est effectuée par les hommes en saison sèche, les femmes sont occupées à ce que nous avons appelé pêche soit en saison sèche (janvier-février récolte des Protoptères), soit en pleine saison des pluies (août-septembre, ramassage de grenouilles par exemple).

	1955 (8 familles, année partielle pour 4 d'entre elles)	*1956 (8 familles)*	*1957 (8 familles)*
	—	—	—
Chasse	5,5 jours	13,5 jours	10 jours
Pêche	7,5 jours	32,5 jours	28 jours

ce qui donne une moyenne de 5,75 jours en 1956 et 4,75 jours en 1957 par famille pour l'ensemble. Par individu le temps consacré chaque année à la chasse ou à la pêche, selon le sexe, est très réduit :

	1956	*1957*
	—	—
Chasse	1,70 jour	1,25 jour
Pêche	2,03 jours	1,65 jour

Autres travaux.

De nombreux petits travaux n'ont pas été détaillés spécialement dans le cas de l'homme. Ramassage d'herbe pour l'alimentation d'un cheval ou pour l'ensilage, confection de manches d'outil pour la famille ou pour la vente, mise en grenier des récoltes, transport au marché et vente des arachides et du coton, etc., constituent autant de demi-journées, d'occupations diverses qui s'ajoutent à la masse des activités non agricoles.

Aux activités non agricoles mentionnées ci-dessus est ajoutée la moitié du nombre de demi-journées classées « Travaux ménagers et repos de la femme ». Parmi cette dernière rubrique a été inclus le ramassage du bois de feu pour la cuisine, qui, après la préparation des aliments, la cuisine et l'entretien du Tin, est la plus lourde des tâches féminines. Cette activité a un rythme annuel assez remarquable :

MOYENNE SUR 8 FAMILLES PENDANT LES DEUX ANNÉES 1956 ET 1957

Janv.	*Févr.*	*Mars*	*Avr.*	*Mai*	*Juin*	*Juil.*	*Août*	*Sept.*	*Oct.*	*Nov.*	*Déc.*
4,90	3,90	4,18	3,34	5,31	1,16	0,34	0,97	1,06	2,50	1,87	4,63

La courbe est à peu près l'inverse, quoique beaucoup moins accentuée, de celle des travaux agricoles de la femme. Pendant les mois de janvier, février, mars, avril et mai la femme passe en moyenne plus de temps pour le bois de chauffage qu'aux travaux agricoles. Avril et surtout mai sont consacrés en grande partie à la constitution d'un stock de fagots de bois qui permettra à la femme d'être délivrée de ce souci pendant les périodes de pointe des travaux agricoles. Mais ce stockage paraît insuffisant car dès fin août le nombre mensuel de jours consacrés au bois de chauffage et cuisine recommence à croître.

Le temps passé à cet approvisionnement en bois varie selon le Tin en fonction du nombre de femmes comme cela est normal puisque chaque femme a son « autonomie culinaire » mais le chiffre moyen par femme est assez constant (voir tableau page suivante).

Le nombre de jours consacrés au bois peut varier de 33 jours (Tem 1957) à 5,5 jours (Dahan 1957) par femme ; le caractère plus ou moins travailleur (ou plus ou moins efficient ?) de certaines familles réapparaît également

	1956	*1957*
Lopo	8	14,5
Bambé	10	13,5
Tem	16	33
Tionga	24,2	21,5
Hakna	15,2	14,5
Damo	16,5	13,5
Dahan	27,5	5,5
Yongwé	21	18,5
Moyenne sur 17 femmes	16,3 jours/an	16 jours/an

ici. Le détail familial d'une année sur l'autre peut varier si l'effort a été suffisamment grand en décembre par exemple pour permettre un certain repos en janvier. Malgré ces différences de détail nous obtenons une moyenne de 16 jours de travail par femme et par an pour le ravitaillement en bois, soit environ 15 % du total des « Travaux divers » de la femme[1].

En dépit de la grande économie de bois pratiquée, de l'utilisation assez intense des tiges de mil, l'approvisionnement en combustible est une charge importante pour la femme Toupouri.

Nous n'avons pas de chiffre à fournir pour le ravitaillement en eau. Celui-ci en effet est inclus dans les besognes ménagères et ne peut être décompté par occurrences d'une demi-journée. L'abondance de l'eau en saison des pluies, la faible profondeur des puits et leur proximité relative des habitations font que la « corvée d'eau » n'atteint pas en pays Toupouri l'importance qu'elle peut avoir dans d'autres régions. Ce n'est guère que pour la bière de mil que des volumes d'eau considérables sont accumulés et qu'une ou plusieurs femmes se consacrent uniquement à cette tâche.

1. En admettant une charge de 25 kg de bois par femme, fruit du travail d'une demi-journée, ceci correspondrait à une consommation moyenne par femme de 800 kg de bois de feu par an et pour l'ensemble des foyers de Golonpoui (396 femmes mariées ou vivant seules) environ 317 t de bois de feu chaque année, soit une consommation de 0,60 kg de bois par habitant et par jour. Les déchets végétaux, tiges de mil en particulier, le bois rapporté des champs en revenant du travail viennent s'ajouter à cette masse de combustible.

CHAPITRE VI

CONCLUSIONS : LE SOUS-EMPLOI

Femmes et hommes dépensent à peu près le même nombre de jours à travailler, environ 190 jours par an, mais seulement la moitié, 95 jours, sont consacrés à la production proprement dite. *Il y a un net sous-emploi en pays Toupouri :*

HOMMES

	1955	*1956*	*1957*	*Moyenne sur les 3 ans*
	—	—	—	—
TA + TD[1] en jours/an	199,5	195,4	167,8	187,6
Maladie	1,7	14,4	21,1	12,4
	201,2	209,8	188,9	200
Repos	163,8	156,2	176,1	165,3

FEMMES

	1955	*1956*	*1957*	*Moyenne sur les 3 ans*
	—	—	—	—
TA + TD en jours/an	187,4	190,6	193,1	190,4
Maladie	7,4	11,2	5	7,8
	194,8	201,8	198,1	198,2
Repos	170,2	164,2	166,9	167,1

Cet écart entre l'emploi effectif et le plein emploi théorique de la main-d'œuvre est en relation directe avec le cycle de production et la périodicité des pluies. En considérant les travaux divers comme indispensables et une somme de 100 jours comme nécessaire à l'accomplissement des actes religieux et sociaux et au repos du travailleur, nous pouvons estimer l'incidence de ce sous-emploi visible saisonnier à 65 jours par an, plus de 1/6 du temps total. L'arrêt des travaux agricoles en saison sèche

1. TA + TD = Travaux Agricoles + Travaux Divers.

qui en est la cause primordiale entraîne à la fois le chômage pendant une partie de l'année et un effort considérable à la saison favorable, et, au total, une production et un niveau de vie bas. Cette limitation des activités du producteur est une des causes majeures de la pauvreté du pays.

Mais à côté de ce sous-emploi visible, il faut dénoncer le sous-emploi déguisé[1] et encore plus le sous-emploi potentiel qui pèsent sur le pays[2].

L'effet de la mauvaise répartition du travail est aggravé par le manque de souplesse du système agricole et les techniques de productivité réduite, aussi bien adaptées qu'elles aient pu être aux conditions locales et aux possibilités matérielles.

La faible surface de sols médiocres disponible par habitant, l'étroite limitation de la saison des pluies ne nous permettent pas de penser que l'agriculture pourrait absorber en pays Toupouri la totalité des disponibilités de main-d'œuvre correspondant à ce sous-emploi.

En dehors des solutions plus ou moins vastes des problèmes Toupouri que nous évoquerons en conclusion (transfert de population) il y aurait, à notre avis personnel, des palliatifs immédiats. L'utilisation à la période adéquate de cette masse de main-d'œuvre pour des travaux d'utilité publique et surtout d'utilité agricole en est un. La vallée voisine du Logone (si peu mise en valeur) à faible distance peut absorber des quantités importantes de travailleurs. De même la construction de l'infrastructure routière qui a pris longtemps le pas sur le développement de la production. Combien la réalisation du tronçon Figuil-Salak de l'axe routier Garoua-Maroua, qui a coûté plus de 500 millions de Fr. CFA, a-t-elle laissé d'argent dans le Nord-Cameroun ? Le déploiement d'une flotte d'engins lourds est plus spectaculaire que la lente réalisation en plusieurs années avec les masses autrement inoccupées ; mais il n'est pas certain que le coût final en aurait été supérieur, et la pluie de revenus dispersée dans les régions voisines aurait été certainement plus profitable au Nord-Cameroun que l'émigration de cette somme[3] vers d'autres cieux.

Les problèmes humains (amener, encadrer, faire travailler, alimenter, etc., des milliers de travailleurs) sont probablement plus délicats, moins faciles à résoudre que les obstacles techniques et imposent des délais plus longs. Néanmoins il y a là un aspect très important du développement du Nord-Cameroun qui devrait influer lourdement sur les options à l'échelon gouvernemental.

1. Chiang Hsieh [63].

2. Le critère du sous-emploi visible ou occulte dénonce le sous-développement d'un pays autant que les autres critères classiques : bas niveau de vie, revenu peu élevé, faiblesse de l'épargne et par suite de l'investissement, déficience du secteur industriel, bas niveau d'instruction, basse productivité, bas niveau alimentaire, durée courte de la vie humaine, etc. Tous ces critères s'appliquent d'ailleurs parfaitement au pays Toupouri et au Nord-Cameroun en général, région très insuffisamment développée.

3. Le coût de ce tronçon d'une centaine de kilomètres n'est pas tellement éloigné de la somme des revenus monétaires annuels de 100 000 familles Toupouri.

Un deuxième palliatif serait le développement sinon d'une industrie, du moins d'un artisanat qui s'adapterait mieux au caractère saisonnier du sous-emploi visible. La modernisation agricole s'accompagne inévitablement du développement d'un artisanat rural qui s'attache à la fabrication mais surtout à l'entretien des outils (forgeron, charron). L'augmentation des revenus permet l'acquisition de biens que l'habileté du chef de famille ne suffit pas à fabriquer ; ce sont d'abord des caisses, coffres pour enfermer les vêtements et les objets auxquels on attache quelque prix, puis viennent les meubles simples : chaise, lit et les lanternes-tempête, enfin plus tard les bicyclettes. Il faudra alors soit fabriquer quelques biens soit réparer les autres et un certain nombre d'hommes pourront y trouver un plein emploi mais ce sera très longtemps insuffisant. Nous penserions plutôt à un artisanat gros consommateur d'énergie humaine et ne nécessitant pas d'énergie mécanique, trouvant sur place sa matière première et à faible distance des débouchés ; la confection sur des métiers familiaux de tissus lourds à partir de coton-fibre répond bien à ces conditions. Déjà en pays islamisé sont fabriqués sur des métiers très primitifs à l'aide de filés à la main des bandes de tissu de coton très étroites (« gabak » 8 cm) ou plus larges (« godon » jusqu'à 40 cm) qui, assemblées parallèlement, permettent la confection soit de vêtements amples du type « boubou » cousus à plat, soit de linge de table avec broderies simples pour la vente aux Européens, soit de pièces rectangulaires qui servent de couvertures. Cette fabrication surtout faite par les Foulbé a un rendement très bas. L'égrenage à la main du coton-graine à l'aide d'une tige de fer à angles vifs sur une pièce de bois est lent ; il semble bien préférable (des raisons phytosanitaires renforcent également cet argument) de partir du coton-fibre que pourrait livrer l'usine d'égrenage de la C.F.D.T. et encore mieux de filés industriels fabriqués sur place. Le tissage serait effectué par les hommes sur des métiers artisanaux à plus grand rendement et surtout de plus grande largeur que les installations adroites mais peu perfectionnées des Foulbé. La fabrication de pièces d'étoffe jouant à la fois le rôle de drap, couverture et de vêtement à l'occasion, peut trouver un grand débouché dans tout le Nord-Cameroun et le Tchad où beaucoup de populations vivent encore à demi nues et sans protection nocturne. Nous avons demandé avant notre départ en juillet 1957 que des tentatives soient faites pour vulgariser ce tissage artisanal.

Le sous-emploi important dont souffre le pays Toupouri appelle impérativement des solutions, nous venons d'en suggérer deux ; elles dépendent étroitement des contextes politiques et économiques. Mais comme il a été dit à l'occasion de la Tennessee Valley Authority : « quand l'organisation économique le permet, il y a toujours du travail utile possible ».

LIVRE VI

L'ÉCONOMIE

CHAPITRE PREMIER

LE SYSTÈME ÉCONOMIQUE LOCAL

1. Les caractères généraux de l'économie en pays Toupouri

Les principaux traits économiques de la société Toupouri sont les suivants :

1° C'est une société totalement agricole, très dense, cultivant à bras une surface limitée de sols pauvres.

2° Ses besoins de confort (et encore plus de dépassement) sont extrêmement faibles surtout en regard des besoins de subsistance.

3° Elle est orientée surtout vers l'autoconsommation alimentaire et les échanges y sont réduits.

4° Le bas revenu par tête d'habitant et la modicité du capital d'exploitation sont liés à sa dépendance exclusive de l'énergie humaine.

5° C'est enfin une société sans classes, sans motifs individuels d'amélioration (sans « incentives ») dans laquelle, malgré son apparent affaiblissement, le fonds socio-religieux reste prédominant.

L'appréciation de C. W. Rowling[1] : « No agricultural advance is possible only with a hoe and four acres » synthétise bien le premier point ; il faut y ajouter l'importante charge humaine qui s'accroît très rapidement et l'emprisonnement des communautés dans des cadres territoriaux très étroits qu'elles exploitent déjà de façon intensive (à l'échelle africaine tout au moins).

Le souci de rendre l'existence humaine plus agréable, d'atteindre aux valeurs supérieures de la civilisation est bien minime par rapport à la nécessité de subsistance de la société. Aussi les biens d'existence constituent-ils l'essentiel de la richesse locale et le désir d'acquérir des biens de

1. C. W. Rowling, *Report on some aspects of agricultural settlements in the Sudan*, Government Printers, Lagos, 1949 (cf. p. 25).

civilisation est-il très faible. Corrélativement l'effort de l'homme est entièrement dirigé vers les satisfactions purement alimentaires et les échanges sont réduits. La distinction des sociétés évoluées entre les deux aspects, producteur et consommateur, provenant de la division du travail n'existe pas. 75 % des familles Toupouri se livrent à des échanges extrêmement limités, toujours par un système proche du troc, le restant voit son bilan annuel artificiellement gonflé par des spéculations sur le bétail qui ne sont pas une commercialisation à proprement parler.

Aucune parcelle de terre n'est cultivée soit pour la production d'énergie extra-humaine (alimentation du bétail) soit pour l'augmentation du capital (amélioration du sol en particulier). L'autoconsommation atteint ici l'autarcie mais ses avantages sont loin d'être négligeables ; elle élimine entre producteur et consommateur les prélèvements intermédiaires que ne pourraient souffrir des revenus globaux si bas, elle est la forme de plus grande résistance à une vie économique dont les paysans, qui n'en comprennent rien, craignent les à-coups et les crises.

La famille moyenne de Golonpoui qui comprend 5,5 personnes, soit 3 travailleurs ou 4,5 consommateurs, cultivait en 1955 environ 4,2 ha, (cf. livre IV, chap. II) soit :

Babou	2,0076 ha
Gara	0,9030 ha
Shoukouloum ...	0,2184 ha
Coton	0,4872 ha
Arachides	0,2436 ha
Voandzou	0,2604 ha
Manioc	0,0798 ha

Ceci lui assurait d'après nos moyennes de rendement de la même année :

Babou	2,0076 × 350 =	702,7 kg
Gara	0,9030 × 700 =	632,1 kg
Shoukouloum	0,2184 × 560 =	122,3 kg
soit un total de		1 457,1 kg de mil en grain

On peut admettre facilement que le manioc, le voandzou (0,2604 × 362 = 94,3 kg) et une partie de l'arachide (0,2436 × 200 = 48,7 kg) ont été entièrement consacrés à la consommation familiale. Restent, pour fournir des recettes monétaires, le coton (0,4872 × 60 kg/ha = 29,2 kg, soit à 34,60 Fr. CFA le kilogramme de coton-graines prime d'ensemencement incluse[1] : 920 Fr. CFA) et l'arachide (0,2436 × 473 kg/ha = 115,2 kg,

1. Alors que la prime d'ensemencement est le plus souvent estimée comme relevant de 10 % environ le prix du kilogramme de coton-graines, par suite des très faibles rendements en 1955 à Golonpoui, le prix d'achat de coton-graines fut de 206 800 Fr. CFA alors que le total des primes versées était de 79 400 Fr. CFA, soit 38,4 %.

soit à 13,50 Fr. CFA le kilogramme d'arachides-coques : 1 555 Fr. CFA), donc une recette de 2 475 Fr. CFA par famille. En 1955 les recettes globales du village ont été les suivantes :

Coton (99 ha) : primes 79 400 Fr. CFA, achats au marché 206 800 Fr. CFA ; Arachides (57 ha) : achats au marché 313 600 Fr. CFA, soit une recette totale de 599 800 Fr. CFA pour les 235 familles de Golonpoui. Ce qui donne la somme de 2 552 Fr. CFA très voisine du résultat obtenu précédemment pour la famille moyenne. Contrairement à ce qui est généralement admis, les multiples transactions souvent faites par les femmes, le mil ou la bière qui en est dérivée, les menus produits, créent en pays Toupouri un mouvement d'argent qui dépasse très nettement les recettes des produits d'exportation.

Des revenus aussi faibles s'expliquent (et vice versa) par un capital d'exploitation des plus réduits. L'outillage agricole se limite à quelques houes et hachettes par famille, le bétail n'est pas systématiquement utilisé. Le slogan classique « l'économie africaine ne dispose au départ que de terres et de bras » doit être ici complété : la société Toupouri ne dispose que de terres pauvres et de bras mal armés en face d'une faim croissante. Cette paysannerie pauvre n'est pas soutenue par une classe riche ou plus aisée, si restreinte soit-elle, qui serait une source d'investissements productifs. Le chef de canton dépense en produits importés et en « vanités » ce qu'il a prélevé sur le terroir, sans que celui-ci en retire le moindre profit. C'est une société sans classes où la mobilité verticale n'existe pas, non parce qu'elle est freinée ou entravée, mais parce qu'il n'y a pas de point à atteindre, d'ascension possible.

2. Le capital mis en action et la richesse locale

L'inventaire total d'un quartier (Tilali) du village de Golonpoui a été effectué en 1954. La somme de renseignements ainsi collectés sur 51 familles et 256 habitants (60 hommes, 71 femmes, 125 enfants) a servi de base pour un essai de calcul du capital de ce quartier en 1954. Il a fallu, bien entendu, faire un certain nombre de suppositions sur les valeurs des différents biens ; nous n'avons tenu compte ni de l'usure des outils, ni de l'état des animaux, ni de la vétusté des cases ; enfin nous avons tenté d'apprécier en fonction des récoltes, le capital terre. Devant l'importance des estimations ainsi faites, l'absence de bien des éléments secondaires de peu de valeur en eux-mêmes mais dont l'ensemble pourrait être assez élevé (clôtures des Tin par exemple) ou de biens collectifs difficilement estimables est négligeable en face de l'approximation du calcul lui-même.

A) *Capital foncier*[1].

Ce calcul porte sur l'ensemble du village et n'est ramené qu'ensuite au quartier Tilali.

Ne pouvant calculer le capital terre en partant du coût du terrain ou en nous fondant sur les taux de location, nous chercherons le capital fictif qui donnerait la même rente annuelle à un intérêt de 2,5 %. Pour le calcul de la rente (R) dans la formule $\frac{CA - CP}{J + 1} = R$, nous avons CA rendement monétaire à l'hectare (ou global), CP coût de la production et J nombre d'années de jachère. Le calcul sera effectué production par production.

Zone du Babou — 537 ha, culture continue J = 0.

Calcul par hectare :

CA = récolte 316,8 kg soit au prix moyen de 10 Fr. CFA le kilogramme de mil en grain[2] 3 168 Fr. CFA.
CP = temps de travail à l'hectare 59 jours[3] à la valeur arbitrairement choisie par nous de 50 Fr. CFA par homme et par jour (salaire local en 1955), soit 2 950 Fr. CFA :

$$R = \frac{CA - CP}{J + 1} = \frac{3\,168 - 2950}{1} = 218 \text{ Fr. CFA}$$

Ce revenu pourrait être la rente à 2,5 % d'un capital de 8 720 Fr. CFA. La valeur du capital terre de la zone à Babou serait donc de 8 720 Fr. CFA l'hectare et l'ensemble de la zone pour le village représenterait 4 682 640 Fr. CFA.

Zone du Gara — 241 ha culture continue J = 0.

CA = récolte 696,4 kg/ha, soit 6 964 Fr. CFA
CP = main-d'œuvre 96,6 h/j/ha, soit 4 830 Fr. CFA
Semences 12 kg/ha = 120 Fr. CFA
Fumure 300 kg/ha, supposons à 5 Fr. CFA = 1 500 Fr. CFA
CP = 4 830 + 120 + 1 500 = 6 450 Fr. CFA

$$R = \frac{6\,964 - 6\,450}{1} = 514 \text{ Fr. CFA}$$

1. D'après relevés de surface et rendements 1955, ce qui crée un certain décalage avec les conditions de 1954 (cf. tableau 5).

2. Le prix du mil est variable selon l'époque de l'année, d'autre part une très grosse partie de la récolte est autoconsommée ; aussi avons-nous adopté un chiffre arbitraire moyen égal d'ailleurs pour tous les mils. Comme dans tout le cours de cet ouvrage, les valeurs sont exprimées en francs CFA (1 Fr. CFA = 2 Fr. métropolitains (1956).

3. Le temps de travail à l'hectare, comme le rendement, est toujours fondé sur les moyennes de notre échantillon de 8 familles.

Capital terre $= \frac{514 \times 100}{2,5} =$ 20 560 Fr. CFA l'hectare. Ensemble = 4 954 960 Fr. CFA.

Zone d'occupation partielle et d'exploitation discontinue[1].

CA rendement monétaire global = coton : primes 79 400 + total ventes marché 206 800 = 286 200 Fr. CFA.
— Arachides (semences reprises) 313 600 Fr. CFA
— Shoukouloum 58 ha à 557 kg/ha = 32 306 kg, soit recette 323 060 Fr. CFA.
— Voandzou 70 ha à 362 kg/ha : 25 340 kg à 13 Fr. CFA le kilogramme (prix inférieur à celui de l'arachide), soit 329 420 Fr. CFA.

Le manioc de surface très faible et de rendement bas sera négligé.

Le rendement monétaire de cette zone a été de : 1 252 280 Fr. CFA.

Coût de production :

Coton :	99 ha à 115 h/j/ha	569 250 Fr. CFA
Arachides :	57 ha à 103 h/j/ha	293 550 —
Shoukouloum :	58 ha à 50 h/j/ha	145 000 —
Voandzou :	70 ha à 80 h/j/ha	280 000 —
		1 287 800 Fr. CFA

Nous aboutissons à un coût de production supérieur au revenu monétaire. Ceci est dû essentiellement au déficit enregistré par la culture cotonnière CP 569 250 — CA 286 200 = 283 050 Fr. CFA et à la non-commercialisation d'une partie des arachides. Nous ne pouvons donc par cette méthode calculer le capital terre de cette zone. Toujours aussi arbitrairement en supposant la rotation arachide-shoukouloum trois ans de jachère appliquée sur 5 ha, nous avons : rendement monétaire :

Arachides :	623 kg × 12,50	7 787,50 Fr. CFA
Shoukouloum :	557 kg × 10	5 570 —
	CA =	13 357,50 Fr. CFA

Coût de production :

Arachides :	103 j/ha	5 150 Fr. CFA
Shoukouloum :	50 h/j/ha	2 500 —
	CP =	7 650 Fr. CFA

$$\frac{CA - CP}{J + 3} = \frac{13\,357 - 7\,650}{5} = \frac{5\,707}{5} = 1\,141{,}4 \text{ Fr. CFA}$$

1. Les cultures faites par d'autres villages sur cette zone n'ont pas été comprises dans notre calcul. Elles correspondent d'ailleurs à un prélèvement sur le capital foncier du village.

soit un revenu de 228,3 Fr. CFA à l'hectare qui pourrait provenir d'un capital placé à 2,5 % de : 9 132 Fr. CFA.

Dans cette hypothèse la zone des pseudo-rotations représente, au point de vue agricole, un capital foncier de (9 132 Fr. CFA × 668 ha) : 5 552 256 Fr. CFA.

Nous ne faisons pas intervenir dans ce calcul la partie de cette zone à cultures anarchiques de femmes (Voandzou) ni la surface incultivable ; de même la contribution à la production animale n'est pas comprise.

Le capital foncier de l'ensemble du village de Golonpoui est ainsi arbitrairement évalué à :

Zone du Babou	4 682 640 Fr. CFA
Zone du Gara	4 954 960 —
Zone des pseudo-rotations	5 552 250 —
	15 189 850 Fr. CFA

Ceci nous donne un capital foncier moyen de :

8 410 Fr. CFA à l'hectare
64 637 Fr. CFA par famille

Étant donné notre méthode arbitraire de calcul et toutes les approximations que nous avons faites, ces valeurs ne sont que des ordres de grandeur pour faciliter la comparaison avec les autres formes de capital.

Pour le quartier de Tilali, selon l'unité considérée, le capital foncier est le suivant :

Hectare : 8 140 × 390	3 174 600 Fr. CFA
Famille : 64 637 × 51	3 296 487 Fr. CFA

Adoptons pour le capital terre du quartier Tilali la valeur moyenne arrondie à 3 250 000 Fr. CFA.

B) *Cheptel.*

L'inventaire 1954 a donné pour le quartier :

6 chevaux valeur moyenne 12 000 Fr. CFA ...	72 000 Fr. CFA
2 ânes valeur moyenne 4 000 — ...	8 000 —
50 têtes de gros bétail (adultes) valeur moyenne 7 000 Fr. CFA ...	350 000 —
25 têtes de gros bétail (jeunes) valeur moyenne 4 000 Fr. CFA ...	100 000 —
258 moutons et chèvres, valeur moyenne 800 Fr. CFA ...	206 000 —
Total	736 400 Fr. CFA

C) *Outillage.*

Les listes détaillées par Tin donnent un total de 173 houes, 111 hachettes et 21 instruments divers (pour la plupart petites faucilles ou à la rigueur matchettes). Ceci donne un équipement de 1,4 houe par travailleur et de 3,4 houes et 2,1 hachettes par famille.

Le prix des mêmes instruments neufs varie de 30 à 120 Fr. CFA pour la houe et de 50 à 80 Fr. CFA par hachette ; nous prendrons les chiffres moyens de 75 et 65 Fr. CFA ; tandis que pour les faucilles et matchettes le prix adopté sera de 50 Fr. CFA :

173 houes à 75 Fr. CFA	12 975 Fr. CFA
111 hachettes à 65 Fr. CFA ..	7 215 —
21 divers à 50 Fr. CFA	1 050 —
soit au total	21 240 Fr. CFA

Nous voyons que l'équipement productif était en 1954, lors de l'installation du Sous-Secteur, des plus réduits ; encore avons-nous considéré les prix des outils à l'état neuf, c'est-à-dire le capital nécessaire au remplacement total. Quoi qu'il en soit la valeur de l'outillage (415 Fr. CFA par famille, 172 Fr. CFA par travailleur, 83 Fr. CFA par habitant, 54,5 Fr. CFA par hectare) est très minime par rapport à la valeur de la production : Tilali 1955, cultures d'exportation seules (primes coton comprises) 599 800 Fr. CFA ; ou par rapport au capital foncier 0,65 %. On a un équipement de travail représentant en valeur moins de 1 % du capital terre alors que toutes les ressources, toute la vie même du pays reposent sur la seule agriculture.

D) *Bâtiments et installations.*

Le quartier Tilali comprenait, en 1954, 122 cases d'habitation et 90 greniers, soit par famille 2,39 cases et 1,76 grenier (ou encore 2,098 habitants par case et 2,844 par grenier).

Avec les réserves déjà faites (état de vétusté, durée d'amortissement, dépenses d'entretien, etc.) nous avons estimé le capital « habitat » à :

122 cases à 6 000	732 000 Fr. CFA
90 greniers à 3 000	270 000 —
	1 002 000 Fr. CFA

E) *Équipement ménager.*

Lors de l'inventaire 1954 furent relevés en détail les objets, ustensiles ménagers et meubles de chaque Tin (sauf les poteries, que chaque femme fabrique pour son usage personnel, et les calebasses). Le nombre en était extrêmement faible ; il fut recensé pour les 51 familles : 2 lampes-tempête, 3 cantines, 2 lits et 11 récipients émaillés (tasses, cuvettes ou fait-tout).

Ceci montre, une fois de plus, que le pays Toupouri est vraiment pauvre et que ces produits d'origine étrangère sont un véritable luxe.

Chaque femme possède en moyenne 3 calebasses de taille plus ou moins variable, une très grande jarre, deux cruches et deux ou trois pots de terre. La valeur totale de l'équipement ménager du quartier s'élevait donc à :

2 lampes-tempête	à 250 Fr. CFA	....	500 Fr. CFA
3 cantines	à 1 000 —	....	3 000 —
2 lits	à 1 000 —	....	2 000 —
11 tasses émaillées	à 200 —	....	2 200 —
71 × 3 = 213 calebasses	à 80 —	....	17 040 —
71 × 1 = 71 jarres	à 100 —	....	7 100 —
71 × 2 = 142 jarres	à 50 —	....	7 100 —
71 × 3 = 213 pots	à 20 —	....	4 260 —
soit au total		....	36 200 Fr. CFA

Les biens ménagers sont donc de 710 Fr. CFA par famille et 141,40 Fr. CFA par personne.

F) *Habillement et linge.*

Les vêtements sont très réduits chez les Toupouri, peau de chèvre pour l'homme, ceintures pour les femmes. Le total est bien maigre puisqu'il ne fut relevé que 76 pièces d'habillement masculin et 29 pièces d'habillement féminin autre que traditionnel (couvertures et « godon » compris), soit 2,06 pièces par famille et 0,41 par personne. Certaines familles, les mêmes d'ailleurs qui possèdent lit et cantine, détiennent un nombre bien plus élevé que la moyenne (9 pièces d'homme, 2 pièces de femme pour l'une, 11 et 3 pour une autre, 4 et 8 pour une troisième, etc.) tandis que d'autres familles ne possèdent rien. Dans ce quartier de Tilali, 10 familles (soit 20 % du total) détiennent 52 pièces d'habillement d'homme (68,4 %) et 25 pièces féminines (86,2 %). En estimant à 800 Fr. CFA la pièce « homme » (qui va du caleçon au « boubou » et à la couverture) et à 500 Fr. CFA la pièce « femme » (morceau de tissu, pagne, « godon », etc.) la valeur totale s'élève à :

76 × 800 Fr. CFA	60 800 Fr. CFA
29 × 500 Fr. CFA	14 500 —
	75 300 Fr. CFA

Le capital mis en jeu dans le quartier Tilali ainsi calculé se monte à :

Capital terre	3 250 000 Fr. CFA	
Cheptel	736 000 —	
Outillage	21 000 —	
Capital productif		4 007 000 Fr. CFA
Équipement ménager	36 000 Fr. CFA	
Habillement	75 000 —	
Capital sous forme de biens de consommation ...		111 000 Fr. CFA
Bâtiments		1 002 000 Fr. CFA
soit au total		5 120 000 Fr. CFA

Sur les 302 ha cultivés du quartier ont été dépensés, à la moyenne de 70 h/j/ha, 21 140 jours de travail. En gardant la valeur très arbitraire de 50 Fr. CFA par jour ceci correspond à une dépense d'exploitation de : 1 057 000 Fr. CFA.

Le travail représente donc pour une année 32,5 % du capital terre et 26,3 % du total du capital productif.

En face d'un capital terre de 3 250 000 Fr. CFA et d'un capital total (bâtiments compris) de 5 120 000 Fr. CFA, en songeant à l'énorme sous-emploi, on peut bien dire que le pays Toupouri est surtout riche de bras.

Les recettes « apparentes » fournies par les cultures d'exportation s'élevèrent à 511 700 Fr. CFA en 1954. En supposant d'une part que cette somme d'argent ne soit pas déjà due ou dépensée et d'autre part en ne tenant pas compte de la valeur des récoltes vivrières emmagasinées ou sur pied, destinées essentiellement à la subsistance du quartier, nous voyons que 51 familles du pays Toupouri disposaient en 1954 d'un capital de 5 120 000 Fr. CFA dont 3 250 000 Fr. CFA, soit près des deux tiers, en terres et d'un avoir liquide de 512 000 Fr. CFA.

Le capital d'exploitation : cheptel vif et outillage, semences non comprises, 757 000 Fr. CFA est très surestimé car le bétail ne participe que très peu et très indirectement (pâturage) à la mise en valeur du sol.

Les signes extérieurs de richesse, ou plutôt de moindre pauvreté, sont ici d'abord la possession de bétail et de femmes, les deux étant étroitement liés par la dot. Le coût élevé — 8 à 10 têtes de gros bétail — de la dot pour une femme ne permet guère l'augmentation du nombre d'épouses par le seul fruit du travail ; la richesse provient donc de phénomènes purement biologiques : reproduction du troupeau, naissance de filles. Le jeune homme doit compter sur l'aide de son père pour obtenir une épouse et fonder un foyer.

L'inventaire des biens a fourni en 1954 une quantité d'objets et produits achetés extrêmement faible, encore la plupart de ceux-ci ont-ils été confectionnés dans la région. La part des produits importés est très réduite et leur possession est toujours un signe de richesse malgré leur faible valeur. Enfin il faut signaler le rôle du cheval ; malgré son utilisation très restreinte, on en trouve un assez grand nombre en pays Toupouri (6 dans le quartier Tilali, 19 dans tout le village de Golonpoui), il constitue une preuve de richesse et de respectabilité et est l'objet de soins très attentifs. Nous estimons qu'au point de vue modernisation rurale il est inutile et même nuisible, accaparant des soins sans effectuer de travail.

L'endettement existe en pays Toupouri mais non l'usure. Il s'agit plutôt d'un système de prêts entre amis, voisins, parents permettant de subvenir à des besoins momentanés, achat d'un animal, ramassage de l'impôt. Ces aides en argent créent un mouvement d'argent assez important qui se manifeste très clairement dans les bilans familiaux.

3. Impôts et Société de Prévoyance

Cette dépense inscrite obligatoirement dans les budgets familiaux est loin d'être la moindre. Quoique théoriquement l'impôt de capitation au bénéfice du budget de l'État du Cameroun et la contribution à la Société de Prévoyance soient deux choses totalement isolées, le paysan Toupouri, qui les verse entre les mains d'un seul collecteur, ne fait aucune différence ; il s'agit pour lui de taxes à payer au « Commandant » (Chef de Subdivision).

En 1954 l'impôt de capitation, limité aux hommes adultes valides se monte à 700 Fr. CFA ; le taux de cotisation à la Société de Prévoyance (SAP) est fixé chaque année à la réunion du Conseil d'Administration, elle est passée de 150 Fr. CFA à 300 Fr. CFA par suite des contributions spéciales inscrites.

Le procès des SIP ou des SAP a déjà été fait à trop de reprises pour que nous en parlions longuement. Après avoir pendant de nombreuses années à peu près totalement négligé le pays Toupouri au profit de la politique rizicole de la vallée du Logone, la Société de Prévoyance de Yagoua nous a permis de faire démarrer, grâce à un prêt de 400 000 Fr. CFA, un embryon de crédit agricole. D'autre part les paysans ont vu leur revenir une partie des cotisations versées, sous forme de travaux de petit équipement rural (avec aide du FIDES) qui commencent à se disperser dans tout le Nord-Cameroun. Malgré les améliorations apportées et un certain assouplissement du système de direction la représentation du paysan est toujours faite par les chefs de canton dont les intérêts personnels sont trop divergents de ceux de la paysannerie. Sous la direction étroite du chef de Subdivision, à Yagoua comme ailleurs, la SAP est toujours loin d'être une société de cultivateurs par les cultivateurs et pour les cultivateurs avec tous les maux que cette différence de conception implique.

Le crédit agricole dont le démarrage est amorcé ne peut être assimilé aux conceptions européennes en la matière et la formule du Sous-Secteur avec Conseiller rural permanent nous paraît être une transition obligatoire et longue avant d'arriver aux formes classiques. Les difficultés d'organisation sont grandes ; il n'y a pas de bonnes garanties à offrir par suite de l'absence de propriété véritable, d'État Civil correct et de richesses personnelles ; les risques de production sont assez élevés et la rentabilité à court terme est faible. Le crédit agricole dans de telles conditions doit s'appuyer sur des garanties collectives et sociales (contrôle du village, participation à la vie publique) mais également sur une garantie personnelle, celle de la responsabilité morale de l'emprunteur envers une personne bien connue, qu'il voit tous les jours, dont il recherche sinon l'amitié du moins l'estime (d'où la différence entre le prêt qui pourrait être fait par une banque et celui contracté auprès du Conseiller rural ; celui-ci est un intermédiaire obligatoire dans de telles conditions).

Le crédit pratiqué dans le Sous-Secteur et ses zones d'extension est essentiellement réservé à l'achat d'animaux de travail et de machines. Son rythme de remboursement devrait donc normalement être calqué sur le temps nécessaire pour valoriser les gains supplémentaires que cet achat permet d'obtenir. Mais le crédit aurait alors été trop long, aussi avons-nous choisi la durée moyenne de trois ans. Il s'agit ici plutôt d'un investissement dirigé forçant l'épargne que de crédit proprement dit. Il est à souhaiter que le crédit agricole ainsi mis à la disposition du paysan par le Sous-Secteur soit largement appliqué dans d'autres domaines : prêts à court terme pour l'achat de fertilisants (à rembourser à la récolte), à moyen terme pour l'acquisition d'animaux sélectionnés (si de bons types sont disponibles) ou même à long terme pour des constructions à caractère productif[1] (étable à sol cimenté pour produire du meilleur fumier).

On ne peut assimiler les primes coton versées après le deuxième sarclage à un crédit à court terme (avance sur récolte). Étant versées après l'exécution du sarclage, elles ne sont pas utilisées pour permettre celui-ci (emploi de main-d'œuvre salariée, achat d'aliments énergétiques) ; les paysans y cherchent plutôt l'obtention d'argent frais sans trop se soucier de la conséquence sur la récolte.

1. Et non un prêt pour l'habitation dont la charge serait écrasante sans retours économiques immédiats.

CHAPITRE II

LE COMMERCE

1. LE COMMERCE ET LES MARCHÉS

La pauvreté des paysans, l'absence d'artisanat, leur manque d'intérêt pour les objets d'importation, l'importance de l'autoconsommation expliquent que le commerce soit peu développé en pays Toupouri. Les recettes proviennent en partie de la vente des produits des cultures d'exportation (coton, arachides) sur les marchés saisonniers de coton et d'arachides. Que ce soit pour l'arachide où il y a un nombre limité d'acheteurs agissant pour leur compte ou représentant des Sociétés (y compris Société Africaine de Prévoyance qui joue le rôle d'acheteur-témoin) ou pour le coton (C.F.D.T.), il n'y a pas de discussion de prix, de marchandages, pas de commerce à proprement parler ; plus que des marchés ce sont des centres de livraison de produits et ils ne sont pas inclus dans la vie économique et sociale du pays mais plutôt surajoutés (cf. livre IV, chap. IV, § 3).

La véritable vie économique du pays Toupouri se concentre en un certain nombre de marchés hebdomadaires rassemblant, à des points fixes, les paysans de la zone d'influence économique et sociale du marché en question.

Les objets fabriqués à l'extérieur du pays Toupouri sont achetés ainsi que quelques produits essentiels (allumettes, sel, tissus) sur ces marchés où ils sont apportés par des vendeurs ambulants spécialisés. Ceux-ci sont des Foulbé ou plutôt des Islamisés ; s'approvisionnant dans les villes aux magasins des Sociétés importatrices, ils vont de marché en marché à travers tout le Nord-Cameroun avec des ânes et de plus en plus empruntent le camion.

Mais l'essentiel des transactions en pays Toupouri a lieu entre les femmes du pays elles-mêmes. Malgré l'autarcie familiale, malgré l'absence quasi totale de la distinction entre producteurs et consommateurs, la femme Toupouri alimente un courant continu d'échanges fondé sur un système encore très proche du troc. Elle arrive au marché avec une petite quantité de produits qu'elle vend pour repartir avec d'autres produits et parfois une petite somme d'argent. La plupart du temps cette transaction qui dépasse rarement une cinquantaine de francs CFA a le caractère d'un échange « triangulaire » où la monnaie ne joue qu'un rôle très accessoire. Même si elle n'a rien à vendre (ou à acheter) la femme Toupouri se rend régulièrement au marché et y passe sa journée à bavarder. Le marché a un rôle social des plus importants en pays Toupouri. Et si la fréquentation des hommes est moins régulière, ils y participent quand même très activement. Le marché est le lieu de rencontres, d'échanges de nouvelles, de contact entre les villages et les quartiers, de recherches d'amitiés ou d'épouses, de distractions. Son rythme hebdomadaire marque le déroulement du temps, on compte par marchés (Loumo d'après le terme Foulbé) et le jour du marché est un jour de repos quasi obligatoire.

Par suite de ce triple aspect du commerce : livraison de l'arachide et du coton directement aux acheteurs en gros, petit commerce de détail pour les produits étrangers au pays, échanges de produits locaux grâce à un système de troc amélioré, les transactions sont nombreuses et variées. Mais il n'y a pas vraiment contact entre catégories de producteurs de biens différents, le marché n'est pas le goulet de passage obligatoire des marchandises où leur valeur devient mesurable. Et le contact direct de l'homme avec le sol, le passage instantané du producteur au consommateur restent la base essentielle de la société Toupouri.

2. Le marché de Datchéka

Le village de Golonpoui appartient à la zone d'influence du marché de Datchéka, situé tout près de ses limites. Ce marché a lieu le mercredi et est un des plus importants du pays Toupouri par la masse des gens qui le fréquente. Ceci est dû à la fois à sa localisation dans la zone la plus densément peuplée du pays et à sa proximité de la frontière du Tchad et de la petite agglomération urbaine de Fianga. Le marché de Datchéka est souvent appelé marché traditionnel et paraît avoir été là de tous temps. En réalité il est de création assez récente : une quinzaine d'années.

Au point de vue social sa zone d'influence est limitée aux villages de Mourao, Datchéka, Soukoumkaya, Dobangou, Golonpoui, Taala, Konkoron, Gouin, Youeye, Golongobé, tous villages dont les habitants ont adopté le mercredi comme jour de repos et se rendent régulièrement au marché. Au point de vue échanges il est fréquenté en plus par ceux de tout le sud du canton de Ndoukoula (de Zoueye et Hourlargo à Hougnon, villages ayant pourtant leur marché propre), par la forte population Toupouri vivant de l'autre côté de la frontière et par de nombreux habitants de Fianga ; les commerçants y viennent de Kalfou, Moulvoudaye, Yagoua, Doumrou et même de Maroua.

« Prodigieux grouillement de femmes nues » comme les décrivait André Gide [39] il y a quelque trente ans, tels sont encore aujourd'hui les marchés du pays Toupouri. A Datchéka cet énorme rassemblement de femmes et d'hommes peut atteindre 10 000 personnes mais une certaine ordonnance, due à la disposition spontanée par nature de commerce, règne.

Le marché se tient sur un vaste emplacement (deux ou trois hectares) situé sur le territoire de Datchéka, à un kilomètre au sud de la limite de Golonpoui. Autour de cette surface où le piétinement dense élimine toute herbe mais où quelques groupes de grands arbres apportent des zones d'ombre qui servent de foyers de groupement, un commencement de fait urbain apparaît. Une route y aboutit qui est utilisée par les camions, les cases couvertes en paille du campement administratif sont protégées par l'enceinte d'un mur bas de terre, la mission protestante a édifié un petit temple et la case du « catéchiste ». A un kilomètre et demi à l'ouest, le chef de canton a établi sa résidence, le site en a été déterminé par la nécessité de surveiller de près le sud toujours turbulent du canton, et un léger éloignement du marché afin de pouvoir le contrôler sans en être importuné. C'est à proximité immédiate qu'ont été installés en 1956 un abattoir-séchoir à peaux par le Service Vétérinaire, en 1957 l'école et qu'est projeté un dispensaire. Quelques personnes commencent à demeurer de façon permanente auprès du marché (bouchers en particulier). Le marché quoique hebdomadaire opère donc comme centre de regroupement, comme germe d'urbanisation.

Dès le mardi arrivent les commerçants qui viennent pour beaucoup du marché de Kalfou qui a lieu le lundi. Et de très bonne heure le mercredi matin, commencent à s'acheminer par les pistes et les sentiers les femmes et les hommes, un peu mieux vêtus ce jour-là (c'est-à-dire ayant sorti leur « queue » de fils de coton ou une autre peau) ; les femmes portent toutes une calebasse ou quelque charge, quelques hommes traînent derrière eux un mouton, une chèvre ou parfois une vache.

Le marché est le plus actif de 10 à 14 heures, la densité la plus forte est alors atteinte à ce moment et les échanges sont les plus animés. Alors que la quasi-totalité des femmes de Golonpoui (car relativement proche) demeure toute la journée au marché, les hommes y restent moins longtemps, certains n'y vont que l'après-midi. La plupart des femmes vont régulièrement chaque semaine au marché, la plupart des hommes n'y participent qu'irrégulièrement et surtout en saison sèche. C'est d'ailleurs en cette saison que le marché a vraiment toute son ampleur, les camions (jusqu'à 25 faisant chacun plusieurs voyages avec parfois 40 et 50 passagers) peuvent y accéder et déverser leurs grappes humaines juchées au-dessus des colis de marchandises, les colporteurs circulent facilement avec leurs ânes, le paysan n'a pas de travaux urgents. Par contre en saison des pluies les pistes ne sont plus possibles aux véhicules lourdement chargés, les âniers craignent les pluies sur leurs marchandises mal protégées, enfin paysans et paysannes sont très absorbés par les travaux des champs ; ajoutons que la bière de mil (qui n'est pas le moindre attrait du marché) est alors rare et chère.

Le marché de Datchéka présente, sous une grande confusion apparente due à la densité et à la lente circulation de la foule, une certaine organisation spontanée. Les bouchers vendent la viande ou de petites brochettes grillées en cercle autour d'un tas de braises, toujours au même emplacement (en moyenne 6 à 8 bêtes sont abattues par marché). Le petit et gros bétail à vendre sont rassemblés sur le pourtour d'une petite mare ; les vendeurs et les acheteurs se livrent au maquignonnage habituel un peu à l'écart. Dans un endroit un peu ombragé, s'installent les vendeuses de bière de mil, les hommes s'assoient en cercle et se passent de main en main la calebasse à laquelle ils boivent à longs traits ; c'est le coin des longues discussions, des jeux[1] de hasard, mais également le coin des disputes après avoir trop bu. Ces trois emplacements délimitent un vaste triangle où se rassemblent en petits cercles ou adossées au tronc d'un arbre, les femmes. Sur le côté « bière de mil-bétail » s'alignent les petits marchands d'objets divers en une ou deux allées parallèles selon leur nombre. Les vendeurs d'étoffe s'accroupissent derrière leurs marchandises étalées par terre. A côté, dans des caisses plates, d'autres marchands ont entassé allumettes, bimbeloterie et verroterie diverses. De place en place un artisan Foulbé ou Moundang offre des lots de houes, de couteaux fabriqués à partir de la tôle récupérée de fûts d'hydrocarbures. Auprès du marché à bétail quelques Toupouri étalent de toute leur longueur les cordes qu'ils ont tressées avec des fibres de dah. A l'abri d'un gros arbre, les vendeurs de cola protègent soigneusement leurs noix sous un fragment de sac mouillé mais le Toupouri n'est pas un gros consommateur de cet excitant plutôt recherché par les Islamisés. Il y a foule par contre autour des sacs en peau ou des grands paniers qui renferment des poissons secs en provenance du Logone via le marché de Bongor, mais surtout des importants marchés de Guirvidig ou Kaykay II ou même plus au nord des zones de pêche de la région du Logone et Chari.

Chacune des femmes apporte quelques produits dans une calebasse, s'assied auprès d'une amie et dépose sa marchandise à côté d'elle. Ce sont des arachides décortiquées ou non, des pois de terre soit en coques soit en grains, soit encore préparés en une sorte de pâte rougeâtre ; ou bien c'est une calebasse de mil ou quelques légumes séchés (Gombo) ; parfois de la pâte de haricots ou de fruits de Parkia, parfois encore une poule liée par

1. Jeu de cauris où chaque joueur lance à son tour les petits coquillages, le nombre de ceux qui montrent la face dorsale décide du gagnant, jeu de cartes où chacun abat sa carte à la recherche du complément à une valeur donnée, enfin jeu de l'alignement de petits creux inspiré des Foulbé et relativement rare. Le billet de 5 Fr. CFA constitue la mise unitaire mais les gains (ou les pertes) peuvent s'élever à plusieurs centaines de francs CFA.

les pattes ou une jarre, une cruche, ou encore un petit fagot de bois de chauffage. Quelques femmes plus spécialisées, souvent en provenance du canton de Wina ou encore femmes de bouchers ou de commerçants, vendent du tabac en boules, ou encore elles offrent du savon noirâtre à base de potasse (provenant des cendres employées). D'autres offrent du sel recristallisé après addition d'eau, ce qui permet de le découper en petites briquettes. Enfin quelques hommes proposent des manches d'outils ou de petits paquets de manioc. Sauf pour les femmes qui ont fabriqué et vendu la bière de mil, le volume des transactions individuelles est très faible. En général la femme attend d'avoir vendu son mil ou ses graines pour se promener à travers tout le marché et acheter des poissons, de la viande, le sel ou le tabac ou bien encore les haricots et le mil qui lui manquent. Il est assez rare qu'un échange direct ait lieu entre deux femmes, chacune apportant ce qui manque à l'autre. La femme rapporte rarement au Tin ou les marchandises qu'elle prétendait vendre ou l'argent qu'elle a gagné. Elle n'apporte au marché qu'une faible quantité de produits agricoles calculée pour lui permettre d'acheter ce dont elle a besoin. Ces petites sommes d'argent qui transitent pendant quelques heures entre les mains de l'épouse constituent la plus grosse partie du bilan familial. Si la monnaie, billets de 5 et de 10 Fr. CFA est abondamment employée sur le marché, elle n'est pas en général accumulée mais sert simplement d'intermédiaire dans un système de troc entre plusieurs personnes. Sur les marchés Toupouri il n'y a pas variation de la valeur d'une quantité donnée de produit mais au contraire modification du volume (et du poids) offert pour la même valeur unitaire constante 5 Fr. CFA. L'adaptation se fait ou par changement de l'unité de mesure qui est une petite calebasse ou par plus ou moins grand remplissage de celle-ci.

Le mil constitue l'objet principal de ces échanges. L'excès de production est apporté par petites quantités au marché pour permettre d'acheter viande, poisson séché, sel, etc. ; les acheteurs sont soit les consommateurs de la ville de Fianga, soit les paysans du Tchad qui cultivent le coton sur les sols à Gara, soit encore les femmes qui s'approvisionnent à chaque marché pour la fabrication de bière de mil en vue du marché suivant. Les commerçants Foulbé achètent d'assez grosses quantités lors des périodes favorables (récolte du Babou principalement) mais vendent également aux mois de soudure (mil blanc de décrue ou Mouskouari).

Le marché de Datchéka est très fréquenté mais la somme totale des transactions est réduite. Par contre le marché joue un rôle très important dans l'ajustement des besoins des cellules économiques familiales (échanges entre les femmes) et l'acquisition des quelques produits indispensables (viande, sel, poisson sec). Le rôle social du marché, lieu de rencontres, lieu de détente sinon de distractions, est extrêmement grand ; le repos hebdomadaire respecté par tous est la marque même de son importance.

Nous avons relevé le nombre de demi-journées passées au marché ou bien en déplacement. Ce dernier peut être une visite à la famille avec un séjour plus ou moins long près de celle-ci ou bien une simple promenade. Le déplacement peut également être justifié par un motif économique : achat d'un bœuf à dresser, recherche d'un animal égaré en brousse ou volé. Lors du dépouillement des relevés d'activités familiales, nous avons groupé fréquentation des marchés et déplacements sous la rubrique « Marché-promenade ». Aussi les chiffres qui suivent fournissent le nombre de jours d'absence du Tin (fêtes et danses non comprises) pour les hommes et pour les femmes, par année.

	1955		*1956*		*1957*	
	H	*F*	*H*	*F*	*H*	*F*
Maximum	93,5	73,5	137,5	111,5	172,5	87
Moyenne	51	54,8	60	56,9	59,5	58,1
Minimum	5	39,5	11	32,5	19,5	32

Alors que les différences sont très grandes entre les hommes (Bambé a été absent 172,5 jours en 1957 et Tionga 5 jours seulement en 1955), les moyennes restent à peu près constantes chaque année : 51, 60, 59,5. Chez les femmes on relève la même constante de l'absence moyenne : 54,8, 56,9, 58,1 ; mais le minimum 32 à 39,5 jours par an traduit une fréquentation beaucoup plus fidèle du marché.

3. Les prix

Par suite de la faiblesse des échanges, de la faible fonction économique du marché qui remplit difficilement son rôle d'établissement des cours, le problème des prix est assez délicat. Certains produits voient leur cours imposé de l'extérieur : c'est le cas du coton et de l'arachide. D'autre part, les produits dont le négoce est libre font l'objet de discussions, non pas autour du prix offert ou demandé, mais autour de la quantité fournie en face d'une somme d'argent constante. Le récipient qui sert de mesure est très souvent une petite cuvette en tôle de 9 cm de diamètre au fond, 17 cm de diamètre d'ouverture et de 5,5 cm de profondeur ; elle contient en moyenne 950 grammes de mil, 800 g d'arachides décortiquées ou 550 g d'arachides en coques. Même pour les produits qui se vendent à l'unité, la discussion porte sur la qualité plus que sur le prix. L'acheteuse ne cherchera pas à faire baisser de 15 à 10 Fr. CFA le coût des deux poissons secs (Alestes) qui lui sont offerts par le marchand de poisson[1], elle s'attachera par contre à choisir parmi les paires qui lui sont proposées celle qui lui paraît la plus lourde, la plus garnie en chair (ou la moins dévorée par les Dermestes).

1. Peut-être la rareté du billon est-elle en partie responsable de cet état de choses.

Les quantités offertes pour une même valeur pouvant varier assez nettement du matin au soir ou même d'une partie du marché à l'autre, la recherche du prix n'est pas chose aisée[1]. Il faut absolument peser les quantités de produits et rechercher des moyennes. Nous avons procédé

TABLEAU 42

24 AOÛT 1955 (EXTRAIT DU « CAHIER DU MARCHÉ DE DATCHÉKA »)

Marchandise	*Poids pesé ou âge*[2] (en gr.)	*Prix demandé*[2] (en Fr. CFA)	*Prix du kg*[3] (en Fr. CFA)	*Moyenne arithmétique*[3]	*Remarques*
Gara	700	15	21,43	17,41	
Gara	1 120	15	13,39		
Shoukouloum .	660	10	15,15	15,12	
Shoukouloum .	5 305	80	15,08		
Babou	980	15	15,31		
Babou	1 110	15	13,51	21,17	
Babou	405	10	24,69		
Donglong (ou Mouskouari)	1 465	20	13,65	13,10	
Donglong (ou Mouskouari)	3 980	50	12,56		
Tchanré	1 950	25	12,82		
Mougrang[4]	570	15	26,31		
Arachides décortiquées					pas de vente sur le marché
Arachides coques	465	15	32,25		
Haricots	560	25	44,64		
Tabac	245	35	142,85		
Sel	160	15	93,75		
Viande	780	40	51,28		
Poisson	325	25	76,92		Silures
Taureau	3 ans +	5 000			
Vache	4 ans	12 000			
Mouton	4 mois	660			
Chèvre	6 mois	1 250			
Poulet		165			
Nombre de bêtes abattues					4 bœufs, 2 moutons

1. Cf. J. ROYER [85] et L. W. CLARKE, « Problems of price collection in African Markets », *Bull. of Interafrican Labour Institute*, n° 5, sept. 1955.
2. Chiffres à inscrire par l'observateur.
3. Calculs effectués au bureau.
4. Ou Voandzou.

comme suit : chaque mercredi, l'enquêteur chargé de l'étude du travail familial se rend au marché avec une petite balance type Roberval, une série de poids et un cahier sur chaque page duquel est établie une liste type des produits qu'il doit observer (cf. tableau 42). Il faut s'assurer que l'observateur effectue au hasard ses prélèvements, les pèse correctement et reporte au fur et à mesure les résultats. L'observateur non qualifié doit se contenter d'enregistrer quelques déclarations sur la valeur des animaux. Enfin il note le nombre de bêtes abattues (bovins et caprins).

Au bureau sont calculés ensuite les prix au kilogramme. Pour éliminer en partie les variations à très court terme (entre fin et début du marché, ou entre deux marchés consécutifs), nous avons calculé la moyenne arithmétique, d'une part entre les prix d'une même denrée et, d'autre part, entre les 4 (ou 5) marchés du mois. Il ne nous est pas apparu utile devant les imprécisions inhérentes à cette méthode de collecte des prix, d'entrer dans des calculs sans proportion avec le but recherché qui était de donner une idée approximative des prix et de leur variation. Ces pratiques ont permis d'obtenir l'ordre de grandeur des prix en 1955, 1956, 1957 ; malheureusement certains marchés ne furent pas (ou furent si mal) relevés que nous n'avons pu obtenir des séries annuelles complètes. Les mercuriales administratives publiées jadis dans certains rapports de chefs de Subdivision sont malheureusement incomplètes, douteuses et à des dates irrégulières. Alors que les prix étaient à peu près les mêmes en 1903 et 1923 et n'avaient subi qu'une faible ascension en 1932, ils sont considérablement plus élevés en 1954 (environ 200 fois par rapport à 1923).

La valeur relative des différents produits selon les mercuriales, en prenant comme base le mouton (et les valeurs inférieures dans chaque cas) est la suivante :

RAPPORT DES PRIX

d'après :	*Brusseaux* [16] *1903*	*Gevaudan* [38] *1923*	*Maronneau* [58] *1932*	*Gaubert* [37] *1954*	*1957*[1]
	—	—	—	—	—
Cheval Foulbé	50	50		43	
Bovin	10		10	8,6	7
Mouton	1	1	1	1	1
Poulet		1/8	1/10	1/7	1/8
Kilogramme de viande .			1/10	1/7	1/20
Kilogramme de mil		1/40	1/50		1/75

Alors que la valeur relative du bétail et de la volaille reste constante il semble y avoir une baisse progressive du mil (mais ceci peut provenir des différentes méthodes d'obtention des prix).

1. Chiffres moyens d'avril-mai 1957 pour pouvoir comparer avec ceux recueillis par Gaubert [37] le 24 avril 1954.

La constance de la valeur des bovins est, à notre avis, le fait essentiel à retenir, car, très souvent, on invoque la hausse des cours par suite de la capitalisation sous forme de gros bétail.

A l'aide des renseignements obtenus et des moyennes mensuelles calculées, si nous comparons pendant une année complète (février 1957 à février 1958) le prix du kilogramme des quatre variétés de sorgho (cf. graphique 46) il apparaît nettement que les variations sont parallèles. A une forte hausse des prix de mai à juin succède une période de prix beaucoup plus bas de septembre à novembre suivie d'une remontée vers le cours moyen de 11 à 12 Fr. CFA le kilogramme. L'ampleur des cours est de 7 à 17 Fr. CFA, mais tandis que le Gara passe de 12,5 à 7 Fr. CFA, le Shoukouloum de 9 à 16 Fr. CFA, le cours du Babou varie entre 8 et 17 Fr. CFA soit presque deux fois plus que celui du Gara. Tandis que le mil précoce a son cours le plus haut en avril, ce n'est qu'en mai et juin que les autres mils atteignent leur cours maximum. Par contre les prix minima du Shoukouloum et du Donglong ont lieu en septembre et octobre (octobre et novembre pour le Babou) tandis que le Gara est le moins cher en novembre. C'est moins la récolte elle-même du Gara que la disponibilité totale en mil qui entraîne le prix minimum. La plus longue durée de conservation du Gara explique sa dépréciation progressive à partir d'avril tandis que les autres sorghos voient leur cours continuer à monter ; la sinusoïde des prix du Gara est plus étalée que celle des autres mils.

Quel que soit le mil envisagé, les prix de 1957 sont inférieurs à ceux de 1955 et surtout de 1956. Le Gara qui, en 1955 et 1956, avait un prix légèrement supérieur au Babou, est en moyenne, en 1957, 1 à 2 Fr. CFA moins cher au kilogramme que ce dernier. Le Shoukouloum, par contre, durant ces trois années est presque toujours plus cher que les deux autres mils ; c'est lui qui a d'ailleurs atteint en 1956 le prix le plus élevé. Il semblerait que plus le mil est cher, c'est-à-dire en principe plus il est apprécié, plus ses variations de prix sont grandes.

A l'aide des chiffres fournis par les relevés du marché de Datchéka et de la même manière que précédemment, la courbe de variation de prix en 1957 des arachides en coques et des haricots a été dressée (fig. 46). Là encore, au clocher de juillet-août succède un minimum en octobre-novembre-décembre (moins bien accusé que dans le cas des mils). Notons que ce cours moyen de 20 à 25 Fr. CFA est nettement plus élevé, même lors de la récolte ou du marché d'arachides, que le taux pratiqué à l'achat en gros sur ce dernier.

La variation du prix des chèvres et moutons et du « poulet » est également intéressante à examiner (fig. 46). Cependant les difficultés provenant des différences entre les individus « échantillonnés » entraînent une certaine imprécision. Les prix du mouton et de la chèvre restent sensiblement égaux (avec une légère différence au profit des ovins) et il y a une nette baisse de prix de juin à octobre 1957. Le coût du poulet subit le même

« creux » mais, si la remontée de septembre est beaucoup plus rapide, le prix du poulet dégringole rapidement d'octobre à février.

Le clocher du mois d'octobre pour le poulet coïncide avec le minimum du prix du mil, la chute des cours du poulet suit de même de très près les fortes valeurs atteintes par le mil (cf. fig. 46). Il en est de même pour les prix du mil et du mouton sur pied. Lorsque le mil est bon marché, les consommateurs ayant des disponibilités supérieures créent-ils une plus grande demande de volaille dont le prix augmente ? Ou bien faut-il expliquer la baisse du prix du poulet par le double fait que, devant le coût élevé du mil, les paysans y consacrent entièrement leurs maigres réserves (réduction de la demande) ou même vendent leurs poulets pour pouvoir acquérir le grain (accroissement de l'offre) ?

Les fluctuations du prix du kilogramme de viande en 1957 (fig. 46) semblent montrer une amorce ascendante (augmentation de 10 Fr. CFA environ par kilogramme). Le prix de la viande subit, avec un léger décalage et en sens contraire, les oscillations du prix du mil. Au cours élevé des céréales en avril-mai correspond une chute de prix de la viande en juin ; de même du bas prix du mil de septembre et octobre dépendrait la hausse de la viande en octobre-novembre.

Cette relation étroite mais non simultanée entre les prix des mils et ceux des produits animaux paraît indiquer que les hauts prix des céréales, achetées en priorité, entraînent une diminution de la demande, une augmentation de l'offre des volailles et chèvres-moutons de la part des paysans sans grandes ressources, donc une baisse de prix sur les produits protéiniques. D'après la courbe du nombre de bovins abattus chaque mois à Datchéka (fig. 46) (les chiffres de février 1957 et février 1958 n'ont pas été indiqués car manquants en partie), le volume des abattages transcrit assez fidèlement les variations du coût du kilogramme de viande ; plus le prix de la viande est élevé, plus on tue de bêtes et vice versa. Il n'y a pas ajustement du prix de la viande à l'offre sur le marché (moins on abat d'animaux, plus élevé devrait être le prix à cause de la rareté de la viande) mais plutôt spéculation des bouchers sur le prix auquel ils peuvent offrir la viande (en fonction du coût, sur les marchés antérieurs, du mil). Si le mil a été vendu très cher, la demande de viande diminue et ils l'offrent à un prix moins élevé mais également en quantité moindre. La viande, aliment de luxe, n'est achetée et consommée qu'en fonction inverse du prix du mil. Le nombre de bêtes abattues pourrait donc ainsi traduire les fluctuations du prix du mil.

4. La « boutique »

Dans le but de fournir à un prix raisonnable des marchandises de qualité correcte, de suppléer à l'approvisionnement irrégulier du marché,

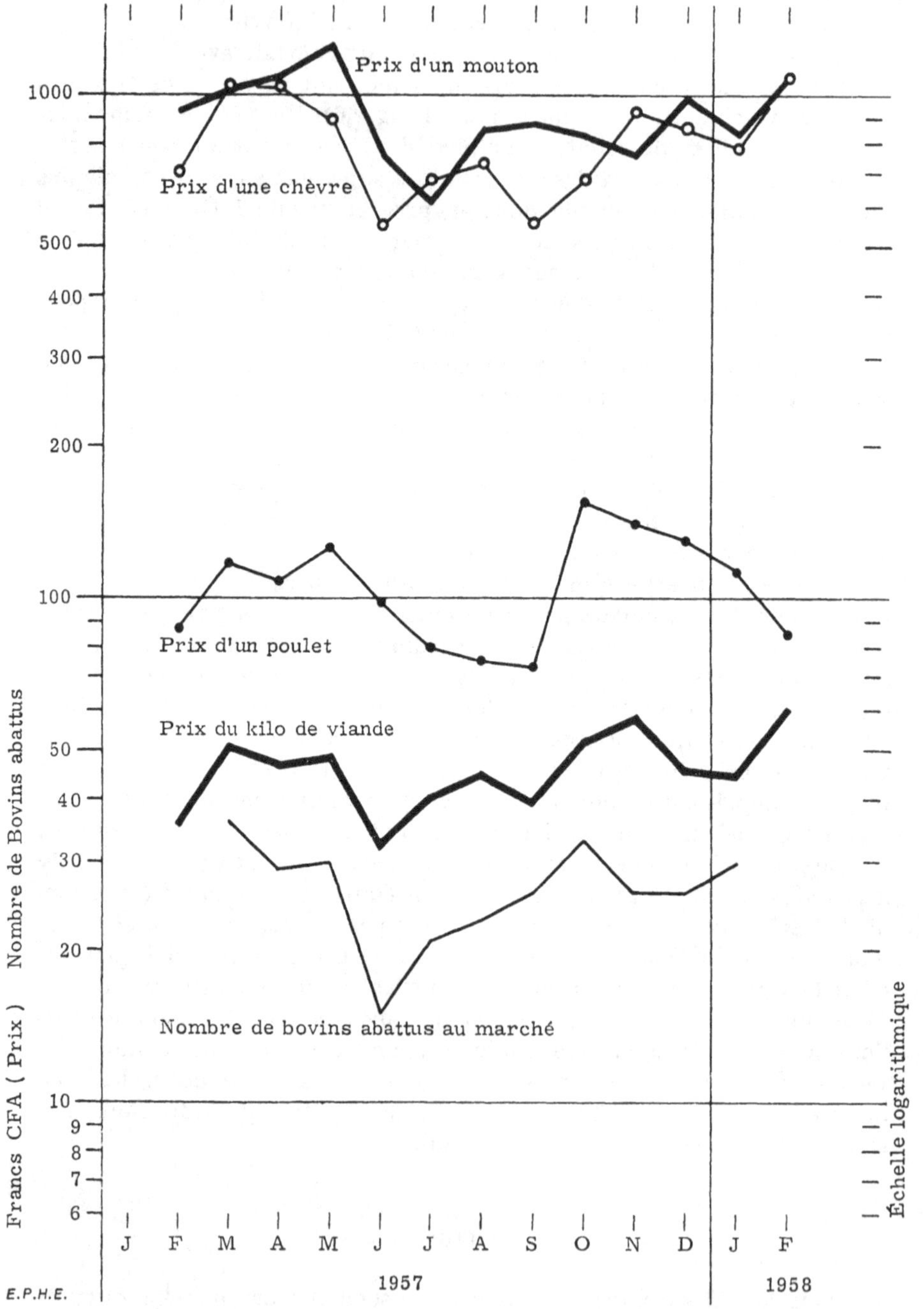

FIG. 46. — *Variations saisonnières des*

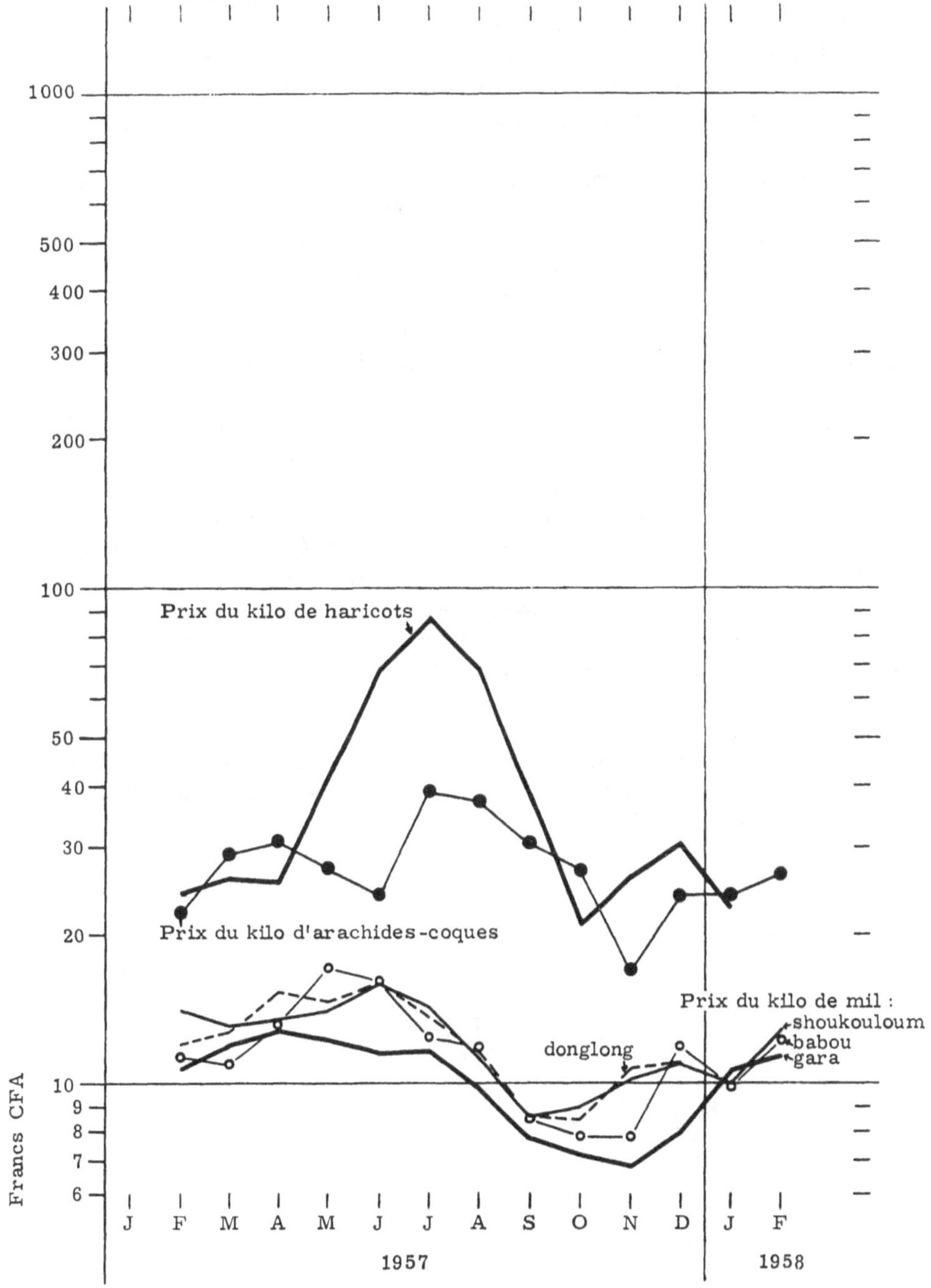

r le marché de Datchéka en 1957.

surtout en saison des pluies, et d'amorcer l'existence d'un petit commerce spécifiquement Toupouri, nous avons créé une petite boutique à Golonpoui. Un de ses avantages principaux fut celui de pouvoir mettre plus facilement à la disposition du paysan les outils améliorés et les pièces de rechange (boulons, socs) des charrues antérieurement vendus par le Sous-Secteur.

Un jeune paysan sachant compter, sérieux, fut d'accord pour être gérant de cette boutique en attendant d'être suffisamment au courant pour la tenir à son propre compte. Un petit stock de marchandises lui fut confié, renouvelé chaque semaine après inventaire et comptage de la recette, un bénéfice de 10 % lui étant laissé à condition qu'il maintienne la boutique ouverte une heure par jour (tous les soirs) et toute la journée du mercredi, ce qui ne le gênait nullement dans ses travaux agricoles. Peu à peu une plus grande initiative lui fut laissée. Les achats au début faits uniquement par les soins du Conseiller rural furent ensuite effectués par lui. Les prix de vente furent calculés aussi bas que possible en tenant compte du « coulage » et du bénéfice de 10 % du vendeur.

Cette boutique rencontre un vif succès de curiosité et de vente ; le volume des ventes dépassait, en 1957, 40 000 Fr. CFA par mois, ce qui donnait au gérant un supplément très intéressant. Les principaux produits et objets vendus sont : houes, savon, sel, brisures de riz (en provenance de la rizerie de Yagoua), sucre, lampes-tempête et pétrole, émaillés, allumettes, moustiquaires, « tennis », maillots de corps, serviettes de toilette, couvertures, tissus de coton légers.

Cette boutique qui connaît une bonne réussite est un fait économique local très intéressant. Deux autres boutiques analogues ont été installées à Tchatibali et à Hourlargo, nouveaux foyers de modernisation en pays Toupouri, créés en 1957.

CHAPITRE III

LES BILANS FAMILIAUX

1. Les bases de l'enquête

Nous avons essayé de connaître « de l'intérieur » l'économie familiale Toupouri. Les interrogatoires quotidiens sur l'activité des divers adultes de la famille ont été complétés par la simple question « qu'avez-vous vendu ? Qu'avez-vous acheté aujourd'hui ? Combien d'argent avez-vous reçu ou donné ? » c'est-à-dire quelles ont été vos dépenses et vos recettes de la journée. Les réponses consignées dans les agendas ne comportent pas d'indications sur les quantités achetées ou vendues (il n'y a pas d'unité constante de mesure des marchandises) ; elles ne fournissent donc que la nature des achats et des ventes et leur valeur. Leur récollement permet d'obtenir, pour la période considérée, un bilan financier du Tin, unité économique.

Ce relevé quotidien présente sur les interrogatoires ou les interwiews annuels ou accidentels le gros avantage de limiter les erreurs ; il porte sur des familles parfaitement connues par ailleurs, suivies régulièrement par l'enquêteur. La plus grande confiance règne entre celui-ci et les déclarants. Est éliminée la distorsion systématique des déclarations sur interviews soit parce que le paysan cherche à donner la réponse qui lui paraît la plus susceptible de plaire à l' « intervieweur », soit parce qu'il a tendance à donner les réponses qui lui apparaissent les plus conformes à son intérêt personnel.

On ne peut demander à un individu de fournir de mémoire toutes ses dépenses et recettes annuelles ou même semestrielles, il ne peut fournir que quelques chiffres se rapportant aux transactions les plus récentes ou les plus marquantes ; s'il peut se rappeler exactement ce qu'il a gagné avec son coton, combien il a payé la vache qu'il a achetée, il ne peut se souvenir un par un de tous les petits achats, faire la somme de toutes les petites recettes; le paysan interrogé préfère souvent les passer sous silence. Or les données recueillies grâce à notre méthode de relevés quotidiens montrent que la grande majorité des dépenses des Toupouri est faite de petites sommes. Le tableau ci-dessous donne, pour deux semestres et pour quatre exemples seulement, le montant des dépenses pour chaque catégorie et le pourcentage par rapport au total semestriel :

2e SEMESTRE 1956

Fr. CFA	*Hakna*		*Tionga*		*Tem*		*Lopo*	
De 0 à 49 ...	375	16 %	595	27,5 %	940	49,2 %	1 445	18,3 %
50	200	8,5	200	9,2	200	10,5	1 550	19,6
51 à 200	1 070	45,6	70	3,2	70	3,7	2 500	31,7
Plus de 200 ..	700	29,9	1 300	60,1	700	36,6	2 400	30,4
	2 345	100,0	2 165	100,0	1 910	100,0	7 895	100,0

1er SEMESTRE 1957

Fr. CFA	*Hakna*		*Tionga*		*Tem*		*Lopo*	
De 0 à 49 ...	745	10,5 %	680	39,6 %	585	42,2 %	485	6 %
50	900	12,6	250	14,6	100	7,2	850	10,5
51 à 200	1 295	18,2	85	5			2 570	31,7
Plus de 200 ..	4 175	58,7	700	40,8	700	50,6	4 200	51,8
	7 115	100,0	1 715	100,0	1 385	100,0	8 105	100,0

Ne pas tenir compte des dépenses inférieures à 51 Fr. CFA, qui ne peuvent être recueillies lors d'un interrogatoire périodique (ou accidentel) conduit donc à négliger une fraction des dépenses allant de 16,5 % (Lopo 1er semestre 1957) à 59,7 % (Tem 2e semestre 1956). La même erreur quoique moins importante, se reproduit lors du relevé des recettes ; seules les rentrées importantes d'argent sont déclarées lors des réponses sincères à l'interrogatoire annuel.

Ces mouvements d'argent de chaque famille ont lieu, dans la très grande majorité des cas, les jours de marché.

Le degré de confiance entre enquêtés et Conseiller rural, qui joue en faveur de l'exactitude des petites recettes, fait que le paysan a souvent tendance à ne pas déclarer les recettes ou dépenses qui sont déjà connues du Conseiller rural. Il lui semble en effet inutile de signaler quelle somme d'argent il a reçue pour ses arachides ou son coton, attendu que le Conseiller rural était présent à ce moment-là, ou même en a pratiqué le versement (achat d'arachides de multiplication). De même les avances ou remboursements de crédit pratiqués par le Sous-Secteur sont souvent omis. Il y a donc lieu, surtout si l'étude de ces budgets familiaux n'est pas faite à

TABLEAU 43

RECETTES PAR SEMESTRE (FRANCS CFA)

	2e sem. 1954	*1er sem. 1955*	*2e sem. 1955*	*1er sem. 1956*	*2e sem. 1956*	*1er sem. 1957*	*2e sem. 1957*	*Total*	*Recette moyenne par sem.*	*Sur 5 sem.*	*Par adulte*
Tem	970	1 435	1 625	685	2 255	1 490	3 140	11 600	1 657	1 839	920
Tionga	690	2 205	4 945	3 630	1 985	1 255	7 440	22 150	3 164	3 851	1 284
Yongwé			3 075	2 040	790	1 535	9 940	17 380	3 476		1 337
Damo			2 935	8 320	1 280	5 540	3 365	21 440	4 288		858
Hakna			5 490	13 410	4 200	8 225	2 830	34 155	6 831		1 366
Dahan			3 255	12 360	3 955	11 350	18 425	49 345	9 869		4 934
Bambé	15 570	2 725	3 365	2825	705	1 470	15 595	42 255	6 036	4 792	2 396
Lopo	3 480	13 310	7 580	9 325	8 825	6 500	11 500	60 520	8 646	8 746	2 915
Moyenne	5 177	4 919	4 034	6 574	2 299	4 683	9 029		**5 393**		
TOTAL								258 845			

intervalles assez rapprochés (dépouillement tous les deux mois par exemple) par le Conseiller rural, de procéder à des recoupements avec les fiches de crédit et les relevés de marchés de produits d'exportation, ce qui est facile.

La totalisation des mouvements d'argent aboutit à un bilan financier familial, mais ceci est loin de représenter le bilan réel du Tin. Le volume des revenus et des sorties en nature est de loin supérieur à celui des transactions en monnaie, car la famille vit à peu près entièrement sur sa production. Même sans parler de cette autoconsommation, sans se préoccuper de l'accroissement de richesses provenant de la production, de la croissance du troupeau ou des fabrications faites par le paysan lui-même, il est des recettes ou des dépenses en nature qui échappent ainsi à la déclaration quotidienne et encore plus à l'interrogatoire accidentel ; il s'agit en particulier des échanges de bétail, des dons ou redevances en nature, des arriérés sur dot, etc.

Il est donc difficile de faire une étude économique et en particulier de budget chez les Toupouri où les échanges sont limités et où la monnaie ne joue qu'un rôle très secondaire.

Une étude de ce genre a été tentée par J. Binet [12] avec l'interrogatoire « accidentel » d'un certain nombre d'hommes du village de Mourao, proche de Golonpoui. J. Binet a essayé de comparer les résultats qu'il a obtenus avec les premières indications provisoires qui avaient été recueillies à Golonpoui sur les quatre premières familles. Il essaye d'expliquer la différence par l'importance beaucoup trop grande donnée aux riches par suite de notre recherche de représentants des diverses catégories de la population. Il n'y a pas de riches ou de pauvres mais des attitudes économiques familiales différentes ; certains paysans, par suite en particulier de ventes et achats de bétail, voient leur budget se gonfler en recettes et en dépenses alors que d'autres, peu commerçants, enregistrent des transactions et des totaux beaucoup plus bas ; ces derniers ne sont pas forcément ceux qui ont le moins de biens et dont le niveau de vie est le plus bas, dans la mesure où des différences peuvent être décelées en cette matière. Sa méthode obligeait J. Binet à négliger les gains faits sur les marchés par les femmes et bien qu'il affirme avoir interrogé la plupart des chefs de foyer du village, son interrogatoire n'a porté que sur 13,5 % de la population de Mourao, sans aucune garantie sur la valeur de son échantillonnage.

2. Analyse des recettes

Certaines recettes ne correspondent qu'à la revente immédiate d'une marchandise achetée peu de temps avant sans qu'une transformation ait eu lieu ou qu'un bénéfice soit envisagé (de nombreuses transactions sur le bétail viennent gonfler simultanément les chapitres dépenses et recettes sans correspondre à un revenu réel pour le Tin). Les emprunts contractés auprès du Sous-Secteur pour l'équipement ne sont pas véritablement des gains, normalement les montants ainsi récupérés sont dépensés immédiatement et cette dette est progressivement remboursable. Cette influence des emprunts pour l'achat de bétail de travail modifie considérablement le volume des recettes dans le graphique 49.

L'étude des recettes s'étend du 1er juillet 1954 au 31 décembre 1957, donc sur 42 mois. Nous avons adopté comme intervalle d'étude le semestre (1er janvier-30 juin ou 1er juillet-31 décembre). En effet nous ne pouvions utiliser que trois années tandis que nous possédions des renseignements sur sept semestres. Mais surtout quelle période adopter ? Le mieux aurait été la campagne agricole, du début des pluies à la fin de la saison sèche suivante, mais les dates en sont variables; l'année légale porte sur deux campagnes agricoles ; les produits d'exportation sont en général vendus en décembre et janvier, aussi une année légale risque de voir s'ajouter les recettes de deux campagnes agricoles différentes. Le semestre échappe à cette objection, par contre le produit d'une seule campagne agricole peut être divisé entre deux semestres (exemple : premier marché de coton en décembre, deuxième marché en janvier). Mais la longueur plus faible entraîne un découpage plus serré et permet de mieux préciser la périodicité des recettes (ou des dépenses). Connaissant les recettes des semestres il est facile d'obtenir les recettes annuelles.

A) *Variations des recettes.*

La recette semestrielle annuelle moyenne de notre échantillon est de 5 393 Fr. CFA (soit 10 800 Fr. CFA par an environ) (cf. tableau 43). De grandes variations entre familles et entre semestres existent, de la recette minimum de 685 Fr. CFA (Tem 2e semestre 1956) au maximum de 18 425 Fr. CFA (Dahan 2e semestre 1957)[1]. Pour une même famille le maximum de variation de la recette brute est atteint par Dahan suivi de près par Bambé ; le minimum de variation a lieu chez Tem. L'ampleur de la variation des recettes est d'autant plus grande que la recette moyenne est plus élevée (cf. fig. 47). Les variations dans le cas de la famille Bambé sont dues à des échanges sur le bétail, par contre les recettes de la famille Lopo présentent, malgré leur moyenne élevée, une variation relativement limitée.

Le deuxième graphique de cette même figure montre une ampleur

1. Dahan a vendu en ce 2e semestre 1957, deux bœufs de labour pour 12 500 Fr. CFA achetés en partie avec un prêt Sous-Secteur et le montant de la vente a servi soit à racheter un bœuf, soit à rembourser le Sous-Secteur, la recette corrigée ne serait plus que de 5 925 Fr., la recette maximum est donc plutôt celle de Hakna au 1er semestre 1956, 13 410 Fr. CFA, le montant Bambé 2e semestre 1954 de 15 570 Fr. CFA étant gonflé par la revente de bestiaux achetés.

assez constante entre les recettes extrêmes, une dizaine de milliers de francs CFA environ entre les familles.

Lorsque la recette moyenne semestrielle de l'échantillon est basse, la variation interfamiliale est plus faible.

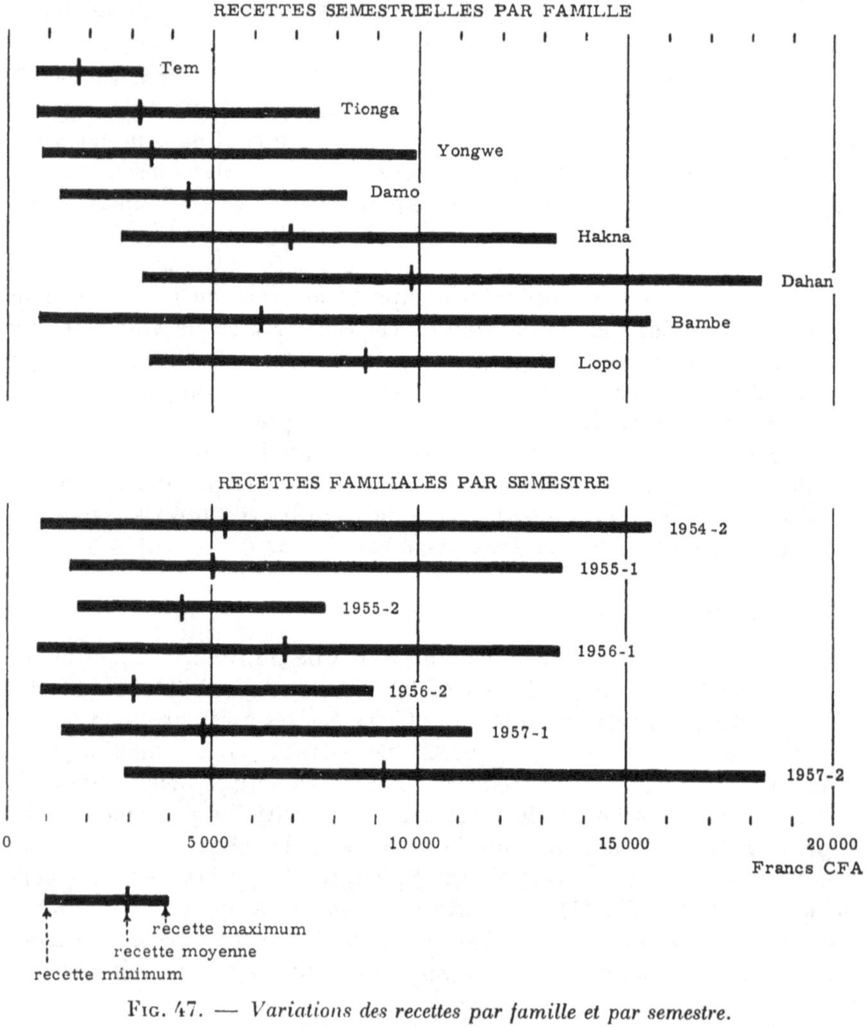

FIG. 47. — *Variations des recettes par famille et par semestre.*

La recette semestrielle moyenne brute montre que quatre familles, Tem, Tionga, Yongwé et Damo, ont malgré leurs constitutions différentes une moyenne inférieure à 5 000 Fr. CFA. Par contre les quatre autres familles, Hakna, Dahan, Bambé et Lopo, ont une recette moyenne comprise entre 5 000 et 10 000 Fr. CFA. Les quatre premières ont (graphique A de la fig. 47) des recettes relativement plus constantes que les quatre autres. Les courbes de variations des recettes semestrielles (corrigées pour le deuxième semestre 1957) des huit familles montrent qu'on peut les classer en deux groupes. Le premier groupe, Tem, Tionga, Yongwé a des recettes semestrielles ne dépassant pas 5 000 Fr. CFA (sauf Bambé, 2e semestre 1954 : cas déjà expliqué), leur montant est assez constant semestre après semestre, oscillant autour de 2 000 Fr. CFA (trois sur quatre de ces familles appartiennent au même groupe de recette brute moyenne [inférieure à 5 000 Fr. CFA]. Seul Bambé par suite des achats et ventes de bétail occasionnels possède une moyenne brute supérieure à 5 000 Fr. CFA. Les recettes semestrielles des quatre autres familles sont très nettement différentes, elles montrent des pointes très nettes lors des premiers semestres janvier à juillet de chaque année et des creux accusés les autres semestres. Quoique la famille Damo ait une recette moyenne par semestre inférieure à 5 000 Fr. CFA, elle appartient à ce groupe et ses recettes présentent les mêmes oscillations semestrielles. La courbe Lopo ne présente pas aussi nettement cette alternance mais le volume de ses recettes (recette moyenne par semestre : 8 646 Fr. CFA) permet de classer cette famille dans le groupe des familles à recettes élevées et à grande variation semestrielle. Nous pouvons dire qu'il existe au point de vue financier deux catégories de familles, chaque famille restant fidèle à son groupe.

B) *Origine des recettes.*

Nous les avons classées en cinq catégories selon leur provenance :

1. Produits agricoles bruts (PAB) vendus tels qu'ils sont récoltés (mil, coton, arachides en coques, etc.).
2. Produits agricoles transformés (PAT), c'est-à-dire denrées élaborées au sein de la famille à partir de produits agricoles bruts (provenant des récoltes du Tin ou d'achats de matière première végétale) (bière de mil).
3. Produits d'élevage (PE), vente d'animaux ou de produits animaux.
4. Services (S), recettes ayant leur origine dans un travail effectué par un membre de la famille en dehors des champs de celle-ci, travail à façon, vente de produits de ramassage.
5. Enfin sous le chapitre Recettes diverses (R), nous avons rassemblé divers gains en numéraire ne provenant pas directement du travail de la famille ou de la vente de biens de celle-ci.

Les tableaux 44 à 48 donnent par semestre pour chaque famille de l'échantillon le total de chaque catégorie de recettes. Et le graphique 48 indique la répartition de la recette semestrielle moyenne pour chaque famille.

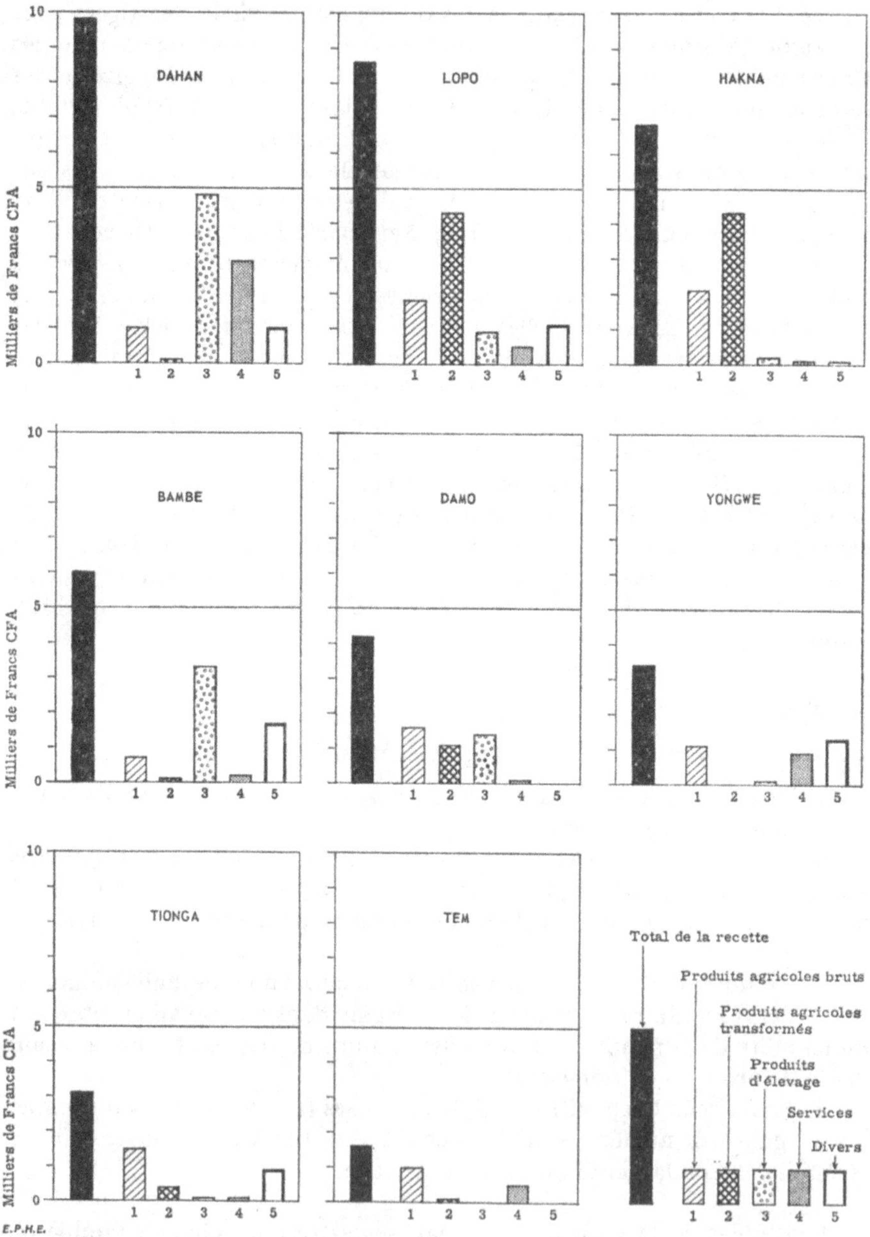

FIG. 48. — *Recette semestrielle moyenne par famille et par provenance.*

En ne considérant que les valeurs moyennes (sur 7 ou sur 5 semestres selon la famille) des différentes catégories, nous voyons (graphique 49) que les PAB ont un montant relativement constant et que les Recettes et Services présentent des variations beaucoup plus grandes. Mais les grandes différences portent sur les produits d'élevage (PE) et sur les produits agricoles transformés (PAT) ; ce sont surtout ces deux dernières catégories qui modifient la recette semestrielle moyenne des familles. Selon qu'un Tin vend plus ou moins de bétail ou fabrique plus ou moins de bière de mil, elle a un revenu semestriel plus ou moins grand.

— *Produits agricoles bruts (PAB)* (cf. tableau 44 et fig. 49). — Ils comprennent les ventes de coton et d'arachides sur les marchés saisonniers de ces produits, des ventes de mil sur les marchés hebdomadaires, des gains provenant de la vente de petits produits agricoles : haricots, manioc, pois de terre, etc. Toutes les denrées vendues proviennent de la production même du Tin ; le paysan Toupouri n'est pas un commerçant ; s'il achète des produits agricoles, c'est soit pour la consommation de sa famille, soit comme semence, soit encore pour les transformer (mil).

Le montant des PAB est relativement constant quelle que soit la taille de la famille ou l'importance de ses recettes globales. Le premier semestre 1956 est marqué par une très nette baisse pour toutes les familles (sauf Damo) des PAB, la chute des ventes de mil pendant cette période suivant une année de mauvaise pluviométrie donc de production vivrière réduite en est la cause. Le creux marqué par certaines familles au 1er semestre 1957 est compensé par un relèvement des PAB au 2e semestre et vice versa, il peut y avoir report d'un semestre sur l'autre de la vente du produit de la campagne agricole (cf. fig. 49).

La part prise par les PAB dans le total des revenus de la famille est bien évidemment fonction de l'importance de ceux-ci, puisque le montant des PAB reste approximativement le même entre les familles. Le pourcentage moyen pour un semestre $\frac{\text{PAB}}{\text{total des recettes}} \times 100$ est de 26,06 %, il varie de 11,33 % (Dahan) à 64,31 % (Tem). Les PAB peuvent constituer certains semestres la quasi-totalité des recettes d'une famille, ex. : Tem 2e semestre 1954 : 97,9 % — Yongwé 2e semestre 1955 : 89,3 % — Hakna 2e semestre 1956 : 90 %. Seul Tionga 2e semestre 1954, 1955 et 1956 y trouve la totalité de ses recettes. Si certains semestres les PAB sont totalement absents des recettes ou forment un pourcentage très faible de revenus, ils constituent en général une base constante de recettes qui peut fournir entre 10 et 90 % de celles-ci.

Sur la valeur moyenne de 1 405 Fr. CFA des PAB (26,1 % du total des recettes) les ventes de coton ont fourni 287 Fr. CFA (5,1 % du total des recettes), celles d'arachides 699 Fr. CFA (12,9 %), celles de mil 362 Fr. CFA (6,7 %) et celles de produits divers (principalement manioc et secondairement haricots et pois de terre) 57 Fr. CFA (1,4 %). Mais cette moyenne

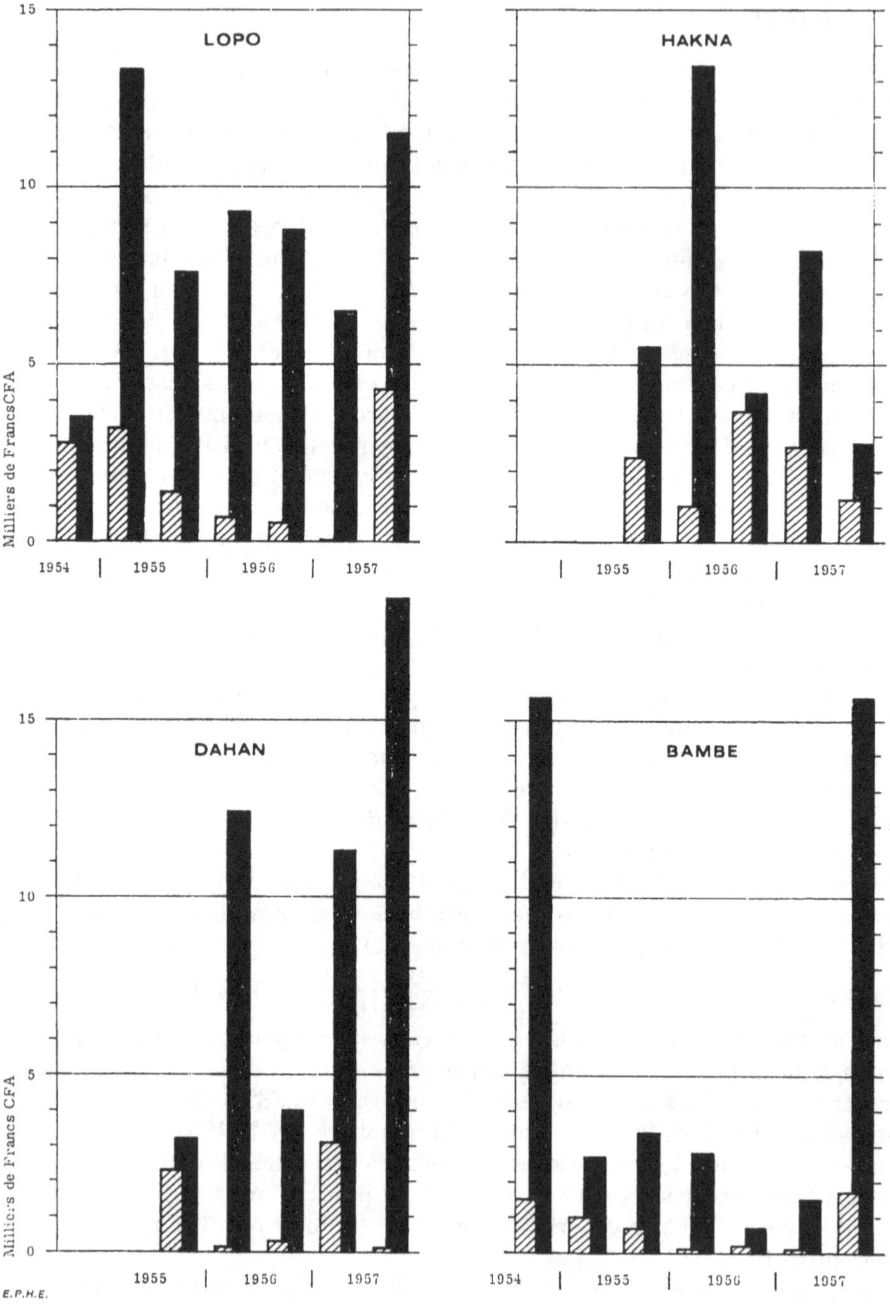

FIG. 49. — *Recett*

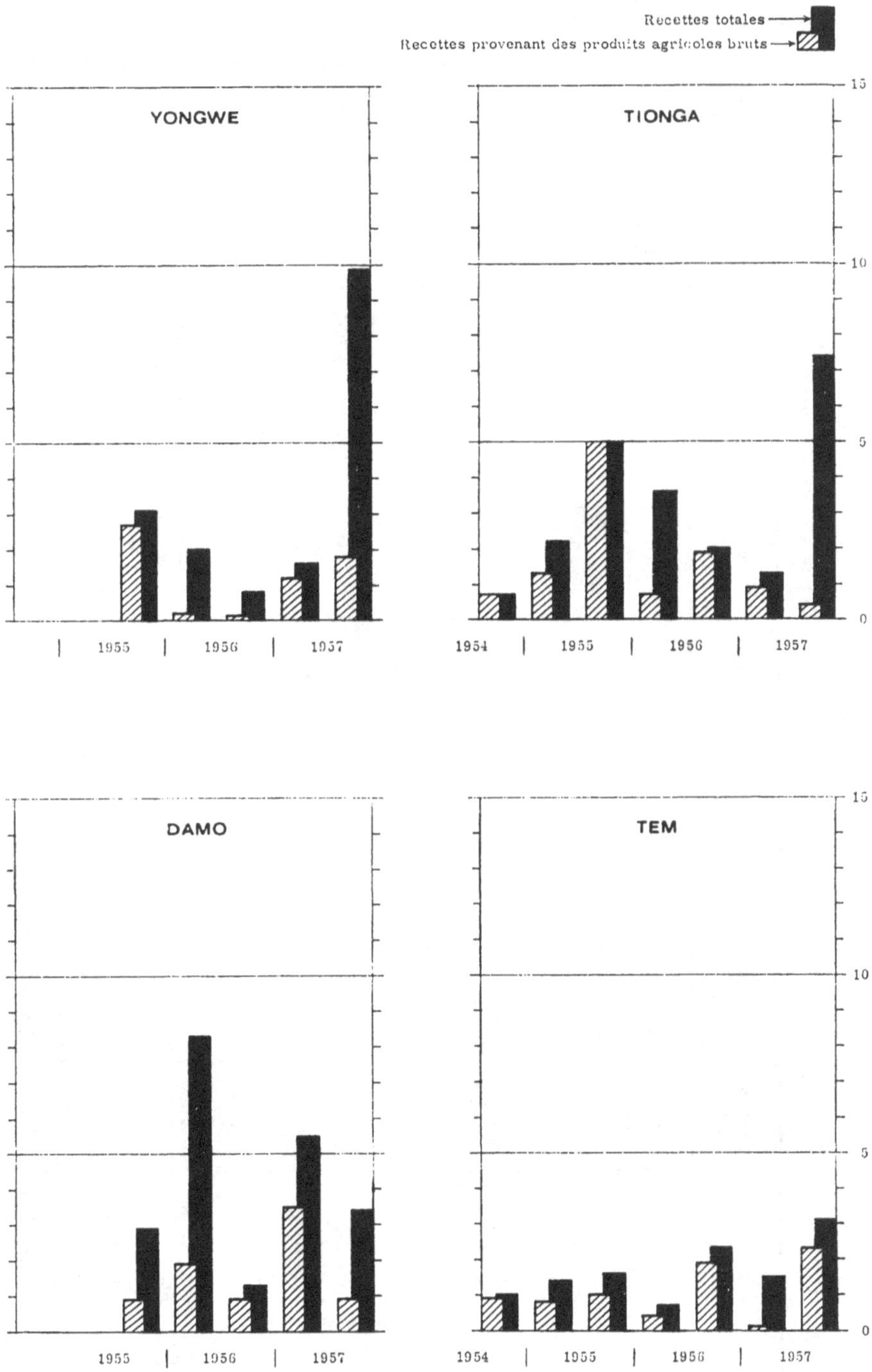

:mestrielles par famille.

TABLEAU 44

IMPORTANCE DES PRODUITS AGRICOLES BRUTS (PAB) DANS LES RECETTES

		2e sem. 1954	1er sem. 1955	2e sem. 1955	1er sem. 1956	2e sem. 1956	1er sem. 1957	2e sem. 1957	Total	Moyenne par Tin	Pour-centage
Tionga	Fr. CFA	690	1 355	4 945	745	1 985	940	365	11 025	1 575	49,77
	%	100	61,5	100	20,5	100	74,9	4,9			
Tem	Fr. CFA	950	830	1 040	470	1 875	0	2 295	7 460	1 066	64,31
	%	97,9	57,8	64,1	68,6	83,1	0	73,1			
Bambé	Fr. CFA	1 545	1 025	640	75	190	70	1 635	5 180	740	12,25
	%	9,9	37,6	19	2,6	27	4,8	10,5			
Lopo	Fr. CFA	2 780	3 215	1 380	700	530	0	4 375	12 980	1 854	21,44
	%	79,8	24,1	18,2	7,5	6	0	38			
Yongwé	Fr. CFA			2 745	85	115	1 235	1 725	5 905	1 181	33,97
	%			89,3	4,2	14,6	80,5	17,4			
Damo	Fr. CFA			990	1 915	940	3 540	850	8 235	1 647	38,40
	%			33,7	23	73,4	63,9	25,3			
Hakna	Fr. CFA			2 370	970	3 780	2 725	1 230	11 075	2 215	32,42
	%			43,1	7,2	90	33,1	43,5			
Dahan	Fr. CFA			2 265	95	250	2 885	100	5 595	1 119	11,33
	%			69,6	0,8	6,3	25,4	0,5			
TOTAL toutes familles		5 965	6 425	16 375	5 055	9 665	11 395	12 575	67 455		
Moyenne par semestre		1 491	1 606	2 044	632	1 208	1 424	1 572		1 405	26,06

est étalée sur sept ou cinq semestres et il y a eu une substitution progressive du coton par l'arachide, comme le montrent bien les pourcentages respectifs du total des recettes semestrielles ci-dessous :

	2e sem. 1954	*1er sem. 1955*	*2e sem. 1955*	*1er sem. 1956*	*2e sem. 1956*	*1er sem. 1957*	*2e sem. 1957*
	—	—	—	—	—	—	—
Coton ...	13,9	17,3	11,9	3,6	7,1	0	0
Arachides.	7,4	5	26,8	4,3	0	28,5	14,3
Mil	7,4	11,7	9,7	2,5	25,4	1,9	3,1

Alors que la vente du coton et des arachides est faite entièrement par l'homme (sauf une faible quantité d'arachides vendues par la femme sur le marché) les recettes provenant des ventes de mil, pois de terre, haricots sont effectuées par la femme. Le manioc a, certaines années, constitué une bonne source de recettes (en particulier pour Tem, 2e semestre 1956, manioc : 1 875 Fr. CFA, 100 % des PAB, 83,1 % du total des recettes) ; il est toujours vendu par l'homme.

— *Produits agricoles transformés (PAT).* — La vente de bière de mil représente la quasi-totalité de ce poste de recettes ; on relève également quelques ventes de boules cuisinées de pois de terre, de mil et parfois une vente de cordes ou de calebasses.

La moyenne semestrielle des PAT est de 1 282 Fr. CFA, soit 23,8 % de la recette moyenne. Mais à la différence des PAB le montant moyen par famille est très variable, certaines familles trouvent dans la transformation de produits agricoles une part importante de leurs revenus : Lopo moyenne 50,3 % ; Hakna moyenne 63,8 %.

Sur une occurrence de 28 totaux relatifs aux divers PAT sur les 48 « Tin-semestres », 20 sont relatifs à la bière de mil, 3 à des boules de pois de terre, 2 à des ventes de calebasses, 2 à des cordes et une à la vente de boules de mil. En nombre les ventes de bière de mil l'emportent donc nettement (71,4 % des occurrences sur les relevés semestriels) et leur montant donne l'essentiel des recettes en PAT (99,47 % du total des PAT). Cette importance est variable selon les familles ; certaines ne font pas du tout de bière de mil (Dahan, Yongwé), d'autres peu ou fort peu (Tionga, Tem, Bambé) enfin d'autres sont d'actives productrices (Lopo, Damo, Hakna). L'industrie active de ces derniers Tin (liée à la présence de plusieurs femmes) aboutit à une augmentation des recettes mais également des dépenses ; le mil brassé provient en effet d'achats sur le marché plus que des excédents de production vivrière du Tin.

Cette importance des recettes (23,6 %) dues à la bière de mil et à son actif commerce sur les marchés constitue une caractéristique de l'économie rurale Toupouri ; J. Binet [12] fournit comme pourcentages moyens de recettes provenant de la bière de mil 9,5 % à Mourao, chiffre semblant

Tableau 45

importance des produits agricoles transformés (pat) (en fr. cfa)

		2e sem. 1954	*1er sem. 1955*	*2e sem. 1955*	*1er sem. 1956*	*2e sem. 1956*	*1er sem. 1957*	*2e sem. 1957*	*Total*	*Moyenne par Tin*	*Pour-centage*
Tionga	Fr. CFA	0	850	0	1 930	0	0	0	2 730	397	12,6
	%	0	38,5	0	53,1	0	0	0			
Tem	Fr. CFA	0	400	50	0	0	0	0	450	64	3,9
	%	0	27,9	3,1	0	0	0	0			
Bambé	Fr. CFA	0	200	0	0	0	0	0	200	29	0,5
	%	0	7,34	0	0	0	0	0			
Lopo	Fr. CFA	0	5 745	5 380	6 710	2 000	4 300	6 300	30 460	4 351	50,3
	%	0	43,1	71	72	22,7	66,1	55			
Yongwé	Fr. CFA			0	0	0	0	0	0	0	0
	%			0	0	0	0	0	0	0	
Damo	Fr. CFA			700	4 200	250	600	0	5 750	1 150	26,8
	%			23,9	50,5	19,5	10,8	0			
Hakna	Fr. CFA			3 020	11 640	180	5 350	1 600	21 790	4 358	63,8
	%			55	86,8	4,3	65,1	56,5			
Dahan	Fr. CFA			0	65	50	0	0	115	23	0,2
	%			0	0,5	1,3	0	0			
Total toutes familles		0	7 195	9 150	24 545	2 480	10 250	7 925	61 545		
Moyenne par semestre		0	1 799	1 144	3 193	310	1 281	991		**1 282**	**23,77**

inférieur à la réalité. Certes la proportion un peu plus élevée de polygames (donc de fabricants de bière) dans notre échantillon, la position très légèrement privilégiée de Golonpoui sur Mourao par rapport au marché de Datchéka, augmentent peut-être un peu la part de la bière de mil dans les recettes. Une moyenne de 20 % est correcte pour l'ensemble du pays Toupouri.

— *Produits d'élevage (PE).* — Quant à la valeur moyenne, les produits d'élevage représentent très légèrement plus que les PAT : 1 294 Fr. CFA par semestre et par famille et 24 % du total des recettes. Là encore les variations entre les familles sont très grandes : de 0,0 % Tem à 54,8 % Bambé. Ces différences entre familles se répercutent sur les moyennes familiales et l'addition des variations PAT + PE explique les grandes variations des recettes totales.

Les PE sont très divers : vente de vaches, bœufs de travail ou bien chèvres et moutons, vente de poules et canards ou encore de chiens (petits chiots) mais également vente de viande, peaux de chèvre et mouton plus ou moins travaillées, lait enfin. Sur le total de 62 130 Fr. CFA qui représente les PE cumulés de huit familles, 31 600 Fr. CFA, soit 50,8 %, proviennent de la cession de gros bétail (en particulier taureaux de travail Dahan et Bambé), 22 300 Fr. CFA, soit 35,9 %, de la vente de chèvres ; les autres recettes importantes sont la vente de moutons (7,3 %), de volailles (3,1 %). Les autres recettes : lait (1,03 %), peaux (0,88 %), viande, chiens sont très faibles en face des transactions sur le gros bétail.

Mais souvent ces recettes coïncident avec une dépense du même ordre, le paysan Toupouri achète une vache, au bout de quelques semaines insatisfait de son achat, il la revend. Aussi l'importance si grande des PE (presque un quart des recettes) ne correspond pas à un revenu véritable.

— *Services (S).* — Le montant semestriel moyen des recettes groupées sous cette rubrique est de 595 Fr. CFA, un peu plus de 11 % de la recette totale. S correspond à des prestations de services, soit travail effectué pour le compte d'un autre Tin et entraînant salaires, c'est le cas du labour attelé et du transport par charrette effectués par Dahan, soit produits ramassés et transportés jusqu'au marché où ils sont vendus, le prix de la denrée consistant essentiellement dans le travail qui y est incorporé puisque le coût de base est nul, c'est le cas de la vente d'eau, de bois de chauffage, de paille, soit enfin ventes de produits fabriqués par un membre de la famille, à l'intention même de la vente ou sur commande (toitures de case) ou bien obtenus en excédent (ex. : à la suite d'une cuisson réussie la femme a plus de poteries qu'elle n'a besoin, le supplément est vendu).

Tandis que trois familles, Tem, Yongwé et Dahan, trouvent dans les Services un peu plus d'un quart de leurs recettes, pour les cinq autres S est très faible (de 0,4 à 5,3 %). Mais également en valeur absolue le mon-

TABLEAU 46

IMPORTANCE DES PRODUITS DE L'ÉLEVAGE (PE) DANS LES RECETTES

		2e sem. 1954	*1er sem. 1955*	*2e sem. 1955*	*1er sem. 1956*	*2e sem. 1956*	*1er sem. 1957*	*2e sem. 1957*	*Total*	*Moyenne par Tin*	*Pour-centage*
Tionga	Fr. CFA ...	0	0	0	875	0	0	0	875	125	3,9
	%	0	0	0	24,1	0	0	0			
Tem	Fr. CFA ...	0	0	0	0	0	0	0	0	0	0
	%	0	0	0	0	0	0	0			
Bambé	Fr. CFA ...	13 850	1 450	780	100	50	0	6 950	23 180	3 311	54,8
	%	88,9	53,2	23,2	3,5	7	0	44,9			
Lopo	Fr. CFA ...	0	2 350	800	1 325	1 675	0	0	6 150	879	10,2
	%	0	17,6	10,5	14,2	19	0	0			
Yongwé	Fr. CFA ...			0	0	60	0	0	60	12	0,3
	%			0	0	7,6	0	0			
Dano	Fr. CFA ...			1 225	1 855	90	1 350	2 495	7 015	1 403	32,7
	%			41,7	22,3	7	24,4	74,1			
Hakna	Fr. CFA ...			0	800	0	0	0	800	160	2,3
	%			0	6	0	0	0			
Dahan	Fr. CFA ...			40	7 375	0	2 335	14 100	24 050	4 810	48,7
	%			1,2	59,6	0	22,3	76,5			
TOTAL toutes familles .		13 850	3 800	2 845	12 330	1 875	3 885	23 545	62 130	**1 294**	**24**

Tableau 47

IMPORTANCE DES SERVICES (S) DANS LES RECETTES

		2e sem. 1954	1er sem. 1955	2e sem. 1955	1er sem. 1956	2e sem. 1956	1er sem. 1957	2e sem. 1957	Total	Moyenne	Pourcentage
Tionga	Fr. CFA	0	0	0	80	0	315	75	470	67	2,1
	%	0	0	0	2,3	0	25,1	1			
Tem	Fr. CFA	20	205	535	215	380	1 490	845	3 690	527	31,8
	%	2,1	14,3	33	31,4	16,9	100	26,9			
Bambé	Fr. CFA	0	0	110	425	155	200	815	1 705	244	4
	%	0	0	3,3	15	22	13,6	5,2			
Lopo	Fr. CFA	0	0	20	0	1 000	2 200	0	3 220	460	5,3
	%	0	0	0,3	0	11,3	33	0			
Yongwé	Fr. CFA			330	1 955	615	300	1 215	4 415	883	25,4
	%			10,7	95,8	77,8	19,5	12,2			
Damo	Fr. CFA			20	50	0	50	20	140	28	0,6
	%			0,7	0,6	0	0,9	0,6			
Hakna	Fr. CFA			100	0	25	0	0	125	25	0,4
	%			1,8	0	0,6	0	0			
Dahan	Fr. CFA			950	1 085	2 625	5 930	4 225	14 815	2 963	30
	%			29,2	8,8	66,4	52,3	22,9			
Total toutes familles		20	205	2 065	3 810	4 800	10 485	7 195	28 580		
Moyenne		5	51	258	476	600	1 310	899		**595**	**11,04**

TABLEAU 48

IMPORTANCE DES RECETTES DIVERSES (R) DANS LE TOTAL DES RECETTES

		2e sem. 1954	1er sem. 1955	2e sem. 1955	1er sem. 1956	2e sem. 1956	1er sem. 1957	2e sem. 1957	Total	Moyenne	Pourcentage
Tionga	Fr. CFA ...	0	0	0	0	0	0	7 000	7 000	1 000	31,6
	%	0	0	0	0	0	0	94,1			
Tem	Fr. CFA ...	0	0	0	0	0	0	0	0	0	0
	%	0	0	0	0	0	0	0			
Bambé	Fr. CFA ...	175	50	1 835	2 225	310	1 200	6 200	11 995	1 713	28,4
	%	1,1	1,8	54,5	78,8	44	81,6	39,7			
Lopo	Fr. CFA ...	700	2 000	0	590	3 620	0	800	7 710	1 101	12,7
	%	20,2	15,1	0	6,3	41	0	6,9			
Yongwé	Fr. CFA ...			0	0	0	0	7 000	7 000	1 400	40,3
	%			0	0	0	0	70,4			
Damo	Fr. CFA ...			0	300	0	0	0	300	60	1,4
	%			0	3,6	0	0	0			
Hakna	Fr. CFA ...			0	0	215	150	0	365	73	1,1
	%			0	0	5,1	1,8	0			
Dahan	Fr. CFA ...			0	3 740	1 030	0	0	4 770	954	9,7
	%			0	30,3	26	0	0			
TOTAL		875	2 050	1 835	6 855	5 175	1 350	21 000	39 140		
Moyenne		219	512	229	857	647	169	2 625		**815**[1]	**15,12**

1. Si l'on retranche les deux prêts de 7 000 Fr. de Tionga et Lopo et celui de 6 200 Fr. de Bambé, on obtient une moyenne de 395 Fr. par semestre.

tant des Services varie. Le Tin Dahan avec 14 815 Fr. CFA en cinq semestres recueille plus de la moitié de S pour l'échantillon (48 « Tin/semestres ») ; en effet Dahan se loue avec son attelage et son matériel, il est rémunéré soit en nature (recette que nous n'avons pas transformée en argent donc non incluse ici) soit en monnaie (de 250 à 400 Fr. CFA par jour). Ce travail à façon représente 61,7 % du total de S. Il s'agit là d'une source nouvelle de recettes provenant de la modernisation et qui ne s'applique pas encore de façon générale.

Les autres postes sont des recettes typiquement traditionnelles. La plus importante est la vente de bois sur le marché ; lorsque la femme a besoin de quelques denrées et qu'elle ne dispose ni d'argent, ni de produits à vendre, elle ramasse en brousse un fagot de bois et le porte au marché ; il est acheté soit par les marchands, soit par les bouchers, soit par les fonctionnaires, serviteurs, etc. qui ne se livrent pas au ramassage du bois ; l'homme peut parfois vendre des produits ligneux plus ou moins transformés, soit préparés en excès sur les besoins, soit confectionnés pour la vente : piquets, manches de houe ; sa part est toujours faible par rapport à celle de la femme. Les ventes de bois sont égales à 23 % de S ; en écartant les Services provenant de la location d'attelage, les ventes de bois s'élèvent à 59,8 % des Services traditionnels. Le poste le plus important ensuite est la vente de toitures de case (3 toits de case[1] du 1er juillet 1954 au 31 décembre 1957) ; le total représente 11,1 % de S total et 29 % des Services traditionnels. Les autres Services sont d'importance beaucoup moins grande : vente de poteries 1,8 % des Services traditionnels, vente de paille 1,6 % des mêmes Services ; la vente d'eau sur le marché a procuré pendant la durée de l'observation 760 Fr. CFA (2,6 % de S) soit 6,9 % des Services traditionnels. L'eau n'ayant pas de valeur en elle-même, c'est son puisage, son transport au marché, sa distribution qui constituent le Service ainsi payé. La femme s'installe avec sa cruche sur le marché et échange de petites calebasses d'eau contre un billet de 5 Fr. CFA ou contre une toute petite calebasse de mil (recette non enregistrée) ; avec l'argent ainsi récupéré elle achète les denrées alimentaires qui lui font défaut (très souvent poisson sec).

— *Recettes diverses (R).* — Leur montant total brut s'élève à 815 Fr. CFA par semestre, soit 15,12 % des recettes globales. L'origine de ces recettes toujours effectuées directement en argent est multiple, soit gains au jeu, soit recouvrement de créances, soit au contraire emprunts, soit cadeaux entre amis. Elles peuvent constituer des gains nets (ex. : produits du jeu) mais également être de simples artifices financiers temporaires. L'existence au 2e semestre 1957 de trois emprunts importants

1. La confection d'un toit de case, tressage, charpente, paillage demande une vingtaine de jours de travail, ce qui donne une rémunération moyenne de 53,20 Fr. CFA pour l'homme/jour (cf. p. 110).

TABLEAU 49

POURCENTAGE DES RECETTES

	Golonpoui (échantillon)	*Mourao*[1]	*Midjivin*[1]	*Djamboutou*[1]
Produits agricoles bruts :				
Coton	5,1	61	47	62
Arachides	12,9	4	5	
Mil	6,7	4,3		0,3
Divers	1,4			
	26,1	69,3	52	62,3
Produits agricoles transformés :				
Bière de mil	23,6	8,5	20	2
Divers	0,2			
	23,8	8,5	20	2
Produits d'élevage :				
Gros bétail	12,2	9,5		
Chèvres	8,6			
Moutons	1,8	2,6	2,2	8,4
Volaille	0,7			
Divers	0,7			
	24	12,1	2,2	8,4
Services :				
Travail à façon	6,7	1	4	0,9
Bois	2,5			
Toitures	1,2	4,5	0,5	
Divers	0,6			
	11	5,5	4,5	0,9
Recettes diverses :				
Jeu	2,6			
Remboursement	1,6			
Emprunts	10,2	2,2		25
Cadeaux	0,7			
Commerce			17	
	15,1	2,2	17	25
	100	97,6	95,7	98,6

auprès du Sous-Secteur (l'un, Bambé, ayant d'ailleurs été immédiatement annulé par remboursement total quelques jours après), pour un total de 20 200 Fr. CFA, soit plus de la moitié (52 %) des Recettes diverses pour l'échantillon, entraîne une sérieuse modification de la répartition de ces Recettes.

1. (J. Binet [12]).

Le jeu (cartes, cauri) fournit à certains des gains fructueux ; le total de 6 675 Fr. CFA correspond à 35,90 % de R corrigé (c'est-à-dire moins les emprunts Sous-Secteur 2e semestre 1957). Deux « spécialistes », Lopo et Bambé, assurent respectivement 30,7 % et 68,8 % de cette rentrée, le jeu fournit 3,38 % des recettes totales du Tin Lopo et 10,86 % des gains totaux du Tin Bambé.

La rentrée des créances assure également une bonne partie (22,9 %) de R corrigé ; il s'agit de prêts sans intérêt entre amis. En ne tenant pas compte des emprunts Sous-Secteur la rentrée par l'emprunt ne représente plus que 32,8 % de R corrigé et 2,4 % du total des recettes familiales.

La quatrième source de ces Recettes diverses provient de cadeaux faits entre amis, le montant monétaire en est modeste : 50 à 300 Fr. CFA. Nous y avons adjoint la somme gagnée par Dahan au concours de labour de 1956. Ces cadeaux représentent 8,3 % de R corrigé.

***

La répartition moyenne des diverses recettes est la suivante :

Produits agricoles bruts	26,1 %	dont 12,9 % pour l'arachide
Produits agricoles transformés	23,8 %	dont 23,6 % pour la bière de mil
Produits d'élevage	24 %	dont 12,2 % pour le gros bétail
Services	11 %	dont 6,8 % pour le travail à façon
Recettes diverses	15,1 %	dont 10,2 % provenant d'emprunts

L'analyse des recettes de ces huit familles indique que l'économie rurale Toupouri est assez diversifiée : les récoltes, la bière de mil, le bétail (petit et gros) fournissent des recettes à peu près équivalentes. La production végétale brute ou élaborée fournit moitié seulement des recettes, l'élevage a une contribution très importante. Les produits des cultures introduites (coton et arachides) ne donnent que 18 % du total des recettes, ce qui confirme leur importance réduite en face des mils qui assurent, en plus de l'alimentation de la famille, 30,3 % des recettes (soit directement, soit par l'intermédiaire de la bière)[1].

Tandis que Lopo est le type le plus marqué de l'agriculteur aux ressources diverses, dont une forte partie extra-agricole, Tem, Tionga et Yongwé représentent le paysan d'économie autarcique, au bas revenu produit à peu près entièrement sur ses champs.

Alors que les familles peuvent être classées (cf. livre V, chap. II) selon leur caractère très travailleur (Tem, Tionga, Hakna) ou peu travailleur (Lopo, Dahan, Bambé), il est remarquable que ces différentes familles se retrouvent au point de vue économique dans les mêmes catégories. Nous nous trouvons d'une part en face de paysans, peut-être acharnés au travail,

1. La répartition des recettes traduit assez bien le caractère des familles.

mais d'économie « primitive » et pratiquement autonomes, d'autre part en face de familles consacrant moins de temps au travail des champs mais se livrant plus au commerce et aux transactions diverses et de revenu global plus élevé.

3. Analyse des dépenses

Les remarques faites quant aux recettes peuvent s'appliquer aux dépenses. Il est des sorties d'argent purement temporaires compensées dans un délai très bref par une rentrée de même valeur, achat et revente de bétail par exemple. Il est des dépenses qui n'apparaissent pas dans les relevés, car ayant seulement lieu en nature (hôtes accueillis au Tin ou prélèvements coutumiers ou non [« levées » du chef de canton]). Enfin échappent parfois aux déclarations, certaines dépenses qui paraissent au paysan tellement bien connues du Conseiller rural qu'il n'a pas besoin de les citer (impôt et remboursement de dettes auprès du Sous-Secteur).

A) *Variations des dépenses.*

Le montant moyen des dépenses pour une famille pour un semestre est de 4 257 Fr. CFA (soit 9 500 Fr. CFA par an environ). Les variations entre familles ou dans le temps rencontrées lors de l'étude des recettes se produisent également pour les dépenses. Les dépenses semestrielles familiales varient entre 50 Fr. CFA, minimum atteint par Tem 2e semestre 1954 et 15 545 Fr. CFA, maximum Dahan 2e semestre 1957, donc avec une ampleur légèrement moins grande que les recettes. Le maximum de variations a lieu chez Bambé suivi de près par Dahan. Comme pour les recettes c'est la famille Tem qui présente les dépenses les plus constantes. L'amplitude des variations est proportionnelle à la moyenne des dépenses, plus celle-ci est élevée plus de grandes différences entre les dépenses semestrielles d'une même famille apparaissent (cf. fig. 50). La famille Lopo dont la régularité des recettes faisait déjà exception à une règle similaire concernant les gains, a, malgré une dépense moyenne élevée, une faible variation des dépenses semestrielles.

Pour un même semestre entre les diverses familles la variation est légèrement inférieure à l'écart des recettes (cf. fig. 49 et 52). Les différences les plus faibles entre les familles se rencontrent quand la moyenne semestrielle est la plus basse.

Le graphique des dépenses semestrielles pour chaque famille montre le même classement en deux catégories que pour les recettes. Les mêmes quatre familles : Tem, Tionga, Yongwé, Bambé ont des dépenses relativement faibles, inférieures à 3 000 Fr. CFA (sauf Bambé au début) et ces dépenses varient peu de semestre en semestre. Par contre les quatre autres familles : Lopo, Dahan, Hakna, Damo, ont des dépenses oscillant entre

2 000 et 6 000 Fr. CFA avec au 1er semestre de chaque année légale une nette pointe de dépenses et au contraire pour le 2e semestre une diminution assez générale de celles-ci. Si le rythme des dépenses est à peu près le

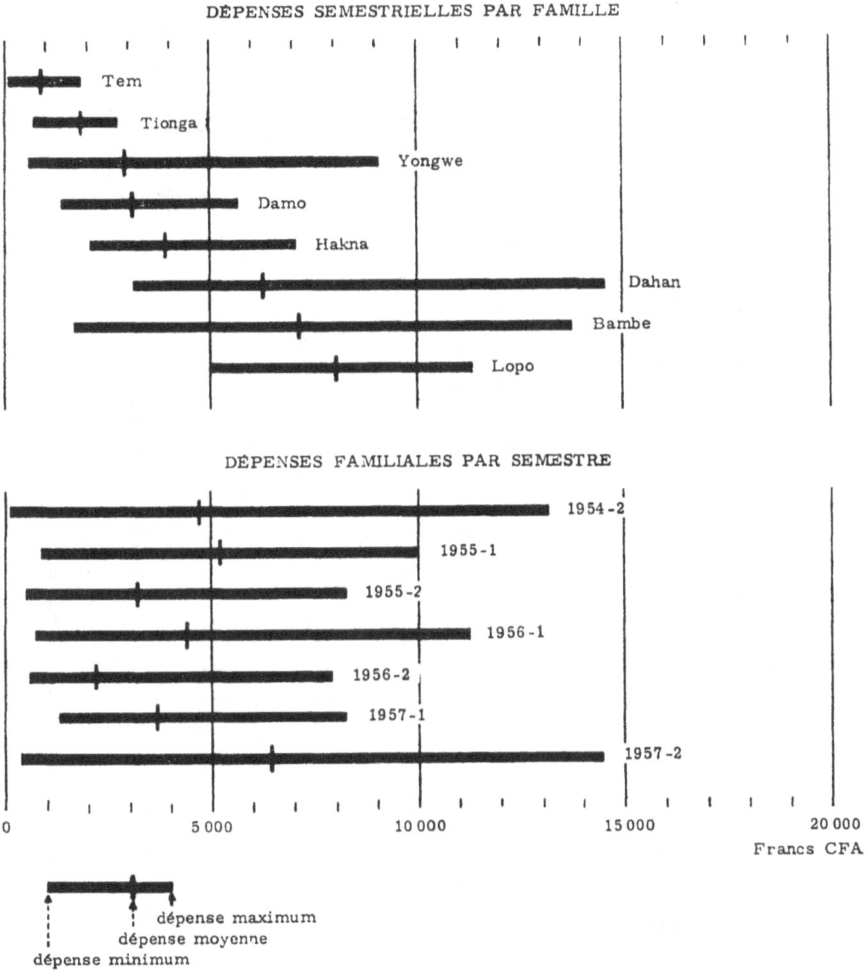

Fig. 50. — *Variations des dépenses par famille et par semestre.*

même que celui des recettes, l'amplitude est légèrement moindre et le tracé un peu plus confus. La distinction des familles en deux groupes s'applique parfaitement aux dépenses. Que ce soit pour les gains ou les dépenses chaque famille reste fidèle à sa catégorie ; il est vrai que les dépenses suivent le plus souvent les recettes et que leur variation ne fait guère que traduire l'état des disponibilités monétaires provenant des recettes.

Tableau 50

DÉPENSES PAR SEMESTRE (EN FR. CFA)

	2e sem. 1954	*1er sem. 1955*	*2e sem. 1955*	*1er sem. 1956*	*2e sem. 1956*	*1er sem. 1957*	*2e sem. 1957*	*Total*	*Dépenses en moyenne pour 2 semestres*	*Dépense par semestre*	*Sur 5 sem.*	*Par adulte*
Tem	50	960	715	890	1 910	1 385	480	6 390	1 823	912	1 076	538
Tionga	780	1 630	1 285	2 535	2 165	1 715	2 710	12 820	3 663	1 832	2 082	694
Yongwé			590	2 535	695	1 665	9 060	14 545	5 818	2 009		1 119
Damo			1 760	5 525	1 485	3 295	3 430	15 495	6 198	3 099		620
Hakna			3 860	4 285	2 345	7 115	2 085	19 690	7 876	3 938		788
Dahan			3 310	5 645	3 120	4 915	14 545	31 535	12 614	6 307		3 153
Bambé	13 130	8 135	6 025	3 140	1 695	1 870	13 700	47 695	13 627	6 814	5 286	2 643
Lopo	5 145	9 995	8 245	11 175	7 895	8 105	5 610	56 170	16 048	8 024	8 206	2 735
Total ...	19 105	20 720	25 790	35 730	21 310	30 065	51 620	204 340		**4 257**		
Moyenne	4 776	5 180	3 224	4 466	2 264	3 750	6 452					

B) *Mode et volume des dépenses.*

Sur les graphiques 51, nous avons reporté le nombre des dépenses effectuées pour chaque série de valeurs unitaires séparément pour quatre familles. 1) Semestre après semestre une famille garde la même répartition des dépenses selon leur volume, celle-ci n'a donc pas lieu au hasard ; 2) cette répartition traduit un caractère familial. Ainsi Tionga et Tem (fig. 51) présentent des familles de courbes très analogues : grand nombre de dépenses inférieures ou égales à 30 Fr. CFA, petit nombre de transactions de valeur 50 Fr. CFA, très peu de dépenses supérieures à 50 Fr. CFA (la catégorie 500 à 700 Fr. CFA qui contient l'impôt est la seule qui se retrouve chaque année). Par contre la famille Lopo malgré une moins grande régularité de ses courbes présente des traits bien différents ; les dépenses d'un montant de 50 Fr. CFA sont nombreuses, beaucoup de dépenses ont un montant compris entre 100 et 300 Fr. CFA, les transactions inférieures ou égales à 30 Fr. CFA ne présentent pas le caractère d'écrasante majorité qu'elles avaient pour Tionga et Tem. Cette étude sur la répartition des dépenses selon leur volume unitaire traduit l'opposition dégagée lors de l'analyse des recettes entre deux catégories de paysans Toupouri. La famille Hakna présente des caractères appartenant aux deux catégories.

En prenant quelques semestres au hasard entre les différentes familles nous avons cherché pour les postes les plus fréquents : viande, sel, poisson, mil, tabac, etc. quel était le volume moyen des transactions. Nous avons ainsi relevé au hasard de l'agenda pour 9 « Tin/semestres » les répartitions suivantes :

Viande	113 achats pour un total de 4 025 Fr. CFA, valeur moyenne de l'achat 35,6 Fr. CFA, maximum 100 Fr. CFA et minimum 10 Fr. CFA.
Mil	37 achats pour un total de 8 815 Fr. CFA, valeur moyenne 238,2 Fr. CFA, maximum 2 200 Fr. CFA, minimum 20 Fr. CFA.
Poisson	78 achats pour un total de 2 370 Fr. CFA, valeur moyenne 30,3 Fr. CFA, maximum 125 Fr. CFA, minimum 10 Fr. CFA.
Sel	73 achats pour un total de 840 Fr. CFA, valeur moyenne 11,5 Fr. CFA, maximum 25 Fr. CFA, minimum 5 Fr. CFA.
Tabac	62 achats pour un total de 890 Fr. CFA, valeur moyenne 14,3 Fr. CFA, maximum 50 Fr. CFA, minimum 5 Fr. CFA.
Haricots, Pois de terre, Arachides .	23 achats pour un total de 515 Fr. CFA, valeur moyenne 22,3 Fr. CFA, maximum 200 Fr. CFA, minimum 5 Fr. CFA.

Sauf le mil parfois acheté en assez grosse quantité pour la fabrication de la bière, les produits ci-dessus font l'objet de transactions de faible valeur moyenne et ceci explique que les familles Tem et Tionga par exemple aient la grosse majorité de leurs dépenses inférieures à 30 Fr. CFA tandis

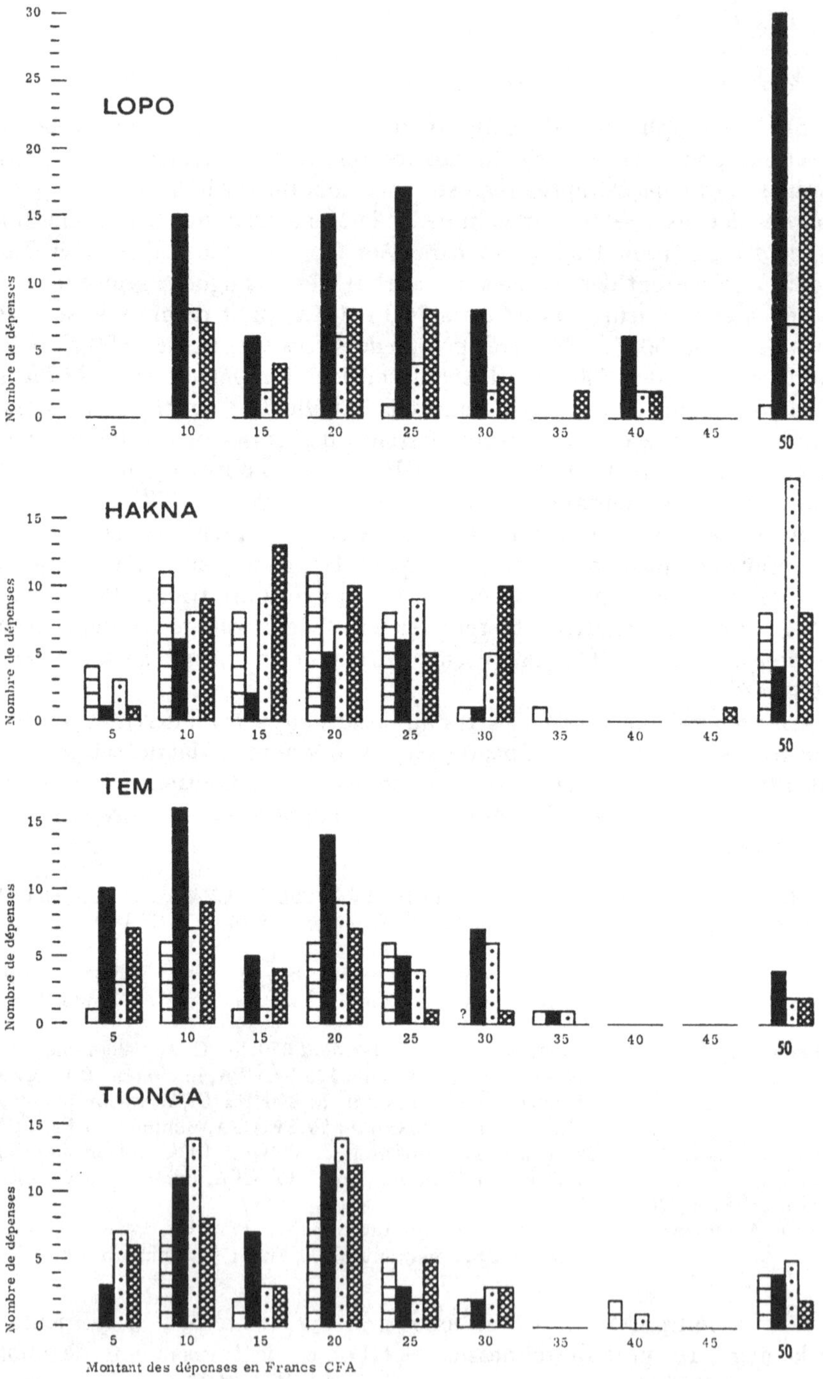

E.P.H.E.

Fig. 51. — *Répartition des*

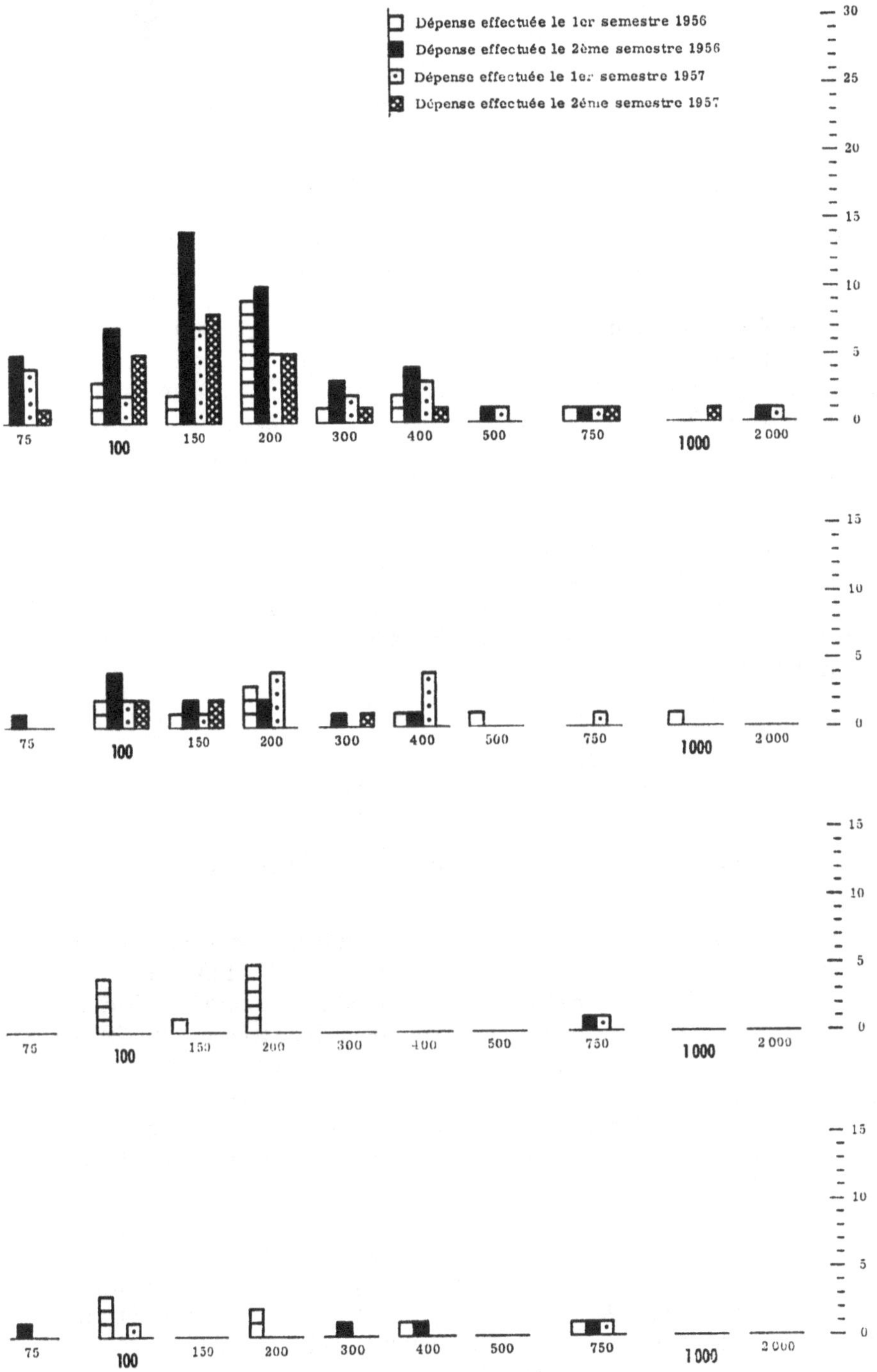

lépenses selon leur importance.

que le Tin Lopo qui fabrique beaucoup de bière de mil (50 % de ses recettes) effectue de nombreux achats de mil en général d'un montant unitaire supérieur à 200 Fr. CFA.

C) *Destination des dépenses.*

Alors que nous avons classé les recettes en cinq catégories selon leur provenance : production végétale ou animale, travail, etc., car il nous intéresse plus de savoir la source des recettes que de connaître leur devenir, nous avons réparti les dépenses suivant leur destination en huit grandes classes de dépenses : 1. Alimentation (A), 2. Produits de consommation (PC) (non alimentaires tels que : savon, tabac, etc.), 3. Habillement (H), 4. Boisson (bière de mil en particulier) (b), 5. Case (dépenses faites en vue de la construction, de l'amélioration, de l'équipement et du confort ménager) (C), 6. Bétail (gros et petit bétail, volailles, etc.) (B), 7. Outillage (O), 8. Dépenses diverses, en général ne se traduisant pas par une compensation directe en produits ou en objets (remboursements de dettes, pertes au jeu, versements d'impôts, etc.) (DD).

Les trois grandes catégories de dépenses sont celles de caractère alimentaire (A), celles portant sur le bétail (B) et les dépenses diverses (DD) ; vient ensuite l'habillement (H) :

A	33,72%
B	22,96%
DD	24,33%
H	8,16%
	89,17%

Ces quatre groupes de dépenses constituent presque les 9/10e des dépenses totales.

1° *Alimentation (A).* — Le pourcentage des dépenses consacrées à l'achat de produits alimentaires (viande, poisson, mil, etc.) varie très largement selon les familles de 64,5 % pour Tem à 11,9 % pour Bambé (avec des extrêmes allant de 100 % des dépenses : Tem 2e semestre 1954, à une très faible partie de celles-ci, Dahan 2e semestre 1957, 3,5 %) ; mais la majeure partie des dépenses alimentaires représente entre 30 et 70 % du total des dépenses (sur 48 « Tin/semestres » nous en relevons 14 où $A < 30\%$ des dépenses, 10 où $A > 70\%$ des dépenses et 24 où A est compris entre 30 et 70 %).

Tandis que les familles Yongwé, Bambé, Tem et Tionga ont une dépense à peu près constante, inférieure à 1 500 Fr. CFA par semestre, consacrée à l'achat de denrées alimentaires (cf. fig. 52) les familles Hakna, Dahan, Damo représentent alternativement des sommes élevées durant le 1er semestre de chaque année et des sommes plus faibles les autres semestres. Le Tin Lopo a des dépenses très élevées pour ce poste A mais les importants achats de mil pour fabriquer la bière, inclus dans ce poste,

TABLEAU 51

PART DE L'ALIMENTATION DANS LES DÉPENSES $\frac{A}{D} \times 100$ EN FONCTION DE L'IMPORTANCE DES DÉPENSES TOTALES

(par rapport à la moyenne semestrielle de dépenses en pourcentage)

	2e sem. 1954		*1er sem. 1955*		*2e sem. 1955*		*1er sem. 1956*		*2e sem. 1956*		*1er sem. 1957*		*2e sem. 1957*	
	$\frac{D}{m}$	$\frac{A}{D}$	$\frac{D}{m}$	$\frac{A}{D}$	$\frac{D}{m}$	$\frac{A}{D}$	$\frac{D}{m}$	$\frac{A}{D}$	$\frac{D}{m}$	$\frac{A}{D}$	$\frac{D}{m}$	$\frac{A}{D}$	$\frac{D}{m}$	$\frac{A}{D}$
Tem	5,5	100	105,3	34,9	78,3	79,7	97,5	20,2	209,5	98,2	151,8	48,4	52,6	91,7
Tionga	42,6	24,3	89	37,1	70,1	58	138,3	53,1	118,1	20,3	93,6	40,5	147,9	17
Bambé	192,7	5,2	119,3	8,9	88,4	13,5	46,1	13,5	24,8	49,8	27,4	49,2	100,1	9,1
Lopo	64	30,8	124,6	34,3	102,7	29,2	139,2	40,7	98,4	77,7	101	52,4	69,9	71,5
Yongwé					20,3	59,3	87,1	37,7	23,9	77	57,2	37,8	311,4	7
Damo					56,7	48,6	178,3	47,1	47,9	82,5	106,3	75,6	110,7	38,6
Hakna					98	40,2	107,8	70,9	59,5	55,2	180,6	50,2	52,9	69,3
Dahan					52,5	23,4	89,5	47,3	49,5	40,1	77,9	12,9	230,6	3,5

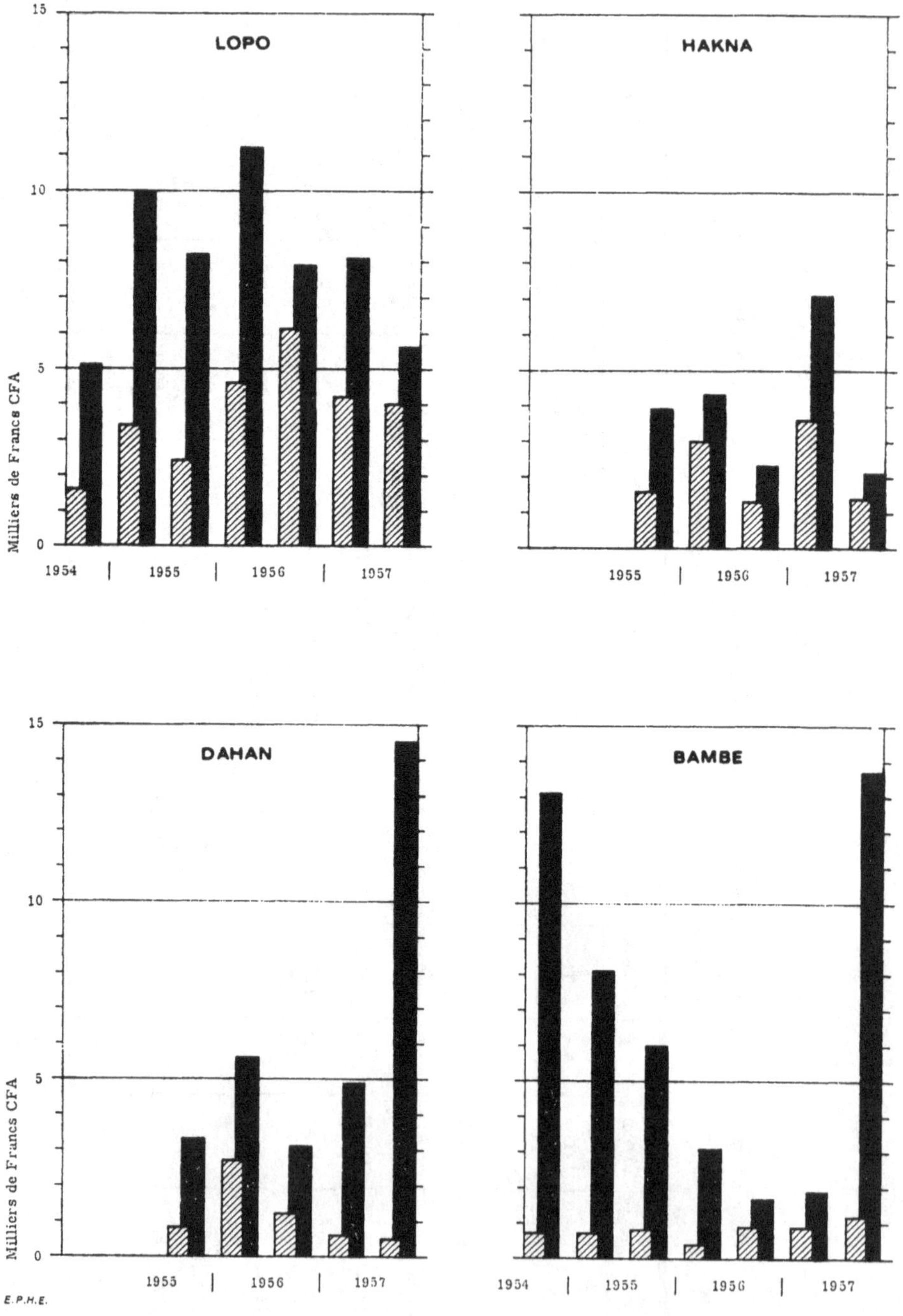

Fig. 52. — *Dépense*

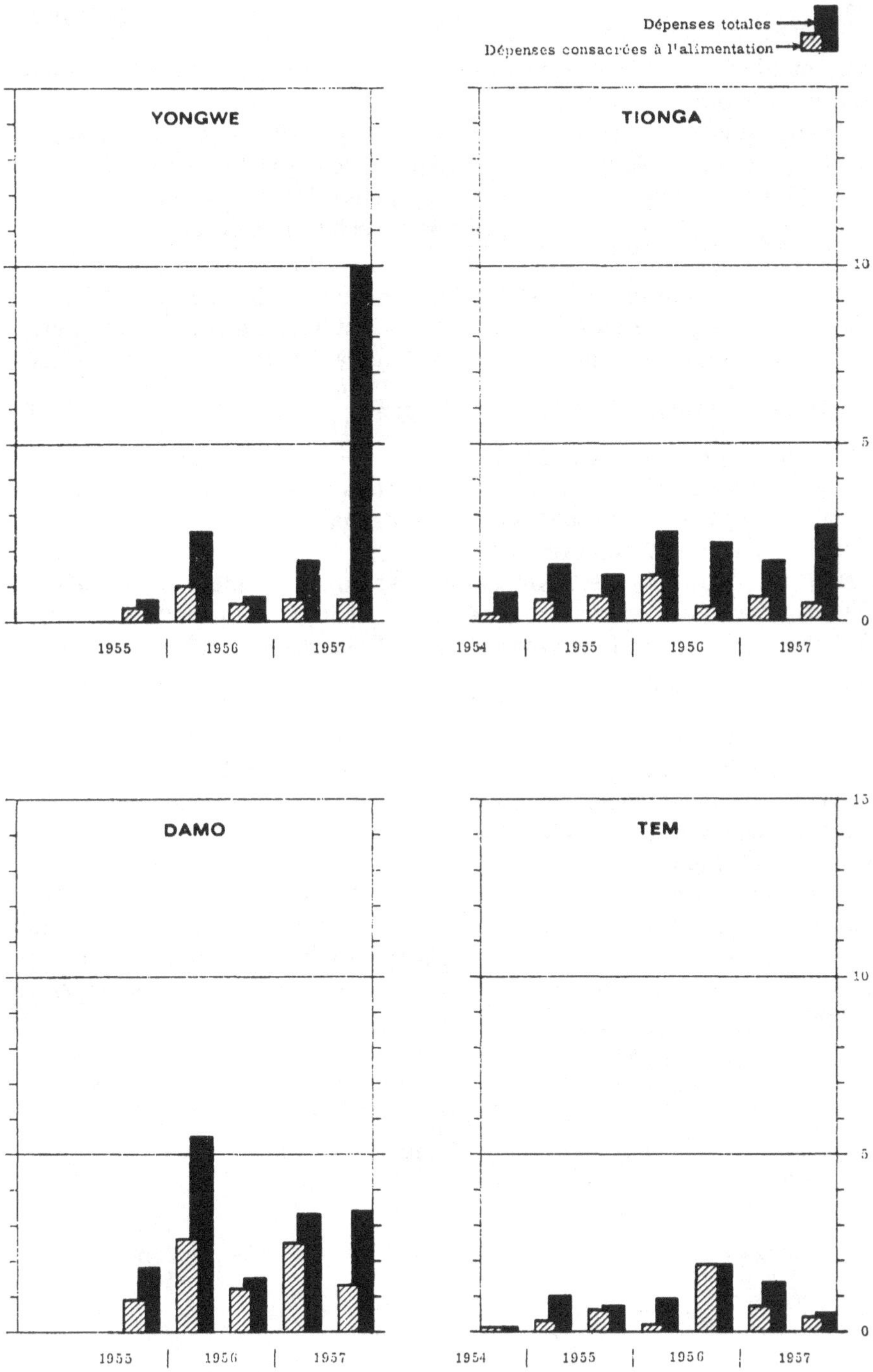

·mestrielles par famille.

viennent le fausser. Nous retrouvons toujours la même distinction caractérisant deux groupes de familles.

Dans quelles mesures le volume de A dépend-il de la dépense semestrielle (donc de la recette et par conséquent de la « richesse apparente » du Tin) ? Pour éliminer les différences des dépenses totales entre familles, nous avons comparé le rapport $\frac{\text{Dépenses de caractère alimentaire}}{\text{Dépenses totales}} = \frac{A}{D} \times 100$ non pas aux montants semestriels des dépenses mais au rapport dépense semestrielle/dépense moyenne semestrielle du Tin. Dans le cas d'un enrichissement du Tin une proportion plus grande des dépenses est-elle consacrée à l'alimentation ? Le tableau 51 donne $\frac{A}{D} \times 100$ et $\frac{D}{\text{moyenne}} \times 100$. Un premier groupe : Tem, Hakna, Lopo, Damo a toujours des dépenses alimentaires supérieures à 30 % du total des dépenses, quel que soit le montant de celui-ci : ce sont, sauf Tem, des familles fabriquant beaucoup de bière de mil et donc obligées d'acheter du mil à cette fin. Dans le deuxième groupe le poste Alimentation dépasse rarement 60 % du total des dépenses (au contraire du précédent) et il est très souvent inférieur à 30 %. Quel que soit le groupe considéré il y a une diminution progressive de $\frac{A}{D}$ quand le rapport $\frac{D}{m}$ croît. Lorsque les dépenses du semestre sont inférieures à la moyenne, lorsque le Tin a tendance à les restreindre, la part de l'alimentation est relativement forte, il semble qu'on ne puisse économiser sur ce poste. Par contre lorsqu'en période d'abondance financière la dépense semestrielle dépasse la moyenne, le pourcentage de A diminue (cf. fig. 53).

Les achats de mil (parmi lesquels il n'est pas possible de faire la part entre le sorgho qui sera transformé en bière destinée à la vente ou aux réjouissances familiales, et le sorgho qui servira directement à la nourriture de la famille) représentent la part la plus importante des dépenses Alimentation :

ACHATS DE MIL EN :

	Pourcentage de dépenses alimentaires	*Pourcentage de dépenses totales*
Lopo	68,5	32,2
Hakna	51,3	28,4
Tem	44,7	28,7
Damo	41,3	22,7
Yongwé	44,1	9,4
Dahan	56,8	10,5
Tionga	20,8	7,3
Bambé	31,4	3,7

Pour l'ensemble de notre échantillon les achats de mil ont représenté 36 435 Fr. CFA, soit 52,92 % de A et 17,83 % des dépenses totales. Notons qu'au chapitre « Recettes » les ventes de mil (17 390 Fr. CFA) représentent 6,7 % et la bière de mil (61 218 Fr. CFA) 23,6 % des recettes totales. Le mil constitue le poste le plus important des transactions familiales (31,3 % en recettes, 17,8 % en dépenses).

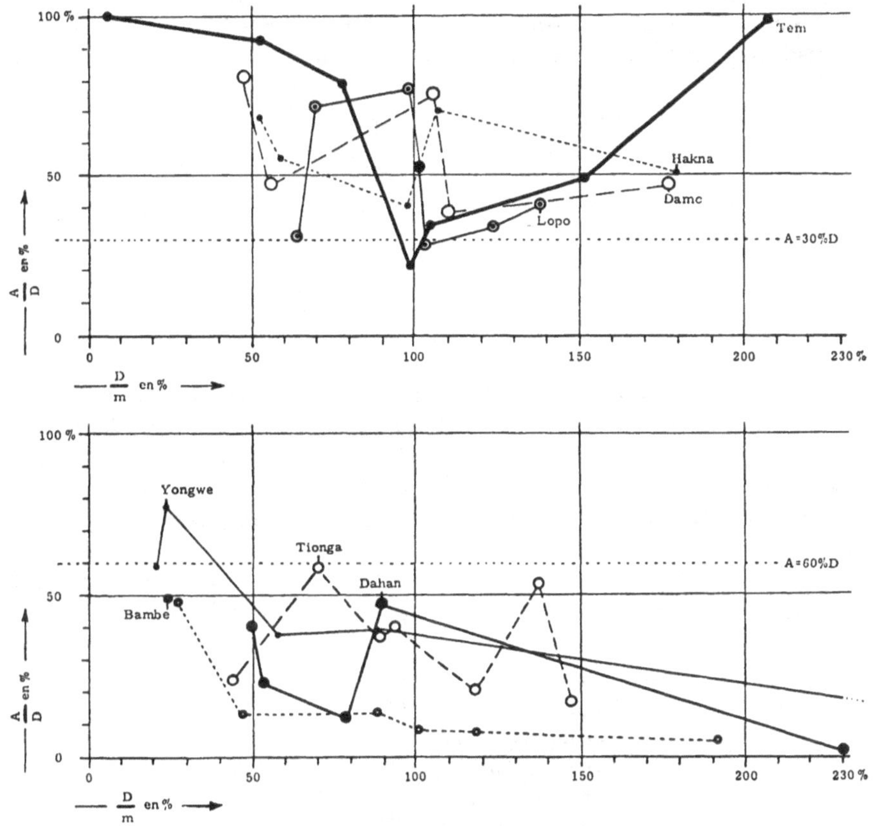

Fig. 53. — *Part de l'alimentation dans les dépenses en fonction de l'importance de celles-ci.*

La viande vient ensuite avec 21,7 % de A et 7,3 % des dépenses totales. L'importance varie selon les familles, la dépense moyenne par adulte (calculée pour 2 semestres) est la suivante :

Lopo	363,4	Fr. CFA
Dahan	357	—
Bambé	297	—
Hakna	191,6	—
Damo	182,4	—
Yongwé	119,2	—
Tionga	112,8	—
Tem	95	—

donc près de quatre fois plus élevée par adulte chez Lopo que chez Tem (les familles classées les premières appartiennent toutes au deuxième groupe économique, celui des familles à recettes et dépenses élevées et variables).

Le poisson représente pour les huit familles une dépense d'un montant légèrement inférieur, soit 16,7 % de A et 5,6 % des dépenses totales ; la dépense moyenne par adulte (sur 2 semestres) s'établit comme suit par famille :

Lopo	333,4	Fr. CFA
Yongwé	163	—
Bambé	145	—
Tionga	144,8	—
Tem	142,8	—
Damo	142	—
Hakna	114,4	—
Dahan	23	—

Sauf pour les familles Lopo et Bambé il y a un très net renversement du classement, les familles qui consomment relativement peu de viande consomment plus de poisson que les autres. Peut-on dire que tandis que la viande est préférée par les familles économiquement les plus actives, les familles économiquement moins développées se contentent du poisson moins cher ?

Quelle est l'importance de ces achats de produits protéiniques riches ? La dépense semestrielle moyenne par adulte pour viande et poisson est :

Lopo	696,8	Fr. CFA
Bambé	442	—
Dahan	380	—
Damo	324,4	—
Hakna	306	—
Yongwé	282,2	—
Tionga	257,6	—
Tem	237,8	—

L'écart entre les familles extrêmes n'est plus qu'un peu moins de trois fois.

La courbe de ces dépenses en viande et poisson en fonction du montant moyen des dépenses semestrielles de la famille (cf. fig. 54) montre que l'achat annuel de viande et poisson augmente très nettement avec la dépense moyenne semestrielle.

Le reliquat des dépenses sur le poste A, soit 8,7 % de A et 2,94 % du total des dépenses, est consacré à peu près entièrement à l'achat de haricots, pois de terre, arachides, etc. Cependant le sel représente 3,2 % des dépenses alimentaires (A) et 1,08 % des dépenses totales. L'achat par chaque famille est assez constant (moyenne sur deux semestres) :

Yongwé	44,6	Fr. CFA
Tem	37,1	—
Damo	36,4	—
Tionga	30	—
Lopo	28,1	—
Hakna	24,8	—
Bambé	24,2	—
Dahan	21	—

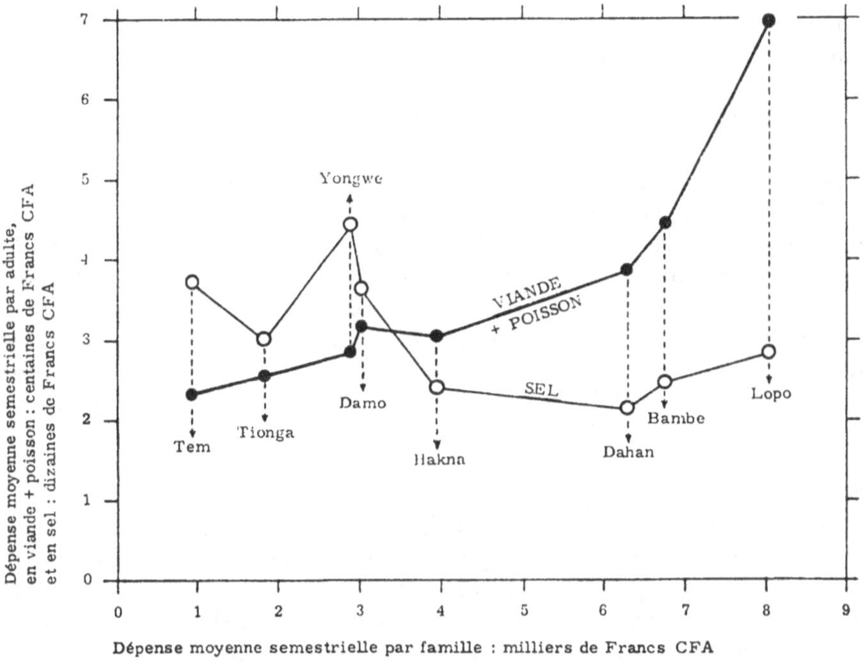

FIG. 54. — *Dépenses en viande + poisson et en sel.*

L'ordre des familles est à peu près inverse de celui des achats viande-poisson. Les Tin les plus pauvres suppléeraient-ils à un manque de protéines riches par une consommation plus grande de sel importé ?

2° *Bétail.* — La dépense moyenne par semestre et par famille en achats de bétail s'élève à 978 Fr. CFA, soit 22,96 % des dépenses totales. Les acquisitions de taureaux pour l'attelage, à l'aide de prêts du Sous-Secteur, modifient l'importance de ce poste de dépenses par rapport au reste du pays Toupouri ; si nous retranchons les achats Yongwé et Dahan (7 000 et 6 200 Fr. CFA), les dépenses pour achat de bétail ne s'élèvent plus qu'à 698 Fr. CFA par « Tin/semestre » et à 17,3 % du total des dépenses.

Alors qu'un Tin comme Tem n'a enregistré au cours des sept semestres d'observation que l'achat d'une poule à 35 Fr. CFA (soit B inférieur à 0,55 % du total des dépenses), les Tin Bambé, Lopo, Dahan (sans parler de Yongwé) font d'assez importantes dépenses pour le bétail. Il s'agit soit de gros bétail revendu ensuite (Bambé), soit de petit bétail élevé ou consommé par le Tin. Le gros bétail représente 59 %, les achats de chèvres 26 %, de moutons près de 9 %, les volailles (poules tout spécialement, canards très peu) 5 %. Nous voyons que la répartition est à peu près analogue à celle des recettes produits d'élevage PE, quoique pour les ventes la proportion de chèvres soit plus forte (35,9 contre 26 %) et celle du gros bétail plus faible (50,8 contre 58,9 %). Peut-on expliquer ceci par la vente de chèvres afin d'équiper des attelages ?

3° *Dépenses Diverses (DD).* — Avec un montant de 1 036 Fr. CFA par « Tin/semestre » elles s'élèvent à 24,33 % du total des dépenses, soit à la seconde place après les dépenses de caractère alimentaire (A).

Le montant par famille (de 286 Fr. CFA à 3 204 Fr. CFA pour les moyennes) représente de 10,2 à 50,6 % des dépenses totales. Une grande partie est constituée par des remboursements d'emprunts contractés auprès du Sous-Secteur, ce qui augmente considérablement ce poste pour une famille telle que Dahan en pleine modernisation. Mais dans les autres familles elles sont formées à peu près entièrement par l'impôt, ce qui dans le cas d'une famille d'économie quasi fermée comme Tem les porte à 32,9 % des dépenses totales.

Le principal poste est celui des remboursements d'emprunt qui atteint 56,2 % de DD et 13,7 % des dépenses totales.

La seconde destination de ces Dépenses Diverses est le versement de l'impôt. Celui-ci se monte en moyenne pour notre échantillon à 31,9 % de DD et à plus de 7,7 % des dépenses totales. Dans ce total impôts nous avons inclus quelques versements effectués au profit du chef de canton.

Le troisième poste est constitué par les pertes au jeu : 5,2 % de DD et près de 1,3 % des dépenses totales (c'est surtout le fait de Bambé). Mais Bambé, pour des pertes s'élevant à 2 590 Fr. CFA, a gagné 6 675 Fr. CFA, soit plus du double.

La modernisation du Tin Dahan lui impose le recours à une main-d'œuvre salariée, le montant des salaires ainsi versés équivaut à 7,6 % des DD de Dahan et à 2,5 % des DD des huit familles (0,61 % des dépenses totales).

Ces Dépenses Diverses comprennent encore deux autres sorties d'argent d'importance minime. Ce sont les prêts, avances d'argent à des amis ou des voisins souvent faits de petites sommes, 50 à 200 Fr. CFA. Si nous avons groupé deux opérations aussi contradictoires que l'extinction d'une dette et la formation d'une créance c'est que toutes deux correspondent à une sortie d'argent (1,5 % de DD). La dernière de ces Dépenses Diverses

TABLEAU 52

IMPORTANCE DES PRODUITS IMPORTÉS DANS LES DÉPENSES
(sel, outillage, produits divers, habillement)

		2e sem. 1954	1er sem. 1955	2e sem. 1955	1er sem. 1956	2e sem. 1956	1er sem. 1957	2e sem. 1957	Total	Moyenne semestrielle	Pourcentage
Tem	Fr. CFA ...	0	20	45	15	45	70	75	270	39	4,2
	%		2,1	6,3	1,7	2,4	5	15,6			
Tionga	Fr. CFA ...	20	30	400	105	60	80	65	760	109	5,9
	%	2,5	1,8	31,1	4,1	2,7	4,7	2,4			
Bambé	Fr. CFA ...	500	475	1 975	70	40	265	10	3 335	476	6,9
	%	3,8	5,8	32,8	2,2	2,4	14,2	0,8			
Lopo	Fr. CFA ...	1 850	1 795	3 490	1 480	835	1 190	350	10 990	1 570	19,6
	%	35,9	17,9	42,2	13,2	10,5	15,1	6,2			
Yongwé	Fr. CFA ...			70	40	60	55	100	325	65	2,2
	%			11,8	1,6	11,2	3,3	1,1			
Damo;	Fr. CFA ...			95	130	260	120	190	795	159	5,1
	%			5,4	2,3	17,5	3,7	5,5			
Hakna	Fr. CFA ...			1 795	60	480	465	445	3 245	649	16,5
	%			45,5	1,3	20,5	6,5	21,3			
Dahan	Fr. CFA ...			395	30	375	595	90	1 485	297	4,8
	%			11,9	0,5	12	12,1	0,6			
TOTAL toutes familles		2 370	2 320	8 265	1 930	2 155	2 840	1 325	21 205		**10,4**
Moyenne		593	580	1 033	241	269	355	178		**442 Fr. CFA**	

consiste en paiements effectués aux pères des jeunes filles temporairement hébergées par le chef de Tin, trois occurrences de cette « semi-prostitution traditionnelle » pour Bambé en 1955 pour un total de 600 Fr. CFA (5,1 % de DD Bambé, 1,3 % de ses dépenses totales) (1,2 % de DD de l'échantillon, 0,3 % des dépenses totales).

4° *Habillement.* — Ces dépenses (vêtements, chaussures, couvertures) s'élèvent à 8,16 % du total, soit une moyenne par Tin et par semestre de 348 Fr. CFA.

Elles sont totalement absentes de certains Tin (Tem) ou réduites à peu de choses (Yongwé 0,16 % des dépenses totales, Damo 0,64 %) donnant des moyennes de dépenses en habillement de 6 et 25 Fr. CFA par semestre pour ces familles. Par contre d'autres familles achètent quelques habits ou produits textiles ; c'est en particulier le cas de Lopo qui, avec une dépense moyenne par semestre de 1 303 Fr. CFA (16,24 % de ses dépenses) assure 54,7 % du total des dépenses d'habillement de l'échantillon.

Les achats au profit de l'homme l'emportent très nettement (65,7 %), soit 5,36 % des dépenses totales (les dépenses d'habillement de Lopo seul — 65 % de celles de son Tin — représentent 36 % du total de l'échantillon). Par contre les dépenses en faveur des femmes sont très réduites. Sur un pourcentage de 11,75 % (soit 0,96 % des dépenses totales), c'est encore le Tin Lopo qui est le principal acheteur, 98,7 % des dépenses au profit des femmes, en effet lui seul a acheté des textiles pour les femmes (pagnes).

Les chaussures (12,20 % des dépenses d'habillement et 1 % des dépenses totales) sont essentiellement des chaussures légères en toile à semelles de caoutchouc dites « tennis » pour lesquelles les grandes pointures sont très recherchées ; elles sont portées indifféremment par l'homme ou par la femme.

Enfin les couvertures (toujours de coton) forment 10,34 % des dépenses de ce poste et 0,84 % des dépenses totales.

5° *Les autres dépenses.* — Les dépenses citées ci-dessus forment près de 90 % de l'ensemble des dépenses. Les autres postes sont beaucoup moins importants : produits de consommation = 3,39 % ; boisson = 3,83 % ; case = 2,71 % ; enfin outillage = 0,90 %.

Sous le nom de produits de consommation est groupé l'achat de denrées très diverses ; le principal poste est le tabac (2,37 % des dépenses totales), le plus souvent tabac en boules, rarement cigarettes. Les autres produits ne comptent que très peu malgré la prédominance du savon sur les allumettes, parfums, natron (pour sucer avec le tabac chiqué), cola, médicaments (liniment Sloan), sucre (vendu au morceau), pipes et argile rouge pour la parure du corps.

Les dépenses pour boisson (3,83 %) consistent à peu près uniquement en consommation de bière de bil sur les marchés par les hommes (les achats d'eau sont très minimes dans nos relevés).

Pour l'entretien de la case et son équipement, les dépenses (2,71 %) sont très inégalement réparties entre les Tin. Tem et Lopo sont les deux extrêmes ; alors que Tem n'a rien dépensé pour ce poste, Lopo y a consacré près de 5 % du total de ses dépenses. Ce sont des achats de paille surtout pour réparation des toits en saison des pluies (40 % du poste), l'achat d'un toit complet par Lopo qui compte pour encore 32 %, quelques achats de nattes ou *secco* tressés. La part consacrée à l'équipement ménager est très faible, 25 % environ, soit moins de 0,7 % du total de toutes les dépenses. Il s'agit soit d'achats d'ustensiles, poteries, calebasses, 9 % environ, dont 200 Fr. CFA seulement d'émaillés pour les huit familles pendant la durée des observations (soit 4,16 Fr. CFA par « Tin/semestre »), soit surtout d'achats de pierres à mil, pierre elle-même (coût moyen 350 Fr. CFA) ou frottoir (45 Fr. CFA en moyenne) qui s'élèvent à un peu plus de 15 % de ces dépenses de case.

Le dernier poste et le plus réduit est l'achat d'outillage, 0,90 % du total des dépenses. Il s'agit uniquement d'achats de houes, de fabrication locale, sur le marché, ou importées, au Sous-Secteur. La faiblesse de ces dépenses d'outillage montre combien l'équipement de la production traditionnelle est réduite en pays Toupouri. Pratiquement, par suite de la modernisation, ces dépenses sont beaucoup plus élevées ; plusieurs paysans ont acquis à crédit auprès du Sous-Secteur une charrue avec joug, chaîne et pièces de rechange ou même une charrette mais il s'agit là d'une fourniture de matériel en échange de l'inscription de la dette sur les fiches de crédit, sans qu'un mouvement d'argent ait eu lieu, c'est au poste dépenses diverses — remboursements — que cette dépense d'équipement agricole apparaît.

4. Bilans et revenus comparés

L'étude de l'équilibre financier semestre par semestre des différents Tin ne suffit pas à donner une idée exacte de cet équilibre ; en effet d'une part les récoltes 1957 n'étaient pas toutes vendues au 31 décembre 1957 et d'importantes quantités d'arachides devaient procurer début 1958 de grosses recettes, d'autre part dans un cas (Dahan) une vente de bœufs de travail sans qu'il y ait un remplacement immédiat donne un gonflement apparent des recettes par un prélèvement sur le capital d'exploitation. Nous avons essayé de tirer parti de l'inventaire de biens réalisé au début de l'enquête et d'un nouvel inventaire début 1958, la valeur des biens inventoriés étant estimée d'après les prix moyens des marchandises et des animaux. Cependant deux facteurs viennent perturber ces recherches ; d'une part il est assez difficile de savoir exactement les disponibilités monétaires au moment de l'inventaire (tout spécialement lors du premier) ; si elles sont en général faibles par suite du « collage » assez étroit des

Tableau 53

RÉPARTITION MOYENNE DES DÉPENSES

	En pourcentage du total des dépenses	*Pourcentage de la rubrique*
Alimentation :		
Mil	17,8	52,9
Viande	7,3	21,7
Poisson	5,6	16,7
Produits végétaux		
Divers	1,9	5,5
Sel	1,1	3,2
	33,7	100
Bétail :		
Gros bétail	13,6	59
Chèvres	6	26
Moutons	2,1	9
Volailles	1,2	5
	22,9	99
Dépenses diverses :		
Remboursements	13,7	56,2
Impôts	7,7	31,9
Jeu	1,3	5,2
Salaires	0,6	2,5
Prêts	0,4	1,5
« Prostitution »	0,3	1,2
Vaccination		
Chiens	0,3	1,4
	24,3	99,9
Habillement :		
Homme	5,4	65,7
Femme	1	11,7
Couvertures	0,8	10,3
Chaussures	1	12,2
	8,2	99,9
Produits de consommation :		
Tabac	2,4	
Divers	1	
	3,4	
Boisson :		
Bière de mil	3,8	
	3,8	

TABLEAU 53 *(suite)*

	En pourcentage du total des dépenses	*Poucentage de la rubrique*
Entretien et équipement de la case :		
Paille et divers	1,2	42,9
Toit	0,9	32,1
Ustensiles	0,2	9,4
Pierres à mil	0,4	15,4
	2,7	99,8
Outillages :		
Houes	0,9	
	0,9	
	99,9	

dépenses aux rentrées, elles peuvent atteindre en certaines mains des sommes relativement importantes par rapport à l'économie du Tin, ex. : Tionga au départ 1 020 Fr. CFA en caisse ; d'autre part il faudrait tenir compte des amortissements de biens (cases, outils), des pertes et dégradations, des dons de toute nature (dans les deux sens d'ailleurs) qui viennent modifier le capital de la famille.

Il est difficile de tirer des conclusions de ce tableau par suite des données qui ont échappé à notre observation, une partie des bénéfices théoriques a certainement été dépensée sans que ceci soit apparu dans nos relevés, le capital a augmenté par suite du travail de l'homme (construction de cases par exemple) ou de l'accroissement naturel du bétail.

	Capital au départ[1]	*Volume total des recettes*	*Bénéfice (+) ou pertes (—)*	*Capital en fin d'observation*[1]	*Dettes (—) ou disponibilités (+)*
Tem ...	1 800	11 600	+ 5 210	4 200	+ 850
Tionga .	23 000 (+ en caisse 1 020)	22 150	+ 9 330	23 200	+ 2 675
Yongwé.	7 300	17 380	+ 2 835	14 700	+ 250 — 6 000
Damo ..	32 600	21 440	+ 5 945	29 600	?
Hakna .	28 200	34 155	+ 14 465	29 400	?
Bambé .	16 630	42 255	— 5 340	3 500	+ 2 000
Lopo ...	8 700	60 520	+ 4 080	32 400	
Dahan .	6 600	49 345	+ 17 810	41 100	— 7 800

1. Estimations d'après relevés d'inventaires, en Fr. CFA.

D'après les recettes financières telles que nous les avons analysées et les revenus des huit familles, le revenu familial pour deux semestres est de 10 875 Fr. CFA en moyenne et de 3 892 Fr. CFA par adulte travaillant. Par habitant le revenu annuel est de 2 568 Fr. CFA. Rapprochons ces résultats de quelques chiffres publiés ailleurs :

REVENUS[1]

	Travailleur	*Habitant*	*Famille*
Nord-Cameroun :			
Mourao (J. Binet [12])	1 960	1 120	5 900
Midjivin *(ibid.)*	3 000	1 560	9 300
Djambutu *(ibid.)*	6 000	2 900	19 250
Côte d'Ivoire :			
Bouaké savane (J. Royer [85])		3 300	
Bouaké forêt		11 200	
Golonpoui	3 892	2 568	10 875

Sur les 48 « Tin/semestres » relevés quelle est la répartition des recettes ? Nous en trouvons 16 inférieurs à 2 500 Fr. CFA, par semestre soit 33,3% des Tin, 14 compris entre 2 500 et 5 000 Fr. CFA, soit 29,1 %, 4 compris entre 5 000 et 7 500 Fr. CFA (8,3 %), 6 entre 7 500 et 10 000 Fr. CFA (12,5 %), 3 entre 10 000 et 12 500 Fr. CFA (6,25 %), 2 entre 12 500 et 15 000 Fr. CFA (4,16 %) et 3 supérieurs à 15 000 Fr. CFA par semestre (6,25 %).

Les revenus semestriels des monogames (en général inférieurs à 10 000 Fr. CFA) sont plus faibles que ceux des bigames qui sont régulièrement dispersés entre 0 et 15 000 Fr. CFA ; les revenus des « polygames » sont en général plus élevés. Ceci se traduit sur la moyenne des revenus semestriels : monogames 4 923 Fr. CFA (nettement relevée par les transactions Bambé et l'activité Dahan), bigames 4 996 Fr. CFA, familles à quatre femmes 6 059 Fr. CFA. Mais si l'on cherche la part de revenus par travailleur, l'avantage revient très nettement à la famille monogamique :

REVENU SEMESTRIEL MOYEN[1]

	Monogames	*Bigames*	*Polygames*
Famille	4 923	4 996	6 059
Travailleur	2 461	1 665	1 211

1. En Francs CFA.

Comme le dit J. Binet : « La polygamie n'assure pas la meilleure rémunération », cependant c'est chez les monogames que se rencontrent les paysans les plus pauvres, malgré un travail de l'homme beaucoup plus grand.

Mais ces calculs sur le revenu sont assez illusoires ; ce sont en effet des « pseudo-revenus », bilans des transactions diverses plus ou moins artificiellement grossies par des ventes et des achats d'animaux et par les emprunts et remboursements au Sous-Secteur, dans une société d'économie fermée où l'autoconsommation alimentaire est la règle. Quelle mesure adopter pour cette autoconsommation ? Le volume des récoltes moins la partie vendue ? Quel prix utiliser pour le calcul, celui qu'atteint en moyenne ou en période de crise la denrée sur le marché ou le coût réel de production ? Mais comme le signale G. Heim de Balzac dans son étude sur *Le revenu de l'agriculture de l'Ouest Africain (op. cit.)*, « l'autoconsommation est (en partie) une consommation forcée, le producteur consomme plus mais avec une satisfaction marginale rapidement décroissante ». Comment d'autre part évaluer le prix du travail dans un pays où la main-d'œuvre salariée est rare et où les salaires sont fixés unilatéralement ? Comment d'autre part établir un compte d'exploitation correct quand les charges de structure sont si mal connues (pas d'estimations correctes sur la valeur du sol) ou quand l'acquisition d'une épouse équivaut à la vente de 7 à 10 bovins (il faudrait alors inscrire une épouse en recettes, acquisition d'instrument de travail mais également procréatrice d'un revenu futur : ses filles) ?

A titre d'exemple le Tin Tionga pour la campagne 1956-1957 a cultivé 67 ares de Gara, 240 ares de Babou, 29 ares de Voandzou et 50 ares d'arachides, pendant 324 jours de travail agricole (lui et ses deux femmes). 293 jours ont été consacrés aux travaux divers. Ses dépenses pour cette production se sont limitées à 70 Fr. CFA d'achat de houes locales. La valeur de sa production peut être estimée à :

1 000 kg de Gara à 11 Fr. CFA le kilogramme (cours de février 1957 alors que celui de 1956 fut de 30 Fr. CFA)	11 000 Fr. CFA
720 kg de Babou à 11 Fr. CFA le kilogramme	7 920 —
100 kg de Voandzou à 20 Fr. CFA le kilogramme	2 000 —
260 kg d'arachides à 13,5 Fr. CFA le kilogramme	3 510 —
soit un total de	24 430 Fr. CFA

On peut admettre que la surface de son exploitation est de : cultures continues = Gara + Babou = 307 ares, cultures de brousse avec jachère deux ans = Arachides + Voandzou = 79 ares × 3 = 237 ares, soit en tout 5,44 ha, ce qui donne un revenu par hectare de 4 490,8 Fr. CFA. En considérant le loyer de la terre comme nul, en estimant la fertilisation, les semences, l'usure du matériel à la somme de 1 430 Fr. CFA (ce qui est plus élevé qu'en réalité), le gain de 324 journées de travail agricole serait

23 000 Fr. CFA soit un gain très voisin de 71 Fr. CFA par journée d'homme ou de femme. Ses recettes pour ces deux semestres se sont élevées seulement à :

Mil : 2 075 Fr. CFA, arachides : 850 Fr. CFA, bois et cordes : 315 Fr. CFA, soit 3 240 Fr. CFA, soit environ 13,1 % du revenu calculé (24 430 Fr. CFA + 315 Fr. CFA, de Services). L'étude du bilan financier des familles Toupouri avec toutes les précisions que nous y avons apportées est loin de donner une idée exacte du revenu réel du paysan.

5. Économie des différentes cultures

Connaissant les méthodes de production, les rendements moyens et les prix, il nous est apparu intéressant de comparer le prix de revient ou le bénéfice à l'hectare et à la journée de travail des différentes cultures.

Les temps moyens de travail sont donnés au livre V, chap. III, pour chaque culture. Il est beaucoup plus difficile de choisir un prix unitaire pour les récoltes, par suite de l'absence de cours nettement stables et de l'importance de l'autoconsommation (cf. ci-dessus, p. 426 et 473). Après avoir d'abord étudié le prix de revient au kilogramme du produit agricole en basant nos calculs sur le salaire journalier moyen tel qu'il est fixé (et pratiqué) par l'Administration, soit 60 Fr. CFA[1] en moyenne (a varié de 1955 à 1957), nous adopterons la démarche contraire, cherchant quel est, selon la culture et l'année, le revenu d'une journée de travail en fonction des cours mensuels moyens des produits (cf. tableau 54). Dans les deux cas nous négligerons les frais et les dépenses autres que la main-d'œuvre (terres, semences, fertilisants, outils, etc.) qui sont ou très difficilement estimables ou très peu importants.

Grains.

Le Gara donne un rendement de 720 à 1 250 kg à l'hectare pour une somme de 95 à 130 jours de travail. Le coût de la culture d'un hectare de Gara varie donc de 5 700 à 7 800 Fr. CFA, ce qui fait varier le prix de revient du kilogramme de mil rouge en grains entre 7,92 Fr. CFA (rendement le plus bas, travail le plus faible) et 6,24 Fr. CFA (rendement le plus fort, travail le plus élevé). Ces deux arbitraires — association du travail le plus intense au rendement le plus élevé et vice versa — et prix de la journée de travail fixé à 60 Fr. CFA donnent le prix de revient du kilogramme de mil destiné à la consommation familiale.

Or en *1955* le kilogramme de Gara a oscillé sur le marché de Datchéka entre 15,5 et 17,4 Fr. CFA avec une moyenne pour les six mois d'enregis-

1. Nous avions adopté au chap. I, § 2 de ce livre le salaire journalier de 50 Fr. CFA, couramment admis en 1955.

trement de 16,4 Fr. CFA. La production moyenne ayant été pour notre échantillon de 6,50 kg de mil rouge à la journée de travail, la valorisation de celle-ci aurait varié de 100,75 Fr. CFA à 113,10 Fr. CFA selon l'époque

TABLEAU 54

VARIATIONS DU PRIX DES DIFFÉRENTES ESPÈCES DE MILS SUR LE MARCHÉ (moyennes mensuelles) en Fr. CFA par kilogramme

	Mil rouge Gara	*Mil blanc tardif Shoukouloum*	*Mil repiqué Babou*	*Mil repiqué Donglong*
1955				
Mars	16,16	21,50	16	14,25
Avril	17,44	18,53	14,17	13,12
Mai	15,70	17,75	14,74	16,40
Juin	15,59	18	14,89	15,20
Juillet	16,86	19	15,39	
Août	16,81	16,04	16,63	16,05
1956				
Mai	12,74	16,25		12,68
Juin	25,43	25,24	19,31	23,82
Juillet	31,93	38,30	29	26,28
Août	37,41	47,60	31,40	40,25
Septembre	30	20,20	16,65	19,38
1957				
Février	10,73	13,98	11,12	11,97
Mars	11,95	13,19	11,08	12,71
Avril	12,48	13,57	13,25	15,07
Mai	12,20	14,09	16,85	14,67
Juin	11,55	15,87	15,97	15,62
Juillet	11,62	14,24	12,36	13,70
Août	9,84	11,25	11,75	11,65
Septembre	7,79	8,78	8,59	8,57
Octobre	7,22	9,06	7,80	8,51
Novembre	6,81	10,14	7,80	10,75
Décembre	8,18	11,03	12,10	11,90
1958				
Janvier	10,74	10,05	10,10	
Février	11,38	13,25	12,50	

de vente. La journée de travail pour le Gara aurait eu pour revenu monétaire moyen 106,6 Fr. CFA. En *1956* le prix du kilogramme de Gara a varié (cinq mois d'observations) de 12 à 37 Fr. CFA (moyenne 27 Fr. CFA). La production de l'homme/jour ayant été de 7,22 kg, le revenu de la journée de travail aurait oscillé de 86,6 à 267,1 Fr. CFA avec une moyenne de 194,9 Fr. CFA. En *1957*, par suite de l'oscillation beaucoup plus faible des cours mensuels moyens de 7,20 à 12,50 Fr. CFA (moyenne des neuf mois d'observation du marché 11,70 Fr. CFA), la journée de travail (produisant 11,1 kg de Gara) aurait eu un revenu de 79,9 à 138,7 Fr. CFA, la moyenne étant 129,9 Fr. CFA. Cette méthode donne un revenu pour la journée de travail consacrée au Gara oscillant entre 86 et 267 Fr. CFA avec des moyennes de 106, 195 et 130 Fr. CFA, toujours bien supérieures au salaire de 60 Fr. CFA.

Pour le Shoukouloum nous donnons simplement les résultats :

a) Culture 50 à 85 jours/ha à 60 Fr. CFA, soit 3 000 à 5 100 Fr. CFA pour un rendement moyen de 600 kg. Le prix de revient du kilogramme de Shoukouloum serait de 5 à 8,50 Fr. CFA.

b) *1955*, prix moyen 18,5 Fr. CFA le kilogramme, production à l'homme/jour 11,1 kg. D'où revenu moyen de la journée de travail : 205,3 Fr. CFA.

1956, prix moyen 29,5 Fr. CFA le kilogramme, 8,9 kg à l'homme/jour. Revenu moyen de la journée de travail : 262,5 Fr. CFA.

1957, prix moyen 12,7 Fr. CFA le kilogramme, 5,5 kg à l'homme/jour. Revenu moyen de la journée de travail : 69,9 Fr. CFA.

Les variations sont beaucoup plus considérables que dans le cas du Gara par suite des différences de prix plus grandes et de la productivité un peu plus variable de l'homme/jour. Sauf pour l'année 1957 (où la productivité du travail a été deux fois plus forte pour le Gara que pour le Shoukouloum), la culture du Shoukouloum est nettement plus payante même en ne considérant que les prix de vente unitaires les plus bas.

Babou :

a) Culture 50 à 70 h/j à l'hectare à 60 Fr. CFA, soit 3 000 à 4 200 Fr. CFA. Rendements de 300 à 400 kg. Prix de revient du kilogramme de Babou de 10 à 10,5 Fr. CFA.

b) *1955*, prix moyen 15,3 Fr. CFA le kilogramme ; 4,4 kg à l'homme/jour. Revenu moyen de la journée de travail : 67,3 Fr. CFA.

1956, prix moyen 24,1 Fr. CFA le kilogramme, 6,4 kg à l'homme/jour. Revenu moyen de la journée de travail : 154,2 Fr. CFA.

1957, prix moyen 12,1 Fr. CFA le kilogramme, 4,8 kg à l'homme/jour. Revenu moyen de la journée de travail : 58,1 Fr. CFA.

La journée de travail aurait donc rapporté selon ce deuxième mode de calcul, en moyenne, en Fr. CFA[1] :

	1955	*1956*	*1957*
	—	—	—
Gara	106,6	194,9	129,9
Shoukouloum	205,3	262,5	69,9
Babou	67,3	154,2	58,1

Le Shoukouloum donne la meilleure rémunération à la journée de travail, le Babou par contre est le mil qui « paye le moins ». C'est également pour lui que les écarts entre les revenus calculés probables de l'homme/jour sont les plus faibles. L'avantage que constitue le cycle décalé du Babou par rapport aux autres mils compense la différence de revenus ; il ne faut pas oublier que la récolte du Babou par exemple s'effectue à une époque où la valeur de l'homme/jour est pratiquement nulle faute d'activités payantes.

La figure 55 sur laquelle la rémunération de l'homme/jour est indiquée pour chaque culture indique pour les trois sorghos un net maximum en 1956 par suite des hauts cours atteints par les mils cette année-là.

En moyenne le sorgho cultivé comme nous l'avons décrit produit 6 à 10 kg de grains à la journée de travail moyennant 50 à 130 h/j/ha (pour le sorgho mécanisé nous avons relevé dans la littérature qui lui est consacrée le chiffre de 30 heures de travail à l'hectare mais sans spécification de rendement).

Comment ces sorghos cultivés à la main se comparent-ils à diverses autres céréales ? Nous avons extrait de quelques ouvrages, en particulier de ceux de notre maître R. Dumont, quelques chiffres provenant de pays différents.

Blé : Chine : 85 h/j/ha.
France : 16 h/j/ha fournissant 1 600 kg/ha, soit 100 kg/jT (1939).
États-Unis d'Amérique : 2,96 h/j/ha, peut descendre à 5 heures 15 minutes à l'hectare du labour au silo.

Riz : Tonkin : 150 h/j/ha pour 1 400 kg de paddy ou encore 1 050 kg riz/ha soit 7 kg/jT.

Maïs : Chine : Maïs-soja 150 h/j/ha pour 1 900 kg maïs et 300 kg soja, soit 12,6 kg maïs/jT et 2 kg soja/jT.
Basses-Pyrénées : 44 h/j/ha.
États-Unis d'Amérique : 1,3 h/j/ha.

La simple comparaison de ces quelques chiffres mesure le retard de l'agriculture Toupouri et des savanes africaines en général. Les quantités

1. Il est bien évident que l'apport de toute la production sur le marché ferait effondrer les prix. C'est simplement le surplus qui est commercialisé.

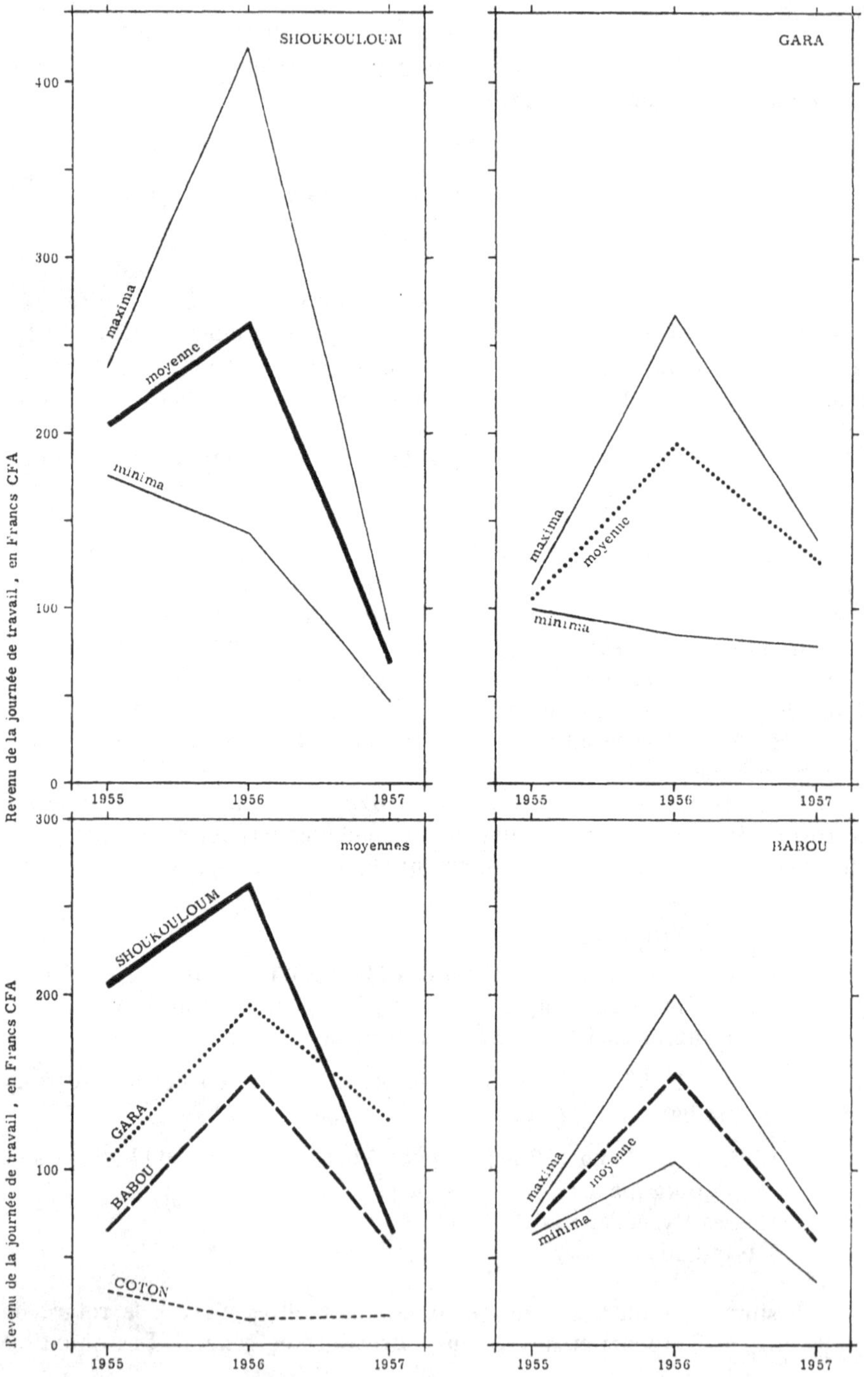

FIG. 55. — *Revenu de la journée de travail selon l'année et la culture.*

produites à la journée de travail sont à peu près identiques à celles de la Chine et combien inférieures à celles des pays où l'énergie extra-humaine et des apports de fertilité interviennent. En gros, tandis que le fermier des États-Unis produisait 300 kg de grain par jour de travail et l'agriculteur européen seulement 100 kg/jT, les paysans de Chine, du Tchad ou du Cameroun ne récoltent qu'une dizaine de kilogrammes pour une journée de travail (quinze jours au quintal, dit R. Dumont).

Voandzou.

Le pois de terre donne une récolte de 360 à 580 kg à l'hectare moyennant 80 à 100 jours de travail (moyenne de production 5,2 kg en coques par journée de femme). Le prix de revient du kilogramme de coques de Voandzou est de 11,50 Fr. CFA environ, nettement inférieur au cours moyen du marché.

Coton et Arachides.

105 à 130 h/j/ha pour une production de 400 à 500 kg d'arachides-coques commercialisées (probablement de 550 à 650 kg de récolte totale en moyenne) donnent une productivité de 5 à 5,2 kg d'arachides-coques par jour de travail.

Pour le coton nous avons adopté le chiffre de 115 jours à l'hectare, en dépit des maxima enregistrés pour certaines familles ; il est en effet très voisin de ceux avancés par le Service de l'Agriculture du Tchad (112 jours) et de ceux de R. Dumont (A.E.F. : 130 à 150 jours, sud des États-Unis métayage noir : 125 jours). La production moyenne relevée fut en 1954 de 1,024 kg, 1955, 0,521 kg et 1956, 0,583 kg par jour de travail.

Avec le salaire journalier de 60 Fr. CFA, le prix de revient de l'arachide aurait été de 11,5 à 12 Fr. CFA le kilogramme et celui du coton aurait varié de 58,59 Fr. CFA le kilogramme en 1954 à 115,16 Fr. CFA en 1955 et 102,91 Fr. CFA en 1956. Quel est le revenu de la journée de travail pour ces cultures d'exportation normalement « cash crops » du pays ?

En 1956 l'arachide fut achetée en coques à 13 Fr. CFA le kilogramme, l'année précédente une légère surprime avait été accordée pour encourager cette culture (13,50 Fr. CFA le kilogramme) en tenant compte qu'il s'agissait de multiplication de semences au sein du Sous-Secteur. Le prix du coton-graines a varié de 20 à 25 Fr. CFA au kilogramme à l'achat sur les marchés mais l'incidences des primes est très grande et doit être comptabilisée. Le total des primes distribuées à Golonpoui équivalait en effet en 1954 à 28,35 % du prix d'achat marché et en 1955 à 38,4 %, ce qui équivaut à porter la rémunération du producteur à 34 Fr. CFA le kilogramme (les faibles rendements en coton-graines de la zone Toupouri ont abouti à une très grande augmentation de cette incidence de la prime sur le prix du coton).

Nous avons essayé de comparer (Tchad et Nord-Cameroun) quelques prix d'achat au kilogramme d'arachides en coques et de coton-graines, avec éventuellement le prix du mil (malheureusement souvent selon les mercuriales administratives) :

En *1938*, arachides 0,50 Fr. le kilogramme, coton-graines 1,10 Fr., soit :

$$\frac{\text{prix du kg de coton-graines}}{\text{prix du kg d'arachides en coques}} = \frac{C}{A} = 2{,}2$$

1945-1946, Tchad, arachides décortiquées 1,50 Fr. (en ne tenant pas compte du coût du décorticage ceci donnerait 2,25 Fr. environ pour les arachides-coques), coton-graines 2,25 Fr., soit $\frac{C}{A} = 1.$

1949-1950, Nord-Cameroun, arachides 11,50 à 15 Fr. CFA, Tchad coton-graines 12 Fr. CFA, soit $\frac{C}{A}$ légèrement supérieur à 1 ; comme le mil aurait alors valu 12 Fr. CFA le kilogramme, $\frac{C}{M} = \frac{C}{A} = 1.$

R. Dumont signale qu'à la même époque, le rapport $\frac{\text{coton-graines}}{\text{blé}}$ atteignait 2,5 aux États-Unis.

1954-1956, Golonpoui, arachides 13 Fr. CFA, le coton sans primes 24 Fr. CFA, avec primes 32 à 34 Fr. CFA, mil (mercuriale 12 Fr. CFA) prix moyen marché 20 Fr. CFA, donc $\frac{C}{A}$ 1,84 à 2,46 et $\frac{C}{M}$ de 1,2 à 2,66 ; prenons comme moyenne $\frac{\text{C avec primes}}{\text{mil marché}} = 1{,}7$, $\frac{\text{C avec primes}}{\text{arachides}} = 2{,}4.$

En adoptant les prix de 13 Fr. CFA pour l'arachide, de 24 (ou 32 Fr. CFA) pour le coton, combien ces cultures payaient-elles la journée de travail qui leur était consacrée ?

Arachides 5 à 5,2 kg à l'homme/jour, donc un revenu par journée de travail de 65 à 67,7 Fr. CFA.

Coton de 1,024 à 0,521 kg de coton-graines par jour de travail, ce qui donne une rémunération de l'homme/jour de 24,58 à 12,50 Fr. CFA (si on ne compte pas la prime) ou bien 32,81 à 16,67 Fr. CFA (en ajoutant l'incidence de la prime). Sans même comparer ces revenus avec ceux obtenus pour les mils (presque tous supérieurs à 100 Fr. CFA) l'arachide offrait une plus grande rémunération que le coton au travail du paysan Toupouri.

Nous avons essayé d'établir un graphique de gestion théorique confrontant, en pourcentages, surface cultivée, travail et recettes. La répartition des différentes cultures étant celle effective en 1955 pour l'ensemble de Golonpoui (manioc non compté) nous avons déterminé la répartition en pourcentage du travail à l'aide des temps de travail à l'hectare de 1955.

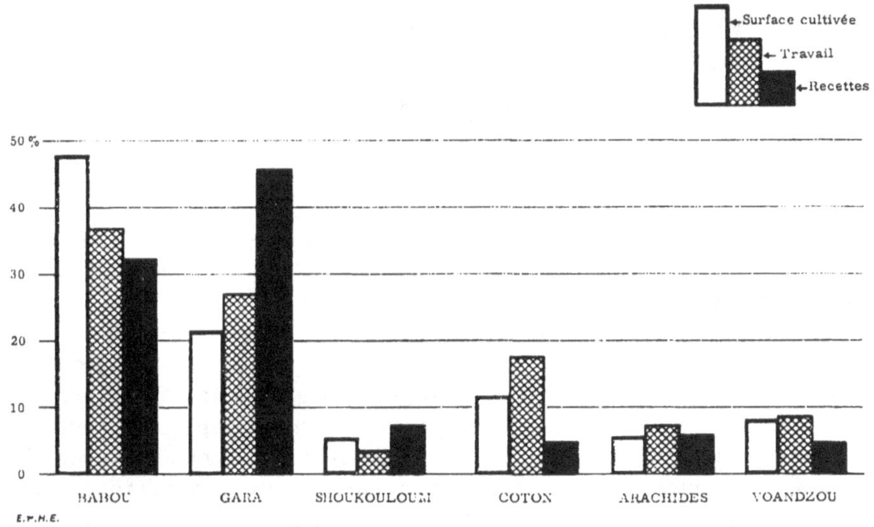

FIG. 56. — *Essai de graphique de gestion : Golonpoui 1955.*

Les recettes ont été calculées d'après les rendements moyens et les prix 1955. Ce schéma est très théorique, il est fondé en particulier sur des prix de mil pratiqués au marché comme si tout le volume produit était commercialisé, au lieu d'être en majorité autoconsommé. La prime d'encouragement au coton n'est pas une composante stable du prix du kilogramme, cependant nous l'avons comptée. La récolte la plus payante serait le Gara, grâce à la fumure probablement ; vient ensuite le Shoukouloum ; par contre le Babou a un rendement financier bien inférieur.

Sur une superficie égale à 74,4 % de la surface totale cultivée, avec seulement 67,07 % du travail total consommé, les mils auraient fourni 85,19 % de la recette. En dehors même de leur rôle fondamental dans l'alimentation, le paysan Toupouri a compris qu'ils constituaient la production la plus intéressante, qu'ils valorisaient le mieux ses terres et ses efforts ; le mil constitue la vocation essentielle du pays Toupouri.

CHAPITRE IV

L'ARTISANAT

L'artisanat est peu développé en pays Toupouri (au contraire des pays Foulbé voisins par exemple). Dans le village de Golonpoui nous n'avons pas trouvé d'artisan, sauf un paysan qui avait jadis appris un peu de menuiserie et que nous avons encouragé à réutiliser ses vieilles connaissances pour les besoins du Sous-Secteur (équipement des charrettes, petits travaux) puis ensuite à son compte. Malgré un travail correct, le prêt d'outils pour le démarrage, ce paysan-menuisier rencontre bien des difficultés. Après l'avoir employé avec un salaire journalier (voisin de celui du manœuvre) nous l'avons fortement encouragé à s'établir indépendant. Quoique nous ayons calculé en fonction de la valeur du bois et des temps de fabrication, le prix des objets qu'il confectionne, petits bancs, cantines en bois, lits, chaises, le pauvre menuisier n'arrive pas à se réapprovisionner. En effet il baisse ses prix, pourtant très raisonnables, pour un ami ou un beau parleur, fait des ventes à crédit à des inconnus et n'essaye pas de gérer à part sa caisse d'artisan. C'est plus l'aspect économique que l'aspect proprement technique qui entrave le développement de tels artisanats.

Les bouchers (Djitarnaï) sont localisés à Datchéka aux environs du marché, ils ne semblent pas provenir d'un clan spécial ou former une caste particulière.

Le savon est fabriqué par quelques familles plus industrieuses mais non spécialisées ; il s'agit toujours de savon potassique moins vert que noir à base de cendres végétales et de graisses animales.

Les forgerons (ou Djitugi) forment dans l'ensemble du pays Toupouri un groupe légèrement à part qui associe le travail du fer à celui de la terre et observe certaines règles particulières. Ils proviennent tous du même clan, celui des Mongouri. Ils célèbrent leur fête (Feopari) à la fin du cinquième mois (janvier-février) ; à cette occasion ils tuent des chèvres et distribuent de la bière de mil aux autres villageois. Ils jouissent d'une certaine considération mais ne semblent pas avoir de pouvoirs spéciaux en matière de sorcellerie ou de médecine. Le travail du fer est leur monopole, ils ont un privilège également sur le feu (vente à un prix assez élevé des quartz allume-feu, en provenance du Mayo Kebbi)[1].

La forge se compose d'un foyer sur le sol, de deux tuyaux d'argile en V reliés à deux soufflets en peau avec ouverture terminale ouverte et fermée à la main, brûlant du charbon de bois ; l'enclume ou Bigi est une grosse pierre plate ou un champignon de fer enfoncé dans le sol, le marteau est également une masselotte allongée d'une seule pièce, les seuls autres outils sont une longue pince à branches droites et un petit burin en fer. Le fer provenait de boules fabriquées dans la région de Pala à partir de concrétions ferrugineuses ; leur prix était élevé. Aujourd'hui la matière première est surtout fournie par des ferrailles diverses (principalement vieux fûts d'essence aplatis et transportés à dos d'âne à partir des villes). La forge est un endroit consacré lors d'une réunion des forgerons par le sacrifice d'un mouton. Le fils succède au père mais des apprentis peuvent être formés (durée cinq ou six ans sans salaire) contre versement d'une vache et quelques moutons au forgeron. En principe le forgeron Toupouri ne vend pas sur le marché, ceci est réservé aux commerçants ou aux forgerons d'autres races. Le paysan vient acheter à la forge ou au domicile en donnant en paiement des produits plutôt que de l'argent. A. Gandolfi [36] cite les taux suivants d'échange : une houe 2 ou 3 poulets, 25 haches pour un taureau, 5 anneaux de cheville ou bracelets pour un mouton, un collier de fer (Bousouli) pour un mouton, taux qui paraissent très élevés. Aujourd'hui la monnaie est beaucoup plus utilisée pour ces transactions. Le forgeron ne sait pas travailler le cuivre.

Il était indispensable qu'à l'intérieur du Sous-Secteur travaillent un ou plusieurs forgerons et que ceux-ci perfectionnent et étendent leurs productions. L'entretien du matériel agricole : charrues, binettes exige des ouvriers spécialisés. Nous avons encouragé deux forgerons dans leur travail en leur prêtant au début enclume et forge (à ventilateur), ils ont effectué en échange pas mal de petits travaux pour le Sous-Secteur. Le Conseiller rural leur a enseigné, avec un assez bon succès, le rebattage et la trempe des socs de charrue qui s'usent avec une grande rapidité dans les sols sableux du pays Toupouri. Ils doivent se transformer lentement en réparateurs du matériel agricole, remplacement de boulons, pose de nouveaux socs, etc. Ce développement indispensable de l'artisanat rural conjointement à la modernisation de l'agriculture fournira une occupation rémunératrice à quelques hommes. Il est surtout la garantie des progrès en matière d'outillage qui accompagnent l'évolution agricole du pays Toupouri.

1. Le feu est conservé en permanence sous la cendre. Il ne peut être rallumé directement qu'en présence du Djitin et que par une femme âgée (impureté des menstrues ?), soit par rotation d'un poinçon de bois dur sur une tige fibreuse de Calotropis procera avec une bourre de kapok, soit par percussion fer-quartz. Mais le plus souvent on se contente d'aller chercher du feu chez le voisin.

CHAPITRE V

L'ALIMENTATION

1. Généralités sur l'alimentation

La base essentielle de la nourriture du Toupouri est la boule de mil faite à partir de la totalité du grain écrasé, elle s'accompagne d'une sauce (Hayn) à base de voandzou, haricot, arachide et feuilles diverses de plantes sauvages pour la plupart ; la viande et le poisson n'y entrent que pour une faible part. Le lait et la bière de mil jouent un assez grand rôle dans le régime alimentaire.

Si de grandes disettes ont sévi en pays Toupouri, elles ne sont plus guère qu'un souvenir dans l'esprit des gens les plus âgés. En 1902, par suite d'une très forte sécheresse, une très grande faim (dite Kokénioré) s'abattit sur le pays ; des paysans vendirent femmes et enfants comme esclaves aux Foulbé mieux pourvus afin de se procurer du mil. On ne parle plus de famine depuis très longtemps mais certaines années le mil manque plus ou moins et son cours s'élève considérablement sur le marché (1956). Pendant les mois de juillet-août et début septembre la soudure entre les grains restant de la précédente récolte et celle alors sur pied s'avère parfois plus ou moins difficile, ce qui explique tout l'intérêt apporté aux variétés précoces de Gara. Néanmoins l'abondance des réserves, la cueillette des premiers épis de Gara au fur et à mesure de leur maturité ont réduit cette période de crise à être seulement un simple changement de régime vieux Babou/Gara frais ; la disparition progressive du « mûrit-mil » en témoigne.

L'apparence généralement saine et robuste des Toupouri, l'absence de signes de carence manifestes plaident en faveur de l'alimentation Toupouri. Les examens cliniques soit effectués à l'occasion du recensement détaillé de 1954, soit accompagnant les sondages nutritionnels effectués par la Section de Nutrition (A. Cambon et R. Masseyeff) de l'IRCAM ont confirmé cette opinion. Le mil forme l'essentiel de la ration. Dans quelle mesure la production agricole familiale en fournit-elle suffisamment ? Le quotient $\frac{\text{quantité totale de mil récoltée}}{\text{nombre de consommateurs}}$ par famille[1] chaque année a été obtenu grâce à nos relevés de la totalité des récoltes de chaque Tin de notre échantillon.

Dans la mesure où notre notion de consommateur n'est pas trop inexacte, le consommateur moyen Toupouri disposerait de 800 à 1 000 g de mil par jour (cf. tableau 55). Les relevés de l'enquête sur la consommation alimentaire donnent comme quantité consommée par consommateur moyen 610 g en octobre-novembre 1954 et 671 g en janvier-février 1955. Ce qui met la consommation très nettement en dessous des disponibilités.

Alors que dans certains Tin la disponibilité en grains par consommateur approchait 1,5 kg par jour (Tionga 1956, Hakna 1957), que dans d'autres Tin (Bambé 1955 et 1956, Tem 1955 et 1956) elle était inférieure à 0,5 kg par consommateur et par jour, c'est entre 250 et 400 kg par an, soit entre 687 et 1 095 g par jour que se rencontrent les disponibilités journalières moyennes par consommateur de la plupart des familles.

La préparation de la nourriture est uniquement réservée aux femmes, l'homme isolé doit se rattacher à un Tin car les règles sociales lui interdisent ces besognes domestiques. Chaque femme prélève sur ses réserves personnelles (provenant des champs dont elle a eu l'initiative mais aussi la récolte) de quoi faire la nourriture du lendemain pour l'homme, elle-même et ses jeunes enfants. Si ses réserves sont épuisées, le mil est fourni par le mari.

L'homme mange en principe seul dans sa case, la femme prend ses repas avec ses enfants dans la sienne ; les portions non mangées par le Djitin servent aux autres hommes ou jeunes gens du Tin qui les mangent ensemble, sont offertes aux visiteurs ou gardées pour le lendemain. C'est généralement le soir, au coucher du soleil, que la plus grande partie de la nourriture est consommée ; le matin le Toupouri se contente des restes de la veille.

Le mil, base essentielle du repas, fait l'objet d'une longue préparation. Après déglumage au pilon le grain est moulu finement entre deux pierres, l'une dormante, l'autre frottée longitudinalement. La farine obtenue n'est pas tamisée car le Toupouri consomme le mil avec l'écorce (différence avec les races voisines, Foulbé principalement) ; par contre il exige une mouture très fine. Cette farine est jetée dans un récipient contenant de l'eau chaude légèrement salée (par adjonction de lessive de cendres plus que par l'emploi de sel proprement dit). Le mélange est remué de façon assez constante avec une palette de bois jusqu'à la consistance d'une pâte épaisse et molle. On la laisse alors tiédir puis la femme la façonne avec

1. Le terme consommateur est employé ici au sens que nous lui avons donné au chapitre III, § 4 du livre III = toute personne au-dessus de 10 ans ou bien = deux individus de moins de 10 ans.

les mains en grosses boules qu'elle met dans une calebasse. En même temps elle a fait bouillir dans l'eau salée les constituants de la sauce jusqu'à ce que celle-ci soit assez épaisse. Il s'agit généralement d'un mélange de feuilles de plantes ou d'arbres, fraîches ou sèches, de quelques fruits (en particulier fruits de gombo) avec quelques graines écrasées (haricots, sésame, Voandzou, graines de cucurbitacées, parfois arachides) ;

TABLEAU 55

QUANTITÉS DE MIL DISPONIBLES PAR CONSOMMATEUR PAR ANNÉE
(en kilogrammes de mil en grains)

	Nombre de consommateurs	*1955*		*1956*		*1957*	
		Total récolté	*Par consommateur*	*Total récolté*	*Par consommateur*	*Total récolté*	*Par consommateur*
Tionga .	3	888	296	1 720	573	1 399	466
Bambé .	4,5	713	158	613	136	1 228	273
Lopo ...	4 à 4,5	1 171	293	1 142	254	1 125	272
Tem ...	3	519	173	479	160	952	317
Dahan .	3,5	1 241	354	1 779	508	838	239
Damo ..	8,5 à 9,5	3 195	376	3 933	437	3 684	388
Yongwé.	2 à 3,5	479	239	811	324	1 044	298
Hakna .	6 à 7	2 339	390	2 043	341	3 796	542
Ensemble de l'échantillon							
De 34,5 à 38,5 consommateurs .							
Moyenne disponible par consommateur		$\frac{10\,545}{34{,}5} = 305{,}6$ kg		$\frac{12\,520}{36} = 347{,}8$ kg		$\frac{14\,066}{38{,}5} = 365{,}3$ kg	
Quantité disponible par habitant ...		$\frac{10\,545}{42} = 251$ kg		$\frac{12\,520}{45{,}5} = 275$ kg		$\frac{14\,066}{46} = 287$ kg	
Quantité produite par travailleur ..		$\frac{10\,545}{24} = 439$ kg		$\frac{12\,520}{24{,}5} = 511$ kg		$\frac{14\,066}{25} = 562$ kg	
Moyenne disponible par jour et par consommateur ..		837 g		950 g		1 000 g	
Disponibilité journalière par personne		688 g		751 g		786 g	

TABLEAU 56

(Résumé de deux enquêtes de nutrition)[1]

CONSOMMATION JOURNALIÈRE DE L'INDIVIDU MOYEN = $\left(\frac{\text{Poids d'un aliment donné}}{\text{Nombre total de consommateurs}}\right)$

	Enquête (1) *21-10/8-11-1954*	*Enquête (2)* *21-1/11-2-1955*
	en grammes	
Mil Gara	610,7	5,4
— Babou + Donglong		658,5
— Shoukouloum		6,9
— Tchanré		1,1
Total des divers mils	610,7	671,9
Arachides fraîches en coques	38,2	
— sèches décortiquées	0,8	0,4
Voandzou frais en coques	242,2	
— sec décortiqué		2,8
Haricots frais en grains	20,3	
— secs en grains		9,9
Sésame		1
Feuilles diverses fraîches	18,7	1,6
— — sèches	4,1	3,9
Fleurs séchées diverses		1
Gombo frais	6,7	
— sec	1,2	3,3
Tomates	0,6	0,2
Fruits de cucurbitacées	85,3	4
Oignon		1,6
Condiment tiktika		1,8
Fruits divers	0,8	3,6
Tige de mil sucré		2,1
Viande de bœuf sans os	8,7	3,8
— — avec os	4,3	11,6
Viande de chèvre sans os	2,4	
— — avec os	18	20,2
— — séchée (avec os)	0,3	0,7
Viande de chien avec os	1,3	
Abats divers	3,9	
Poulet	10,5	6,8
Canard	3,1	
Gibier à poil (rongeurs surtout)	2,1	
Gibier à plumes	0,2	1,8
Gibier divers (reptiles)	1,8	
Sauterelles, criquets, punaises	2,4	0,8
Poissons séchés	2,5	7
Lait	43,4	22,6
Bière de mil	73,7	72,2

1. (IRCAM).

la viande ou le poisson frais ou sec, ou la volaille y sont incorporés par petits morceaux et consciencieusement bouillis. Le résultat est une sauce très colorée, assez épaisse, souvent visqueuse, servie tiède dans un petit bol en terre. On y trempe légèrement avec les doigts la boulette de mil prélevée sur la boule individuelle avant de la manger ; il y a une seule « sauce » pour plusieurs personnes quand le repas est pris en commun, chacun trempant à tour de rôle. La consommation de viande, poisson, etc., est assez faible, le Toupouri chasse peu, ne pêche guère, il n'abat son bétail, ne tue de volaille que lors des cérémonies coutumières, la femme n'achète de la viande ou du poisson sur le marché qu'en fonction de ses faibles recettes individuelles. Des suppléments divers : rongeurs, gros insectes, reptiles, termites, sont très appréciés. Les arachides sont le plus souvent mangées crues en complément, c'est un complément estimé qui permet d'attendre la boule de mil, qui est emporté aux champs pour la brève halte du milieu du jour, qui est utilisé pour le voyage.

Le Toupouri aime le lait et en consomme autant qu'il peut ; nous avons déjà parlé de la curieuse « cure de lait » des Gourna. Il connaît le beurre qui est parfois offert sur les marchés par les femmes Bororo (Peuls nomades), mais il ne l'emploie pas. La cuisine Toupouri ne fait usage d'aucune matière grasse à l'état isolé (huile, beurre, graisse), les lipides de son alimentation sont fournis par les graines et accessoirement les produits animaux. Les fruits sauvages entrent assez régulièrement dans l'alimentation soit crus : fruits de Tamarindus indica, pulpe sucrée de Strychnos innocua (Gouloulou), soit dans la sauce (fruits de Parkia, etc.) ; les fruits cultivés (papayes et citrons) sont excessivement rares. Les fruits submergés du Trapa bispinosa recueillis dans les mares, cuits à l'eau, donnent une farine blanche de saveur douce assez estimée : le Tingari. Nous avons résumé dans le tableau 56 ci-dessus les résultats de deux enquêtes faites par l'IRCAM. Première enquête du 21 octobre au 8 novembre 1954 : 32 foyers (chaque femme active de polygame représentant un foyer), soit 131 personnes, deuxième enquête du 21 janvier au 17 février 1955 : 28 foyers soit 130 personnes. Remarquons, au point de vue quantitatif, l'absolue prédominance du mil, le passage du Gara exclusivement consommé en octobre au Babou fraîchement récolté en janvier, une légère diminution des produits animaux (61,5 g à 52,7 g) et la bonne constance de la bière de mil qui en fait le produit le plus consommé après le mil lui-même (sauf Voandzou frais en octobre-novembre, mais c'était alors la période de la récolte) :

	Enquête (1)	*Enquête (2)*
Consommation de		
Calories	2 607	2 540
Protéines	100,1 g	93 g (dont 11,8 g, soit 13 % d'origine animale)
Lipides	88,8 g	30,2 g

	Enquête (1)	*Enquête (2)*
	—	—
Besoins de l'individu moyen en		
Calories	2 349	2 173
Protéines	57,6 g	64,3 g
donc satisfaits à :		
Pour les calories	111%	117%
Pour les protéines	174%	146%

Les deux enquêtes ont été faites en période d'abondance. Les besoins théoriques de l'individu moyen sont plus que satisfaits à ces périodes. La quantité de produits récoltés couvre largement ces dépenses journalières ; si une bonne gestion des récoltes a lieu la famille Toupouri ne doit jamais manquer de son aliment de base : le mil.

Malgré une alimentation à peu près exclusivement fondée sur le mil qui peut paraître déséquilibrée et carencée, les besoins théoriques semblent largement satisfaits.

2. Le sel

Quoique représentant 1,08% du total des dépenses et 3,2% des dépenses alimentaires, les achats de sel sur les marchés ne couvrent qu'une partie des besoins. La fabrication familiale de ce produit est en effet très importante.

Le sel commercialisé fait toujours l'objet d'une transformation, sinon d'altérations, de la part des commerçants. Le sel ordinaire du commerce (souvent d'origine allemande) est dissous puis recristallisé par évaporation à chaud dans de petites assiettes de métal, ce qui permet d'obtenir des plaques de sel assez fin, d'assez forte teneur en eau, suffisamment solides pour être débitées avec de petites lames de fer ; il est ainsi vendu en petits morceaux de 4 à 5 cm de côté et de 3 cm environ d'épaisseur ; parfois de la farine y est ajoutée. Les observations faites sur le marché de Datchéka ont donné les chiffres suivants (moyennes mensuelles des transactions) pour le prix de vente au kilogramme de ce sel (en Fr. CFA par kilogramme) :

	Janvier	*Février*	*Mars*	*Avril*	*Mai*	*Juin*	*Juillet*	*Août*	*Septembre*	*Octobre*	*Novembre*	*Décembre*
1955			45		77		72,5	91				
1956					34	51	33,5	41,7	47,3	37		
1957		28,6	32,3	33,5	28,5	32,8	30,2	41,4	42,4	38	34,8	33,4
1958	26,9	30,1										

ces cours sont en moyenne plus de trois fois supérieurs au prix d'achat du sel en sacs dans les comptoirs. Aussi les ventes de sel, non adultéré, à un prix très proche du prix de revient, par petites mesures de valeur 5 Fr. CFA, par la boutique du Sous-Secteur, ont-elles rencontré un vif succès.

Les femmes Toupouri utilisent beaucoup les cendres comme source de sel mais elles ne cherchent pas à obtenir le produit cristallisé, se contentant de lessives plus ou moins concentrées.

Les plantes utilisées pour obtenir ces cendres sont, d'une part, des longues tiges de mil, Gara Charaka et Shoukouloum, de sésame (rapportées au Tin avant maturité par suite de la déhiscence des fruits), d'autre part quelques plantes sauvages : Grewia mollis, graminées diverses plus ou moins aquatiques, feuilles d'Hyphaene thébaïca. Mais la plante la plus utilisée est Hygrophila spinosa T. Anders (ou Ouatché) ; cette Acanthacée à fleurs bleues avec des verticilles de cinq épines rigides, forme sur les bords des mares, les sols marécageux, de petits peuplements assez denses de 30 cm de haut. Les femmes (surtout les vieilles) les arrachent à la hachette et les brûlent au Tin à feu lent. Les cendres soigneusement recueillies dans les poteries sont ensuite lessivées à l'eau bouillante sur des filtres obtenus par tressage très serré de fibres de feuilles d'Hyphaene et d'écorces de graminées. La lessive est recueillie dans un pot en terre puis concentrée à feu doux. Parfois les cendres bien tassées sont simplement arrosées d'eau à température ordinaire et le premier filtrat est utilisé directement dans la cuisine, adjonction à l'eau de cuisson de la boule de mil ou de la sauce. Le produit a un goût amer qui est aussi apprécié que la saveur salée proprement dite. Il est probable qu'il disparaîtra devant la concurrence des sels de cuisine importés, beaucoup plus riches en ClNa.

3. La bière de mil

Avec une moyenne de ventes de plus de 2 500 Fr. CFA par an, soit plus de 23 % des recettes de notre échantillon, la bière de mil est une ressource non négligeable. Cependant elle ne s'inscrit dans les dépenses que pour 326 Fr. CFA par an, soit un peu moins de 4 % du total des dépenses. Il faut incriminer une certaine dissimulation de la part des hommes, mais il faut également tenir compte de la situation privilégiée de Golonpoui à faible distance du marché de Datchéka, important centre de consommation. La fabrication est très répandue en pays Toupouri. Chaque fête est marquée par d'abondantes libations ; à l'occasion de travaux collectifs, la bière est largement offerte par le bénéficiaire.

Toutes les femmes savent faire la bière de mil mais certaines sont plus compétentes ou plus spécialisées. Il y a d'ailleurs des qualités très différentes de bière, elle peut se présenter soit comme un breuvage rougeâtre très chargé en particules fines, plus ou moins doux ou plus ou moins « râpeux », soit comme une boisson de couleur ambrée d'odeur agréable et de saveur acidulée et légèrement alcoolisée, assez désaltérante (elle est meilleure tiède que très fraîche) avec tous les intermédiaires. Les amateurs connaissent les villages et les femmes les plus expertes à la fabrication (les variétés de sorgho utilisées interviennent également).

La bière de mil est fabriquée comme à peu près partout ailleurs en Afrique tropicale, trempage des grains, germination, séchage au soleil, broyage, immersion dans l'eau, chauffage, fermentation, ce qui demande environ une semaine. Il faudrait approximativement 15 « tasses » de mil, entre 12 et 15 kg, pour en fabriquer 30 l environ, ce qui est une opération largement payante : 15 kg de mil à 15 Fr. CFA, soit 225 Fr. CFA, se transformant en 30 l de bière vendus à 25 Fr. CFA environ, soit 750 Fr. CFA.

A part la consommation familiale ou entre amis dans le Tin lui-même, les femmes qui ont brassé du « Yi » en vue de la vente le portent au marché dans de grandes poteries. Elles débitent leur marchandise calebasse par calebasse ; l'acheteur fait circuler le récipient de main en main et de bouche en bouche entre ses amis. D'assez fortes quantités sont ainsi ingérées. Malgré des signes d'ébriété, d'euphorie ou au contraire d'irritabilité, les cas d'ivresse caractérisée sont peu fréquents. Il est probable que par les apports de protéines, de sels minéraux, par sa valeur alimentaire, la bière de mil joue un rôle plus utile que nuisible dans l'alimentation Toupouri. Elle est un élément essentiel de la vie sociale et permet l'écoulement des suppléments de production en mil du pays.

4. Quelques coutumes alimentaires

La cynophagie est pratiquée à peu près par tous les hommes mais est interdite aux femmes. La viande de chien est consommée par tous les hommes qui l'aiment mais ce sont surtout les enfants qui en sont friands ; elle est très souvent servie lors du sarclage collectif du Babou. Ce peut être soit la chair d'un chien tué à cette intention, soit la chair d'un chien mort au Tin ou écrasé par une auto. Par contre on ne peut se nourrir de la viande d'un chien crevé trouvé dans la brousse.

Le cheval (Piri) ne peut absolument pas être mangé, le cadavre d'un cheval mort est transporté en brousse où on l'abandonne; il en est de même de l'âne (Gerhein). Il est interdit de manger de la viande d'hyène et de vautour, ces animaux pouvant se nourrir de la viande de cheval.

Les batraciens, au lieu d'être « tabou » comme le signale A. Dietman [23], sont fréquemment consommés. Le Toupouri en distingue trois espèces : Tikéion, consommé rôti, entièrement, une fois vidé, Tikir également mangé, le troisième, Magnia, le plus courant, n'est pas utilisé comme aliment. Cependant ses vertus « médicinales » le font donner aux enfants contre la toux en le faisant passer pour le Tikéion (il en est de même du lézard réputé mauvais mais donné aux enfants qui toussent).

Les serpents sont estimés ; les pythons (Schouët) sont cuits au milieu du Tin et non dans la cuisine ; si on offre un repas à un étranger et que celui-ci s'aperçoive qu'il mange du schouët, il ne doit pas le faire remarquer à son hôte ou à sa femme ; ceci est lié au surnom du python Huil Djibou ou le fils de l'homme. Les autres serpents de plus petite taille sont très peu consommés par les adultes mais sont très appréciés des enfants.

Les œufs ne sont pas normalement mangés, il ne s'agit pas ici d'un interdit mais d'un réflexe pseudo-économique car il vaut mieux espérer une poule qui s'élèvera seule que consommer prématurément un œuf. Par contre les œufs qui ne peuvent plus donner de poussins sont mangés, quel que soit leur état de fraîcheur (œufs dont la poule couveuse est morte, œufs non fécondés intacts après l'éclosion des autres).

CONCLUSIONS

Cette étude qui a essayé de donner, en plus d'une connaissance aussi détaillée que possible du milieu, des habitants et de leurs activités, un aperçu des méthodes employées pour l'enquête, nous a permis d'exposer à maintes reprises l'action du Sous-Secteur de Modernisation Rurale du pays Toupouri, ses objectifs, ses techniques et ses réalisations.

A la date de notre départ du Nord-Cameroun (juillet 1957) les cinq villages de Golonpoui, Datchéka, Taala, Mourao et Dobangou, soit près de 5 000 habitants, étaient, grâce à un bon encadrement, lancés dans la voie de la modernisation. Il s'agissait, sous la conduite toujours avisée de M. Y. Bloc'h Conseiller rural qui avait gagné la confiance des Toupouri, d'un véritable Secteur de Modernisation Rurale. Tandis qu'à Golonpoui même le contact était très étroit, très personnel, permettant de sonder directement et continuellement les réactions des paysans aux mesures proposées, l'action était d'application plus directe, de diffusion immédiate dans les villages voisins. Au « Laboratoire » de modernisation rurale de Golonpoui étaient adjoints les « champs d'expérimentation » en grand de la zone environnante. Le troisième stade, celui de la « vulgarisation » des méthodes et des procédés, démarra fin 1956 par l'implantation de deux nouveaux foyers de progrès rural en milieu Toupouri, l'un à Hourlargo (dans le canton de Ndoukoula), l'autre à Tchatibali (dans le canton du même nom). Ainsi, moins de trois ans après les lents débuts de Golonpoui, près de 13 000 habitants du pays Toupouri bénéficiaient de l'encadrement rural concentré et des conclusions déjà mises au point à Golonpoui.

***

Recherchant « ce qui ferait le plus de bien et le moins de mal » à ce pays Toupouri, progressant lentement, étape par étape, même pour les détails les plus humbles, en liaison étroite avec le paysan Toupouri, un climat psychologique favorable, des techniques bien adaptées, des méthodes de vulgarisation adéquates ont été peu à peu créés et appliqués. Le but suprême de la modernisation rurale qui est de stimuler chez le paysan le goût d'agir par lui-même et de rechercher le progrès (plus que la distribution de recettes toutes faites) a été en grande partie atteint[1].

***

Les Toupouri forment un groupe sain et jeune en expansion démographique, profondément uni malgré les apparences. C'est un groupe psychologiquement très intéressant, ayant réussi à tirer d'un pays pauvre un bon parti grâce à une agriculture remarquable pour l'Afrique tropicale. Il est digne d'un meilleur sort et il est certain que son dynamisme pourrait s'employer plus activement s'il n'était gêné par la surcharge démographique de son territoire médiocre et limité. Si son économie reste purement rurale, l'augmentation de la production ne pourra compenser l'accroissement démographique. Comme l'a dit M. Guillaume [96] dans son rapport sur la mise en valeur du Logone, il s'agit là d'un « périmètre de surpeuplement absolu où l'amélioration des techniques agricoles ne permet pas de relever la capacité de production des sols au niveau des besoins (futurs) de la population en maintenant la fertilité des terres ». L'action de modernisation rurale ne pourra pas suffire à elle seule à relever le niveau de vie des Toupouri à la hauteur des standards désirables, mais elle doit chercher à pallier les difficultés actuelles et préparer techniquement et économiquement l'évolution proche.

Grâce à son action psychologique, au développement des initiatives individuelles qu'elle suscite, aux perspectives socio-économiques qu'elle permet d'entrevoir, l'action du Sous-Secteur de Modernisation Rurale doit préparer l'exode futur d'une partie de la population, exode rural qui est non pas une calamité mais une nécessité et un espoir pour ce peuple Toupouri si de nouvelles activités ne lui sont pas offertes.

15 septembre 1958.

1. Rappelons l'importance du facteur temps et de la continuité de l'action. Comme l'écrit T. A. M. Nash, *The Anchau Rural Development and Settlement Scheme in Northern Nigeria*, H.M.S.O., 1948, p. 5 : « a steady drip, drip is far better than a sudden deluge ».

TABLE DES TABLEAUX

TABLE DES FIGURES

TABLE DES PLANCHES

LISTE ALPHABÉTIQUE DE QUELQUES TERMES

IMPRIMERIE NATIONALE

64 0645 0 67 021 4

FSC
www.fsc.org
MIX
Papier | Fördert
gute Waldnutzung
FSC® C083411

Kolibri 360 GmbH
Ferdinand-Jühlke-Straße 7
99095 Erfurt, Deutschland
produktsicherheit@kolibri360.de